U0807772

“十三五”国家重点出版物出版规划项目

南水北调中线一期工程文物保护项目
湖北省考古发掘报告
第8号

# 荆州张家台遗址

湖北省文物局
湖北省南水北调管理局
编著

科学出版社
北京

## 内 容 简 介

本书是南水北调引江济汉工程考古发掘报告，系统、全面地介绍了楚都纪南城南垣外一处重要的聚落遗址——张家台遗址的文化堆积及9条灰沟、60个灰坑、32口水井的清理情况，对于研究战国时期楚都纪南城外聚族而居的居民的生产、生活及楚文化的发展具有重要的学术价值。

本书可供考古学、历史学研究者，以及大专院校相关专业的师生和考古爱好者阅读、参考。

**图书在版编目（CIP）数据**

荆州张家台遗址 / 湖北省文物局，湖北省南水北调管理局编著. —北京：科学出版社，2018. 2

（南水北调中线一期工程文物保护项目. 湖北省考古发掘报告；第8号）

"十三五"国家重点出版物出版规划项目

ISBN 978-7-03-056426-9

Ⅰ. ①荆… Ⅱ. ①湖… ②湖… Ⅲ. ①古城遗址（考古）-考古发掘-发掘报告-荆州 Ⅳ. ①K878. 35

中国版本图书馆CIP数据核字（2018）第017305号

责任编辑：王光明 / 责任校对：贾娜娜 王萌萌

责任印制：肖 兴 / 封面设计：陈 敬

科学出版社 出版

北京东黄城根北街16号

邮政编码：100717

http：//www.sciencep.com

中国科学院印刷厂 印刷

科学出版社发行 各地新华书店经销

*

2018年2月第 一 版 开本：889×1194 1/16

2018年2月第一次印刷 印张：21 1/2 插页：18

字数：684 000

**定价：308.00元**

（如有印装质量问题，我社负责调换）

"13th Five-Year Plan" National Key Publications Publishing and Planning Project

Reports on the Cultural Relics Conservation in the South-to-North Water Diversion Project
Hubei Vol.8

# The Zhangjiatai Site in Jingzhou City, Hubei Province


Cultural Heritage Bureau of Hubei Province
Hubei Provincial Management Bureau South-to-North Water Transfer



Science Press
Beijing

南水北调中线一期工程文物保护项目

**湖北省编辑委员会**

**主　任**　郭生练

**副主任**　雷文洁

**编　委**　黎朝斌　王风竹　赵令珍　张晓云
李　静　郭　平　杨爱华

**总　编**　黎朝斌

**副总编**　王风竹

南水北调中线一期工程文物保护项目

湖北省考古发掘报告第8号

# 《荆州张家台遗址》

**主　编**

徐劲松

**副主编**

高永红　杨晓明　余夏红

**项目承担单位**

鄂州市博物馆

# 目　　录

# 插图目录

# 插表目录

# 图版目录

# 第一章 概 述

## 第一节 地理位置与环境

荆州市地处湖北省中南部、长江中游、江汉平原腹地，长江自西向东横贯全市。荆州东连武汉，西接宜昌，南望湖南常德，北毗荆门和襄阳，地处“两湖平原”（江汉平原、洞庭湖平原）中心，是著名的鱼米之乡，平原湖区占78.7%，丘陵低山区占21.1%。荆州全市国土面积1.41万平方千米，是国务院首批公布的24座历史文化名城之一，是长江中游重要港口、鄂中南地区中心城市及中国中部重要的工业生产基地。

张家台遗址，位于荆州城以北约5千米的湖北省荆州市荆州区纪南镇红光村六组。遗址北距楚故都纪南城遗址约700米，南距长江不足10千米，宜（昌）黄（石）高速公路在遗址南侧东西贯穿而过，遗址地理中心区域坐标N30°24′6.7″、E112°10′55.6″，海拔32米，地势平坦，地表为大块农田及鱼池、水塘等，南水北调汉江中下游治理工程从遗址中心穿越（图一）。

张家台遗址又位于荆州地区地下文物埋藏的中心地带，四周分布着众多的古代文化遗迹，有城址、墓葬和其他文物古迹。遗址以北约700米为楚故都纪南城。纪南城又称“纪郢”，因在纪山之南而得名，是楚立国后兴建的最大都市，是战国时期我国南方政治、经济、文化的中心，是楚国崛起江汉、称雄南方的历史见证。纪南城东南约3.5千米有郢城。自20世纪70年代始，湖北省文物考古研究所、荆州博物馆先后在纪南城周围进行了一系列的考古勘探和发掘工作，先后发掘了鸡公山旧石器时代遗址、鸡公山战国秦汉墓地、雨台山东周楚国墓地、凤凰山秦汉墓地、高台战国至东汉墓地，以及刘家湖、拍马山、扬家山、严家台等大型墓地和遗址，这些墓地和遗址是楚国强盛时期的见证，在研究楚国政治、经济、军事和文化中心方面，具有重要的历史、艺术和科学研究价值。

## 第二节 发掘及整理经过

2009年3月，根据国务院南水北调办公室、国家文物局和湖北省委、省政府有关工作安排，省文物局全面启动南水北调汉江中下游治理工程，鄂州市博物馆承担了荆州市荆州区纪南镇红光村六组张家台遗址勘探、发掘的文物保护工作。鄂州市博物馆引江济汉考古队于2009年

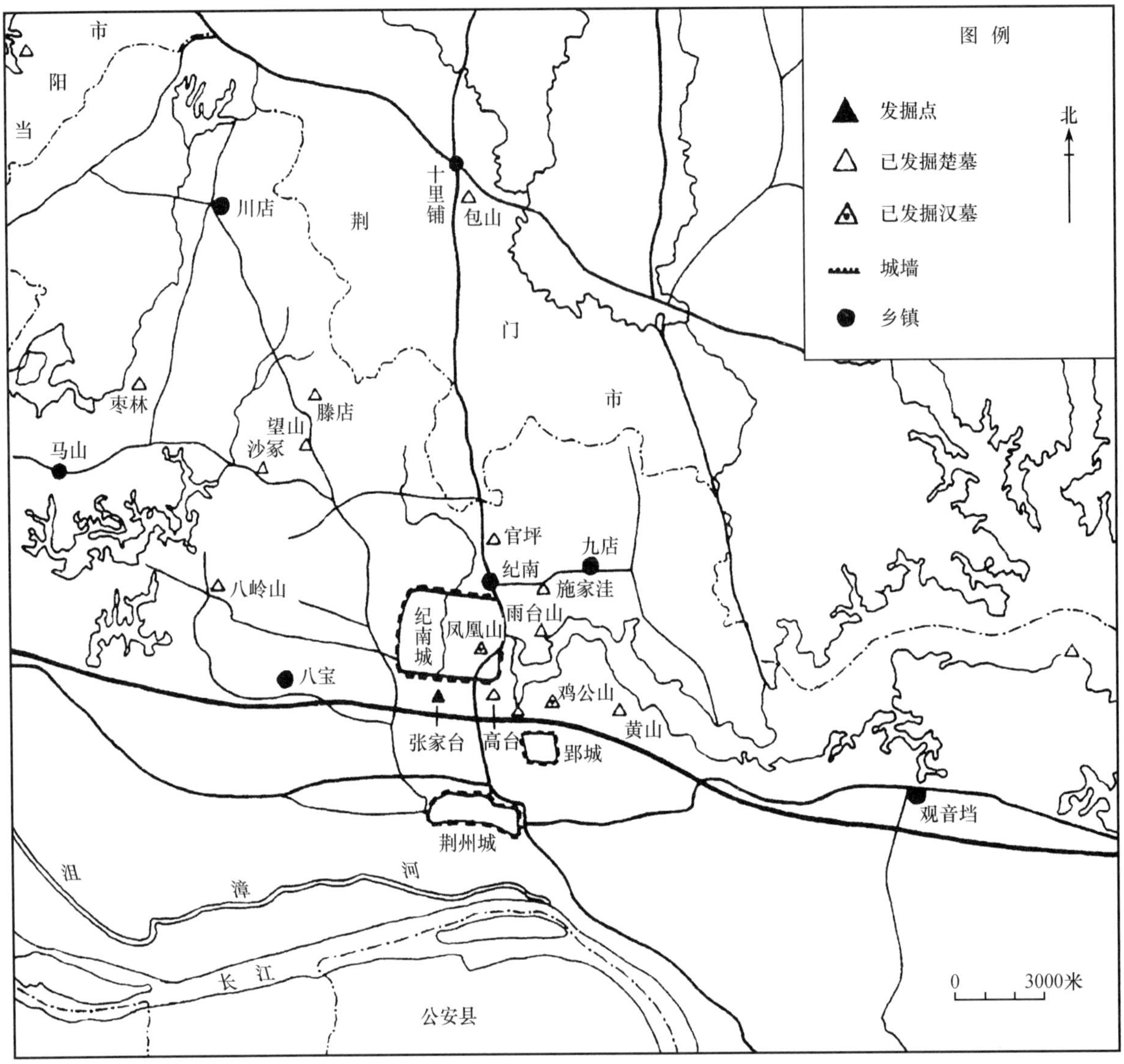


图一 张家台遗址地理位置及与周边遗迹关系图

12月23日进驻工地，对张家台遗址及其周边区域进行调查、勘探。勘探探孔按大遗址20米×20米错列分布，勘探面积约12万平方米。经过勘探，基本摸清了张家台遗址及其周边区域文化遗迹的分布范围和保存状况：遗址大致呈长方形分布，东西长约450米，南北宽约200米，总面积约9万平方米，为平原台地；在20世纪70年代农田改造特别是挖塘修渠及90年代后开挖为鱼池、甲鱼池等，使文化堆积遭到损毁，地表暴露出大量的陶器碎片（图二；图版一，1）。

在勘探的基础上，我们选择遗址中心文化堆积丰厚处，以GPS坐标N30°24′6.7″、E112°10′55.6″为基点，在第一象限内布10米×10米探方12个进行发掘，实际发掘1050平方米（图三；图版一，2），至2010年4月下旬完成田野发掘工作，出土完整和可复原文物200余件及大量文物标本。2010年5月至9月，对发掘资料进行了整理归档，对出土文物进行了修复，对文物标本进行了绘图、照相、制卡等工作。此后，受鄂州市博物馆新馆建设及陈列布展等工作影响，报告的编写断续进行。

图二 张家台遗址地形与发掘探方示意图

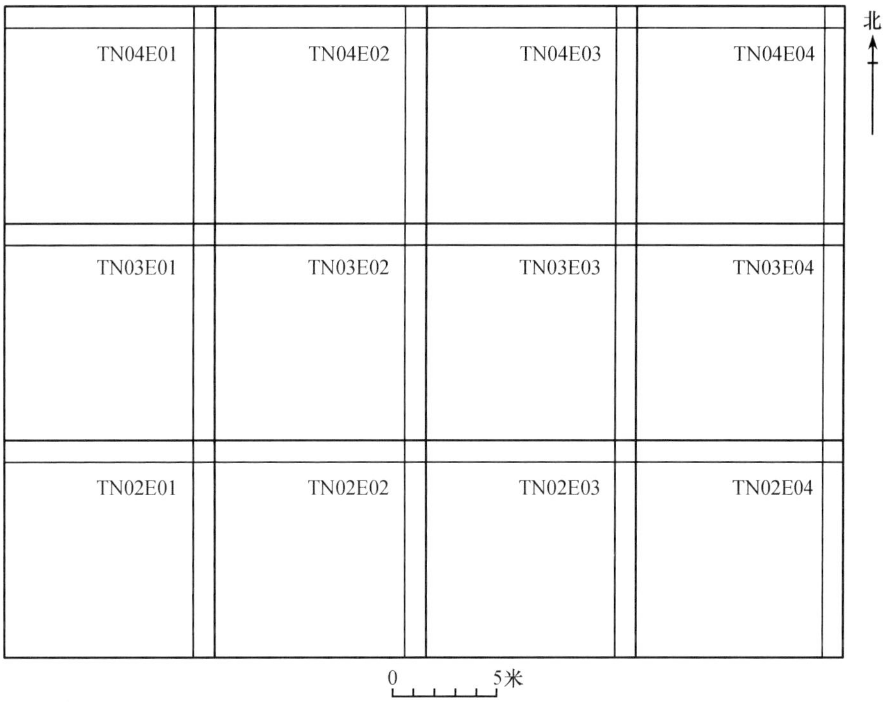


图三 张家台遗址探方分布示意图

在田野发掘过程中，湖北省文物局、湖北省文物考古研究所、荆州市文物局、荆州博物馆、荆州区文物局、红光村委会给予了极大的支持，使发掘工作得以顺利完成。

# 第二章　文化堆积与层位关系

## 第一节　文化堆积

张家台遗址的文化堆积较为简单，主要分为4层：第1层为耕土层；第2层、第2B层、第3层为东周文化层；第2B层仅分布于TN02E03、TN03E02、TN03E03、TN04E01、TN04E02、TN04E03；第3层在TN02E04、TN03E02、TN03E03、TN04E01、TN04E02中不见。

下面以TN03E01、TN03E02、TN03E03、TN03E04北壁和TN04E02、TN03E02、TN02E02东壁地层剖面为例将各层堆积情况予以介绍。

**1. TN03E01、TN03E02、TN03E03、TN03E04北壁**

第1层：耕土层。厚15～23厘米。褐色土，土质疏松。出土瓷片、陶豆柄、陶筒瓦、陶板瓦残片等遗物。

第2层：东周文化层。深15～45厘米，厚8～28厘米。黄褐色土，质软，较疏松。出土遗物以陶片为主，有筒瓦、板瓦、豆、盆、盂、鬲等器物残片。

第2B层：水浸层。深27～83厘米，厚0～30厘米。灰白土，质地细腻，较纯，粉末状，呈沙性。

第3层：东周文化层。深30～95厘米，厚0～65厘米。灰褐色土，泛灰，夹有大量锈斑，土质较疏松。分布于全方。出土遗物以陶片为主，可辨器物残片有筒瓦、板瓦、豆、罐等。

第4层：褐色生土层。深35～95厘米（图四）。

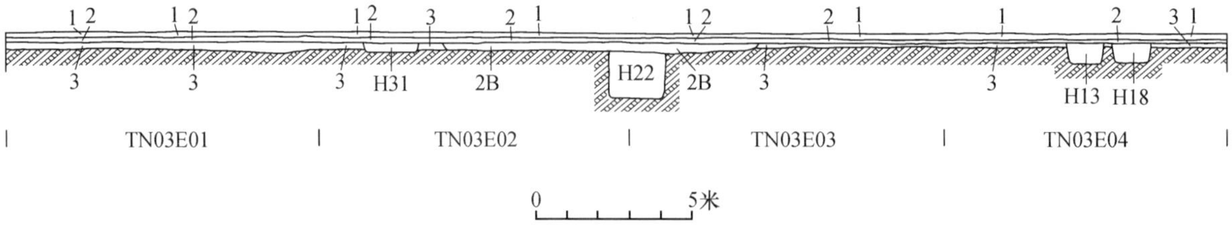


图四　张家台遗址TN03E01、TN03E02、TN03E03、TN03E04北壁剖面图

**2. TN04E02、TN03E02、TN02E02东壁**

第1层：耕土层。厚12～22厘米。褐色土，土质疏松。分布于全方。出土有瓷片、陶豆柄和陶筒瓦、陶板瓦残片等遗物。

第2层：东周文化层。深12～35厘米，厚8～28厘米。黄褐色土，质软，较疏松。分布于全方。出土遗物以陶片为主，有筒瓦、板瓦、豆、盆、罐、盂、鬲等器物残片。该层下出现的遗迹有：H5、H31等。

第2B层：水浸层。深25～83厘米，厚0～53厘米。灰白色土，质地细腻，较纯，粉末状，呈沙性。分布于探方北、东、西三部，南部无分布。出土遗物以陶片为主，有豆柄、盆、盂等器物残片。该层下出现的遗迹有：H36、H37等。

第3层：东周文化层。深20～100厘米，厚0～68厘米。灰褐色土，泛灰，夹有大量锈斑，土质较疏松。分布于全方。出土遗物以陶片为主，其中以泥质灰陶最多，可辨的器物残片有筒瓦、板瓦、豆、罐、盆、盂等。该层下出现的遗迹有：H40、H56、H57、J30、J31等。

第4层：褐色生土层。深40～100厘米（图五）。

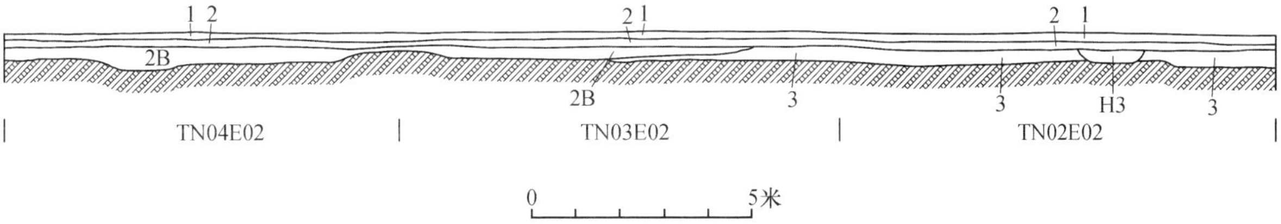


图五　张家台遗址TN04E02、TN03E02、TN02E02东壁剖面图

## 第二节　层位关系

为了全面反映张家台遗址的文化堆积情况，现将该遗址各探方的层位关系表述如下（→表示叠压或打破关系，[ ]表示并列关系）：

（1）TN02E01

①→②→[G1、G2、G3、H4、H11]→③→[G6→G7、G8、G9、H39、H42、H45、J5、J24]→生土

（2）TN02E02

①→②→[G1、H1、H2、H3、H24]→③→[H35、H55、J1、J15、G6]→生土

（3）TN02E03

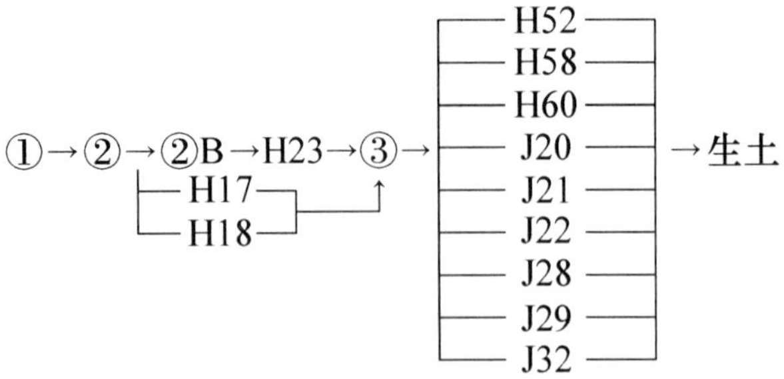


（4）TN02E04

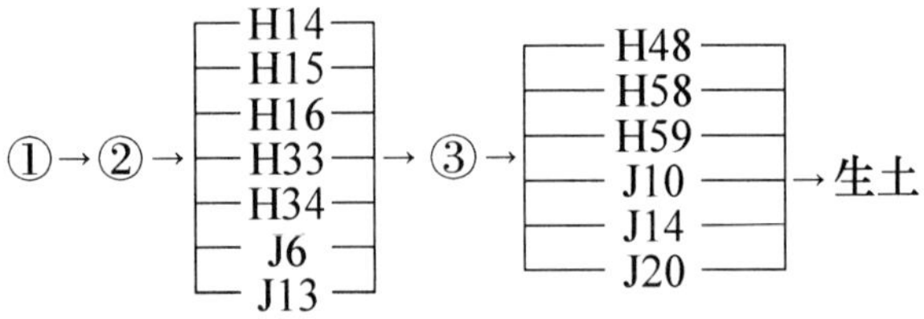


（5）TN03E01

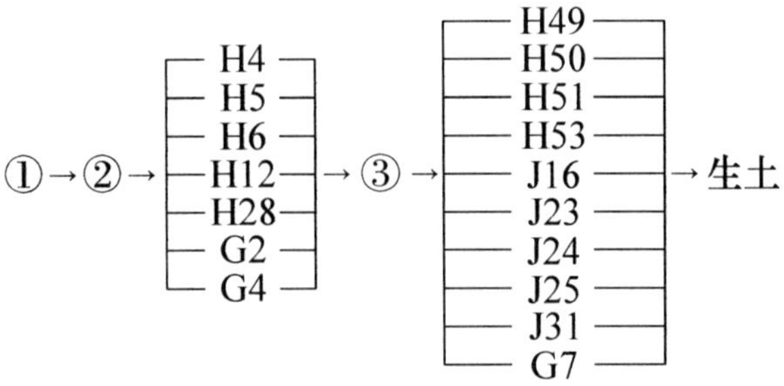


（6）TN03E02

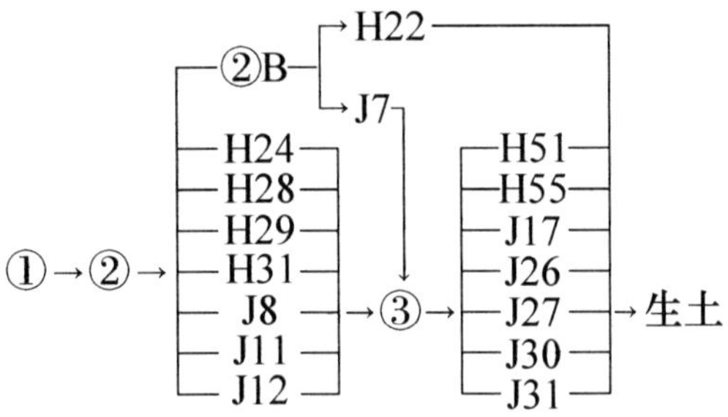


（7）TN03E03

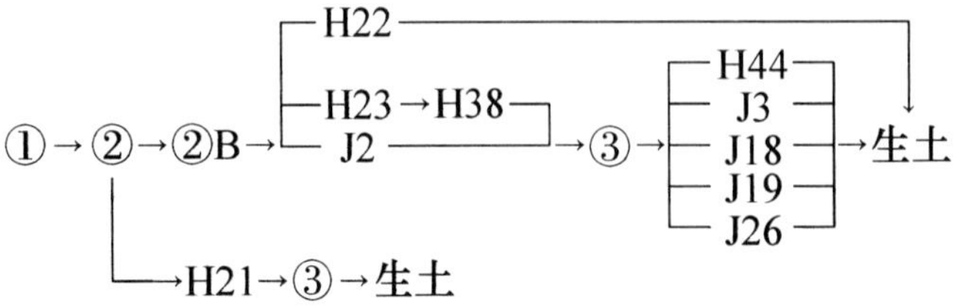

（8）TN03E04

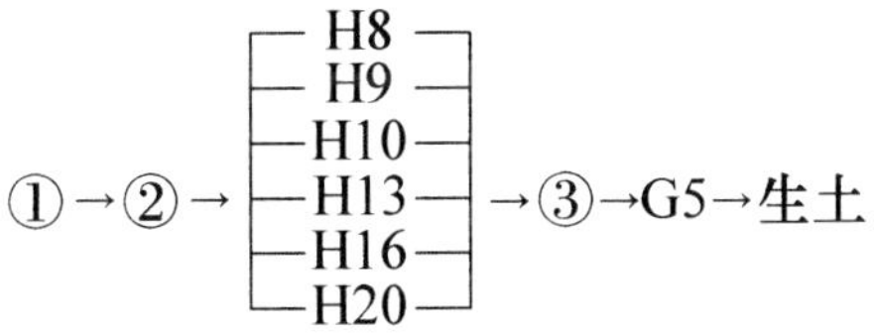


（9）TN04E01

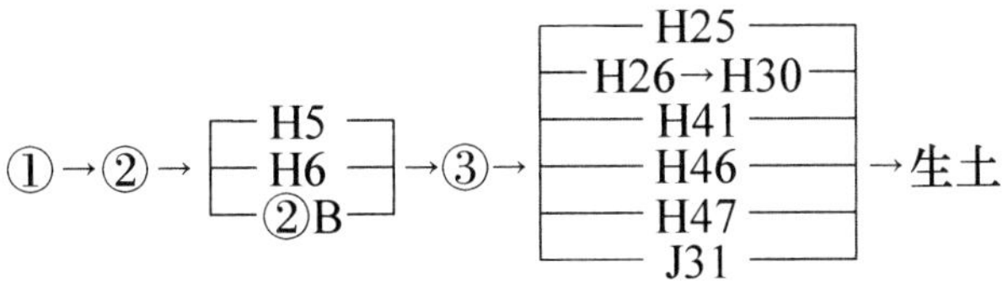


（10）TN04E02

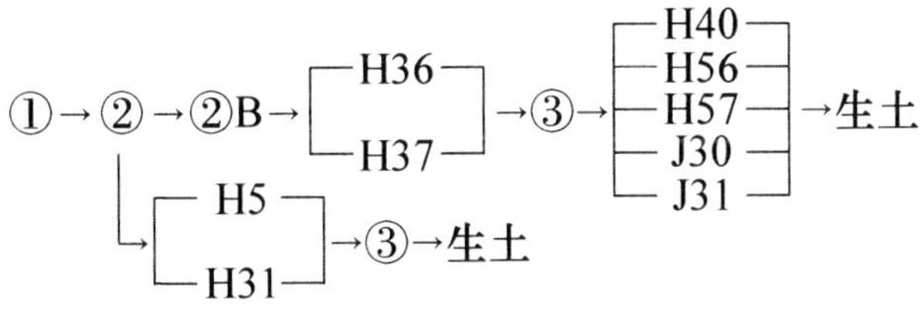


（11）TN04E03

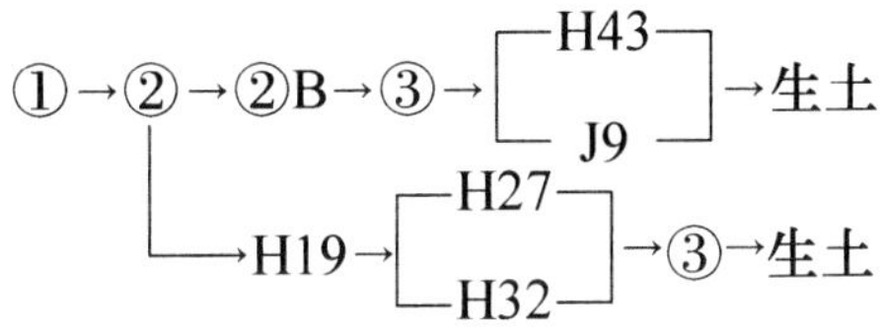


（12）TN04E04

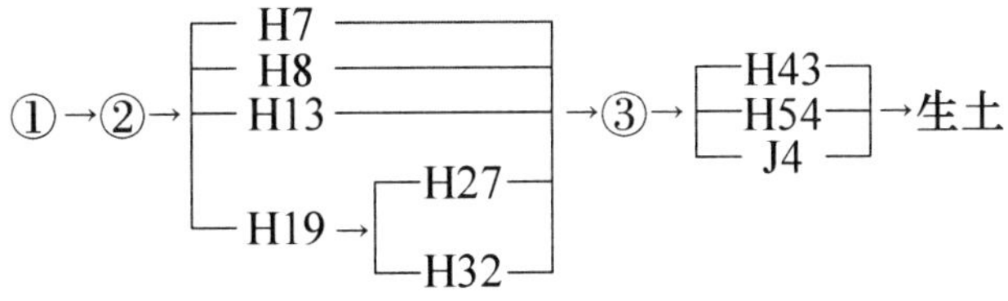

# 第三章　遗迹与遗物综述

张家台遗址东周时期的遗迹比较丰富，共清理灰坑60个、灰沟9条、水井32口（图六）。

第3层下遗迹有灰沟5条，即G5～G9；灰坑26个，即H25、H26、H30、H35、H39～H60；水井25口，即J1、J3～J5、J9、J10、J14～J32（图七）。

第2B层下遗迹有灰坑5个，即H22、H23、H36～H38；水井2口，即J2、J7（图八）。

第3层下遗迹有灰沟 4 条，即G1～G4；灰坑29个，即H1～H21、H24、H27～H29、H31～H34；水井5口，即J6、J8、J11～J13（图九）。

## 第一节　遗 迹 综 述

### 一、第3层下遗迹综述

#### （一）灰沟

共5条，平面形式有不规则长条形和不规则长方形两种。

**1. 不规则长条形**

2条，即G6和G7。沟口距地表深42～50厘米；沟口长1396～1470厘米，宽62～68厘米；沟深10～40厘米。G6沟壁陡直，G7沟壁斜直。沟底均较平。

**2. 不规则长方形**

3条，即G5、G8、G9。沟口距地表深50～60厘米；沟口长225～556厘米，宽52～186厘米；沟深40～64厘米。G5沟壁与底构成弧形，G8、G9沟壁陡直。沟底均较平。

#### （二）灰坑

共26个，平面形式有不规则长方形、不规则椭圆形、不规则圆形及不规则形四种。

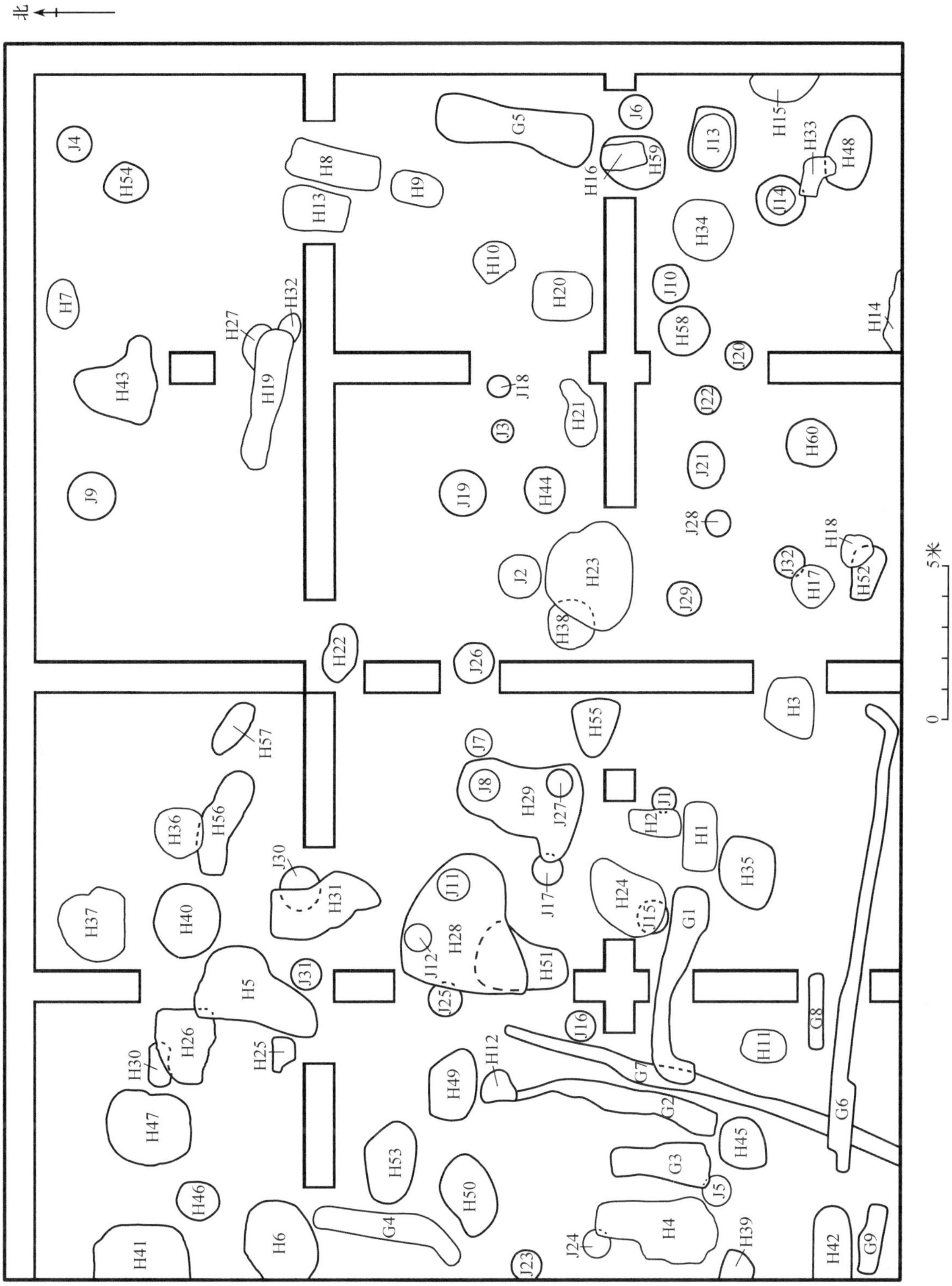


图六　张家台遗址遗迹总平面图

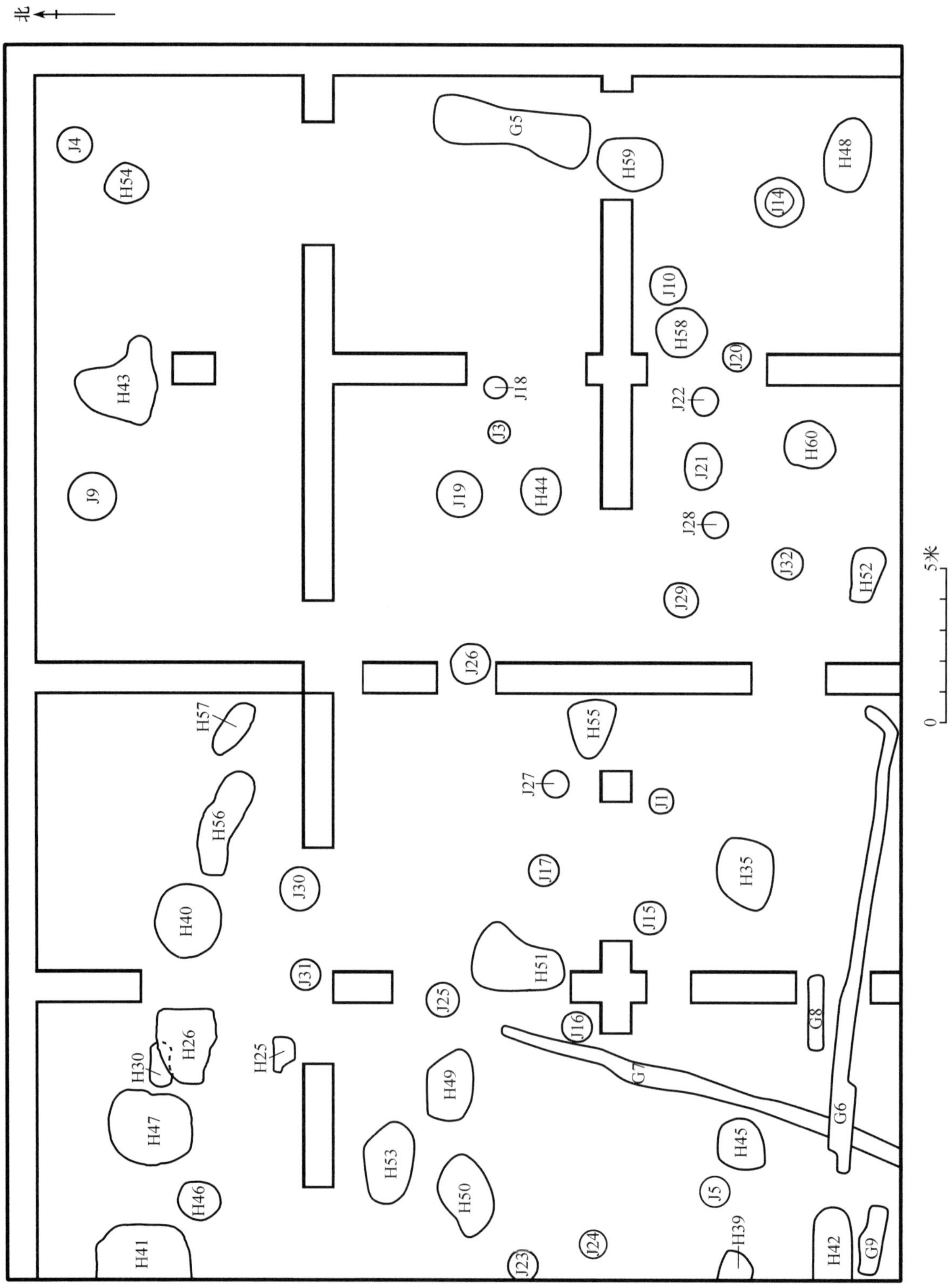


图七　张家台遗址第3层下遗迹平面图

图八　张家台遗址第2B层下遗迹平面图

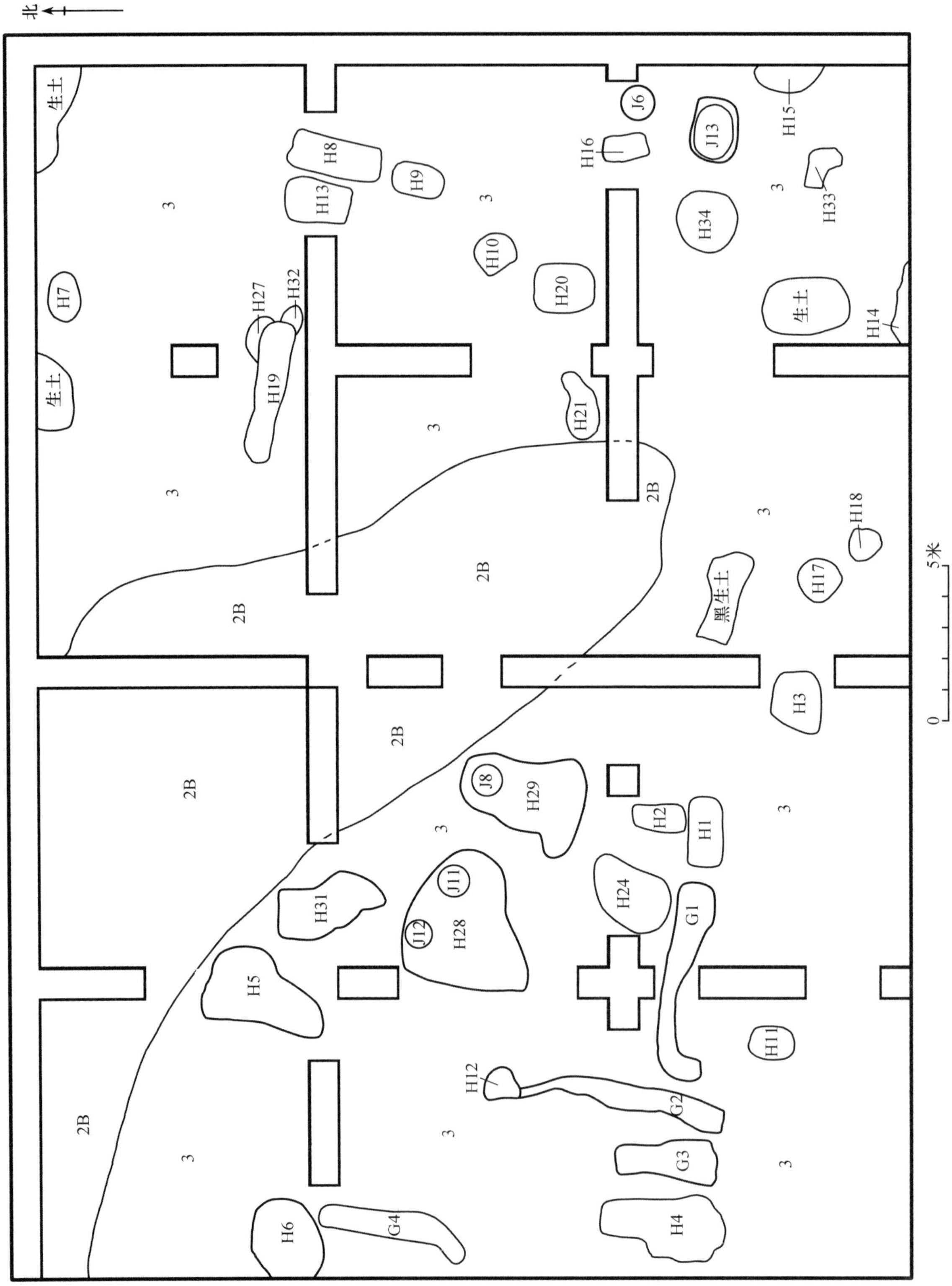


图九　张家台遗址第2层下遗迹平面图

**1. 不规则长方形**

1个，即H25。坑口距地表深71厘米；坑口东西长118厘米，南北宽80厘米；坑底东西长72厘米，南北宽58 厘米；坑深45厘米。坑壁与坑底构成弧形，平底。

**2. 不规则椭圆形**

15个，即H30、H35、H40～H42、H48～H57。坑口距地表深50～75厘米；坑口长125～346厘米，宽82～220厘米；坑深35～170厘米。H30、H40、H41、H49、H50、H51、H53、H54、H56、H57坑壁与坑底构成弧形，H35、H42、H48、H52坑壁斜直，H55剖面呈筒状。H30、H40、H41、H51～H53、H55平底，H35、H50、H56、H57坑底高低不平呈缓坡状，H42、H49坑底呈弧状，H48、H54坑底凸凹不平。

**3. 不规则圆形**

8个，即H39、H44～H47、H58～H60。坑口距地表深42～75厘米；坑口长116～280厘米，宽124～250厘米；坑深52～110厘米。H39、H46、H47坑壁呈弧状，H44、H45、H58～H60坑壁斜直。H39、H58坑底呈弧状，H44～H47、H60坑底稍平，H59坑底凸凹不平。

**4. 不规则形**

2个，即H26、H43。坑口距地表深55～60厘米；坑口长242～275厘米，宽204～287厘米；坑深30厘米。H26坑壁呈弧状，H43坑壁与坑底呈筒状。均为平底。

## （三）水井

共25口，有圆形陶井和圆形土井两种。

**1. 圆形陶井**

6口，即J1、J3、J5、J18、J20、J28。井口距地表深40～182厘米，口径80～96厘米，底径74～86厘米，井深620～840厘米。井底98～235厘米，多由直径1.1厘米、编织细密的竹、藤类编织物做井壁；井圈外径74～86厘米，内径70～78厘米，高70～88厘米，厚1～3 厘米。在井底还发现垫有厚约5厘米的细沙。

**2. 圆形土井**

19口，即J4、J9、J10、J14～J17、J19、J21～J27、J29～J32。均为圆形土井。井口距地表深45～230厘米；井壁斜直，光滑；口径85～160厘米，除J4、J27清理到底外，其余水井清理至深360～570厘米处因安全原因停止发掘。J4井口距地表深60厘米，口径112厘米，底径102厘米，井深820厘米，在距井口300厘米处，井壁一周发现用芦苇做成的编织物，直到井底，大部分已腐烂；在井底发现垫有厚约5厘米的细沙。J27井口距地表深70厘米，口径85厘米，底径76厘米，深780厘米；在距井口240厘米处，发现用直径0.8厘米的竹子编织成的井壁直到井底，大部分已腐烂；在井底发现垫有厚约5厘米的细沙。

## 二、第2B层下遗迹综述

### （一）灰坑

共5个，平面形式有不规则椭圆形和不规则圆形两种。

**1. 不规则椭圆形**

3个，即H22、H23、H37。坑口距地表深50～75厘米；坑口长185～355厘米，宽80～292厘米；坑深42～138厘米。H22为斜壁，H23、H37坑壁与底构成弧形。均为平底。

**2. 不规则圆形**

2个，即H36和H38。坑口距地表深60～75厘米；口径160厘米，底径115～142厘米；坑深40～160厘米。H36坑壁呈弧状，H38剖面呈筒状。均为平底。

### （二）水井

2口，即J2和J7。均为圆形土井。井口至地表深40厘米；井壁斜直，光滑；口径140厘米，清理至深480厘米处因安全原因停止发掘。

## 三、第2层下遗迹综述

### （一）灰沟

共4条，平面形式有不规则长条形和不规则长方形两种。

**1. 不规则长条形**

3条，即G1、G2、G4。沟口至地表深30～35厘米；沟口长494～680厘米，宽70～135厘米；沟深25～40厘米。G1沟壁斜直，沟底较平；G2剖面呈倒梯形，沟壁陡直，沟底较平；G4沟壁与底构成弧形，平底。

**2. 不规则长方形**

1条，即G3。沟口至地表深32厘米；沟口南北长336厘米，东西宽145厘米；沟深30厘米。沟壁斜直，沟底较平。

## （二）灰坑

共29个，平面形式有不规则长方形、不规则椭圆形、不规则圆形及不规则形四种。

**1. 不规则长方形**

9个，即H1、H2、H5、H8、H13、H16、H19、H29、H31。坑口距地表深25～50厘米；坑口长142～420厘米，宽92～314厘米；坑深24～54厘米。H1、H2、H16坑壁斜弧；H5、H13、H19坑壁呈弧形；H8坑壁剖面呈筒状；H29坑壁剖面呈坡状；H31坑壁与坑底构成弧形，剖面呈弧形。H1、H5、H8、H31平底，H2、H29坑底凸凹不平，H16圜底，H13、H19坑底高低不平呈缓坡状。

**2. 不规则椭圆形**

8个，即H7、H9、H11、H12、H21、H24、H28、H32。坑口距地表深25～60厘米；坑口长68～440厘米，宽68～400厘米；坑深24～76厘米。H7、H9、H12、H21、H24、H28坑壁呈弧形，H11斜壁，H32坑壁剖面呈筒状。H7、H9、H11、H21、H24、H32坑底较平，H12圜底近平，H28底部南高北低呈弧形。

**3. 不规则圆形**

9个，即H3、H6、H10、H15、H17、H18、H20、H27、H34。坑口距地表深28～40厘米；坑口长108～260厘米，宽53～225厘米；坑深14～69厘米。H3、H6、H10坑壁斜弧；H15、H17、H18、H34坑壁斜直；H20、H27剖面呈筒状，坑壁与坑底构成弧形。H6、H10、H15、H17、H18、H20、H27坑底较平，H3坑底凸凹不平，H34坑底微弧。

**4. 不规则形**

3个，即H4、H14、H33。坑口距地表深25～50厘米；坑口长132～420厘米，宽66～212厘米；坑深30～38厘米。H4坑壁斜弧，H14、H33坑壁斜直。H4、H14坑底较平，H33坑底微圜。

### （三）水井

共5口，即J6、J8、J11～J13。均为圆形土井。井口距地表深55～130厘米；井壁斜直，光滑；口径90～110厘米；清理至深360～560厘米处因安全原因停止发掘。

## 第二节　遗物综述

张家台遗址出土的遗物丰富，按质地划分有东周陶器1008件、印纹硬陶8件、铜器2件、铁器4件、石器4件、竹木类标本18件、动物骨骼标本6件，以及晚期遗物计青瓷器7件、釉陶器31件、青花瓷器19件、铜钱1枚。陶器、铜器、铁器、石器均为实用器。

## 一、东周陶器

东周陶器共出土1008件，类别简单。器类主要有鬲、盂、豆、盖豆、罐、壶、盘、瓮、盆、器座、纺轮、井圈、板瓦、瓦当、筒瓦等。

### （一）陶质

有夹砂陶与泥质陶两种。日用生活器鬲、盂、豆、盖豆、罐、壶、盘、瓮、盆、器座、纺轮等，其胎泥经过淘洗、焙烧成器后，陶质较坚硬；但仍有部分略显粗糙。建筑类器物井圈、板瓦、瓦当、筒瓦等陶胎未经淘洗，陶质略显粗糙。夹砂陶数量较少，主要是鬲，焙烧温度较高，陶质较坚硬。

### （二）陶色

夹砂陶主要为鬲口沿、鬲足和器座，共194件。计有灰陶、灰黄陶、褐黄陶、褐灰陶、褐红陶等。

泥质陶主要为盂、豆、盖豆、罐、壶、盘、瓮、盆、器座、纺轮等，共814件。计有灰陶、灰黄陶、褐黄陶、褐灰陶、褐红陶、黑衣灰陶、黑衣灰黄陶、黑衣褐黄陶、黑衣褐红陶、黑衣褐灰陶。

陶色不同，反映出其烧成工艺不同。有专家认为：灰胎的烧成是器物在焙烧后期改用还原焰，将陶胎内的氧化铁大部分还原为氧化亚铁，从而陶胎变成灰胎；褐胎的烧成是窑内在通风良好、燃料充分燃烧的情况下产生氧化焰，使胎体内的铁质大部分转化为氧化铁而成为褐胎，且由于胎体内的氧化铁的含量不同而使陶胎变成红、褐、灰褐等诸色。

## （三）制法

制法分轮制、模制、手制三种。鬲、盂、豆、盖豆、罐、壶、盘、盆、器座、纺轮等形体呈圆形的器物为轮制，部分器身内、外壁可见轮制的旋痕，其弦纹与凸棱纹也是以旋转方法制成。豆盘与豆柄及底为分体轮制，豆盘与柄结合处可见泥浆黏结痕。形体较大的器形如瓮、井圈、板瓦、瓦当及筒瓦等为手制，泥条盘筑而成后慢轮修整而成，部分器身内外可见拍痕；瓦当为模制，有的表面有刮削痕；板瓦、瓦当、筒瓦等器形不规整，瓦身两侧有切割痕迹，制作比较粗糙，不规范。

## （四）纹饰

主要为粗绳纹，可分为粗绳纹、间断绳纹、交错绳纹、竖向绳纹、抹平绳纹、附加堆纹（压印绳纹），此外还有凹弦纹、凸弦纹、圆圈纹、凸弦纹压印圆圈纹、点线纹、暗纹、“S”纹、凸棱、麻点纹、棱网格纹、水波纹、细绳纹、垫痕、抹痕等。

### 1. 粗绳纹

主要装饰在鬲（图一〇）、长颈壶（图一三，1）、井圈（图一六，1、2）及部分板瓦、筒瓦、瓦当的瓦面（图一七，1、2；图一八，1、2；图一九，1、3、4）。

### 2. 间断绳纹

主要装饰在鬲（图一〇）、高领罐（图一二，1）、折沿罐（图一二，3）、双耳罐、长颈壶（图一三，1、2）及瓮（图一四，1、2）、盆的肩部及上腹部（图一五，3、6、11）。

### 3. 交错绳纹

主要装饰在鬲（图一〇）、盂（图一一，1）、高领罐（图一二，1、2）、双耳罐、折沿罐（图一二，3）及长颈壶（图一三，1、2）、瓮（图一四，1、2）、盆（图一五，1～3）的腹部、裆部或肩部。

### 4. 抹平绳纹、抹痕

主要装饰在器座（图一二，5）及鬲、高领罐（图一二，1）、双耳罐、折沿罐、长颈壶、盆的颈部或肩部，瓮的肩部，板瓦、筒瓦、瓦当的瓦面（图一八，1、2）的近唇部及内壁（图一九，1、3、4；图二〇）。

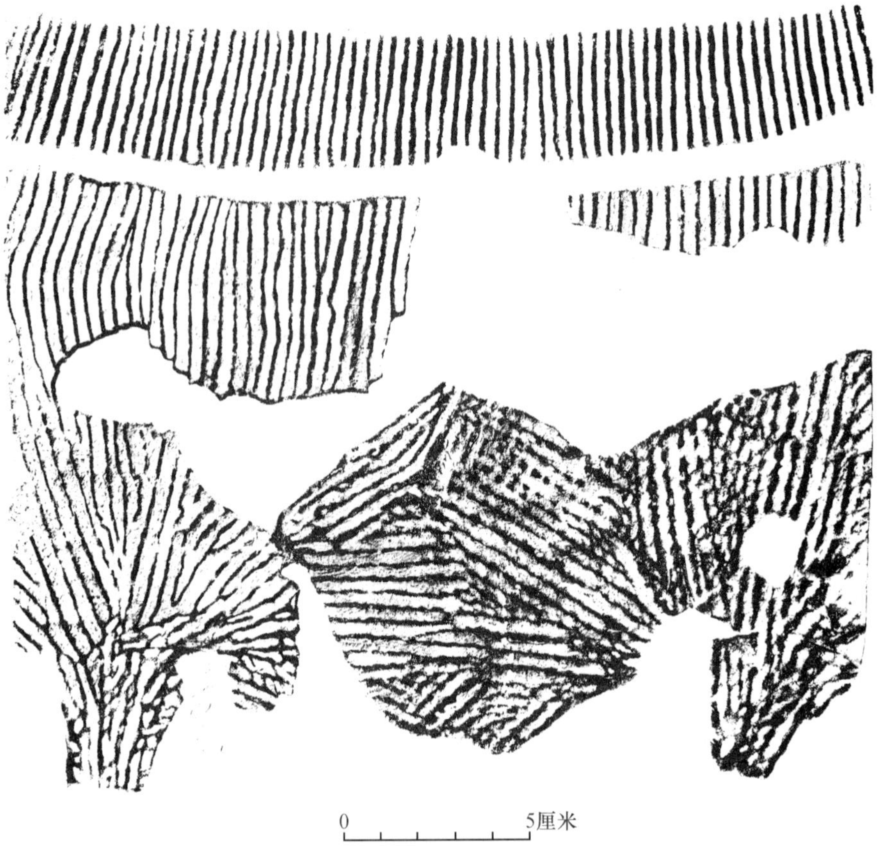


图一〇　绳纹、G6：1鬲纹饰拓片间断绳纹、交错绳纹

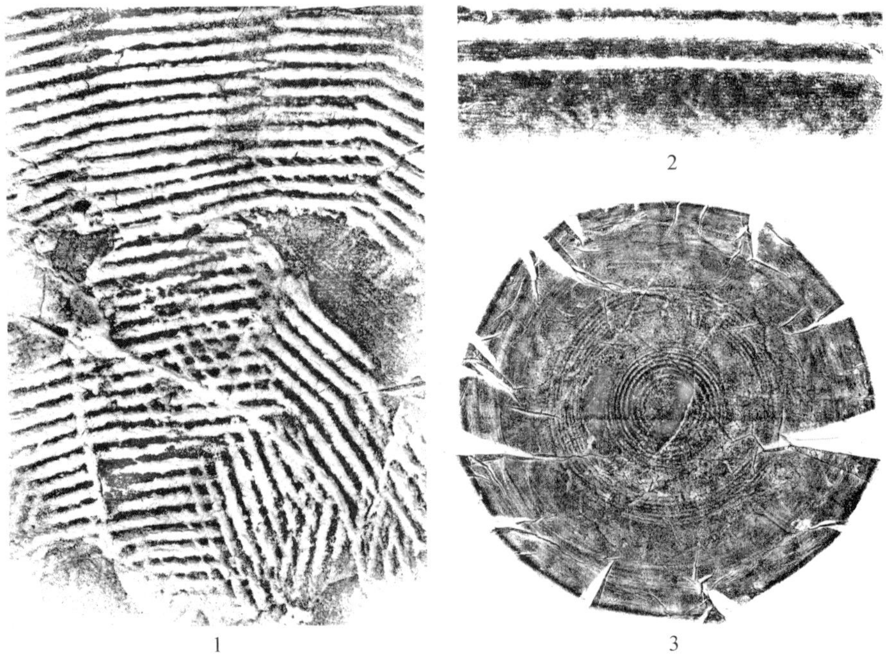


图一一　交错绳纹、凹弦纹、暗纹

1. H22：2盂下腹交错绳纹拓片　2. J1：6盂上腹凹弦纹拓片　3. J20：21豆盘内同心圆暗纹拓片

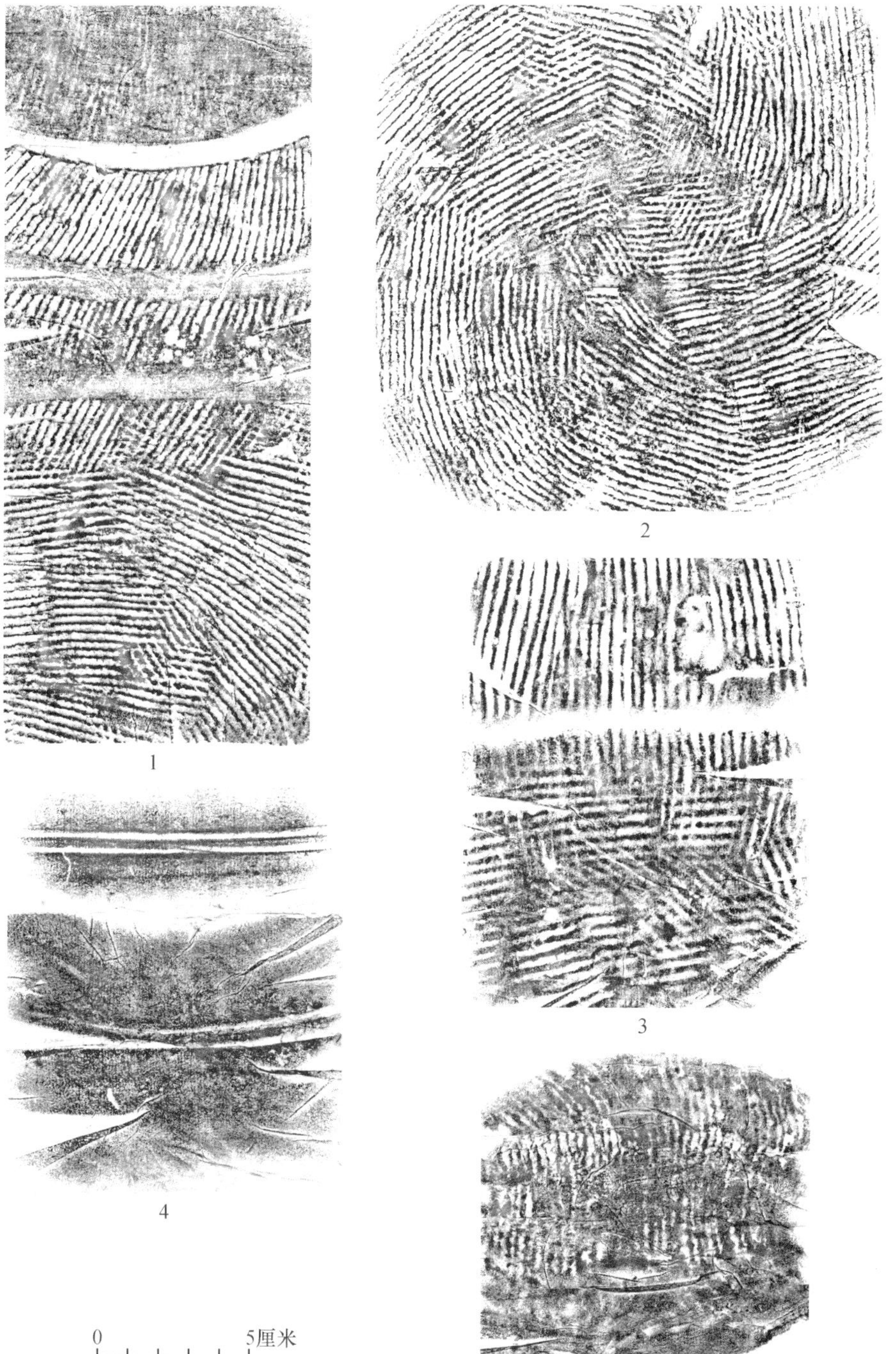


图一二　间断绳纹、交错绳纹、抹平绳纹、凹弦纹

1、2. J20：13高领罐纹饰拓片　3. J1：12折沿罐纹饰拓片　4. J5：2高领小罐纹饰拓片　5. J20：6器座纹饰拓片

### 5. 附加堆纹（压印绳纹）

主要装饰在井圈的口沿部（图一六，2）。

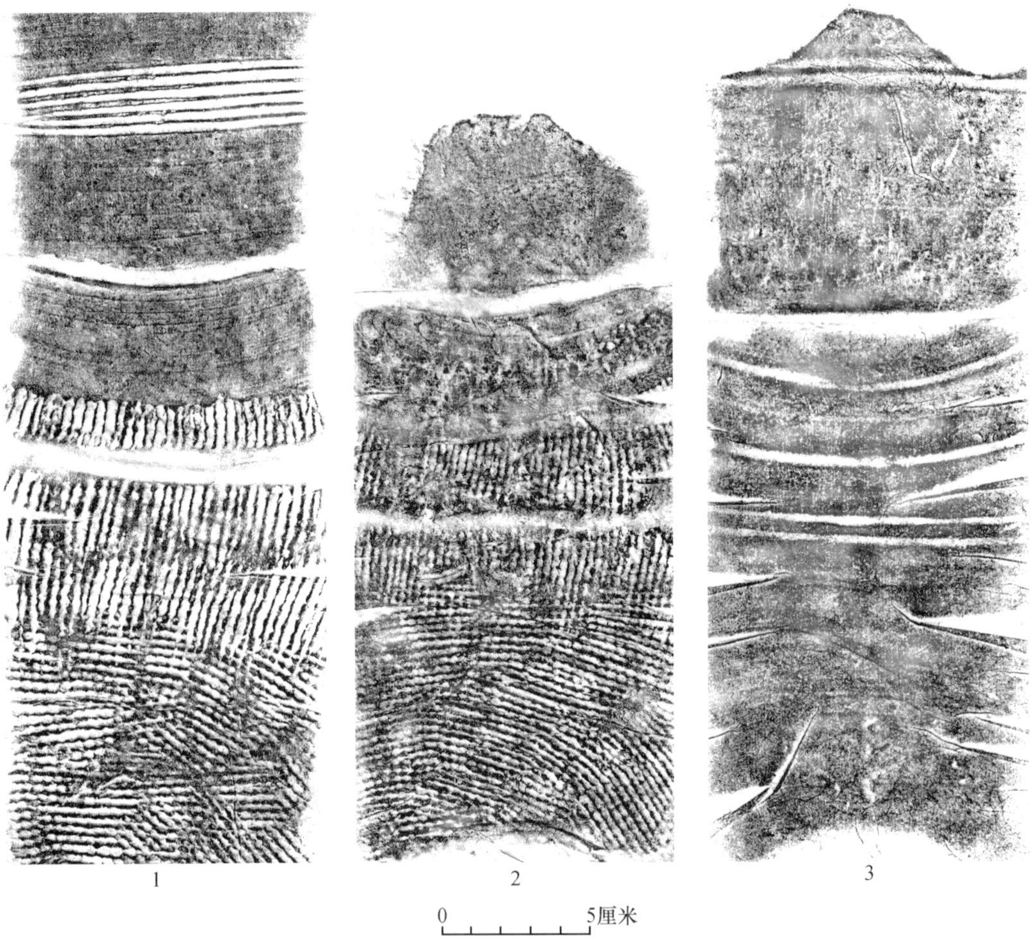


图一三　凹弦纹、间断绳纹、粗绳纹、交错绳纹
1. J1：9长颈壶纹饰拓片　2. J20：1长颈壶纹饰拓片　3. J4：1长颈壶纹饰拓片

**6. 凹弦纹**

主要装饰在鬲、盂（图一一，2）、高领罐、盆（图一五，3、5、7～9）的沿面及肩部，豆盘的外壁，盖豆的腹部及柄中部，高领小罐（图一二，4）、长颈壶的颈腹部或肩腹部（图一三，3），双耳壶的肩腹部（图一四，3），盘的部分沿面及腹部，瓮的沿面、肩及上腹（图一四，4～6），井圈的上、下沿及板瓦的瓦头（图一七，1、2）。

**7. 凸弦纹、圆圈纹、凸弦纹压印圆圈纹**

主要装饰在盆的上肩部。

**8. 暗纹**

有“X”纹、同心圆纹、放射纹、“十”字纹、勾连纹、卷云纹、水波纹、辐射纹等，主要装饰在豆盘内（图一一，3）；水波纹装饰在长颈壶、双耳壶的肩部。

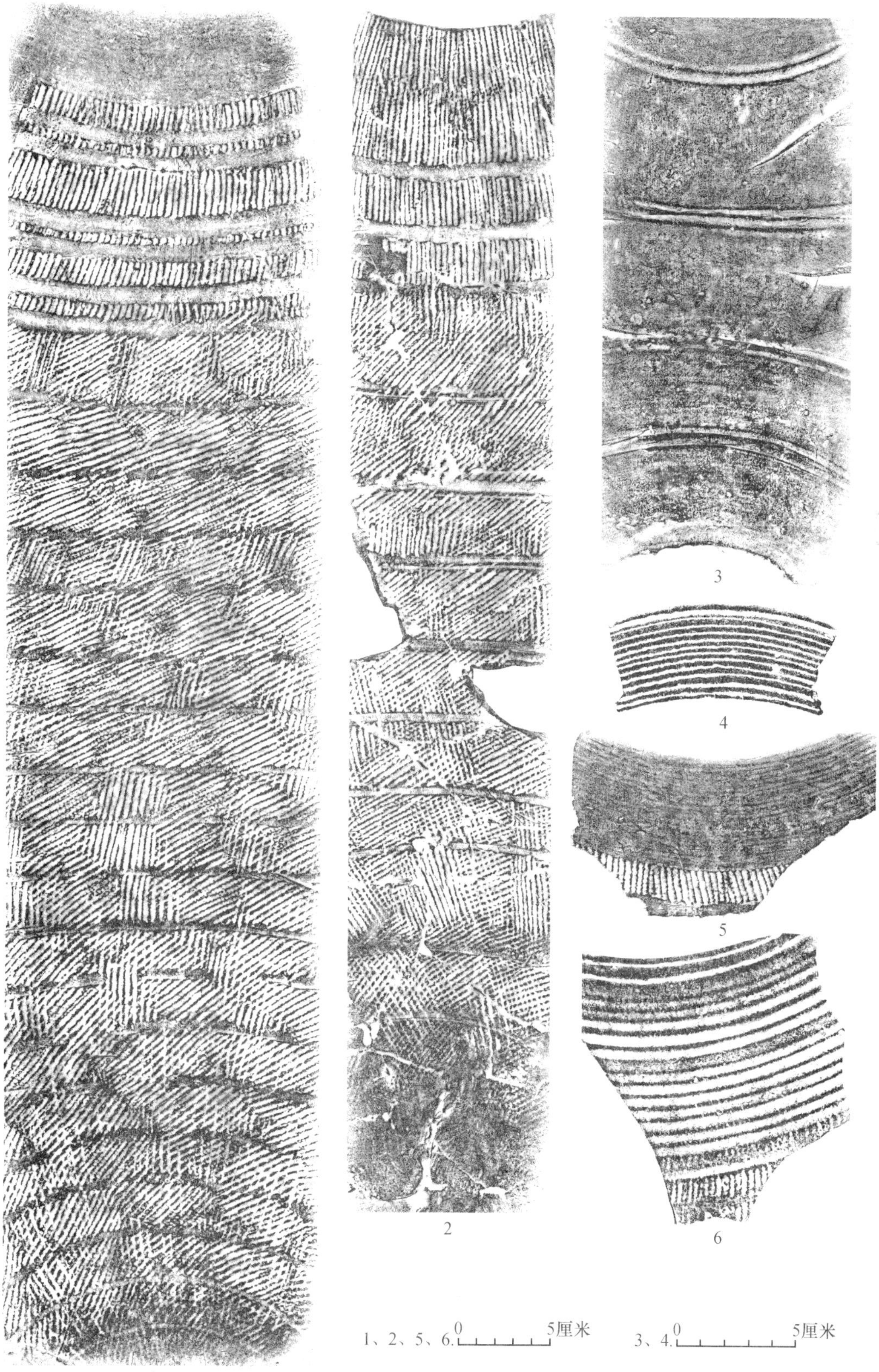


图一四　间断绳纹、交错绳纹、凹弦纹

1. J1：14瓮纹饰拓片　2. J3：8瓮纹饰拓片　3. J28：11双耳壶纹饰拓片　4. H22：8瓮口沿纹饰拓片
5. J20：55瓮肩腹部纹饰拓片　6. TN04E03③：10瓮肩腹部纹饰拓片

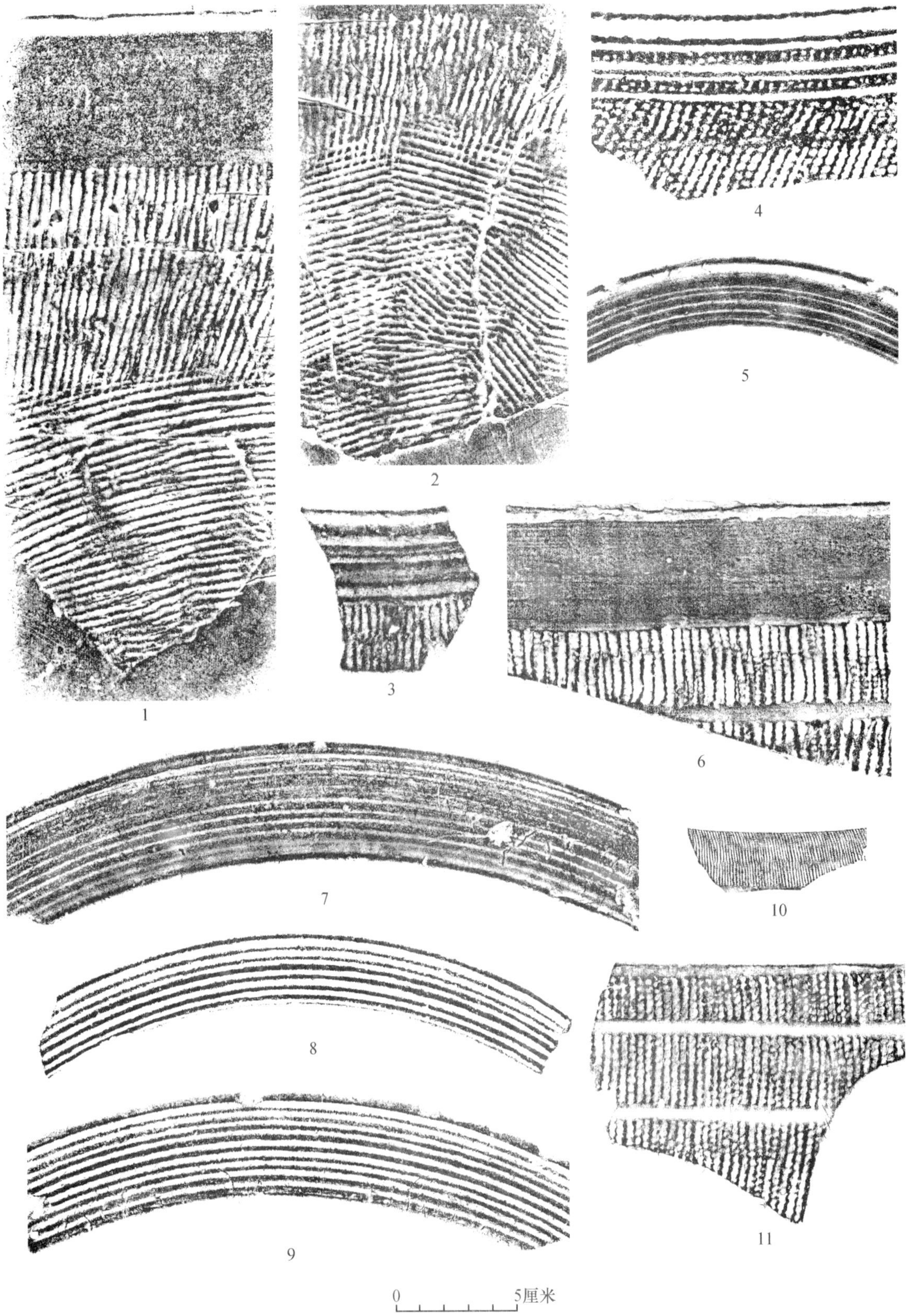

图一五　凹弦纹、交错绳纹、间断绳纹（盆）

1. J5：10　2. J14：2　3. J1：42　4. G6：2肩腹部　5. J1：33口沿　6. J5：18肩腹部　7. J5：18口沿　8. TN04E03③：1口沿　9. J1：35口沿　10. J20：51肩腹部　11. J20：51肩腹部

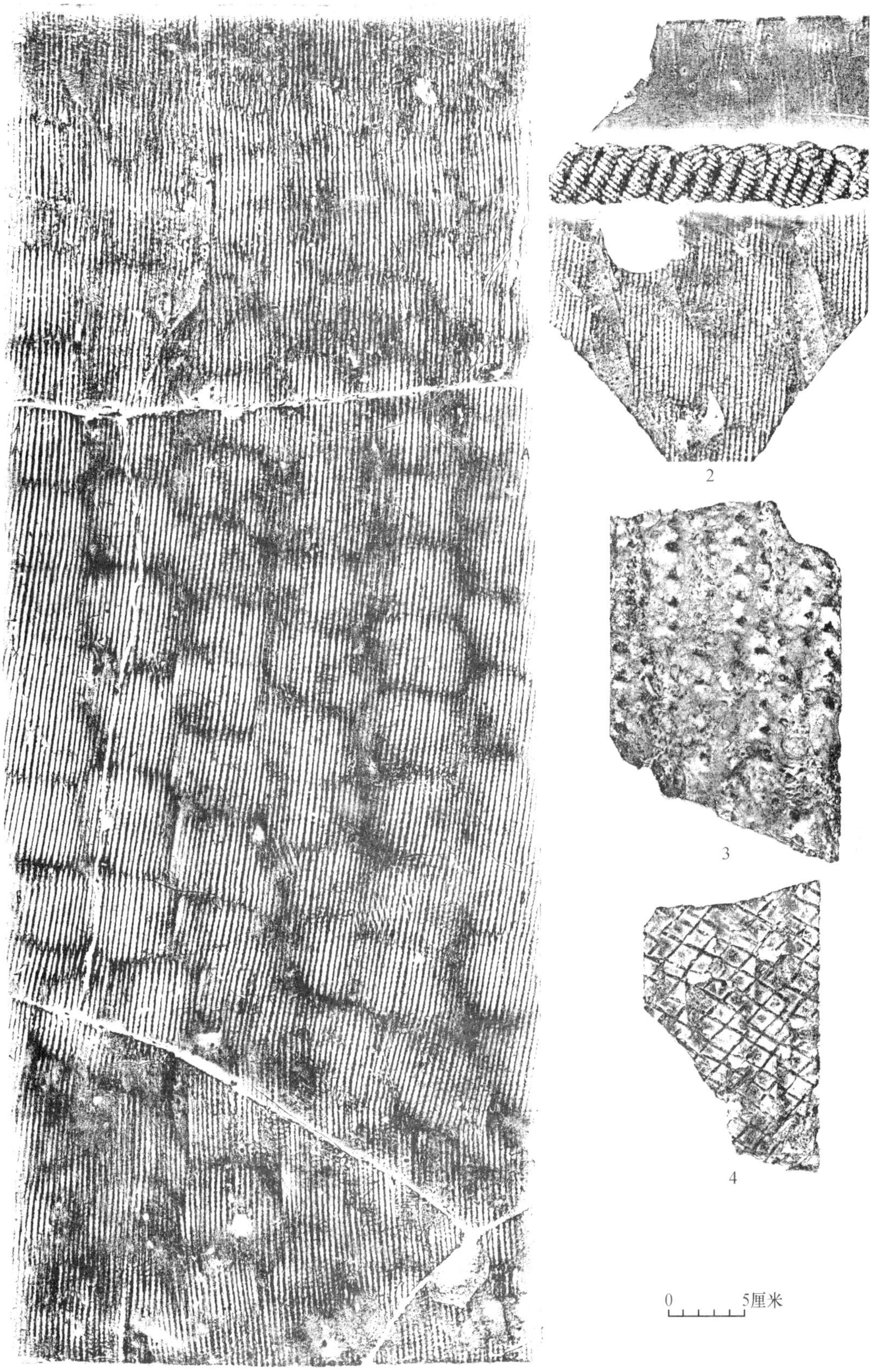


图一六　麻点纹、棱网格纹、粗绳纹、附加堆纹（压印绳纹）

井圈：1. J5∶8　2. J28∶22　板瓦：3. J1∶52内侧　4. J1∶53内侧

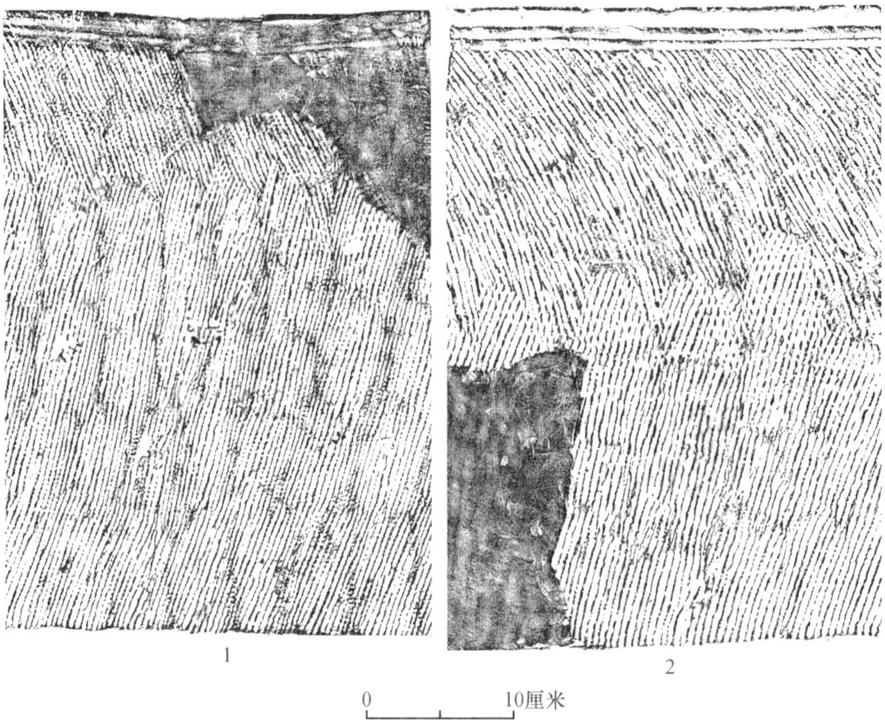

图一七　凹弦纹、粗绳纹（板瓦）

1. J1∶17　2. J1∶19

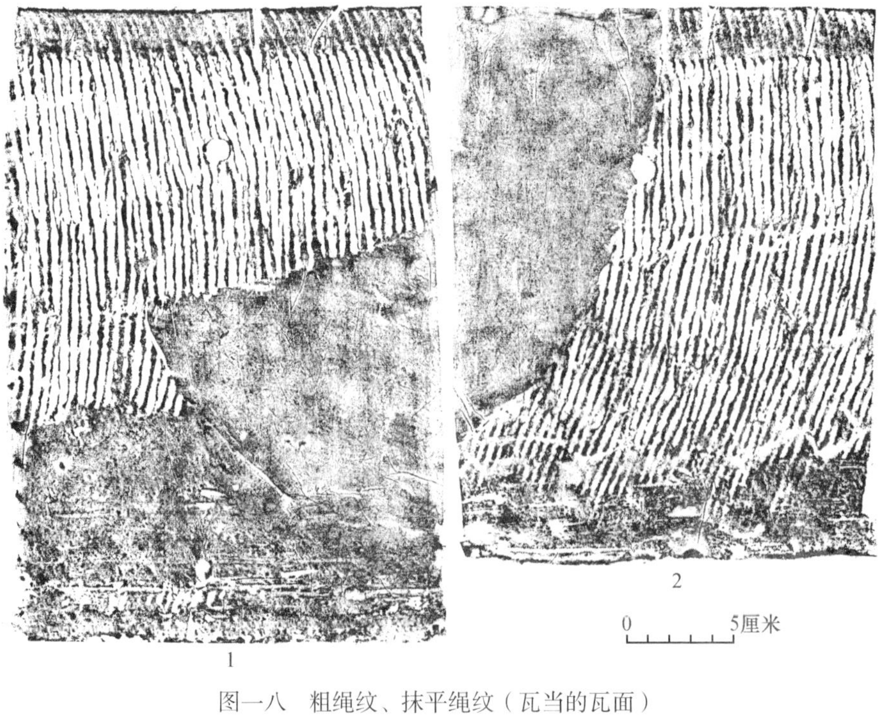

图一八　粗绳纹、抹平绳纹（瓦当的瓦面）

1. J5∶16　2. J20∶17

**9.“S”纹**

主要装饰在豆座上。

**10. 凸棱**

主要装饰在纺轮上。

**11. 麻点纹、棱网格纹、水波纹、细绳纹、垫痕**

主要见于瓦当、筒瓦的内壁（图一六，3、4；图一九，2、4、6）。

**12. 烟炱**

主要见于鬲（或许包含甗，但在发掘中未见甗腰因而无法判定）足及裆部（图一〇）。

## （五）器类

主要有鬲、盂、豆、盖豆、罐、壶、盘、瓮、盆、器座、纺轮、井圈、板瓦、瓦当、筒瓦等。

**1. 鬲**

193件。为鬲口沿和鬲足。其中无法归类的鬲足有24件。部分沿面、肩饰凹弦纹，颈饰抹平绳纹，腹、裆饰交错绳纹，足饰绳纹；少量器表有烟炱。均为夹砂陶，陶色有灰陶、灰黄陶、褐黄陶、褐灰陶、褐红陶。下面按鬲口沿与鬲足分别叙述。

（1）鬲口沿

99件。均为夹砂陶，陶色有灰陶、灰黄陶、褐黄陶、褐灰陶。均为轮制。肩及上腹部饰竖向绳纹，下腹、裆饰交错绳纹，足饰绳纹；少数沿面、肩饰凹弦纹，颈饰抹平绳纹。依据口径和形体大小可分为大型鬲与小型鬲（形体较小、类似于模型明器）两种，大型鬲又依据口径小于三足外切圆径或大于三足外切圆径分为A、B型；而且为便于后文叙述，我们将小型鬲归为C型。

A型　36件。小口鬲，口径小于三足外切圆径。小口，折沿，短束颈，溜肩，鼓腹下内收，分裆，袋状足，深足窝。沿面饰凹弦纹。依据口沿、颈及肩部变化分为Aa、Ab、Ac三亚型。

Aa型　8件。折平沿，短束颈，溜肩。依据口沿、颈及肩部变化分为二式。

Ⅰ式　2件。第3层下出土。敛口。

H26：6，夹砂灰黄陶。方唇。颈饰抹平绳纹，肩、腹饰竖向绳纹。口径28、残高5厘米（图二一，1）。

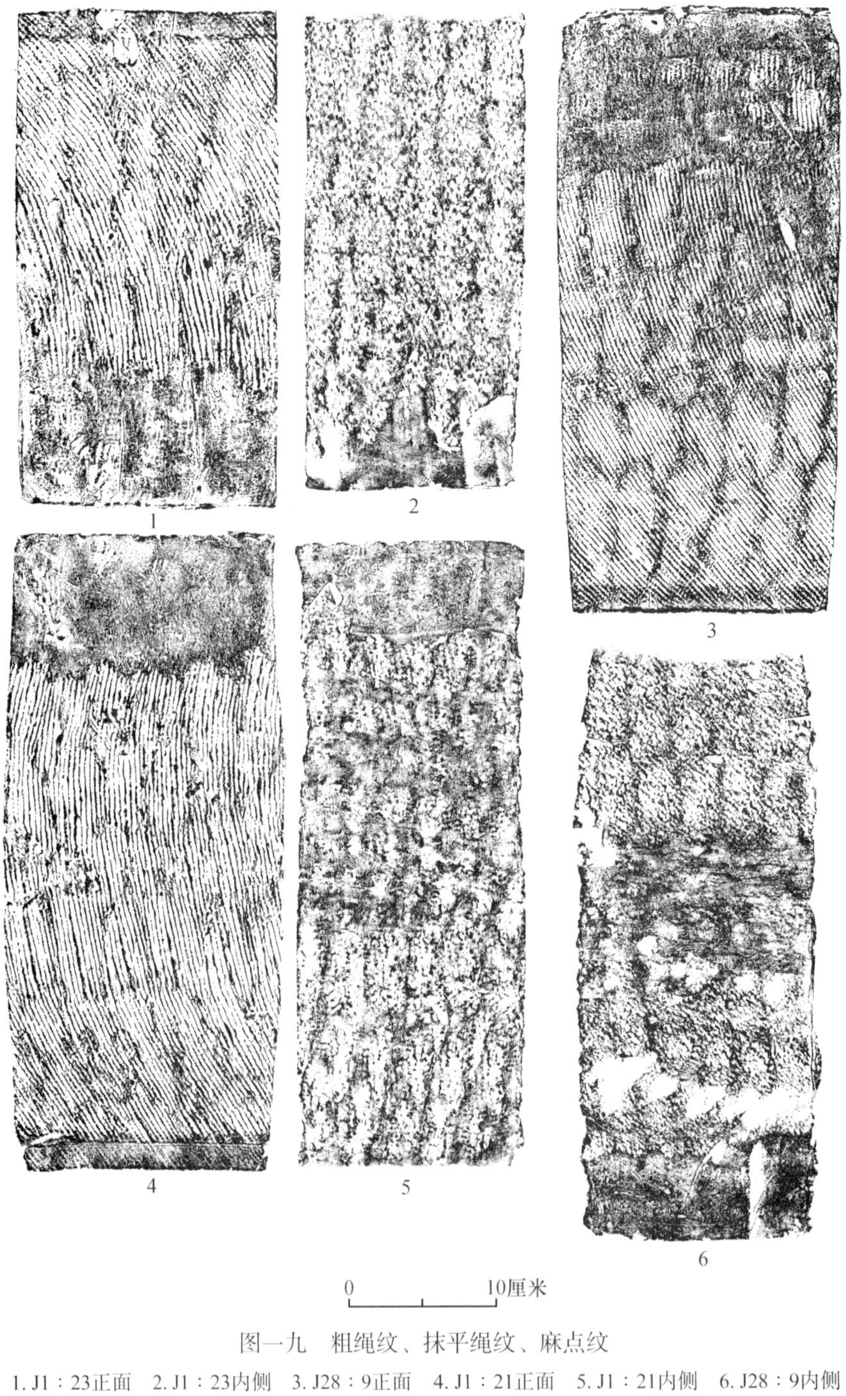



图一九　粗绳纹、抹平绳纹、麻点纹

1. J1：23正面　2. J1：23内侧　3. J28：9正面　4. J1：21正面　5. J1：21内侧　6. J28：9内侧

Ⅱ式　6件。第3层下、第2B层下、第2层下出土。敞口。

H59：6，夹砂灰黄陶。口略敞，尖圆唇。沿面饰一道凹弦纹，颈饰抹平绳纹。口径27、残高4.4厘米（图二一，3）。

Ab型　21件。敛口，折沿外翻卷，沿面向内，短束颈，溜圆肩，鼓腹下内收，深足窝。依据口沿、颈及肩部变化分为四式。

Ⅰ式　3件。第3层下、第3层出土。

图二〇　麻点纹、棱网格纹、水波汶、细绳纹、抹痕
筒瓦：1. J1：55　2. J20：17　3. J5：28　6. J5：28　7. J20：53
板瓦：4. J1：20　5. J5：27

TN02E02③：31，夹砂灰黄陶。折弧沿外翻卷，圆唇。沿面和肩部各饰一道凹弦纹，上腹饰竖向绳纹。口径38、残高7.8厘米（图二一，2）。

Ⅱ式　1件。第3层下出土。口略敛。

H26：11，夹砂灰黄陶。方圆唇。沿面饰一道凹弦纹，肩及上腹部饰竖向绳纹。口径36、残高23.6厘米（图二一，5）。

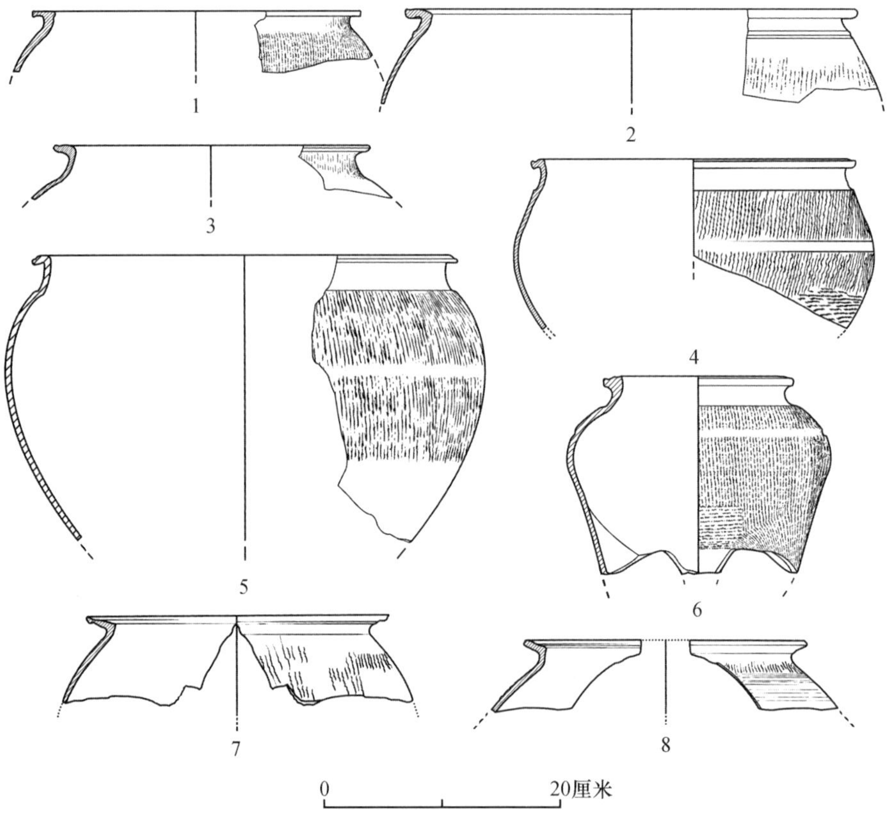


图二一　A型陶鬲

1. Aa型Ⅰ式（H26：6）　2. Ab型Ⅰ式（TN02E02③：31）　3. Aa型Ⅱ式（H59：6）　4. Ab型Ⅳ式（G5：9）
5. Ab型Ⅱ式（H26：11）　6. Ab型Ⅲ式（H51：1）　7. Ac型Ⅰ式（J4：17）　8. Ac型Ⅱ式（J13：10）

Ⅲ式　3件。第3层下、第3层出土。口微敞。

H51：1，夹砂灰陶。方圆唇，鼓腹下内收，深足窝。沿面饰两道凹弦纹，肩及上腹部饰竖向绳纹，裆饰交错绳纹。口径16、腹径22.2、残高16.3厘米（图二一，6）。

Ⅳ式　14件。第3层下、第3层、第2层下、第2层出土。敞口，圆鼓腹。

G5：9，夹砂褐黄陶。方圆唇。沿面饰一道凹弦纹，肩及上腹部饰竖向绳纹。口径27.4、残高14厘米（图二一，4）。

Ac型　7件。敛口，仰折沿，沿面向内。依据口沿、颈及肩部变化分为二式。

Ⅰ式　4件。第3层下、第2层下出土。敛口，尖圆唇。

J4：17，夹砂褐灰陶。束颈，溜肩，弧腹下收。沿面饰一道凹弦纹，肩饰抹平绳纹。口径26、残高7.3厘米（图二一，7）。

Ⅱ式　3件。第3层、第2层下出土。口略敛，方唇。

J13：10，夹砂灰黄陶。短束颈，溜肩，弧腹下内收。沿面饰一道凹弦纹，颈饰抹平绳纹，肩饰凹弦纹。口径24、残高5.7厘米（图二一，8）。

B型　43件。大口鬲，口径大于三足外切圆径。大口，折沿外翻卷，束颈，腹部微鼓，腹壁向下内收，柱状足上粗下细，足尖平。依据口沿、颈及肩部变化分为Ba、Bb、Bc三亚型。

Ba型　15件。折平沿，短束颈，弧腹下收。依据口沿、颈及肩部变化分为三式。

Ⅰ式　5件。第3层下、第3层出土。直口微敞。

H47：23，夹砂灰陶。沿面略下凹，尖圆唇。肩饰竖向绳纹。口径42、残高5.4厘米（图二二，2）。

Ⅱ式　5件。第3层出土。敞口。

TN04E04③：15，夹砂灰陶。圆唇。肩腹饰竖向绳纹。口径38、残高7厘米（图二二，4）。

Ⅲ式　5件。第3层、第2层下出土。直口微敛。

J13：3，夹砂灰黄陶。圆唇。沿面饰三道凹弦纹，肩饰竖向绳纹。口径42、残高7.6厘米（图二二，6）。

Bb型　12件。折沿外翻卷，沿面向内，短束颈，弧直腹下收。依据口沿、颈及肩部变化分为三式。

Ⅰ式　5件。第3层下、第3层、第2B层下出土。沿略外翻，肩略折。

J20：52，夹砂灰陶。折弧沿，尖圆唇。沿面饰十一道凹弦纹。口径52、残高10厘米（图二二，7）。

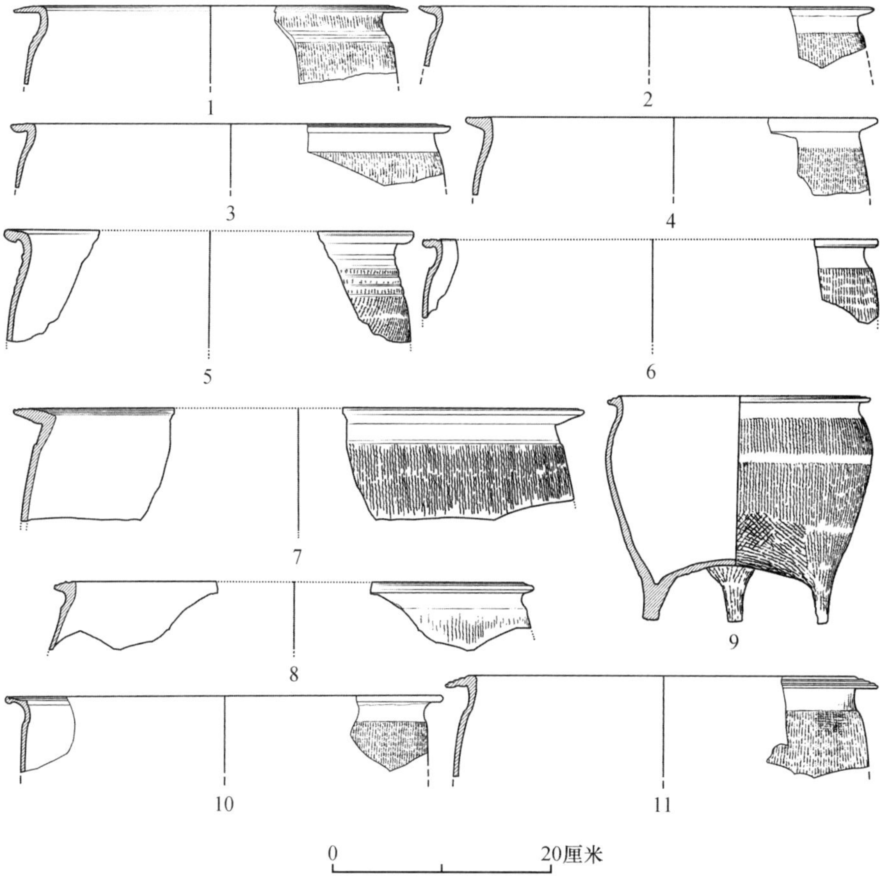


图二二　B型陶鬲

1. Bc型Ⅱ式（TN04E04③：36）　2. Ba型Ⅰ式（H47：23）　3. Bc型Ⅳ式（TN04E04③：41）　4. Ba型Ⅱ式（TN04E04③：15）　5. Bb型Ⅱ式（G6：2）　6. Ba型Ⅲ式（J13：3）　7. Bb型Ⅰ式（J20：52）　8. Bc型Ⅲ式（J30：4）　9. Bc型Ⅰ式（G6：1）　10. Bb型Ⅲ式（H26：5）　11. Bc型Ⅴ式（H38：3）

Ⅱ式　4件。第3层下、第3层、第2层下出土。折沿外翻卷，溜肩，弧腹下收。

G6：2，泥质灰陶。敛口，圆唇。肩腹部饰间断绳纹，腹饰竖向绳纹。口径38、残高9.8厘米（图二二，5）。

Ⅲ式　3件。第3层下、第3层出土。折沿外翻卷，肩略折，直弧腹下收。

H26：5，夹砂灰陶。方圆唇。腹饰竖向绳纹。口径40、残高6.8 厘米（图二二，10）。

Bc型　16件。敞口，折沿外翻卷，沿面向外，圆唇，束颈，腹部微鼓，腹壁向下内收。沿面饰凹弦纹。依据口沿、颈及肩部变化分为五式。

Ⅰ式　5件。第3层下、第3层、第2层下出土。敞口，窄沿外翻，溜肩，裆微弧，深足窝，柱状足上粗下细，足端平。

G6：1，修复完整。夹砂灰陶。鬲身呈盆形。沿面饰两道凹弦纹，肩及上腹部饰竖向绳纹。口径24.5、腹径24.9、通高20.4、裆高5厘米（图二二，9）。

Ⅱ式　3件。第3层下、第3层出土。敞口，宽沿外翻，溜肩，直弧腹。

TN04E04③：36，夹砂灰陶。敞口，弧腹向下内收。沿面饰三道凹弦纹，颈饰抹平绳纹，肩饰两道凹弦纹。口径36、残高7厘米（图二二，1）。

Ⅲ式　2件。第3层下、第3层出土。敛口，束颈，直弧腹下收。

J30：4，夹砂灰黄陶。口略直，圆唇。沿面饰三道凹弦纹，肩饰抹平竖向绳纹。口径44、残高6厘米（图二二，8）。

Ⅳ式　2件。第3层出土。敛口，束颈，弧腹下收。

TN04E04③：41，夹砂灰黄陶。尖圆唇。沿面饰三道凹弦纹。口径40、残高5.7厘米（图二二，3）。

Ⅴ式　4件。第3层、第2B层下出土。敛口，肩略折，弧腹下收。

H38：3，夹砂黑衣褐黄陶。口略直，斜方唇。沿面饰四道凹弦纹。口径40、残高9厘米。（图二二，11）。

C型　20件。小型鬲，形体较小，鬲身呈盆形。窄沿，短束颈，溜肩，圆鼓腹。依据口径小于腹径或口径大于腹径分为六式。

Ⅰ式　7件。第3层下、第2B层下、第2层下出土。口径小于腹径，口略直，平沿。

H40：2，夹砂灰陶。方唇。沿面饰两道凹弦纹，肩腹部饰竖向绳纹。口径28、腹径28.4、残高10.5厘米（图二三，1）。

Ⅱ式　3件。第3层下、第3层出土。口径小于腹径，敛口，平沿。

J4：25，夹砂褐黄陶。圆唇。沿面饰一道凹弦纹，肩饰竖向绳纹。口径35.2、残高5.5厘米（图二三，2）。

Ⅲ式　6件。第3层下、第3层、第2层下出土。口径略小于腹径，敞口，折沿外翻卷，沿面向内。沿面饰一道凹弦纹。

J13：11，夹砂灰黄陶。圆唇，颈、肩部饰纵向绳纹。口径21、残高6.8厘米（图二三，5）。

Ⅳ式　2件。第3层出土。口径大于腹径，直口，平沿，直弧腹下内收。沿面饰一道凹弦纹。

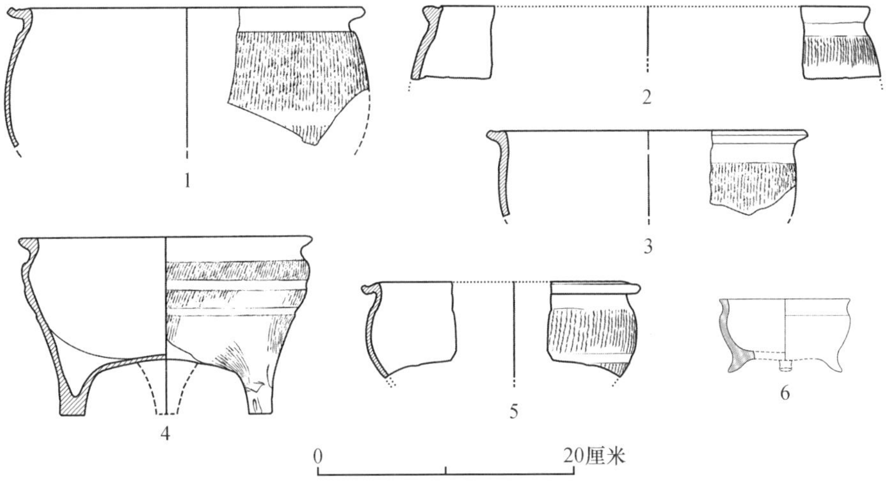


图二三　C型陶鬲

1. Ⅰ式（H40：2）　2. Ⅱ式（J4：25）　3. Ⅳ式（TN04E03③：27）　4. Ⅵ式（H31：1）　5. Ⅲ式（J13：11）　6. Ⅴ式（TN04E0④③：1）

TN04E03③：27，夹砂灰黄陶。圆唇，腹饰纵向绳纹。口径25、残高6.5厘米（图二三，3）。

Ⅴ式　1件。第3层出土。口径大于腹径，敞口，平沿。

TN04E04③：1，夹砂灰黄陶。器形矮小，身呈盆形。尖唇，束颈，腹壁向下弧内收，裆微弧，乳突状矮足外撇。素面。口径10.4、腹径10.4、通高5.6、裆高0.95厘米（图二三，6）。

Ⅵ式　1件。第2层下出土。口径大于腹径，敛口，平沿。

H31：1，夹砂褐黄陶。身呈盆形，尖圆唇，短束颈，溜肩，腹部微鼓，腹壁向下内收，裆微弧，柱状足上粗下细，深足窝，足端平。口径23、腹径22.4、高13.4、裆高4.2厘米（图二三，4）。

（2）鬲足

94件。其中无法归类者24件。均为手制，部分足表手制痕迹明显。均为夹砂陶，陶色有灰黄陶、灰陶、褐黄陶、褐灰陶、褐红陶。裆饰交错绳纹，足饰绳纹。依据足窝的深与浅可分为A、B二型。

A型　48件。深足窝，截锥状或柱状足，足端平，弧裆。依据足窝深浅、形状及裆的变化分为Aa、Ab、Ac三亚型。

Aa型　5件。深足窝呈袋状，矮截锥状足，足端平，矮弧裆。依据足窝深浅及形状的变化分为三式。

Ⅰ式　3件。第3层下、第3层、第2层下出土。

G8：5，夹砂灰黄陶。器表有烟炱。足端残。残高5.4厘米（图二四，1）。

J13：7，夹砂灰黄陶。足身削棱。残高7.8厘米（图二四，2）。

TN04E01③：6，夹砂灰陶。矮足呈乳突状。残高5.2厘米（图二四，3）。

Ⅱ式　1件。第3层出土。

TN04E04③：17，夹砂灰陶。足身削棱呈不规则六边形。素面。残高5.8厘米（图二四，4）。

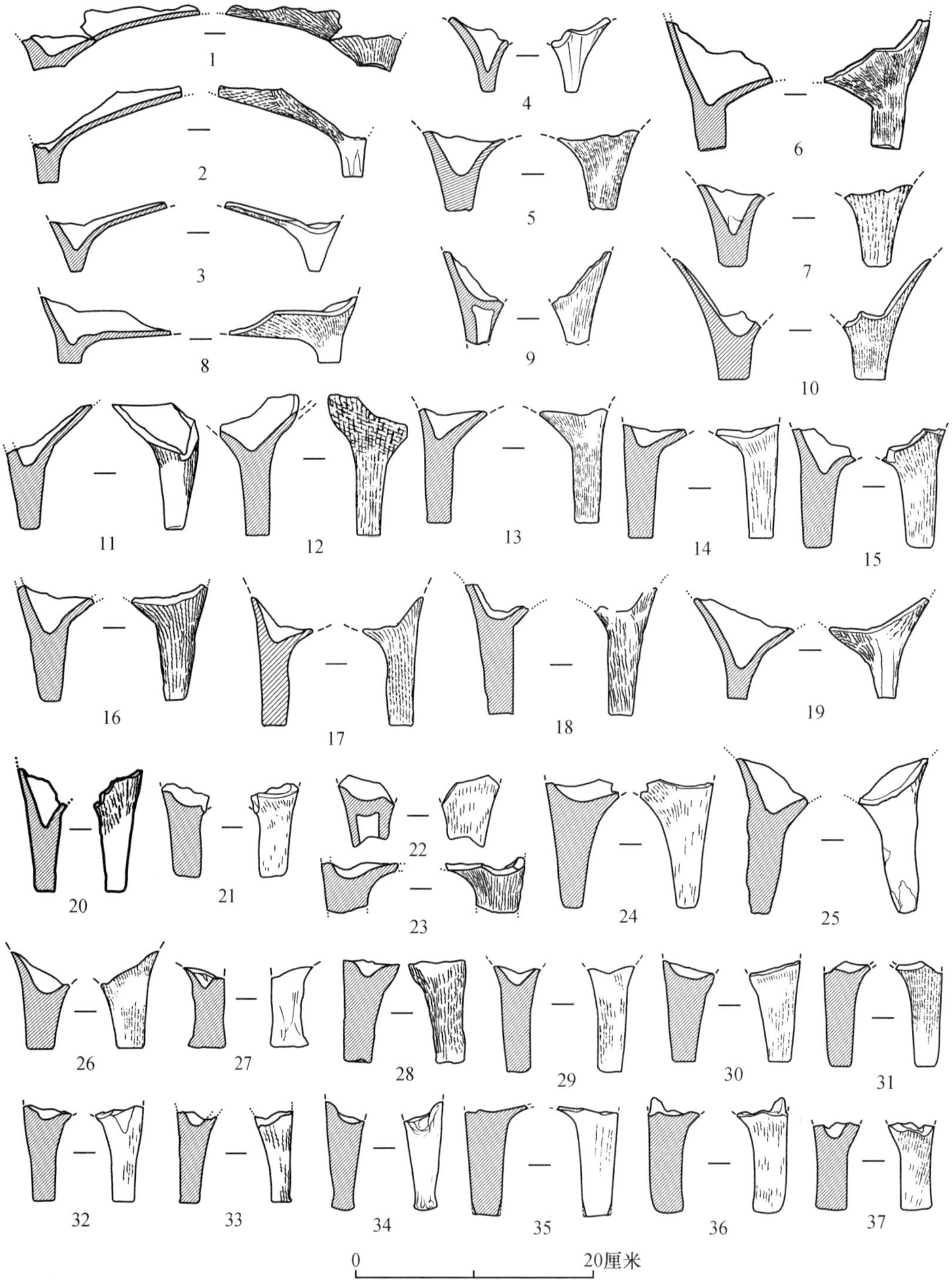


图二四　陶鬲足

1～3. Aa型Ⅰ式（G8：5、J13：7、TN04E01③：6）　4. Aa型Ⅱ式（TN04E04③：17）　5～7、19. Ab型Ⅰ式（H57：5、J1：37、H40：12、J13：6）　8. Aa型Ⅲ式（TN04E04③：16）　9、22. Ab型Ⅱ式（TN04E02③：19、TN04E03③：40）　10. Ab型Ⅲ式（H31：2）　11、16、20、24、25. Ac型Ⅰ式（G6：15、G6：16、G6：17、TN03E03③：4、J7：1）　12～15、17、18. Ac型Ⅱ式（H47：6、H46：1、TN02E02③：13、TN04E02③：14、H60：2、J4：15）　21、23、26. Ac型Ⅲ式（TN04E02③：17、J4：24、H38：5）　27. Bb型Ⅱ式（H38：7）　28～32. Ba型Ⅰ式（J4：14、H47：7、TN02E02③：16、TN02E01③：6、TN04E03②：3）　33、34. Ba型Ⅱ式（G6：18、TN03E02②：5）　35～37. Bb型Ⅰ式（TN02E01③：5、TN04E03③：38、TN02E02③：14）

Ⅲ式　1件。第3层出土。

TN04E04③：16，夹砂灰黄陶。弧裆稍平。残高5.4厘米（图二四，8）。

Ab型　8件。深足窝，足稍高，弧裆稍高。依据足窝深浅及形状的变化分为三式。

Ⅰ式　5件。第3层下、第3层、第2层下出土。足窝呈袋状，截锥状足，足端平。

J1：37，夹砂灰陶，器表有烟炱。残高10.5厘米（图二四，6）。

H57：5，夹砂褐黄陶，器表有烟炱。残高6.6厘米（图二四，5）。

J13：6，夹砂灰黄陶。足身削棱。残高8.4厘米（图二四，19）。

H40：12，夹砂灰黄陶。残高6.6厘米（图二四，7）。

Ⅱ式　2件。第3层出土。截锥状足，足中空。

TN04E02③：19，夹砂灰黄陶。残高7.5厘米（图二四，9）。

TN04E03③：40，夹砂褐黄陶。残高5.8厘米（图二四，22）。

Ⅲ式　1件。第2层下出土。

H31：2，夹砂灰陶。腹壁斜下收，足窝稍浅，截锥状足，足端平。残高9.8厘米（图二四，10）。

Ac型　35件。深足窝，高足，高弧裆。依据足窝深浅及形状的变化分为三式。

Ⅰ式　12件。第3层下、第3层、第2层下、第2层出土。截锥状高足。

G6：15，夹砂灰黄陶。足窝稍浅，足端平。残高10.2厘米（图二四，11）。

G6：16，夹砂灰黄陶。足窝稍浅，足端平。残高9.4厘米（图二四，16）。

TN03E03③：4，夹砂褐红陶。足端平。残高10.4 厘米（图二四，24）。

G6：17，夹砂灰黄陶。足窝稍浅，足端似蹄状。残高9.8厘米（图二四，20）。

J7：1，夹砂褐红陶。手制痕迹明显。足窝稍浅。残高12.4厘米（图二四，25）。

Ⅱ式　12件。第3层下、第3层、第2层出土。足窝稍浅，柱状高足。

H47：6，夹砂褐黄陶。残高11.4厘米（图二四，12）。

H60：2，夹砂灰黄陶。浅足窝。残高10.4厘米（图二四，17）。

H46：1，夹砂灰陶。浅足窝。残高9.2厘米（图二四，13）。

J4：15，夹砂灰黄陶。残高10.6厘米（图二四，18）。

TN02E02③：13，夹砂灰陶。足窝稍深。残高9.3厘米（图二四，14）。

TN04E02③：14，夹砂褐红陶。足窝稍深。残高9.7厘米（图二四，15）。

Ⅲ式　11件。第3层下、第3层、第2B层下、第2层出土。裆微弧，浅足窝，柱状高足。

TN04E02③：17，夹砂褐黄陶。足窝稍深。残高7.6厘米（图二四，21）。

H38：5，夹砂灰陶。足窝稍深。残高7.8厘米（图二四，26）。

J4：24，夹砂灰陶，器表有烟炱。残高4厘米（图二四，23）。

B型　22件。弧裆，浅足窝，截锥状或柱状足，足端平。依据足窝深浅、形状及裆的变化分为Ba、Bb二亚型。

Ba型　15件。浅足窝，截锥状足，足端平，弧裆。依据足窝深浅及形状的变化分为二式。

Ⅰ式　13件。第3层下、第3层、第2层下、第2层出土。足稍高。

J4：14，夹砂灰陶。足窝稍深。残高8.4厘米（图二四，28）。

H47：7，夹砂灰黄陶。足窝稍深。残高8.6厘米（图二四，29）。

TN02E02③：16，夹砂灰陶。浅足窝。残高8.2厘米（图二四，30）。

TN02E01③：6，夹砂灰黄陶。足窝稍深。残高8厘米（图二四，31）。

TN04E03②：3，夹砂灰陶。足窝稍深。残高7.8厘米（图二四，32）。

Ⅱ式　2件。第3层下、第2层出土。足端呈蹄状。

G6：18，夹砂灰黄陶。残高7.4厘米（图二四，33）。

TN03E02②：5，夹砂灰黄陶。素面。残高8.8厘米（图二四，34）。

Bb型　7件。浅足窝，柱状足，足端平，弧裆。依据足窝深浅及形状的变化分为二式。

Ⅰ式　6件。第3层出土。

TN02E01③：5，夹砂褐黄陶。浅足窝。残高8.8厘米（图二四，35）。

TN04E03③：38，夹砂褐黄陶。浅足窝。残高9.4厘米（图二四，36）。

TN02E02③：14，夹砂褐红陶。足窝稍深。残高7.3厘米（图二四，37）。

Ⅱ式　1件。第2B层下出土。

H38：7，夹砂灰陶。足端呈蹄状。残高7.8厘米（图二四，27）。

**2. 盂**

90件。均为口沿残片。均为泥质陶，陶色有灰陶、灰黄陶、褐黄陶、褐灰陶、黑衣灰陶、黑衣灰黄陶、黑衣褐黄陶、黑衣褐红陶。均为轮制，内、外壁可见轮制的旋痕。肩及上腹部饰竖向绳纹，下腹、裆饰交错绳纹，足饰绳纹；部分沿面、肩饰凹弦纹，下腹、裆饰交错绳纹。依据口沿、颈、肩及腹部变化分为A、B、C三型。

A型　23件。敞口，折沿，沿面向内，圆唇，短束颈，折肩，上腹圆弧，下腹弧收，凹圜底。肩、腹部饰凹弦纹。依据口沿、颈、肩及腹部变化分为四式。

Ⅰ式　6件。第3层下、第3层出土。薄唇沿，深弧腹。

H41：2，泥质灰陶。肩饰一道凹弦纹。口径19.8、腹径20、底径5.6、高11.8厘米（图二五，1）。

Ⅱ式　5件。第3层下、第3层、第2B层下出土。薄唇沿，弧腹稍浅。

H22：4，泥质灰陶。尖圆唇，半圆形深腹。肩腹部饰三道凹弦纹。口径20、腹径21、底径7.6、高11.4厘米（图二五，2）。

Ⅲ式　7件。分别为第3层下、第3层出土。唇沿稍薄，浅弧腹。

J1：6，泥质黑衣灰陶。尖圆唇。腹饰两道凹弦纹。口径20.5、高8.5厘米（图二五，3）。

Ⅳ式　5件。第3层、第2B层下、第2层下、第2层出土。厚唇沿，浅弧腹。

H38：1，泥质灰陶。尖圆唇。肩饰一道凹弦纹。口径19、腹径19.8、底径4、高8厘米（图二五，4）。

B型　19件。折平沿，圆唇或方唇，溜肩，短束颈，弧腹下收。沿面和肩部饰凹弦纹。依据口沿、颈、肩及腹部变化分为四式。

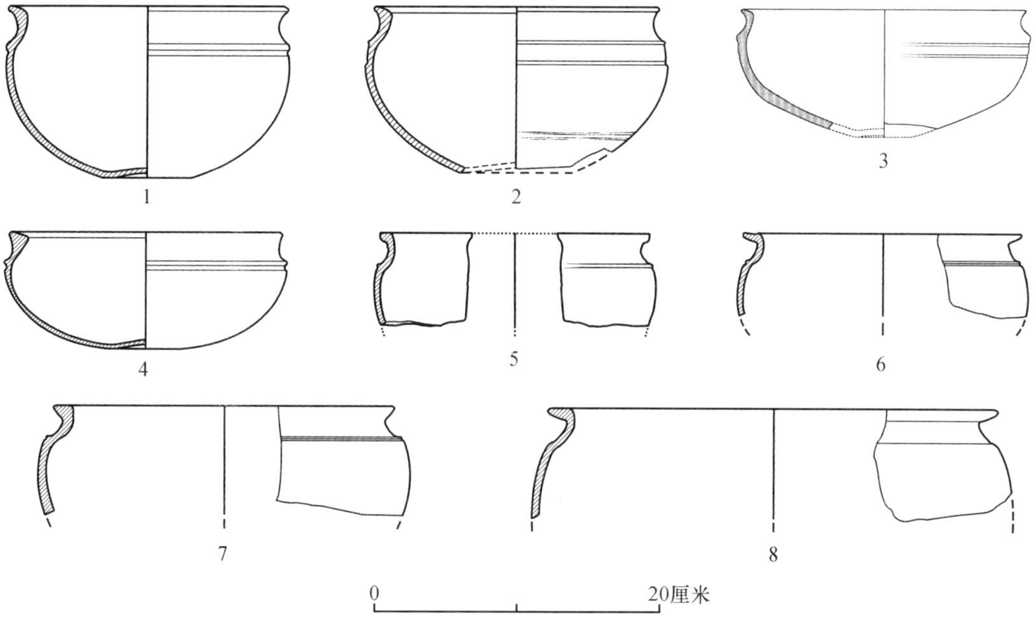


图二五　A、B型陶盂

1. A型Ⅰ式（H41：2）　2. A型Ⅱ式（H22：4）　3. A型Ⅲ式（J1：6）　4. A型Ⅳ式（H38：1）　5. B型Ⅰ式（G6：9）　6. B型Ⅲ式（H43：3）　7. B型Ⅱ式（TN02E02③：6）　8. B型Ⅳ式（H38：2）

Ⅰ式　4件。第3层下、第3层、第2B层、第2层下出土。窄沿，方唇，厚唇沿，唇沿内壁略凹。

G6：9，泥质灰陶。素面。口径18.8、残高6.2厘米（图二五，5）。

Ⅱ式　7件。第3层下、第3层、第2层下、第2层出土。窄沿，尖圆唇。

TN02E02③：6，泥质灰陶。尖圆唇，广肩。肩饰一道凸弦纹。口径24、残高7.5厘米（图二五，7）。

Ⅲ式　3件。均为第3层下出土。敞口，宽沿，沿面略下凹，圆唇。

H43：3，泥质灰陶。尖圆唇。肩饰一道凹弦纹。口径20、残高5.8厘米（图二五，6）。

Ⅳ式　5件。第3层下、第3层、第2B层下出土。敞口，宽沿，圆唇，圆弧腹下收。

H38：2，泥质灰陶。素面。口径26、残高7.6厘米（图二五，8）。

C型　48件。均为泥质陶，陶色有灰黄陶、灰陶、褐黄陶、褐灰陶、黑衣灰陶、黑衣褐黄陶、黑衣褐红陶、泥质黑衣灰黄陶、泥质黑衣褐黄陶。折沿，沿面向外，圆唇或方唇，少数唇沿内壁下凹，短束颈，弧腹下收。沿面、肩部饰凹弦纹，下腹饰交错绳纹，少数唇沿饰有点线纹。依据口沿、颈、肩及腹部变化分为Ca、Cb二亚型。

Ca型　26件。口径大于腹径或与腹径大小相若。依据口沿、颈、肩及腹部变化分为三式。

Ⅰ式　5件。第3层下、第3层、第2层出土。敞口，折沿外翻，肩略折，斜弧腹较深。

H26：4，泥质灰陶。尖圆唇。肩饰一道凹弦纹。口径27、残高5.6厘米（图二六，1）。

Ⅱ式　10件。第3层下、第3层、第2B层下、第2层下、第2层出土。敞口，折沿外翻，沿面略向外，广肩，弧腹较深。

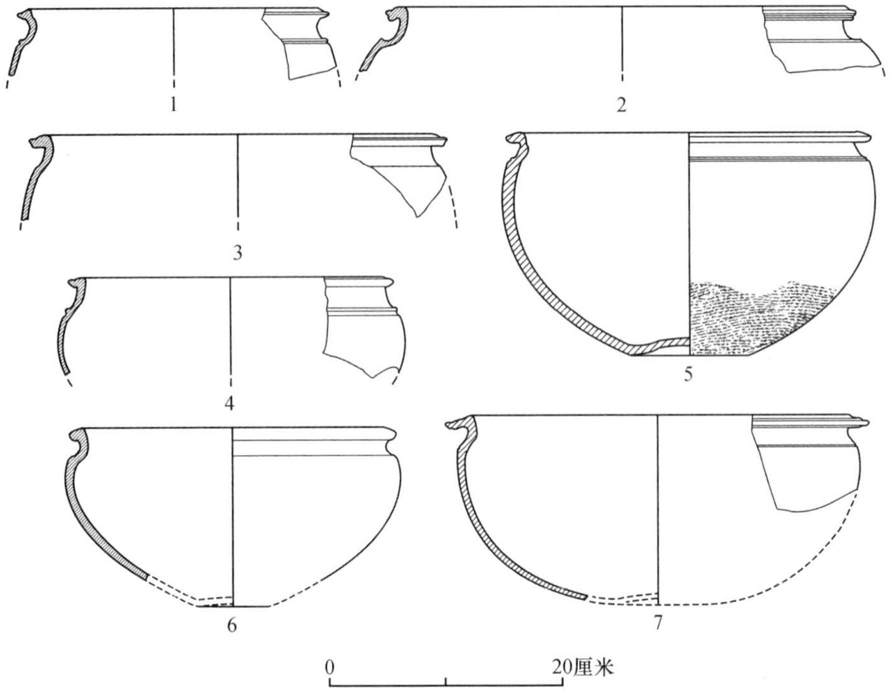


图二六　C型陶盂

1. Ca型Ⅰ式（H26：4）　2. Ca型Ⅱ式（H50：4）　3. Ca型Ⅲ式（H60：1）　4. Cb型Ⅰ式（H47：10）
5. Cb型Ⅲ式（H22：2）　6. Cb型Ⅱ式（TN02E04③：15）　7. Cb型Ⅳ式（H37：2）

H50：4，泥质灰黄陶。直口略敞，方唇，肩略折。沿面、唇沿及肩部各饰一道凹弦纹。口径40、残高5.4厘米（图二六，2）。

Ⅲ式　11件。第3层下、第3层、第2B层下出土。折沿外翻、沿面略向外，溜圆肩，圆弧腹稍浅。

H60：1，泥质灰黄陶。圆唇，短束颈，溜肩，弧腹下收。沿面饰一道凹弦纹。口径36、残高7厘米（图二六，3）。

Cb型　22件。口径小于腹径或与腹径大小相若。依据口沿、颈、肩及腹部变化分为四式。

Ⅰ式　5件。第3层下、第3层出土。敛口，窄沿，圆唇，深弧腹下内收。

H47：10，泥质褐黄陶。圆唇。口径28、残高8.4厘米（图二六，4）。

Ⅱ式　6件。第3层下、第3层出土。敞口，窄沿，圆唇，腹稍浅。

TN02E04③：15，泥质灰黄陶。溜圆肩，上腹圆弧，下腹急弧收，凹圜底。素面。口径28.2、高12.8厘米（图二六，6）。

Ⅲ式　4件。第3层下、第2B层下出土。敞口，窄沿，唇沿内壁略下凹，深腹。

H22：2，泥质灰陶。尖圆唇，圆弧形深腹，凹圜底。肩饰一道凹弦纹，下腹饰交错绳纹。口径31、腹径31.6、底径11、高18.4厘米（图二六，5）。

Ⅳ式　7件。第3层下、第3层、第2B层下、第2层出土。敞口，宽沿，浅腹。

H37：2，泥质黑衣灰陶。尖圆唇，上腹圆，下腹弧内收，凹圜底。沿面、肩各饰一道凹弦纹。口径36、腹径32.2、高15厘米（图二六，7）。

### 3. 豆

239件。分别为豆（完整或修复完整）、豆盘、豆座、豆柄等。均为泥质陶，陶色有灰陶、灰黄陶、褐黄陶、褐灰陶、褐红陶、黑衣灰陶、黑衣灰黄陶、黑衣褐黄陶、黑衣褐灰陶、黑衣褐红陶。均为轮制，豆盘、豆柄及底为分体轮制，然后黏结成形；个别豆在豆盘与柄座交接处可见泥浆黏结痕；部分在内、外壁可见轮制的旋痕。圆唇或尖圆唇，盘壁弧形接柄，柄呈圆柱状、中空，喇叭形豆座或尖足状豆座。部分豆盘内饰刻划“X”纹、同心圆纹、放射纹、“十”字纹、勾连纹、卷云纹、水波纹、辐射纹等暗纹，盘外壁饰凹弦纹，豆座上饰变形“S”纹，柄内壁可见手指按窝痕迹。下面按豆（修复完整）、豆盘、豆座、豆柄分别叙述。

（1）豆

18件（修复完整）。均为泥质陶，陶色有灰陶、灰黄陶、褐黄陶、黑衣灰陶。根据高柄（器高大于盘径）、矮柄（器高小于盘径）的差异分A（高柄豆）、B（矮柄豆）二型分别叙述。

A型　13件。高柄豆。侈口，浅盘，直柄呈柱状、中空。根据盘腹的深浅，口沿、柄的粗细及豆座的变化分Aa、Ab二亚型。

Aa型　3件。浅盘，细直柄，喇叭状豆座。依据盘腹的深浅、口沿、柄的粗细及豆座的变化分二式。

Ⅰ式　2件。第3层下、第2B层下出土。

J20：5，泥质黑衣灰陶。圆唇，细柄稍高，座面不隆起。盘内饰刻划“X”暗纹，豆座上饰变形“S”纹。盘径11.6、盘深1、柄径3.1、座径3.2、高12厘米（图二七，1）。

Ⅱ式　1件。第3层下出土。

G5：8，泥质灰陶。尖圆唇，柄稍高，座面微隆起。素面。盘径9.8、盘深1.7、柄径2.6、座径2.8、高12.2厘米（图二七，8）。

Ab型　10件。深盘，细柄稍高，尖足状豆座，座面微隆起。依据盘腹的深浅、口沿、柄的粗细及豆座的变化分三式。

Ⅰ式　2件。第3层下出土。盘稍浅。

J4：6，泥质灰陶。尖圆唇，柄稍粗。盘径13.3、盘深2.3、柄径3.5、座径7.2、高14.5厘米（图二七，6）。

Ⅱ式　3件。第3层下出土。盘稍深。

J20：50，泥质黑衣灰陶。尖圆唇，盘径稍小，粗柄，座面微隆起。盘内饰“米”字刻划纹。盘径11.8、盘深2.2、柄径3.1、座径6.2、高13.8厘米（图二七，2）。

Ⅲ式　5件。第3层下、第2层下出土。侈口略直，深盘。

J4：11，泥质灰陶。盘稍深，盘壁厚重。素面。盘径12、盘深2.4、柄径3、座径7.8、高14.6厘米（图二七，7）。

B型　5件。矮柄豆。侈口，深盘，矮柄中空。根据盘腹的深浅、口沿、柄及豆座的变化分三式。

图二七　陶豆

1. Aa型Ⅰ式（J20：5）　2. Ab型Ⅱ式（J20：50）　3. B型Ⅱ式（G5：3）　4. B型Ⅲ式（H13：1）　5. B型Ⅰ式（J20：20）
6. Ab型Ⅰ式（J4：6）　7. Ab型Ⅲ式（J4：11）　8. Aa型Ⅱ式（G5：8）

Ⅰ式　2件。第3层下出土。深盘，口略直，圆唇，细矮柄呈柱状，喇叭状豆座略呈尖足状，座面微隆起。

J20：20，泥质黑衣灰陶。盘径较大。盘内饰三组同心圆暗纹。盘径16.8、盘深3.9、柄径3.8～4.1、座径9、高12.6厘米（图二七，5）。

Ⅱ式　2件。第3层下出土。盘稍深，侈口，细矮柄上细下粗，喇叭状豆座、座面不隆起。

G5：3，泥质灰黄陶。尖圆唇。素面。盘径15.2、盘深4.1、柄径3.5、座径8、高12.1厘米（图二七，3）。

Ⅲ式　1件。第2层下出土。盘稍深，侈口，细矮柄上粗下细，覆盘状豆座、座面微隆起。

H13：1，泥质灰陶。素面。盘径13.5～14、盘深3.6、柄径3.5～4、座径8.2、高11.8～13.2厘米（图二七，4）。

（2）豆盘

107件。均为泥质陶，陶色有灰黄陶、灰陶、褐黄陶、褐红陶、黑衣灰陶、黑衣灰黄陶、黑衣褐灰陶、黑衣褐黄陶、黑衣褐红陶。根据盘腹的深浅变化分A（浅盘）、B（深盘）、C（浅盘、亚腰形柄）三型。

A型　70件。浅盘，圆唇或尖圆唇，细柄呈柱形、中空。盘内饰同心圆纹、“十”字纹、放射纹等暗纹。根据盘腹的深浅及口沿的变化分三式。

Ⅰ式　24件。第3层下、第3层、第2B层下、第2层下、第2层、第1层出土。浅盘。

J20：24，泥质黑衣灰陶。盘内饰暗纹。盘径12.7、盘深1.9、残高14.2厘米（图二八，1）。

H40：13，泥质黑衣灰黄陶。细柄较高。素面。盘径13、盘深2.3、残高17.8厘米（图二八，2）。

Ⅱ式　29件。第3层下、第3层、第2B层下、第2层下、第2层出土。浅盘稍深。

J20：32，泥质黑衣灰陶。盘内饰放射纹暗纹。盘径13.2、盘深1.9、残高4.3厘米（图二八，3）。

J20：22，泥质黑衣褐灰陶。盘径稍小。盘内饰同心圆纹和勾连纹暗纹。盘径13.6、盘深2.3、残高5.5厘米（图二八，4）。

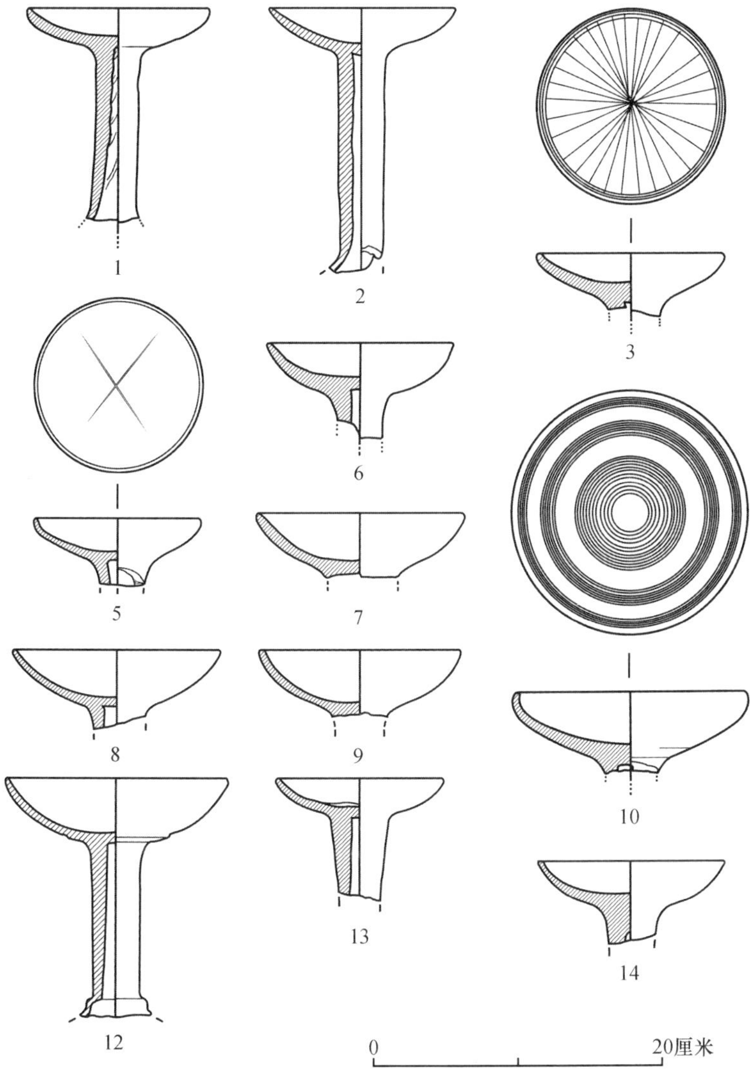


图二八　陶豆盘

1、2. A型Ⅰ式（J20：24、H40：13）　3、4. A型Ⅱ式（J20：32、J20：22）　5、6. A型Ⅲ式（TN04E02③：22、J4：10）　7、10. B型Ⅰ式（H55：4、J20：31）　8、11. B型Ⅱ式（H40：17、J20：34）　9、12. B型Ⅲ式（H47：26、H44：2）　13. C型Ⅰ式（H50：3）　14. C型Ⅱ式（H43：6）　15. C型Ⅲ式（G5：12）

Ⅲ式　17件。第3层下、第3层、第2层下、第2层出土。盘径稍大，口略直，深盘。

TN04E02③：22，泥质灰黄陶。细柄。盘内有“X”痕。盘径11.6、盘深2.2、残高4.4厘米（图二八，5）。

J4：10，泥质灰黄陶。素面。盘径13、盘深2.2、残高6.5厘米（图二八，6）。

B型　26件。深盘，圆唇或尖圆唇，细柄呈柱形、中空。盘内饰同心圆纹暗纹等。根据盘腹的深浅及口沿的变化分三式。

Ⅰ式　5件。第3层下、第3层出土。直口。

H55：4，泥质灰黄陶。盘径14.4、盘深3.3、残高4.4厘米（图二八，7）。

J20：31，泥质黑衣灰陶。盘径稍大。盘内饰三组同心圆暗纹。盘径16.4、盘深3.5、残高5.5厘米（图二八，10）。

Ⅱ式　10件。第3层下、第3层出土。盘径稍大。

H40：17，泥质灰黄陶。盘稍深。盘径14.4、盘深3.2、残高5.4厘米（图二八，8）。

J20：34，泥质黑衣灰陶。盘内饰卷云纹、水波纹、辐射纹等暗纹。盘径16.6、盘深4、残高6厘米（图二八，11）。

Ⅲ式　11件。第3层下、第3层、第2层下、第2层出土。圆唇，深盘。

H47：26，泥质灰陶。盘径稍小。盘径14、盘深3.6、残高4.4厘米（图二八，9）。

H44：2，泥质灰黄陶。盘径较大，细高柄，喇叭形豆座残，座起二层台。盘径15、盘深3.7、残高16厘米（图二八，12）。

C型　11件。浅盘，亚腰形细柄、中空。均为泥质陶，陶色有泥质灰黄陶（4件，占36.7%）、泥质灰陶（5件，占45.5%）、泥质褐黄陶（1件，占9.1%）、泥质黑衣褐黄陶（1件，占9.1%）。根据盘腹的深浅及口沿的变化分三式。

Ⅰ式　3件。第3层下、第3层出土。盘径较小，浅盘，圆唇。

H50：3，泥质灰黄陶。柄稍粗。盘径11.6、盘深1.9、残高8.2厘米（图二八，13）。

Ⅱ式　6件。第3层下、第3层、第2层出土。盘径较小，盘稍深，圆唇。

H43：6，泥质黑衣褐黄陶。盘径13、盘深2.2、残高5.8厘米（图二八，14）。

Ⅲ式　2件。第3层下、第2B层下出土。口径稍大，深盘，圆唇。

G5：12，泥质灰黄陶。细柄。素面。盘径13、盘深2.4、残高8.5厘米（图二八，15）。

（3）豆座

35件。柄呈圆柱形，中空。均为泥质陶，陶色有灰黄陶、灰陶、褐黄陶、褐灰陶、黑衣灰陶、黑衣灰黄陶、黑衣褐黄陶。根据豆柄的变化分A、B二型。

A型　30件。高柄。根据豆座的变化分Aa、Ab、Ac三亚型。

Aa型　9件。喇叭形豆座。根据豆座的变化分五式。

Ⅰ式　2件。第3层下出土。直柄，喇叭形豆座，座面不隆起。

J20：28，泥质黑衣灰陶。柄内壁可见手制痕迹，制作较精细。外观素面，底座内有弦纹。座径9.8、残高15.4厘米（图二九，1）。

Ⅱ式　2件。第3层下出土。直柄，喇叭形豆座，座面微隆起。

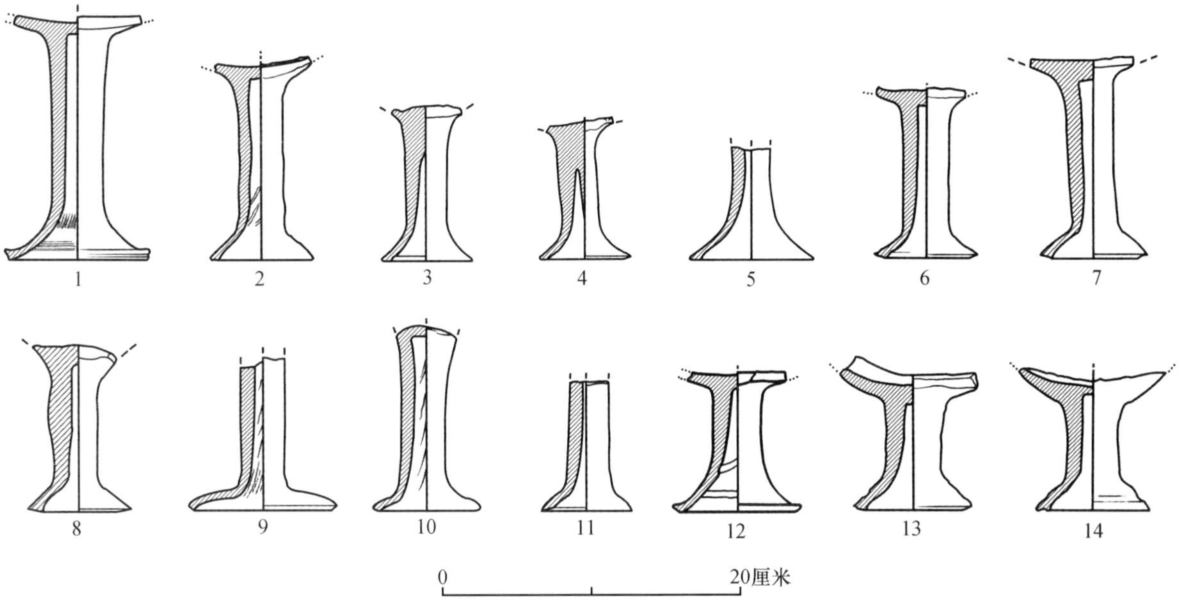


图二九　陶豆座

1. Aa型Ⅰ式（J20：28）　2. Aa型Ⅱ式（J17：1）　3. Aa型Ⅲ式（H38：13）　4. Aa型Ⅳ式（TN03E02③：7）　5. Aa型Ⅴ式（TN02E03②：1）　6. Ab型Ⅰ式（G6：25）　7. Ab型Ⅱ式（H37：5）　8. Ab型Ⅲ式（H38：6）　9. Ac型Ⅰ式（TN04E03③：42）　10. Ac型Ⅱ式（TN04E03③：41）　11. Ac型Ⅲ式（TN02E02③：18）　12. B型Ⅰ式（J1：31）　13. B型Ⅱ式（J18：6）　14. B型Ⅲ式（J4：12）

J17：1，泥质灰陶。柄内壁可见轮制旋痕，制作粗糙。盘壁弧形接柄。柄径2.9、座径7、高13.4 厘米（图二九，2）。

Ⅲ式　3件。第3层、第2B层下出土。直柄，喇叭形豆座，座面不隆起。

H38：13，泥质灰陶。细柄稍高。素面。座径6、残高10.2厘米（图二九，3）。

Ⅳ式　1件。第3层出土。柄中部凸起，喇叭形豆座，座面不隆起。

TN03E02③：7，泥质黑衣褐黄陶。座径6.4、残高9.4厘米（图二九，4）。

Ⅴ式　1件。第2层出土。柄呈亚腰形，喇叭形豆座，座面不隆起。

TN02E03②：1，泥质灰陶。座径8.4、残高7.4厘米（图二九，5）。

Ab型　18件。尖足状豆座。根据豆座的变化分三式。

Ⅰ式　5件。第3层下、第3层出土。直柄，尖足状豆座，座面不隆起。

G6：25，泥质褐灰陶。盘壁弧形接柄。座径7、残高11.2厘米（图二九，6）。

Ⅱ式　12件。第3层下、第3层、第2B层下出土。直柄，尖足状豆座，座面微隆起。

H37：5，泥质灰黄陶。细柄稍高，柄内壁可见轮制旋痕。座径7.4、残高13.2厘米（图二九，7）。

Ⅲ式　1件。第2B层下出土。柄中部凸起，尖足状豆座，座面微隆起。

H38：6，泥质灰陶。细柄稍高。座径7、残高11厘米（图二九，8）。

Ac型　3件。覆盘状豆座，座面微隆起。根据柄及豆座的变化分三式。

Ⅰ式　1件。第3层出土。细直柄。

TN04E03③：42，泥质黑衣灰陶。柄内壁可见轮制旋痕。柄径3、座径10、残高10厘米（图二九，9）。

Ⅱ式　1件。第3层出土。柄呈亚腰状。

TN04E03③：41，泥质灰陶。柄内壁可见手制痕迹。柄径2.9、座径7.2、残高11.6厘米（图二九，10）。

Ⅲ式　1件。第3层出土。柄下粗上细。

TN02E02③：18，泥质灰陶。柄内壁可见手制痕迹。座径6、残高8.5厘米（图二九，11）。

B型　5件。矮柄。根据豆座的变化分三式。

Ⅰ式　1件。第3层下出土。柄稍高，喇叭形豆座外撇，座面不隆起。

J1：31，泥质黑衣灰褐陶。座径8.6、残高9.2厘米（图二九，12）。

Ⅱ式　2件。第3层下出土。矮柄，尖足状豆座，座面不隆起。

J18：6，泥质黑衣灰黄陶。盘径较大，深盘，柄稍粗。座径8、残高10厘米（图二九，13）。

Ⅲ式　2件。第3层下出土。柄稍高，覆盘状豆座，座面微隆起。

J4：12，泥质灰陶。深盘。座径7.6、残高9.2厘米（图二九，14）。

（4）豆柄

79件。盘壁弧形接柄，圆柄中空。均为泥质陶，陶色有灰黄陶、灰陶、褐黄陶、褐灰陶、褐红陶、黑衣灰黄陶、黑衣灰陶、黑衣褐灰陶、黑衣褐黄陶。根据豆柄的高矮变化分七式。

Ⅰ式　34件。第3层下、第3层、第2B层下、第2B层、第2层下、第2层出土。高柄，柄呈圆柱状。

H39：1，泥质褐黄陶。柄径3.1、残高12厘米（图三〇，1）。

H25：2，泥质褐红陶。柄径3、残高12厘米（图三〇，2）。

H56：6，泥质灰黄陶。柄内壁可见手指按窝痕迹。柄径3.4、残高11.2厘米（图三〇，3）。

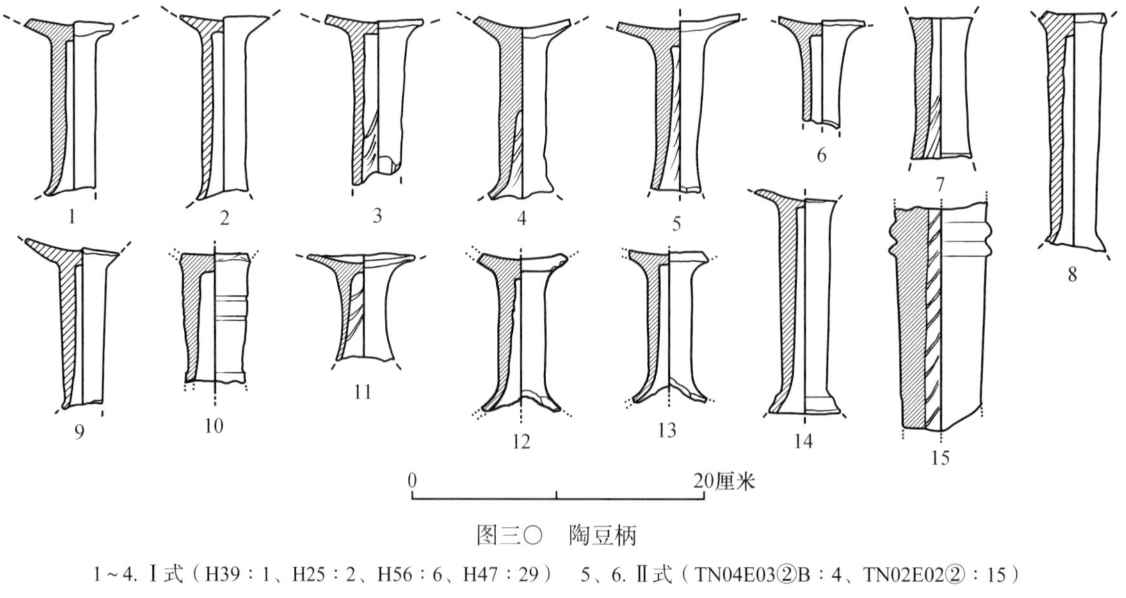


图三〇　陶豆柄

1～4. Ⅰ式（H39：1、H25：2、H56：6、H47：29）　5、6. Ⅱ式（TN04E03②B：4、TN02E02②：15）　7. Ⅲ式（H40：24）　8、9. Ⅳ式（H52：1、H18：1）　10、15. Ⅵ式（J5：22、J28：17）　11～13. Ⅶ式（H51：5、J1：29、J29：7）　14. Ⅴ式（TN04E04③：51）

H47：29，泥质灰陶。柄内壁可见手指按窝痕迹。柄径3.2、残高12厘米（图三〇，4）。

Ⅱ式　5件。第3层、第2B层、第2层出土。高柄，柄中部微内弧呈亚腰状。

TN04E03②B：4，泥质灰陶。细高柄。柄径2.7、残高11.3厘米（图三〇，5）。

TN02E02②：15，泥质灰黄陶。细柄。柄径2.7、残高7.8厘米（图三〇，6）。

Ⅲ式　1件。第3层下出土。高柄，柄中部微凸起。

H40：24，泥质灰黄陶。粗柄稍高。柄径4、残高9.2厘米（图三〇，7）。

Ⅳ式　7件。第3层下、第3层、第2B层下、第2层下出土。高柄上粗下细。

H52：1，泥质灰陶。高柄稍粗。柄径3.3、残高15.9厘米（图三〇，8）。

H18：1，泥质灰黄陶。细柄稍高。柄径3.2、残高11厘米（图三〇，9）。

Ⅴ式　5件。第3层下、第3层、第2层出土。高柄上粗下细，座起二层台。

TN04E04③：51，泥质黑衣褐黄陶。盘壁弧形接柄。柄径3.2、残高14.2厘米（图三〇，14）。

Ⅵ式　2件。第3层下出土。

J28：17，泥质黑衣灰褐陶。高柄较厚重。柄中部有两道凸棱。柄径3.1、残高7.6厘米（图三〇，15）。　　、

J5：22，泥质黑衣灰陶。柄中部饰两道凹弦纹。柄径4.2、残高8.5厘米（图三〇，10）。

Ⅶ式　25件。第3层下、第3层、第2B层、第2层下、第2层、第1层出土。矮柄，柄中部微内弧呈亚腰状。

J1：29，泥质黑衣灰褐陶。盘壁弧形接柄，细柄稍高。柄径3.3、残高10.4厘米（图三〇，12）。

J29：7，泥质灰陶。盘壁弧形接柄，细柄。柄径3、残高9.2厘米（图三〇，13）。

H51：5，泥质黑衣灰黄陶。盘壁弧形接柄，细矮柄。柄径2.9、残高7厘米（图三〇，11）。

**4. 盖豆**

22件。分别为盖豆（修复完整1件）、豆盘、豆纽、豆座、豆柄等。均为泥质陶，陶色有灰陶、灰黄陶、褐灰陶、黑衣灰陶、黑衣灰黄陶、黑衣褐灰陶。均为轮制，豆盘与柄座为分体轮制，然后黏结成形；部分在内、外壁可见轮制的旋痕。盖为尖圆唇，唇沿内凹；盖面微弧，盖面中部有圆形纽；纽为尖唇，中间起一道凸棱；子口承盖，敛口，尖圆唇；盘腹稍深，腹壁较圜，盘壁弧形接柄；柄呈圆形，中空；喇叭形豆座。部分在腹部及柄中部饰凹弦纹。下面按盖豆（豆盘）、豆纽、豆座、豆柄分别叙述。

（1）盖豆（豆盘）

8件。第3层下、第3层、第2B层下、第2层下、第2层出土。其中修复完整者1件。

H40：11，修复完整。泥质褐灰陶。盖为尖圆唇，唇沿内凹；盖面微弧，盖面中部有圆形纽；纽为尖唇，中间起一道凸棱；子口承盖，敛口，尖圆唇；深腹，腹壁较圜，盘壁弧形接柄，矮柄；座稍大，略呈尖足状，座面微隆起。腹饰两道凹弦纹，柄中部饰两道凹弦纹。口径17.2、腹径20、座径13.8、通高24.2、座高8.6厘米（图三一，1）。

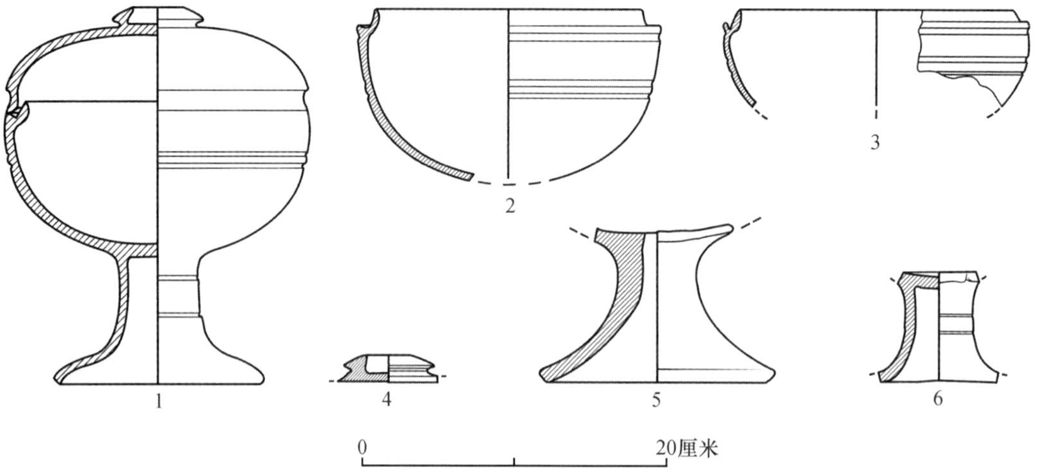


图三一　陶盖豆

1. 盖豆（H40：11）　2、3. 豆盘（TN02E02③：25、H38：8）　4. 豆纽（TN04E04③：25）　5. 豆座（H22：5）　6. 豆柄（TN02E02③：22）

TN02E02③：25，泥质灰黄陶。子口内敛，腹稍深，腹壁较圜。肩饰一道、腹饰两道凹弦纹。口径17.6、残高11厘米（图三一，2）。

H38：8，泥质褐灰陶。腹稍浅。肩饰一道、腹饰两道凹弦纹。口径18、腹径20、残高6.2厘米（图三一，3）。

（2）豆纽

3件。第3层、第2层下出土。与H40：11纽大体相似。为尖唇，中间起一道凸棱。

TN04E04③：25，泥质灰陶。纽径6厘米（图三一，4）。

（3）豆座

2件。第2B层下出土。

H22：5，泥质灰陶。盘壁弧形接柄，柄矮粗呈弧形、中空；喇叭形豆座外撇，座径较大，座面不隆起。座径15.5、残高10厘米（图三一，5）。

（4）豆柄

9件。第3层下、第3层、第2层下出土。盘壁弧形接柄，柄矮粗呈弧形、中空。

TN02E02③：22，泥质黑衣灰黄陶。柄粗短，座呈喇叭状。柄中部饰两道凹弦纹。柄径4.5、残高5.7厘米（图三一，6）。

**5. 罐**

94件。分别为高领罐、折沿罐、双耳罐、高领小罐等。均为泥质陶，陶色有灰陶、灰黄陶、褐黄陶、黑衣灰陶、黑衣灰黄陶、黑衣褐红陶、黑衣褐灰陶。均为轮制，器身内、外壁可见轮制的旋痕。部分高领罐在沿面及唇沿饰凹弦纹，颈部饰抹平绳纹，肩及上腹部饰间断绳纹，下腹及底部饰交错绳纹；折沿罐在颈部饰抹平绳纹，肩及上腹部饰竖向绳纹，下腹及底部饰交错绳纹；双耳罐在颈部饰抹平绳纹，肩腹部饰间断绳纹，下腹部饰交错绳纹；高领小罐在颈、腹部饰凹弦纹。下面按高领罐、折沿罐、双耳罐、高领小罐分别叙述。

（1）高领罐

75件。其中无法归类者11件。均为泥质陶，陶色有灰陶、灰黄陶、褐黄陶、黑衣灰陶、黑衣灰黄陶、黑衣褐灰陶、黑衣褐红陶。敞口，折沿，颈略弧，圆鼓腹下收，凹圜底。部分沿面及唇沿饰凹弦纹，颈部饰抹平绳纹，肩及上腹部饰间断绳纹，下腹及底部饰交错绳纹。依据口沿、唇部和颈部的变化分A、B、C三型。

A型　20件。折平沿。依据口沿、唇部和颈部的变化分七式。

Ⅰ式　2件。第3层下出土。敞口，圆唇，高颈，溜肩，肩颈连接部略折，最大腹径在中部偏上。沿面饰凹弦纹。

J4：3，泥质黑衣灰陶。口略直，唇沿内壁略下凹。沿面饰一道凹弦纹。口径16.5、腹径21、底径7.2、高25厘米（图三二，1）。

Ⅱ式　2件。第3层下出土。口略敞，方圆唇，高颈，溜肩，肩颈连接部略折，最大腹径在中部稍上。沿面饰凹弦纹。

J1：7，泥质灰陶。口略敛。口径15.2、腹径21.2、底径8.4、高25厘米（图三二，2）。

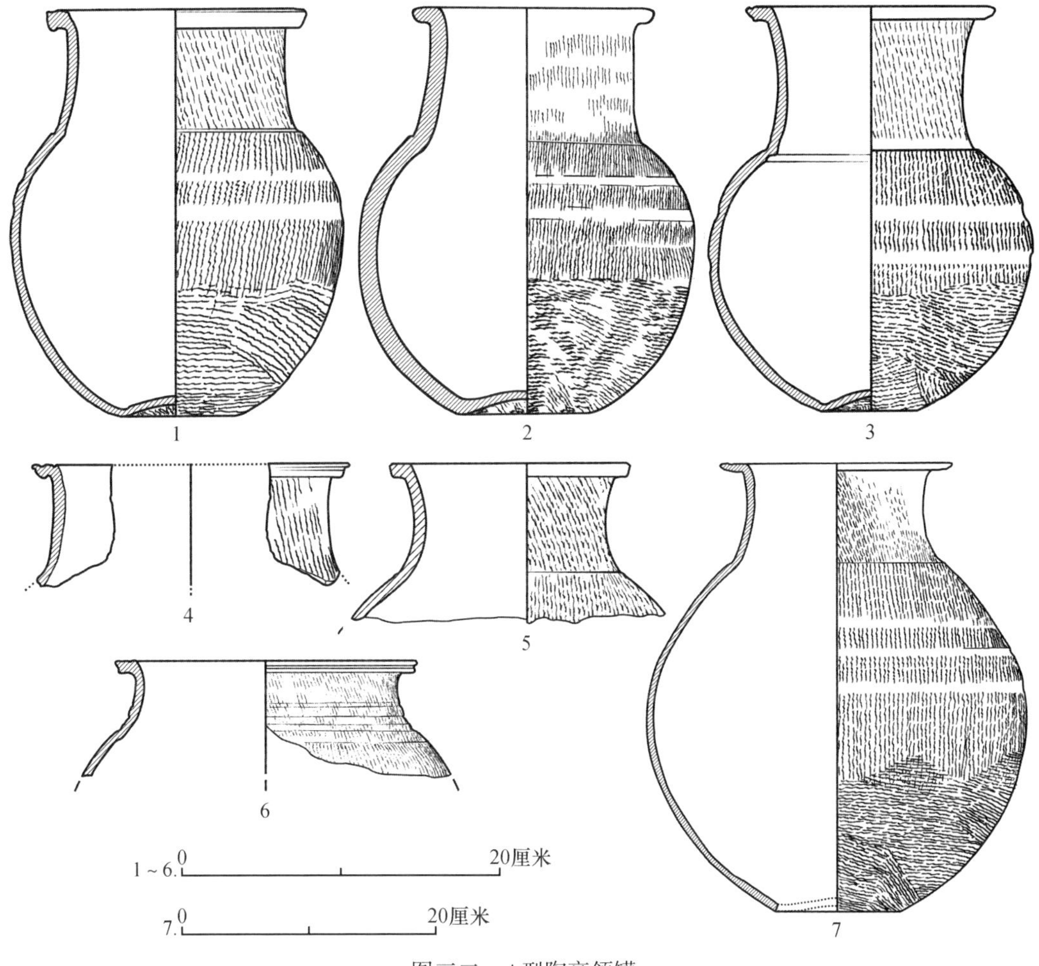


图三二　A型陶高领罐

1. Ⅰ式（J4：3）　2. Ⅱ式（J1：7）　3. Ⅲ式（J4：2）　4. Ⅳ式（J30：3）　5. Ⅴ式（H20：1）　6. Ⅵ式（H23：5）　7. Ⅶ式（J13：1）

Ⅲ式　2件。第3层下出土。敞口，方唇，唇沿内壁略下凹，颈略高，肩颈连接部略折，腹稍深，最大腹径近中部。

J4：2，泥质黑衣灰陶。尖圆唇。沿面饰三道凹弦纹。口径16、腹径20.8、底径6、高24.8厘米（图三二，3）。

Ⅳ式　2件。第3层下出土。口略直，尖圆唇，唇沿内壁略下凹。

J30：3，泥质黑衣灰陶。颈略直。沿面饰两道凹弦纹。口径20、残高7.5厘米（图三二，4）。

Ⅴ式　9件。第3层、第2层下出土。敞口，颈稍矮，溜圆肩，肩颈连接部弧形相接。

H20：1，泥质灰陶。方唇。口径17、残高9.8厘米（图三二，5）。

Ⅵ式　2件。第2B层下出土。敞口，方唇，矮颈，溜圆肩，肩颈连接部弧形相接。唇沿饰一道凹弦纹。

H23：5，泥质灰陶。短束颈。沿面饰两道凹弦纹。口径19、残高7.1厘米（图三二，6）。

Ⅶ式　1件。第2层下出土。敞口，宽平沿，尖圆唇，颈稍矮，肩颈连接部弧形相接，最大腹径在中部偏下。

J13：1，泥质黑衣灰陶。弧颈略束。沿面饰一道凹弦纹。口径18.5、腹径30.4、底径10、高34.5厘米（图三二，7）。

B型　12件。折沿，沿面向内。依据口沿、唇部和颈部的变化分五式。

Ⅰ式　1件。第3层下出土。口略敞，沿外侈，方圆唇，高颈略直，溜肩，肩颈连接部略折，最大腹径在中部偏上。

J28：12，泥质黑衣灰黄陶。口略敛，方圆唇。口径16、腹径21.6、底径6、高24.5厘米（图三三，1）。

Ⅱ式　3件。第3层下、第3层出土。口略敞，沿外侈，圆唇，高直颈，肩颈连接部略折，最大腹径近中部。

J5：6，泥质黑衣灰陶。直颈略束。口径19.4、腹径28.4、底径11、高32厘米（图三三，3）。

Ⅲ式　2件。第3层下出土。口略敛，方唇，斜直颈稍高，肩颈连接部略折，最大腹径近中部。

J1：11，泥质灰陶。唇沿饰一道凹弦纹。口径14.9、腹径22.6、底径9.2、高26.2厘米（图三三，2）。

J28：2，泥质黑衣灰陶。敛口，方唇，斜直颈。沿面饰一道凹弦纹。口径14、腹径20、底径8.5、高23.4厘米（图三三，4）。

Ⅳ式　4件。第3层下、第2层、第1层出土。敞口，沿面略下凹，矮粗颈略束，肩颈连接部略折，最大腹径在中部。

J20：3，泥质黑衣灰陶。口略敞，圆唇。沿面饰两道凹弦纹。口径17、腹径21、底径7、高21.5厘米（图三三，5）。

Ⅴ式　2件。第3层下、第3层出土。敞口，矮粗颈略束，肩颈连接部略折，腹略深，最大腹径在中部偏下。

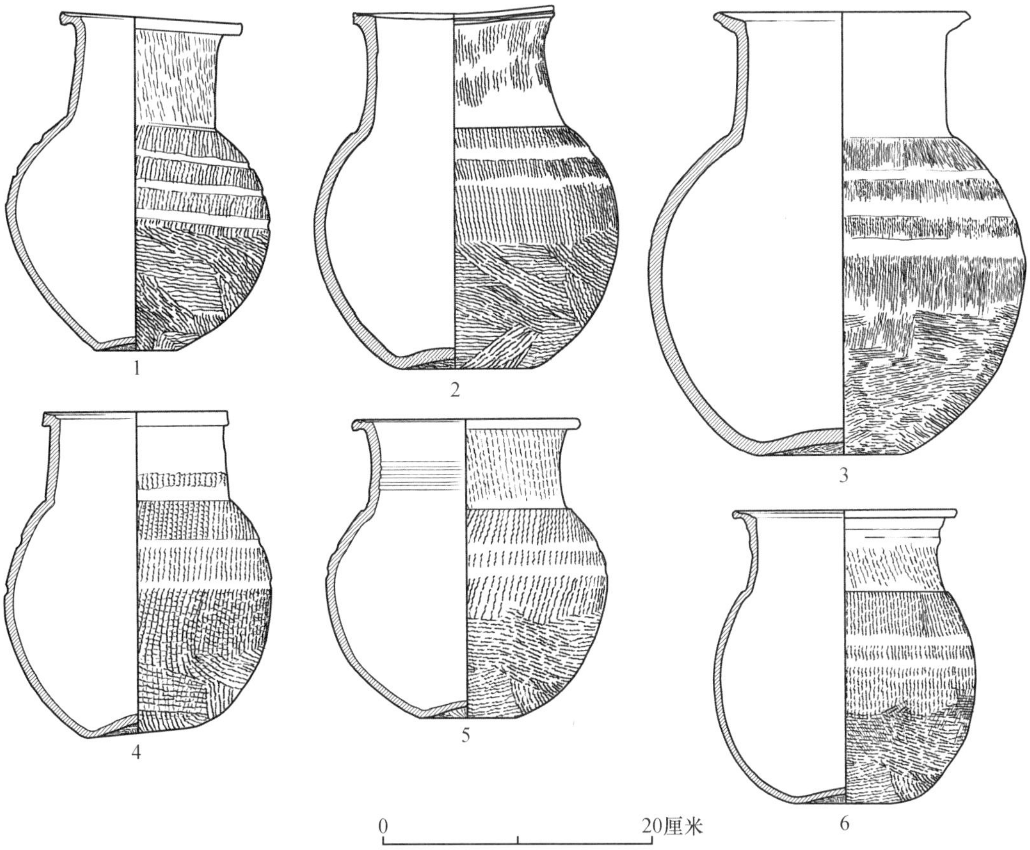


图三三　B型陶高领罐

1. Ⅰ式（J28：12）　2、4. Ⅲ式（J1：11、J28：2）　3. Ⅱ式（J5：6）　5. Ⅳ式（J20：3）　6. Ⅴ式（J3：3）

J3：3，泥质黑衣灰陶。圆唇。口径17、腹径19.8、底径7、高21.2厘米（图三三，6）。

C型　32件。折沿，沿面向外。依据口沿、唇部和颈部的变化分五式。

Ⅰ式　5件。均为第3层下出土。敞口，唇沿外翻，高颈略弧束，溜肩，肩颈连接部略折，最大腹径在中部。

J20：4，泥质黑衣灰陶。方唇。沿面饰一道凹弦纹。口径16.6、腹径20、底径8、高23.8厘米（图三四，1）。

Ⅱ式　6件。均为第3层下出土。敞口，沿面略下凹，方圆唇，唇沿略外翻，高颈略弧束，溜肩，肩颈连接部略折，最大腹径在中部稍下。

J28：5，泥质黑衣灰陶。方圆唇。口径15、腹径21.2、底径7、高25.3厘米（图三四，2）。

Ⅲ式　7件。第3层下、第3层出土。敞口，尖圆唇，唇沿略外翻，颈略矮，溜肩，肩颈连接部略折，最大腹径在中部稍下。沿面饰两道凹弦纹。

J27：1，泥质黑衣灰陶。颈略直。口径13.6、腹径22、底径7、高24.7厘米（图三四，3）。

Ⅳ式　13件。第3层下、第3层、第2层下出土。敞口，方圆唇，唇沿略外翻，唇沿内壁略凹，颈略矮，溜肩，肩颈连接部略折，腹稍深，最大腹径在中部偏下。

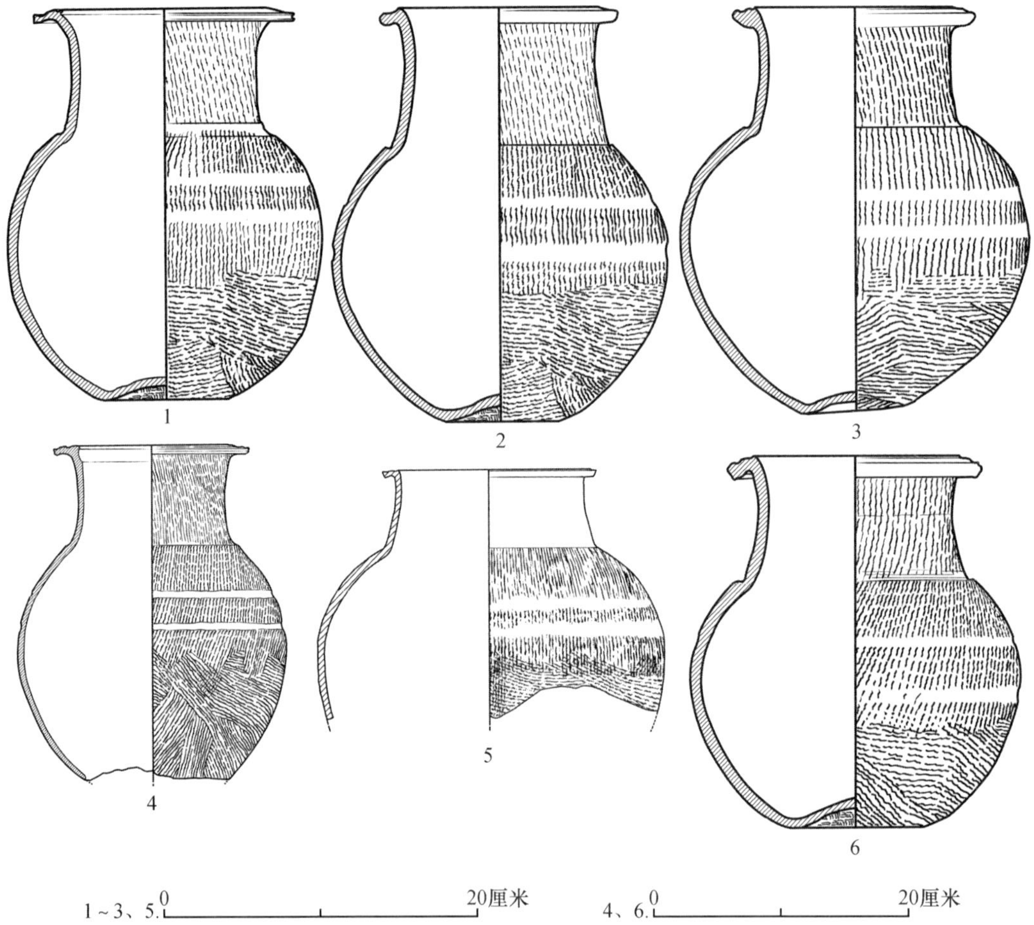


图三四　C型陶高领罐

1. Ⅰ式（J20：4）　2. Ⅱ式（J28：5）　3. Ⅲ式（J27：1）　4、6. Ⅳ式（J28：13、J20：13）　5. Ⅴ式（H8：1）

J28：13，泥质黑衣灰黄陶。方唇，椭圆形腹，最大腹径近中部。沿面饰两道凹弦纹。口径19.3、腹径26.6、残高32厘米（图三四，4）。

J20：13，泥质黑衣灰陶。方唇。沿面饰两道凹弦纹。口径17、腹径20.8、底径8、高22.6厘米（图三四，6）。

Ⅴ式　1件。第2层下出土。敛口，唇沿略外翻，矮颈，溜肩，肩颈连接部略折，腹稍深，最大腹径在中部偏下。

H8：1，泥质灰陶。方唇。沿面饰两道凹弦纹。口径21、腹径34、残高23.6厘米（图三四，5）。

（2）折沿罐

1件。第3层下出土。腹径大于口径，整个器形矮胖。

J1：12，泥质黑衣灰黄陶。敞口，仰折沿，沿面向内、略凹，圆唇，束颈，溜肩，鼓腹下收，底残。颈部饰抹平绳纹，肩及上腹部饰竖向绳纹，下腹及底部饰交错绳纹。口径14.6、腹径19、残高15厘米（图三五，6）。

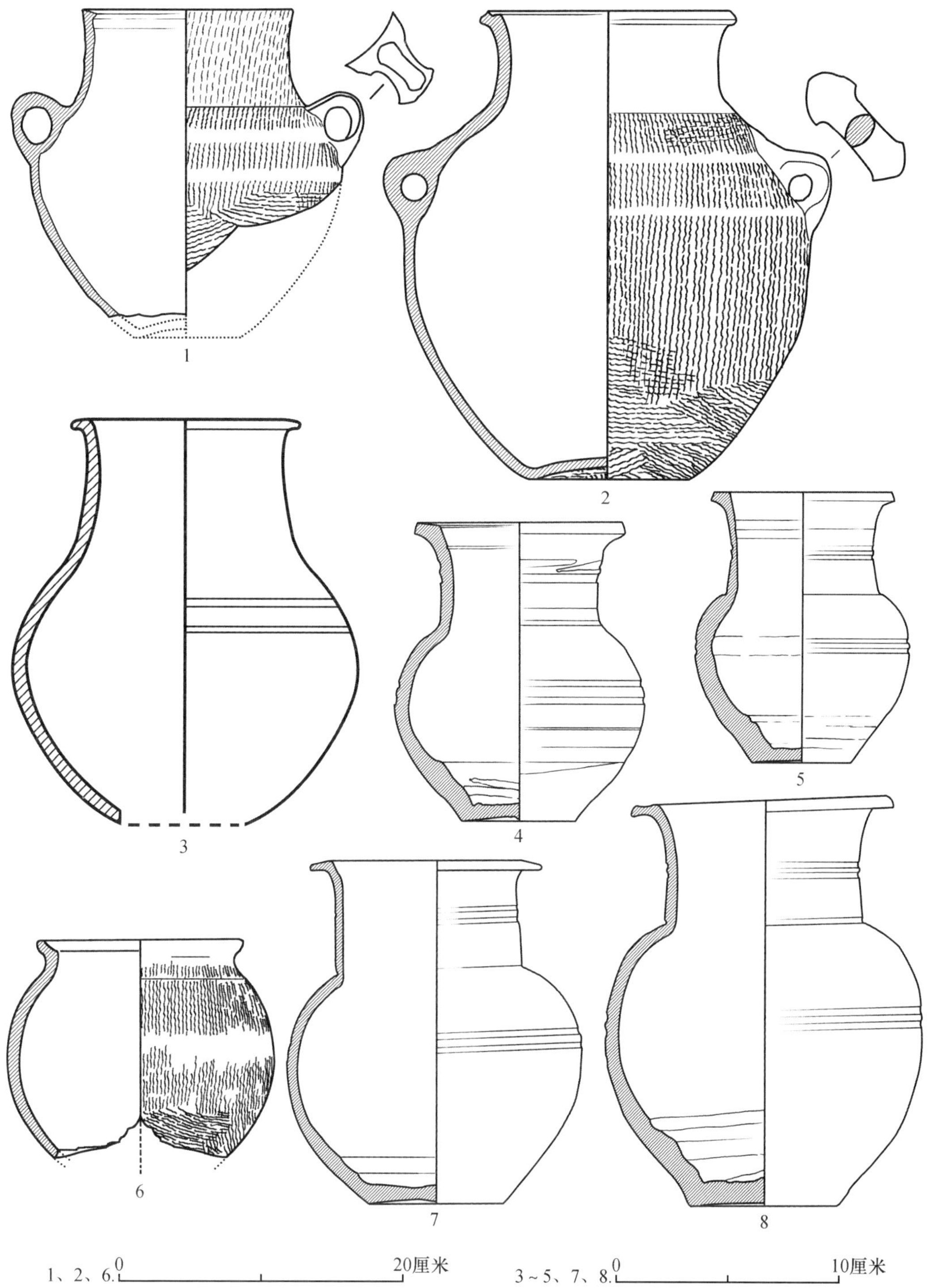


图三五　陶双耳罐、陶高领小罐、陶折沿罐

1. Ⅰ式双耳罐（J28：3）　2. Ⅱ式双耳罐（J20：14）　3. Ⅴ式高领小罐（TN04E02③：35）　4. Ⅲ式高领小罐（J20：9）　5. Ⅱ式高领小罐（J20：8）　6. 折沿罐（J1：12）　7. Ⅳ式高领小罐（J5：2）　8. Ⅰ式高领小罐（J20：10）

（3）双耳罐

3件。均为第3层下出土。束颈，溜肩，鼓腹下收，凹圜底。依据口沿、唇部、颈部及腹部的变化分二式。

Ⅰ式　2件。直口，方唇，斜颈略束，在肩部有两个相对称的环状立耳。

J28：3，泥质黑衣灰陶。直口略敛，斜沿，沿面向内。颈饰抹平绳纹，肩腹部饰间断绳纹，下腹饰交错绳纹。口径15、腹径22、底径7.5、高22.5厘米（图三五，1）。

Ⅱ式　1件。敞口，折沿，沿面下凹，在肩部有两个相对称的立耳。

J20：14，泥质黑衣灰陶。方圆唇。肩及上腹饰间断绳纹，下腹及底部饰交错绳纹。口径18、腹径28.6、底径11、高32厘米（图三五，2）。

（4）高领小罐

15件。其中无法归类者7件。第3层下、第3层、第2层出土。均为泥质陶，陶色有灰陶、灰黄陶、黑衣灰陶、黑衣灰黄陶。束颈，溜肩，鼓腹下收，最大腹径在中部，平底略内凹。依据口沿、唇部、领部及腹部的变化分五式。

Ⅰ式　2件。第3层下出土。敞口，宽平沿，沿面略下凹，束颈微弧，肩颈连接部略折，内底略凸起。颈、腹各饰两道凹弦纹。

J20：10，泥质黑衣灰陶。圆唇。口径11.8、最大腹径14.2、底径6.6、高17.5厘米（图三五，8）。

Ⅱ式　2件。第3层下出土。敞口，折平沿，束颈微弧，广肩，肩颈连接部略折。颈、腹各饰两道凹弦纹。

J20：8，泥质黑衣灰陶。方唇。口径8.2、最大腹径9.6、底径4.4、高11.6厘米（图三五，5）。

Ⅲ式　1件。第3层下出土。敞口，仰折沿，沿面向内，束颈微弧，肩颈连接部略折。颈、腹各饰两道凹弦纹。

J20：9，泥质黑衣灰陶。方唇，平底微内凹。口径9.3、最大腹径11、底径5、高12.8厘米（图三五，4）。

Ⅳ式　2件。第3层下出土。敞口，折沿，沿面向外，唇沿内壁略凹，直颈微弧，溜圆肩，肩颈连接部略折。颈、腹各饰两道凹弦纹。

J5：2，泥质黑衣灰陶。圆唇。口径10.2、最大腹径13、底径6、高14.7厘米（图三五，7）。

Ⅴ式　1件。第3层出土。敞口，折平沿，弧颈略束，溜肩，肩颈连接部弧形相接，鼓腹弧下收。

TN04E02③：35，泥质灰陶。圆唇。肩饰两道凹弦纹。口径10、最大腹径15.2、底径5.6、高17.4厘米（图三五，3）。

**6. 壶**

10件。分别为长颈壶、壶等。均为泥质陶，陶色有灰陶、灰黄陶、黑衣灰陶、黑衣褐红陶。均为轮制，器身内、外壁可见轮制的旋痕。部分长颈壶在颈、腹部饰凹弦纹或抹平绳纹，上腹饰间断绳纹，下腹及底饰交错绳纹。壶在肩腹部饰凹弦纹及水波纹暗纹。下面按长颈壶、壶分别叙述。

（1）长颈壶

8件。均为泥质陶，陶色有灰陶、灰黄陶、黑衣灰陶、黑衣褐红陶。整器瘦高，喇叭形口，长颈，圆鼓腹下收，凹圜底。按腹是否饰绳纹及颈、腹的变化分A、B二型。

A型　5件。其中器形完整的仅1件。颈、腹部饰凹弦纹。依据颈、腹的变化分三式。

Ⅰ式　1件。第3层下出土。长颈略直，垂腹弧下收，最大腹径在中部偏下，凹圜底。

J18：2，泥质黑衣灰陶。口沿残。颈饰三道、肩腹部饰四道凹弦纹。颈径10.4、最大腹径13.6、底径5.2、残高22.5厘米（图三六，1）。

Ⅱ式　2件。第3层下出土。长颈弧束，圆弧腹下收，最大腹径在中部偏下，凹圜底稍深。

J18：1，泥质黑衣灰陶。口沿残。颈饰三道、肩腹部饰六道凹弦纹。颈径10、最大腹径13.6、底径6、残高25.5厘米（图三六，2）。

J4：1，泥质黑衣灰陶。口沿残。颈饰三道、肩腹部饰四道凹弦纹。腹径15.2、底径6.5、残高26.5厘米（图三六，3）。

Ⅲ式　2件。第3层下、第2B层下出土。喇叭形口，方圆唇，厚唇沿，长颈略直，圆弧腹下收，腹稍深，最大腹径近中部，凹圜底。

H22：1，泥质灰陶。颈饰两道、腹饰四道凹弦纹。口径15.8、腹径17.2、底径7.4、高28.8厘米（图三六，4）。

H40：16，泥质灰陶。口、颈残。腹饰两道凹弦纹。腹径16.2、底径6、残高16.6厘米（图三六，7）。

B型　3件。均为第3层下出土。凹圜底，上腹饰间断绳纹，下腹及底饰交错绳纹。依据颈、腹的变化分二式。

Ⅰ式　2件。圆鼓腹下收。

J1：9，泥质黑衣褐红陶。口沿残，高直颈微弧。颈部饰六道凹弦纹及抹平绳纹，肩部素面，上腹饰间断绳纹，下腹及底饰交错绳纹。最大腹径20.7、底径9.6、残高30.4厘米（图三六，6）。

J20：1，泥质黑衣灰陶。口沿残，直颈微弧。颈及肩部素面，下腹及底饰交错绳纹。最大腹径17.6、底径7.2、残高26厘米（图三六，5）。

Ⅱ式　1件。长卵形腹下收。

J1：15，泥质灰黄陶。口、底残，直颈，颈及肩部素面，上腹部饰间断绳纹，下腹饰交错绳纹。颈径12.4、腹径19.4、残高28.6厘米（图三六，10）。

长颈壶发展变化特征是：形体由小变大，腹径由小于口径渐变到等于或大于口径。

（2）壶

2件。第3层下出土。

J28：11，泥质黑衣灰陶。溜肩，肩部有两个相对称的半环形立耳，鼓腹下收，圈足底残。在肩腹部饰四组凹弦纹及水波纹暗纹。最大腹径21、残底径10.5、残高21.2厘米（图三六，8）。

J28：14，底残片。泥质黑衣灰陶。鼓腹弧下收，假圈足平底。素面。底径11.8、残高11.6厘米（图三六，9）。

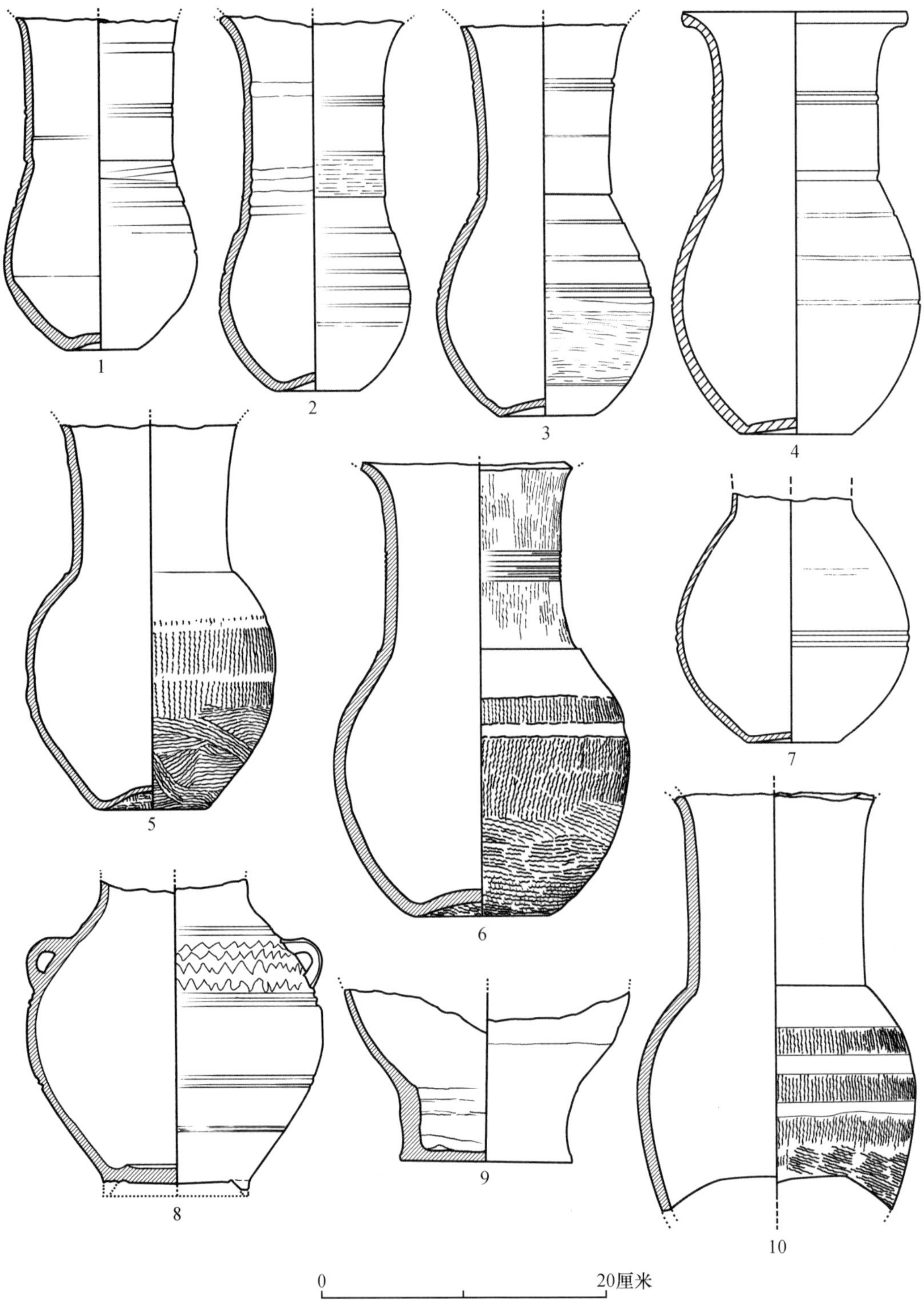


图三六　陶长颈壶、陶壶

1. A型Ⅰ式长颈壶（J18：2）　2、3. A型Ⅱ式长颈壶（J18：1、J4：1）　4、7. A型Ⅲ式长颈壶（H22：1、H40：16）
5、6. B型Ⅰ式长颈壶（J20：1、J1：9）　8、9. 壶（J28：11、J28：14）　10. B型Ⅱ式长颈壶（J1：15）

**7. 盘**

9件。均为泥质陶，陶色有灰陶、灰黄陶、黑衣灰陶。敞口，折沿，短束颈，折肩，弧腹下收，圜底略内凹。均为轮制，器身内、外壁可见轮制的旋痕。部分沿面、腹饰凹弦纹。依据口、颈、肩、腹、底的变化分A、B二型。

A型　8件。分二式。

Ⅰ式　1件。第3层下出土。敞口略侈，折平沿，沿面略向内，短束颈微弧，浅弧腹下收，圜底略内凹。

J20：35，泥质黑衣灰陶。圆唇。素面。口径16、高3.9厘米（图三七，1）。

Ⅱ式　7件。第3层下、第3层、第2层下、第2层出土。敞口略侈，仰折沿，沿面向内，短束颈，深弧腹下收，圜底略内凹。

J1：5，泥质黑衣灰陶。厚方唇。腹饰凹弦纹。口径17.4、高5.2厘米（图三七，2）。

H44：5，泥质灰黄陶。细圆唇，底残。口径15、残高4.4厘米（图三七，3）。

B型　1件。第3层下出土。敞口，折平沿，短束颈，深弧腹下收，平底。

J28：1，泥质黑衣灰陶。方唇，深弧腹下内收。素面。口径18、最大腹径17.2、底径7、高5.1厘米（图三七，4）。

盘的发展变化特征是：口由卷沿变为折沿，颈由长变短，肩由微凸变为向外凸起，腹由深变浅，底由圜底内凹变为圜底近平。

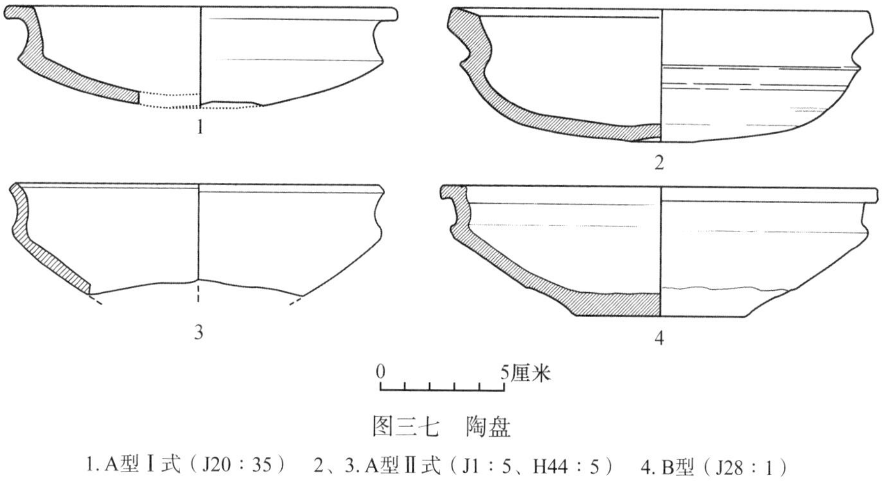


图三七　陶盘

1. A型Ⅰ式（J20：35）　2、3. A型Ⅱ式（J1：5、H44：5）　4. B型（J28：1）

**8. 瓮**

67件。陶质均为泥质陶，陶色有灰陶、灰黄陶、褐黄陶、褐灰陶、褐红陶、黑衣灰陶、黑衣灰黄陶、黑衣灰褐陶、黑衣褐黄陶。均为手制与轮制相结合，口部轮制，器身多为泥条盘筑后慢轮修整而成，内外有拍痕，部分器身内、外壁可见轮制的旋痕。敛口，矮领，短束颈，溜肩，垂腹，圜底。部分沿面饰凹弦纹，肩及上腹饰凹弦纹或抹平绳纹，腹饰间断绳纹。依据口部的变化分A、B、C、D四型。

A型　22件。均为泥质陶，陶色有灰陶、灰黄陶、褐灰陶、褐红陶、黑衣灰陶。敛口，仰折沿，束颈，溜肩，斜弧腹下收。依据口沿的变化分Aa、Ab二亚型。

Aa型　8件。沿面略下凹。分三式。

Ⅰ式　2件。第3层下、第3层出土。方唇。唇沿饰一道凹弦纹，沿面素面。

H50∶1，泥质灰黄陶。斜弧腹。肩饰八道凹弦纹。口径22、残高6.8厘米（图三八，1）。

Ⅱ式　3件。第3层下、第2层下出土。圆唇。沿面饰数道凹弦纹。

J26∶2，夹砂灰陶。圆唇。沿面饰三道凹弦纹，肩饰十二道细密凹弦纹。口径27、残高6厘米（图三八，2）。

Ⅲ式　3件。第3层下、第2层出土。尖圆唇，沿面下凹。

J5∶19，泥质黑衣灰陶。沿外有一道凸棱，肩饰抹平绳纹，腹饰附加堆纹和间断绳纹。口径31.4、残高14厘米（图三八，4）。

Ab型　14件。沿面略凸起。分四式。

Ⅰ式　5件。第3层下、第3层出土。尖圆唇，窄沿外翻卷，沿面向内微弧，斜弧腹。

H57∶1，泥质灰陶。斜肩。沿面及肩部各饰五道凹弦纹。口径29、残高5.8厘米（图三八，3）。

Ⅱ式　3件。第3层下、第2B层下出土。方唇，沿面中部略凸起，斜弧腹。

H48∶5，泥质灰陶。沿面饰两道凹弦纹，肩、腹饰凹弦纹。口径28、残高7厘米（图三八，7）。

Ⅲ式　2件。第3层出土。圆唇，沿面微弧。

TN02E03③∶7，泥质灰陶。沿面饰四道、肩饰两道凹弦纹。口径26.6、残高7厘米（图三八，5）。

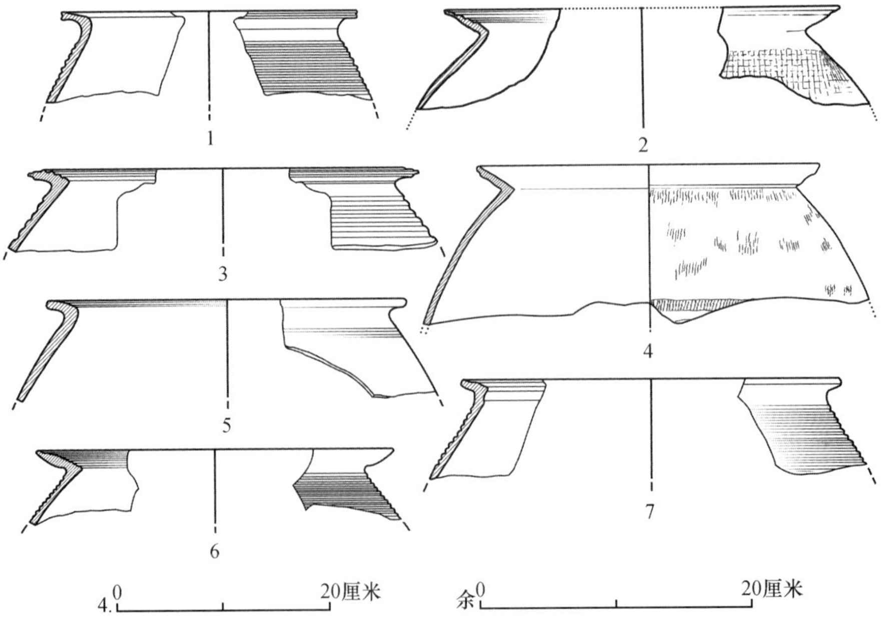


图三八　A型陶瓮

1. Aa型Ⅰ式（H50∶1）　2. Aa型Ⅱ式（J26∶2）　3. Ab型Ⅰ式（H57∶1）　4. Aa型Ⅲ式（J5∶19）
5. Ab型Ⅲ式（TN02E03③∶7）　6. Ab型Ⅳ式（H22∶8）　7. Ab型Ⅱ式（H48∶5）

Ⅳ式　4件。第2B层下、第2层出土。尖圆唇，宽沿外翻卷，沿面向内微弧凸。沿面饰细密凹弦纹。

H22：8，泥质灰黄陶。沿面饰十一道凹弦纹，肩、腹部饰凹弦纹。口径27、残高5厘米（图三八，6）。

B型　13件。均为泥质陶，陶色有灰陶、灰黄陶、黑衣灰陶、黑衣灰黄陶、黑衣灰褐陶。敛口，折沿，沿面向内，矮领，束颈，溜肩，弧腹下收。依据口沿的变化分四式。

Ⅰ式　2件。第3层下出土。方唇，沿面弧下凹。唇沿饰一道凹弦纹。

J3：8，泥质黑衣灰陶。肩略折，垂腹，圜底略尖。沿面饰三道凹弦纹，腹饰间断绳纹。口径23.8、腹径42、高54厘米（图三九，1）。

Ⅱ式　3件。第3层、第2层下出土。尖圆唇，沿面弧下凹。

H28：4，泥质灰黄陶。尖圆唇，肩略折，弧腹下收。素面。口径27、残高4厘米（图三九，3）。

Ⅲ式　5件。第3层下、第3层、第2B层下出土。方唇，沿面略弧，矮领略高。

J1：14，泥质灰陶。垂腹，圜底略平。腹、底饰间断绳纹。口径12.2、腹径27、高30.8厘米（图三九，2）。

Ⅳ式　3件。第3层出土。敞口，方唇，高领。

TN03E03③：1，泥质灰黄陶。口略敞，短束颈。肩饰竖向绳纹。口径18、残高6.5厘米（图三九，4）。

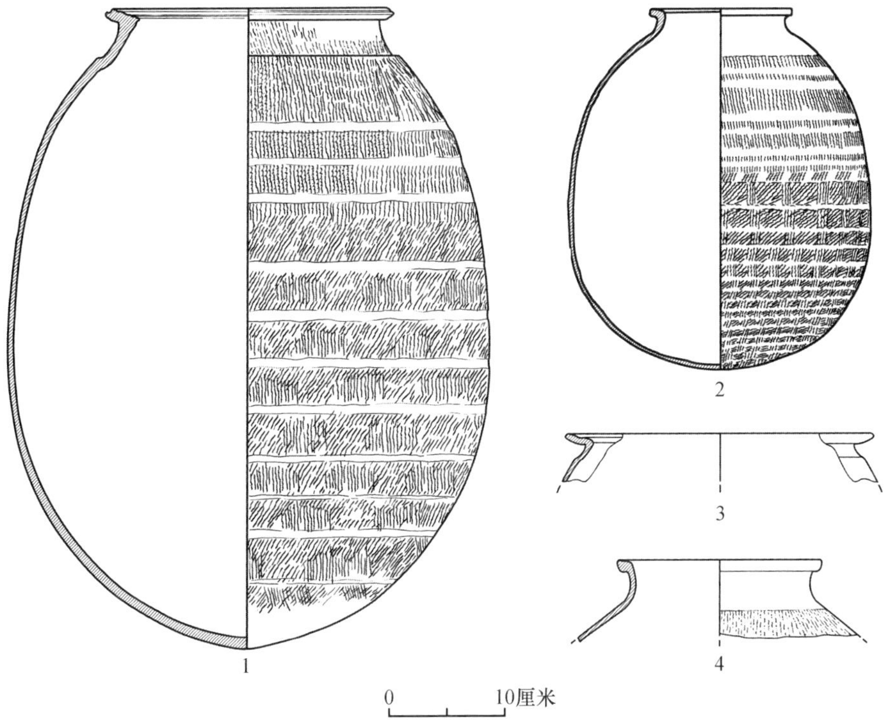


图三九　B型陶瓮

1. Ⅰ式（J3：8）　2. Ⅲ式（J1：14）　3. Ⅱ式（H28：4）　4. Ⅳ式（TN03E03③：1）

C型　20件。均为泥质陶，陶色有灰陶、灰黄陶、褐红陶、黑衣灰陶、黑衣灰黄陶、黑衣褐黄陶。折平沿，溜肩，弧腹下收。依据口沿的变化分五式。

Ⅰ式　4件。第3层下出土。敛口，窄沿，沿面略下凹，尖圆唇，短束颈，溜肩，斜弧腹下收。

H47：24，泥质灰黄陶。尖圆唇。肩饰凹弦纹。口径27、残高6.3厘米（图四〇，1）。

Ⅱ式　4件。第3层下、第2层下出土。敛口，宽沿，方唇，矮领。沿面饰两道凹弦纹。

J14：1，泥质褐红陶。沿面饰两道凹弦纹，颈饰抹平绳纹，肩饰间断绳纹。口径27、残高12厘米（图四〇，2）。

Ⅲ式　5件。第3层下、第3层、第2B层下、第2层下出土。敛口，窄沿，方圆唇。

J13：9，泥质黑衣灰黄陶。沿面饰两道凹弦纹，肩饰间断绳纹。口径27、残高15.4厘米（图四〇，3）。

J20：55，泥质黑衣灰陶。口内及沿面饰四道、肩饰十六道暗弦纹，腹饰间断绳纹。口径24、残高9.7厘米（图四〇，13）。

Ⅳ式　6件。第3层下、第3层出土。敛口，方唇，唇沿外侧略凹，矮领。

J1：36，泥质黑衣灰陶。敛口。唇沿外饰一道凹弦纹，肩腹部饰间断绳纹。口径28、残高10.6厘米（图四〇，4）。

Ⅴ式　1件。第3层出土。敛口，尖圆唇。

TN02E04③：19，泥质灰陶。溜肩，弧腹下收。口径38、残高3.2厘米（图四〇，6）。

D型　10件。均为泥质陶，陶色有灰陶、灰黄陶、褐黄陶、灰褐陶、黑衣灰黄陶。敛口略敞，折沿，沿面向外，矮领，溜肩，斜弧腹下收。依据口沿的变化分四式。

Ⅰ式　1件。第3层下出土。直口略敛，沿面略向外，方唇，矮领略高。

J1：39，泥质黑衣灰陶。颈饰抹平绳纹，肩腹部饰间断绳纹。口径24、残高17.8厘米（图四〇，7）。

Ⅱ式　3件。第3层下、第3层出土。敛口，折沿外翻卷，尖圆唇，矮领。

TN04E03③：10，泥质灰陶。弧腹下收。沿面饰八道、肩及上腹饰十一道凹弦纹，腹中部饰间断绳纹。口径26.4、残高13厘米（图四〇，12）。

Ⅲ式　4件。第3层下、第3层、第2层下出土。口略敞，折沿外翻卷，方唇，矮领。

J28：19，泥质灰褐陶。沿面和唇沿各饰一道凹弦纹。口径34、残高6.6厘米（图四〇，8）。

Ⅳ式　2件。第3层出土。沿面略向外，尖圆唇，斜弧腹下收。

TN04E02③：6，泥质灰陶。沿面饰两道、肩饰六道凹弦纹。口径26、残高6.6厘米（图四〇，5）。

无法归类　2件。

TN03E02③：14，泥质灰陶。敞口，短束颈，溜肩，弧腹下收。肩饰绳纹。残高7.8厘米（图四〇，9）。

J20：61，泥质黑衣灰黄陶。弧腹下收。外壁饰间断绳纹，内壁有拍痕。长26、宽23.4、厚0.8厘米（图四〇，10、11）。

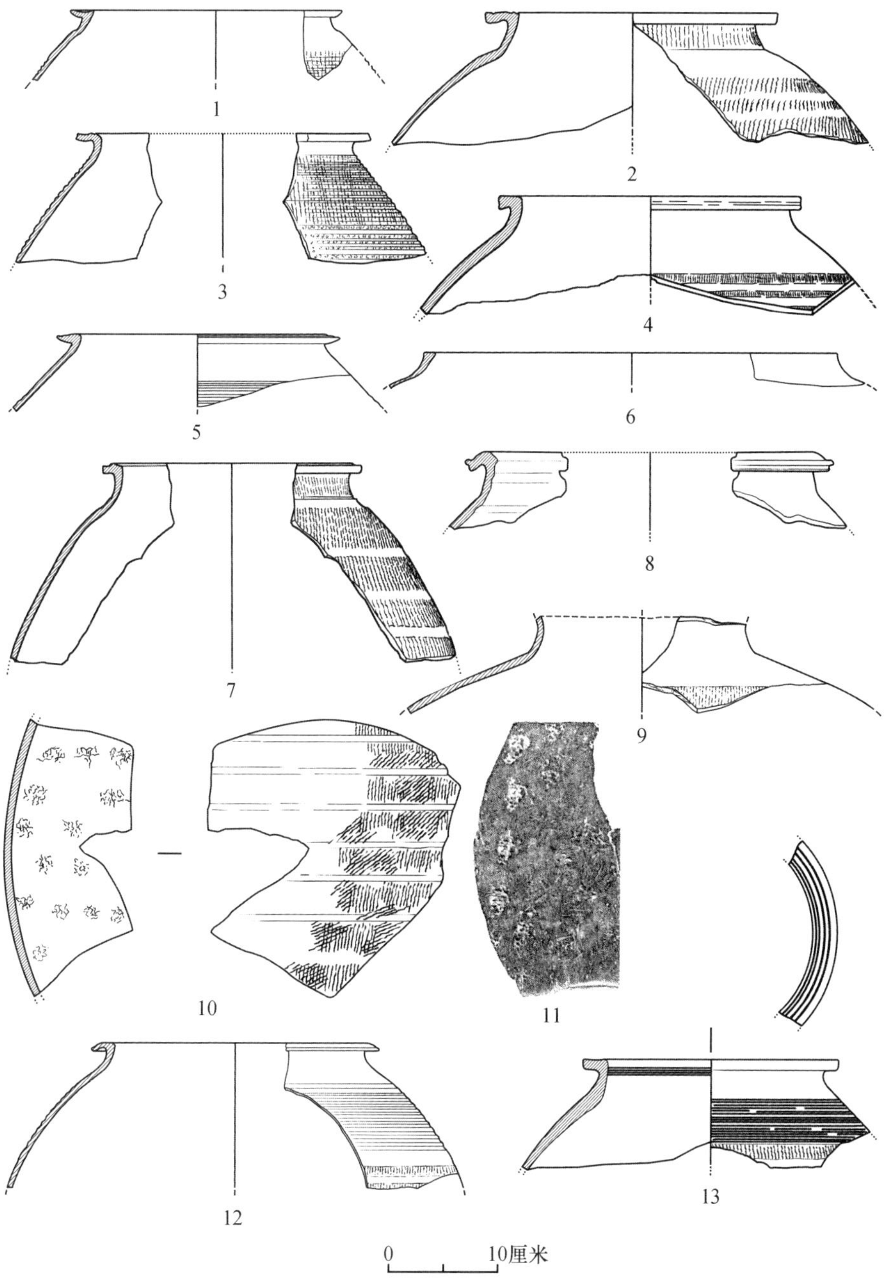


图四〇　陶瓮

1. C型Ⅰ式（H47：24）　2. C型Ⅱ式（J14：1）　3、13. C型Ⅲ式（J13：9、J20：55）　4. C型Ⅳ式（J1：36）　5. D型Ⅳ式（TN04E02③：6）　6. C型Ⅴ式（TN02E04③：19）　7. D型Ⅰ式（J1：39）　8. D型Ⅲ式（J28：19）　9～11. 无法归类（TN03E02③：14、J20：61）　12. D型Ⅱ式（TN04E03③：10）

**9. 盆**

221件。其中无法归类者9件。陶质均为泥质陶，陶色有灰陶、灰黄陶、褐黄陶、褐灰陶、黑衣灰陶、黑衣灰黄陶、黑衣褐黄陶、黑衣褐红陶。均为轮制，部分器身内、外壁可见轮制的旋痕。敞口或敛口，折沿，束颈，溜肩，鼓腹或弧腹下收。部分沿面、肩部饰一道至数道凹弦纹；颈饰抹平绳纹；肩饰抹平绳纹、细密凹弦纹、凸弦纹、圆圈纹、凸弦纹压印圆圈纹；腹饰竖向绳纹、间断绳纹及交错绳纹。依据口部的变化分A、B、C、D四型。

A型　35件。均为泥质陶，陶色有灰陶、灰黄陶、褐灰陶、黑衣灰陶。折沿，沿面向内，束颈，溜肩，弧腹下收。依据口、颈、肩、腹的变化分Aa、Ab二亚型。

Aa型　5件。方唇，矮领。分三式。

Ⅰ式　1件。第3层下出土。圆唇，沿面略向内。

H42：2，泥质灰陶。折沿近平。沿面及肩部各饰一道凹弦纹。口径38、残高4.8厘米（图四一，5）。

Ⅱ式　1件。第3层出土。沿面微弧，溜肩。

TN04E04③：43，泥质灰陶。口略敛，弧腹下内收。沿面及唇沿各饰一道凹弦纹，肩饰纵向绳纹。口径44、残高5.7厘米（图四一，2）。

Ⅲ式　3件。第2层下、第2层出土。广肩略折。

H8：3，泥质灰陶。口略敛，折沿略卷，束颈，肩稍圆。沿面及肩部各饰一道凹弦纹。口径40、残高4.8厘米（图四一，7）。

Ab型　30件。敛口，折沿，沿面略向内，圆唇。分五式。

Ⅰ式　2件。第3层下出土。沿面中部略凸，溜肩。

H42：1，泥质灰陶。敛口。唇沿饰一道凹弦纹。口径27、残高4.6厘米（图四一，1）。

Ⅱ式　10件。第3层下、第3层、第2B层下、第2层下出土。尖圆唇，沿略外卷，沿面弧凹略向内。

H23：3，泥质灰陶。颈略束。沿面饰两道、肩及上腹饰十二道凹弦纹，下腹饰纵向绳纹。口径39、残高9.5厘米（图四一，3）。

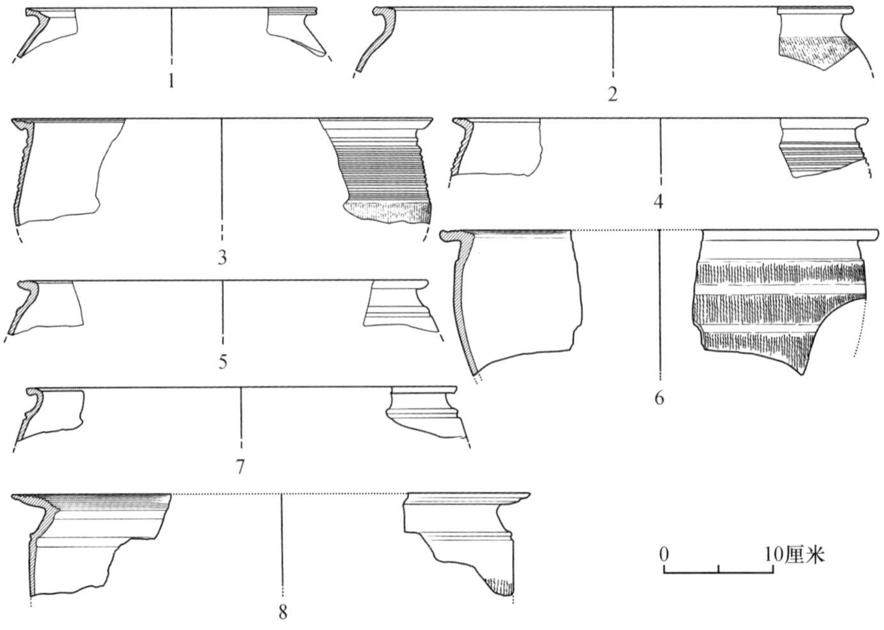


图四一　A型陶盆

1. Ab型Ⅰ式（H42：1）　2. Aa型Ⅱ式（TN04E04③：43）　3. Ab型Ⅱ式（H23：3）　4. Ab型Ⅴ式（H8：10）
5. Aa型Ⅰ式（H42：2）　6. Ab型Ⅲ式（J20：51）　7. Aa型Ⅲ式（H8：3）　8. Ab型Ⅳ式（J20：37）

Ⅲ式　5件。第3层下、第3层出土。沿略外翻卷，沿面弧凸略向内，圆唇，唇沿内壁外凸，束颈，直弧腹下内收。

J20：51，泥质黑衣灰陶。圆唇。沿面饰九道凹弦纹，肩腹部饰间断绳纹。口径40.4、残高15厘米（图四一，6）。

Ⅳ式　10件。第3层下、第3层、第2层出土。宽弧沿外翻，沿面向内，尖圆唇，唇沿内壁尖凸，短束颈，折肩，直腹下内收。

J20：37，泥质黑衣灰陶。沿面饰十一道、肩饰一道凹弦纹，下腹饰绳纹。口径50、残高9厘米（图四一，8）。

Ⅴ式　3件。第3层下、第3层、第2层下出土。折沿外翻，沿面略向内，圆唇，肩略折。

H8：10，泥质灰陶。沿面中部略凸起。肩部饰凹弦纹。口径38、残高5.2厘米（图四一，4）。

B型　60件。均为泥质陶，陶色有灰陶、灰黄陶、褐黄陶、黑衣灰陶、黑衣灰黄陶、黑衣褐红陶。平沿，矮领，束颈，溜肩，鼓腹下收。依据口、颈、肩、腹的变化分Ba、Bb二亚型。

Ba型　45件。平沿，矮领，束颈。分四式。

Ⅰ式　9件。第3层下、第3层出土。折平沿外卷，圆唇或尖圆唇，唇沿稍厚，溜肩，弧腹下收。

H41：3，泥质灰陶。口略直，方唇。沿面饰一道、肩饰五道凹弦纹，腹饰纵向绳纹。口径42、残高11.6厘米（图四二，1）。

H40：1，泥质灰陶。沿面饰两道、肩饰四道凹弦纹，下腹饰绳纹。口径36、腹径35.6、残高14厘米（图四二，2）。

Ⅱ式　11件。第3层下、第3层、第2层下出土。折平沿外卷，圆唇或尖圆唇，薄唇沿，溜肩，直弧腹下收。

H47：18，泥质灰陶。唇沿饰三道凹弦纹，颈饰抹平绳纹，肩饰凹弦纹。口径36、残高5.6厘米（图四二，6）。

TN04E02③：40，泥质灰黄陶。素面。口径45、残高10.2厘米（图四二，7）。

Ⅲ式　18件。第3层下、第3层、第2层下、第2层、第1层出土。平沿略宽，沿面略下凹，圆唇、尖圆唇或方唇，厚唇沿，溜肩，弧腹下收。

H40：7，泥质灰黄陶。直口略敛，圆唇，折肩不明显，弧腹下收。肩饰一道凹弦纹。口径40、残高7厘米（图四二，3）。

TN04E01③：1，泥质灰陶。圆唇，直弧腹下收。肩饰两道凹弦纹。口径38、残高8.5厘米（图四二，4）。

Ⅳ式　7件。第3层下、第3层、第2B层下、第2层下出土。折平沿，沿稍宽，圆唇、尖圆唇或方唇，溜肩稍圆。

H14：4，泥质灰黄陶。尖圆唇。肩饰一道凹弦纹。口径40、残高4.5厘米（图四二，5）。

H36：2，泥质黑衣灰黄陶。沿稍窄，圆唇，领稍矮。肩饰一道凹弦纹。口径40、残高7厘米（图四二，8）。

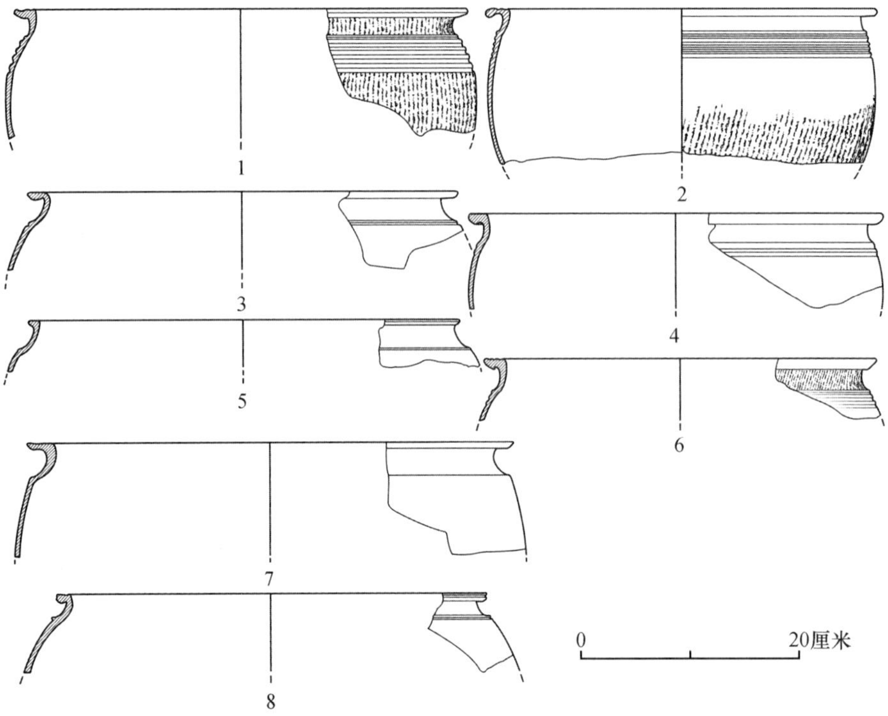


图四二　Ba型陶盆

1、2. Ⅰ式（H41：3、H40：1）　3、4. Ⅲ式（H40：7、TN04E01③：1）　5、8. Ⅳ式（H14：4、H36：2）
6、7. Ⅱ式（H47：18、TN04E02③：40）

Bb型　15件。平沿，矮领不明显。分四式。

Ⅰ式　7件。第3层下、第3层、第2层下出土。敞口，宽平沿，圆唇或尖圆唇，直弧腹下收。沿面饰凹弦纹。

H35：1，泥质灰黄陶。敛口，方唇。沿面饰一道凹弦纹，肩饰凹弦（点线）纹，上腹饰竖向绳纹。口径38、残高9厘米（图四三，1）。

H47：5，泥质灰陶。口略敞，尖圆唇，直弧腹下收。唇沿饰三道凹弦纹，肩腹部饰细密凹弦纹。口径36、残高8.2厘米（图四三，6）。

Ⅱ式　4件。第3层下、第3层、第2层下出土。敞口，宽平沿，方唇、圆唇或尖圆唇，直弧腹下内收。

H8：12，泥质灰黄陶。尖圆唇，弧腹下收。肩饰一道凹弦纹。口径42、残高5.8厘米（图四三，3）。

J29：5，泥质灰黄陶。口微敛，方唇，短束颈，肩略折。沿面饰一道凹弦纹，颈饰抹平绳纹，肩饰凹弦纹。口径35、残高5.4厘米（图四三，4）。

Ⅲ式　3件。第3层、第2层下、第2层出土。敛口，宽平沿，直弧腹下收。沿面饰一道凹弦纹。

TN02E03③：30，泥质灰陶。尖圆唇。沿面饰一道凹弦纹，肩饰一道凸棱。口径40、残高6.4厘米（图四三，2）。

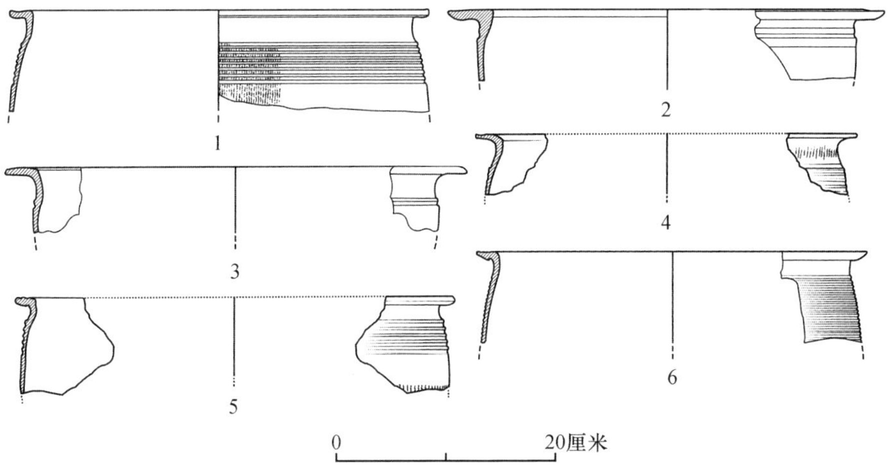


图四三　Bb型陶盆

1、6. Ⅰ式（H35：1、H47：5）　2. Ⅲ式（TN02E03③：30）　3、4. Ⅱ式（H8：12、J29：5）　5. Ⅳ式（J13：2）

Ⅳ式　1件。第2层下出土。

J13：2，泥质灰黄陶。敞口，圆唇，矮领不明显，弧腹下内收。沿面饰两道、肩饰五道凹弦纹，腹饰绳纹。口径40、残高8.6厘米（图四三，5）。

C型　88件。其中无法归类者6件。均为泥质陶，陶色有灰陶、灰黄陶、褐灰陶、褐黄陶、黑衣灰陶、黑衣灰黄陶、黑衣褐黄陶。折沿，沿面向外，矮领，束颈，溜肩，鼓腹下收。依据口、颈、肩、腹的变化分Ca、Cb二亚型。

Ca型　37件。矮领，敛口。分四式。

Ⅰ式　6件。第3层下、第3层、第2层出土。尖圆唇，沿略宽，沿面向外，短束颈，溜肩，弧腹下内收，凹圜底。

J5：9，泥质黑衣灰陶。沿面饰数道凹弦纹。口径40.8、底径11.2、高22.5厘米（图四四，1）。

Ⅱ式　14件。第3层下、第3层出土。沿略窄，折沿近平，沿面略向外。

H40：19，夹砂灰黄陶。尖圆唇。沿面、肩各饰两道凹弦纹，下腹部饰竖向绳纹和交错绳纹。口径42、腹径40.8、残高17.8厘米（图四四，4）。

Ⅲ式　11件。第3层下、第3层、第2B层下、第2层下出土。窄沿，沿面略向外，方唇，矮领。

H40：9，泥质灰黄陶。束颈，溜肩，弧腹下收。沿面及肩部各饰一道凹弦纹。口径40、残高7.6厘米（图四四，3）。

Ⅳ式　6件。第3层下、第3层、第2层下出土。窄沿，沿面略向外，尖圆唇，束颈，矮领不明显。

J29：1，泥质灰陶。弧腹下收。肩饰一道凹弦纹。口径42、残高7.8厘米（图四四，2）。

Cb型　51件。敞口，矮领。分七式。

Ⅰ式　9件。第3层下、第3层、第2B层下、第2B层出土。宽沿，沿面略向外，方圆唇，短束颈，溜肩，弧腹下内收，最大腹径在中部稍上，凹圜底。

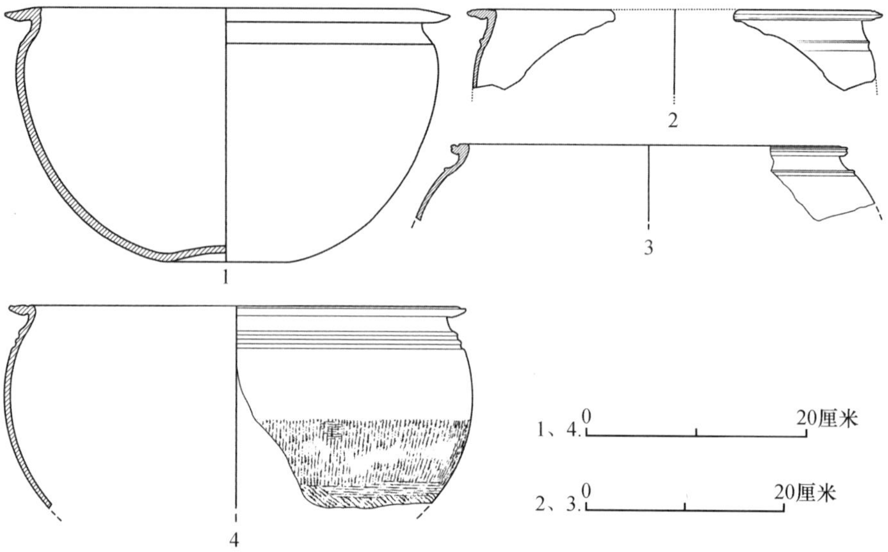


图四四　Ca型陶盆

1. Ⅰ式（J5：9）　2. Ⅳ式（J29：1）　3. Ⅲ式（H40：9）　4. Ⅱ式（H40：19）

J14：2，泥质灰黄陶。沿面及肩部各饰一道凹弦纹，下腹饰间断绳纹与交错绳纹。口径46、底径10.8、高26.8厘米（图四五，1）。

Ⅱ式　5件。第3层下、第3层、第2层下出土。折沿近平，沿面略向外，方唇，溜肩。

G6：6，泥质灰陶。口略直。沿面饰一道凹弦纹，颈、腹部素面。口径40.8、残高7.7厘米（图四五，3）。

Ⅲ式　12件。第3层下、第3层、第2层下、第2层出土。敞口，窄沿，沿面略向外，圆唇或尖圆唇，矮领，溜肩，弧腹下收。

H59：1，泥质灰陶。沿稍宽，尖圆唇，肩不明显。沿面及肩部各饰一道凹弦纹。口径40、残高6.2厘米（图四五，4）。

H8：9，泥质灰陶。沿稍宽，尖圆唇，肩不明显。沿面饰两道凹弦纹，肩腹部饰凹弦纹和交错绳纹。口径36、残高8.2厘米（图四五，6）。

Ⅳ式　2件。第3层下出土。敞口，折沿外翻，沿面向外，矮领，短束颈，溜肩，圆弧腹下内收，凹圜底。

J4：18，泥质黑衣灰陶。沿稍窄，圆唇。口径42、最大腹径44、底径10.8、高24.5厘米（图四五，2）。

J18：4，泥质黑衣灰陶。沿稍宽，尖圆唇。下腹饰交错绳纹。口径42.6、腹径41.8、底径10、高25.8厘米（图四五，5）。

Ⅴ式　6件。第3层下、第3层、第2B层下出土。敞口，折沿外翻，沿面向外，矮领，溜肩略折，弧腹下收。

H36：1，泥质灰黄陶。方唇。沿面、唇沿、肩部各饰一道凹弦纹。口径40、残高8厘米（图四五，8）。

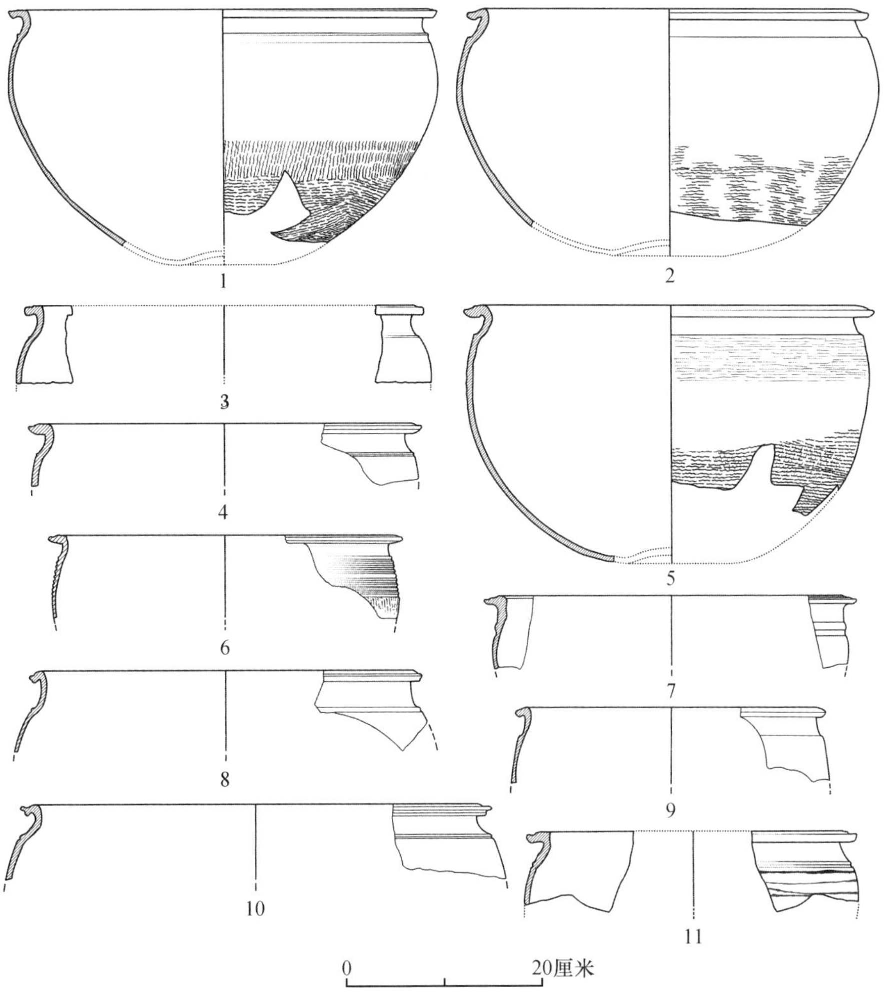


图四五 Cb型陶盆

1. Ⅰ式（J14：2） 2、5. Ⅳ式（J4：18、J18：4） 3. Ⅱ式（G6：6） 4、6. Ⅲ式（H59：1、H8：9） 7. Ⅶ式（H21：7） 8、9. Ⅴ式（H36：1、H40：20） 10、11. Ⅵ式（H47：2、J4：19）

H40：20，夹砂灰黄陶。圆唇，溜肩略折。口径32、残高7.6厘米（图四五，9）。

Ⅵ式 8件。第3层下、第3层出土。敞口，折沿外翻卷，沿面向外，矮领，溜肩，弧腹下收。

H47：2，泥质褐黄陶。方唇。沿面、唇沿和肩部各饰一道凹弦纹。口径48、残高7.4厘米（图四五，10）。

J4：19，泥质黑衣灰陶。沿略宽，圆唇，唇沿内壁略凹。沿面及肩部各饰一道凹弦纹，肩及上腹饰暗纹彩绘。口径34、残高8厘米（图四五，11）。

Ⅶ式 9件。第3层下、第3层、第2B层、第2层下、第2层出土。敞口，折沿外翻卷，沿面向外，圆唇，矮领不明显，束颈，浅弧腹下收。

H21：7，泥质灰陶。口微敞，尖圆唇，唇沿内壁略凹。沿面饰四道凹弦纹，上腹饰一道凸弦纹。口径46、残高5.8厘米（图四五，7）。

D型　38件。其中无法归类者9件。均为泥质陶，陶色有灰陶、灰黄陶、黑衣灰陶。敛口，宽沿，折弧沿外翻卷、沿面弧向上，束颈，鼓腹下收。依据口、颈、肩、腹的变化分五式。

Ⅰ式　5件。第3层下、第2层出土。折弧沿外翻，溜肩略折，鼓腹下收。

J1：35，泥质黑衣灰陶。沿面饰九道凹弦纹，肩饰一道凸弦纹，腹饰纵向绳纹。口径50.8、残高9厘米（图四六，1）。

Ⅱ式　4件。第3层下出土。折弧沿外翻卷，尖圆唇，唇沿内壁尖凸，矮领，溜肩，凹圜底。

J5：10，泥质黑衣灰陶。沿面饰十道凹弦纹，肩饰抹平绳纹，腹饰纵向绳纹与交错绳纹。口径50、高26.4厘米（图四六，3）。

Ⅲ式　7件。第3层下、第2B层下出土。折弧沿外翻，尖圆唇，矮领，溜肩，弧腹下内收。

J5：11，泥质黑衣灰陶。圆唇。沿面饰一道凹弦纹，肩饰一道凸棱，下腹饰纵向绳纹与交错绳纹。口径44、残高20厘米（图四六，2）。

Ⅳ式　8件。第3层下、第3层、第2层出土。折弧沿外翻，圆唇，唇沿内壁尖凸，矮领，束颈，折肩，直腹下弧收。

TN04E04③：4，泥质灰黄陶。尖圆唇，唇沿内壁略凸。沿面饰八道凹弦纹，肩饰一道凸棱。口径44、残高7.6厘米（图四六，4）。

Ⅴ式　5件。第3层下、第3层、第2B层、第2层下、第2层出土。折弧沿外翻卷，矮领，束颈，折肩，斜弧腹下收。

H21：3，泥质灰陶。尖圆唇，唇沿内壁尖凸，浅腹。沿面饰八道凹弦纹。口径46、残高6厘米（图四六，5）。

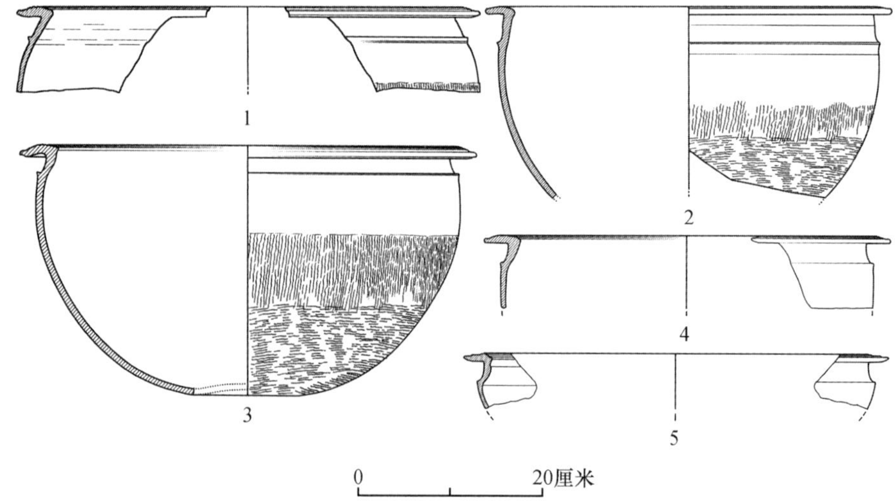


图四六　D型陶盆

1. Ⅰ式（J1：35）　2. Ⅲ式（J5：11）　3. Ⅱ式（J5：10）　4. Ⅳ式（TN04E04③：4）　5. Ⅴ式（H21：3）

**10. 器座**

2件。均为夹砂灰陶。手制，慢轮修整，器身内外有手工痕迹；内、外壁均可见轮制的旋痕，制作较粗糙。壶口形，呈喇叭状。分二式。

Ⅰ式　1件。第3层下出土。

J20：6，夹砂黑衣灰陶。口大于底，圆唇。饰抹平绳纹。口径21.4、腰径14、底径19、高8.8厘米（图四七，4）。

Ⅱ式　1件。第3层出土。

TN04E02③：48，夹砂灰陶。口底同大，方唇。素面。口径15.8、腰径13、底径16、高7厘米（图四七，5）。

**11. 纺轮**

2件。均为泥质灰陶。均为轮制。呈圆形，较厚。分二式。

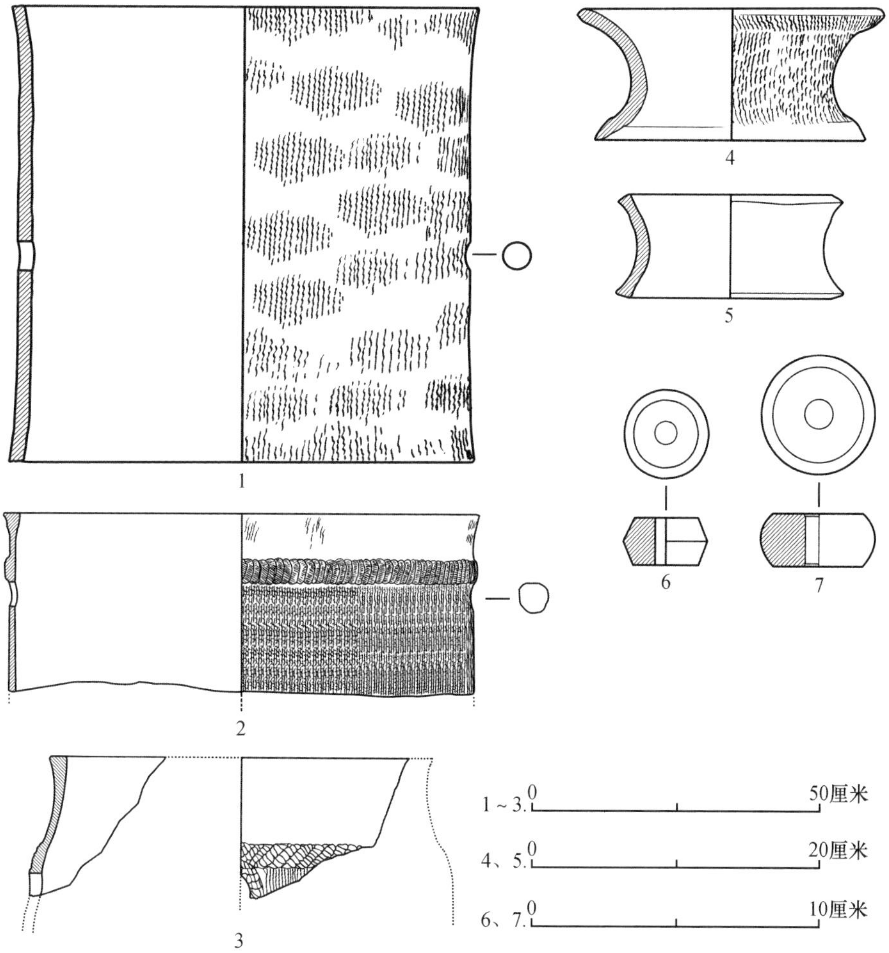


图四七　陶井圈、陶器座、陶纺轮

1. Ⅰ式井圈（J5：8）　2. Ⅱ式井圈（J28：22）　3. Ⅲ式井圈（J20：42）　4. Ⅰ式器座（J20：6）　5. Ⅱ式器座（TN04E02③：48）　6. Ⅰ式纺轮（H41：9）　7. Ⅱ式纺轮（TN04E03③：44）

Ⅰ式　1件。第3层下出土。

H41：9，泥质灰陶。轮面有凸棱。直径2.9、孔径0.7、厚1.6厘米（图四七，6）。

Ⅱ式　1件。第3层出土。

TN04E03③：44，泥质灰陶。轮面呈弧形。直径4、孔径0.9、厚1.8厘米（图四七，7）。

**12. 井圈**

3件。第3层下出土。其中2件系在J20、J28中发现的井圈残片，1件系在J5中提取的标本，在J20、J28中各发现1件井圈残片，与J5的井圈标本不同，推测为陶井第一节井圈在井废弃后坠入井中。J5出土标本上、下沿饰凹弦纹，通体饰绳纹；J20、J28出土标本近口沿处饰附加堆纹（压印绳纹），中部饰绳纹。均为泥质灰陶。手制，泥条盘筑而成，内、外壁可见手制的痕迹。分三式。

Ⅰ式　1件。发现的6口陶井井壁均有陶井圈，仅J5挖掘一节井圈并修复完整。

J5：8，泥质灰陶。直筒状，上、下皆为平口，中部有两个直径4.8厘米并相对称的圆孔。上、下沿饰凹弦纹，通体饰绳纹。直径80、高80、厚2.1厘米（图四七，1）。

Ⅱ式　1件。

J28：22，泥质灰陶。平口，口沿外较井壁中部厚，靠近口沿处有两个直径4厘米并相对称的圆孔，身呈直筒状。饰附加堆纹（压印绳纹），中部饰绳纹。壁厚1～2.8、内径78、外径82、残高30厘米（图四七，2）。

Ⅲ式　1件。

J20：42，泥质灰陶。平口，口沿部内敛，口沿外较井壁中部厚，靠近口沿处有两个直径4.2厘米并相对称的圆孔。饰附加堆纹（压印绳纹），中部饰绳纹。口沿厚3、壁厚1、口沿直径70、残高23.4厘米（图四七，3）。

**13. 板瓦**

9件。在遗迹和地层中出土数量众多，多为细小残块，仅挑选标本9件。均为泥质灰陶。均为手制，泥条盘筑而成，内、外壁可见手制的痕迹；内外均不平，制作比较粗糙，不规范。呈长方形，横截面呈弧形，瓦头略上翘，瓦身两侧有切割痕迹。瓦头饰凹弦纹，瓦面饰绳纹，部分内壁饰麻点纹。分二式。

Ⅰ式　8件。横截面呈弧形，较高。

J1：17，瓦头饰两道凹弦纹。长40、宽26.4、高8、厚1.2厘米（图四八，1）。

J1：18，瓦头饰两道凹弦纹，内壁饰麻点纹。长44.8、宽27、高9.6、厚1.1厘米（图四八，2）。

J1：20，瓦头饰四道凹弦纹，内壁饰麻点纹。长42、宽28、高9.6、厚1.1厘米（图四八，4）。

Ⅱ式　1件。横截面呈弧形，稍矮。

H8：8，瓦头饰四道凹弦纹。长46.4、残宽24.8、高6.4、厚1厘米（图四八，5）。

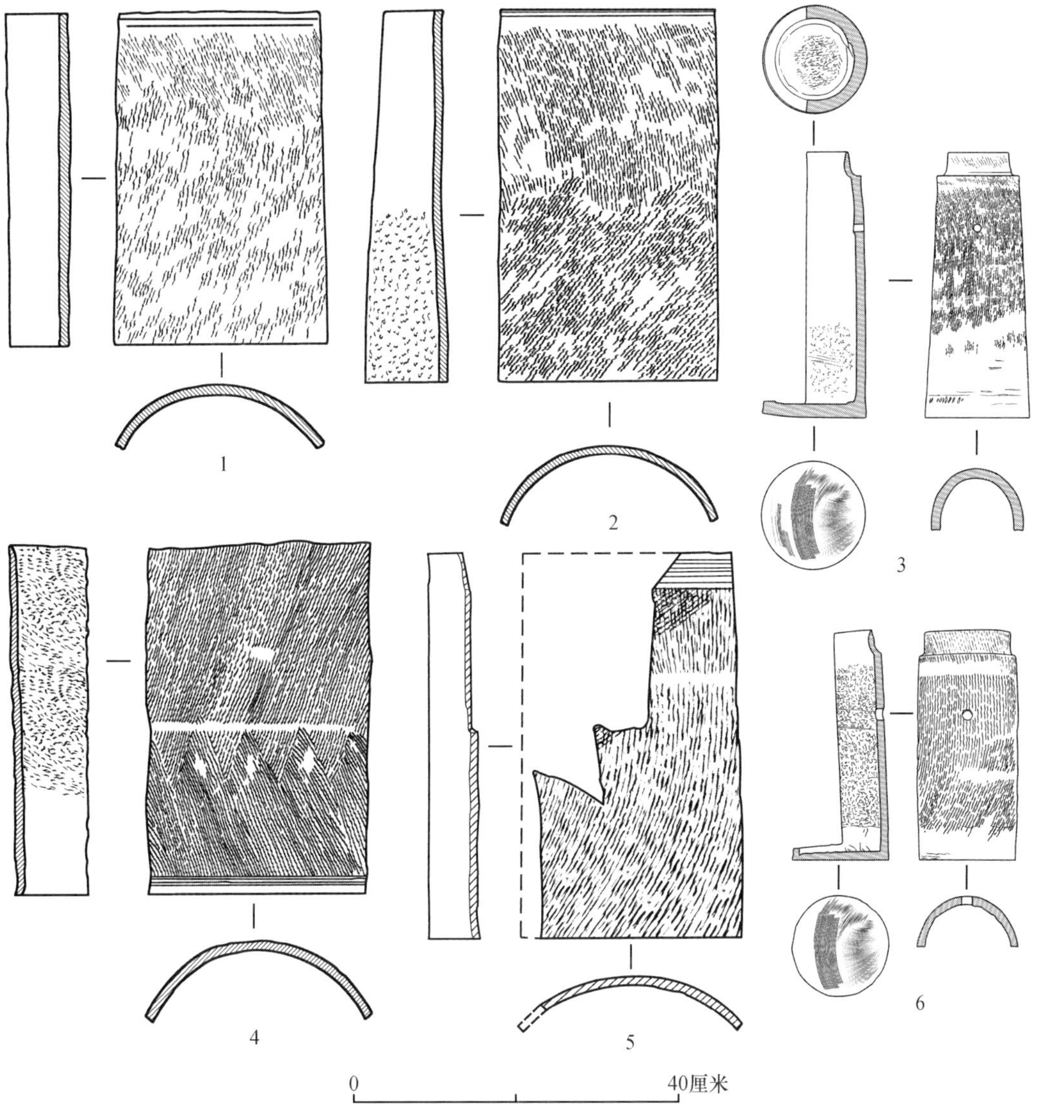


图四八　陶板瓦、陶瓦当

1、2、4. Ⅰ式板瓦（J1：17、J1：18、J1：20）　3、6. 瓦当（J5：16、J20：17）　5. Ⅱ式板瓦（H8：8）

**14. 瓦当**

17件。在遗迹和地层中出土数量众多，多为细小残块，仅挑选标本17件。均为泥质灰陶。瓦身手制，泥条盘筑而成，内、外壁可见手制的痕迹，器体内外均不平；唇部慢轮修整；当模制，当内可见手制的捏痕，当面可见切拉痕。整器制作比较粗糙，不规范。当呈圆形，靠近唇部的中间有一圆形钉眼，唇部的凹曲度比较大，唇为尖缘。面饰绳纹，近唇部绳纹被抹平，部分瓦内壁有麻点纹，内壁有指痕和抹痕。

J5：16，瓦较短，靠近唇部的中间有一孔径0.8厘米的圆形瓦钉眼。瓦面饰绳纹，近唇部绳纹被抹平，瓦内壁有指痕和抹痕。长31.8、当径13、瓦厚1.1、当厚1.6厘米（图四八，3）。

J20：17，瓦较短，靠近唇部的中间有一孔径1.3厘米的圆形钉孔。当部素面，瓦面饰绳纹，靠近当的瓦面绳纹被磨掉，瓦内壁有麻点纹。长28、当径12.5、瓦厚1.1、当厚1.1厘米（图四八，6）。

**15. 筒瓦**

30件。在遗迹和地层中出土数量众多，多为细小残块，共挑选标本30件，其中无法归类者4件。以泥质灰陶为主，共29件，占96.7%；泥质灰黄陶仅1件，占3.3%。瓦身手制，泥条盘筑而成；少数器表有切削痕，内壁可见泥条盘筑痕；瓦身两侧有切割痕迹；内、外壁可见手制的痕迹，器体内外均不平；唇部慢轮修整；整器制作比较粗糙，不规范。瓦身呈半圆形，唇部的凹曲度比较大，唇为尖缘。面饰绳纹，近唇部绳纹被抹平，少数唇部饰抹平绳纹；内壁有抹痕，少数内壁饰麻点纹、棱网格纹、方格纹及指痕。依唇部的变化分四式。

Ⅰ式　8件。唇部的凹曲度较大，唇沿稍平直，唇稍长。

J5：24，泥质灰陶。面饰绳纹，近唇部绳纹被抹平，内壁有抹痕。长41.8、宽13、高7、厚1.1厘米（图四九，1）。

J1：23，泥质灰陶。面饰绳纹，内饰麻点纹。长40.4、宽11.2、高6.2、厚1.3厘米（图四九，2）。

J5：12，泥质灰陶。面饰绳纹，近唇部绳纹被抹平，内壁有抹痕。长39.9、宽11.2、高7.2、厚1.1厘米（图四九，4）。

Ⅱ式　5件。唇部的凹曲度稍小，唇沿弧曲，唇稍长。

J28：9，面饰绳纹，内壁饰麻点纹。长42.8、宽12、高6.8、厚0.9厘米（图四九，5）。

J20：44，面饰绳纹，近唇部绳纹被抹平，内壁有抹痕。长42.8、宽11.8、高6.8、厚1.4厘米（图四九，6）。

Ⅲ式　9件。唇部的凹曲度较小，唇沿弧曲，唇稍长。

J5：14，面饰绳纹，近唇部绳纹被抹平，内壁有抹痕。长40.4、宽12、高6.4、厚1.3厘米（图四九，7）。

J1：61，面饰绳纹，近唇部抹平，内壁可见泥条盘筑痕。长43、宽11.6、高6.9、厚1厘米（图四九，8）。

J1：63，器表有切削痕，面饰绳纹，近唇部抹平，内壁有抹痕。长42、宽11.6、高6.5、厚1.1 厘米（图四九，9）。

Ⅳ式　4件。唇部的凹曲度稍大，唇沿弧曲，唇稍短。

J5：15，面饰绳纹，近唇部绳纹被抹平，内壁有抹痕。长38.4、宽12.4、高7、厚1.2厘米（图四九，3）。

J5：13，面饰绳纹，近唇部绳纹被抹平，内壁可见泥条盘筑痕，有抹痕。长45.2、宽13、高7.4、厚1.2厘米（图四九，10）。

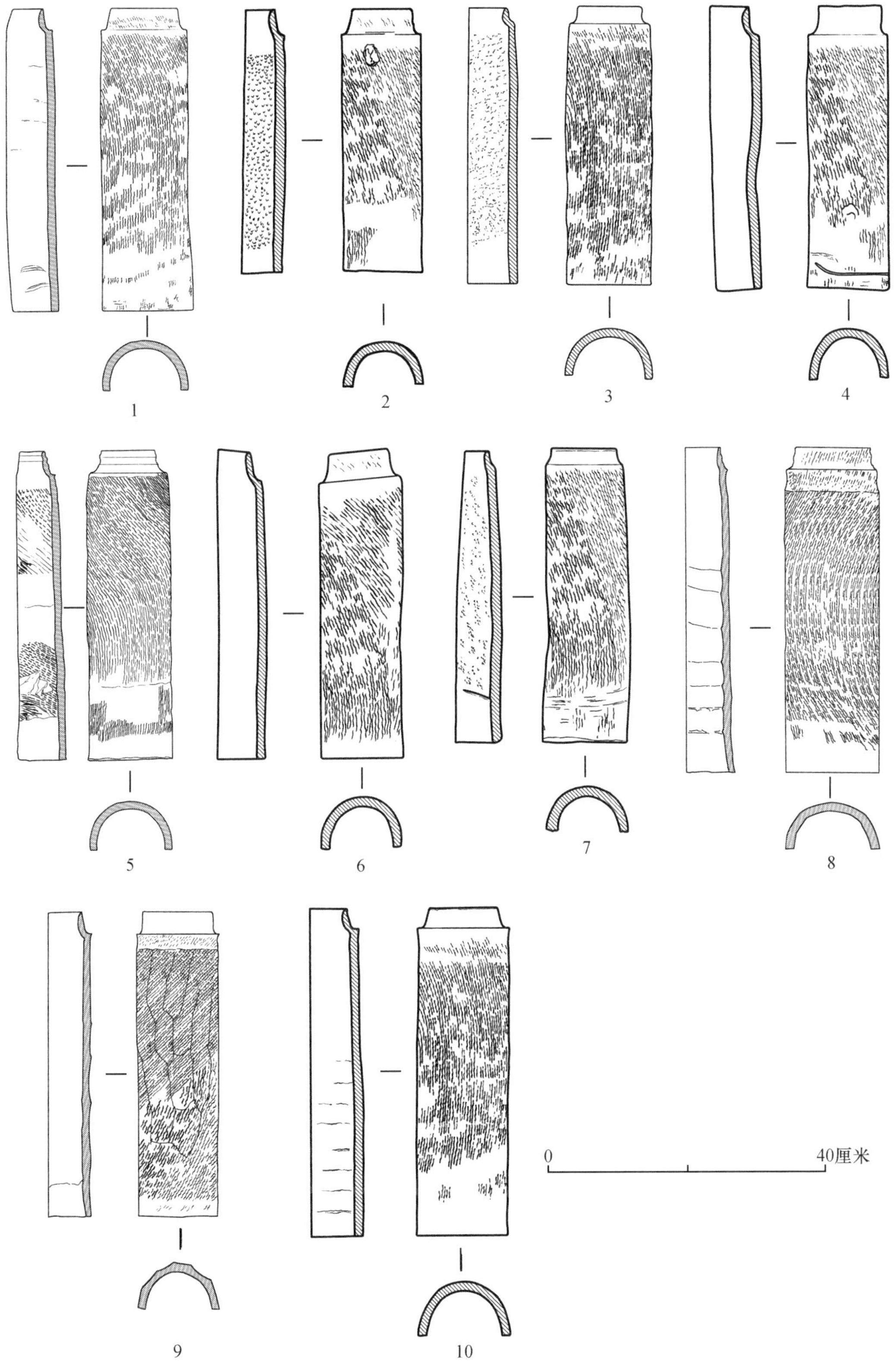


图四九　陶筒瓦

1、2、4. Ⅰ式（J5：24、J1：23、J5：12）　3、10. Ⅳ式（J5：15、J5：13）　5、6. Ⅱ式（J28：9、J20：44）
7～9. Ⅲ式（J5：14、J1：61、J1：63）

## 二、印纹硬陶

8件。在H26、第3层及第2层中均有发现。为印纹硬陶罐腹及底部残片。胎质有灰黄色胎、灰褐色胎、褐色胎、灰白色胎等。均为轮制，部分器身内、外壁可见轮制的旋痕。饰网格纹、几何方格纹、细方格纹、交叉纹等。

H26：10，罐腹及底部残片。灰黄色胎。斜壁下收，平底。下腹饰网格纹。残高13.4厘米（图五〇，1、2）。

TN02E02③：37，罐腹及底部残片。灰褐色胎。弧腹下收，平底略内凹。饰方格纹。底径17.6、残高4.7厘米（图五〇，3）。

TN03E01③：9，罐腹残片。灰褐色胎。腹饰几何方格纹。残长5.2厘米（图五〇，4、5）。

TN03E04③：6，罐腹残片。灰黄色胎。饰方格纹和交叉纹。残长19、残宽18厘米（图五〇，6）。

TN04E04③：28，罐腹残片。褐色胎。腹饰细方格纹。残长7.1、残宽5.5厘米（图五〇，7、8）。

TN02E02②：12，罐腹残片。灰白色胎。腹饰几何方格纹。残长8.2、残宽7.3厘米（图五〇，9、10）。

TN04E01②：5，罐腹残片。灰白色胎。腹饰几何方格纹。残长13.8、残宽12.6、厚0.6厘米（图五〇，11、12）。

TN04E02②：6，罐腹残片。灰白色胎。灰黄色釉，釉层光泽性差。饰几何方格纹。残长7.4、残宽4.8、厚0.4厘米（图五〇，13、14）。

## 三、铜　　器

2件。其中在H26出土1件箭镞，TN04E02③中出土1件饰片。

### 1. 箭镞

1件。

H26：12，镞身前细后粗，三刃前聚成锋，断面作三棱形，铤断面作圆形，前粗后细。残长5.8厘米（图五一，3）。

### 2. 饰片

1件。

TN04E02③：49，长方形。饰蟠螭纹。长4.45、宽1、厚0.18厘米（图五一，1、2）。

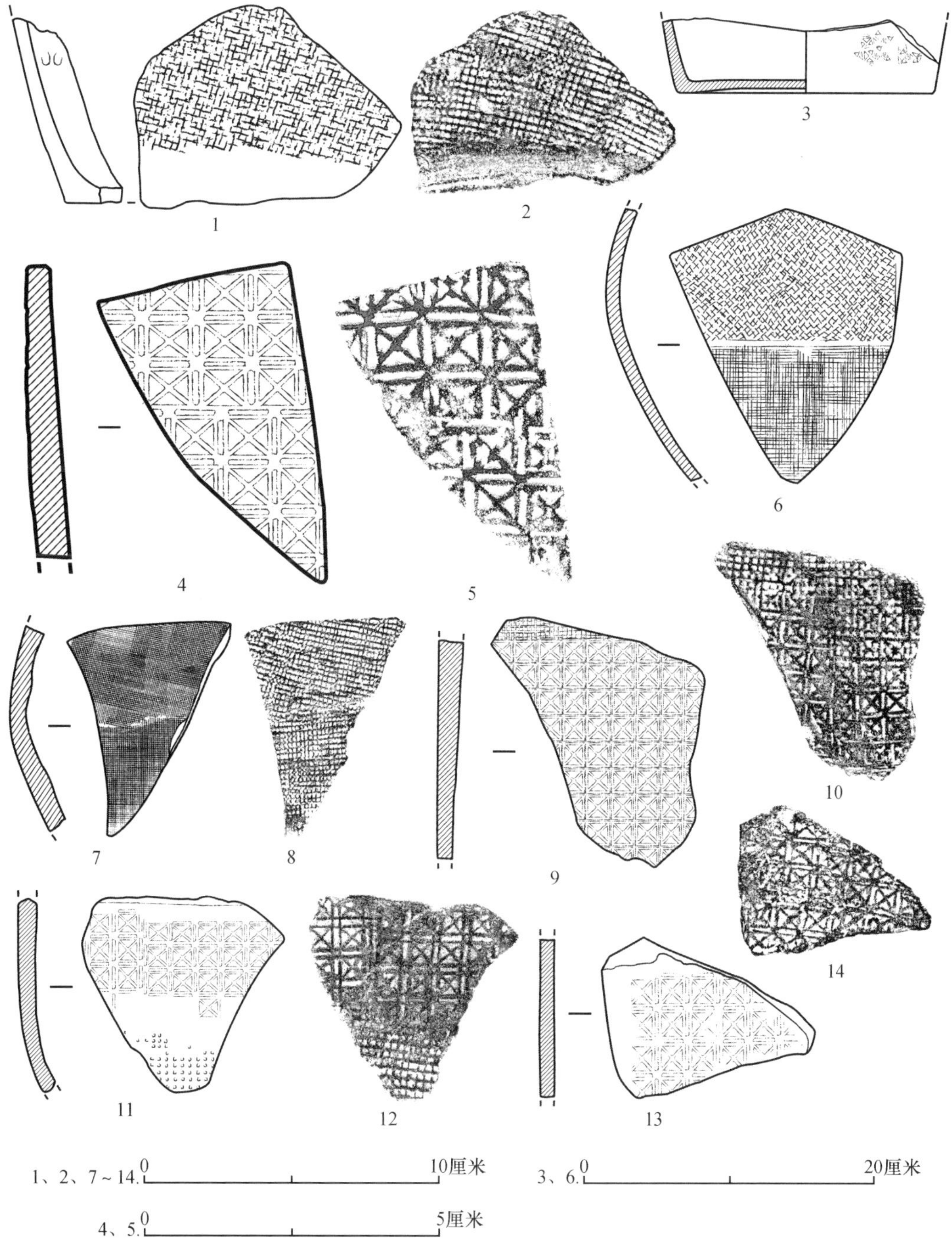


图五〇　印纹硬陶罐及纹饰拓片

1、2. H26：10　3. TN02E02③：37　4、5. TN03E01③：9　6. TN03E04③：6　7、8. TN04E04③：28　9、10. TN02E02②：12　11、12. TN04E01②：5　13、14. TN04E02②：6

## 四、铁　器

4件。均出土于第3层下水井中。器类有斧、削刀、锤等。

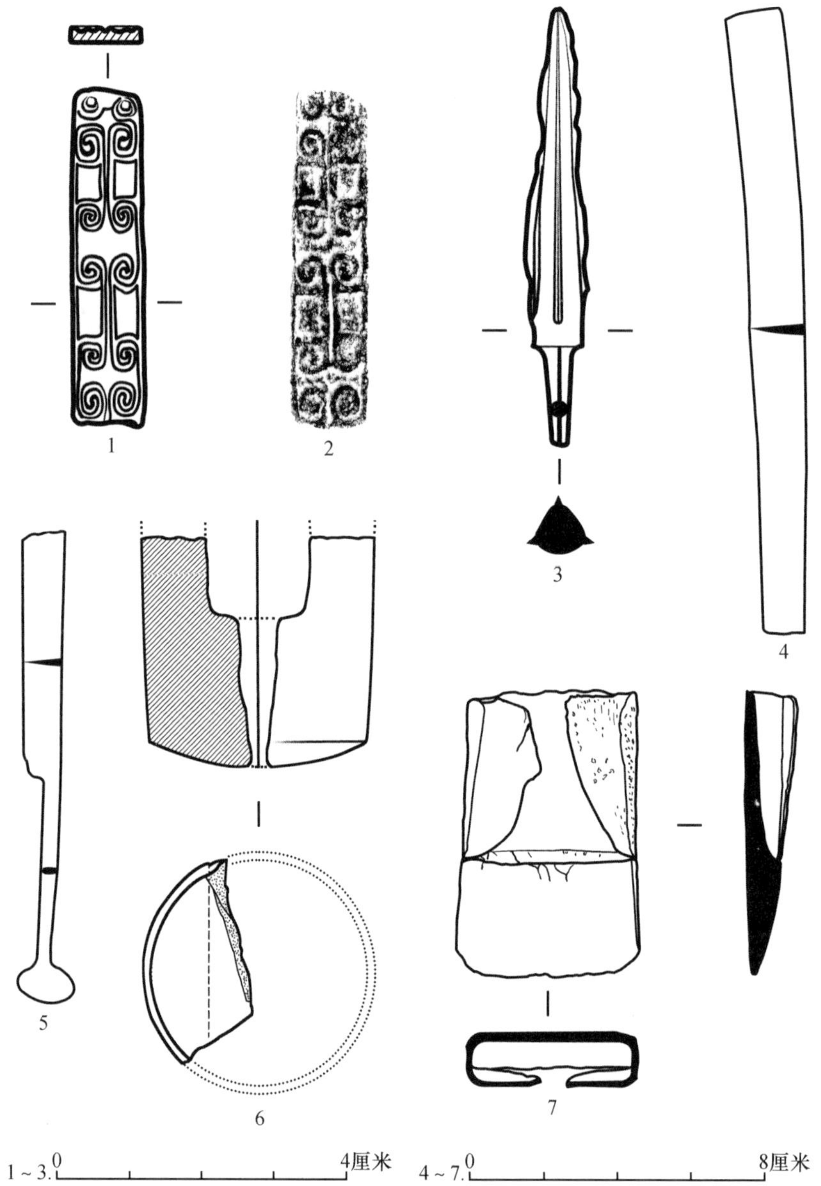


图五一　铜器、铁器

1、2. 铜饰片及纹饰拓片（TN04E02③：49）　3. 铜箭镞（H26：12）　4、5. 铁削刀（J20：15、J20：16）　6. 铁锤（J1：56）　7. 铁斧（J28：7）

**1. 斧**

1件。器表呈灰黑色，有锈斑。

J28：7，浇铸而成。体呈钺形，较薄，弧形刃，方形直銎。素面。通长7.6、刃宽5、厚1.4、銎长4.5、銎宽4.4、銎厚0.8厘米（图五一，7）。

**2. 削刀**

2件。器表呈铁锈色。素面。

J20：16，削端残，身呈曲状，背厚刃薄，柄端有曲环。残长12.45、刃宽1.15、刃背厚0.18厘米（图五一，5）。

J20：15，柄残，身呈曲状，背厚刃薄。残长16.45、刃宽1.55、刃背厚0.26厘米（图五一，4）。

**3. 锤**

1件。器表呈铁锈色，铸制。

J1：56，体呈圆柱形，中间有一穿孔。沿面饰十一道凹弦纹，肩饰一道凸棱。直径6、残高6厘米（图五一，6）。

## 五、石　器

4件。器类有凿、斧、磨石、砺石等。

**1. 凿**

1件。

J28：24，残。石呈青灰色，磨制。体呈长方形，上窄下宽，刃残。长15.8、宽5～6.8、厚4.8厘米（图五二，3）。

**2. 斧**

1件。

TN02E03③：17，石呈青灰色，磨制。上窄下宽，呈梯形，肩和刃部分残缺。残长8.5、刃宽7.5、厚2.2厘米（图五二，4）。

**3. 磨石**

1件。

J1：65，灰褐色，呈不规则形，正面有磨痕。长43、宽34、厚9.2厘米（图五二，1）。

**4. 砺石**

1件。

H20：4，石呈灰黄色，体呈椭圆形，可见磨、砸痕迹。残长18.4、宽8.4、残高4.3厘米（图五二，2）。

## 六、竹　木　器

竹木类遗物分别出土于J1、J3、J4、J15、J18、J20、J27中，均残损，主要有木盆、木片（柱、条）、核桃、木炭、井壁等。

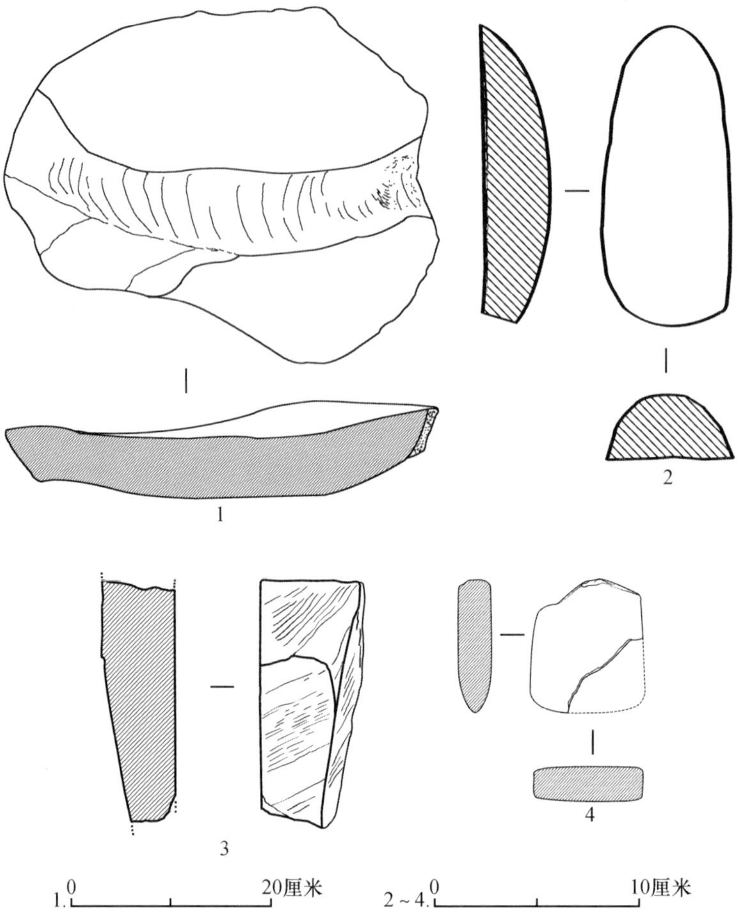


图五二　石器

1. 磨石（J1：65）　2. 砺石（H20：4）　3. 凿（J28：24）　4. 斧（TN02E03③：17）

**1. 木盆**

1件。

J18：9，木质，呈灰黑色。方形，体呈斗状。素面。口长31.2、口宽23、底长19.6、底宽20.1、高7.8～9.6厘米（图五三，1）。

**2. 木片（柱、条）**

9件。分别出土于J1、J3、J4、J18、J20中，均为小块残木片（柱、条）。

J1：51，残木片。长5.5、宽4.8、高4厘米（图五三，2）。

**3. 桃核**

1件。

J1：66，不规则椭圆形。长2.1、宽1.5、厚0.5厘米（图五三，4）。

图五三　竹木器

1. 木盆（J18∶9）　2. 木片（J1∶51）　3. 木炭（J20∶62）　4. 桃核（J1∶66）　5. J3井壁　6. J15井壁　7. J1井壁　8. J8井壁　9、10. J27井壁

**4. 木炭**

2件。J18、J20出土。

J20∶62，木炭，呈半圆形。长7.4、宽4.4、高2.1厘米（图五三，3）。

**5. 井壁**

5件。分别出土于J1、J3、J15、J18、J27。

J1，由直径1.1厘米的芦苇细密编织而成的井下部井壁（图五三，7）。

J3，由直径0.3厘米的藤条细密编织而成的井下部井壁（图五三，5）。

J15，由直径1厘米的竹类细密编织而成的井下部井壁（图五三，6）。

J18，由直径1厘米的竹类细密编织而成的井下部井壁（图五三，8）。

J27，由直径0.8厘米的竹类细密编织而成的井下部井壁（图五三，9、10）。

## 七、动物骨骼

6件。分别出土于J1、G6、H36。均呈灰白色，残动物骨骼（图五四）。

J1：47，残胫骨。长12.1、宽4.6厘米。

J1：48，残骨。长17.9、宽4.7厘米。

J1：49，残骨。长6.5、宽3.8厘米。

J1：50，残髌骨。长14.2、宽6.2、高4厘米。

G6：28，残骨。宽5、高5.5厘米。

H36：4，动物臼齿。长6、宽3.4、高1.4厘米。

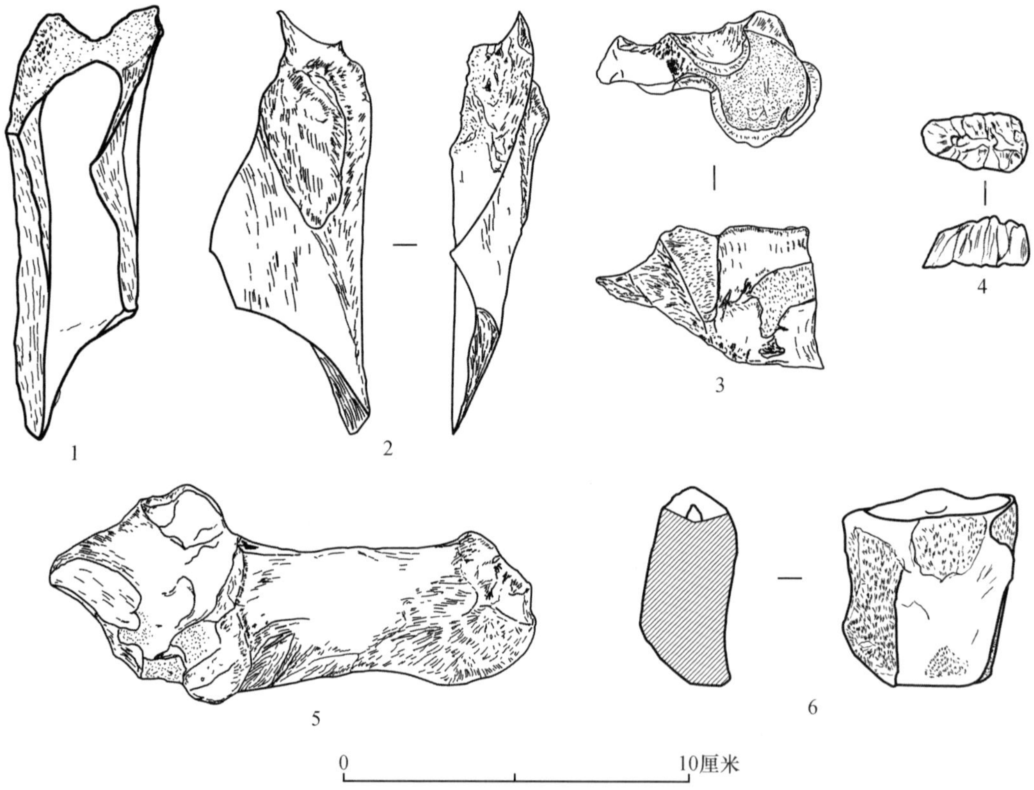


图五四　动物骨骼

1. J1：47　2. J1：48　3. J1：49　4. H36：4　5. J1：50　6. G6：28

## 八、晚期遗物

晚期遗物出土于第1层，共采集标本57件，其中计有青瓷器7件、釉陶器31件、青花瓷器19件。均为轮制，釉下可见轮制的旋痕。采集标本时代分别为六朝、宋及明清。下面按时代分别叙述。

## （一）六朝时期

六朝时期遗物发现较少，仅发现青瓷器3件、釉陶器2件，均残。

### 1. 青瓷器

3件。计有碗、钵、罐各1件。

（1）碗

1件。

TN04E03①：4，口沿残片。灰白色胎。内外施淡绿色釉，釉层光泽性一般，胎釉结合紧密。敞口，圆唇，斜弧腹下内收。口径15、残高3.4厘米（图五五，1）。

（2）钵

1件。

TN04E03①：3，口沿残片。灰白色胎。内外施淡绿色釉，釉层光泽性一般，胎釉结合一般，釉有脱落现象。敞口，折平沿，斜弧腹壁下内收。口径23、残高4厘米（图五五，2）。

（3）罐

1件。

TN02E01①：5，罐腹残片。灰白色胎。施淡黄色釉，釉层光泽性差。斜壁下内收。釉下饰方格纹。底径13.8、残高2厘米（图五五，3）。

### 2. 釉陶器

2件。均为罐腹残片。灰褐色胎。外釉不及底，胎釉结合较差，釉已全部脱落。

TN04E02①：6，腹饰叶脉纹。残长6.5、残宽5.2、厚0.25厘米（图五五，4、5）。

TN04E02①：7，斜弧腹下收。腹饰方格纹。残长4.6、残宽3.3、厚0.25厘米（图五五，6、7）。

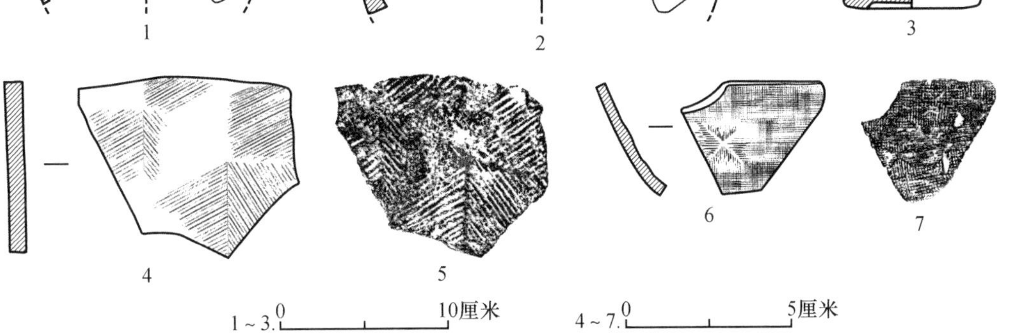


图五五　六朝时期遗物

1. 青瓷碗（TN04E03①：4）　2. 青瓷钵（TN04E03①：3）　3. 青瓷罐（TN02E01①：5）
4、5. 釉陶罐腹及纹饰拓片（TN04E02①：6）　6、7. 釉陶罐腹及纹饰拓片（TN04E02①：7）

## （二）宋代

宋代遗物有青瓷器4件、釉陶器16件，均残。

### 1. 青瓷器

4件。均为碗，计有碗口沿3件、碗底1件。

（1）碗口沿

3件。均为残片。

TN02E01①：3，灰白色胎。青灰色釉，唇沿无釉，釉层光泽性差。敞口，方唇，斜壁下内收，底残。口径13.8、残高2厘米（图五六，1）。

TN03E02①：4，灰白色胎。淡青色釉，釉层光泽性好，胎釉结合较好。敞口，圆唇，斜弧壁下收。口径14、残高3.6厘米（图五六，2）。

（2）碗底

1件。高圈足。

TN03E02①：1，灰白色胎。内外施淡青色釉，釉层光泽性一般，内外釉均不及底。斜弧壁下收。底径6、残高3.8厘米（图五六，3）。

### 2. 釉陶器

16件。计有碗口沿1件、碗底12件、碗腹2件、盏口沿1件。

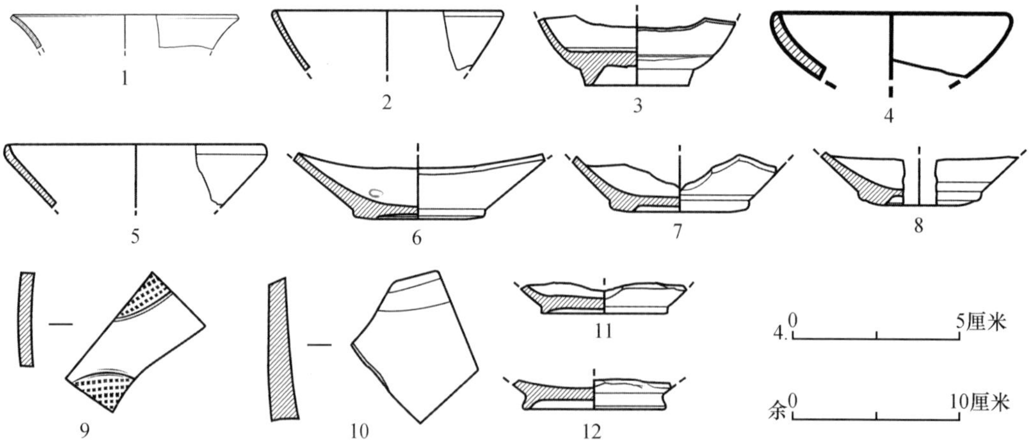


图五六　宋代遗物

1、2. 青瓷碗（TN02E01①：3、TN03E02①：4）　3. 青瓷碗底（TN03E02①：1）　4. 釉陶盏（TN02E03①：3）　5. 釉陶碗口沿（TN04E02①：4）　6～8. Ⅰ式釉陶碗底（TN03E01①：4、TN04E03①：5、TN02E02①：7）　9、10. 釉陶碗腹（TN02E03①：6、TN02E01①：4）　11. Ⅱ式釉陶碗底（TN02E02①：9）　12. Ⅲ式釉陶碗底（TN03E04①：2）

（1）碗口沿

1件。

TN04E02①：4，灰褐色胎。施酱褐色釉，外釉不及底，胎釉结合差，釉大部已脱落，釉层光泽性一般。敛口，圆唇，斜弧壁下收，底残。口径16、残高3.5厘米（图五六，5）。

（2）碗底

12件。均为圈足。分三式。

Ⅰ式　9件。玉壁状圈足。

TN03E01①：4，灰黄色硬陶胎。内施酱黄色釉，釉层光泽性好，器外无釉。斜壁下收，浅圈足底近平。底径8、残高3.5厘米（图五六，6）。

TN04E03①：5，深褐色胎。内施酱褐色釉，外施深褐色釉，釉层光泽性较差，外底无釉。斜弧壁下收，浅圈足底稍高，足缘略斜。底径8.4、残高3厘米（图五六，7）。

TN02E02①：7，灰褐色胎。施酱褐色釉，外釉不及底，釉有脱落现象。斜壁下收，浅圈足底略高，斜足缘。底径7.6、残高2.8厘米（图五六，8）。

Ⅱ式　1件。玉壁状浅圈足。

TN02E02①：9，灰褐色胎。施淡黄色釉，外底无釉。斜壁下收。底径7.6、残高1.5厘米（图五六，11）。

Ⅲ式　2件。浅圈足。

TN03E04①：2，褐黄色胎。斜弧壁下收，圆足缘略外撇。底径8.6、残高1.5厘米（图五六，12）。

（3）碗腹

2件。斜弧腹下收。

TN02E03①：6，深褐色胎。黄褐色釉，釉层光泽性一般，胎釉结合一般，釉有脱落现象。饰葵花图案。长4、宽4.2厘米（图五六，9）。

TN02E01①：4，暗红色胎。淡黄色釉，外釉不及底，釉层光泽性差。长4.5、宽3.8厘米（图五六，10）。

（4）盏

1件。

TN02E03①：3，深褐色胎。酱褐色釉，外釉不及底，釉层光泽性一般，胎釉结合一般，釉有脱落现象。口略直，圆唇，斜弧腹下收，底残。口径7.2、残高1.9厘米（图五六，4）。

## （三）明清时期

明清时期遗物有釉陶器13件、青花瓷器19件，均残。另有铜钱1枚。

**1. 釉陶器**

13件。计有钵3件、罐口沿1件、罐底7件、碗底2件。

（1）钵口沿

3件。均为口沿残片。分二式。

Ⅰ式　2件。敛口，折沿，斜弧壁下收。

TN04E01①：1，灰褐色胎。淡黄色釉，胎釉结合一般，釉有脱落现象，釉层光泽性差。口径42、残高3.5厘米（图五七，1）。

TN03E01①：6，青灰色胎。内、外施淡黄色釉，釉层光泽性好。底径22、残高2.5厘米（图五七，3）。

Ⅱ式　1件。擂钵口沿。

TN04E04①：3，灰褐色胎。外施酱褐色釉，胎釉结合较差，釉已全部脱落。敛口，方唇，溜肩，弧腹下收，底残。内壁有凹槽，肩饰一道凸棱。口径28.4、残高6.5厘米（图五七，4）。

（2）罐口沿

1件。

TN02E04①：3，褐红色胎。釉已脱落。敞口，尖圆唇，束颈。沿外饰一道凹弦纹。口径7.4、残高3.2厘米（图五七，5）。

（3）罐底

7件。均为平底。分三式。

Ⅰ式　2件。

TN04E02①：1，深褐色胎。酱褐色釉，胎釉结合一般，釉层光泽性一般。斜壁下收，平底。底径12、残高4.8厘米（图五七，2）。

Ⅱ式　3件。

TN04E01①：4，灰褐色胎。酱褐色釉，外釉不及底，胎釉结合一般，釉有脱落现象，釉层光泽性差。斜弧壁下收，假圈足底。底径10、残高6.4厘米（图五七，12）。

Ⅲ式　2件。

TN04E04①：2，灰褐色胎。外施酱褐色釉，釉层光泽性差，胎釉结合一般，釉有脱落现象。弧壁下收，平底。底径4.2、残高3厘米（图五七，8）。

（4）碗底

2件。浅圈足底。

TN03E03①：1，灰黄色胎。内施淡黄色釉，外施深褐色釉，釉层光泽性一般，外底无釉。斜壁下收。底径5、残高1厘米（图五七，9）。

TN03E03①：2，灰白色胎。内、外施淡黄色釉，外釉不及底。斜弧壁下收。底径8.4、残高1.6厘米（图五七，11）。

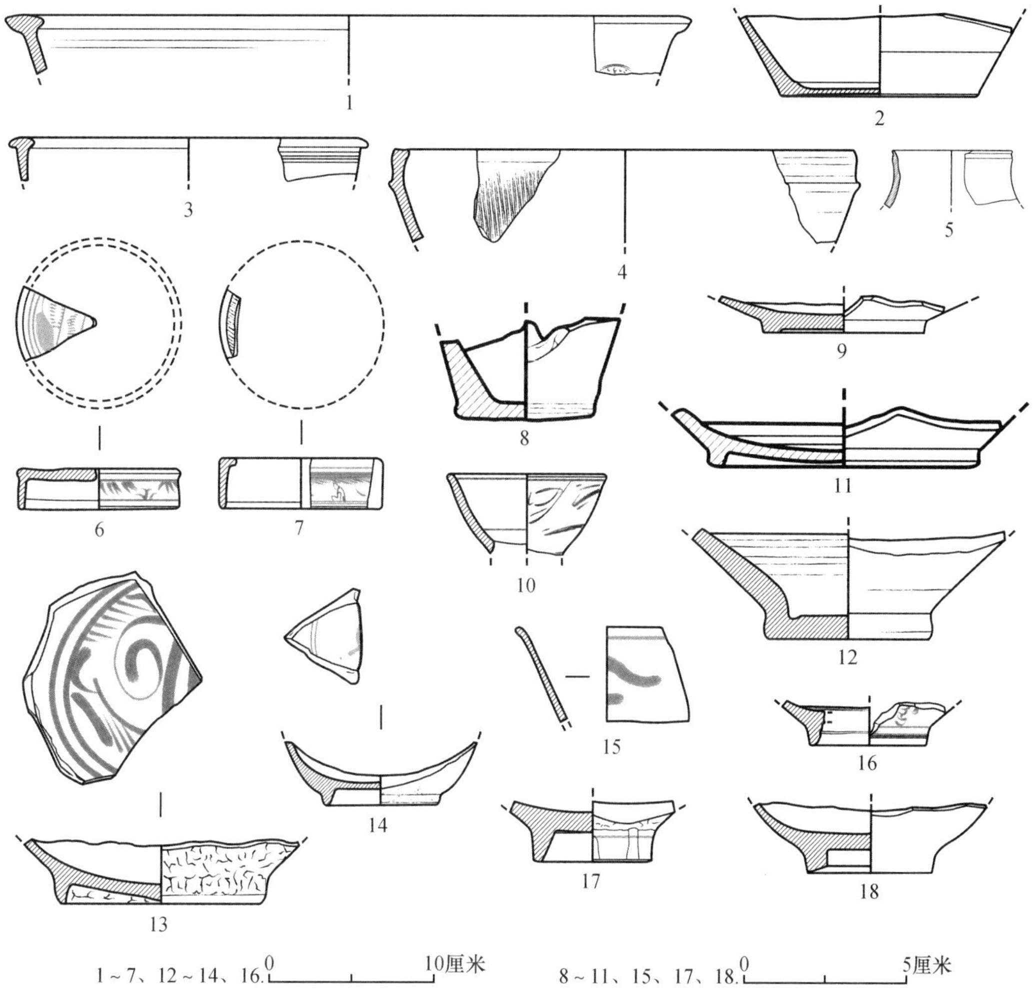


图五七　明清时期遗物

1、3. Ⅰ式釉陶钵口沿（TN04E01①：1、TN03E01①：6）　2. Ⅰ式釉陶罐底（TN04E02①：1）　4. Ⅱ式釉陶钵口沿（TN04E04①：3）　5. 釉陶罐口沿（TN02E04①：3）　6、7. 青花瓷器盖（TN02E03①：9、TN03E02①：5）　8. Ⅲ式釉陶罐底（TN04E04①：2）　9、11. 釉陶碗底（TN03E03①：1、TN03E03①：2）　10. 青花瓷盅（TN02E01①：1）　12. Ⅱ式釉陶罐底（TN04E01①：4）　13. Ⅳ式青花瓷碗底（TN02E04①：1）　14. Ⅴ式青花瓷碗底（TN02E03①：8）　15. 青花瓷碗口沿（TN02E04①：2）　16. Ⅱ式青花瓷碗底（TN03E04①：3）　17. Ⅲ式青花瓷碗底（TN02E02①：3）　18. Ⅰ式青花瓷碗底（TN03E02①：2）

**2. 青花瓷器**

19件。计有器盖2件、盅1件、碗口2件、碗底14件。

（1）器盖

2件。沿唇无釉。直壁，盖面平。

TN02E03①：9，灰白色胎。内外施乳白色釉，釉层光泽性好。盖壁与盖面均用青花描绘山水图案。底径9.8、高2.4厘米（图五七，6）。

TN03E02①：5，灰白色胎。内外施乳白色釉，釉层光泽性一般。盖壁与盖面均用青花描绘山水图案。底径10、高3厘米（图五七，7）。

（2）盅

1件。

TN02E01①：1，灰白色胎。乳白色釉，釉层光泽性好。敞口，圆唇，斜壁下内收，底残。内壁饰两道青色弦纹，外壁描绘青花山水图案。口径4.8、残高2.4厘米（图五七，10）。

（3）碗口沿

2件。敞口，圆唇，斜壁下收。

TN02E04①：2，灰白色胎。灰白色釉，釉层光泽性一般。外壁描绘青花几何纹图案。残高3.8厘米（图五七，15）。

（4）碗底

14件。斜弧壁下收，圈足底。分五式。

Ⅰ式　2件。浅圈足底，尖足缘。

TN03E02①：2，灰白色胎。内施乳白色釉，外施深蓝色釉，釉层光泽性好，胎釉结合较好。底径3.9、残高2厘米（图五七，18）。

Ⅱ式　3件。圈足底稍高。

TN03E04①：3，灰白色胎。乳白色釉。釉下饰青花图案。底径7.2、残高1.8厘米（图五七，16）。

Ⅲ式　2件。高圈足底。

TN02E02①：3，灰白色胎。淡青色釉，釉层光泽性好。底径3.6、残高1.5厘米（图五七，17）。

Ⅳ式　2件。浅圈足底，外底弧凸起。

TN02E04①：1，灰白色胎。乳白色釉，釉层光泽性一般。外壁描绘青花几何曲线纹图案。底径10、残高2.4厘米（图五七，13）。

Ⅴ式　5件。弧壁下收，高圈足底。

TN02E03①：8，灰白色胎。乳白色釉，釉层光泽性好。内饰青花描绘两道弦纹和图案，外饰青花描绘图案。底径6、残高2.5厘米（图五七，14）。

**3. 铜钱**

1枚。

TN02E03①：10，方孔圆钱，外穿内廓，钱文“乾隆通宝”。穿径2.48、廓宽0.65、厚0.08厘米。

# 第四章　遗迹与遗物分述

## 第一节　地层堆积与出土遗物

### 一、TN02E01

第1层：耕土层。厚13～22厘米。褐色土，土质疏松。分布于全方。出土有青花瓷碗、青瓷罐、青花瓷盅、釉陶片等遗物。

第2层：深13～35厘米，厚7～17厘米。黄褐色土，质软，较疏松。分布于全方。出土有鬲足、豆柄、盆等陶器。该层下出现的遗迹有：G1～G3、H4、H11。

第3层：深23～68厘米，厚0～35厘米。灰褐色土，泛灰，夹有大量锈斑，土质较疏松。分布于全方。出土有鬲、鬲足、盂、豆、瓮、盆等陶器。该层下出现的遗迹有：G6～G9、H39、H42、H45、J5、J24，其中G6打破G7。

第4层：褐色生土层。深35～68厘米（图五八；表一）。

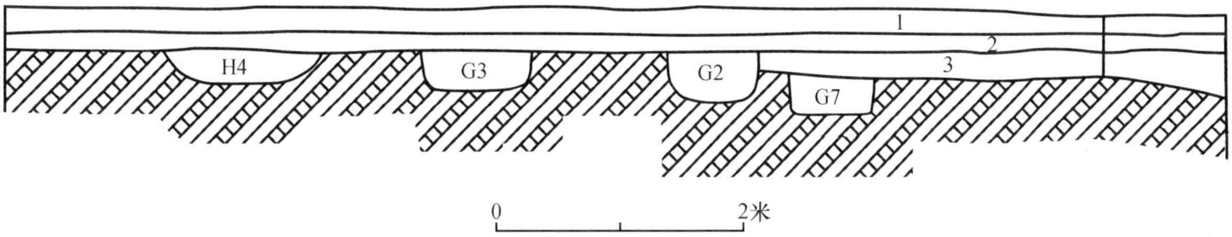


图五八　TN02E01北壁剖面图

**表一　TN02E01地层出土陶瓷器器类型式一览表**

| 编号 | 器类形制 |
|---|---|
| 第3层 | 陶鬲BaⅡ2；陶鬲足BaⅠ1、BbⅠ1；陶盂BⅡ1；陶豆盘AⅡ1、CⅡ1；陶豆柄Ⅱ1、Ⅴ1、Ⅶ1；陶瓮CⅣ1；陶盆CbⅢ1、无法归类1 |
| 第2层 | 陶鬲足无法归类1；陶豆柄Ⅶ1；陶盆CbⅦ1、无法归类1 |
| 第1层 | 青瓷罐腹1；青瓷碗1；釉陶片1；青花瓷盅1；青花瓷碗底1 |

## （一）第3层出土遗物

**1. 陶鬲**

2件。轮制。

TN02E01③：1，Ba型Ⅱ式。夹砂灰黄陶。口略敞，折平沿，圆唇，束颈，溜肩，弧腹下收。沿面饰两道凹弦纹，肩部饰纵向绳纹。口径44、残高6厘米（图五九，1）。

TN02E01③：3，Ba型Ⅱ式。泥质灰陶。敞口，折平沿，圆唇，短束颈，弧腹下收。肩部饰纵向绳纹。口径42、残高3.5 厘米（图五九，4）。

**2. 陶鬲足**

2件。手制。

TN02E01③：6，Ba型Ⅰ式。夹砂灰黄陶。浅足窝，柱状足上粗下细。饰绳纹。残高8厘米（图五九，6）。

TN02E01③：5，Bb型Ⅰ式。夹砂褐黄陶。浅足窝，柱状足上粗下细。饰绳纹。残高8.8厘米（图五九，5）。

**3. 陶盂**

1件。

TN02E01③：4，B型Ⅱ式。泥质灰陶。轮制。敛口，折平沿，尖唇，短束颈，溜肩，腹和底残缺。口径26、残高2.6厘米（图五九，2）。

**4. 陶豆盘**

2件。轮制。

TN02E01③：9，A型Ⅱ式。泥质灰黄陶。盘径较小，浅盘，盘壁弧形接柄。素面。盘径11.5、盘深2.2、残高3厘米（图五九，9）。

TN02E01③：8，C型Ⅱ式。泥质褐黄陶。盘径较小，浅盘，盘壁弧形接柄，细柄呈圆柱形、中空。素面。盘径12.5、盘深2、残高6厘米（图五九，8）。

**5. 陶豆柄**

3件。手制。

TN02E01③：11，Ⅱ式。泥质灰黄陶。内空部分有旋扭痕迹。盘壁弧形接柄，细柄稍高、呈圆柱形、中空。素面。柄径3、残高12厘米（图五九，11）。

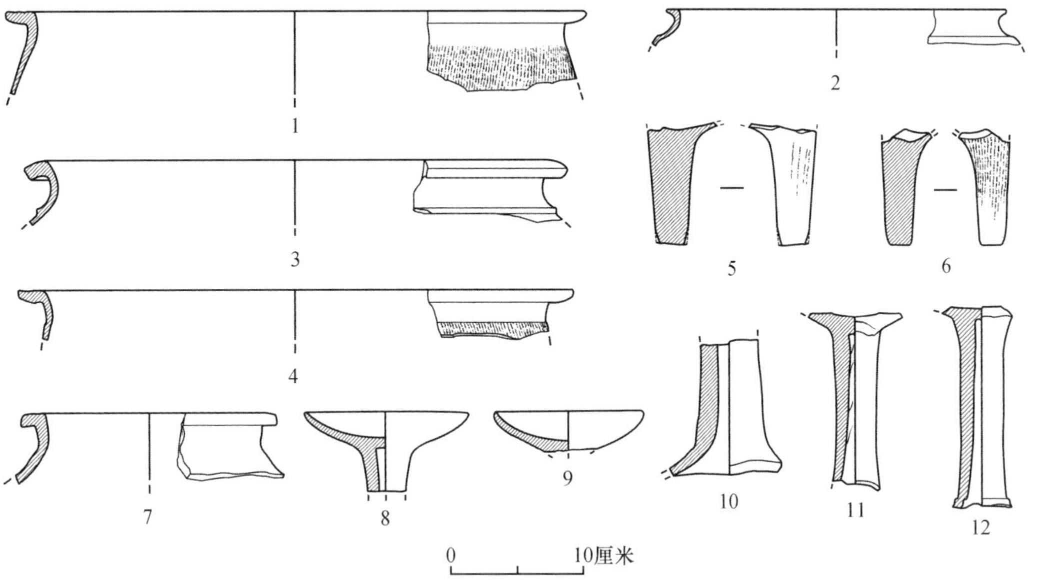


图五九　TN02E01③出土陶器

1、4. Ba型Ⅱ式鬲（TN02E01③：1、TN02E01③：3）　2. B型Ⅱ式盂（TN02E01③：4）　3. Cb型Ⅲ式盆（TN02E01③：2）　5. Bb型Ⅰ式鬲足（TN02E01③：5）　6. Ba型Ⅰ式鬲足（TN02E01③：6）　7. C型Ⅳ式瓮（TN02E01③：12）　8. C型Ⅱ式豆盘（TN02E01③：8）　9. A型Ⅱ式豆盘（TN02E01③：9）　10. Ⅶ式豆柄（TN02E01③：7）　11. Ⅱ式豆柄（TN02E01③：11）　12. Ⅴ式豆柄（TN02E01③：10）

TN02E01③：10，Ⅴ式，泥质灰黄陶。盘壁弧形接柄，细柄稍高、呈圆柱形、中空。素面。柄径3.2、残高14厘米（图五九，12）。

TN02E01③：7，Ⅶ式。泥质灰黄陶。粗柄呈圆柱形、中空，喇叭形豆座。素面。残高9.4厘米（图五九，10）。

**6. 陶瓮**

1件。

TN02E01③：12，C型Ⅳ式。泥质黑衣灰黄陶。轮制。口略敞，折平沿，方唇，颈略束，溜肩，腹和底残缺。素面。口径19.4、残高12厘米（图五九，7）。

**7. 陶盆**

2件。轮制。

TN02E01③：2，Cb型Ⅲ式。泥质灰陶。侈口，折沿外卷，沿面向外，方唇，束颈，溜肩。沿面饰两道、肩部饰一道凹弦纹。口径41.2、残高4.5厘米（图五九，3）。

TN02E01③：13，无法归类。泥质灰陶。敛口，折沿略外翻，沿面略向内，圆唇，束颈，弧腹下收。沿面饰九道凹弦纹。口径54、残高3厘米。

## （二）第2层出土遗物

### 1. 陶鬲足

1件。

TN02E01②：2，无法归类。夹砂褐黄陶。手制。浅足窝，柱状足上粗下细。饰绳纹。残高7.8厘米。

### 2. 陶豆柄

1件。

TN02E01②：4，Ⅶ式。泥质灰陶。手制，柄内壁可见手制痕迹。盘壁弧形接柄，细柄呈圆柱形、中空。素面。残高5.1厘米（图六〇，2）。

### 3. 陶盆

2件。轮制。

TN02E01②：1，Cb型Ⅶ式。泥质灰陶。敞口，折平沿，圆唇，束颈，弧腹下收。沿面饰三道凹弦纹，肩饰凹弦纹。口径42、残高5.5厘米（图六〇，1）。

TN02E01②：3，无法归类。泥质灰陶。敛口，折沿略外翻，沿面略向内，尖圆唇，束颈，弧腹下收。沿面饰七道凹弦纹。口径43、残高2.6厘米。

## （三）第1层出土遗物

### 1. 六朝器物

六朝器物仅有青瓷罐。

1件。

TN02E01①：5，罐腹。灰白色胎。淡黄色釉，釉层光泽性差。轮制，釉下可见轮制的旋痕。斜壁下内收。釉下饰方格纹。残长2厘米（图六〇，3）。

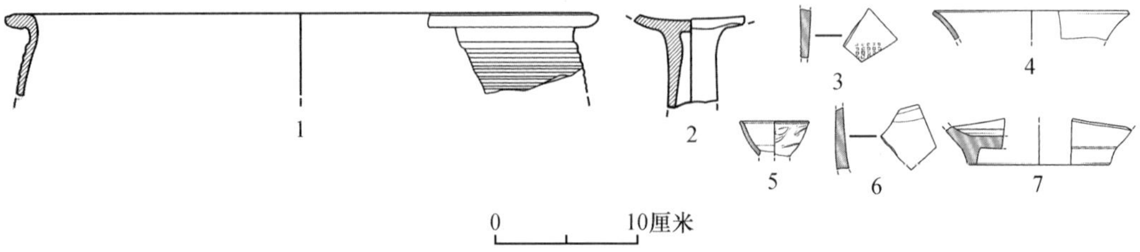


图六〇　TN02E01②、①出土遗物

1. Cb型Ⅶ式陶盆（TN02E01②：1）　2. Ⅶ式陶豆柄（TN02E01②：4）　3. 青瓷罐（TN02E01①：5）　4. 青瓷碗（TN02E01①：3）　5. 青花瓷盅（TN02E01①：1）　6. 釉陶碗（TN02E01①：4）　7. 青花瓷碗（TN02E01①：2）

**2. 宋代器物**

（1）青瓷碗

1件。

TN02E01①：3，灰白色胎。青灰色釉，唇沿无釉，釉层光泽性差。轮制，釉下可见轮制的旋痕。敞口，方唇，斜壁下内收，底残。口径13.8、残高2厘米（图六〇，4）。

（2）釉陶碗

1件。

TN02E01①：4，碗腹。暗红色胎。淡黄色釉，外釉不及底，釉层光泽性差。轮制，釉下可见轮制的旋痕。斜壁下内收。长4.5、宽3.85厘米（图六〇，6）。

**3. 明清器物**

（1）青花瓷盅

1件。

TN02E01①：1，灰白色胎。乳白色釉，釉层光泽性好。轮制，釉下可见轮制的旋痕。敞口，圆唇，斜壁下内收，底残。内壁饰两道青色弦纹，外壁描绘青花山水图案。口径4.8、残高2.4厘米（图六〇，5）。

（2）青花瓷碗

1件。

TN02E01①：2，碗底。灰白色胎。乳白色釉，釉层光泽性好。轮制，器表无釉处可见轮制的旋痕。斜壁下收，圈足底。饰青色弦纹。底径10、残高2.4厘米（图六〇，7）。

## 二、TN02E02

第1层：耕土层。厚12～22厘米。褐色土，土质疏松。分布于全方。出土有釉陶碗、釉陶钵、青花瓷碗等遗物。

第2层：深12～38厘米，厚8～20厘米。黄褐色土，质软，较疏松。分布于全方。出土有鬲、鬲足、盂、豆盘、豆柄、盖豆、盘、瓮、盆、印纹硬陶罐等陶器。该层下出现的遗迹有：H1～H3、H24、G1。

第3层：深20～90厘米，厚0～68厘米。灰褐色土，泛灰，夹有大量锈斑，土质较疏松。分布于全方。出土有鬲、鬲足、盂、豆盘、豆座、豆柄、盖豆、高领罐、瓮、盆、印纹硬陶罐等陶器。该层下出现的遗迹有：J1、J15、H35、G6。

第4层：褐色生土层。深49～69厘米（图六一；表二）。

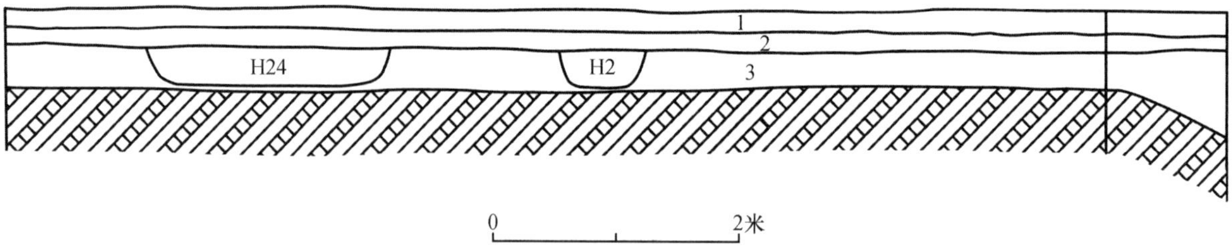


图六一　TN02E02北壁剖面图

**表二　TN02E02地层出土陶瓷器器类型式一览表**

| 编号 | 器类形制 |
| --- | --- |
| 第3层 | 陶鬲AbⅠ1、AbⅣ2、BaⅢ1、BbⅠ1；陶鬲足AcⅠ1、AcⅡ1、BaⅠ2、BbⅠ1；陶盂BⅡ1；陶豆盘AⅠ1、AⅡ1；陶豆柄Ⅰ2；陶豆座AcⅢ1；陶盖豆盘2；陶盖豆柄1；陶高领罐AⅤ2、BⅤ1；陶瓮AaⅠ1、BⅣ1；陶盆AbⅣ1、BaⅡ1、BaⅢ1、BbⅠ1、CaⅡ2、CaⅢ1、CbⅠ2、CbⅢ1、CbⅤ1、DⅣ1；印纹硬陶罐1 |
| 第2层 | 陶鬲AbⅣ1；陶鬲足AcⅠ1、AcⅡ1、AcⅢ1、无法归类1；陶盂AⅣ1、CaⅡ1、CbⅣ1；陶豆盘BⅢ1；陶豆柄Ⅰ1、Ⅱ1；陶盖豆盘1；陶盘AⅡ1；陶瓮AaⅢ1、AbⅣ3；陶盆AaⅢ2、AbⅣ1、CaⅠ1；印纹硬陶罐1 |
| 第1层 | 釉陶碗底Ⅰ3、Ⅲ1；釉陶钵底Ⅰ1；青花瓷碗底Ⅱ1、Ⅲ2、Ⅴ1 |

## （一）第3层出土遗物

### 1. 陶鬲

5件。轮制。

TN02E02③：31，Ab型Ⅰ式。夹砂灰黄陶。敛口，折弧沿，沿面向内，圆唇，束颈，溜肩，弧腹下收。沿面和肩部各饰一道凹弦纹，上腹饰绳纹。口径38、残高7.8厘米（图六二，1）。

TN02E02③：34，Ab型Ⅳ式。夹砂灰陶。口略敞，折沿，沿面略向外，圆唇，短束颈，溜肩。沿面饰六道凹弦纹，肩饰纵向绳纹。口径44、残高6厘米（图六二，3）。

TN02E02③：9，Ab型Ⅳ式。夹砂灰黄陶。口略敞，折沿外翻，沿面向外，尖圆唇，束颈，溜肩，弧腹下收。沿面饰一道凹弦纹，肩饰竖向绳纹。口径36、残高6.2厘米（图六二，5）。

TN02E02③：26，Ba型Ⅲ式。夹砂灰黄陶。口略敞，折平沿，圆唇，束颈，溜肩，直弧腹下收。沿面和肩部各饰两道凹弦纹。口径36、残高7厘米（图六二，2）。

TN02E02③：8，Bb型Ⅰ式。夹砂灰陶。口略敞，折沿外翻，沿面向内，尖圆唇，束颈，溜肩。沿面饰两道凹弦纹，颈饰三道抹平凹弦纹，肩饰竖向绳纹。口径42、残高7厘米（图六二，7）。

### 2. 陶鬲足

5件。手制。

TN02E02③：12，Ac型Ⅰ式。夹砂下红上黄陶。足窝稍深，柱状足上粗下细。饰绳纹。残高9.8厘米（图六二，10）。

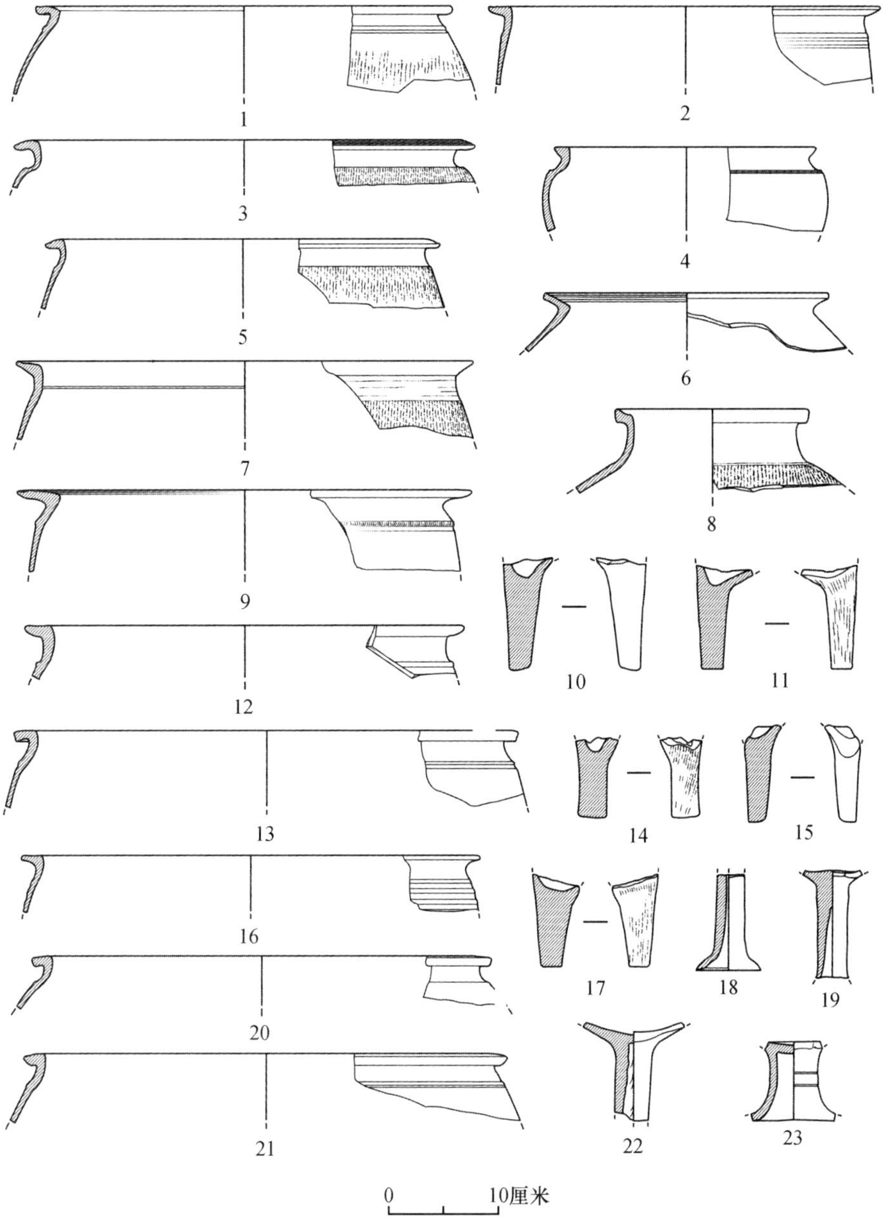


图六二　TN02E02③出土陶器

1. Ab型Ⅰ式鬲（TN02E02③：31）　2. Ba型Ⅲ式鬲（TN02E02③：26）　3、5. Ab型Ⅳ式鬲（TN02E02③：34、TN02E02③：9）　4. B型Ⅱ式盂（TN02E02③：6）　6. Aa型Ⅰ式瓮（TN02E02③：11）　7. Bb型Ⅰ式鬲（TN02E02③：8）　8. B型Ⅳ式瓮（TN02E02③：10）　9. Ab型Ⅳ式盆（TN02E02③：1）　10. Ac型Ⅰ式鬲足（TN02E02③：12）　11. Ac型Ⅱ式鬲足（TN02E02③：13）　12. Ba型Ⅱ式盆（TN02E02③：32）　13. Ba型Ⅲ式盆（TN02E02③：30）　14. Bb型Ⅰ式鬲足（TN02E02③：14）　15、17. Ba型Ⅰ式鬲足（TN02E02③：15、TN02E02③：16）　16. Bb型Ⅰ式盆（TN02E02③：36）　18. Ac型Ⅲ式豆座（TN02E02③：18）　19. Ⅰ式豆柄（TN02E02③：20）　20、21. Ca型Ⅱ式盆（TN02E02③：7、TN02E02③：33）　22. Ⅰ式豆柄（TN02E02③：21）　23. 盖豆柄（TN02E02③：22）

TN02E02③：13，Ac型Ⅱ式。夹砂灰陶。足窝稍深，柱状足上粗下细。饰绳纹。残高9.3厘米（图六二，11）。

TN02E02③：15，Ba型Ⅰ式。夹砂灰陶。浅足窝，柱状足上粗下细。饰绳纹。残高8.6厘米（图六二，15）。

TN02E02③：16，Ba型Ⅰ式。夹砂灰陶。浅足窝，柱状足上粗下细。饰绳纹。残高8.2厘米（图六二，17）。

TN02E02③：14，Bb型Ⅰ式。夹砂褐红陶。足窝稍深，柱状足上粗下细。饰绳纹。残高7.3厘米（图六二，14）。

**3. 陶盂**

1件。

TN02E02③：6，B型Ⅱ式。泥质灰陶。轮制。直口，折平沿，尖圆唇，束颈，广肩，圆弧腹下收。肩饰一道凸弦纹。口径24、残高7.5厘米（图六二，4）。

**4. 陶豆盘**

2件。轮制，慢轮修整。

TN02E02③：17，A型Ⅰ式。泥质灰陶。盘径较小，浅盘，盘壁弧形接柄。素面。盘径13.2、盘深2.8厘米（图六三，5）。

TN02E02③：19，A型Ⅱ式。泥质灰黄陶。盘径较小，浅盘，盘壁弧形接柄。素面。盘径11.5、盘深1.8、残高3.4厘米（图六三，4）。

**5. 陶豆座**

1件。

TN02E02③：18，Ac型Ⅲ式。泥质灰陶。轮制，慢轮修整，柄内壁可见手制痕迹。细柄稍高，喇叭形豆座，座面微隆起。素面。座径6、残高8.5厘米（图六二，18）。

**6. 陶豆柄**

2件。手制，柄内壁可见手制痕迹。

TN02E02③：20，Ⅰ式。泥质灰陶。盘壁弧形接柄，细柄稍高、呈圆柱形、中空。素面。柄径2.8、残高9.1厘米（图六二，19）。

TN02E02③：21，Ⅰ式。泥质灰陶。盘壁弧形接柄，柄稍粗、呈圆柱形、中空。素面。柄径3.2、残高8.3厘米（图六二，22）。

**7. 陶盖豆**

3件。慢轮修整。

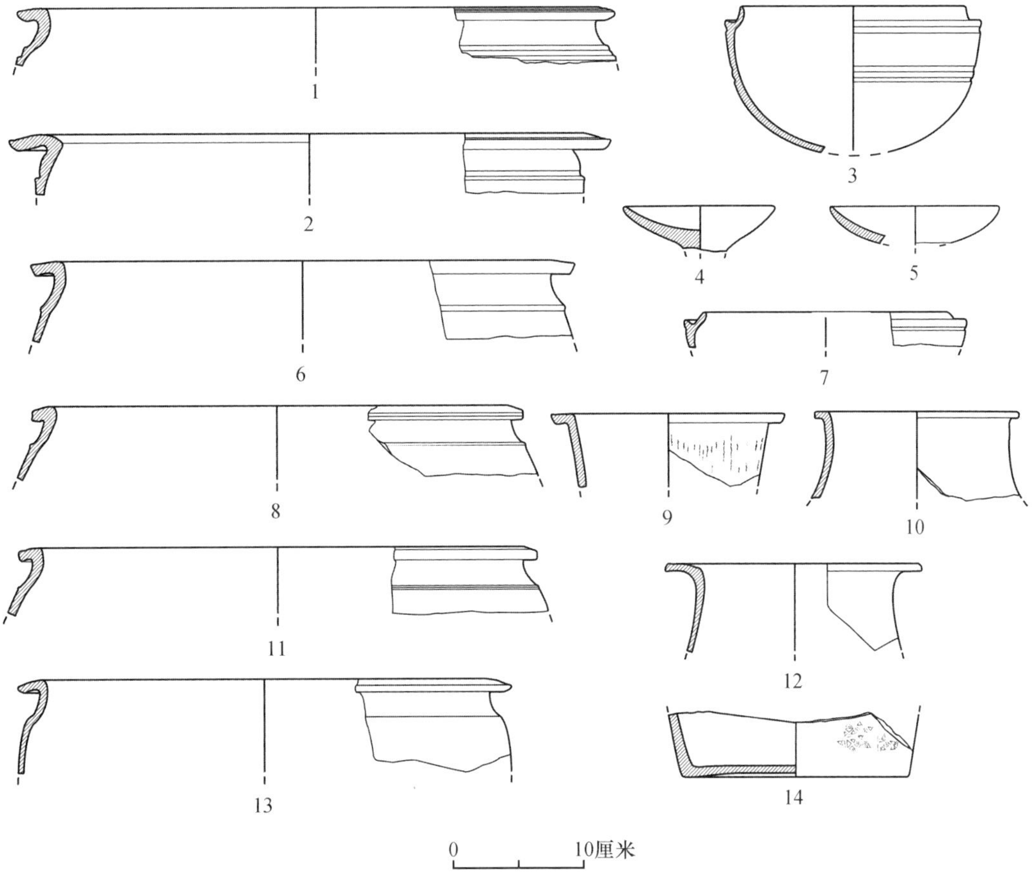


图六三　TN02E02③出土陶器

1、6. Cb型Ⅰ式盆（TN02E02③：35、TN02E02③：5）　2. D型Ⅳ式盆（TN02E02③：27）　3、7. 盖豆盘（TN02E02③：25、TN02E02③：29）　4. A型Ⅱ式豆盘（TN02E02③：19）　5. A型Ⅰ式豆盘（TN02E02③：17）　8. Ca型Ⅲ式盆（TN02E02③：4）　9、10. A型Ⅴ式高领罐（TN02E02③：23、TN02E02③：24）　11. Cb型Ⅲ式盆　（TN02E02③：2）　12. B型Ⅴ式高领罐（TN02E02③：28）　13. Cb型Ⅴ式盆（TN02E02③：3）　14. 印纹硬陶罐（TN02E02③：37）

TN02E02③：25，豆盘。泥质灰黄陶。子口内敛，腹稍深，腹壁较圜。腹饰三道凹弦纹。口径17.6、残高11 厘米（图六三，3）。

TN02E02③：29，豆盘。泥质黑衣灰陶。子口内敛，尖圆唇，弧壁下收。腹壁饰凹弦纹。口径19、残高2.6厘米（图六三，7）。

TN02E02③：22，豆柄。泥质黑皮灰黄陶。柄粗短，座呈喇叭状。柄中部饰两道凹弦纹。柄径4.5、残高5.7厘米（图六二，23）。

**8. 陶高领罐**

3件。轮制，内外壁有手工痕迹。

TN02E02③：23，A型Ⅴ式。泥质灰黄陶。敞口，折沿，方唇，颈略束。沿面饰两道凹弦纹，颈部饰抹平绳纹。口径18、残高5.5厘米（图六三，9）。

TN02E02③：24，A型Ⅴ式。泥质灰陶。敞口，折沿，方唇，束颈。素面。口径16、残高6.6厘米（图六三，10）。

TN02E02③：28，B型Ⅴ式。泥质灰黄陶。敞口，折沿外翻，沿面向内，方唇，束颈。口径20、残高6.6厘米（图六三，12）。

**9. 陶瓮**

2件。轮制。

TN02E02③：11，Aa型Ⅰ式。泥质灰陶。敛口，折沿，沿面向内，方唇，束颈，溜肩。沿面饰三道凹弦纹。口径26.2、残高5.4厘米（图六二，6）。

TN02E02③：10，B型Ⅳ式。泥质灰黄陶。口略敞，折沿下凹，沿面向内，方唇，短束颈，溜肩。肩饰竖向绳纹。口径18、残高7.6厘米（图六二，8）。

**10. 陶盆**

12件。轮制。

TN02E02③：1，Ab型Ⅳ式。泥质褐灰陶。敛口，折沿，沿面略向内，尖圆唇，束颈，溜肩，弧腹下收。沿面饰七道凹弦纹，肩饰凸弦纹（凸弦纹上压印圆圈纹）。口径41.6、残高7.2厘米（图六二，9）。

TN02E02③：32，Ba型Ⅱ式。泥质灰黄陶。口略敞，折平沿，圆唇，短束颈，溜肩，弧腹壁下收。肩部饰一道凸棱。口径40、残高4.5厘米（图六二，12）。

TN02E02③：30，Ba型Ⅲ式。泥质灰黄陶。口略敞，折沿略外翻卷，沿面向外，方唇，短束颈，溜肩，弧腹壁下收。沿面、唇沿和肩部各饰一道凹弦纹。口径46、残高6.8厘米（图六二，13）。

TN02E02③：36，Bb型Ⅰ式。泥质灰黄陶。敞口，折平沿，沿面略下凹，尖圆唇，束颈，溜肩，弧腹壁下收。肩腹部饰凹弦纹。口径42、残高5厘米（图六二，16）。

TN02E02③：7，Ca型Ⅱ式。泥质灰陶。直口略敞，折沿，沿面略向外，方唇，束颈，溜肩，弧腹壁下收。沿面饰两道、肩饰一道凸弦纹。口径42、残高4.5厘米（图六二，20）。

TN02E02③：33，Ca型Ⅱ式。泥质灰黄陶。口略直，折沿外翻卷，沿面向外，尖圆唇，束颈，溜肩，弧腹壁下收。沿面和肩部各饰一道凹弦纹。口径44、残高6厘米（图六二，21）。

TN02E02③：4，Ca型Ⅲ式。泥质灰陶。敛口，折沿，沿面略向外，方唇，束颈，溜肩，弧腹壁下收。肩饰一道凹弦纹。口径38、残高5.4厘米（图六三，8）。

TN02E02③：35，Cb型Ⅰ式。泥质灰陶。敞口，折沿，沿面向外，圆唇，短束颈，溜肩，弧腹壁下收。沿面饰五道、肩饰一道凹弦纹。口径46、残高4.2厘米（图六三，1）。

TN02E02③：5，Cb型Ⅰ式。泥质灰陶。口略敞，折沿，沿面略向外，方唇，束颈，溜肩，弧腹壁下收。沿面饰两道凹弦纹，肩饰一道凸弦纹。口径42、残高6厘米（图六三，6）。

TN02E02③：2，Cb型Ⅲ式。泥质灰陶。口略敞，折沿，沿面略向外，圆唇，束颈，溜肩。沿面和肩部各饰一道凹弦纹。口径40.5、残高4.8厘米（图六三，11）。

TN02E02③：3，Cb型Ⅴ式。泥质灰黄陶。口略敞，折沿，沿面略向外，尖圆唇，束颈，溜肩，弧腹壁下收。肩饰一道凹弦纹。口径38、残高7厘米（图六三，13）。

TN02E02③：27，D型Ⅳ式。泥质灰陶。敛口，折弧沿，尖方唇，短束颈，溜肩。沿面饰数道凹弦纹，颈肩结合部有一道凸棱。口径41.4、残高4.5厘米（图六三，2）。

**11. 印纹硬陶罐**

1件。

TN02E02③：37，罐底残片。灰褐色胎。轮制。弧腹下收，平底略内凹。饰方格纹。底径17.6、残高4.7厘米（图六三，14）。

## （二）第2层出土遗物

**1. 陶鬲**

1件。

TN02E02②：7，Ab型Ⅳ式。夹砂灰陶。轮制。口略敞，折沿外翻，尖圆唇，束颈，溜肩。肩腹部饰竖向绳纹。口径40.4、残高6.5厘米（图六四，1）。

**2. 陶鬲足**

4件。手制。

TN02E02②：9，Ac型Ⅰ式。夹砂褐红陶。深足窝，柱状足上粗下细。通体饰绳纹。残高7.6 厘米（图六四，15）。

TN02E02②：8，Ac型Ⅱ式。夹砂灰黄陶。浅足窝，柱状足较高，上粗下细。通体饰绳纹。残高11.4 厘米（图六四，16）。

TN02E02②：10，Ac型Ⅲ式，夹砂灰黄陶。浅足窝，柱状足上粗下细。通体饰绳纹。残高5.6 厘米（图六四，14）。

TN02E02②：11，无法归类。夹砂灰黄陶。浅足窝，柱状足上粗下细。通体饰绳纹。残高5.6 厘米（图六四，22）。

**3. 陶盂**

3件。轮制。

TN02E02②：2，A型Ⅳ式。泥质褐灰陶。敞口，折沿，沿面向内，圆唇，短束颈，溜肩，弧腹下收。沿面饰一道凹弦纹。口径23.6、残高6厘米（图六四，10）。

TN02E02②：3，Ca型Ⅱ式。泥质褐灰陶。直口略敛，折沿，沿面略向外，圆唇，短颈，溜肩。沿面饰一道凹弦纹。口径26、残高4厘米（图六四，12）。

TN02E02②：13，Cb型Ⅳ式。泥质灰黄陶。敞口，折沿，沿面略向外，尖唇，束颈，折肩，斜腹壁下收。口径19.9、残高5.4 厘米（图六四，11）。

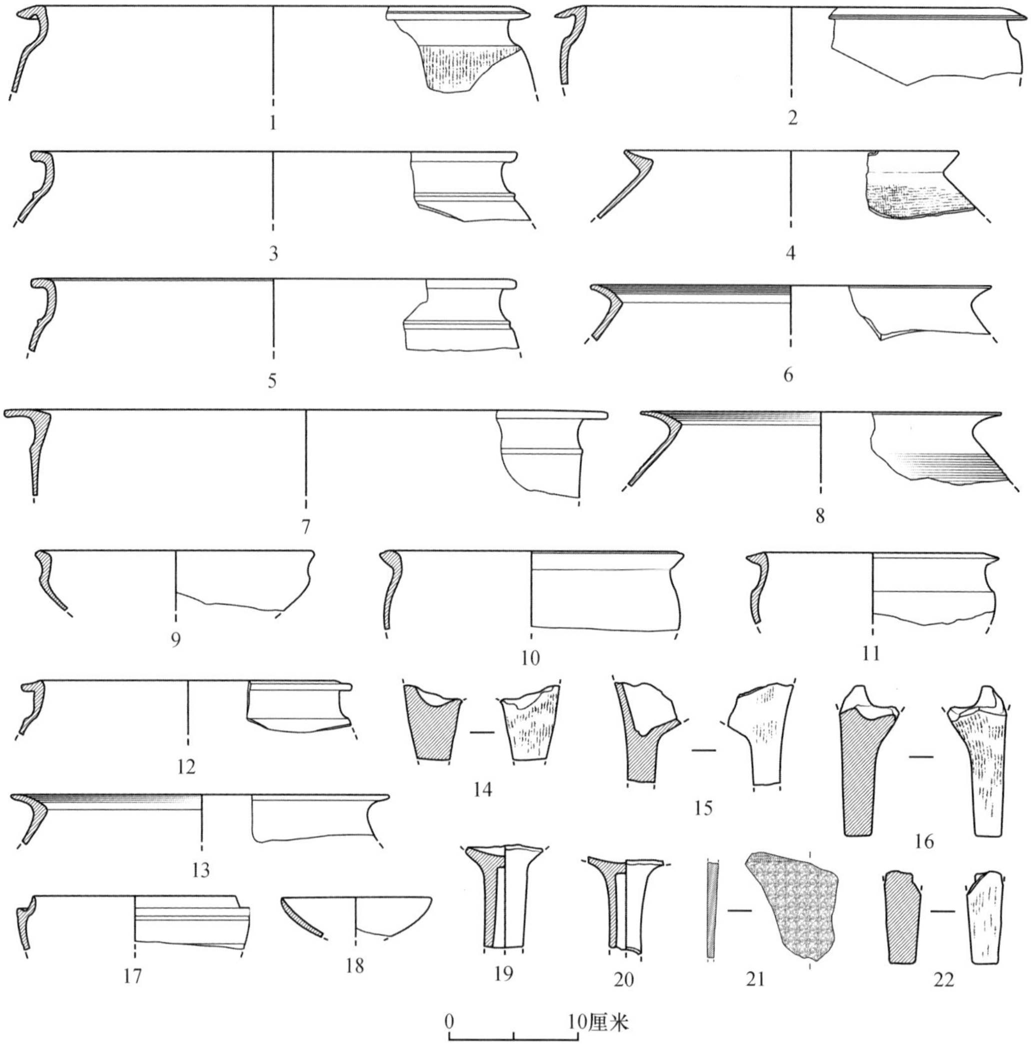


图六四　TN02E02②出土陶器

1. Ab型Ⅳ式鬲（TN02E02②：7）　2. Ca型Ⅰ式盆（TN02E02②：1）　3、5. Aa型Ⅲ式盆（TN02E02②：19、TN02E02②：20）　4. Aa型Ⅲ式瓮（TN02E02②：6）　6、8、13. 瓮（TN02E02②：17、TN02E02②：21、TN02E02②：18）　7. Ab型Ⅳ式盆（TN02E02②：16）　9. A型Ⅱ式盘（TN02E02②：5）　10. A型Ⅳ式盂（TN02E02②：2）　11. Cb型Ⅳ式盂（TN02E02②：13）　12. Ca型Ⅱ式盂（TN02E02②：3）　14. Ac型Ⅲ式鬲足（TN02E02②：10）　15. Ac型Ⅰ式鬲足（TN02E02②：9）　16. Ac型Ⅱ式鬲足（TN02E02②：8）　17. 盖豆盘（TN02E02②：4）　18. B型Ⅲ式豆盘（TN02E02②：22）　19. Ⅰ式豆柄（TN02E02②：14）　20. Ⅱ式豆柄（TN02E02②：15）　21. 印纹硬陶罐（TN02E02②：12）　22. 无法归类鬲足（TN02E02②：11）

**4. 陶豆盘**

1件。

TN02E02②：22，B型Ⅲ式。泥质灰黄陶。轮制，豆盘慢轮修整。盘径较小，深盘，盘壁弧形接柄。盘径12、残高3厘米（图六四，18）。

**5. 陶豆柄**

2件。手制，柄内、外壁可见手制痕迹。

TN02E02②：14，Ⅰ式。泥质灰陶。盘壁弧形接柄，柄稍粗、呈圆柱形、中空。素面。柄径3.1、残高7.8厘米（图六四，19）。

TN02E02②：15，Ⅱ式。泥质灰黄陶。盘壁弧形接柄，细柄、呈圆柱形、中空。素面。柄径2.7、残高7.8厘米（图六四，20）。

**6. 陶盖豆（豆盘）**

1件。

TN02E02②：4，泥质灰黄陶。轮制。子口略敛，尖唇，直腹壁。肩饰一道凹弦纹。口径16、残高4厘米（图六四，17）。

**7. 陶盘**

1件。

TN02E02②：5，A型Ⅱ式。泥质灰陶。轮制。直口略敛，折沿，沿面向内，圆唇，短束颈，折肩，斜腹壁下收。沿面饰一道凹弦纹。口径22、残高4.6厘米（图六四，9）。

**8. 陶瓮**

4件。轮制。

TN02E02②：6，Aa型Ⅲ式。泥质褐灰陶。敛口，折沿，沿面向内，尖唇，束颈，溜肩。沿面饰一道凹弦纹，肩饰弦纹和绳纹。口径26、残高5厘米（图六四，4）。

TN02E02②：17，Ab型Ⅳ式。泥质灰陶。敛口，仰折沿，沿面向内，尖圆唇，束颈，斜肩。沿面饰七道凹弦纹。口径31、残高3.8 厘米（图六四，6）。

TN02E02②：18，Ab型Ⅳ式。泥质灰黄陶。敛口，仰折沿，沿面向内，尖圆唇，束颈，斜肩。沿面饰九道凹弦纹。口径28.8、残高3.5厘米（图六四，13）。

TN02E02②：21，Ab型Ⅳ式。泥质灰黄陶。敛口，仰折沿，沿面向内，尖圆唇，束颈，斜肩。沿面饰九道凹弦纹。口径28、残高5.6厘米（图六四，8）。

**9. 陶盆**

4件。轮制。

TN02E02②：19，Aa型Ⅲ式。泥质灰黄陶。敞口，折沿，沿面略向内，方唇，短束颈，溜肩，弧腹下收。肩部有一道凸棱。口径38、残高5.2厘米（图六四，3）。

TN02E02②：20，Aa型Ⅲ式。泥质灰黄陶。敞口，折沿，沿面略向内，方唇，短束颈，溜肩，弧腹下收。沿面饰一道凹弦纹，肩部有一道凸棱。口径38、残高5.6厘米（图六四，5）。

TN02E02②：16，Ab型Ⅳ式。泥质灰陶。敛口，折弧沿，圆唇，短束颈，折肩，直弧腹下收。肩部有一道凸棱。口径47.2、残高6.6 厘米（图六四，7）。

TN02E02②：1，Ca型Ⅰ式。泥质褐灰陶。敛口，折沿，沿面略向外，尖圆唇，束颈，溜肩，弧腹下收。沿面饰一道凹弦纹。口径36.8、残高6厘米（图六四，2）。

#### 10. 印纹硬陶罐

1件。

TN02E02②：12，罐腹残片。轮制。腹饰几何方格纹。残长8.2、残宽7.3厘米（图六四，21）。

### （三）第1层出土遗物

#### 1. 宋代器物

宋代器物仅有釉陶碗。

4件。碗底残片。轮制，内、外壁可见轮制的旋痕。

TN02E02①：6，Ⅰ式。灰褐色胎。外釉不及底，釉已脱落。斜壁下收，假圈足底略内凹。底径7.6、残高2.8厘米（图六五，6）。

TN02E02①：7，Ⅰ式。灰褐色胎。施酱褐色釉，外釉不及底，釉有脱落现象。斜壁下收，浅圈足底。底径7.6、残高2.8厘米（图六五，3）。

TN02E02①：8，Ⅰ式。灰褐色胎。施灰褐色釉，外釉不及底，釉有脱落现象。斜壁下收，浅圈足底。底径7、残高2.8厘米（图六五，4）。

TN02E02①：9，Ⅲ式。灰褐色胎。施淡黄色釉，外底无釉。斜壁下收，浅圈足底。底径7.6、残高1.5厘米（图六五，9）。

#### 2. 明清器物

（1）釉陶钵

1件。

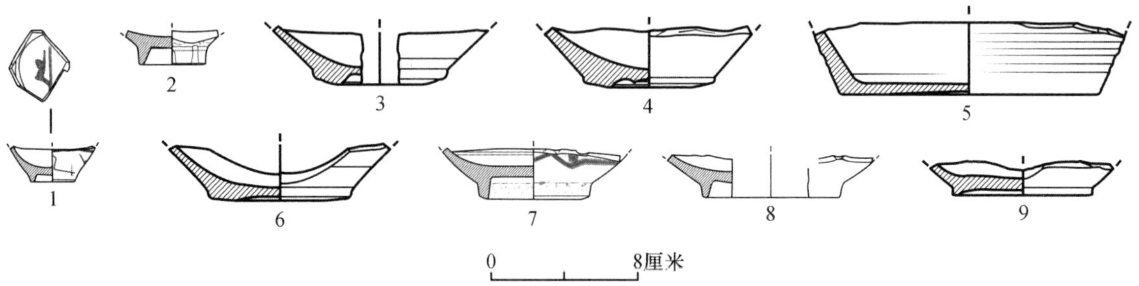


图六五　TN02E02①出土遗物

1. Ⅴ式青花瓷碗（TN02E02①：2）　2、7. Ⅲ式青花瓷碗（TN02E02①：3、TN02E02①：1）　3、4、6. Ⅰ式釉陶碗（TN02E02①：7、TN02E02①：8、TN02E02①：6）　5. Ⅰ式釉陶钵（TN02E02①：5）　8. Ⅱ式青花瓷碗（TN02E02①：4）　9. Ⅲ式釉陶碗（TN02E02①：9）

TN02E02①：5，钵底残片，Ⅰ式。轮制，釉下可见轮制的旋痕，外底可见轮制的拉坯痕。斜壁下收，平底。外壁有凹弦纹。底径14、残高3.5厘米（图六五，5）。

（2）青花瓷碗

4件。底部残片。灰白色胎。乳白色釉，釉层光泽性好。轮制，釉下可见轮制的旋痕。

TN02E02①：4，Ⅱ式。斜壁下收，圈足底。素面。底径7.4、残高2厘米（图六五，8）。

TN02E02①：1，Ⅲ式。斜壁下收，圈足底。内饰青色弦纹，外饰青花图案。底径6、残高2.5厘米（图六五，7）。

TN02E02①：3，Ⅲ式。斜壁下收，圈足底。素面。底径3.6、残高1.5厘米（图六五，2）。

TN02E02①：2，Ⅴ式。斜弧壁下收，浅圈足底。内外描绘青花图案。底径2.4、残高1.8厘米（图六五，1）。

## 三、TN02E03

第1层：耕土层。厚10～25厘米。褐色土，土质疏松。分布于全方。出土有陶鬲足、陶豆盘、釉陶盏、釉陶碗、青花瓷片、乾隆通宝等遗物。

第2层：深10～45厘米，厚1～33厘米。黄褐色土，质软，较疏松。分布于本方除西侧外大部分地方。出土有豆盘、豆座、盆等陶器。该层下出现的遗迹有：H17、H18。

第2B层：深32～46厘米，厚0～15厘米。灰白色土，质地细腻，较纯，粉末状，呈沙性。分布于探方北部。无出土遗物。该层下的遗迹有：H23。

第3层：深28～113厘米，厚8～90厘米。灰褐色土，泛灰，夹有大量锈斑，土质较疏松。分布于本方除东南部外的大部分地方。出土有陶鬲、陶鬲足、陶盂、陶豆盘、陶豆座、陶豆柄、陶盖豆、陶高领罐、陶盘、陶瓮、陶盆、陶瓦当、石斧等遗物。该层下出现的遗迹有：H52、H58、H60、J20～J22、J28、J29、J32。

第4层：褐色生土层。深30～120厘米（图六六；表三）。

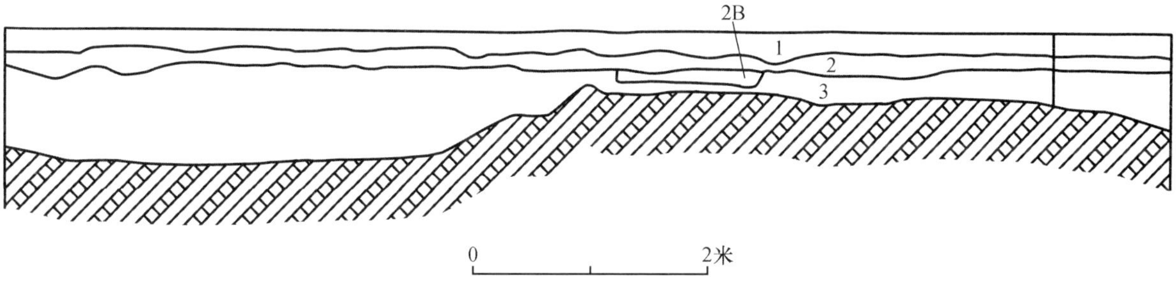


图六六　TN02E03北壁剖面图

**表三　TN02E03地层出土遗物器类型式一览表**

| 编号 | 器类形制 |
|---|---|
| 第3层 | 陶鬲AbⅣ1、AcⅡ1、BaⅡ1、CⅢ1；陶鬲足AcⅠ1、BbⅠ1、无法归类1；陶盂CbⅠ1、CbⅣ1；陶豆盘BⅠ2；陶豆柄Ⅰ1、Ⅳ1、Ⅶ2；陶豆座AaⅢ1；陶盖豆柄1；陶高领罐AⅤ1、CⅢ1；陶瓮AbⅢ1、BⅢ1、CⅣ1；陶盆AbⅣ2、AbⅤ1、BaⅡ1、BaⅢ2、BbⅢ1、BbⅠ1、CaⅡ1、DⅣ1、DⅤ2、无法归类1；陶盘AⅡ1；陶瓦当1；石斧1 |
| 第2B层 | 无 |
| 第2层 | 陶豆盘AⅡ1；陶豆座AaⅤ1；陶盆BbⅢ1、DⅣ1 |
| 第1层 | 陶鬲足无法归类1；陶豆盘AⅠ1；釉陶盏1；釉陶碗残片2；青花瓷4；乾隆通宝1 |

## （一）第3层出土遗物

### 1. 陶鬲

4件。轮制。

TN02E03③：1，Ab型Ⅳ式。夹砂灰陶。口略敞，折沿外翻，沿面向外，圆唇，束颈，溜肩。沿面饰一道凹弦纹，肩饰竖向绳纹。口径44、残高5厘米（图六七，1）。

TN02E03③：23，Ac型Ⅱ式。夹砂灰陶。敛口，折沿，沿面向内，尖唇，束颈，溜肩。肩饰抹平绳纹。口径28、残高3厘米（图六七，2）。

TN02E03③：6，Ba型Ⅱ式。夹砂灰黄陶。直口略敞，折平沿，方唇，束颈，溜肩。沿面饰两道凹弦纹，肩饰竖向绳纹。口径44、残高6.8厘米（图六七，3）。

TN02E03③：19，C型Ⅲ式。夹砂灰陶。口略敞，折沿外翻，沿面向外，圆唇，束颈，溜肩，弧腹下收。沿面饰一道凹弦纹，肩饰竖向绳纹。口径22、残高4.5厘米（图六七，18）。

### 2. 陶鬲足

3件。手制。

TN02E03③：10，Ac型Ⅰ式。夹砂灰陶。浅足窝，柱状足上粗下细。饰绳纹。残高10厘米（图六八，16）。

TN02E03③：11，Bb型Ⅰ式。夹砂灰黄陶。足稍高，浅足窝，柱状足。饰绳纹。残高8.4厘米（图六八，15）。

TN02E03③：12，无法归类。夹砂灰黄陶。深足窝，矮柱状足上粗下细。饰绳纹。残高6.2厘米。

### 3. 陶盂

2件。轮制。

TN02E03③：18，Cb型Ⅰ式。泥质灰黄陶。敛口，折沿，沿面略向外，圆唇，短束颈，溜肩，弧腹下内收，腹较浅，底残。素面。口径30、残高5.5厘米（图六七，4）。

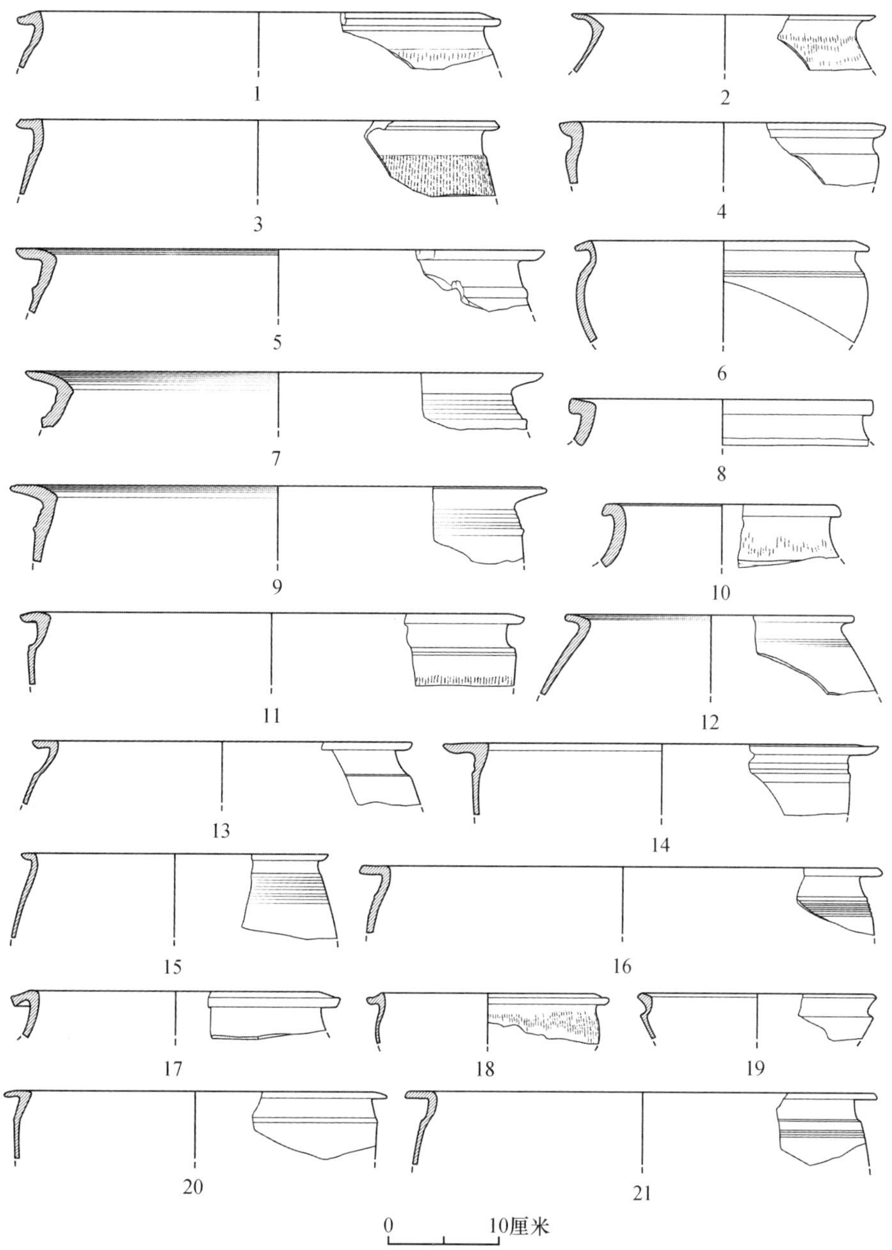


图六七　TN02E03③出土陶器

1. Ab型Ⅳ式鬲（TN02E03③：1）　2. Ac型Ⅱ式鬲（TN02E03③：23）　3. Ba型Ⅱ式鬲（TN02E03③：6）　4. Cb型Ⅰ式盂（TN02E03③：18）　5. Ab型Ⅴ式盆（TN02E03③：3）　6. Cb型Ⅳ式盂（TN02E03③：4）　7、9. Ab型Ⅳ式盆（TN02E03③：28、TN02E03③：32）　8. B型Ⅲ式瓮（TN02E03③：21）　10. C型Ⅳ式瓮（TN02E03③：8）　11. D型Ⅴ式盆（TN02E03③：33）　12. Ab型Ⅲ式瓮（TN02E03③：7）　13、16. Ba型Ⅲ式盆（TN02E03③：34、TN02E03③：2）　14. Bb型Ⅲ式盆（TN02E03③：30）　15. Bb型Ⅰ式盆（TN02E03③：20）　17. Ca型Ⅱ式盆（TN02E03③：22）　18. C型Ⅲ式鬲（TN02E03③：19）　19. A型Ⅱ式盘（TN02E03③：5）　20. D型Ⅳ式盆（TN02E03③：36）　21. Ba型Ⅱ式盆（TN02E03③：35）

TN02E03③：4，Cb型Ⅳ式。泥质灰陶。敞口，折沿，沿面向外，圆唇，短束颈，溜肩，上腹圆，下腹弧内收，腹较浅，底残。肩饰一道凹弦纹。口径27、残高9厘米（图六七，6）。

#### 4. 陶豆盘

2件。轮制，慢轮修整。

TN02E03③：13，B型Ⅰ式。泥质灰陶。盘径稍大，盘稍深，圆唇，盘壁弧形接柄。素面。口径15.2、盘深3.5厘米、残高5.8厘米（图六八，6）。

TN02E03③：14，B型Ⅰ式。泥质灰黄陶。盘径稍大，盘稍深，尖圆唇，盘壁弧形接柄。素面。口径14.2、盘深3、残高6厘米（图六八，7）。

#### 5. 陶豆座

1件。

TN02E03③：25，Aa型Ⅲ式。泥质灰黄陶。豆座轮制，慢轮修整；柄手制，柄内壁可见手制痕迹。细柄，喇叭形豆座，座面不隆起。座径6.7、残高6.2厘米（图六八，3）。

#### 6. 陶豆柄

4件。手制，柄内壁可见手制痕迹。

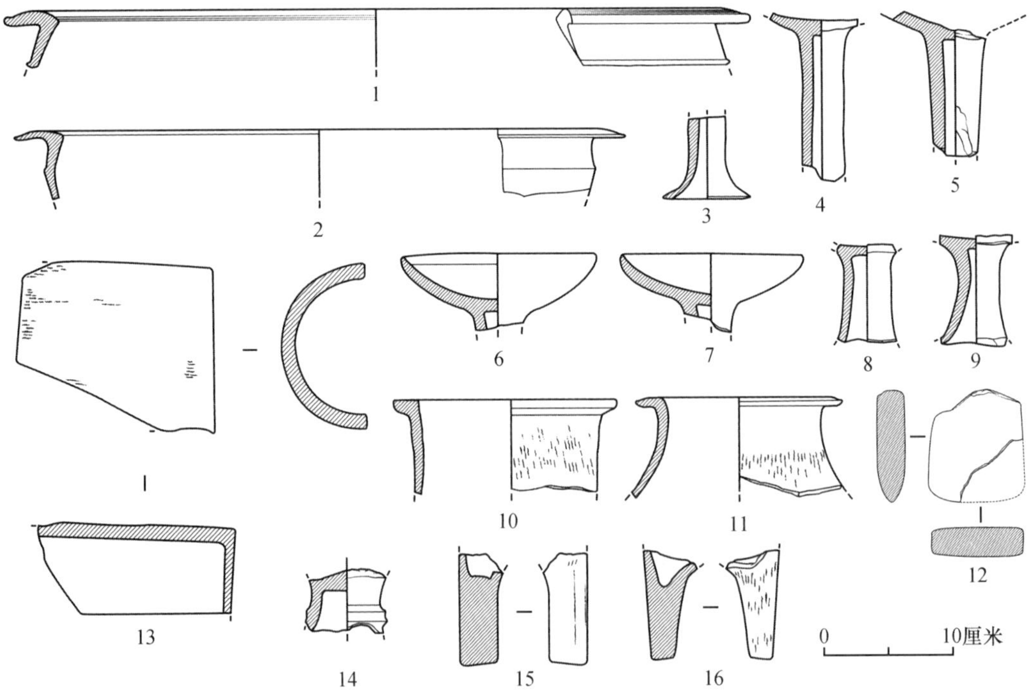


图六八　TN02E03③出土遗物

1. 无法归类陶盆（TN02E03③：29）　2. D型Ⅴ式陶盆（TN02E03③：31）　3. Aa型Ⅲ式陶豆座（TN02E03③：25）　4. Ⅰ式陶豆柄（TN02E03③：26）　5. Ⅳ式陶豆柄（TN02E03③：38）　6、7. B型Ⅰ式陶豆盘（TN02E03③：13、TN02E03③：14）　8、9. Ⅶ式陶豆柄（TN02E03③：27、TN02E03③：37）　10. A型Ⅴ式陶高领罐（TN02E03③：9）　11. C型Ⅲ式陶高领罐（TN02E03③：24）　12. 石斧（TN02E03③：17）　13. 瓦当（TN02E03③：16）　14. 陶盖豆柄（TN02E03③：15）　15. Bb型Ⅰ式陶鬲足（TN02E03③：11）　16. Ac型Ⅰ式陶鬲足（TN02E03③：10）

TN02E03③：26，Ⅰ式。泥质灰黄陶。盘壁弧形接柄，细柄稍高。素面。柄径3.1、残高11.6厘米（图六八，4）。

TN02E03③：38，Ⅳ式。泥质褐黄陶。盘壁弧形接柄，粗柄呈圆柱形、中空。素面。柄径3.8、残高10.8厘米（图六八，5）。

TN02E03③：27，Ⅶ式。泥质灰陶。盘壁弧形接柄，矮柄稍粗，喇叭形豆座。素面。柄径3.7、残高6.6厘米（图六八，8）。

TN02E03③：37，Ⅶ式。泥质灰陶。盘壁弧形接柄，矮粗柄呈圆柱形、中空，喇叭形豆座，豆座残。素面。柄径3.4、残高7.2厘米（图六八，9）。

**7. 陶盖豆**

1件。

TN02E03③：15，残豆柄。泥质灰黄陶。慢轮修整。柄粗短。柄中部饰两道凸弦纹。柄径5.4、残高4.7厘米（图六八，14）。

**8. 陶高领罐**

2件。轮制，内外有抹痕。

TN02E03③：9，A型Ⅴ式。泥质灰陶。敞口，折平沿，方唇，束颈。颈饰抹平绳纹。口径18.4、残高7厘米（图六八，10）。

TN02E03③：24，C型Ⅲ式。泥质灰陶。敞口，折平沿，尖圆唇，束颈。颈饰抹平绳纹。口径16、残高7.6厘米（图六八，11）。

**9. 陶盘**

1件。

TN02E03③：5，A型Ⅱ式。泥质灰黄陶。轮制。敛口，折沿，沿面向内，方唇，短束颈，折肩，斜腹下内收，腹较浅，底残。素面。口径22、残高4厘米（图六七，19）。

**10. 陶瓮**

3件。轮制。

TN02E03③：7，Ab型Ⅲ式。泥质灰陶。敛口，折沿，沿面向内，圆唇，束颈，溜肩。沿面饰四道、肩饰一道凹弦纹。口径26.6、残高7厘米（图六七，12）。

TN02E03③：21，B型Ⅲ式。泥质灰陶。口略敛，折沿，沿面向内，方唇，束颈。素面。口径28、残高3厘米（图六七，8）。

TN02E03③：8，C型Ⅳ式。泥质灰陶。敞口，折平沿，方圆唇，束颈，溜肩。沿面饰两道凹弦纹。口径22、残高5.7厘米（图六七，10）。

### 11. 陶盆

13件。轮制。

TN02E03③：28，Ab型Ⅳ式。泥质灰陶。敛口，折沿，沿面向内，尖唇，束颈，溜肩。沿面饰十三道、颈饰三道凹弦纹。口径46、残高5厘米（图六七，7）。

TN02E03③：32，Ab型Ⅳ式。泥质灰陶。敛口，折弧沿，尖圆唇，束颈，溜肩，弧腹下收。沿面饰十一道、颈饰三道凹弦纹，肩饰一道凸棱。口径48.6、残高6.8厘米（图六七，9）。

TN02E03③：3，Ab型Ⅴ式。泥质灰陶。敛口，折沿，沿面略向内，圆唇，束颈，溜肩。沿面饰九道凹弦纹，肩部饰一道凸弦纹。口径48、残高5.5厘米（图六七，5）。

TN02E03③：35，Ba型Ⅱ式。泥质灰陶。敞口，折平沿，方唇，短束颈，溜肩，弧腹下收。肩饰两道凹弦纹。口径43.4、残高6.5厘米（图六七，21）。

TN02E03③：34，Ba型Ⅲ式。泥质褐黄陶。敛口，折平沿，圆唇，束颈，溜肩，弧腹下收。肩饰一道凸棱。口径34.4、残高5.6厘米（图六七，13）。

TN02E03③：2，Ba型Ⅲ式。泥质灰黄陶。口略敞，折平沿，方唇，短束颈，溜肩。肩饰四道凹弦纹。口径48、残高6厘米（图六七，16）。

TN02E03③：30，Bb型Ⅲ式。泥质灰陶。敛口，折平沿，尖圆唇，束颈，溜肩，弧腹下收。沿面饰一道凹弦纹，肩饰凹弦纹。口径40、残高6.4厘米（图六七，14）。

TN02E03③：20，Bb型Ⅰ式。夹砂灰陶。口略敞，折平沿，尖圆唇，束颈，溜肩，弧腹下收。肩腹部饰弦纹。口径28、残高7.6厘米（图六七，15）。

TN02E03③：22，Ca型Ⅱ式。夹砂灰黄陶。口略敛，折沿，沿面向外，方唇，束颈，溜肩。沿面饰一道凹弦纹。口径30、残高4厘米（图六七，17）。

TN02E03③：36，D型Ⅳ式。泥质灰黄陶。敛口，折沿，沿面略向外，圆唇，束颈，折肩，直弧腹下收。沿面饰四道凹弦纹，肩饰一道凸棱。口径35、残高6厘米（图六七，20）。

TN02E03③：33，D型Ⅴ式。泥质灰黄陶。敛口，折弧沿，圆唇，短束颈，折肩，直弧腹下收。肩饰一道凹弦纹。口径45.6、残高6.4厘米（图六七，11）。

TN02E03③：31，D型Ⅴ式。泥质灰陶。敛口，折弧沿，尖圆唇，束颈，折肩，斜弧腹下收。肩饰一道凸棱。口径47.6、残高5.2厘米（图六八，2）。

TN02E03③：29，无法归类。泥质灰陶。敛口，折沿，沿面向外，圆唇，束颈，溜肩。沿面饰十二道、颈饰三道凹弦纹。口径58、残高4.4厘米（图六八，1）。

### 12. 陶瓦当

1件。

TN02E03③：16，夹砂灰陶。手制，制作粗糙，内外均不平整，有明显的手制痕迹。当呈圆形，当部有刮痕。瓦面饰绳纹，内有麻点纹，靠近当的瓦面绳纹被磨掉。残长15.3、当径12.4、残高6.4厘米（图六八，13）。

**13. 石斧**

1件。

TN02E03③：17，石呈青灰色。磨制。上窄下宽，呈梯形，肩和刃部分残缺。残长8.5、刃宽7.5、厚2.2厘米（图六八，12；图版二六，6）。

## （二）第2层出土遗物

**1. 陶豆盘**

1件。

TN02E03②：3，A型Ⅱ式。泥质灰陶。轮制，慢轮修整。盘径较小，浅盘，盘壁弧形接柄。素面。盘径10、盘深1.1、残高1.7厘米（图六九，8）。

**2. 陶豆座**

1件。

TN02E03②：1，Aa型Ⅴ式。泥质灰陶。轮制，慢轮修整；柄手制，柄内、外壁可见手制痕迹。细柄呈圆柱形，中空；喇叭形豆座，座面不隆起。素面。座径8.4、残高7.4厘米（图六九，3）。

**3. 陶盆**

2件。轮制。

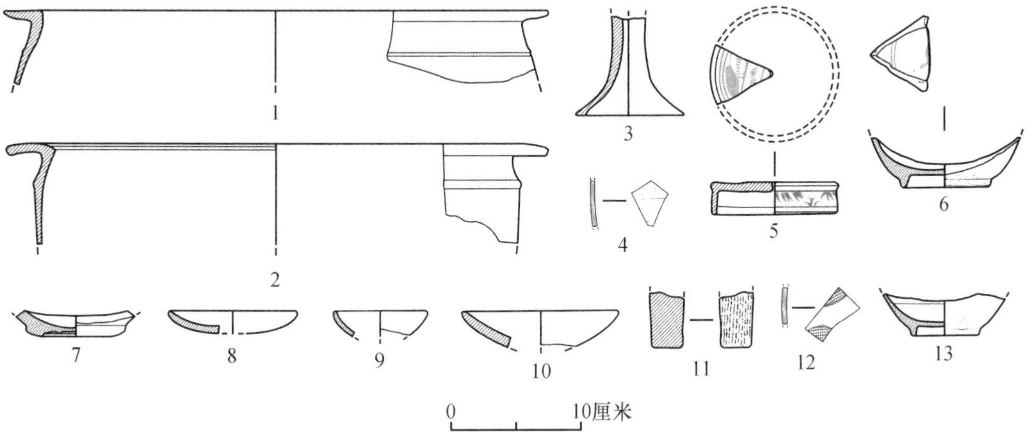


图六九　TN02E03②、①出土遗物

1. Bb型Ⅲ式陶盆（TN02E03②：2）　2. D型Ⅳ式陶盆（TN02E03②：4）　3. Aa型Ⅴ式陶豆座（TN02E03②：1）　4. 青花瓷残片（TN02E03①：5）　5. 青花瓷器盖（TN02E03①：9）　6、13. Ⅴ式青花瓷碗底（TN02E03①：8、TN02E03①：7）　7. Ⅰ式釉陶碗底（TN02E03①：4）　8. A型Ⅱ式陶豆盘（TN02E03②：3）　9. 釉陶盏（TN02E03①：3）　10. A型Ⅰ式陶豆盘（TN02E03①：1）　11. 无法归类陶鬲足（TN02E03①：2）　12. 釉陶碗腹（TN02E03①：6）

TN02E03②：2，Bb型Ⅲ式。泥质灰陶。敛口，折平沿，尖圆唇，束颈，溜肩，弧腹下收。沿面和肩部各饰一道凹弦纹。口径42、残高5.5厘米（图六九，1）。

TN02E03②：4，D型Ⅳ式。泥质灰陶。敛口，折弧沿，方唇，束颈，折肩，直弧腹下收。沿面饰一道凹弦纹，肩部有一道凸棱。口径41.6、残高7.5厘米（图六九，2）。

## （三）第1层出土遗物

### 1. 东周器物

（1）陶鬲足

1件。

TN02E03①：2，无法归类。夹砂灰陶。手制。浅足窝，柱状足上粗下细。饰绳纹。残高4.3厘米（图六九，11）。

（2）陶豆盘

1件。

TN02E03①：1，A型Ⅰ式。泥质灰陶。轮制，慢轮修整。盘径较小，浅盘，盘壁弧形接柄。素面。盘径12、残高2.8厘米（图六九，10）。

### 2. 宋代器物

（1）釉陶盏

1件。

TN02E03①：3，深褐色胎。酱褐色釉，外釉不及底，釉层光泽性一般，胎釉结合一般，釉有脱落现象。轮制。口略直，圆唇，斜弧腹下收，底残。素面。口径7.2、残高1.9厘米（图六九，9）。

（2）釉陶碗

2件。轮制。

TN02E03①：4，碗底残片，Ⅰ式。深褐色胎。酱褐色釉，外釉不及底，釉层光泽性一般，胎釉结合一般，釉有脱落现象。底部可见轮制的旋痕。斜弧腹下收，浅圈足底。素面。底径7.6、残高1.4厘米（图六九，7）。

TN02E03①：6，碗腹残片。深褐色胎。黄褐色釉，釉层光泽性一般，胎釉结合一般，釉有脱落现象。斜弧腹下收。饰葵花图案。长4、宽4.2厘米（图六九，12）。

### 3. 明清器物

（1）青花瓷

4件。灰白色胎。乳白色釉，釉层光泽性一般。轮制，釉下可见轮制的旋痕。

TN02E03①：5，残片。斜弧壁下收。外饰青花描绘图案。长3.4、宽2.7厘米（图六九，4）。

TN02E03①：7，碗底残片，Ⅴ式。斜弧壁下收，圈足底。内外用青花描绘弦纹。底径5.2、残高3.1厘米（图六九，13）。

TN02E03①：8，碗底残片，Ⅴ式。斜弧壁下收。圈足底。内用青花描绘两道弦纹和图案，外饰青花描绘图案。底径6、残高2.5厘米（图六九，6）。

TN02E03①：9，器盖残片。直壁，盖面平。沿唇无釉。盖壁与盖面均用青花描绘山水图案。底径9.8、高2.4厘米（图六九，5）。

（2）乾隆通宝

1枚。

TN02E03①：10，方孔圆钱，外穿内廓，钱文“乾隆通宝”。穿径2.48、廓宽0.65、厚0.08厘米。

## 四、TN02E04

第1层：耕土层。厚15～25厘米。褐色土，土质疏松。分布于全方。出土有青瓷碗、釉陶罐、青花瓷碗等遗物。

第2层：深15～40厘米，厚5～25厘米。黄褐色土。质软，较疏松。分布于全方。出土有盂、豆盘、豆柄、瓮、盆等陶器。该层下出现的遗迹有：H14～H16、H33、H34、J6、J13。

第3层：深25～108厘米，厚0～75厘米。灰褐色土，泛灰，夹有大量锈斑，土质较疏松。分布于本探方除西南部外的大部分地方。出土有鬲、鬲足、盂、豆盘、豆柄、瓮、盆等陶器。该层下出现的遗迹有：H48、H58、H59、J10、J14、J20。

第4层：褐色生土层。深25～108厘米（图七〇；表四）。

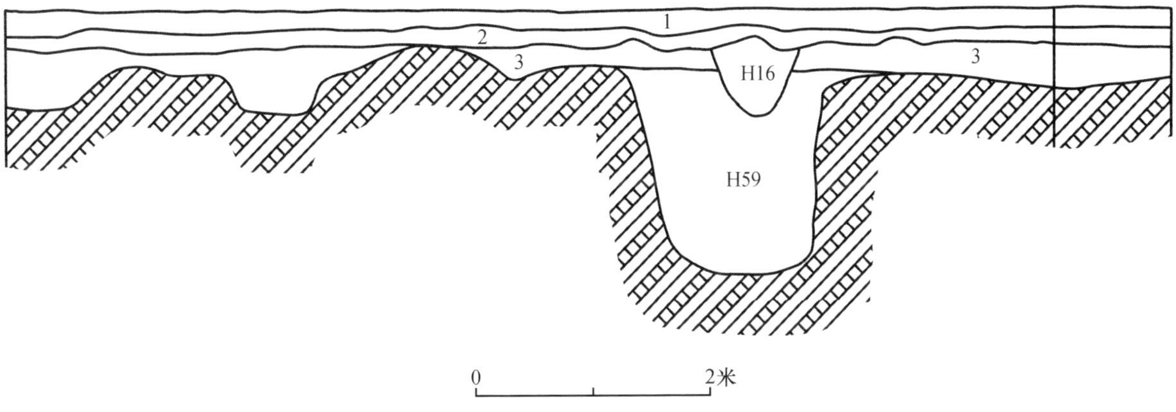


图七〇　TN02E04北壁剖面图

**表四　TN02E04地层出土陶瓷器器类型式一览表**

| 编号 | 器类形制 |
| --- | --- |
| 第3层 | 陶鬲AbⅢ1、BaⅠ1；陶鬲足AcⅠ1、BaⅠ1、无法归类1；陶盂AⅡ1、BⅣ1、CaⅢ1、CbⅡ1；陶豆盘AⅡ1、BⅢ1、CⅡ1；陶豆柄Ⅰ1、Ⅶ1；陶瓮CⅣ1；陶盆AbⅡ1、BbⅡ1、CbⅡ1、CbⅢ1 |
| 第2层 | 陶盂BⅡ1；陶豆盘AⅠ1、BⅢ1；陶豆柄Ⅰ1；陶瓮AaⅢ1；陶盆BaⅢ1 |
| 第1层 | 青瓷碗口1；釉陶罐口1；青花瓷碗口1；青花瓷碗底1 |

## （一）第3层出土遗物

### 1. 陶鬲

2件。轮制。

TN02E04③：13，Ab型Ⅲ式。夹砂灰陶。敛口，折沿，沿面向外，尖圆唇，短束颈，溜圆肩，圆弧腹下收。沿面饰一道凹弦纹，颈饰抹平绳纹，上腹饰竖向绳纹和间断绳纹。口径16、残高5.2厘米（图七一，1）。

TN02E04③：5，Ba型Ⅰ式。夹砂灰陶。敛口，折平沿，尖圆唇，短束颈，溜肩，弧腹下收。沿面饰五道凹弦纹，上腹饰竖向绳纹。口径32、残高4.5厘米（图七一，2）。

### 2. 陶鬲足

3件。手制。

TN02E04③：7，Ac型Ⅰ式。夹砂灰黄陶。深足窝，矮柱状足上粗下细。饰绳纹。残高6厘米（图七一，14）。

TN02E04③：6，Ba型Ⅰ式。夹砂灰黄陶。浅足窝，柱状足上粗下细。饰绳纹。残高7厘米（图七一，13）。

TN02E04③：16，无法归类。夹砂褐黄陶。柱状足上粗下细。饰绳纹。残高3.5厘米。

### 3. 陶盂

4件。轮制。

TN02E04③：14，A型Ⅱ式。泥质灰陶。敛口，折沿，沿面向内，圆唇，短束颈，溜肩，弧腹下收。素面。口径19.6、残高4.1厘米（图七一，3）。

TN02E04③：18，B型Ⅳ式。泥质黄陶。口略敞，折平沿，圆唇，短束颈，溜肩，弧腹下收。素面。口径32、残高4.8厘米（图七一，4）。

TN02E04③：4，Ca型Ⅲ式。泥质灰黄陶。口略敞，折沿，沿面向外，圆唇，短束颈，溜肩，圆弧腹下收。沿面和肩部各饰一道凹弦纹。口径35、残高6厘米（图七一，12）。

TN02E04③：15，Cb型Ⅱ式。泥质灰黄陶。敞口，折沿，沿面向外，圆唇，短束颈，溜圆肩，上腹圆弧，下腹弧收，底残。素面。口径28.2、高12.8厘米（图七一，6；图版七，1）。

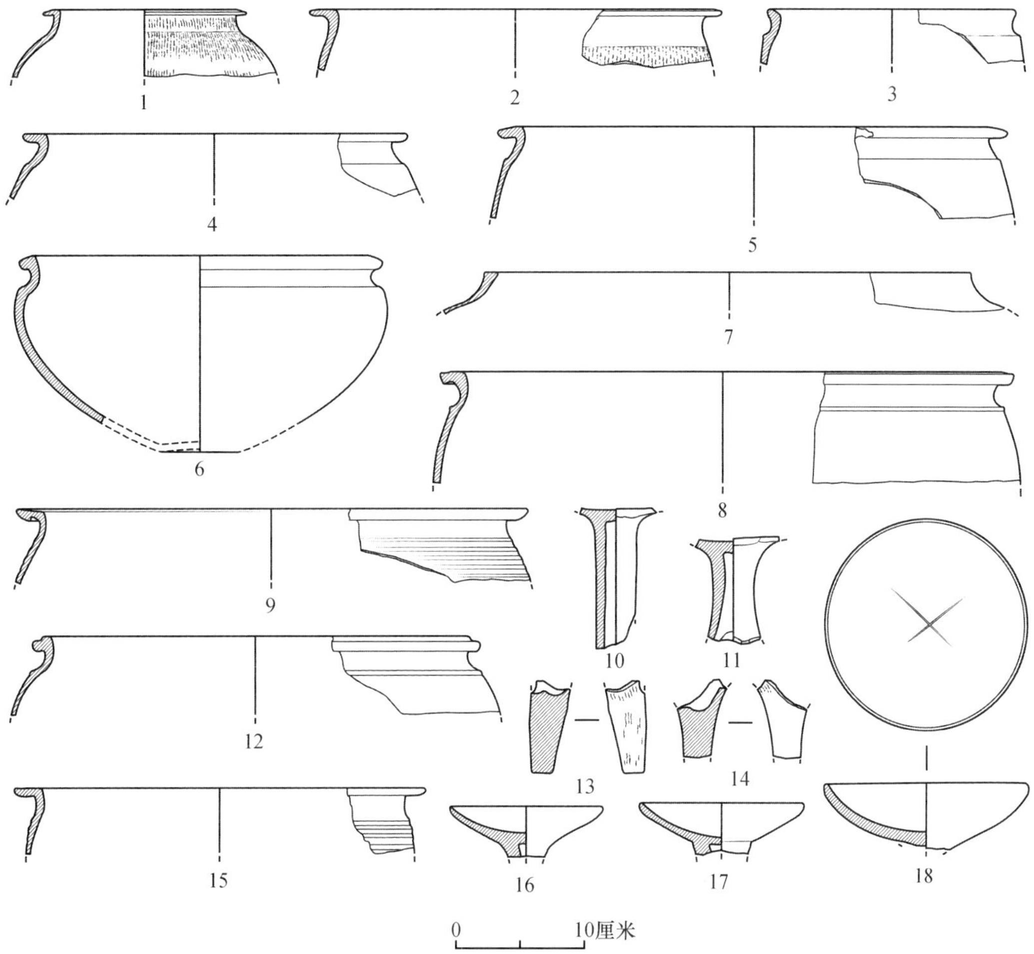


图七一 TN02E04③出土陶器

1. Ab型Ⅲ式鬲（TN02E04③：13） 2. Ba型Ⅰ式鬲（TN02E04③：5） 3. A型Ⅱ式盂（TN02E04③：14） 4. B型Ⅳ式盂（TN02E04③：18） 5. Cb型Ⅲ式盆（TN02E04③：3） 6. Cb型Ⅱ式盂（TN02E04③：15） 7. C型Ⅳ式瓮（TN02E04③：19） 8. Cb型Ⅱ式盆（TN02E04③：1） 9. Ab型Ⅱ式盆（TN02E04③：2） 10. Ⅰ式豆柄（TN02E04③：12） 11. Ⅶ式豆柄（TN02E04③：11） 12. Ca型Ⅲ式盂（TN02E04③：4） 13. Ba型Ⅰ式鬲足（TN02E04③：6） 14. Ac型Ⅰ式鬲足（TN02E04③：7） 15. Bb型Ⅱ式盆（TN02E04③：17） 16. C型Ⅱ式豆盘（TN02E04③：9） 17. A型Ⅱ式豆盘（TN02E04③：10） 18. B型Ⅲ式豆盘（TN02E04③：8）

**4. 陶豆盘**

3件。轮制，慢轮修整。

TN02E04③：10，A型Ⅱ式。泥质黑衣褐黄陶。盘径稍小，盘稍浅，盘壁弧形接柄，细柄。素面。盘径12.8、盘深2.7、残高4厘米（图七一，17）。

TN02E04③：8，B型Ⅲ式。泥质黑衣褐黄陶。盘径稍大，深盘，盘壁弧形接柄，柄稍粗。盘内有交叉刻划“十”字纹。盘径16.2、盘深3.7、残高5.1厘米（图七一，18）。

TN02E04③：9，C型Ⅱ式。泥质灰黄陶。盘径稍小，浅盘，盘壁弧形接柄，细柄。素面。盘径12、盘深2、残高3.8厘米（图七一，16）。

**5. 陶豆柄**

2件。手制。

TN02E04③：12，Ⅰ式。泥质灰黄陶。盘壁弧形接柄，柄稍高、呈圆柱形、中空。素面。柄径3.1、残高10.2厘米（图七一，10）。

TN02E04③：11，Ⅶ式。泥质灰黄陶。盘壁弧形接柄，矮柄、呈圆柱形、中空，喇叭形豆座、座残。素面。柄径3.2、残高7.6厘米（图七一，11）。

**6. 陶瓮**

1件。

TN02E04③：19，C型Ⅳ式。泥质灰陶。轮制。敛口，平沿，尖圆唇，溜肩，弧腹下收。素面。口径38、残高3.2厘米（图七一，7）。

**7. 陶盆**

4件。轮制。

TN02E04③：2，Ab型Ⅱ式。夹砂灰陶。口略敞，折沿外卷，沿面略向内，圆唇，束颈，溜肩，弧腹下收。肩饰四道凹弦纹。口径40、残高5.5厘米（图七一，9）。

TN02E04③：17，Bb型Ⅱ式。泥质灰黄陶。口略敞，折平沿，圆唇，短束颈，溜肩，弧腹下收。肩饰两道凹弦纹。口径32、残高5厘米（图七一，15）。

TN02E04③：1，Cb型Ⅱ式。夹砂灰陶。口略敞，折平沿，圆唇，束颈，溜肩，弧腹下收。肩饰一道凸棱。口径44、残高8.4厘米（图七一，8）。

TN02E04③：3，Cb型Ⅲ式。泥质灰陶。口略敞，折沿，沿面向外，圆唇，束颈，溜肩，弧腹下收。素面。口径40、残高7厘米（图七一，5）。

## （二）第2层出土遗物

**1. 陶盂**

1件。

TN02E04②：1，B型Ⅱ式。泥质灰黄陶。轮制。口略敞，折平沿，尖圆唇，短束颈，溜肩。肩饰一道凹弦纹。口径22、残高3.4厘米（图七二，8）。

**2. 陶豆盘**

2件。轮制，慢轮修整。

TN02E04②：2，A型Ⅰ式。泥质灰黄陶。盘径稍小，浅盘，盘壁弧形接柄。素面。盘径12、残高2.6厘米（图七二，4）。

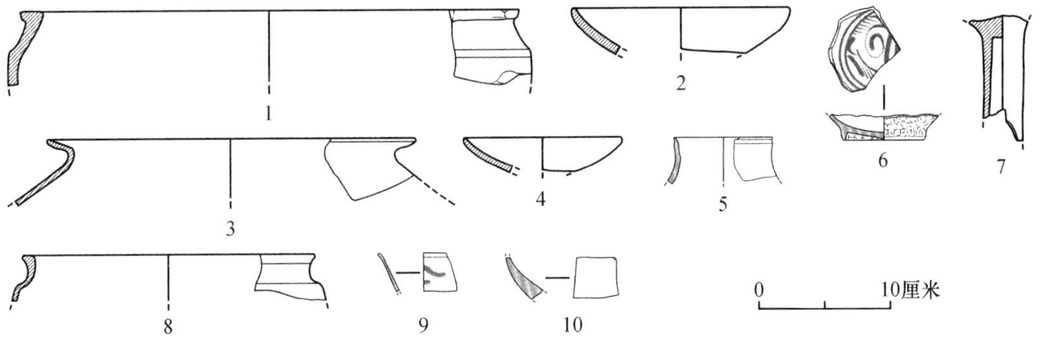


图七二　TN02E04②、①出土遗物

1. Ba型Ⅲ式陶盆（TN02E04②：4）　2. B型Ⅲ式陶豆盘（TN02E04②：5）　3. Aa型Ⅲ式陶瓮（TN02E04②：6）
4. A型Ⅰ式陶豆盘（TN02E04②：2）　5. 釉陶罐（TN02E04①：3）　6. Ⅳ式青花瓷碗底（TN02E04①：1）
7. Ⅰ式陶豆柄（TN02E04②：3）　8. B型Ⅱ式陶盂（TN02E04②：1）　9、10. 青花瓷碗（TN02E04①：2、TN02E04①：4）

TN02E04②：5，B型Ⅲ式。泥质褐黄陶。盘径较大，深盘，盘壁弧形接柄。素面。盘径16.4、残高3.4厘米（图七二，2）。

**3. 陶豆柄**

1件。

TN02E04②：3，Ⅰ式。泥质灰陶。手制。细柄，呈圆柱形，中空。素面。柄径3、残高8.6厘米（图七二，7）。

**4. 陶瓮**

1件。

TN02E04②：6，Aa型Ⅲ式。泥质灰陶。手制。敛口，仰折沿，沿面向内，短束颈，斜肩。素面。口径27.6、残高5.6厘米（图七二，3）。

**5. 陶盆**

1件。

TN02E04②：4，Ba型Ⅲ式。泥质灰陶。手制。敛口，折平沿，短束颈，折肩，弧腹下收。肩部饰一道凸棱。口径37.6、残高5.6厘米（图七二，1）。

## （三）第1层出土遗物

**1. 宋代器物**

（1）青瓷碗

1件。

TN02E04①：4，碗口残片。灰白色胎。淡绿色釉，釉层光泽性一般。轮制，釉下可见轮制的旋痕。斜壁下收。素面。残高3 厘米（图七二，10）。

（2）釉陶罐

1件。

TN02E04①：3，罐口残片。褐红色胎。釉已脱落。轮制，可见轮制的旋痕。敞口，尖圆唇，束颈。沿外饰一道凹弦纹。口径7.4、残高3.2厘米（图七二，5）。

**2. 明清器物**

明清器物仅有青花瓷碗。

2件。灰白色胎。乳白色釉，釉层光泽性一般。轮制，釉下可见轮制的旋痕。

TN02E04①：1，碗底，Ⅳ式。斜壁下收，圈足底。外壁描绘青花几何曲线纹图案。底径10、残高2.4厘米（图七二，6）。

TN02E04①：2，碗口。敞口，圆唇，斜壁下收。外壁描绘青花几何纹图案。残高3.8厘米（图七二，9）。

## 五、TN03E01

第1层：耕土层。厚15～20厘米。褐色土，土质疏松。分布于全方。出土有陶鬲足、陶豆柄、釉陶碗底、釉陶钵口沿、釉陶器底、青花瓷碗底等遗物。

第2层：深15～33厘米，厚10～15厘米。黄褐色土，质软，较疏松。分布于全方。出土有豆盘、豆柄、盆等陶器。该层下出现的遗迹有：H4～H6、H12、H28、G2、G4。

第3层：深30～70厘米，厚0～48厘米。灰褐色土，泛灰，夹有大量锈斑，土质较疏松。分布于全方。出土有鬲足、豆盘、豆柄、盖豆柄、盆、印纹硬陶罐等陶器。该层下出现的遗迹有：H49～H51、H53、J16、J23～J25、J31、G7。

第4层：褐色生土层。深35～85厘米（图七三；表五）。

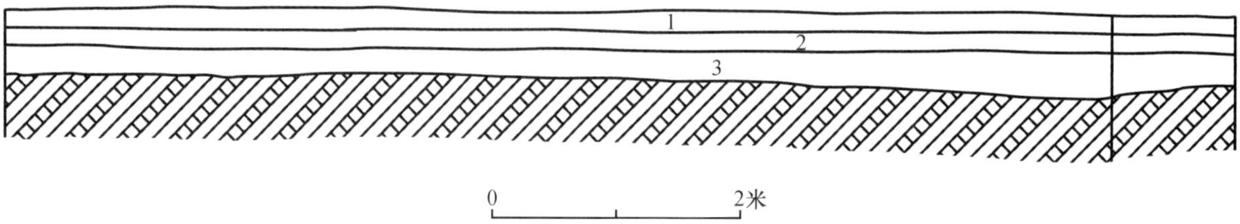


图七三　TN03E01北壁剖面图

**表五　TN03E01地层出土陶瓷器器类型式一览表**

| 编号 | 器类形制 |
|---|---|
| 第3层 | 陶鬲足BaⅠ1；陶豆盘AⅠ1、AⅡ1；陶豆柄Ⅰ1、Ⅶ1；陶盖豆柄1；陶盆BaⅣ1、CaⅣ1、无法归类1；印纹硬陶罐1 |
| 第2层 | 陶豆盘AⅡ2；陶豆柄Ⅰ1；陶盆CaⅠ1、无法归类1 |
| 第1层 | 陶鬲足AcⅢ1；陶豆柄Ⅶ1；釉陶碗底Ⅰ2；釉陶钵口沿1；釉陶罐底1；青花瓷碗底1 |

## （一）第3层出土遗物

### 1. 陶鬲足

1件。

TN03E01③：5，Ba型Ⅰ式。夹砂灰陶。手制。浅足窝，截锥状足上粗下细。饰绳纹。残高7.2厘米（图七四，3）。

### 2. 陶豆盘

2件。豆盘轮制，慢轮修整；柄手制，柄内壁可见手制痕迹。

TN03E01③：1，A型Ⅰ式。泥质褐黄陶。盘径稍大，浅盘。素面。盘径16、盘深2.4、残高2.8厘米（图七四，5）。

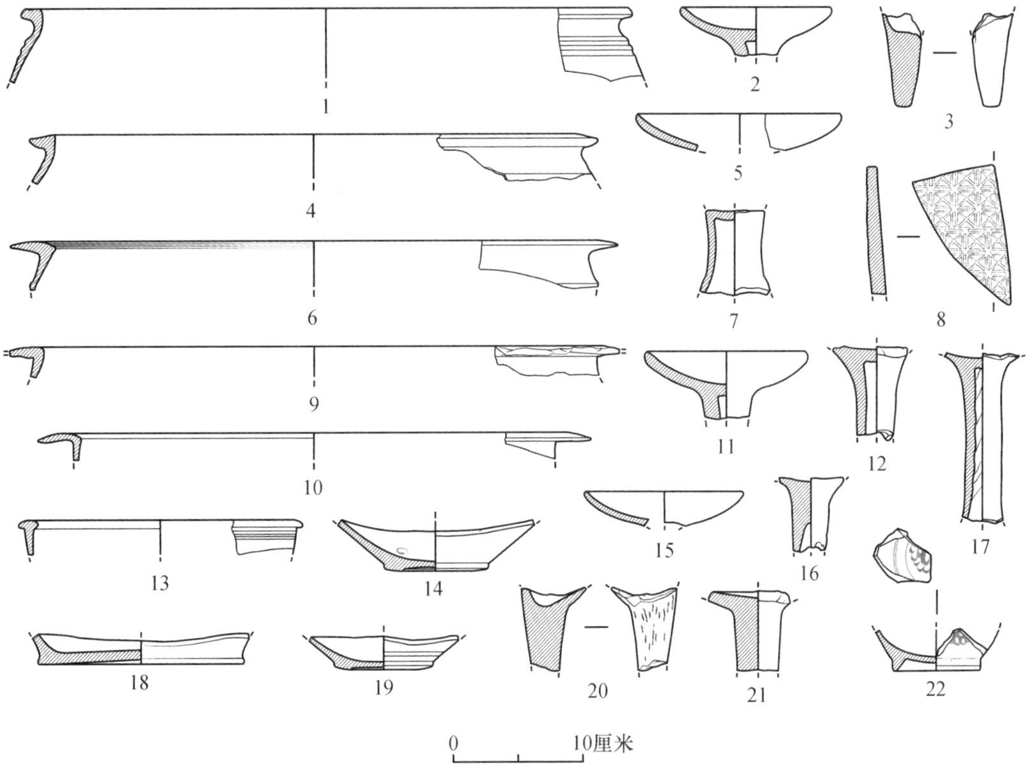


图七四 TN03E01出土遗物

1. Ba型Ⅳ式陶盆（TN03E01③：4） 2、11、15. A型Ⅱ式陶豆盘（TN03E01③：10、TN03E01②：2、TN03E01②：3） 3. Ba型Ⅰ式陶鬲足（TN03E01③：5） 4. Ca型Ⅳ式陶盆（TN03E01③：2） 5. A型Ⅰ式陶豆盘（TN03E01③：1） 6、10. 陶盆（TN03E01③：3、TN03E01②：5） 7. 陶盖豆柄（TN03E01③：6） 8. 印纹硬陶罐（TN03E01③：9） 9. Ca型Ⅰ式陶盆（TN03E01②：4） 12、16. Ⅶ式陶豆柄（TN03E01③：8、TN03E01①：2） 13. Ⅰ式釉陶钵（TN03E01①：6） 14、19. Ⅰ式釉陶碗（TN03E01①：4、TN03E01①：5） 17、21. Ⅰ式陶豆柄（TN03E01②：1、TN03E01③：7） 18. Ⅱ式釉陶罐（TN03E01①：3） 20. Ac型Ⅲ式陶鬲足（TN03E01①：1） 22. Ⅴ式青花瓷碗（TN03E01①：7）

TN03E01③：10，A型Ⅱ式。泥质褐红陶。盘径稍小，浅盘，细柄呈圆柱形、中空。素面。盘径12、盘深1.7、残高3.7厘米（图七四，2）。

**3. 陶豆柄**

2件。手制，柄内壁可见手制痕迹。

TN03E01③：7，Ⅰ式。泥质褐红陶。残豆柄，盘壁弧形接柄，细实柄、呈圆柱形。素面。柄径3.2、残高5.2厘米（图七四，21）。

TN03E01③：8，Ⅶ式。泥质褐红陶。残豆柄，盘壁弧形接柄，细柄稍粗、呈圆柱形，中空。素面。柄径3.2、残高6.4厘米（图七四，12）。

**4. 陶盖豆**

1件。

TN03E01③：6，豆柄。泥质灰陶。轮制。柄粗短，中空；座呈喇叭状，座残。素面。柄径3.2、残高5.2厘米（图七四，7）。

**5. 陶盆**

3件。轮制。

TN03E01③：4，Ba型Ⅳ式。泥质灰黄陶。敛口，折平沿，方唇，束颈，斜肩。沿面饰一道、肩饰两道凹弦纹。口径47.4、残高5.5厘米（图七四，1）。

TN03E01③：2，Ca型Ⅳ式。泥质灰黄陶。直口，折沿，沿面向外，尖圆唇，短束颈，溜肩。沿面饰一道凹弦纹。口径40、残高3.5厘米（图七四，4）。

TN03E01③：3，无法归类。泥质灰陶。敛口，折沿，沿面凸起，尖圆唇，束颈，折肩。沿面饰七道凹弦纹。口径47、残高3.4厘米（图七四，6）。

**6. 印纹硬陶罐**

1件。

TN03E01③：9，罐腹部残片。灰褐色硬陶。轮制。腹饰几何方格纹。残长5.2厘米（图七四，8）。

## （二）第2层出土遗物

**1. 陶豆盘**

2件。豆盘轮制，慢轮修整；柄手制，柄内壁可见手制痕迹。

TN03E01②：3，A型Ⅱ式。泥质褐黄陶。盘径较小，浅盘，盘壁弧形接柄。素面。盘径12.4、残高2.6厘米（图七四，15）。

TN03E01②：2，A型Ⅱ式。泥质灰黄陶。盘径较小，浅盘，盘壁弧形接柄，细柄呈圆柱形、中空。素面。盘径12.6、盘深2.5、残高5.2厘米（图七四，11）。

**2. 陶豆柄**

1件。

TN03E01②：1，Ⅰ式。泥质灰黄陶。手制，柄内壁可见手制痕迹。细高柄，呈圆柱形，中空；喇叭形豆座，座残。素面。柄径2.8、残高12.4 厘米（图七四，17）。

**3. 陶盆**

2件。轮制。

TN03E01②：4，Ca型Ⅰ式。泥质灰陶。敛口，折沿，沿面略向外，圆唇，束颈。沿面饰三道凹弦纹。口径46.6、残高2.2厘米（图七四，9）。

TN03E01②：5，无法归类。泥质灰陶。口略敛，折弧沿，尖圆唇，束颈。沿面饰凹弦纹。口径42.8、残高2厘米（图七四，10）。

## （三）第1层出土遗物

**1. 东周器物**

（1）陶鬲足

1件。

TN03E01①：1，Ac型Ⅲ式。夹砂褐黄陶。手制。浅足窝，截锥状足上粗下细。饰绳纹。残高6.4厘米（图七四，20）。

（2）陶豆柄

1件。

TN03E01①：2，Ⅶ式。泥质灰陶。豆盘慢轮修整；柄手制，柄内、外壁可见手制痕迹。盘壁弧形接柄，细柄呈圆柱形、中空。素面。柄径3、残高5厘米（图七四，16）。

**2. 宋代器物**

宋代器物仅有釉陶碗。

2件。轮制，器表无釉处可见轮制的旋痕。浅圈足底。素面。

TN03E01①：4，Ⅰ式。灰黄色硬陶胎。内施酱黄色釉，釉层光泽性好，器外无釉，内壁有支烧痕。斜壁下收。底径8、残高3.5厘米（图七四，14）。

TN03E01①：5，Ⅰ式。青灰色硬陶胎。内、外施浅黄色釉，釉层光泽性好，外釉不及底。斜壁下收。底径7.6、残高2.2厘米（图七四，19）。

**3. 明清器物**

（1）釉陶钵

1件。

TN03E01①：6，Ⅰ式。青灰色胎。内、外施淡黄色釉，釉层光泽性好。轮制。敛口，折沿，斜壁下收。素面。口径22、残高2.5厘米（图七四，13）。

（2）釉陶罐

1件。

TN03E01①：3，Ⅱ式。灰黄色硬陶胎。内施青灰色釉，釉层光泽性好，器外无釉。轮制。斜壁下收，平底略内凹。底径16、残高2.4厘米（图七四，18）。

（3）青花瓷碗

1件。

TN03E01①：7，碗底，Ⅴ式。灰白色胎。内、外施淡白色釉，釉层光泽性好。轮制。斜壁下收，圈足底。内外描绘青色芙蓉花图案。底径7、残高2.9厘米（图七四，22）。

## 六、TN03E02

第1层：耕土层。厚15～20厘米。褐色土，土质疏松。分布于全方。出土有釉陶碗口、釉陶碗底、釉陶罐底、青花瓷器盖、青花瓷碗底等遗物。

第2层：深15～35厘米，厚8～28厘米。黄褐色土，质软，较疏松。分布于全方。出土有鬲足、豆盘、豆柄等陶器。该层下出现的遗迹有：H24、H28、H29、H31、J7、J8、J11、J12。

第2B层：深27～83厘米，厚0～30厘米。灰白色土，质地细腻，较纯，粉末状，呈沙性。分布于探方东部。出土有陶豆柄。该层下出现的遗迹有：H22。

第3层：深30～95厘米，厚0～65厘米。灰褐色土，泛灰，夹有大量锈斑，土质较疏松。分布于探方西、北部。出土有鬲、鬲足、盂、豆盘、豆座、盖豆座、瓮、盆等陶器。该层下出现的遗迹有：H51、H55、J17、J26、J27、J30、J31。其中H28打破H51，H29打破J17。

第4层：褐色生土层。深50～95厘米（图七五；表六）。

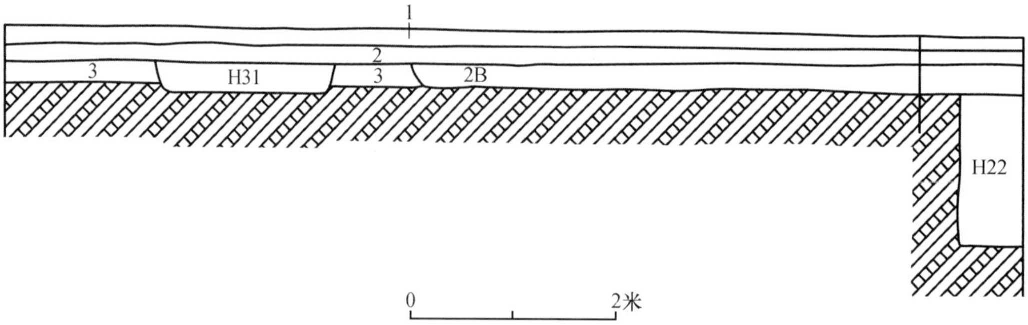


图七五　TN03E02北壁剖面图

**表六　TN03E02地层出土陶瓷器器类型式一览表**

| 编号 | 器类形制 |
| --- | --- |
| 第3层 | 陶鬲AcⅡ1、BcⅢ1；陶鬲足AcⅡ1；陶盂AⅡ1、CaⅢ1；陶豆盘AⅠ1、AⅡ1；陶豆座AaⅣ1；陶盖豆座1；陶瓮CⅣ1、无法归类1；陶盆BaⅠ1、BaⅡ1、CbⅢ1 |
| 第2B层 | 陶豆柄Ⅶ1 |
| 第2层 | 陶鬲足AcⅠ1、BaⅡ1；陶豆盘AⅡ1、CⅡ1；陶豆柄Ⅰ1 |
| 第1层 | 釉陶碗口1；釉陶碗底1；釉陶罐底Ⅲ1；青花瓷器盖1；青花瓷碗底Ⅰ1 |

## （一）第3层出土遗物

### 1. 陶鬲

2件。轮制。

TN03E02③：9，Ac型Ⅱ式。夹砂灰黄陶。敞口，折沿，沿面向内，细圆唇，束颈，溜肩。素面。口径36、残高5.7厘米（图七六，1）。

TN03E02③：2，Bc型Ⅲ式。夹砂灰黄陶。口略敞，折沿，沿面略向外，圆唇，束颈，溜肩，弧腹下收。肩饰竖向绳纹。口径40、残高4.3厘米（图七六，4）。

### 2. 陶鬲足

1件。

TN03E02③：6，Ac型Ⅱ式。夹砂灰陶。手制。浅足窝，柱状足稍高，上粗下细。通体饰绳纹。残高10.2厘米（图七六，14）。

### 3. 陶盂

2件。轮制。

TN03E02③：5，A型Ⅱ式。泥质黑皮灰黄陶。口略敞，折沿，沿面向内，圆唇，短束颈，折肩，弧腹下收。肩饰一道凹弦纹。口径24、残高3.8厘米（图七六，6）。

TN03E02③：3，Ca型Ⅲ式。泥质褐黄陶。口略敞，折沿，沿面略向外，圆唇，束颈，溜肩，弧腹下收。肩饰一道凹弦纹。口径36、残高6厘米（图七六，3）。

### 4. 陶豆盘

2件。豆盘轮制，慢轮修整；柄手制，柄内壁可见手制痕迹。

TN03E02③：13，A型Ⅰ式。泥质褐红陶。盘径较小，浅盘，盘壁弧形接柄。素面。盘径12、残高2.6厘米（图七六，11）。

TN03E02③：8，A型Ⅱ式。泥质黑皮褐红陶。盘径较小，浅盘稍深，盘壁弧形接柄，细柄。素面。盘径12.2、盘深1.9、残高4.3厘米（图七六，24）。

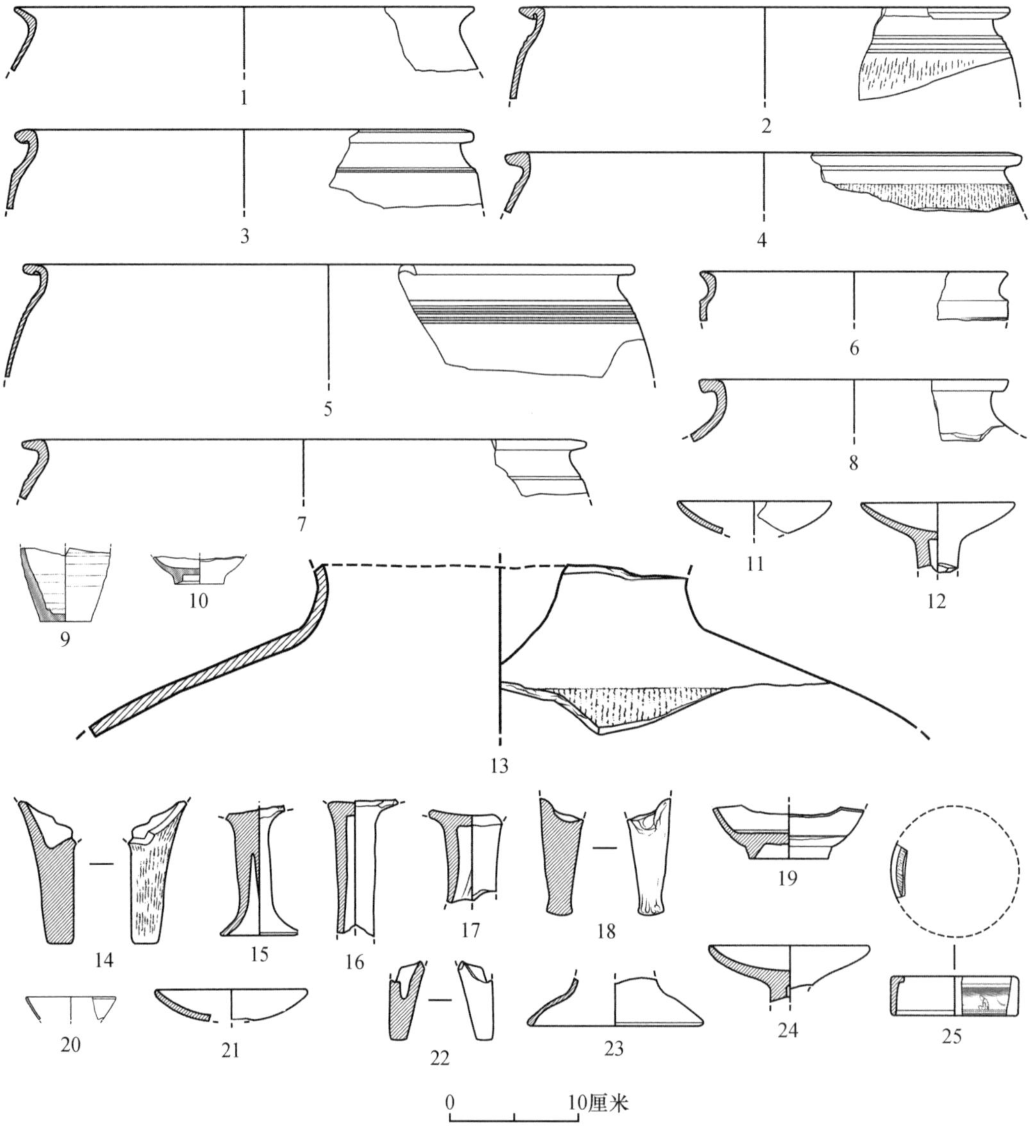


图七六　TN03E02出土遗物

1. Ac型Ⅱ式陶鬲（TN03E02③：9）　2. Ba型Ⅱ式陶盆（TN03E02③：11）　3. Ca型Ⅲ式陶盂（TN03E02③：3）　4. Bc型Ⅲ式陶鬲（TN03E02③：2）　5. Ba型Ⅰ式陶盆（TN03E02③：1）　6. A型Ⅱ式陶盂（TN03E02③：5）　7. Cb型Ⅲ式陶盆（TN03E02③：4）　8. C型Ⅳ式陶瓮（TN03E02③：10）　9. Ⅲ式釉陶罐底（TN03E02①：3）　10. Ⅰ式青花瓷碗底（TN03E02①：2）　11. A型Ⅰ式陶豆盘（TN03E02③：13）　12. C型Ⅱ式陶豆盘（TN03E02②：2）　13. 无法归类陶瓮（TN03E02③：14）　14. Ac型Ⅱ式陶鬲足（TN03E02③：6）　15. Aa型Ⅳ式陶豆座（TN03E02③：7）　16. Ⅰ式陶豆柄（TN03E02②：1）　17. Ⅶ式陶豆柄（TN03E02②B：1）　18. Ba型Ⅱ式陶鬲足（TN03E02②：5）　19、20. 釉陶碗（TN03E02①：1、TN03E02①：4）　21、24. A型Ⅱ式陶豆盘（TN03E02②：3、TN03E02③：8）　22. Ac型Ⅰ式陶鬲足（TN03E02②：4）　23. 陶盖豆座（TN03E02③：12）　25. 青花瓷器盖（TN03E02①：5）

**5. 陶豆座**

1件。

TN03E02③：7，Aa型Ⅳ式。泥质黑皮褐黄陶。豆座轮制，慢轮修整；柄手制，柄内壁可见手制痕迹。盘壁弧形接柄，细柄，喇叭形豆座，座面不隆起。素面。座径6.4、残高9.4厘米（图七六，15）。

**6. 陶盖豆**

1件。

TN03E02③：12，豆座。泥质灰黄陶。豆座慢轮修整。粗柄，喇叭形豆座，座面隆起。素面。座径13.6、残高3.7厘米（图七六，23）。

**7. 陶瓮**

2件。轮制。

TN03E02③：10，C型Ⅳ式。泥质黑皮灰黄陶。口略敞，折平沿，方唇，短束颈，溜肩，腹和底残缺。素面。口径24、残高4.2厘米（图七六，8）。

TN03E02③：14，无法归类。泥质灰陶。敞口，折沿，短束颈，溜肩，弧腹下收。肩饰绳纹。残高7.8厘米（图七六，13）。

**8. 陶盆**

3件。轮制。

TN03E02③：1，Ba型Ⅰ式。泥质灰陶。口略敛，折沿略外卷，沿面略向内，圆唇，束颈，溜肩，弧腹下收。沿面饰三道、肩饰四道凹弦纹。口径48、残高8.5厘米（图七六，5）。

TN03E02③：11，Ba型Ⅱ式。泥质灰黄陶。口略敛，折沿外翻卷，圆唇，短束颈，溜肩，弧腹下收。肩饰两道凹弦纹，腹饰绳纹。口径38、残高7厘米（图七六，2）。

TN03E02③：4，Cb型Ⅲ式。泥质灰黄陶。口略敛，折沿，沿面向外，尖圆唇，束颈，溜肩，弧腹下收。肩饰一道凹弦纹。口径44、残高4.4厘米（图七六，7）。

## （二）第2B层出土遗物

第2B层出土遗物仅有陶豆柄1件。

TN03E02②B：1，Ⅶ式。泥质灰陶。手制，柄内壁可见手制痕迹。盘壁弧形接柄，矮柄稍粗、呈圆柱形、中空。素面。柄径3.8、残高6.4厘米（图七六，17）。

## （三）第2层出土遗物

**1. 陶鬲足**

2件。手制。

TN03E02②：4，Ac型Ⅰ式。夹砂灰陶。浅足窝，柱状足上粗下细。素面。残高6厘米（图七六，22）。

TN03E02②：5，Ba型Ⅱ式。夹砂灰黄陶。浅足窝，蹄状足。素面。残高8.8厘米（图七六，18）。

**2. 陶豆盘**

2件。豆盘轮制，慢轮修整；柄手制，柄内壁可见手制痕迹。

TN03E02②：3，A型Ⅱ式。泥质灰黄陶。盘径稍小，浅盘，盘壁弧形接柄。素面。盘径12、盘深2、残高2.5厘米（图七六，21）。

TN03E02②：2，C型Ⅱ式。泥质灰黄陶。盘径稍小，浅盘，盘壁弧形接柄，细柄呈圆柱形、中空。素面。盘径12、盘深2.2、残高5.4厘米（图七六，12）。

**3. 陶豆柄**

1件。

TN03E02②：1，Ⅰ式。泥质灰陶。手制，柄内壁可见手制痕迹。盘壁弧形接柄，细柄稍高、呈圆柱形、中空。素面。柄径3、残高10厘米（图七六，16）。

## （四）第1层出土遗物

**1. 宋代器物**

宋代器物仅有釉陶碗。

2件。灰白色胎。施淡青色釉，釉层光泽性一般，内外釉均不及底。轮制。

TN03E02①：1，斜弧壁下收，圈足底。露胎处可见轮制的旋痕。素面。底径6、残高3.8厘米（图七六，19）。

TN03E02①：4，敞口，圆唇，斜弧壁下收。素面。口径14、残高3.6厘米（图七六，20）。

**2. 明清器物**

（1）釉陶罐

1件。

TN03E02①：3，罐底，Ⅲ式。灰褐色胎。无釉。轮制。斜弧壁下收，平底。下腹饰凹弦纹。底径4、残高5.6厘米（图七六，9）。

（2）青花瓷

2件。灰白色胎。内施乳白色釉，外施深蓝色釉，釉层光泽性好，胎釉结合较好。轮制，露胎处可见轮制的旋痕。

TN03E02①：2，碗底，Ⅰ式。斜弧壁下收，浅圈足底。底径3.9、残高2厘米（图七六，10）。

TN03E02①：5，器盖。沿唇无釉。直壁，盖面平。盖壁与盖面均用青花描绘山水图案。底径10、高3厘米（图七六，25）。

## 七、TN03E03

第1层：耕土层。厚10～23厘米。褐色土，土质疏松。分布于全方。出土有釉陶碗底、青花瓷碗底等遗物。

第2层：深10～20厘米，厚10～25厘米。黄褐色土，质软，较疏松。分布于全方。出土有鬲足、豆盘、豆柄、盆、瓦当等陶器。该层下出现的遗迹有：H21。

第2B层：深30～45厘米，厚0～30厘米。灰白色土，质地细腻，较纯，粉末状，呈沙性。分布于探方西部。出土有豆柄、盆等陶器。该层下出现的遗迹有：H22、H23、H38、J2。

第3层：深35～70厘米，厚0～35厘米。灰褐色土，泛灰，夹有大量锈斑，土质较疏松。分布于探方东部大部分区域。出土有鬲、鬲足、豆盘、豆柄、高领罐、瓮、盆等陶器。该层下出现的遗迹有：H44、J3、J18、J19、J26。

第4层：褐色生土层。深40～75厘米（图七七；表七）。

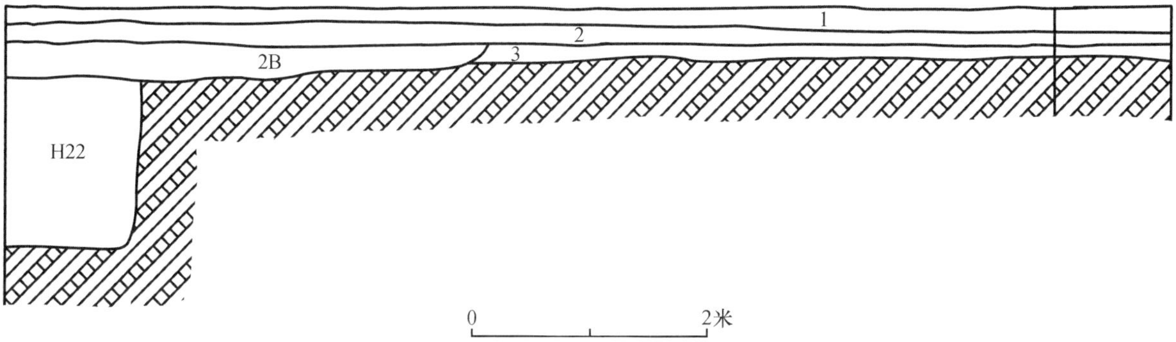


图七七　TN03E03北壁剖面图

**表七　TN03E03地层出土陶瓷器器类型式一览表**

| 编号 | 器类形制 |
| --- | --- |
| 第3层 | 陶鬲BaⅢ1；陶鬲足AcⅠ1；陶豆盘AⅠ2；陶豆柄Ⅶ1；陶高领罐CⅣ1；陶瓮BⅣ1；陶盆无法归类1 |
| 第2B层 | 陶豆柄Ⅰ1；陶盆无法归类1 |
| 第2层 | 陶鬲足无法归类2；陶豆盘AⅠ1；陶豆柄Ⅱ1；陶盆CbⅢ1、无法归类1；陶瓦当1 |
| 第1层 | 釉陶碗底2；青花瓷碗底Ⅳ1 |

### （一）第3层出土遗物

#### 1. 陶鬲

1件。

TN03E03③：8，Ba型Ⅲ式。泥质灰黄陶。轮制。敞口，折沿，沿面略凹，方唇，束颈，溜肩，弧腹壁下收。肩饰纵向绳纹。口径44、残高5.5厘米（图七八，1）。

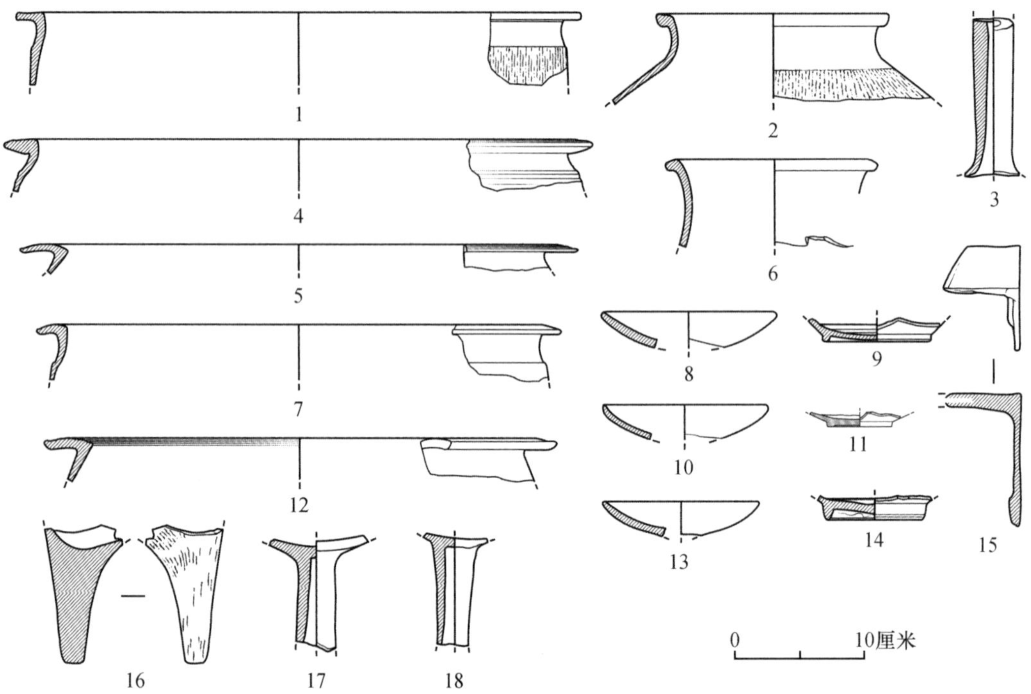


图七八　TN03E03出土遗物

1. Ba型Ⅲ式陶鬲（TN03E03③：8）　2. B型Ⅳ式陶瓮（TN03E03③：1）　3. Ⅰ式陶豆柄（TN03E03②B：2）　4. Cb型Ⅲ式陶盆（TN03E03②：1）　5、7、12. 无法归类陶盆（TN03E03②B：1、TN03E03②：3、TN03E03③：2）　6. C型Ⅳ式陶高领罐（TN03E03③：3）　8、10、13. A型Ⅰ式陶豆盘（TN03E03③：6、TN03E03③：7、TN03E03②：6）　9、11. 釉陶碗（TN03E03①：2、TN03E03①：1）　14. Ⅳ式青花瓷碗（TN03E03①：3）　15. 陶瓦当（TN03E03②：7）　16. Ac型Ⅰ式陶鬲足（TN03E03③：4）　17. Ⅶ式陶豆柄（TN03E03③：5）　18. Ⅱ式陶豆柄（TN03E03②：2）

**2. 陶鬲足**

1件。

TN03E03③：4，Ac型Ⅰ式。夹砂褐红陶。手制。浅足窝，截锥状高足，上粗下细。通体饰绳纹。残高10.4厘米（图七八，16）。

**3. 陶豆盘**

2件。豆盘轮制，慢轮修整；柄手制，柄内壁可见手制痕迹。

TN03E03③：7，A型Ⅰ式。泥质黑衣灰黄陶。盘径稍大，浅盘，盘壁弧形接柄。素面。盘径12.5、残高2.6厘米（图七八，10）。

TN03E03③：6，A型Ⅰ式。泥质黑衣褐黄陶。盘径稍大，浅盘，盘壁弧形接柄。素面。盘径13.6、残高2.8厘米（图七八，8）。

**4. 陶豆柄**

1件。

TN03E03③：5，Ⅶ式。泥质灰陶。手制，柄内壁可见手制痕迹。盘壁弧形接柄，细柄呈圆柱形、中空。柄径3、残高8厘米（图七八，17）。

**5. 陶高领罐**

1件。

TN03E03③：3，C型Ⅳ式。泥质灰陶。轮制。敞口，折沿，沿面向外，圆唇，束颈。素面。口径16、残高6.5厘米（图七八，6）。

**6. 陶瓮**

1件。

TN03E03③：1，B型Ⅳ式。泥质灰黄陶。轮制。口略敞，折沿，沿面向内，方唇，短束颈，溜肩，腹和底残缺。肩饰竖向绳纹。口径18、残高6.5厘米（图七八，2）。

**7. 陶盆**

1件。

TN03E03③：2，无法归类。泥质灰黄陶。轮制。敛口，折沿，沿面略凸起，圆唇，束颈，溜肩，弧腹壁。沿面饰九道凹弦纹。口径40、残高3厘米（图七八，12）。

## （二）第2B层出土遗物

**1. 陶豆柄**

1件。

TN03E03②B：2，Ⅰ式。泥质灰黄陶。手制，柄内壁可见手制痕迹。盘壁弧形接柄，细高柄呈圆柱形、中空，喇叭形豆座，豆座残。素面。柄径3.1、残高11.8厘米（图七八，3）。

**2. 陶盆**

1件。

TN03E03②B：1，无法归类。泥质灰黄陶。轮制。敛口，折弧沿，尖圆唇，短束颈。沿面饰九道凹弦纹。口径43.6、残高2厘米（图七八，5）。

## （三）第2层出土遗物

**1. 陶鬲足**

2件。手制。

TN03E03②：4，无法归类。夹砂褐黄陶。柱状足上粗下细。饰绳纹。残高5厘米。

TN03E03②：5，无法归类。夹砂褐黄陶。柱状足上粗下细。饰绳纹。残高4.7厘米。

**2. 陶豆盘**

1件。

TN03E03②：6，A型Ⅰ式。泥质灰陶。慢轮修整。盘径较小，浅盘。素面。盘径12、残高2.6厘米（图七八，13）。

**3. 陶豆柄**

1件。

TN03E03②：2，Ⅱ式。泥质灰陶。柄手制，柄内壁可见手制痕迹。盘壁弧形接柄，细柄稍高、呈圆柱形、中空。素面。柄径2.7、残高8.1厘米（图七八，18）。

**4. 陶盆**

2件。轮制。

TN03E03②：1，Cb型Ⅲ式。泥质灰黄陶。直口略敞，折沿，尖圆唇，短束颈，溜肩。素面。口径46、残高4厘米（图七八，4）。

TN03E03②：3，无法归类。泥质灰黄陶。口略敛，折沿，沿面向外，尖圆唇，短束颈，溜肩。沿面饰四道凹弦纹。口径40.8、残高4.2厘米（图七八，7）。

**5. 陶瓦当**

1件。

TN03E03②：7，泥质灰陶。手制，有明显的手制痕迹。当呈圆形，制作比较粗糙，内外均不平。当部素面；瓦面饰绳纹，靠近当的瓦面绳纹被磨掉。残长6厘米（图七八，15）。

## （四）第1层出土遗物

第1层出土遗物仅有明代器物。

（1）釉陶碗

2件，碗底残片。灰黄色胎。内施淡黄色釉，外施深褐色釉，釉层光泽性一般，外底无釉。轮制，外底可见轮制的旋痕。浅圈足底。素面。

TN03E03①：1，斜弧壁下收。底径5、残高1厘米（图七八，11）。

TN03E03①：2，斜弧壁下收。底径8.4、残高1.6厘米（图七八，9）。

（2）青花瓷碗

1件。

TN03E03①：3，青花瓷碗底，Ⅳ式。灰白色胎。内、外施青白色釉。轮制，内、外底可见轮制的旋痕。斜弧壁下收，圈足底。描绘青花图案。底径7.6、残高1.5厘米（图七八，14）。

# 八、TN03E04

第1层：耕土层。厚15～20厘米。褐色土，土质疏松。分布于全方。出土有釉陶碗底、青花瓷碗底残片等遗物。

第2层：深15～45厘米，厚8～28厘米。黄褐色土，质软，较疏松。分布于全方。出土有鬲足、豆盘、豆柄等陶器。该层下出现的遗迹有：H8～H10、H13、H16、H20。

第3层：深30～80厘米，厚15～60厘米。灰褐色土，泛灰，夹有大量锈斑，土质较疏松。分布于探方北部。出土有鬲、豆盘、豆柄、高领罐、瓮、盆、瓦当、印纹硬陶罐等陶器。该层下出现的遗迹有：G5。

第4层：褐色生土层。深45～90厘米（图七九；表八）。

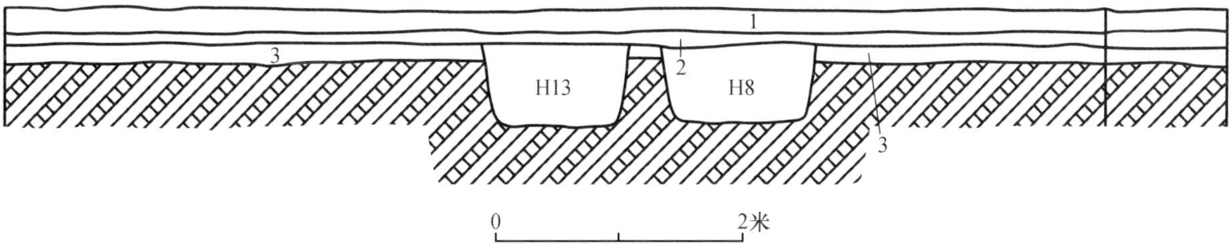


图七九　TN03E04北壁剖面图

**表八　TN03E04地层出土陶瓷器器类型式一览表**

| 编号 | 器类形制 |
|---|---|
| 第3层 | 陶鬲CⅢ1；陶豆盘AⅠ1；陶豆柄Ⅰ1；陶高领罐AⅤ2；陶瓮BⅡ1、BⅢ1；陶盆CaⅡ1；陶瓦当2；印纹硬陶罐1 |
| 第2层 | 陶鬲足无法归类2；陶豆盘Ⅰ1；陶豆柄Ⅶ1 |
| 第1层 | 釉陶碗底Ⅱ1、Ⅲ1；青花瓷碗底Ⅱ1、Ⅴ1 |

## （一）第3层出土遗物

### 1. 陶鬲

1件。

TN03E04③：3，C型Ⅲ式。泥质黑皮褐黄陶。轮制。口略直，折沿，沿面向外，尖圆唇，短束颈，溜肩，腹和底残缺。沿面饰两道凹弦纹，肩饰竖向绳纹。口径25.6、残高4厘米（图八〇，1）。

### 2. 陶豆盘

1件。

TN03E04③：9，A型Ⅰ式。泥质褐黄陶。轮制，慢轮修整。盘径较小，浅盘，盘壁弧形接柄。素面。盘径12、盘深1.6、残高2.5厘米（图八〇，14）。

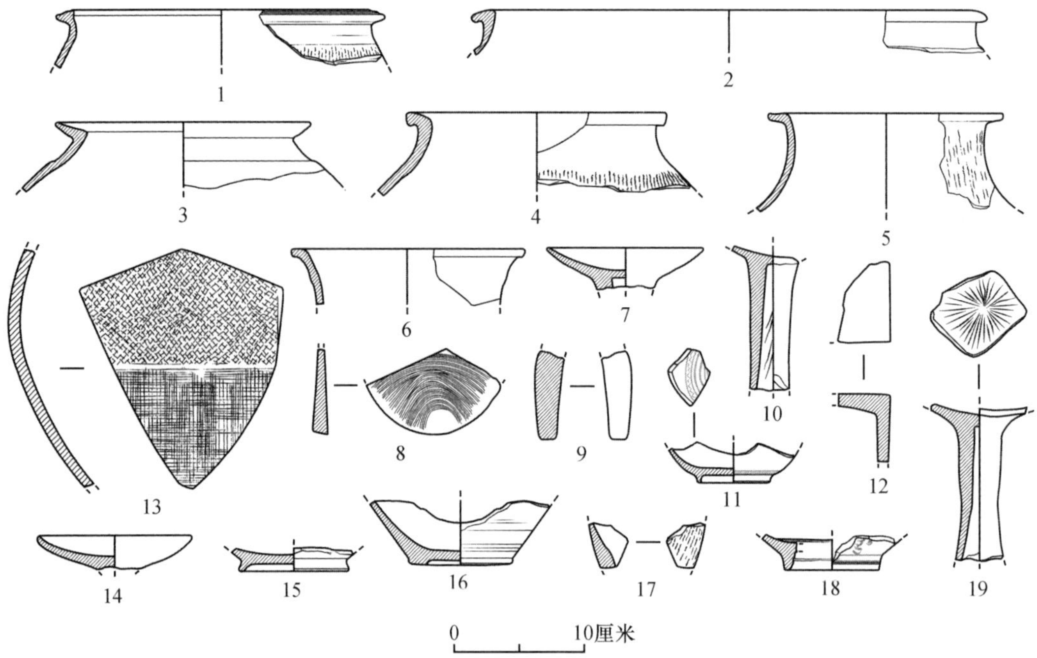


图八〇　TN03E04出土遗物

1. C型Ⅲ式陶鬲（TN03E04③：3）　2. Ca型Ⅱ式陶盆（TN03E04③：4）　3. B型Ⅱ式陶瓮（TN03E04③：1）　4. B型Ⅲ式陶瓮（TN03E04③：2）　5、6. A型Ⅴ式陶高领罐（TN03E04③：7、TN03E04③：8）　7. Ⅰ式陶豆盘（TN03E04②：3）　8、12. 陶瓦当（TN03E04③：11、TN03E04③：10）　9、17. 陶鬲足（TN03E04②：2、TN03E04②：4）　10. Ⅰ式陶豆柄（TN03E04③：5）　11. Ⅴ式青花瓷碗底（TN03E04①：4）　13. 印纹硬陶罐（TN03E04③：6）　14. A型Ⅰ式陶豆盘（TN03E04③：9）　15. Ⅲ式釉陶碗底（TN03E04①：2）　16. Ⅱ式釉陶碗底（TN03E04①：1）　18. Ⅱ式青花瓷碗底（TN03E04①：3）　19. Ⅶ式陶豆柄（TN03E04②：1）

**3. 陶豆柄**

1件。

TN03E04③：5，Ⅰ式。泥质褐黄陶。手制，柄内壁可见手制痕迹。盘壁弧形接柄，细柄稍高、呈圆柱形、中空。素面。柄径2.9、残高10.6厘米（图八〇，10）。

**4. 陶高领罐**

2件。轮制。

TN03E04③：7，A型Ⅴ式。泥质褐黄陶。敞口，折平沿，细圆唇，束颈，溜肩，腹和底残缺。沿面饰一道凹弦纹。口径18、残高7厘米（图八〇，5）。

TN03E04③：8，A型Ⅴ式。泥质灰黄陶。敞口，折平沿，圆唇，束颈。素面。口径18、残高4.2厘米（图八〇，6）。

**5. 陶瓮**

2件。轮制。

TN03E04③：1，B型Ⅱ式。泥质灰黄陶。敛口，折沿，沿面向内，方唇，短束颈，溜肩，腹和底残缺。素面。口径20、残高7.5厘米（图八〇，3）。

TN03E04③：2，B型Ⅲ式。泥质灰陶。敛口，折沿，沿面向内，方唇，短束颈，溜肩，腹和底残缺。肩饰竖向绳纹。口径20、残高6厘米（图八〇，4）。

**6. 陶盆**

1件。

TN03E04③：4，Ca型Ⅱ式。泥质灰黄陶。轮制。敛口，折沿，沿面向外，圆唇，短束颈，溜肩，腹和底残缺。素面。口径39.6、残高3.2厘米（图八〇，2）。

**7. 陶瓦当**

2件。当面有明显的轮制旋痕。

TN03E04③：10，泥质灰陶。当呈圆形，仅存当片。当部素面。残长6.4厘米（图八〇，12）。

TN03E04③：11，泥质灰陶。当呈圆形，仅存当片；制作比较粗糙，内外均不平。当部素面。残长4厘米（图八〇，8）。

**8. 印纹硬陶罐**

1件。

TN03E04③：6，罐腹部残片。灰黄色硬陶。轮制。饰方格纹和几何交叉纹。残长19、残宽18厘米（图八〇，13）。

## （二）第2层出土遗物

**1. 陶鬲足**

2件。手制。

TN03E04②：2，无法归类。夹砂橙红陶。细柱状足上粗下细。素面。残高6.6厘米（图八〇，9）。

TN03E04②：4，无法归类。夹砂灰黄陶。深足窝。饰绳纹。残高3.4厘米（图八〇，17）。

**2. 陶豆盘**

1件。

TN03E04②：3，Ⅰ式。泥质褐红陶。豆盘轮制，慢轮修整；柄手制，柄内壁可见手制痕迹。盘径较小，浅盘，盘壁弧形接柄；细柄呈圆柱形，中空。素面。盘径12、盘深1.7、残高3.2厘米（图八〇，7）。

**3. 陶豆柄**

1件。

TN03E04②：1，Ⅶ式。泥质灰黄陶。手制，柄内壁可见手制痕迹。盘壁弧形接柄，细柄稍高、呈圆柱形、中空。素面。柄径2.8、残高11.8厘米（图八〇，19）。

## （三）第1层出土遗物

**1. 宋代器物**

宋代器物仅有釉陶碗。

2件。均为碗底残片。轮制，外底可见轮制的旋痕。

TN03E04①：1，Ⅱ式。深褐色胎。黄褐色釉已脱落。斜弧壁下收，浅圈足底。底径8、残高4.7厘米（图八〇，16）。

TN03E04①：2，Ⅲ式。褐黄色胎。斜弧壁下收，圈足底。底径8.6、残高1.5厘米（图八〇，15）。

**2. 明清器物**

明清器物仅有青花瓷碗。

2件。均为碗底残片。灰白色胎。施灰白色釉，釉下饰青花图案。轮制，釉下可见轮制的旋痕。

TN03E04①：3，Ⅱ式。斜弧壁下收，圈足底。底径7.2、残高1.8厘米（图八〇，18）。

TN03E04①：4，Ⅴ式。弧腹壁下收，圈足底。底径5.6、残高2.5厘米（图八〇，11）。

# 九、TN04E01

第1层：耕土层。厚15～25厘米。褐色土，土质疏松。分布于全方。出土有釉陶碗底、釉陶钵口沿、釉陶罐底等陶器。

第2层：深15～30厘米，厚7～15厘米。黄褐色土，质软，较疏松。分布于全方。出土有鬲足、豆柄、高领罐、高领小罐、印纹硬陶罐等陶器。该层下出现的遗迹有：H5、H6。

第2B层：深27～97厘米，厚0～68厘米。灰白色土，质地细腻，较纯，粉末状，呈沙性。分布于探方北部和东部。无出土遗物。

第3层：深30～68厘米，厚0～38厘米。灰褐色土，泛灰，夹有大量锈斑，土质较疏松。分布于探方西、北部。出土有鬲、鬲足、盂、豆盘、豆柄、瓮、盆、瓦当等陶器。该层下出现的遗迹有：H25、H26、H30、H41、H46、H47、J31。

第4层：深55～97厘米。褐色生土层（图八一；表九）。

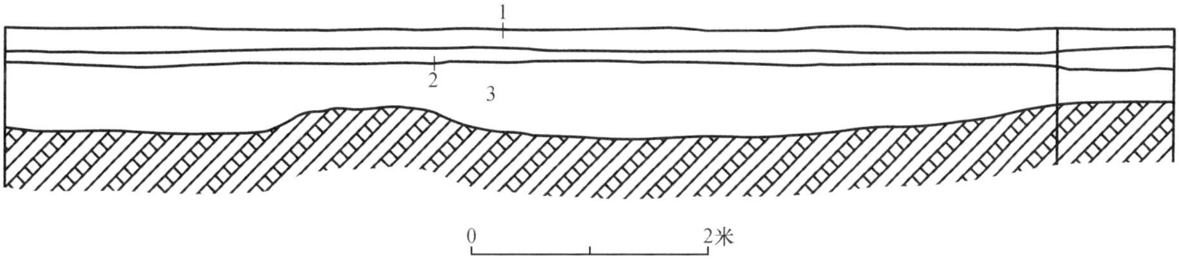


图八一　TN04E01北壁剖面图

**表九　TN04E01地层出土陶器器类型式一览表**

| 编号 | 器类形制 |
| --- | --- |
| 第3层 | 鬲AbⅠ1、AbⅣ1、BcⅠ1；鬲足AaⅠ1、AcⅢ1、无法归类1；盂AⅣ1、BⅠ1；豆盘AⅡ1、BⅡ2；豆柄Ⅱ1、Ⅶ1；瓮AbⅠ1、AbⅢ1；盆BaⅢ1、CbⅠ1、CbⅢ1；瓦当1 |
| 第2B层 | 无 |
| 第2层 | 鬲足无法归类1；豆柄Ⅶ1；高领罐BⅣ1；高领小罐无法归类1；印纹硬陶罐1 |
| 第1层 | 釉陶碗底Ⅰ1；釉陶钵口沿Ⅰ1；釉陶罐底Ⅱ2 |

## （一）第3层出土遗物

### 1. 陶鬲

3件。轮制。

TN04E01③：4，Ab型Ⅰ式。夹砂灰黄陶。敛口，折沿略外卷，圆唇，束颈，溜肩。沿面饰一道凹弦纹，肩饰纵向绳纹。口径36、残高3.6厘米（图八二，7）。

TN04E01③：13，Ab型Ⅳ式。夹砂灰陶。口略敞，折沿略外卷，沿面向外，尖圆唇，短束颈，溜肩，弧腹下收。沿面饰两道凹弦纹，颈饰抹平绳纹，肩饰纵向绳纹。口径32、残高5.6厘米（图八二，6）。

TN04E01③：12，Bc型Ⅰ式。夹砂灰陶。敞口，折沿略外卷，沿面向外，圆唇，短束颈，溜肩，直弧腹下收。沿面饰两道凹弦纹，颈饰抹平绳纹，肩饰纵向绳纹。口径35.6、残高4.6厘米（图八二，2）。

### 2. 陶鬲足

3件。手制。

TN04E01③：6，Aa型Ⅰ式。夹砂灰陶。深足窝，锥状矮足。饰绳纹。残高5.2厘米（图八二，20）。

TN04E01③：16，Ac型Ⅲ式。夹砂褐黄陶。足窝稍深，截锥状足上粗下细。饰绳纹。残高4.2厘米（图八二，18）。

TN04E01③：7，无法归类。夹砂褐黄陶。浅足窝，柱状足上粗下细。饰绳纹。残高6.8厘米（图八二，19）。

图八二　TN04E01出土陶器

1. Ba型Ⅲ式盆（TN04E01③：1）　2. Bc型Ⅰ式鬲（TN04E01③：12）　3. Cb型Ⅲ式盆（TN04E01③：3）　4. Ab型Ⅲ式鬲（TN04E01③：14）　5. B型Ⅰ式盂（TN04E01③：10）　6. Ab型Ⅳ式鬲（TN04E01③：13）　7. Ab型Ⅰ式鬲（TN04E01③：4）　8. Ab型Ⅰ式瓮（TN04E01③：15）　9. Cb型Ⅰ式盆（TN04E01③：2）　10. 高领小罐（TN04E01②：2）　11. B型Ⅳ式高领罐（TN04E01②：3）　12. 印纹硬陶罐（TN04E01②：5）　13. A型Ⅳ式盂（TN04E01③：5）　14、15. B型Ⅱ式豆盘（TN04E01③：18、TN04E01③：19）　16. A型Ⅱ式豆盘（TN04E01③：11）　17. Ⅱ式豆柄（TN04E01③：8）　18. Ac型Ⅲ式鬲足（TN04E01③：16）　19、24. 无法归类鬲足（TN04E01③：7、TN04E01②：4）　20. Aa型Ⅰ式鬲足（TN04E01③：6）　21、22. Ⅶ式豆柄（TN04E01③：17、TN04E01②：1）　23. 瓦当（TN04E01③：9）　25、27. Ⅱ式釉陶钵底（TN04E01①：4、TN04E01①：2）　26. Ⅰ式釉陶钵口沿（TN04E01①：1）　28. Ⅰ式釉陶碗底（TN04E01①：3）

**3. 陶盂**

2件。轮制。

TN04E01③：5，A型Ⅳ式。泥质灰黄陶。敛口，折沿，沿面向内，圆唇，束颈，溜肩，弧腹下收。肩饰两道凹弦纹。口径18、残高4.5厘米（图八二，13）。

TN04E01③：10，B型Ⅰ式。泥质灰黄陶。口微敞，折平沿，圆唇，束颈，溜肩，弧腹下收。肩饰一道凹弦纹。口径40、残高4.8厘米（图八二，5）。

**4. 陶豆盘**

3件。轮制，慢轮修整。

TN04E01③：11，A型Ⅱ式。泥质灰陶。盘径较小，浅盘，盘壁弧形接柄。素面。盘径12.8、盘深1.8厘米（图八二，16）。

TN04E01③：19，B型Ⅱ式。泥质黑衣灰黄陶。盘径较大，深盘，盘壁弧形接柄。素面。盘径16、残高2.8厘米（图八二，15）。

TN04E01③：18，B型Ⅱ式。泥质黑衣灰黄陶。盘径较小，盘稍深，盘壁弧形接柄。素面。盘径10、盘深2.5、残高3.7厘米（图八二，14）。

**5. 陶豆柄**

2件。手制，柄内壁可见手制痕迹。

TN04E01③：8，Ⅱ式。泥质灰陶。盘壁弧形接柄，细高柄、呈圆柱形、中空。柄径2.7、残高6.2厘米（图八二，17）。

TN04E01③：17，Ⅶ式。泥质褐灰陶。粗柄呈圆柱形，中空；喇叭状豆座，豆座残。素面。柄径4、残高8厘米（图八二，21）。

**6. 陶瓮**

2件。轮制。

TN04E01③：15，Ab型Ⅰ式。泥质灰黄陶。敛口，仰折沿，沿面向内，尖圆唇，束颈，斜肩。肩饰凹弦纹。口径26.4、残高4.7厘米（图八二，8）。

TN04E01③：14，Ab型Ⅲ式。泥质褐黄陶。敛口，仰折沿，沿面向内，圆唇，束颈，斜肩。肩饰凹弦纹。口径30、残高4厘米（图八二，4）。

**7. 陶盆**

3件。轮制。

TN04E01③：1，Ba型Ⅲ式。泥质灰陶。敞口，折平沿外翻卷，圆唇，束颈，溜肩，弧腹下收。肩饰两道凹弦纹。口径38、残高8.5厘米（图八二，1）。

TN04E01③：2，Cb型Ⅰ式。泥质灰黄陶。敞口，折平沿略外卷，圆唇，束颈，溜肩，弧腹下收。沿面饰四道、肩饰一道凸棱。口径46、残高5.8厘米（图八二，9）。

TN04E01③：3，Cb型Ⅲ式。泥质灰黄陶。直口略敞，折沿，沿面略向外，尖唇，束颈，溜肩。沿面饰一道凹弦纹。口径46、残高4厘米（图八二，3）。

**8. 陶瓦当**

1件。

TN04E01③：9，泥质灰陶。手制，有明显的手制痕迹，制作比较粗糙。呈圆形。当部素面，瓦面饰绳纹，靠近当的瓦面绳纹被磨掉。残长8.4厘米（图八二，23）。

## （二）第2层出土遗物

**1. 陶鬲足**

1件。

TN04E01②：4，无法归类。夹砂褐黄陶。手制。浅足窝，柱状足上粗下细。饰绳纹。残高6.9厘米（图八二，24）。

**2. 陶豆柄**

1件。

TN04E01②：1，Ⅶ式。泥质灰陶。手制，柄内壁可见手制痕迹。盘壁弧形接柄，细柄、呈圆柱形、中空。素面。柄径3.1、残高6.2厘米（图八二，22）。

**3. 陶高领罐**

1件。

TN04E01②：3，B型Ⅳ式。泥质灰黄陶。轮制，内壁可见轮制的旋痕。敞口，折沿，沿面下凹，方唇，颈略束，溜肩。底径16、残高7.6厘米（图八二，11）。

**4. 陶高领小罐**

1件。

TN04E01②：2，无法归类。泥质灰黄陶。轮制，内壁可见轮制的旋痕。弧腹下收，平底。素面。底径6.4、残高7 厘米（图八二，10）。

**5. 印纹硬陶罐**

1件。

TN04E01②：5，罐腹部残片。灰白色胎。轮制。腹饰几何方格纹。残长13.8、残宽12.6、厚0.6厘米（图八二，12）。

### （三）第1层出土遗物

#### 1. 宋代器物

宋代器物仅有釉陶碗。

1件。

TN04E01①：3，碗底残片，Ⅰ式。灰褐色胎。淡黄色釉，胎釉结合一般，釉大部已脱落，釉层光泽性差。轮制。斜弧壁下收，玉璧状浅圈足底。素面。底径7.6、残高1.6厘米（图八二，28）。

#### 2. 明代器物

明代器物仅有釉陶钵。

3件。轮制。

TN04E01①：1，口沿，Ⅰ式。灰褐色胎。淡黄色釉，胎釉结合一般，釉有脱落现象，釉层光泽性差。敛口，折沿，斜弧壁下收。素面。口径42、残高3.5厘米（图八二，26）。

TN04E01①：2，钵底残片，Ⅱ式。灰褐色胎。淡黄色釉，胎釉结合一般，釉有脱落现象，釉层光泽性差。斜弧壁下收，平底。素面。底径18、残高2.4厘米（图八二，27）。

TN04E01①：4，钵底残片，Ⅱ式。灰褐色胎。酱褐色釉，外釉不及底，胎釉结合一般，釉有脱落现象，釉层光泽性差。斜弧壁下收，假圈足底。素面。底径10、残高6.4厘米（图八二，25）。

## 十、TN04E02

第1层：耕土层。厚15～20厘米。褐色土，土质疏松。分布于全方。出土有陶高领罐、釉陶罐、釉陶碗口沿、釉陶碗底、釉陶罐底、青瓷碗底等遗物。

第2层：深15～35厘米，厚5～22厘米。黄褐色土，质软，较疏松。分布于全方。出土有鬲足、豆盘、豆柄、盆、印纹硬陶罐等陶器。该层下出现的遗迹有：H5、H31。

第2B层：深25～83厘米，厚0～53厘米。灰白色土，质地细腻，较纯，粉末状，呈沙性。分布于探方北、东、西部，南部无分布。出土有陶豆柄。该层下出现的遗迹有：H36、H37。

第3层：深25～100厘米，厚0～43厘米。灰褐色土，土质较疏松，泛灰，夹有大量锈斑。分布于全方。出土有鬲、鬲足、盂、豆盘、豆座、盖豆纽、盖豆柄、高领罐、高领小罐、瓮、盆、器座等陶器。该层下出现的遗迹有：H40、H56、H57、 J30、J31。

第4层：深40～100厘米。褐色生土层（图八三；表一〇）。

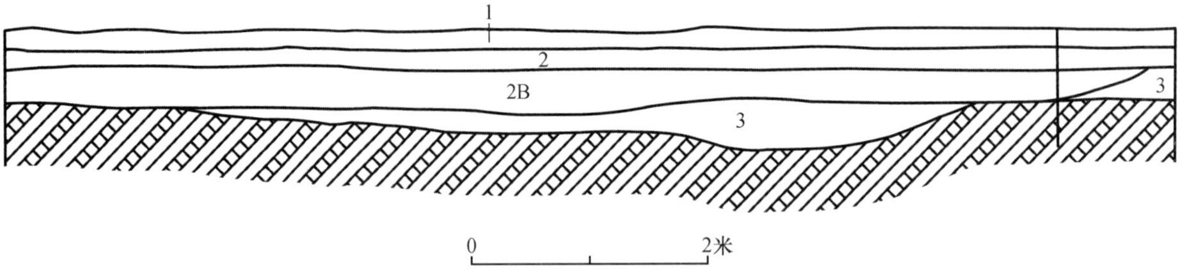


图八三　TN04E02北壁剖面图

**表一〇　TN04E02地层出土遗物器类型式一览表**

| 编号 | 器类形制 |
| --- | --- |
| 第3层 | 陶鬲AbⅣ1、BbⅠ1、BcⅣ1、CⅡ1；陶鬲足AbⅠ1、AbⅡ1、AcⅡ2、AcⅢ2、BaⅠ2、无法归类2；陶盂AⅢ1、CaⅠ1、CaⅡ1、CaⅢ2；陶豆盘AⅢ2、BⅢ1、CⅠ1；陶豆座AbⅠ1、AbⅡ1；陶盖豆纽1；陶盖豆柄1；陶高领罐AⅤ2、CⅣ2；陶高领小罐Ⅴ1；陶瓮CⅢ2、DⅢ1、DⅣ2；陶盆AbⅡ2、AbⅢ1、AbⅤ1、AeⅢ1、BaⅡ1、CaⅡ2、CaⅢ1、CbⅢ1；陶器座Ⅱ1；铜饰片 |
| 第2B层 | 陶豆柄Ⅰ1 |
| 第2层 | 陶鬲足AcⅠ1；陶豆盘AⅢ1；陶豆柄Ⅶ2；陶盆CaⅢ1；印纹硬陶罐1 |
| 第1层 | 陶高领罐BⅣ1；釉陶罐2；釉陶碗口沿1；釉陶碗底Ⅰ1；釉陶罐底Ⅰ1；青瓷碗底Ⅰ1 |

## （一）第3层出土遗物

### 1. 陶鬲

4件。轮制。

TN04E02③：7，Ab型Ⅳ式。夹砂灰黄陶。口微敞，折沿，沿面向外，方唇，束颈，溜肩，弧腹下收，下腹及底残。沿面饰一道凹弦纹，肩饰纵向绳纹。口径40、残高6.6厘米（图八四，3）。

TN04E02③：42，Bb型Ⅰ式。夹砂灰陶。敛口，折沿，沿面向内，圆唇，束颈，溜肩，弧腹下收，下腹及底残。肩饰纵向绳纹。口径41、残高6厘米（图八四，5）。

TN04E02③：43，Bc型Ⅳ式。夹砂灰陶。敛口，折沿，沿面略向外，圆唇，束颈，溜肩，弧腹下收，下腹及底残。肩饰纵向绳纹。口径32、残高4.2厘米（图八四，6）。

TN04E02③：28，C型Ⅱ式。夹砂灰黄陶。口微敞，折平沿，圆唇，束颈，溜肩，弧腹下收，下腹及底残。肩腹部饰纵向绳纹。口径28、残高6厘米（图八四，4）。

### 2. 陶鬲足

10件。手制。

TN04E02③：15，Ab型Ⅰ式。夹砂褐黄陶。深足窝，柱状足上粗下细。通体饰绳纹。残高8.5厘米（图八六，6）。

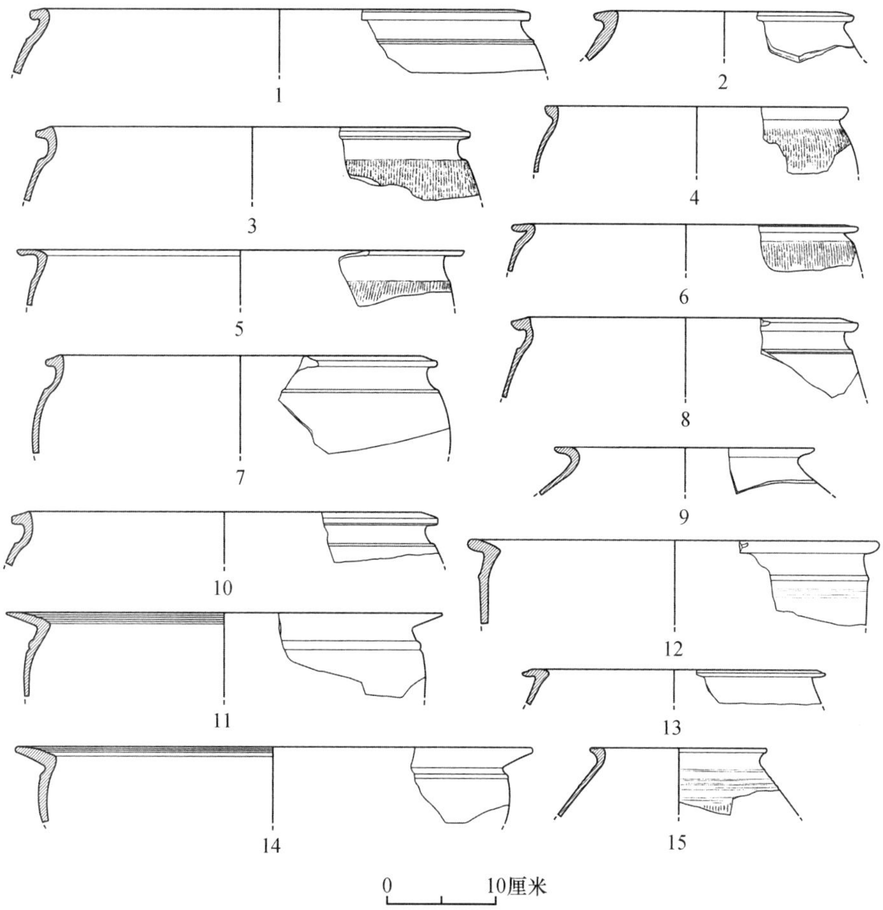


图八四　TN04E02③出土陶器

1. Ca型Ⅱ式盂（TN04E02③：2）　2. D型Ⅲ式瓮（TN04E02③：29）　3. Ab型Ⅳ式鬲（TN04E02③：7）　4. C型Ⅱ式鬲（TN04E02③：28）　5. Bb型Ⅰ式鬲（TN04E02③：42）　6. Bc型Ⅳ式鬲（TN04E02③：43）　7、10. Ca型Ⅲ式盂（TN04E02③：1、TN04E02③：46）　8. Ca型Ⅰ式盂（TN04E02③：26）　9、15. C型Ⅲ式瓮（TN04E02③：30、TN04E02③：32）　11、14. Ab型Ⅱ式盆（TN04E02③：4、TN04E02③：45）　12. Ab型Ⅲ式盆（TN04E02③：33）　13. D型Ⅳ式瓮（TN04E02③：31）

TN04E02③：19，Ab型Ⅱ式。夹砂灰黄陶。深足窝，柱状足上粗下细，足中空。通体饰绳纹。残高7.5厘米（图八六，15）。

TN04E02③：14，Ac型Ⅱ式。夹砂褐红陶。足窝稍深，柱状高足上粗下细。通体饰绳纹。残高9.7厘米（图八六，10）。

TN04E02③：16，Ac型Ⅱ式。夹砂灰陶。深足窝，柱状高足上粗下细。通体饰绳纹。残高10厘米（图八六，11）。

TN04E02③：17，Ac型Ⅲ式。夹砂褐黄陶。深足窝，柱状足上粗下细。通体饰绳纹。残高7.6厘米（图八六，13）。

TN04E02③：39，Ac型Ⅲ式。夹砂灰陶。浅足窝，截锥状足上粗下细。饰绳纹。残高5.8厘米（图八六，9）。

TN04E02③：20，Ba型Ⅰ式。夹砂灰黄陶。浅足窝，柱状足上粗下细。通体饰绳纹。残高5.8厘米（图八六，14）。

TN04E02③：38，Ba型Ⅰ式。夹砂灰黄陶。浅足窝，截锥状高足上粗下细。饰绳纹。残高7厘米（图八六，12）。

TN04E02③：18，无法归类。夹砂灰黄陶。浅足窝，柱状足上粗下细，足中空。通体饰绳纹。残高8.8厘米。

TN04E02③：37，无法归类。夹砂灰陶。柱状高足上粗下细。饰绳纹。残高6.7厘米。

**3. 陶盂**

5件。轮制。

TN04E02③：3，A型Ⅲ式。泥质灰陶。敛口，折沿，沿面向内，尖圆唇，短束颈，折肩，弧腹下收，底残。素面。口径18、残高7厘米（图八五，4）。

TN04E02③：26，Ca型Ⅰ式。泥质灰黄陶。敞口，折沿，沿面向外，圆唇，短束颈，溜肩，弧腹下收，下腹及底残。沿面和肩各饰一道凹弦纹。口径32、残高7厘米（图八四，8）。

TN04E02③：2，Ca型Ⅱ式。泥质灰黄陶。敛口，折沿，沿面向外，圆唇，短束颈，溜肩，弧腹下收，下腹及底残。沿面和肩各饰一道凹弦纹。口径46、残高5.7厘米（图八四，1）。

TN04E02③：1，Ca型Ⅲ式。泥质灰黄陶。直口略敞，折沿，沿面向外，圆唇，短束颈，溜肩，圆弧腹下收。肩饰一道凹弦纹。口径40、残高4.6厘米（图八四，7）。

TN04E02③：46，Ca型Ⅲ式。泥质褐黄陶。敞口，折沿，沿面向外，方唇，短束颈，溜肩，弧腹下收，底残。肩饰一道凹弦纹。口径39.2、残高4.5厘米（图八四，10）。

**4. 陶豆盘**

4件。豆盘轮制，慢轮修整；柄手制，柄内壁可见手制痕迹。

TN04E02③：22，A型Ⅲ式。泥质灰黄陶。盘径稍大，浅盘，盘壁弧形接柄，细柄，柄、座残。盘内有“X”痕。盘径11.6、盘深2.2、残高4.4厘米（图八五，9）。

TN04E02③：21，A型Ⅲ式。泥质灰黄陶。盘径稍大，浅盘，盘壁弧形接柄，细柄，柄、座残。素面。盘径12、盘深2.2、残高4.4厘米（图八六，3）。

TN04E02③：11，B型Ⅲ式。泥质灰黄陶。盘径稍大，深盘，盘壁弧形接柄，细柄，柄、座残。素面。盘径14.6、盘深3.8、残高5.8厘米（图八五，8）。

TN04E02③：9，C型Ⅰ式。泥质灰陶。盘径较小，浅盘，盘壁弧形接柄，细高柄，豆座残。素面。盘径12、盘深1.6、残高10.6厘米（图八六，1）。

**5. 陶豆座**

2件。豆座轮制，慢轮修整；柄手制，柄内壁可见手制痕迹。

TN04E02③：34，Ab型Ⅰ式。泥质灰陶。细柄呈圆柱形，中空；喇叭形豆座，座面不隆起。素面。座径7、残高5.5厘米（图八六，7）。

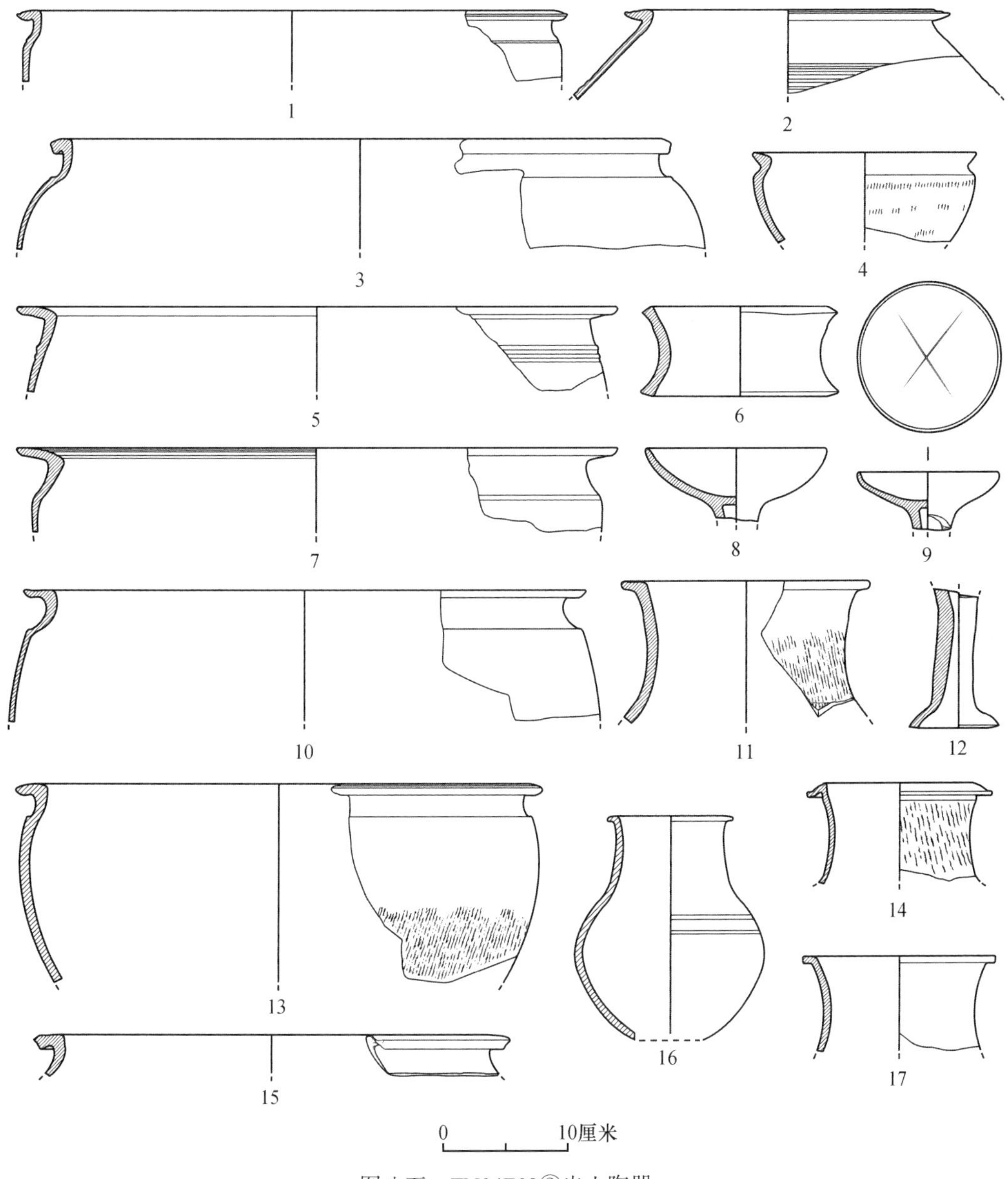


图八五　TN04E02③出土陶器

1、13. Ca型Ⅱ式盆（TN04E02③：41、TN04E02③：8）　2. D型Ⅳ式瓮（TN04E02③：6）　3. Ca型Ⅲ式盆（TN04E02③：36）　4. A型Ⅲ式盂（TN04E02③：3）　5. Ab型Ⅴ式盆（TN04E02③：5）　6. Ⅱ式器座（TN04E02③：48）　7. Ae型Ⅲ式盆（TN04E02③：44）　8. B型Ⅲ式豆盘（TN04E02③：11）　9. A型Ⅲ式豆盘（TN04E02③：22）　10. Ba型Ⅱ式盆（TN04E02③：40）　11、17. A型Ⅴ式高领罐（TN04E02③：23、TN04E02③：25）　12. Ab型Ⅱ式豆座（TN04E02③：10）　14. C型Ⅳ式高领罐（TN04E02③：47）　15. Cb型Ⅲ式盆（TN04E02③：27）　16. Ⅴ式高领小罐（TN04E02③：35）

TN04E02③：10，Ab型Ⅱ式。泥质灰黄陶。细柄稍高，呈圆柱形，中空；喇叭形豆座，座面隆起。素面。座径7.2、残高10.8厘米（图八五，12）。

**6. 陶盖豆柄**

1件。

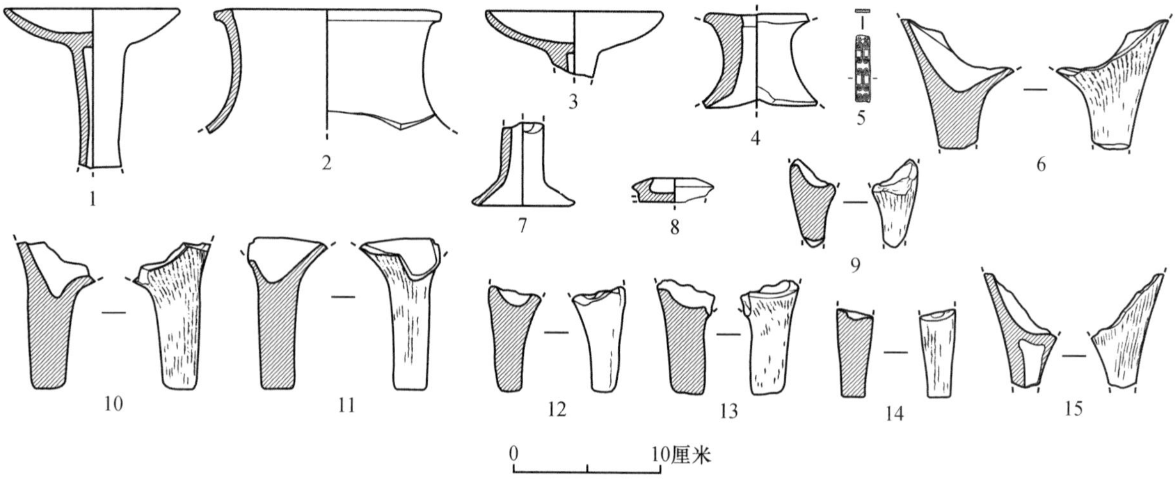


图八六　TN04E02③出土遗物

1. C型Ⅰ式陶豆盘（TN04E02③：9）　2. C型Ⅳ式陶高领罐（TN04E02③：24）　3. A型Ⅲ式陶豆盘（TN04E02③：21）　4. 陶盖豆柄（TN04E02③：12）　5. 铜饰片（TN04E02③：49）　6. Ab型Ⅰ式陶鬲足（TN04E02③：15）　7. Ab型Ⅰ式陶豆座（TN04E02③：34）　8. 陶盖豆纽（TN04E02③：13）　9、13. Ac型Ⅲ式陶鬲足（TN04E02③：39、TN04E02③：17）　10、11. Ac型Ⅱ式陶鬲足（TN04E02③：14、TN04E02③：16）　12、14. Ba型Ⅰ式陶鬲足（TN04E02③：38、TN04E02③：20）　15. Ab型Ⅱ式陶鬲足（TN04E02③：19）

TN04E02③：12，泥质灰陶。轮制，慢轮修整。盘壁弧形接柄；柄粗短，呈圆柱形，中空；座呈大喇叭状，座残。素面。柄径4.6、残高5.4厘米（图八六，4）。

**7. 陶盖豆纽**

1件。

TN04E02③：13，泥质灰黄陶。轮制，慢轮修整。圆形纽。素面。纽径5.6、残高1.6厘米（图八六，8）。

**8. 陶高领罐**

4件。轮制。

TN04E02③：23，A型Ⅴ式。泥质灰陶。敞口，折平沿，圆唇，束颈。颈饰抹平绳纹。口径20、残高10厘米（图八五，11）。

TN04E02③：25，A型Ⅴ式。泥质灰陶。敞口，折平沿，圆唇，束颈。素面。口径15.6、残高7.4厘米（图八五，17）。

TN04E02③：24，C型Ⅳ式。泥质灰陶。敞口，折沿，沿面向外，圆唇，束颈，溜肩。素面。口径15.6、残高7.7厘米（图八六，2）。

TN04E02③：47，C型Ⅳ式。泥质灰黄陶。敞口，折沿，沿面向外，尖圆唇，束颈。沿面饰一道凹弦纹，肩饰抹平绳纹。口径15、残高7.8厘米（图八五，14）。

**9. 陶高领小罐**

1件。

TN04E02③：35，Ⅴ式。泥质灰陶。轮制。敞口，折平沿，圆唇，束颈，溜肩，圆鼓腹弧下收，平底。肩饰两道凹弦纹。口径10、最大腹径15.2、底径5.6、高17.4厘米（图八五，16；图版一八，3）。

**10. 陶瓮**

5件。轮制。

TN04E02③：30，C型Ⅲ式。泥质灰黄陶。敛口，折平沿，尖圆唇，束颈，溜肩。素面。口径24、残高4厘米（图八四，9）。

TN04E02③：32，C型Ⅲ式。泥质灰黄陶。敛口，折平沿，方唇，束颈，溜肩，斜弧腹下收。沿面饰一道、肩饰三道凹弦纹，上腹饰纵向绳纹。口径16.4、残高6.2厘米（图八四，15）。

TN04E02③：29，D型Ⅲ式。泥质褐黄陶。敛口，折沿，沿面略向外，方圆唇，束颈，溜肩。素面。口径24、残高4厘米（图八四，2）。

TN04E02③：6，D型Ⅳ式。泥质灰陶。敛口，折沿，沿面略向外，尖圆唇，束颈，溜肩，斜弧腹下收。沿面饰两道、肩饰六道凹弦纹。口径26、残高6.6厘米（图八五，2）。

TN04E02③：31，D型Ⅳ式。泥质灰陶。敛口，折沿，沿面略向外，尖圆唇，束颈，溜肩。沿面饰一道凹弦纹。口径28、残高3厘米（图八四，13）。

**11. 陶盆**

10件。轮制。

TN04E02③：4，Ab型Ⅱ式。泥质灰陶。敛口，折沿，沿面向内，尖圆唇，束颈，溜肩，弧腹下收，下腹及底残。沿面饰九道凹弦纹，肩饰一道凸弦纹。口径40、残高7.5厘米（图八四，11）。

TN04E02③：45，Ab型Ⅱ式。泥质灰陶。敛口，折弧沿，沿面向内，圆唇，束颈，溜肩，弧腹下收，下腹及底残。沿面饰七道凹弦纹，肩饰一道凸棱。口径47.6、残高6.8厘米（图八四，14）。

TN04E02③：33，Ab型Ⅲ式。泥质灰陶。敛口，折沿，沿面向内，圆唇，束颈，直肩，直弧腹下收。肩饰两道凹弦纹。口径38、残高7.5 厘米（图八四，12）。

TN04E02③：5，Ab型Ⅴ式。泥质灰黄陶。敛口，折沿，沿面向内，尖圆唇，束颈，溜肩，弧腹下收，下腹及底残。沿面饰五道凹弦纹，肩饰两道凸弦纹。口径48、残高6.5厘米（图八五，5）。

TN04E02③：44，Ae型Ⅲ式。泥质灰陶。敛口，折弧沿，沿面向内，尖圆唇，短束颈，折肩，直弧腹下收，下腹及底残。沿面饰八道、肩饰一道凹弦纹。口径45、残高10.2厘米（图八五，7）。

TN04E02③：40，Ba型Ⅱ式。泥质灰黄陶。敞口，折平沿，尖圆唇，短束颈，溜肩，弧腹下收，下腹及底残。素面。口径45、残高10.2厘米（图八五，10）。

TN04E02③：8，Ca型Ⅱ式。泥质灰黄陶。敛口，折沿略外翻，尖圆唇，束颈，溜肩，圆弧腹下收，下腹及底残。沿面饰三道凹弦纹，下腹饰绳纹。口径42、残高13.5厘米（图八五，13）。

TN04E02③：41，Ca型Ⅱ式。泥质灰黄陶。口略直，折沿略外卷，沿面向外，尖圆唇，短束颈，溜肩，弧腹下收，下腹及底残。唇沿及肩部各饰一道凹弦纹。口径43.8、残高5.5厘米（图八五，1）。

TN04E02③：36，Ca型Ⅲ式。泥质灰黄陶。口略直，折沿略外卷，沿面向外，方唇，短束颈，溜肩，圆弧腹下收，下腹及底残。唇沿及肩部各饰一道凹弦纹。口径49.4、残高8.5厘米（图八五，3）。

TN04E02③：27，Cb型Ⅲ式。泥质灰黄陶。口略敞，折沿略外卷，沿面向外，方唇，束颈，溜肩。素面。口径38、残高3厘米（图八五，15）。

#### 12. 陶器座

1件。

TN04E02③：48，Ⅱ式。夹砂灰陶。轮制，内、外壁均可见轮制的旋痕。壶口形，口底同大，呈喇叭形状，方唇。口径15.8、腰径13、底径16、高7厘米（图八五，6；图版二二，2）。

#### 13. 铜饰片

1件。

TN04E02③：49，铜绿色，长方形。饰蟠螭纹。长4.45、宽1、厚0.18厘米（图八六，5；图版二六，2）。

### （二）第2B层出土遗物

第2B层出土遗物仅陶豆柄1件。

TN04E02②B：1，Ⅰ式。残豆柄。泥质灰陶。手制，柄内壁可见手制痕迹。细长柄，呈圆柱形，中空。素面。柄径2.8、残高10.6厘米（图八七，4）。

### （三）第2层出土遗物

#### 1. 陶鬲足

1件。

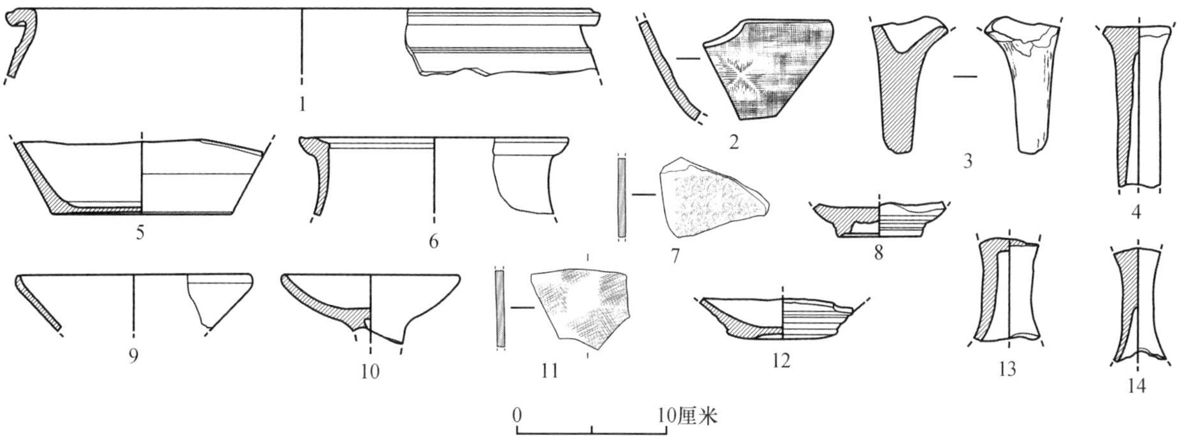


图八七　TN04E02②B、②、①出土遗物

1. Ca型Ⅲ式陶盆（TN04E02②：1）　2、11. 釉陶罐（TN04E02①：7、TN04E02①：6）　3. Ac型Ⅰ式陶鬲足（TN04E02②：5）　4. Ⅰ式陶豆柄（TN04E02②B：1）　5. Ⅰ式釉陶罐底（TN04E02①：1）　6. B型Ⅳ式陶高领罐（TN04E02①：5）　7. 印纹硬陶罐（TN04E02②：6）　8. Ⅰ式青瓷碗底（TN04E02①：2）　9. 釉陶碗口（TN04E02①：4）　10. A型Ⅲ式陶豆盘（TN04E02②：3）　12. Ⅰ式釉陶碗底（TN04E02①：3）　13、14. Ⅶ式陶豆柄（TN04E02②：2、TN04E02②：4）

TN04E02②：5，Ac型Ⅰ式。夹砂褐黄陶。手制。深足窝，柱状足上粗下细。饰绳纹。残高9.2厘米（图八七，3）。

**2. 陶豆盘**

1件。

TN04E02②：3，A型Ⅲ式。泥质褐黄陶。轮制，慢轮修整。盘径较小，浅盘，盘壁弧形接柄。素面。盘径12、盘深2.3、残高4.6厘米（图八七，10）。

**3. 陶豆柄**

2件。手制，柄内壁可见手制痕迹。

TN04E02②：2，Ⅶ式。泥质灰陶。短柄略粗，呈圆柱形，中空；喇叭形豆座，座残。素面。柄径3.3、残高6.6厘米（图八七，13）。

TN04E02②：4，Ⅶ式。泥质灰陶。细高柄呈圆柱形，中空；喇叭形豆座，座残。素面。柄径2、残高7厘米（图八七，14）。

**4. 陶盆**

1件。

TN04E02②：1，Ca型Ⅲ式。泥质灰陶。轮制。口略敞，折沿，沿面略向外，方唇，束颈，溜肩，弧腹下收。沿面和肩部各饰一道凹弦纹。口径40、残高4.6厘米（图八七，1）。

**5. 印纹硬陶罐**

1件。

TN04E02②：6，罐腹残片。灰白色胎。灰黄色釉，釉层光泽性差。轮制。饰几何方格纹。残长7.4、残宽4.8、厚0.4厘米（图八七，7）。

## （四）第1层出土遗物

### 1. 东周器物

东周器物仅有陶高领罐。

1件。

TN04E02①：5，B型Ⅳ式。泥质灰陶。轮制。敞口，折沿，沿面向内，沿面中部凸起，方唇，束颈。素面。口径18、残高5厘米（图八七，6）。

### 2. 六朝器物

六朝器物仅有釉陶罐。

2件。灰褐色胎。外釉不及底，胎釉结合较差，釉已全部脱落。轮制。

TN04E02①：6，罐腹残片。饰叶脉纹。残长6.5、残宽5.2、厚0.25厘米（图八七，11）。

TN04E02①：7，罐腹残片。斜弧腹下收。腹饰方格纹。残长4.6、残宽3.3、厚0.25 厘米（图八七，2）。

### 3. 宋代器物

宋代器物仅有釉陶碗。

2件。灰褐色胎。酱褐色釉，外釉不及底，胎釉结合差，釉大部已脱落。轮制，釉下可见轮制旋痕。

TN04E02①：3，碗底，Ⅰ式。斜弧壁下收，玉璧状圈足底。素面。底径7.4、残高2.4厘米（图八七，12）。

TN04E02①：4，碗口沿。敛口，圆唇，斜弧壁下收，底残。素面。口径16、残高3.5厘米（图八七，9）。

### 4. 明清器物

（1）釉陶罐

1件。

TN04E02①：1，罐底，Ⅰ式。深褐色胎。酱褐色釉，胎釉结合一般，釉层光泽性一般。轮制。斜壁下收，平底。素面。底径12、残高4.8厘米（图八七，5）。

（2）青瓷碗

1件。

TN04E02①：2，碗底，Ⅰ式。灰白色胎。胎釉结合较差，釉已全部脱落。轮制。斜弧壁下收，高圈足底。素面。底径5.6、残高2厘米（图八七，8）。

## 十一、TN04E03

第1层：耕土层。厚10～25厘米。褐色土，土质疏松。分布于全方。出土有陶鬲足、陶豆柄、青瓷钵、青瓷碗、釉陶碗底等遗物。

第2层：深10～40厘米，厚10～28厘米。黄褐色土，质软，较疏松。分布于全方。出土有鬲足、盂、豆柄、高领罐、高领小罐、盆、瓦当等陶器。该层下出现的遗迹有：H19。

第2B层：深28～55厘米，厚0～23厘米。灰白色土，质地细腻，较纯，粉末状，呈沙性。分布于探方西侧。出土有盂、豆柄、盆等陶器。

第3层：深35～70厘米，厚0～40厘米。灰褐色土，泛灰，夹有大量锈斑，土质较疏松。分布于探方西、北部。出土有鬲、鬲足、盂、豆盘、豆柄、豆座、高领罐、瓮、盆、纺轮、瓦当等陶器。该层下出现的遗迹有：H43、J9。

第4层：深50～90厘米。褐色生土层（图八八；表一一）。

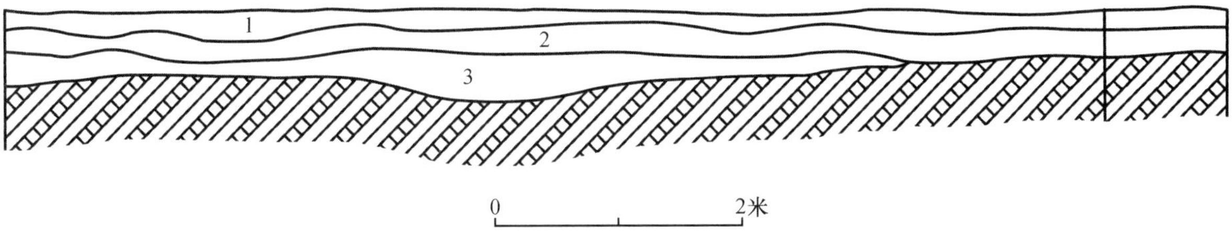


图八八　TN04E03北壁剖面图

表一一　TN04E03地层出土陶瓷器器类型式一览表

| 编号 | 器类形制 |
|---|---|
| 第3层 | 陶鬲BaⅡ1、BbⅡ1、BcⅤ1、CⅡ1、CⅢ1、CⅣ2；陶鬲足AbⅡ1、AcⅡ1、BbⅠ3、无法归类2；陶盂AⅠ1、AⅡ1、AⅢ2、BⅣ1、CaⅡ2、CbⅠ1；陶豆盘AⅡ1、BⅡ1；陶豆柄Ⅰ1、Ⅴ1；陶豆座AaⅢ1、AcⅠ1、AcⅡ1；陶高领罐AⅤ1；陶瓮BⅡ1、DⅡ1；陶盆BaⅡ2、BaⅢ1、CaⅠ1、CbⅠ1、CbⅣ1、CbⅦ2、DⅤ1、无法归类1；陶纺轮Ⅱ1；陶瓦当1 |
| 第2B层 | 陶盂BⅠ1；陶豆柄Ⅱ1；陶盆CbⅠ1、CbⅦ1 |
| 第2层 | 陶鬲足BaⅠ1；陶盂CaⅠ1；陶豆柄Ⅰ2；陶高领罐BⅣ1；陶高领小罐无法归类1；陶盆DⅠ1；陶瓦当1 |
| 第1层 | 陶鬲足1；陶豆柄Ⅶ1；青瓷钵1；青瓷碗1；釉陶碗底1 |

### （一）第3层出土遗物

#### 1. 陶鬲

7件。轮制。

TN04E03③：35，Ba型Ⅱ式。夹砂灰陶。敞口，折沿，沿面略向外，尖圆唇，短束颈，溜肩，弧腹下收。肩饰纵向绳纹。口径44、残高6厘米（图八九，1）。

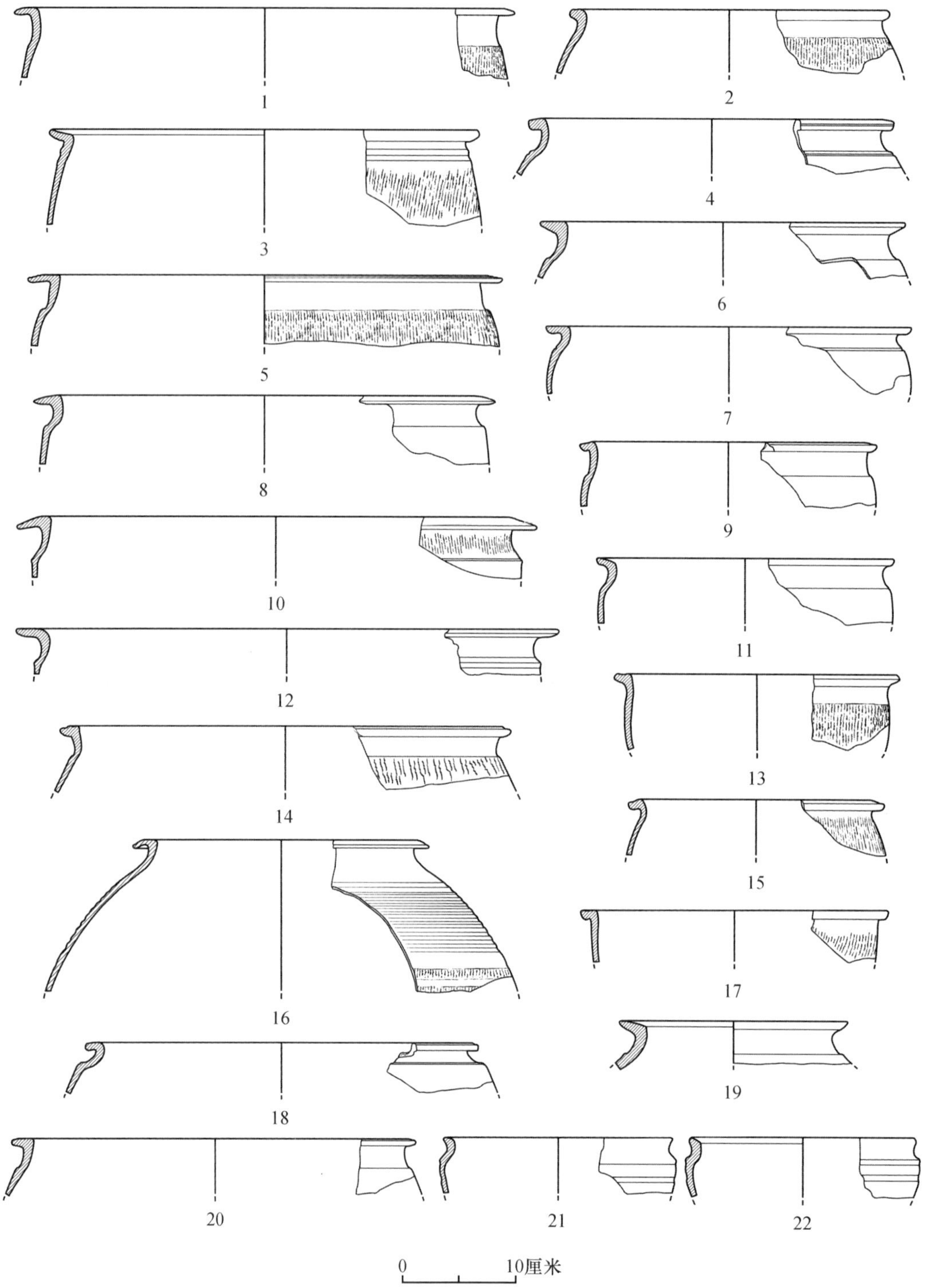


图八九　TN04E03③出土陶器

1. Ba型Ⅱ式鬲（TN04E03③：35）　2. C型Ⅱ式鬲（TN04E03③：23）　3. Bb型Ⅱ式鬲（TN04E03③：24）　4. Ca型Ⅱ式盆（TN04E03③：8）　5. Bc型Ⅴ式鬲（TN04E03③：1）　6、12. Ba型Ⅱ式盂（TN04E03③：32、TN04E03③：31）　7. B型Ⅳ式盂（TN04E03③：29）　8. Cb型Ⅰ式盆（TN04E03③：26）　9. Cb型Ⅰ式盂（TN04E03③：4）　10. Ca型Ⅰ式盆（TN04E03③：25）　11. A型Ⅱ式盂（TN04E03③：21）　13、17. C型Ⅳ式鬲（TN04E03③：27、TN04E03③：34）　14. Cb型Ⅳ式盆（TN04E03③：3）　15. C型Ⅲ式鬲（TN04E03③：19）　16. D型Ⅱ式瓮（TN04E03③：10）　18. Ca型Ⅱ式盂（TN04E03③：30）　19. B型Ⅱ式瓮（TN04E03③：9）　20. Ba型Ⅲ式盆（TN04E03③：33）　21、22. A型Ⅲ式盂（TN04E03③：6、TN04E03③：28）

TN04E03③：24，Bb型Ⅱ式。夹砂灰陶。敛口，仰折沿，沿面向内，沿面略下凹，圆唇，束颈，溜肩，弧腹下收。肩饰两道凹弦纹，上腹饰纵向绳纹。口径38、残高8.2厘米（图八九，3）。

TN04E03③：1，Bc型Ⅴ式。夹砂灰陶。敛口，折沿，沿面向外，尖圆唇，束颈，溜肩，弧腹下收。沿面饰七道凹弦纹，肩饰纵向绳纹。口径42、残高6.2厘米（图八九，5）。

TN04E03③：23，C型Ⅱ式。夹砂褐黄陶。敞口，折平沿，圆唇，束颈，溜肩，弧腹下收。肩饰纵向绳纹。口径28、残高5.5厘米（图八九，2）。

TN04E03③：19，C型Ⅲ式。夹砂灰陶。敞口，折沿，沿面向外，圆唇，短束颈，溜肩，弧腹下收。沿面饰一道凹弦纹，肩饰纵向绳纹。口径22.4、残高4.8厘米（图八九，15）。

TN04E03③：27，C型Ⅳ式。夹砂灰黄陶。敞口，折平沿，圆唇，束颈，溜肩，直弧腹下收。沿面饰一道凹弦纹，肩腹部饰纵向绳纹。口径25、残高6.5厘米（图八九，13）。

TN04E03③：34，C型Ⅳ式。夹砂灰黄陶。敞口，折平沿，沿面略下凹，尖圆唇，溜肩，直弧腹下内收。肩饰纵向绳纹。口径23、残高4.5厘米（图八九，17）。

**2. 陶鬲足**

7件。手制。

TN04E03③：40，Ab型Ⅱ式。夹砂褐黄陶。浅足窝，锥状足，中空。饰绳纹。残高5.8厘米（图九〇，19）。

TN04E03③：12，Ac型Ⅱ式。夹砂灰陶。浅足窝，柱状足上粗下细。通体饰绳纹。残高7.4厘米（图九〇，13）。

TN04E03③：13，Bb型Ⅰ式。夹砂褐黄陶。浅足窝，柱状足上粗下细。素面。残高7.9厘米（图九〇，16）。

TN04E03③：36，Bb型Ⅰ式。夹砂褐灰陶。浅足窝，柱状足上粗下细。饰绳纹。残高4.6厘米（图九〇，20）。

TN04E03③：38，Bb型Ⅰ式。夹砂褐黄陶。浅足窝，柱状足上粗下细。饰绳纹。残高9.4厘米（图九〇，14）。

TN04E03③：37，无法归类。夹砂灰黄陶。柱状足上粗下细。饰绳纹。残高6.4厘米（图九〇，17）。

TN04E03③：14，无法归类。夹砂褐红陶。柱状足上粗下细。通体饰绳纹。残高5.6 厘米（图九〇，18）。

**3. 陶盂**

8件。轮制。

TN04E03③：5，A型Ⅰ式。泥质灰黄陶。敛口，折沿，沿面向内，圆唇，短束颈，上腹圆鼓，下腹弧收。上腹饰一道凹弦纹。口径19.6、残高10厘米（图九〇，2；图版六，1）。

TN04E03③：21，A型Ⅱ式。泥质灰黄陶。敞口，折沿，沿面向内，圆唇，短束颈，溜

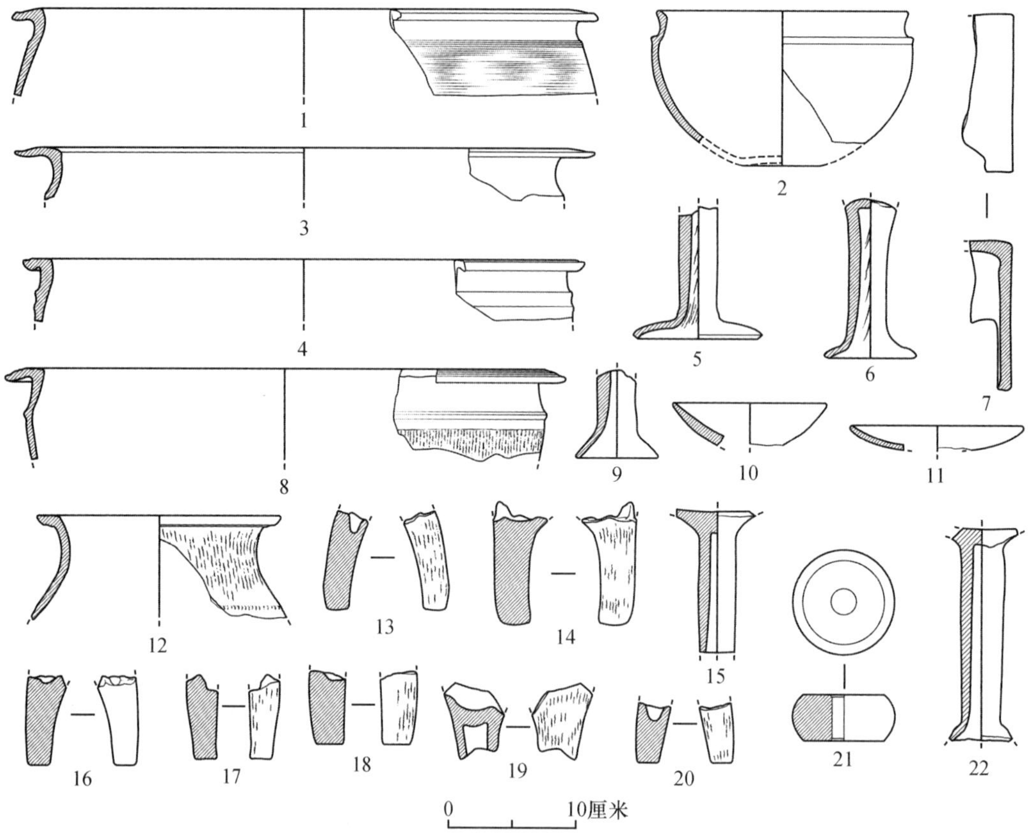


图九〇　TN04E03③出土陶器

1、4. Cb型Ⅶ式盆（TN04E03③：2、TN04E03③：7）　2. A型Ⅰ式盂（TN04E03③：5）　3. 无法归类盆（TN04E03③：20）　5. Ac型Ⅰ式豆座（TN04E03③：42）　6. Ac型Ⅱ式豆座（TN04E03③：41）　7. 瓦当（TN04E03③：15）　8. D型Ⅴ式盆（TN04E03③：22）　9. Aa型Ⅲ式豆座（TN04E03③：18）　10. B型Ⅱ式豆盘（TN04E03③：17）　11. A型Ⅱ式豆盘（TN04E03③：43）　12. A型Ⅴ式高领罐（TN04E03③：11）　13. Ac型Ⅱ式鬲足（TN04E03③：12）　14、16、20. Bb型Ⅰ式鬲足（TN04E03③：38、TN04E03③：13、TN04E03③：36）　15. Ⅰ式豆柄（TN04E03③：39）　17、18. 无法归类鬲足（TN04E03③：37、TN04E03③：14）　19. Ab型Ⅱ式鬲足（TN04E03③：40）　21. Ⅱ式纺轮（TN04E03③：44）　22. Ⅴ式豆柄（TN04E03③：16）

肩，圆弧腹下内收。沿面饰一道凹弦纹。口径26、残高5.6厘米（图八九，11）。

TN04E03③：28，A型Ⅲ式。泥质黑衣灰黄陶，黑陶衣已脱落。敛口，折沿，沿面向内，圆唇，短束颈，圆肩，弧腹下收。腹饰两道凹弦纹。口径20、残高5.2 厘米（图八九，22）。

TN04E03③：6，A型Ⅲ式。泥质灰陶。敛口，折沿，沿面向内，细圆唇，短束颈，溜肩，折弧腹下收。肩腹部饰两道凹弦纹。口径20、残高4.8厘米（图八九，21）。

TN04E03③：29，B型Ⅳ式。泥质灰陶。敞口，折平沿，圆唇，短束颈，圆肩，圆弧腹下收。沿面饰两道、肩饰一道凹弦纹。口径32、残高5.8厘米（图八九，7）。

TN04E03③：8，Ca型Ⅱ式。泥质黑皮褐黄陶。直口微敞，折沿，沿面略向外，方唇，短束颈，溜肩，弧腹下收。唇沿和肩部各饰一道凹弦纹。口径32、残高4.7厘米（图八九，4）。

TN04E03③：30，Ca型Ⅱ式。泥质灰陶。敛口，折平沿，圆唇，短束颈，溜肩，圆弧腹下收。肩饰一道凹弦纹。口径34.8、残高4.2厘米（图八九，18）。

TN04E03③：4，Cb型Ⅰ式。泥质灰黄陶。敞口，折沿，沿面向外，圆唇，短束颈，溜肩，弧腹下收。素面。口径26、残高5.6厘米（图八九，9）。

**4. 陶豆盘**

2件。轮制，慢轮修整。

TN04E03③：43，A型Ⅱ式。泥质灰黄陶。盘径稍小，浅盘，盘壁弧形接柄。素面。盘径13.2、盘深1.4、残高1.8厘米（图九〇，11）。

TN04E03③：17，B型Ⅱ式。泥质灰黄陶。盘径较小，盘稍深，盘壁弧形接柄。素面。盘径12、盘深2.4厘米（图九〇，10）。

**5. 陶豆柄**

2件。豆盘慢轮修整，柄手制，柄内壁可见手制痕迹。

TN04E03③：39，Ⅰ式。泥质黑衣灰黄陶。盘壁弧形接柄，细高柄呈圆柱形、中空。素面。柄径2.9、残高10.8厘米（图九〇，15）。

TN04E03③：16，Ⅴ式。泥质灰黄陶。盘壁弧形接柄，细高柄呈圆柱形、中空，喇叭形豆座，座面隆起。素面。柄径3.3、残高16厘米（图九〇，22）。

**6. 陶豆座**

3件。豆座轮制，慢轮修整；柄手制，柄内壁可见手制痕迹。

TN04E03③：18，Aa型Ⅲ式。泥质灰黄陶。细柄，喇叭形豆座，座面微隆起。素面。座径6.4、残高6.8厘米（图九〇，9）。

TN04E03③：42，Ac型Ⅰ式。泥质黑衣灰陶。细柄呈圆柱形、中空，喇叭形豆座，座面微隆起。素面。柄径3、座径10、残高10厘米（图九〇，5）。

TN04E03③：41，Ac型Ⅱ式。泥质灰陶。细高柄呈圆柱形、中空，喇叭形豆座，座面微隆起。素面。柄径2.9、座径7.2、残高11.6厘米（图九〇，6）。

**7. 陶高领罐**

1件。

TN04E03③：11，A型Ⅴ式。泥质灰陶。轮制。敞口，折平沿，尖圆唇，束颈，溜肩。颈饰抹平绳纹，肩饰纵向绳纹。口径19.2、残高7.8厘米（图九〇，12）。

**8. 陶瓮**

2件。轮制。

TN04E03③：9，B型Ⅱ式。泥质灰陶。敛口，折沿，沿面向内，尖圆唇，短束颈，溜肩。肩部饰一道凸棱。口径20、残高3.6 厘米（图八九，19）。

TN04E03③：10，D型Ⅱ式。泥质灰陶。敛口，折沿，沿面向外，尖圆唇，短束颈，溜肩，弧腹下收。沿面饰八道凹弦纹，肩饰抹平绳纹、凹弦纹，上腹饰十一道凹弦纹，腹中部饰间断绳纹。口径26.4、残高13厘米（图八九，16）。

**9. 陶盆**

10件。轮制。

TN04E03③：31，Ba型Ⅱ式。泥质灰黄陶。敞口，折平沿，圆唇，短束颈，溜肩。沿面及肩部各饰一道凹弦纹。口径48、残高4厘米（图八九，12）。

TN04E03③：32，Ba型Ⅱ式。泥质灰黄陶。直口略敞，折平沿，细圆唇，短束颈，溜肩。素面。口径32、残高4.8厘米（图八九，6）。

TN04E03③：33，Ba型Ⅲ式。泥质灰黄陶。敛口，折沿，沿略向外，细圆唇，短束颈，溜肩。素面。口径36、残高4.8厘米（图八九，20）。

TN04E03③：25，Ca型Ⅰ式。泥质灰黄陶。敛口，折沿，沿面向外，尖圆唇，短束颈，折肩。沿面饰数道凹弦纹，颈饰抹平绳纹，肩有一道凹弦纹。口径46、残高5.2厘米（图八九，10）。

TN04E03③：26，Cb型Ⅰ式。泥质灰黄陶。敞口，折沿，沿面向外，尖唇，短束颈，溜肩，弧腹下收。素面。口径40.8、残高6厘米（图八九，8）。

TN04E03③：3，Cb型Ⅳ式。泥质灰黄陶。直口微敞，折沿，沿面向外，尖圆唇，短束颈，溜肩，弧腹下收。沿面饰两道凹弦纹，肩饰纵向绳纹。口径40、残高5.5厘米（图八九，14）。

TN04E03③：2，Cb型Ⅶ式。泥质灰陶。口微敞，折沿，沿面向外，尖圆唇，束颈，溜肩，弧腹下收。沿面饰一道凹弦纹，肩饰细密凹弦纹。口径46、残高6.6厘米（图九〇，1）。

TN04E03③：7，Cb型Ⅶ式。泥质灰黄陶。微敞，折沿，沿面略向外，圆唇，束颈，溜肩，弧腹下收。沿面和肩部各饰两道凹弦纹。口径44、残高4.7厘米（图九〇，4）。

TN04E03③：22，D型Ⅴ式。泥质灰陶。敛口，折沿，沿面向外，细圆唇，短束颈，折肩，斜弧腹下收。沿面饰八道凹弦纹，肩有一道凸棱，上腹饰纵向绳纹。口径44.2、残高7厘米（图九〇，8）。

TN04E03③：20，无法归类。泥质灰黄陶。口微敞，折弧沿，尖圆唇，束颈，溜肩。沿面饰八道凹弦纹。口径47.6、残高4厘米（图九〇，3）。

**10. 陶瓦当**

1件。

TN04E03③：15，泥质灰陶。手制，有明显的手制痕，内外均不平，制作粗糙。当呈圆形。素面。直径12、残长3.8厘米（图九〇，7）。

**11. 陶纺轮**

1件。

TN04E03③：44，Ⅱ式。泥质灰陶。轮制。圆形，较厚，轮面呈弧形。直径4、孔径0.9、厚1.8厘米（图九〇，21；图版二二，4）。

## （二）第2B层出土遗物

### 1. 陶盂

1件。

TN04E03②B：3，B型Ⅰ式。泥质灰陶。轮制。敞口，折平沿，方唇，短束颈，圆肩，圆弧腹下收。沿面和肩部各饰一道凹弦纹。口径18、残高6.5厘米（图九一，3）。

### 2. 陶豆柄

1件。

TN04E03②B：4，Ⅱ式。泥质灰陶。手制，柄内壁可见手制痕迹。盘壁弧形接柄；细高柄，呈圆柱形，中空；喇叭形豆座，座残。素面。柄径2.7、残高11.3厘米（图九一，14）。

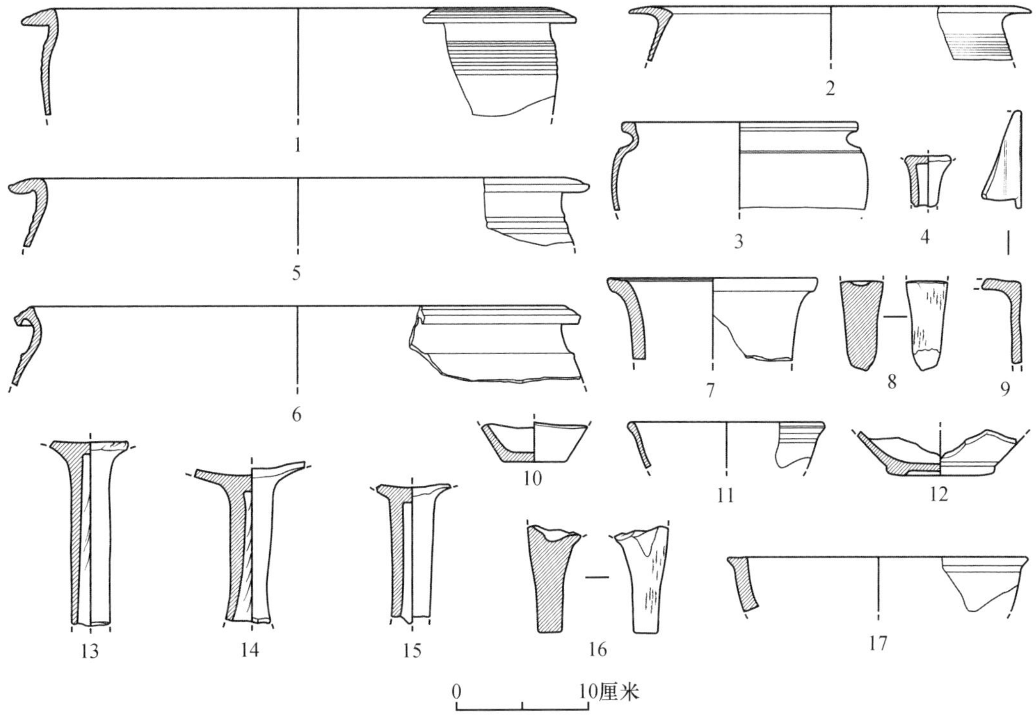


图九一　TN04E03②B、②、①出土遗物

1. Cb型Ⅰ式陶盆（TN04E03②B：1）　2. D型Ⅰ式陶盆（TN04E03②：7）　3. B型Ⅰ式陶盂（TN04E03②B：3）　4. Ⅶ式陶豆柄（TN04E03①：2）　5. Cb型Ⅶ式陶盆（TN04E03②B：2）　6. Ca型Ⅰ式陶盂（TN04E03②：1）　7. B型Ⅳ式陶高领罐（TN04E03②：2）　8. 陶鬲足（TN04E03①：1）　9. 陶瓦当（TN04E03②：8）　10. 陶高领小罐（TN04E03②：4）　11. 青瓷碗（TN04E03①：4）　12. Ⅰ式釉陶碗（TN04E03①：5）　13、15. Ⅰ式陶豆柄（TN04E03②：6、TN04E03②：5）　14. Ⅱ式陶豆柄（TN04E03②B：4）　16. Ba型Ⅰ式陶鬲足（TN04E03②：3）　17. 青瓷钵（TN04E03①：3）

**3. 陶盆**

2件。轮制。

TN04E03②B：1，Cb型Ⅰ式。泥质灰黄陶。微敞口，折沿，沿面向外，尖圆唇，束颈，溜肩，弧腹下收。沿面和肩部各饰四道凹弦纹。口径42、残高8厘米（图九一，1）。

TN04E03②B：2，Cb型Ⅶ式。泥质灰陶。敞口，折沿，沿面向外，尖圆唇，束颈，溜肩，弧腹下收。沿面饰一道、肩部饰两道凹弦纹。口径44、残高5厘米（图九一，5）。

## （三）第2层出土遗物

**1. 陶鬲足**

1件。

TN04E03②：3，Ba型Ⅰ式。夹砂灰陶。手制。浅足窝，柱状足上粗下细。通体饰绳纹。残高7.8厘米（图九一，16）。

**2. 陶盂**

1件。

TN04E03②：1，Ca型Ⅰ式。泥质灰黄陶。轮制。敞口，折沿，沿面向外，方唇，短束颈，溜肩，弧腹下收。沿面饰两道凹弦纹，肩饰一道凸棱。口径42.8、残高5.6厘米（图九一，6）。

**3. 陶豆柄**

2件。豆盘慢轮修整，柄手制，内、外壁可见手制痕迹。

TN04E03②：5，Ⅰ式。泥质灰黄陶。盘壁弧形接柄，细高柄呈圆柱形、中空。素面。柄径2.9、残高10. 2厘米（图九一，15）。

TN04E03②：6，Ⅰ式。泥质灰陶。盘壁弧形接柄，细高柄呈圆柱形、中空，喇叭形豆座，座残。柄径2.9、残高10. 2厘米（图九一，13）。

**4. 陶高领罐**

1件。

TN04E03②：2，B型Ⅳ式。泥质灰黄陶。轮制。敞口，折沿，沿面略向内，圆唇，束颈。颈饰抹平绳纹。口径16、残高8厘米（图九一，7）。

**5. 陶高领小罐**

1件。

TN04E03②：4，无法归类。泥质灰陶。轮制。斜壁下收，平底。素面。底径4.8、残高2.8厘米（图九一，10）。

**6. 陶盆**

1件。

TN04E03②：7，D型Ⅰ式。泥质灰陶。轮制。敛口，折弧沿，尖圆唇，束颈，弧腹下收。肩饰两道凹弦纹。口径30.6、残高4厘米（图九一，2）。

**7. 陶瓦当**

1件。

TN04E03②：8，泥质灰陶。手制，有明显的手制痕，内外均不平，制作比较粗糙。当呈圆形。当部素面。残长7.1厘米（图九一，9）。

## （四）第1层出土遗物

**1. 东周器物**

（1）陶鬲足

1件。

TN04E03①：1，夹砂褐黄陶。手制。锥状足。饰绳纹。残高6.6厘米（图九一，8）。

（2）陶豆柄

1件。

TN04E03①：2，Ⅶ式。泥质灰陶。豆盘慢轮修整，柄手制，内、外壁可见手制痕迹。盘壁弧形接柄，细柄呈圆柱形、中空。素面。柄径2.2、残高3.8厘米（图九一，4）。

**2. 六朝器物**

2件。均为青瓷器。灰白色胎，内外施淡绿色釉，釉层光泽性一般。轮制，釉下可见轮制的旋痕。素面。

（1）青瓷钵

1件。

TN04E03①：3，胎釉结合一般，釉有脱落现象。敞口，折平沿，斜弧腹下内收。口径23、残高4厘米（图九一，17）。

（2）青瓷碗

1件。

TN04E03①：4，胎釉结合紧密。敞口，圆唇，斜弧腹下内收。口径15、残高3.4 厘米（图九一，11）。

### 3. 宋代器物

宋代器物仅有釉陶碗。

1件。

TN04E03①：5，碗底，Ⅰ式。深褐色胎。内施酱褐色釉，外施深褐色釉，釉层光泽性较差，外底无釉。轮制，外底可见轮制的旋痕。斜弧壁下收，浅圈足底。素面。底径8.4、残高3厘米（图九一，12）。

## 十二、TN04E04

第1层：耕土层。厚10～25厘米。褐色土，土质疏松。分布于全方。出土有盆、釉陶罐底、釉陶擂钵等陶器。

第2层：深10～45厘米，厚10～23厘米。黄褐色土，质软，较疏松。分布于全方。出土有鬲足、豆柄、盆等陶器残片。该层下的遗迹有：H7、H8、H13、H19、H27、H32。

第3层：深33～85厘米，厚0～60厘米。灰褐色土，泛灰，夹有大量锈斑，土质较疏松。分布于探方北部。出土有鬲、鬲足、盂、豆盘、豆柄、盖豆纽、高领罐、盘、瓮、盆、板瓦、瓦当、筒瓦、印纹硬陶罐等陶器。该层下出现的遗迹有：H43、H54和J4。

第4层：褐色生土层。深45～90厘米（图九二；表一二）。

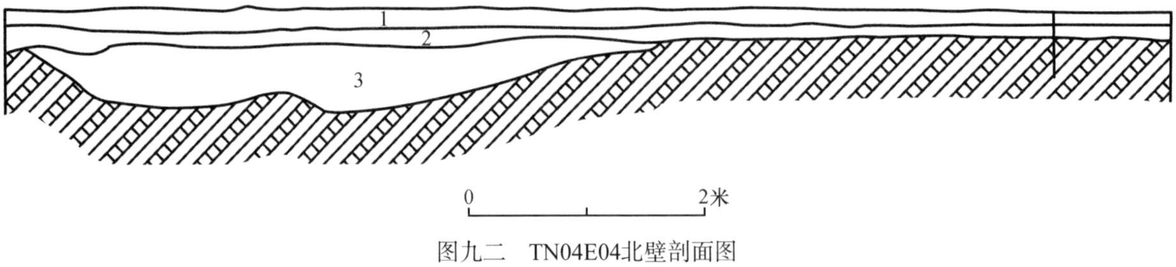


图九二　TN04E04北壁剖面图

**表一二　TN04E04地层出土陶器器类型式一览表**

| 编号 | 器类形制 |
| --- | --- |
| 第3层 | 鬲BaⅡ1、BaⅢ1、BbⅢ1、BcⅡ2、BcⅣ1、BcⅤ2、CⅤ1；鬲足AaⅡ1、AaⅢ1、AcⅡ1、AcⅢ2、BaⅠ1、无法归类3；盂AⅢ2、CbⅡ1；豆盘AⅠ1、AⅡ1；豆柄Ⅰ1、Ⅴ1、Ⅶ1；盖豆纽1；高领罐BⅡ1；盘AⅡ1；瓮AbⅠ1、BⅣ1；盆AaⅡ1、AbⅡ1、AbⅣ1、BaⅢ2、BaⅡ1、BbⅡ1、CaⅠ1、CaⅣ2、CbⅠ1、CbⅡ1、CbⅤ1、CbⅣ1、DⅣ2、DⅤ1；板瓦Ⅰ1；瓦当1；筒瓦Ⅰ1、Ⅲ1；印纹硬陶罐1 |
| 第2层 | 鬲足无法归类1；豆柄Ⅰ1；盆BaⅢ2 |
| 第1层 | 盆BaⅢ1；釉陶罐底Ⅲ1；釉陶擂钵Ⅱ1 |

## （一）第3层出土遗物

### 1. 陶鬲

9件。轮制。

TN04E04③：15，Ba型Ⅱ式。夹砂灰陶。敞口，折平沿，圆唇，束颈，溜肩，腹壁向下弧内收。上腹饰纵向绳纹。口径38、残高7厘米（图九三，5）。

图九三　TN04E04③出土陶器

1、9. Bc型Ⅴ式鬲（TN04E04③：5、TN04E04③：6）　2. B型Ⅳ式瓮（TN04E04③：49）　3、6. Bc型Ⅱ式鬲（TN04E04③：2、TN04E04③：36）　4. Ba型Ⅲ式鬲（TN04E04③：44）　5. Ba型Ⅱ式鬲（TN04E04③：15）　7. Bb型Ⅲ式鬲（TN04E04③：38）　8. Cb型Ⅱ式盂（TN04E04③：8）　10. A型Ⅲ式盂（TN04E04③：40）　11. Bc型Ⅳ式鬲（TN04E04③：41）　12. Ba型Ⅲ式盆（TN04E04③：12）　13. Ab型Ⅱ式盆（TN04E04③：7）　14. A型Ⅱ式盘（TN04E04③：10）　15. Ab型Ⅳ式盆（TN04E04③：46）　16. Ab型Ⅰ式瓮（TN04E04③：14）

TN04E04③：44，Ba型Ⅲ式。夹砂灰陶。敞口，折平沿，圆唇，束颈，溜肩，腹壁向下内收。沿面饰一道凹弦纹，肩饰纵向绳纹。口径20、残高7厘米（图九三，4）。

TN04E04③：38，Bb型Ⅲ式。夹砂灰陶。敞口，折沿外翻，沿面向内，尖圆唇，短束颈，溜肩，腹壁向下内收。沿面饰一道凹弦纹。口径40、残高6.8厘米（图九三，7）。

TN04E04③：2，Bc型Ⅱ式。夹砂灰黄陶。敞口，折沿，沿面向外，尖圆唇，短束颈，溜肩，腹壁向下内收。沿面饰一道凹弦纹，颈饰抹平绳纹，肩饰纵向绳纹。口径48、残高6厘米（图九三，3）。

TN04E04③：36，Bc型Ⅱ式。夹砂灰陶。敞口，折弧沿，沿面向外，尖圆唇，短束颈，溜肩，弧腹向下内收。沿面饰三道凹弦纹，颈饰抹平绳纹，肩饰一道凹弦纹，上腹饰纵向绳纹。口径36、残高7厘米（图九三，6）。

TN04E04③：41，Bc型Ⅳ式。夹砂灰黄陶。敞口，折平沿，沿面略向外，尖圆唇，束颈，溜肩，腹壁向下内收。沿面饰三道凹弦纹，肩饰纵向绳纹。口径40、残高5.7厘米（图九三，11）。

TN04E04③：6，Bc型Ⅴ式。夹砂灰陶。敛口，折弧沿，沿面向外，尖圆唇，短束颈，溜肩，弧腹下收。沿面饰十二道凹弦纹，肩饰纵向绳纹。口径48、残高7厘米（图九三，9）。

TN04E04③：5，Bc型Ⅴ式。夹砂灰黄陶。敛口，折弧沿，沿面向外，尖圆唇，短束颈，溜肩。沿面饰十三道凹弦纹，颈饰抹平绳纹，肩饰纵向绳纹。口径52.4、残高4.8厘米（图九三，1）。

TN04E04③：1，C型Ⅴ式。夹砂灰黄陶。器形矮小，口径大于三足外切圆径，鬲身呈盆形。敞口，折平沿，圆唇，束颈，溜肩，腹壁向下内收，裆微弧，矮足。素面。口径10.4、腹径10.4、通高5.6、裆高0.95厘米（图九四，3；图版五，3）。

**2. 陶鬲足**

9件。手制。

TN04E04③：17，Aa型Ⅱ式。夹砂灰陶。深足窝，锥状足，足身削棱呈不规则六边形。素面。残高5.8厘米（图九五，4）。

TN04E04③：16，Aa型Ⅲ式。夹砂灰黄陶。浅足窝，柱状矮足，裆较平。饰绳纹。残高5.4厘米（图九五，2）。

TN04E04③：21，Ac型Ⅱ式。夹砂褐红陶。深足窝，柱状足上粗下细。通体饰绳纹。残高7.5厘米（图九五，5）。

TN04E04③：30，Ac型Ⅲ式。夹砂灰陶。足窝稍深，柱状足上粗下细。饰绳纹。残高5厘米（图九五，7）。

TN04E04③：31，Ac型Ⅲ式。夹砂灰陶。足窝稍深，柱状足上粗下细。饰绳纹。残高6厘米（图九五，8）。

TN04E04③：18，Ba型Ⅰ式。夹砂灰陶。浅足窝，柱状足上粗下细。通体饰绳纹。残高10.4厘米（图九五，12）。

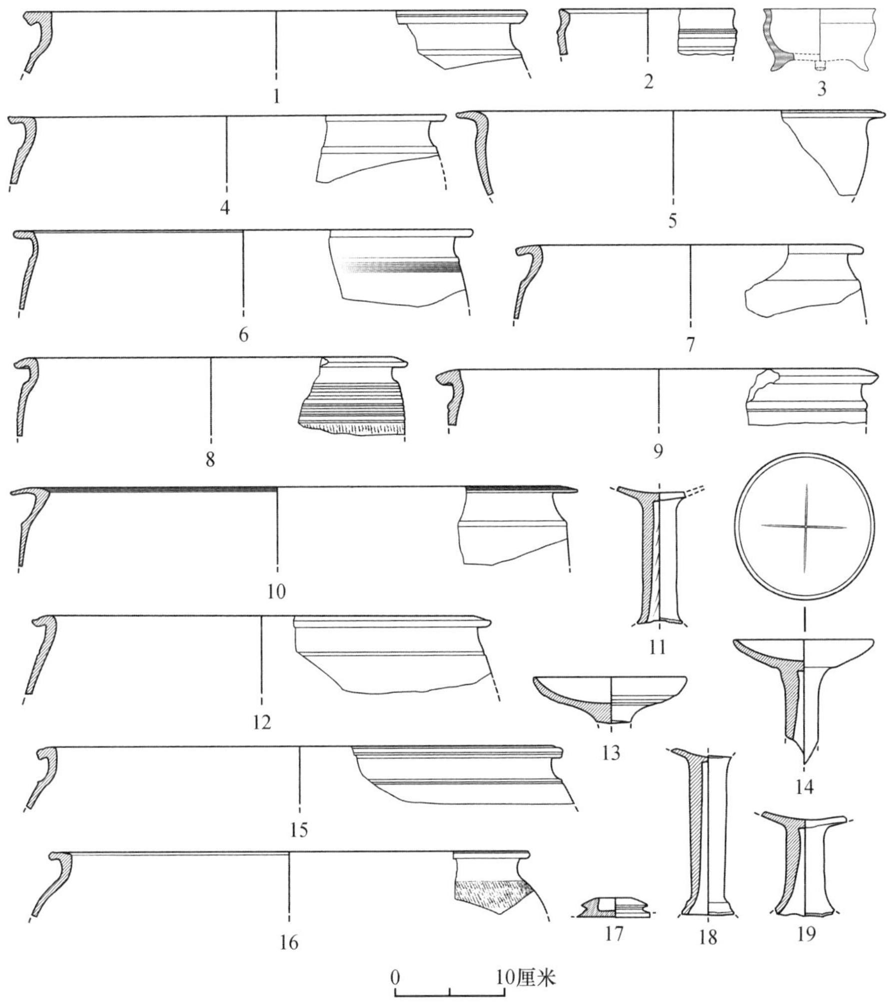


图九四　TN04E04③出土陶器

1. Ba型Ⅲ式盆（TN04E04③：11）　2. A型Ⅲ式盂（TN04E04③：39）　3. C型Ⅴ式鬲（TN04E04③：1）　4. Ba型Ⅱ式盆（TN04E04③：35）　5. D型Ⅴ式盆（TN04E04③：53）　6. Bb型Ⅱ式盆（TN04E04③：9）　7. Cb型Ⅰ式盆（TN04E04③：42）　8. Cb型Ⅴ式盆（TN04E04③：45）　9. Cb型Ⅳ式盆（TN04E04③：37）　10. D型Ⅳ式盆（TN04E04③：47）　11. Ⅰ式豆柄（TN04E04③：23）　12. Ca型Ⅳ式盆（TN04E04③：3）　13. A型Ⅱ式豆盘（TN04E04③：22）　14. A型Ⅰ式豆盘（TN04E04③：52）　15. Cb型Ⅱ式盆（TN04E04③：13）　16. Aa型Ⅱ式盆（TN04E04③：43）　17. 盖豆纽（TN04E04③：25）　18. Ⅴ式豆柄（TN04E04③：51）　19. Ⅶ式豆柄（TN04E04③：24）

TN04E04③：29，无法归类。夹砂褐黄陶。深足窝。通体饰绳纹。残高3厘米（图九五，9）。

TN04E04③：19，无法归类。夹砂灰黄陶。浅足窝，柱状足上粗下细。通体饰绳纹。残高10.4厘米（图九五，14）。

TN04E04③：20，无法归类。夹砂灰陶。浅足窝，柱状足上粗下细。通体饰绳纹。残高7.6厘米（图九五，13）。

**3. 陶盂**

3件。轮制。

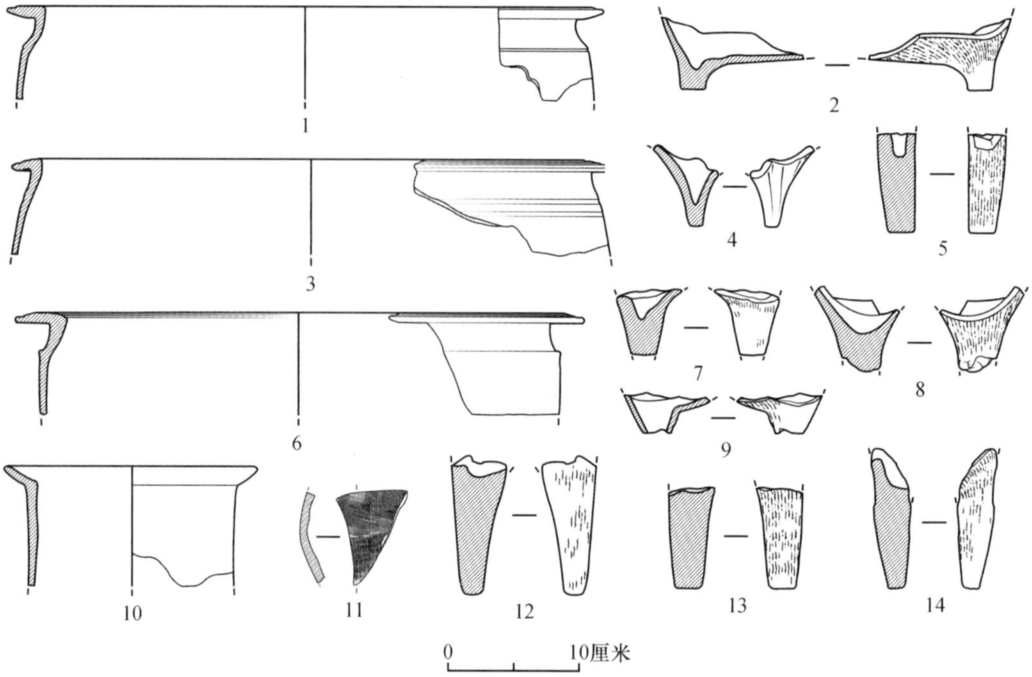


图九五　TN04E04③出土陶器

1. Ca型Ⅰ式盆（TN04E04③：48）　2. Aa型Ⅲ式鬲足（TN04E04③：16）　3. Ca型Ⅳ式盆（TN04E04③：34）　4. Aa型Ⅱ式鬲足（TN04E04③：17）　5. Ac型Ⅱ式鬲足（TN04E04③：21）　6. D型Ⅳ式盆（TN04E04③：4）　7、8. Ac型Ⅲ式鬲足（TN04E04③：30、TN04E04③：31）　9、13、14. 无法归类鬲足（TN04E04③：29、TN04E04③：20、TN04E04③：19）　10. B型Ⅱ式高领罐（TN04E04③：50）　11. 印纹硬陶罐（TN04E04③：28）　12. Ba型Ⅰ式鬲足（TN04E04③：18）

TN04E04③：39，A型Ⅲ式。泥质褐黄陶。敞口，折沿，沿面向内，尖圆唇，短束颈，溜肩，弧腹向下内收。肩饰两道凹弦纹。口径16、残高4.2厘米（图九四，2）。

TN04E04③：40，A型Ⅲ式。泥质褐黄陶。敞口，折沿，沿面向内，尖圆唇，短束颈，溜肩，弧腹向下内收。肩部有一凸棱，腹饰一道凹弦纹。口径20、残高4.5厘米（图九三，10）。

TN04E04③：8，Cb型Ⅱ式。泥质灰黄陶。敞口，折沿，沿面向外，尖圆唇，短束颈，溜肩，弧腹向下内收。沿面饰一道凹弦纹。口径36.8、残高7厘米（图九三，8）。

**4. 陶豆盘**

2件。豆盘轮制，慢轮修整；柄手制，柄内壁可见手制痕迹。

TN04E04③：52，A型Ⅰ式。泥质灰陶。盘径稍大，浅盘，盘壁弧形接柄，细柄稍高。素面。盘径13、盘深2、残高11厘米（图九四，14）。

TN04E04③：22，A型Ⅱ式。泥质黑衣灰陶。盘径稍大，盘稍深，盘壁弧形接柄，细柄。盘外壁饰三道凹弦纹。盘径14、盘深2.4、残高4厘米（图九四，13）。

**5. 陶豆柄**

3件。豆盘轮制，慢轮修整；柄手制，柄内壁可见手制痕迹。

TN04E04③：23，Ⅰ式。泥质灰黄陶。盘壁弧形接柄，细柄稍高、呈圆柱形、中空，喇叭形豆座，座残。素面。柄径3.2、残高11.7厘米（图九四，11）。

TN04E04③：51，Ⅴ式。泥质黑衣褐黄陶。盘壁弧形接柄，高柄稍粗、呈圆柱形、中空，喇叭形豆座，座残。素面。柄径3.2、残高14.2厘米（图九四，18）。

TN04E04③：24，Ⅶ式。夹砂灰黄陶。盘壁弧形接柄，矮柄稍粗、呈圆柱形、中空，喇叭形豆座，座残。素面。柄径3.6、残高8.4厘米（图九四，19）。

**6. 陶盖豆**

1件。

TN04E04③：25，豆纽。泥质灰陶。轮制，慢轮修整。圆形纽，盖面较平。素面。纽径6厘米（图九四，17）。

**7. 陶高领罐**

1件。

TN04E04③：50，B型Ⅱ式。泥质灰陶。轮制。直口，仰折沿，沿面向内，圆唇，长直颈。素面。口径19.6、残高9厘米（图九五，10）。

**8. 陶盘**

1件。

TN04E04③：10，A型Ⅱ式。泥质灰陶。轮制。口略敛，折沿，沿面向内，方圆唇，折腹斜下收。腹饰一道凹弦纹。口径40、残高9厘米（图九三，14）。

**9. 陶瓮**

2件。轮制。

TN04E04③：14，Ab型Ⅰ式。泥质灰黄陶。敛口，折弧沿，尖圆唇，束颈，溜肩。沿面饰三道凹弦纹，肩饰凹弦纹。口径26、残高5.6厘米（图九三，16）。

TN04E04③：49，B型Ⅳ式。泥质灰陶。敞口，折沿，沿面向内，方唇，束颈，溜肩。唇沿饰一道凹弦纹，颈饰抹平绳纹。口径22、残高6.8厘米（图九三，2）。

**10. 陶盆**

17件。轮制。

TN04E04③：43，Aa型Ⅱ式。泥质灰陶。敞口，折沿，沿面向内，方唇，短束颈，溜肩，弧腹向下内收。沿面及唇沿各饰一道凹弦纹，肩饰纵向绳纹。口径44、残高5.7厘米（图九四，16）。

TN04E04③：7，Ab型Ⅱ式。泥质灰黄陶。敛口，折沿，沿面向内，尖圆唇，短束颈，溜肩，弧腹下收。沿面饰两道、肩饰一道凹弦纹，上腹饰纵向绳纹。口径36、残高8.5厘米（图九三，13）。

TN04E04③：46，Ab型Ⅳ式。泥质灰陶。敛口，折弧沿，沿面向内，尖圆唇，短束颈，溜肩，斜直腹向下弧内收。沿面饰凹弦纹，肩饰一道凸棱。口径45.2、残高9厘米（图九三，15）。

TN04E04③：11，Ba型Ⅲ式。泥质灰黄陶。敛口，折平沿外卷，方唇，短束颈，溜肩。肩饰一道凹弦纹。口径46、残高5.3厘米（图九四，1）。

TN04E04③：12，Ba型Ⅲ式。泥质黑衣灰陶。敞口，折平沿外卷，方圆唇，短束颈，溜肩，弧腹下收。沿面饰三道、肩饰两道凹弦纹。口径36、残高6.5厘米（图九三，12）。

TN04E04③：35，Ba型Ⅱ式。泥质灰陶。敞口，折平沿，尖圆唇，短束颈，溜肩，弧腹向下内收。沿面和肩部各饰一道凹弦纹。口径40、残高6厘米（图九四，4）。

TN04E04③：9，Bb型Ⅱ式。泥质灰陶。敞口，折平沿，圆唇，短束颈，溜肩，弧腹下收。沿面饰两道、肩饰三道凹弦纹。口径42、残高7厘米（图九四，6）。

TN04E04③：48，Ca型Ⅰ式。泥质灰陶。敛口，折平沿，沿面略向外，尖圆唇，短束颈，溜肩，弧腹向下内收。沿面及肩部各饰一道凹弦纹。口径46、残高7厘米（图九五，1）。

TN04E04③：3，Ca型Ⅳ式。泥质灰黄陶。敞口，折沿，沿面向外，尖圆唇，束颈，溜肩，弧腹壁向下内收。沿面和肩部各饰一道凹弦纹。口径42、残高6厘米（图九四，12）。

TN04E04③：34，Ca型Ⅳ式。泥质灰黄陶。敞口，折沿，沿面向外，尖圆唇，束颈，溜肩，弧腹向下内收。沿面饰三道、肩饰两道凹弦纹。口径46、残高7.2厘米（图九五，3）。

TN04E04③：42，Cb型Ⅰ式。泥质灰陶。敞口，折沿，沿面向外，圆唇，短束颈，溜肩，弧腹向下内收。肩饰一道凹弦纹。口径40、残高6.5厘米（图九四，7）。

TN04E04③：13，Cb型Ⅱ式。泥质灰黄陶。口微敞，折沿，沿面向外，方唇，短束颈，溜肩。沿面、唇沿及肩各饰一道凹弦纹。口径48、残高5.3厘米（图九四，15）。

TN04E04③：45，Cb型Ⅴ式。泥质灰陶。敞口，折沿外翻卷，沿面向外，尖圆唇，短束颈，溜肩，弧腹向下内收。沿面饰一道凹弦纹，肩饰凹弦纹，上腹饰纵向绳纹。口径36、残高7厘米（图九四，8）。

TN04E04③：37，Cb型Ⅳ式。泥质黑衣褐黄陶。敞口，折沿，沿面向外，方唇，短束颈，溜肩。肩饰一道凹弦纹。口径40.8、残高5厘米（图九四，9）。

TN04E04③：4，D型Ⅳ式。泥质灰黄陶。敞口，折弧沿，沿面略向外，尖圆唇，短束颈，溜肩，直弧腹向下内收。沿面饰八道凹弦纹，肩饰一道凸棱。口径44、残高7.6厘米（图九五，6）。

TN04E04③：47，D型Ⅳ式。泥质灰陶。敛口，折弧沿，尖圆唇，短束颈，溜肩，直弧腹向下内收。沿面饰凹弦纹，肩饰一道凸棱。口径48.8、残高7厘米（图九四，10）。

TN04E04③：53，D型Ⅴ式。泥质灰陶。口略敛，折弧沿，尖圆唇，短束颈，溜肩，弧腹向下内收。素面。口径39.4、残高7.5厘米（图九四，5）。

**11. 陶板瓦**

1件。

TN04E04③：27，Ⅰ式。泥质灰陶。手制，内外均不平，有明显的手制痕迹，制作较粗糙。长方形，横截面呈弧形，边缘有切痕。面饰绳纹，瓦头饰五道凹弦纹。残长24.8、残宽19、高8、厚1.3厘米（图九六，1）。

**12. 陶瓦当**

1件。

TN04E04③：26，泥质灰陶。手制，内外均不平，有明显的手制痕迹，制作较粗糙。当呈圆形。当部素面。当径11、残长4.9厘米（图九六，2）。

**13. 陶筒瓦**

2件。瓦身手制，唇部轮制；侧面有切割痕迹；内外均不平，有明显的手制痕迹，制作较粗糙。

TN04E04③：33，Ⅰ式。泥质灰黄陶。呈半圆形，唇部的凹曲度比较小，唇为尖缘。面饰绳纹。残长15、残宽9、高6、厚0.8厘米（图九六，4）。

TN04E04③：32，Ⅲ式。泥质灰陶。呈半圆形，唇部的凹曲度比较小，唇为尖缘。面饰绳纹，内侧饰有麻点纹。残长12.5、残宽7.5、高6、厚1.1厘米（图九六，3）。

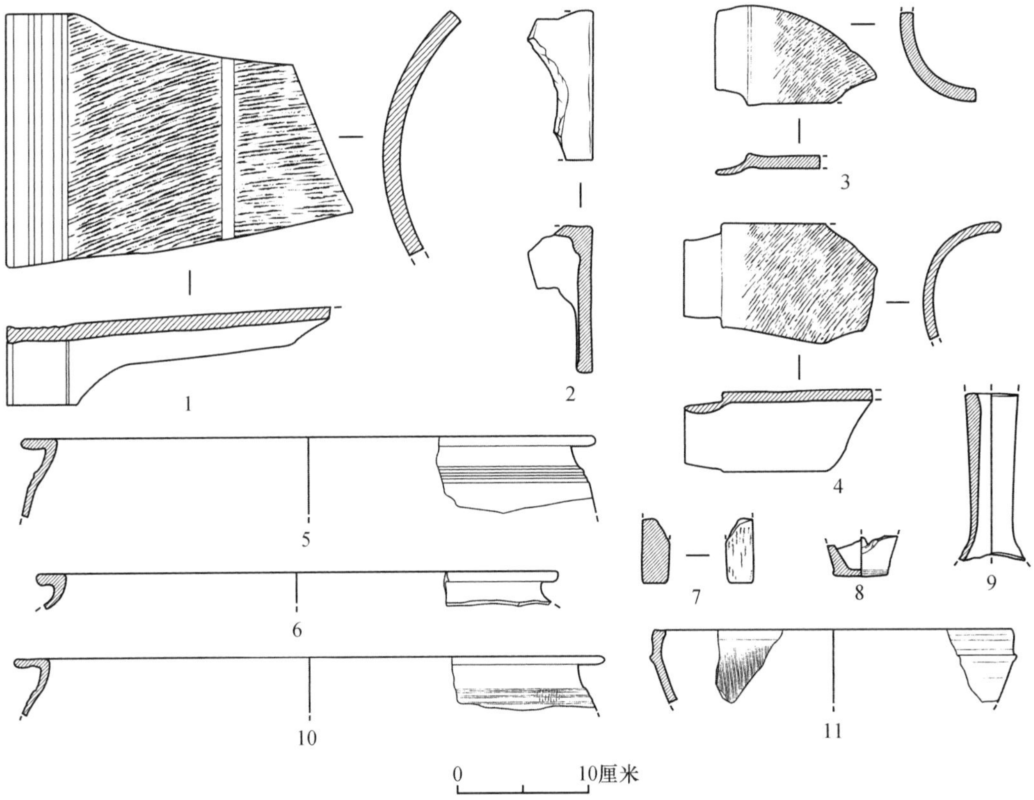


图九六　TN04E04③、②、①出土陶器

1. Ⅰ式板瓦（TN04E04③：27）　2. 瓦当（TN04E04③：26）　3. Ⅲ式筒瓦（TN04E04③：32）
4. Ⅰ式筒瓦（TN04E04③：33）　5、6、10. Ba型Ⅲ式盆（TN04E04②：1、TN04E04②：3、TN04E04①：1）
7. 无法归类鬲足（TN04E04②：4）　8. Ⅲ式釉陶罐底（TN04E04①：2）　9. Ⅰ式豆柄（TN04E04②：2）
11. Ⅱ式釉陶擂钵（TN04E04①：3）

**14. 印纹硬陶罐**

1件。

TN04E04③：28，罐腹残片。褐色硬陶。轮制。腹饰细方格纹。残长7.1、残宽5.5厘米（图九五，11）。

## （二）第2层出土遗物

**1. 陶鬲足**

1件。

TN04E04②：4，无法归类。夹砂褐红陶。手制。柱状足。通体饰绳纹。残高4.8厘米（图九六，7）。

**2. 陶豆柄**

1件。

TN04E04②：2，Ⅰ式。泥质灰黄陶。手制，内、外壁可见手制痕迹。柄稍粗，呈圆柱形，中空。素面。柄径3.4、残高12.4厘米（图九六，9）。

**3. 陶盆**

2件。轮制。

TN04E04②：1，Ba型Ⅲ式。泥质灰陶。敛口，折平沿，圆唇，短束颈，溜肩，弧腹下收。沿面和肩部各饰两道凹弦纹。口径44、残高5.8厘米（图九六，5）。

TN04E04②：3，Ba型Ⅲ式。泥质灰黄陶。敛口，折平沿，圆唇，短束颈，溜肩。素面。口径40、残高2.4厘米（图九六，6）。

## （三）第1层出土遗物

**1. 东周器物**

东周器物仅有陶盆。

1件。

TN04E04①：1，Ba型Ⅲ式。泥质黑衣灰黄陶。轮制。敛口，折平沿，圆唇，束颈，溜肩，弧腹下收。沿面饰四道凹弦纹，肩饰间断绳纹。口径45.6、残高4厘米（图九六，10）。

**2. 明代器物**

（1）釉陶罐

1件。

TN04E04①：2，罐底，Ⅲ式。灰褐色胎。外施酱褐色釉，釉层光泽性差，胎釉结合一般，釉有脱落现象。轮制。弧壁下收，平底。素面。底径4.2、残高3厘米（图九六，8）。

（2）釉陶擂钵

1件。

TN04E04①：3，钵口沿，Ⅱ式。灰褐色胎。外施酱褐色釉，胎釉结合较差，釉已全部脱落。轮制。敛口，方唇，溜肩，弧腹下收，底残，内有凹槽。肩饰一道凸棱。口径28.4、残高6.5厘米（图九六，11）。

# 第二节　第3层下遗迹与出土遗物

第3层下遗迹主要有灰沟5条、灰坑26个、水井26口。

## 一、灰　　沟

共5条，即G5～G9。平面形状有不规则长条形和不规则长方形两种（表一三）。

**表一三　第3层下灰沟出土遗物器类型式一览表**

| 编号 | 器类形制 |
|---|---|
| G5 | 陶鬲AbⅣ1；陶豆AaⅡ1、AbⅡ1、AbⅢ1、BⅠ1、BⅡ1；陶豆盘AⅠ1、AⅢ2、BⅡ1、CⅢ1；陶豆座BⅢ1；陶高领罐CⅢ1 |
| G6 | 陶鬲BaⅠ1、BbⅡ1、BcⅠ1、CⅠ1；陶鬲足AcⅠ3、BaⅡ1；陶盂AⅠ1、BⅠ1、CaⅢ3；陶豆盘AⅢ2、BⅢ1；陶豆座AbⅠ1、AbⅡ1；陶高领罐CⅢ1；陶盆AbⅠ1、AbⅡ2、BaⅠ1、CaⅡ1、CbⅡ2、DⅠ1；骨1 |
| G8 | 陶鬲足AaⅠ1、BaⅠ1；陶盂AⅠ1；陶豆盘BⅡ1；陶豆柄Ⅰ1；陶盘AⅡ1；陶盆BbⅠ1、DⅢ1 |
| G9 | 陶鬲AcⅠ1；陶瓮CⅡ1 |

### （一）不规则长条形

共2条，即G6和G7。

**1. G6**

位于TN02E01东南部和TN02E02南部，北距G8约40厘米，西距H42约113厘米，西南距G9约135厘米。开口于第3层下，打破G7和生土。平面呈不规则长条形，沟壁陡直，沟底较平，未见加工痕迹。沟口至地表深42厘米，沟口东西长1470、南北宽62厘米，沟口至沟底深22～40厘米。沟内填土为灰褐土夹锈斑和少量灰烬，土质较硬结。可辨有鬲、鬲足、盂、豆盘、豆座、高领罐、盆等陶器和骨等遗物（图九七）。

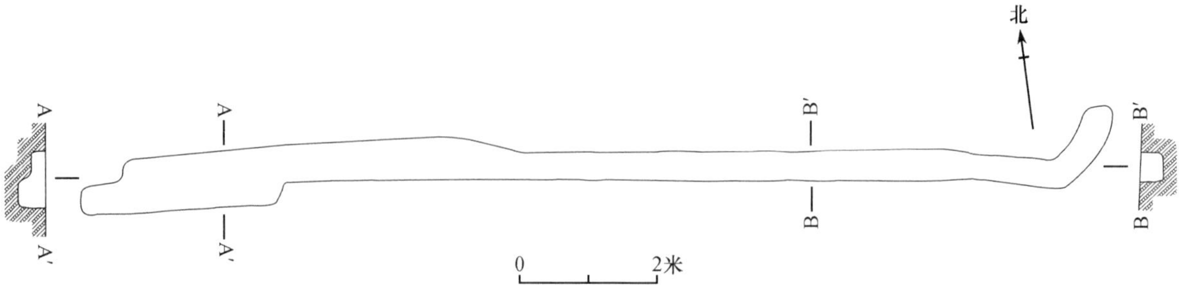


图九七　G6平、剖面图

（1）陶鬲

4件。轮制。

G6：2，Bb型Ⅱ式。夹砂灰陶。口略敛，沿外卷，沿面向内，圆唇，短束颈，深弧腹下收。上腹部饰四道凹弦纹，腹饰间断绳纹。口径38、残高9.8厘米（图九八，8）。

G6：1，Bc型Ⅰ式。夹砂灰陶。敞口，折沿略外斜，圆唇，束颈，溜肩，腹部微鼓，腹壁向下内收，裆微弧；浅足窝，柱状足上粗下细，足尖平；口径大于三足外切圆径，鬲身呈盆形。沿面有两道凹弦纹，肩及上腹饰竖向绳纹，下腹、足、裆部饰交错绳纹。口径24.5、腹径24.9、通高20.4、裆高5厘米（图九八，1；图版五，2）。

G6：8，C型Ⅰ式。夹砂灰黄陶。敛口，折沿，方圆唇，束颈。沿面饰一道凹弦纹，腹饰竖向绳纹。口径25.2、残高6厘米（图九八，2）。

G6：23，Ba型Ⅰ式。夹砂灰黄陶。口径大于腹径。敞口，折平沿，方唇，束颈，溜肩，圆弧腹下收，底残。沿面饰两道、唇沿饰一道凹弦纹，肩腹部饰竖向绳纹。口径25、腹径24.5、残高6.2厘米（图九九，1）。

（2）陶鬲足

4件。手制。

G6：15，Ac型Ⅰ式。夹砂灰黄陶。浅足窝，柱状足上粗下细。饰绳纹。残高10.2厘米（图九九，8）。

G6：16，Ac型Ⅰ式。夹砂灰黄陶。浅足窝，柱状足上粗下细。饰绳纹。残高9.4厘米（图九九，10）。

G6：17，Ac型Ⅰ式。夹砂灰黄陶。浅足窝，柱状足上粗下细。饰绳纹。残高9.8厘米（图九九，9）。

G6：18，Ba型Ⅱ式。夹砂灰黄陶。浅足窝，柱状足上粗下细。饰绳纹。残高7.4厘米（图九九，11）。

（3）陶盂

5件。轮制。

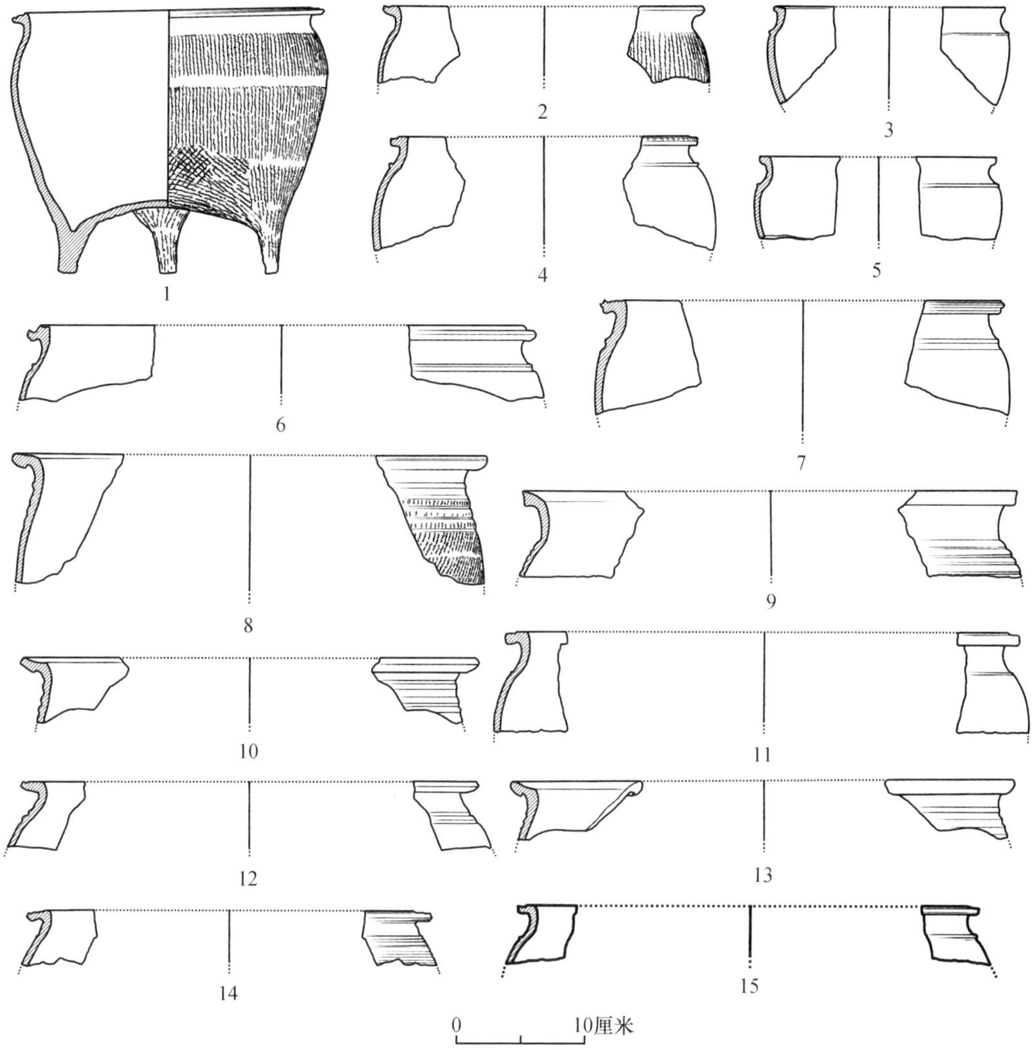


图九八　G6出土陶器

1. Bc型Ⅰ式鬲（G6：1）　2. C型Ⅰ式鬲（G6：8）　3. A型Ⅰ式盂（G6：10）　4、6、7. Ca型Ⅲ式盂（G6：5、G6：14、G6：21）　5. B型Ⅰ式盂（G6：9）　8. Bb型Ⅱ式鬲（G6：2）　9. Ab型Ⅰ式盆（G6：3）　10、13. Ab型Ⅱ式盆（G6：20、G6：19）　11、15. Cb型Ⅱ式盆（G6：6、G6：11）　12. Ba型Ⅰ式盆（G6：22）　14. Ca型Ⅱ式盆（G6：7）

G6：10，A型Ⅰ式。泥质灰陶。直口微敛，折沿，圆唇，短束颈，弧腹。口径18.8、残高6.2厘米（图九八，3）。

G6：9，B型Ⅰ式。泥质灰陶。直口，折沿，圆唇，短束颈，弧腹。素面。口径18.8、残高6.2厘米（图九八，5）。

G6：5，Ca型Ⅲ式。泥质灰陶。敛口，折沿，方唇，短颈，溜肩，圆弧腹。唇沿有一道凹弦纹及点线纹装饰。口径24.2、残高8.8厘米（图九八，4）。

G6：14，Ca型Ⅲ式。泥质灰黄陶。敛口，折沿，方唇，短颈，溜肩，圆弧腹。沿面和肩部各饰一道凹弦纹。口径40、残高5.8厘米（图九八，6）。

G6：21，Ca型Ⅲ式。泥质灰黄陶。口略敛，折平沿，方唇，短束颈，溜肩，圆弧腹下收。沿面和唇沿各饰一道凹弦纹。口径32、残高8.8厘米（图九八，7）。

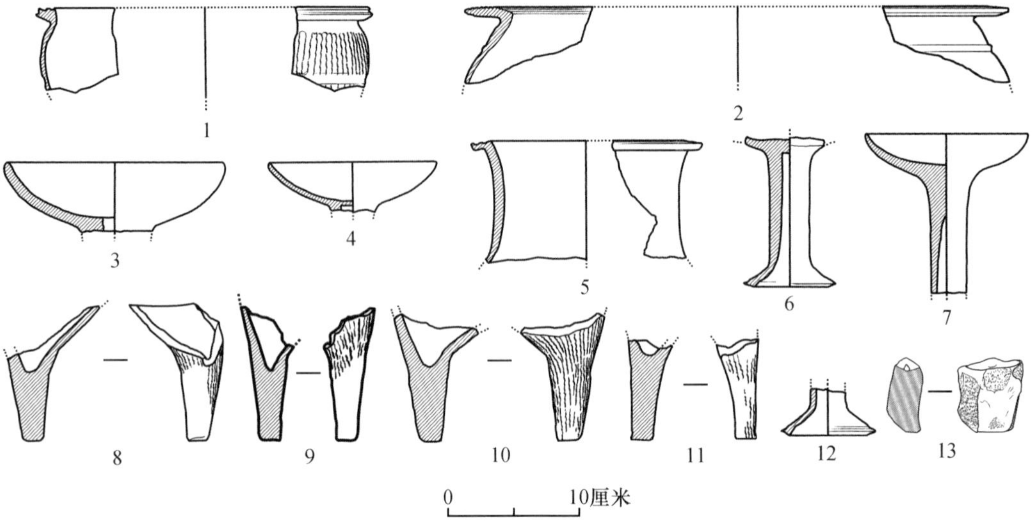

图九九　G6出土遗物

1. Ba型Ⅰ式陶鬲（G6：23）　2. D型Ⅰ式陶盆（G6：4）　3. B型Ⅲ式陶豆盘（G6：24）　4、7. A型Ⅲ式陶豆盘（G6：26、G6：13）　5. C型Ⅲ式陶高领罐（G6：12）　6. Ab型Ⅰ式陶豆座（G6：25）　8～10. Ac型Ⅰ式陶鬲足（G6：15、G6：17、G6：16）　11. Ba型Ⅱ式陶鬲足（G6：18）　12. Ab型Ⅱ式陶豆座（G6：27）　13. 骨（G6：28）

（4）陶豆盘

3件。豆盘轮制，慢轮修整；柄手制，柄内壁可见手制痕迹。

G6：13，A型Ⅲ式。泥质灰陶。盘稍深，细柄。素面。盘径12.5、盘深2.3、残高11.9厘米（图九九，7）。

G6：26，A型Ⅲ式。泥质灰陶。盘稍深。素面。盘径13、盘深2.5、残高3.8厘米（图九九，4）。

G6：24，B型Ⅲ式。泥质褐红陶。深盘。素面。盘径17、盘深4.2、残高5.2厘米（图九九，3）。

（5）陶豆座

2件。豆座轮制，慢轮修整；柄手制，柄内壁可见手制痕迹。

G6：25，Ab型Ⅰ式。泥质褐灰陶。细柄稍高，喇叭形豆座，座面不隆起。素面。座径7、残高11.2厘米（图九九，6）。

G6：27，Ab型Ⅱ式。泥质褐灰陶。喇叭形豆座，座面不隆起。素面。座径7.2、残高3.4厘米（图九九，12）。

（6）陶高领罐

1件。

G6：12，C型Ⅲ式。泥质灰陶。轮制。敞口，折沿，方唇，颈略束。沿面饰两道凹弦纹，颈部素面。口径17.6、残高8.8厘米（图九九，5）。

（7）陶盆

8件。轮制。

G6：3，Ab型Ⅰ式。泥质灰陶。口略敛，沿外卷，沿面向内，方唇，短束颈，弧腹下收。

唇面饰一道、腹饰数道凹弦纹。口径39.2、残高6.6厘米（图九八，9）。

G6：19，Ab型Ⅱ式。泥质灰陶。口略敛，折沿略外卷，沿面向内、略凹，圆唇，斜弧腹下收。上腹饰凹弦纹。口径40、残高4.5厘米（图九八，13）。

G6：20，Ab型Ⅱ式。泥质灰陶。口略敛，折沿略外卷，沿面向内、略凹，圆唇，斜弧腹下收。上腹饰凹弦纹。口径36、残高5.5厘米（图九八，10）。

G6：22，Ba型Ⅰ式。夹砂灰黄陶。口略敞，折平沿，方圆唇，束颈，溜肩。沿面饰一道、肩饰两道凹弦纹。口径36、残高5.2厘米（图九八，12）。

G6：7，Ca型Ⅱ式。夹砂黑衣灰黄陶。口略敛，折沿，沿面略向外，方唇，束颈。口沿饰两道凹弦纹，腹部饰数圈凹弦纹。口径32、残高4.2厘米（图九八，14）。

G6：6，Cb型Ⅱ式。泥质灰陶。口略直，折沿略外斜、沿面窄，圆唇，短束颈，弧腹下收。沿面饰一道凹弦纹，颈、腹部素面。口径40.8、残高7.7厘米（图九八，11）。

G6：11，Cb型Ⅱ式。泥质灰黄陶。口略敛，折平沿，沿面窄，小方唇，短束颈，深弧腹下收。沿面和唇沿各饰一道凹弦纹。口径36.8、残高4.5厘米（图九八，15）。

G6：4，D型Ⅰ式。泥质灰陶。敛口，折沿，沿面向内，尖圆唇，短束颈，弧腹下收。口沿饰八道凹弦纹。口径41.6、残高5.8厘米（图九九，2）。

（8）骨

1件。

G6：28，呈灰白色。宽5、高5.5厘米（图九九，13）。

**2. G7**

位于TN02E01东部和TN03E01东南部，东距G8约190厘米，西距H45约38厘米，西距H42约200厘米，西距G9约140厘米。开口于第3层下，被G6打破，打破生土。平面呈不规则长条形，沟壁斜直，沟底较平，未见加工痕迹。沟口至地表深约50厘米，沟口南北最长1396、东西最宽68厘米，沟口至沟底深10～40厘米。沟内填土为灰色土夹黄土，较纯，土质疏松。未出土遗物（图一〇〇）。

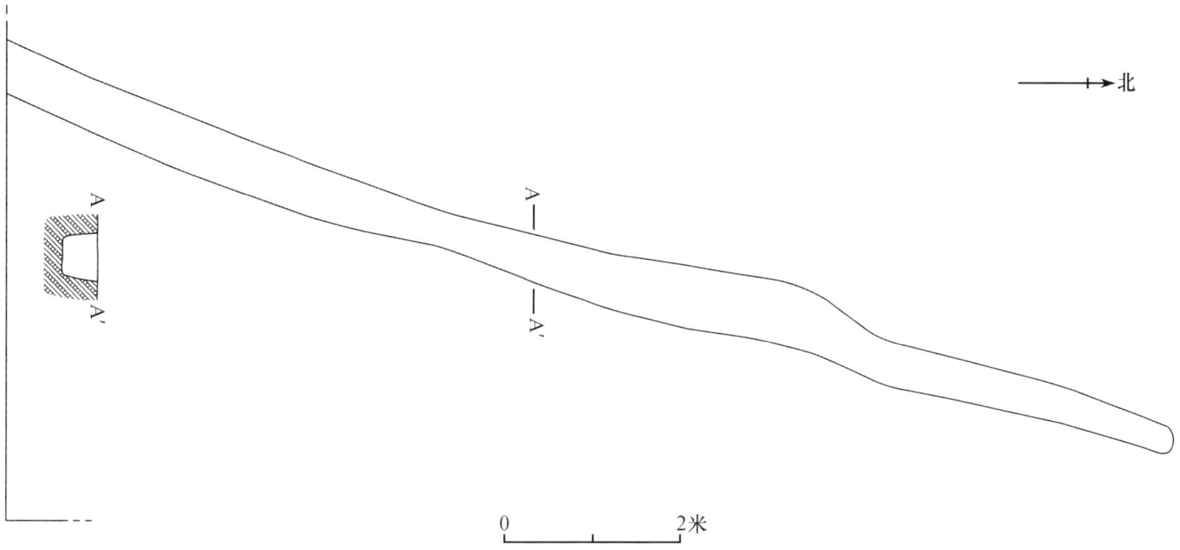


图一〇〇　G7平、剖面图

## （二）不规则长方形

3条，即G5、G8、G9。

### 1. G5

位于TN03E04东南部，距探方西壁600厘米、南壁40厘米；西距H9约130厘米，西距H10约320厘米，南距H16约30厘米。开口于第3层下，打破生土。开口较明显，平面呈圆角长方形，沟壁与沟底构成弧形，平底。沟口距地表深50厘米，沟口南北长556、东西宽132～186厘米，沟底南北长480、东西宽110～150厘米，沟口至沟底深40厘米。沟内堆积仅为一层，土色呈浅灰褐色，含有大量草木灰，较松软，有黏性。可辨有鬲、豆、高领罐等陶器（图一〇一；图版二，1）。

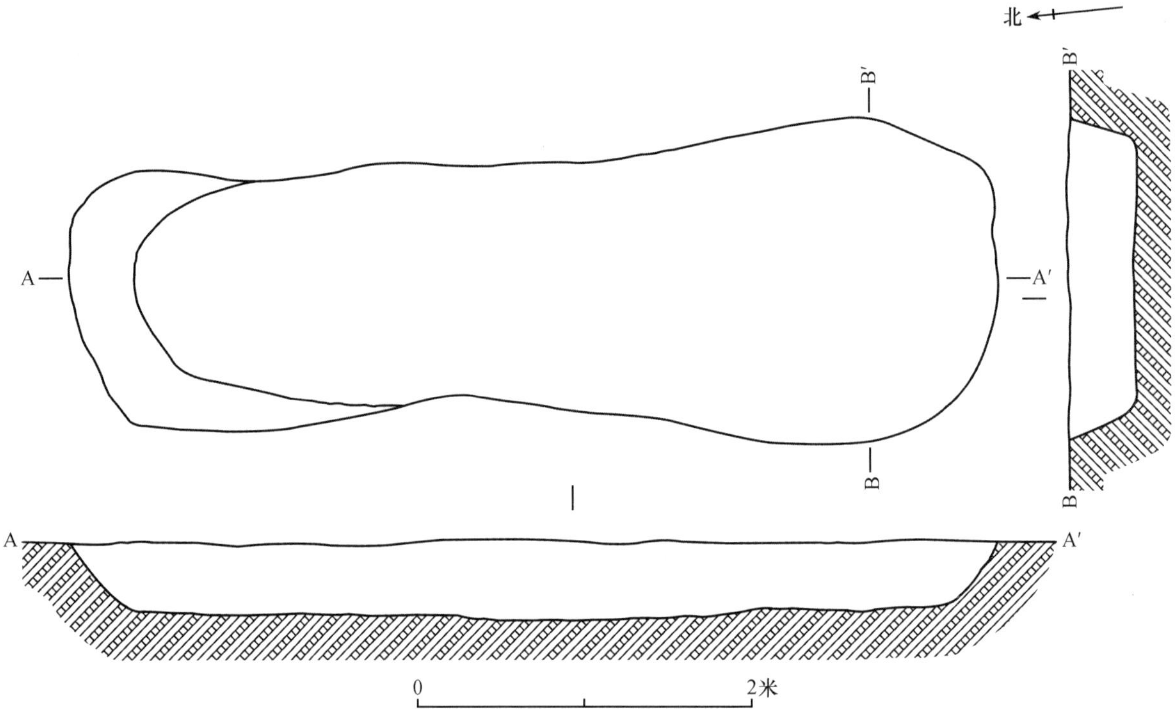

图一〇一　G5平、剖面图

（1）陶鬲

1件。

G5：9，Ab型Ⅳ式。夹砂褐黄陶。轮制。口略敛，折沿，圆唇，唇沿斜向外，短束颈，溜肩。沿面有一道凹弦纹，颈部饰抹平绳纹痕迹，上腹饰竖向绳纹，下腹饰交错绳纹。口径27.4、残高14厘米（图一〇二，1）。

（2）陶豆

5件。豆盘、豆座慢轮修整；柄手制，柄内壁可见手制旋痕。盘壁弧形接柄，柄呈圆柱

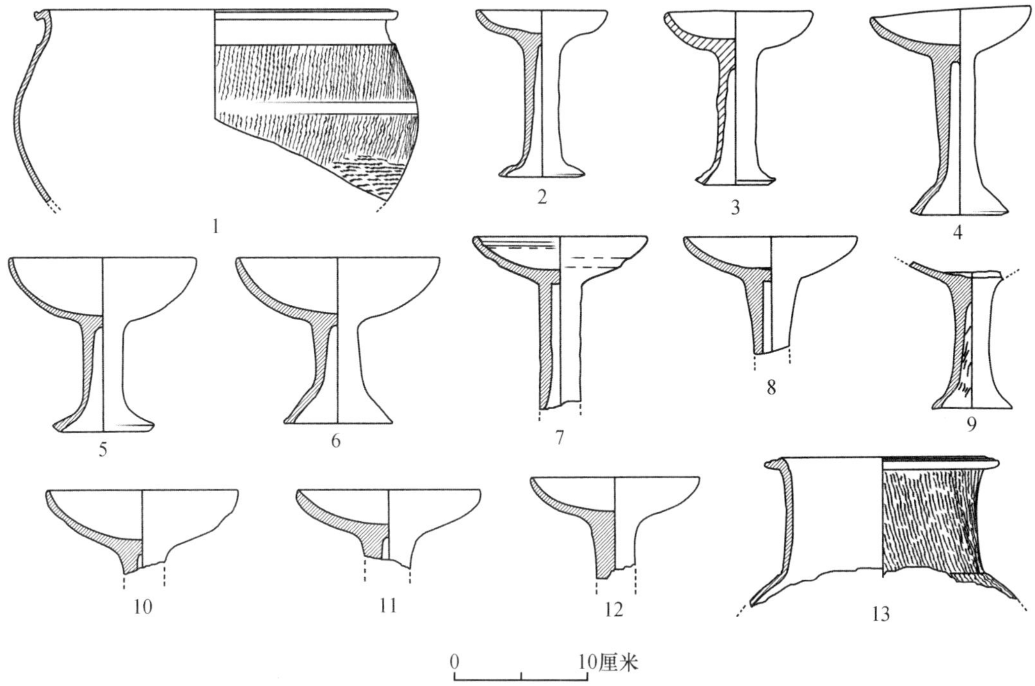


图一〇二　G5出土陶器

1. Ab型Ⅳ式鬲（G5：9）　2. Aa型Ⅱ式豆（G5：8）　3. Ab型Ⅲ式豆（G5：1）　4. Ab型Ⅱ式豆（G5：2）　5. B型Ⅰ式豆（G5：5）　6. B型Ⅱ式豆（G5：3）　7. A型Ⅰ式豆盘（G5：13）　8. C型Ⅲ式豆盘（G5：12）　9. B型Ⅲ式豆座（G5：11）　10. B型Ⅱ式豆盘（G5：7）　11、12. A型Ⅲ式豆盘（G5：4、G5：6）　13. C型Ⅲ式高领罐（G5：10）

形、中空。

G5：8，Aa型Ⅱ式。泥质灰陶。盘径较小，浅盘，细柄稍高，喇叭形豆座，座面微隆起。素面。盘径9.8、盘深1.7、座径6.4、高12.2厘米（图一〇二，2；图版八，3）。

G5：2，Ab型Ⅱ式。泥质灰黄陶。盘径较小，盘稍深，细柄稍高，喇叭形豆座，座面微隆起。素面。盘径12.3、盘深2.7、座径7.5、高15.3厘米（图一〇二，4；图版九，5）。

G5：1，Ab型Ⅲ式。泥质灰陶。盘径较小，盘稍浅，细柄稍高，喇叭形豆座，座面不隆起。素面。盘径10.6、盘深2、座径6、高12.7厘米（图一〇二，3；图版一〇，2）。

G5：5，B型Ⅰ式。泥质灰黄陶。深盘，细柄稍矮，喇叭形豆座，座面不隆起。素面。盘径14.2、盘深4.3、座径7.8、高12.7厘米（图一〇二，5；图版一一，1）。

G5：3，B型Ⅱ式。泥质灰黄陶。深盘，细矮柄，喇叭形豆座，座面微隆起。素面。盘径15.2、盘深4.1、座径8、高12.1厘米（图一〇二，6；图版一一，3）。

（3）陶豆盘

5件。豆盘慢轮修整；柄手制，柄内壁可见手制旋痕。

G5：13，A型Ⅰ式。泥质灰黄陶。豆盘口径较大，深盘，细长柄。素面。盘径13、盘深2.4、残高12.4厘米（图一〇二，7）。

G5：4，A型Ⅲ式。泥质灰黄陶。盘稍深。素面。盘径13.6、盘深2.5、残高5.8厘米（图一〇二，11）。

G5：6，A型Ⅲ式。泥质灰黄陶。盘稍浅，细柄稍高。素面。盘径12.6、盘深2.4、残高7.4厘米（图一〇二，12）。

G5：7，B型Ⅱ式。泥质灰黄陶。豆盘口径较大，深盘，细柄。素面。盘径12.4、盘深3.8、残高6厘米（图一〇二，10）。

G5：12，C型Ⅲ式。泥质灰黄陶。豆盘口径较大，深盘，细柄。素面。盘径13、盘深2.4、残高8.5厘米（图一〇二，8）。

（4）陶豆座

1件。

G5：11，B型Ⅲ式。泥质褐黄陶。豆座慢轮修整；柄手制，柄内壁可见手制旋痕。细柄稍高，喇叭形豆座，座面不隆起。素面。座径6、残高10.6厘米（图一〇二，9）。

（5）陶高领罐

1件。

G5：10，C型Ⅲ式。泥质灰陶。轮制。敞口，折沿，沿面平，方唇，颈略束，溜肩。颈部饰抹平绳纹，肩腹部饰间断绳纹。口径17.8、残高10.8厘米（图一〇二，13）。

**2. G8**

位于TN02E01东部，南距G6约40厘米，西距G7约190厘米。开口于第3层下，打破生土。平面呈圆角长方形，沟壁陡直，沟底较平，未见加工痕迹。沟口至地表深50厘米，沟口东西最长246、南北最宽52厘米，沟口至沟底深62～64厘米。沟内填土为灰色土，致密。可辨有鬲足、盂、豆、盆等陶器（图一〇三）。

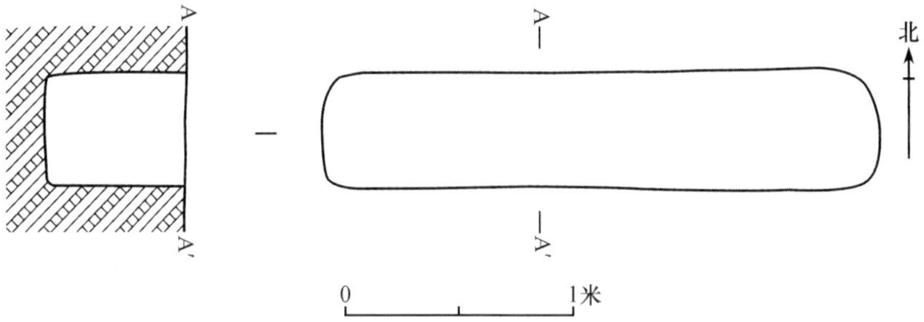

图一〇三　G8平、剖面图

（1）陶鬲足

2件。手制。

G8：5，Aa型Ⅰ式。夹砂灰黄陶，有烟炱。足窝稍深，足端残，裆微弧。通体饰绳纹。残高5.4厘米（图一〇四，5）。

G8：4，Ba型Ⅰ式。夹砂灰黄陶。浅足窝，柱状足上粗下细。通体饰绳纹。残高8.2厘米（图一〇四，7）。

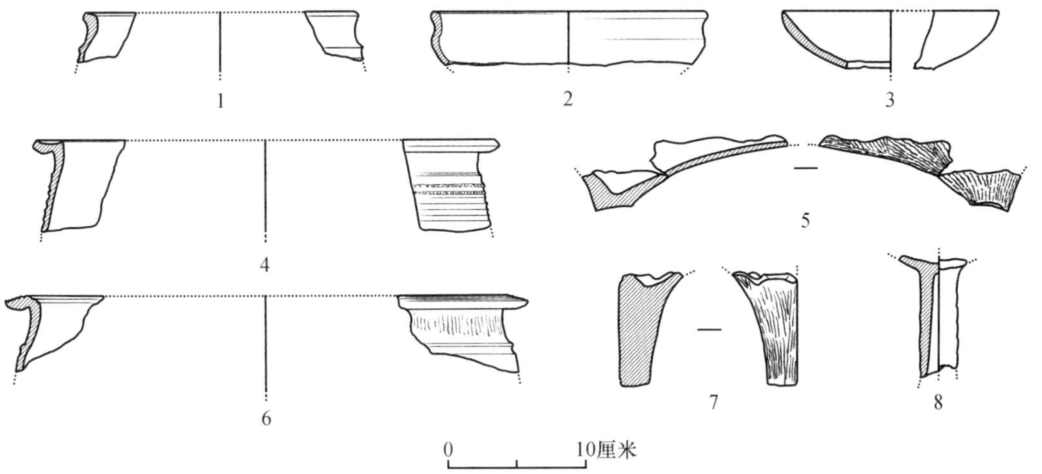


图一〇四　G8出土陶器

1. A型Ⅰ式盂（G8：8）　2. A型Ⅱ式盘（G8：7）　3. B型Ⅱ式豆盘（G8：6）　4. Bb型Ⅰ式盆（G8：1）　5. Aa型Ⅰ式鬲足（G8：5）　6. D型Ⅲ式盆（G8：3）　7. Ba型Ⅰ式鬲足（G8：4）　8. Ⅰ式豆柄（G8：2）

（2）陶盂

1件。

G8：8，A型Ⅰ式。泥质灰黄陶。轮制，器表可见轮制旋痕。敛口，沿略折，沿面向内，圆唇，束颈，折肩，弧腹下收。素面。口径20、残高3.5厘米（图一〇四，1）。

（3）陶豆盘

1件。

G8：6，B型Ⅱ式。泥质灰陶。豆盘慢轮修整。盘径较小，盘稍浅，盘壁弧形接柄。素面。盘径16、残高4厘米（图一〇四，3）。

（4）陶豆柄

1件。

G8：2，Ⅰ式。泥质灰黄陶。柄手制，柄内壁可见手制痕迹。盘壁弧形接柄，细柄稍高、呈圆柱形。中空。素面。残高8.6厘米（图一〇四，8）。

（5）陶盘

1件。

G8：7，A型Ⅱ式。泥质黑皮灰陶。轮制。口略敞，圆唇，短束颈，溜肩，弧腹下收。沿面饰五道凹弦纹，颈、腹部素面。口径20、残高3.8厘米（图一〇四，2）。

（6）陶盆

2件。轮制，器表可见轮制旋痕。

G8：1，Bb型Ⅰ式。泥质灰陶。口略敛，折沿，沿面略凹，方唇，唇部略上卷，束颈。腹饰数圈凹弦纹。口径34、残高6.5厘米（图一〇四，4）。

G8：3，D型Ⅲ式。泥质灰陶。敛口，折沿略外卷，宽沿，尖圆唇，短束颈，弧腹下收。沿面饰五道凹弦纹，颈、腹部素面。口径38、残高5.3厘米（图一〇四，6）。

**3. G9**

位于TN02E01西南部，北距H42约20厘米，东距G7约140厘米，东北距G6约135厘米。开口于第3层下，打破生土。平面呈不规则长方形，沟壁斜直，沟底稍平，未见加工痕迹。沟口至地表深60厘米，沟口东西最长225、南北最宽77厘米，沟口至沟底深40～62厘米。沟内填土为灰色土，致密，较纯。沟壁四周有锈斑和少量草木灰。出土陶片较少，可辨有鬲和瓮等陶器（图一〇五）。

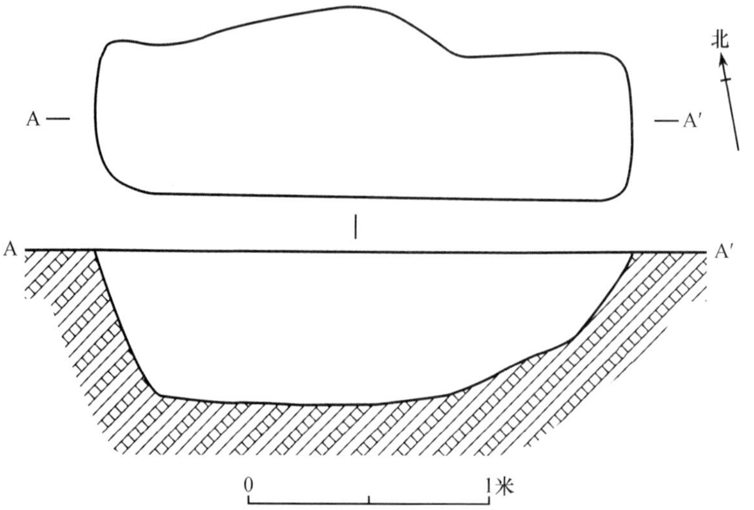


图一〇五　G9平、剖面图

（1）陶鬲

1件。

G9：2，Ac型Ⅰ式。夹砂灰陶。轮制。口略敛，折沿外翻，尖圆唇，唇部略上卷，束颈。唇沿饰一道凹弦纹。口径20、残高5.3厘米（图一〇六，2）。

（2）陶瓮

1件。

G9：1，C型Ⅱ式。泥质黑衣褐黄陶。轮制。敛口，折沿，沿面窄，圆唇，短束颈，溜肩。沿面饰一道凹弦纹，腹饰竖向绳纹。口径40.8、残高7.7厘米（图一〇六，1）。

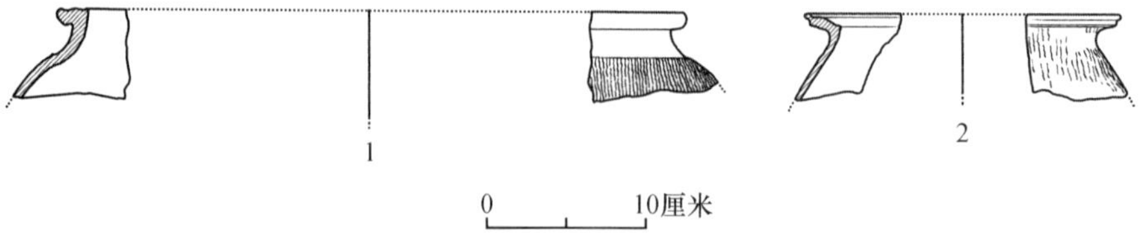


图一〇六　G9出土陶器

1. C型Ⅱ式瓮（G9：1）　2. Ac型Ⅰ式鬲（G9：2）

# 二、灰 坑

共26个，即H25、H26、H30、H35、H39～H60。平面形式有不规则长方形、不规则圆形、不规则椭圆形及不规则形四种。

## （一）不规则长方形

1个，即H25。

位于TN04E01东南部，距探方南壁30厘米、西壁675厘米；北距H26约195厘米，东距H5约5厘米，西距H6约415厘米。开口于第3层下，打破生土。平面呈不规则长方形，坑壁与坑底构成弧形，平底，未见加工痕迹。坑口距地表深71厘米，坑口东西长118、南北宽80厘米，坑底东西长72、南北宽58厘米，坑底距坑口深45厘米。坑内堆积仅为一层，填土灰褐色，较松软，有黏性，夹杂少许草木灰。可辨有盂口沿、豆柄、豆盘等陶器（图一〇七）。

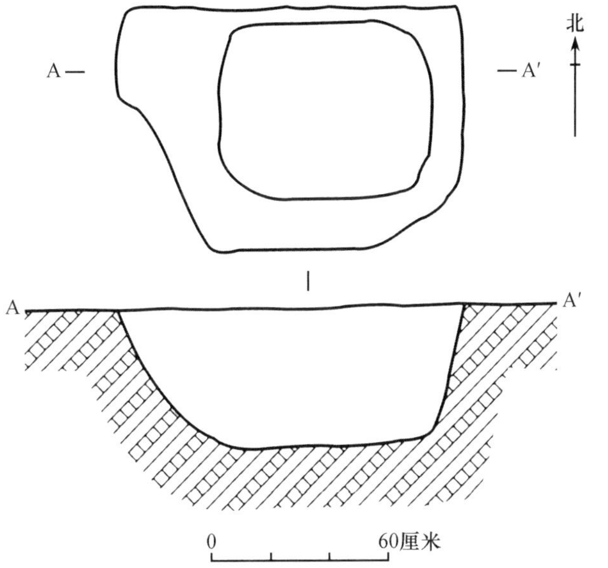


图一〇七 H25平、剖面图

（1）陶盂

1件。

H25：1，Ca型Ⅱ式。泥质黑衣灰陶。轮制。敛口，折沿，沿面略向外，方唇，短束颈，广肩，弧腹。肩饰两道凹弦纹。口径30、残高4.4厘米（图一〇八，1）。

（2）陶豆盘

1件。

H25：4，A型Ⅲ式。泥质灰陶。豆盘轮制，慢轮修整；柄手制，柄内壁可见手制旋痕。盘径稍小，浅盘；盘壁弧形接柄，细柄稍高，柄呈圆柱形、中空。素面。盘径12、盘深2.3、残高10厘米（图一〇八，5）。

（3）陶豆座

1件。

H25：3，Ab型Ⅱ式。泥质灰陶。豆座轮制，慢轮修整；柄手制，柄内壁可见手制旋痕。细柄稍高，柄呈圆柱形、中空，喇叭形豆座，座面微隆起。素面。底径7、残高12.2厘米（图一〇八，7）。

（4）陶豆柄

1件。

H25：2，Ⅰ式。泥质褐红陶。豆盘轮制，慢轮修整；柄手制，柄内壁可见手制旋痕。盘壁弧形接柄，细柄稍高、呈圆柱形、中空。素面。柄径3、残高12厘米（图一〇八，3）。

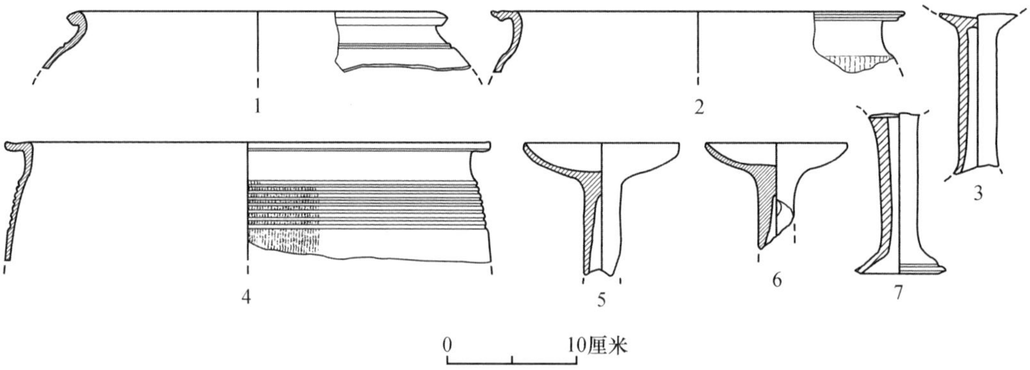


图一〇八　H25、H30、H35出土陶器

1. Ca型Ⅱ式盂（H25：1）　2. Aa型Ⅱ式鬲（H30：1）　3. Ⅰ式豆柄（H25：2）　4. Bb型Ⅰ式盆（H35：1）
5、6. A型Ⅲ式豆盘（H25：4、H30：2）　7. Ab型Ⅱ式豆座（H25：3）

## （二）不规则椭圆形

14个，即H30、H35、H40、H42、H48～H57。

### 1. H30

位于TN04E01东部，距探方西壁630厘米、南壁450厘米；东南被H26打破，西距H47约25厘米。开口于第3层下，打破生土。平面呈不规则椭圆形，坑壁与坑底构成弧形，平底，未见加工痕迹。坑口距地表深60厘米，坑口东西长140、南北宽82厘米，坑底东西长115、南北宽72厘米，坑底距坑口深56厘米。坑内堆积仅为一层，填土灰褐色，较松软，有黏性。可辨有鬲和豆等陶器（图一〇九）。

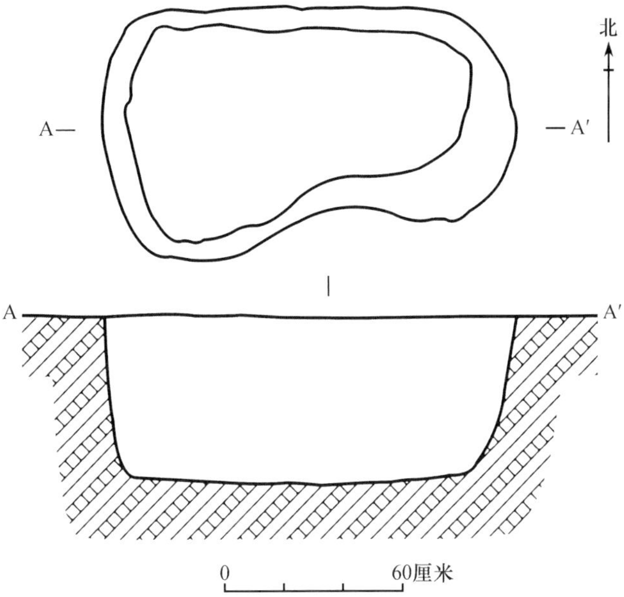


图一〇九　H30平、剖面图

（1）陶鬲

1件。

H30：1，Aa型Ⅱ式，夹砂褐灰陶。轮制。敞口，折平沿，尖圆唇，束颈，溜肩，弧腹壁向下内收。沿面有两道凹弦纹，肩及上腹部饰竖向绳纹。口径32、残高4.6厘米（图一〇八，2）。

（2）陶豆盘

1件。

H30：2，A型Ⅲ式。泥质灰黄陶。豆盘慢轮修整，柄手制，柄内壁可见手制痕迹。盘径稍小，浅盘，盘壁弧形接柄，细柄呈圆柱形、中空，豆座残。素面。盘径11、盘深1.7、残高8.2厘米（图一〇八，6）。

**2. H35**

位于TN02E02中部偏西，南距G6约300厘米，东北距J1约210厘米，西北距J15约200厘米。开口于第3层下，打破生土。平面呈不规则椭圆形，坑壁斜直，坑底高低不平，底部西南部低于东北部，未见加工痕迹。坑口至地表深50厘米，坑口最长260、最宽203厘米，坑口至坑底深40～72厘米。坑内填土为灰褐土，土质较疏松。坑内出土遗物只有陶片，其中以泥质灰陶为主，可见纹饰有绳纹，可辨有1件陶盆（图一一〇）。

H35：1，Bb型Ⅰ式。泥质灰黄陶。轮制。敛口，折沿，方唇，短束颈，弧腹下收。沿面饰一道凹弦纹，肩饰凹弦（点线）纹，上腹饰竖向绳纹。口径38、残高9厘米（图一〇八，4）。

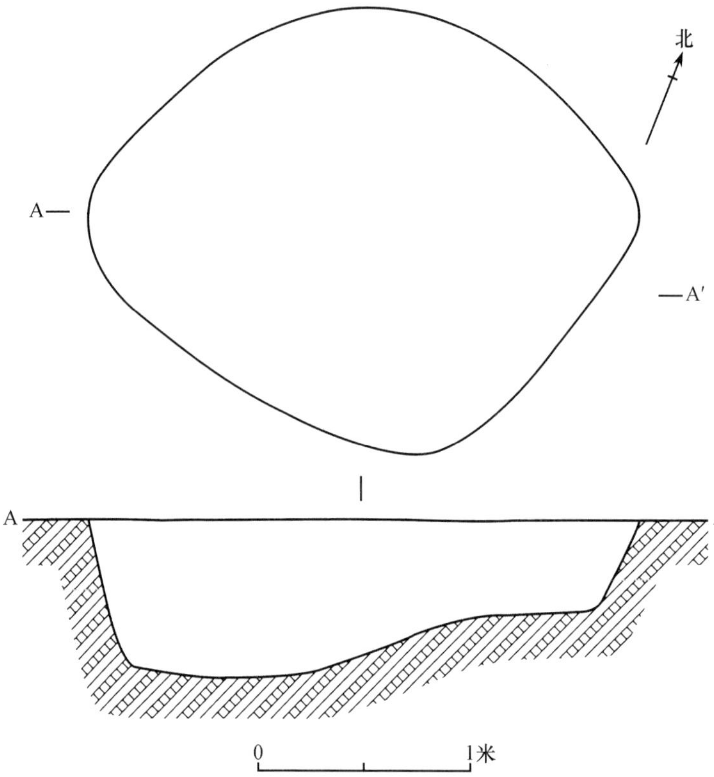


图一一〇　H35平、剖面图

**3. H40**

位于TN04E02西部，距探方西壁40厘米、南壁280厘米；北距H37约95厘米，东距H36约80厘米，南距H31约170厘米。开口于第3层下，打破生土。平面呈不规则椭圆形，坑壁与坑底构成弧形，剖面呈弧状，平底，未见加工痕迹。坑口距地表深62厘米，坑口东西长240、南北宽208厘米，坑底长195、宽166厘米，坑底距坑口深67厘米。坑内堆积仅为一层，填土灰褐泛黄色，较松软，有黏性。可辨有盆口沿、鬲口沿、瓮口沿、盂、长颈壶、盖豆、豆盘、豆柄、豆座等陶器（图一一一；图版三，1）。

（1）陶鬲

3件。轮制。

H40：4，Ab型Ⅳ式。夹砂灰黄陶。直口微敞，折沿，沿面略向外，方唇，短束颈，溜肩，弧腹壁。沿面饰两道凹弦纹，肩饰竖向绳纹。口径40、残高6.6厘米（图一一二，1）。

H40：2，C型Ⅰ式。夹砂黑衣灰陶。直口微敞，折平沿，圆唇，束颈，溜肩，圆弧腹下收，下腹及足残。沿面饰两道弦纹，肩腹部饰间断绳纹。口径28、腹径28.4、残高10.5厘米（图一一二，4）。

H40：14，C型Ⅰ式。夹砂灰陶。敞口微直，折平沿，尖圆唇，短束颈，溜肩，弧腹壁。沿面饰两道凹弦纹，肩饰竖向绳纹。口径28、残高6.5厘米（图一一二，8）。

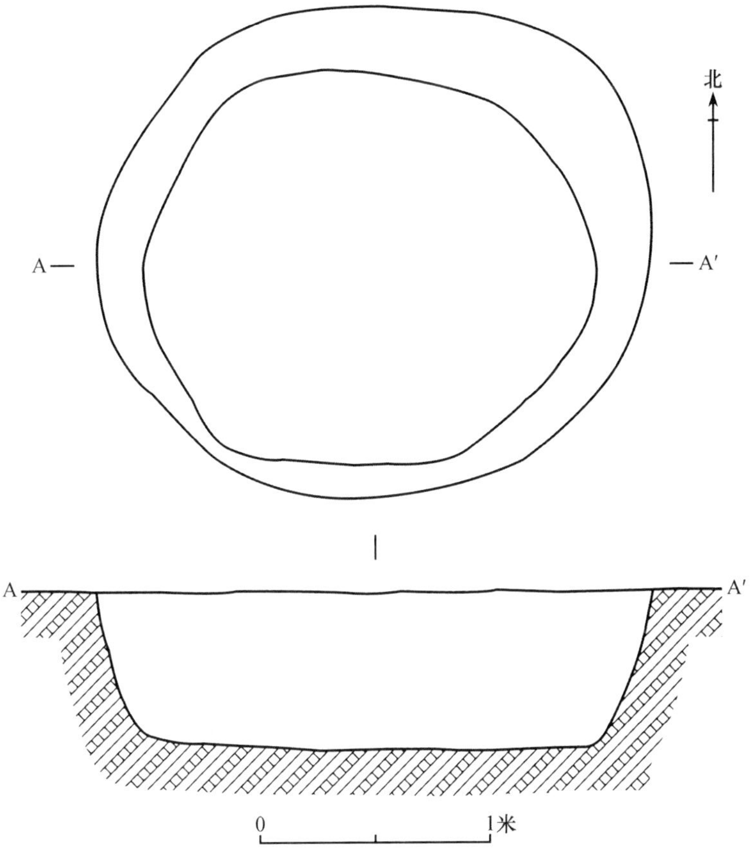


图一一一 H40平、剖面图

（2）陶鬲足

1件。

H40：12，Ab型Ⅰ式。夹砂灰黄陶。手制。深足窝，矮柱状足上粗下细。饰绳纹。残高6.6厘米（图一一三，4）。

（3）陶盂

3件。轮制。

H40：15，A型Ⅱ式。泥质灰陶。敛口，折沿，沿面向内，圆唇，短束颈，溜肩，上腹圆，下腹弧内收，底残。肩饰两道凹弦纹。口径24、腹径25.6、残高9.8厘米（图一一二，10）。

H40：10，B型Ⅲ式。泥质灰陶。敞口略直，折平沿，圆唇，短束颈，溜肩，上腹圆，下腹弧内收，底残。肩饰一道凹弦纹。口径28、腹径28、残高6.4厘米（图一一二，13）。

H40：8，Cb型Ⅱ式。泥质黑衣褐红陶。敛口略直，折沿，尖圆唇，短束颈，溜肩，上腹圆，下腹弧内收，腹较浅，底残。肩饰一道凹弦纹。口径32、腹径33.6、残高10厘米（图一一二，2）。

（4）陶豆盘

4件。豆盘轮制，慢轮修整；柄手制，柄内壁可见手制痕迹。

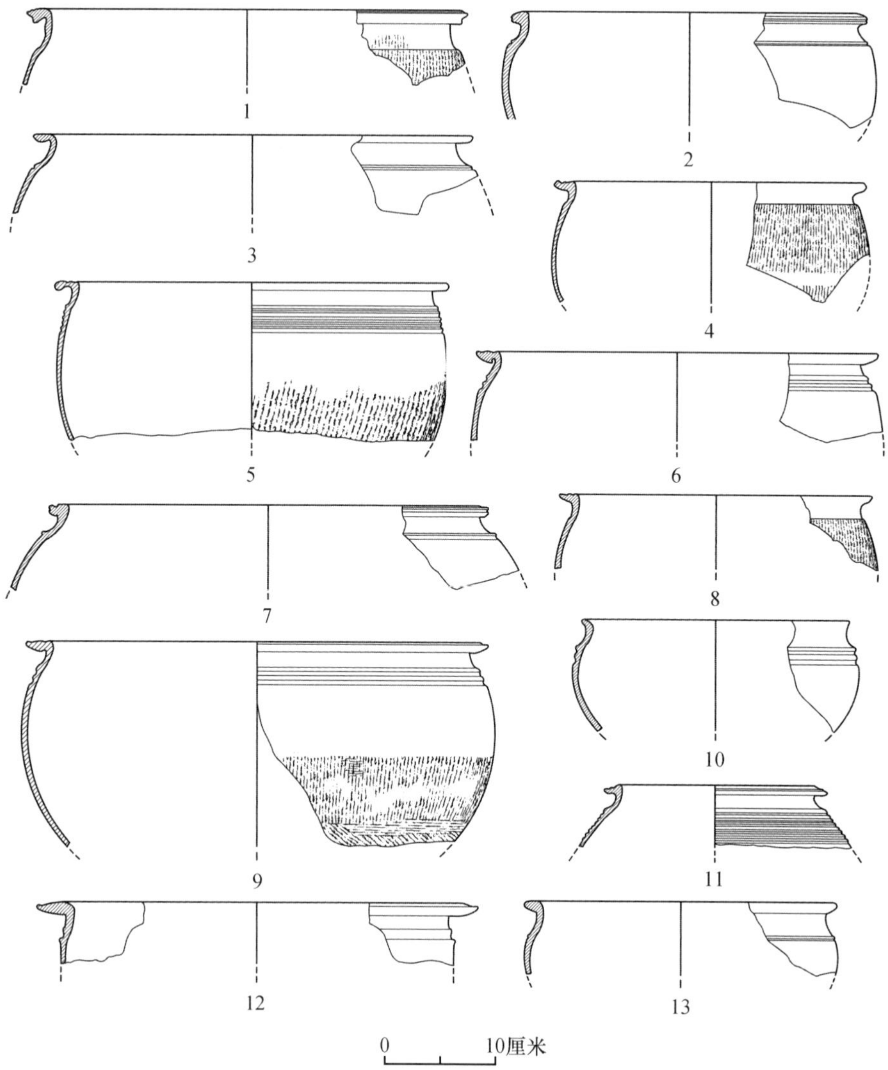


图一一二　H40出土陶器

1. Ab型Ⅳ式鬲（H40∶4）　2. Cb型Ⅱ式盂（H40∶8）　3. Ba型Ⅲ式盆（H40∶7）　4、8. C型Ⅰ式鬲（H40∶2、H40∶14）　5、6. Ba型Ⅰ式盆（H40∶1、H40∶5）　7. Ca型Ⅲ式盆（H40∶9）　9. Ca型Ⅱ式盆（H40∶19）　10. A型Ⅱ式盂（H40∶15）　11. Da型Ⅱ式瓮（H40∶3）　12. Bb型Ⅱ式盆（H40∶6）　13. B型Ⅲ式盂（H40∶10）

H40∶13，A型Ⅰ式。泥质黑衣灰黄陶。盘径较小，浅盘，盘壁弧形接柄，细柄较高，豆座残。素面。盘径13、盘深2.3、残高17.8厘米（图一一三，7）。

H40∶21，A型Ⅱ式。泥质黑衣灰黄陶。盘径较小，浅盘，盘壁弧形接柄，细柄呈圆柱状、中空，豆座残。素面。盘径12、盘深2.3、残高6.8厘米（图一一三，8）。

H40∶17，B型Ⅱ式。泥质灰黄陶。盘稍深，盘壁弧形接柄，细柄呈圆柱状、中空，豆座残。素面。盘径14.4、盘深3.2、残高5.4厘米（图一一三，9）。

H40∶18，C型Ⅱ式。泥质灰陶。盘径较小，浅盘，盘壁弧形接柄，细柄稍高、呈圆柱状、中空，豆座残。素面。口径12、盘深2、残高12厘米（图一一三，6）。

（5）陶豆座

1件。豆座轮制，慢轮修整；柄手制，柄内壁可见手制痕迹。

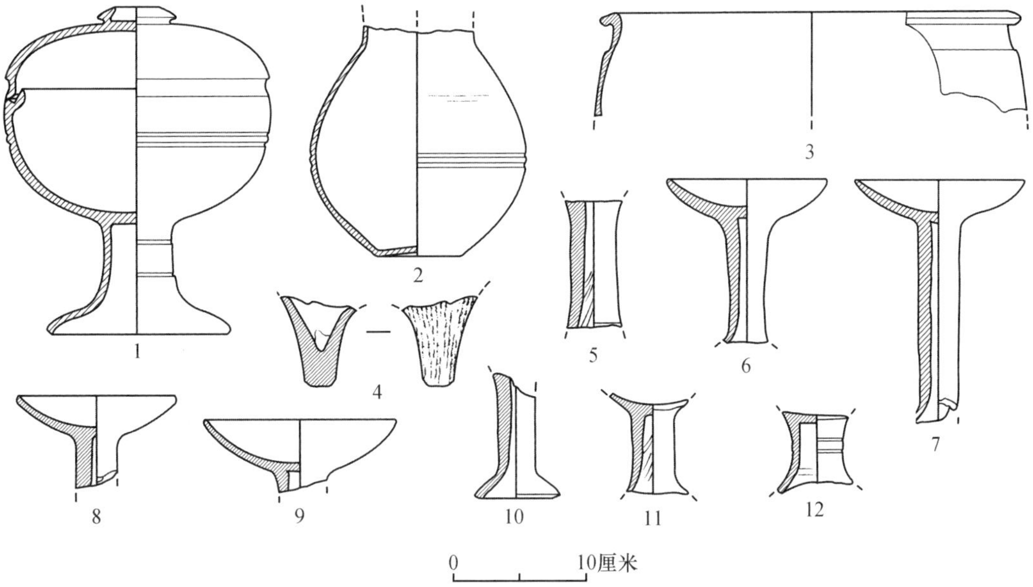


图一一三　H40出土陶器

1. 盖豆（H40：11）　2. A型Ⅲ式长颈壶（H40：16）　3. Cb型Ⅴ式盆（H40：20）　4. Ab型Ⅰ式鬲足（H40：12）　5. Ⅲ式豆柄（H40：24）　6. C型Ⅱ式豆盘（H40：18）　7. A型Ⅰ式豆盘（H40：13）　8. A型Ⅱ式豆盘（H40：21）　9. B型Ⅱ式豆盘（H40：17）　10. Ab型Ⅱ式豆座（H40：25）　11. Ⅶ式豆柄（H40：22）　12. 盖豆柄（H40：23）

H40：25，Ab型Ⅱ式。泥质黑衣灰黄陶。细柄呈圆柱状、中空，喇叭形豆座，座面隆起。柄径2.9、座径6.4、残高9.2厘米（图一一三，10）。

（6）陶豆柄

2件。豆盘慢轮修整；柄手制，柄内壁可见手制痕迹。

H40：24，Ⅲ式。泥质灰黄陶。粗柄稍高，呈圆柱状，中空。柄径4、残高9.2厘米（图一一三，5）。

H40：22，Ⅶ式。泥质灰黄陶。盘壁弧形接柄，粗矮柄呈圆柱状、中空，喇叭形豆座残。柄径3.3、残高7.4厘米（图一一三，11）。

（7）陶盖豆

2件。

H40：11，泥质外褐内灰陶。慢轮修整。子口承盖，敛口；盖隆起，上有一圆形纽；腹稍深，腹壁较圜；盘壁弧形接柄，柄粗短；座呈喇叭状，座面微隆起。腹饰三道凹弦纹。口径17.2、腹径20、座径13.8、通高24.2、座高8.6厘米（图一一三，1；图版一一，6）。

H40：23，盖豆柄。泥质黑衣灰陶。柄粗短，手制，柄内壁可见手制痕迹。柄径4.9、残高6厘米（图一一三，12）。

（8）陶长颈壶

1件。

H40：16，A型Ⅲ式。泥质灰陶。轮制，内外可见轮制的旋痕。口、颈残，溜肩，圆形鼓腹，底微凹。颈饰一道、腹饰两道凹弦纹。腹径16.2、底径6、残高16.6厘米（图一一三，2）。

（9）陶瓮

1件。

H40：3，Da型Ⅱ式。泥质灰黄陶。轮制。敛口，折沿，沿面略向外，尖圆唇，短束颈，溜肩，腹和底残缺。沿面饰两道凹弦纹，肩饰凹弦纹。口径20、残高6.1厘米（图一一二，11）。

（10）陶盆

7件。轮制。

H40：5，Ba型Ⅰ式。泥质灰黄陶。口略直，折平沿外卷，尖圆唇，短束颈，溜肩，弧腹下收。沿面和肩各饰两道凹弦纹。口径36、残高7.8厘米（图一一二，6）。

H40：1，Ba型Ⅰ式。泥质灰陶。敛口，折平沿略外卷，圆唇，束颈，溜肩，弧腹下收。沿面饰两道、肩饰四道凹弦纹，下腹饰绳纹。口径36、腹径35.6、残高14厘米（图一一二，5）。

H40：7，Ba型Ⅲ式。泥质灰黄陶。敛口，折平沿略外卷，圆唇，短束颈，溜肩，弧腹下收。肩饰一道凹弦纹。口径40、残高7厘米（图一一二，3）。

H40：6，Bb型Ⅱ式。泥质灰陶。口略敛，折平沿，沿面略向外，尖圆唇，短束颈，溜肩，直弧腹下收。颈饰一道凹弦纹。口径40、残高5.4厘米（图一一二，12）。

H40：19，Ca型Ⅱ式。泥质灰黄陶。敛口，折平沿，尖圆唇，束颈，溜肩，弧腹下收，底残。沿面和肩各饰两道凹弦纹，下腹部饰竖向绳纹和交错绳纹。口径42、腹径40.8、残高17.8厘米（图一一二，9）。

H40：9，Ca型Ⅲ式。泥质灰黄陶。敛口，折平沿，方唇，短束颈，溜肩，弧腹下收。沿面、肩各饰一道凹弦纹。口径40、残高7.6厘米（图一一二，7）。

H40：20，Cb型Ⅴ式。泥质灰黄陶。口微敞，折沿，沿面略向外，圆唇，短束颈，溜肩，弧腹壁。素面。口径32、残高7.6厘米（图一一三，3）。

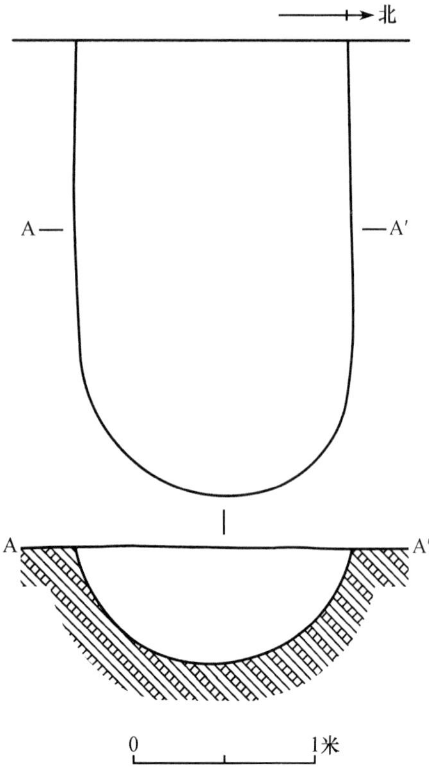

图一一四　H42平、剖面图

**4. H42**

位于TN02E01西壁南部，北距H39约200厘米，南距G9约20厘米，东距G6约113厘米。开口于第3层下，打破生土。平面残部为椭圆形，坑壁斜弧，坑底呈锅底状，未见加工痕迹。坑口至地表深56厘米，坑口东西残长254、南北宽153厘米，坑口至坑底深62厘米。坑内填土为灰褐土夹白灰及锈斑，土质硬结。出土陶片较少，可辨有豆座、盆等陶器（图一一四）。

（1）陶豆座

1件。

H42：3，Ab型Ⅱ式。泥质灰陶。豆座慢轮修整；柄手制，柄内壁可见手制痕迹。细柄呈圆柱形、中空，喇叭形豆座，座面微隆起。柄径3、座径7.2、残高7.2厘米（图一一五，14）。

（2）陶盆

2件。轮制。

H42∶2，Aa型Ⅰ式。泥质灰陶。直口微敞，折平沿，圆唇，短束颈，溜肩。沿面和肩部各饰一道凹弦纹。口径38、残高4.8厘米（图一一五，1）。

H42∶1，Ab型Ⅰ式。泥质灰陶。敛口，折沿，沿面向内，方唇，束颈，溜肩。沿面中部微凸起，唇沿饰一道凹弦纹。口径27、残高4.6厘米（图一一五，2）。

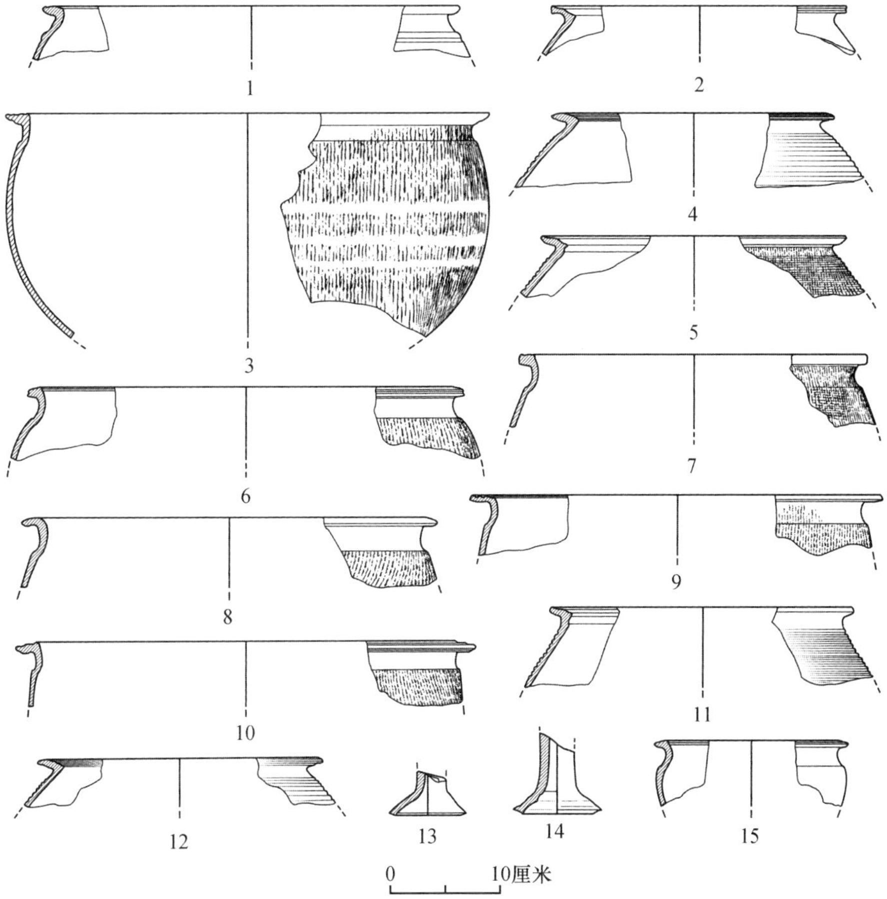


图一一五　H42、H48、H49出土陶器

1. Aa型Ⅰ式盆（H42∶2）　2. Ab型Ⅰ式盆（H42∶1）　3. Ba型Ⅰ式鬲（H49∶1）　4、12. Ab型Ⅰ式瓮（H49∶2、H49∶6）　5、11. Ab型Ⅱ式瓮（H49∶5、H48∶5）　6、8. Ab型Ⅳ式鬲（H48∶1、H48∶2）　7. Aa型Ⅱ式鬲（H48∶4）　9. Bb型Ⅰ式鬲（H48∶3）　10. Bc型Ⅰ式鬲（H49∶4）　13. Ab型Ⅰ式豆座（H48∶6）　14. Ab型Ⅱ式豆座（H42∶3）　15. Cb型Ⅲ式盂（H49∶3）

**5. H48**

位于TN02E04东南部，紧挨东隔梁，东距东隔梁80厘米，北部被H33打破，西北距J14约100厘米，东北距H15约150厘米。开口于第3层下，打破生土。平面呈不规则椭圆形，坑壁斜

直，坑底凸凹不平，未见加工痕迹。坑口至地表深50厘米，坑口南北最宽154、东西最长240厘米，坑口至坑底深35厘米。坑内填土主要为黑灰色土，内有草木灰和陶片，土质松软。可辨有鬲口沿、瓮口沿、豆座等陶器（图一一六）。

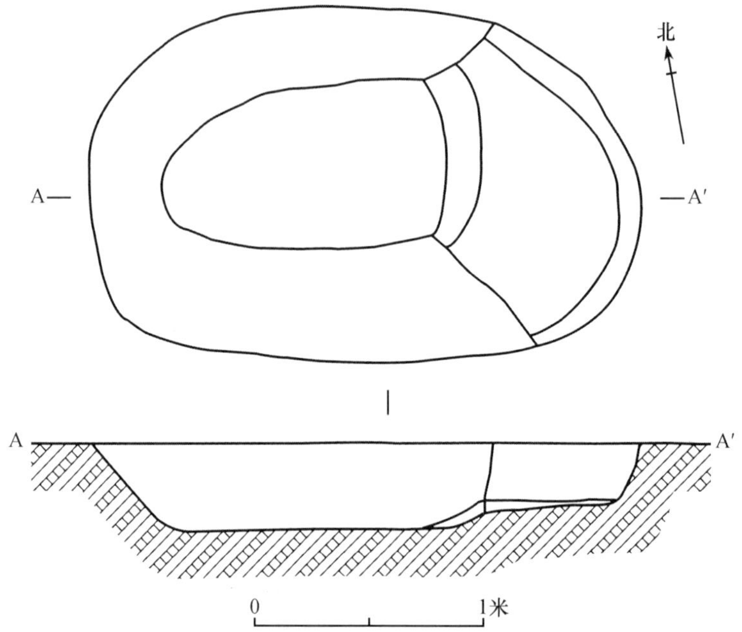


图一一六　H48平、剖面图

（1）陶鬲

4件。轮制。

H48：4，Aa型Ⅱ式。夹砂灰黄陶。敞口，折平沿，方唇，短束颈，溜肩，弧腹下收。沿面饰两道凹弦纹，颈饰抹平绳纹，肩饰纵向绳纹。口径32、残高6.4厘米（图一一五，7）。

H48：1，Ab型Ⅳ式。夹砂灰黄陶。敞口，折沿，沿面向外，方唇，短束颈，溜肩，弧腹下收。唇沿饰一道凹弦纹，肩饰纵向绳纹。口径40、残高6.5厘米（图一一五，6）。

H48：2，Ab型Ⅳ式。夹砂灰黄陶。敞口，折沿外翻卷，尖圆唇，束颈，溜肩，弧腹下收。肩饰纵向绳纹。口径38、残高6.2厘米（图一一五，8）。

H48：3，Bb型Ⅰ式。夹砂灰陶。敞口，折平沿，方唇，短束颈，溜肩，直弧腹下收。沿面饰三道凹弦纹，颈饰抹平绳纹，肩饰纵向绳纹。口径38、残高5.3厘米（图一一五，9）。

（2）陶豆座

1件。

H48：6，Ab型Ⅰ式。泥质灰陶。豆座慢轮修整；柄手制，柄内壁可见手制按窝痕迹。细柄，柄呈圆柱状、中空，喇叭形豆座，座面隆起。底径7、残高3.9厘米（图一一五，13）。

（3）陶瓮

1件。

H48：5，Ab型Ⅱ式。夹砂灰陶。轮制。敛口，折沿，沿面向内，圆唇，短束颈，溜肩，斜弧腹下收。沿面饰两道凹弦纹，肩饰凹弦纹。口径28、残高7厘米（图一一五，11）。

**6. H49**

位于TN03E01中部，距探方西壁520厘米、南壁420厘米；西北距H53约180厘米，东距J25约105厘米，南距H12约15厘米。开口于第3层下，打破生土。平面呈不规则椭圆形，坑壁与坑底构成弧形，底部微圜，东高西低呈缓坡状，未见加工痕迹。坑口距地表深50厘米，坑口东西长230、南北宽158厘米，坑口距坑底深73厘米。坑内堆积仅为一层，填土以灰褐色为主，有少量黄褐色土，质地较软，包含少许草木灰。可辨有鬲、瓮、盂等陶器（图一一七）。

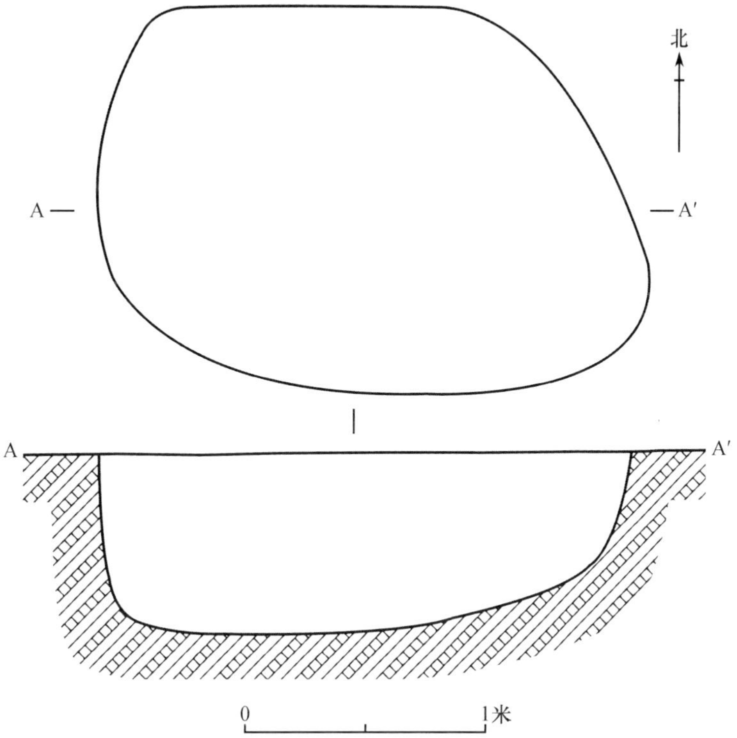


图一一七　H49平、剖面图

（1）陶鬲

2件。轮制。

H49：1，Ba型Ⅰ式。夹砂灰陶。敞口，折平沿，尖圆唇，短束颈，溜肩，圆弧腹下收。唇沿饰三道凹弦纹，颈饰抹平绳纹，肩及腹部饰绳纹。口径44、腹径44、残高19.8厘米（图一一五，3）。

H49：4，Bc型Ⅰ式。夹砂灰黄陶。敞口，折沿，沿面向外，尖圆唇，短束颈，溜肩，直弧腹。唇沿饰两道凹弦纹，肩饰纵向绳纹。口径42、残高5.8厘米（图一一五，10）。

（2）陶盂

1件。

H49：3，Cb型Ⅲ式。泥质灰黄陶。轮制。口微敞，折沿，沿面向外，尖圆唇，短束颈，溜肩，圆弧腹下收。沿面饰两道凹弦纹。口径18、残高6厘米（图一一五，15）。

（3）陶瓮

3件。轮制。

H49：6，Ab型Ⅰ式。泥质灰黄陶。敛口，折沿，沿面中部凸起，沿面向内，尖圆唇，束颈，溜肩，斜弧腹。唇沿和肩部饰凹弦纹。口径26、残高4.2厘米（图一一五，12）。

H49：2，Ab型Ⅰ式。泥质灰黄陶。敛口，折沿，沿面中部凸起，沿面向内，尖圆唇，束颈，溜肩，斜弧腹。唇沿和肩部饰凹弦纹。口径26、残高6.6厘米（图一一五，4）。

H49：5，Ab型Ⅱ式。泥质灰黄陶。敛口，折沿，沿面中部凸起，沿面向内，尖圆唇，束颈，溜肩，斜弧腹。唇沿饰两道凹弦纹，肩部饰间断绳纹。口径28、残高5.4厘米（图一一五，5）。

**7. H50**

位于TN03E01西部，距探方西壁140厘米、南壁360厘米；北距H53约75厘米，东距H49约110厘米，西南距J23约130厘米。开口于第3层下，打破生土。平面呈不规则椭圆形，坑壁与坑底构成弧形，底部呈不规则形，西高东低呈缓坡状，未见加工痕迹。坑口至地表深55厘米，坑口东西长267、南北宽182厘米，坑底距坑口深50厘米。坑内堆积仅为一层，填土以灰褐色土为主，有少量黄褐色土，土质较紧密。可辨有鬲、盂、豆盘、豆座、豆柄、瓮等陶器（图一一八）。

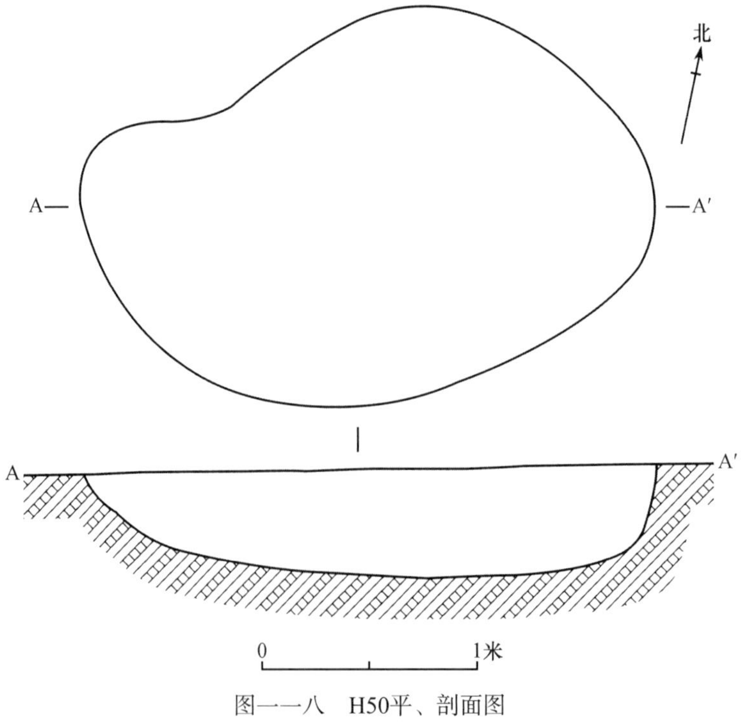


图一一八　H50平、剖面图

（1）陶鬲

2件。轮制。

H50：9，Ab型Ⅳ式。夹砂灰黄陶。口略敞，折沿，沿面向外，方唇，束颈，溜肩，弧腹下收。沿面、唇沿各饰一道凹弦纹，肩饰纵向绳纹。口径30、残高5.7厘米（图一一九，3）。

H50：10，C型Ⅰ式。夹砂灰陶。口略敞，折平沿，方唇，短束颈，溜肩，弧腹下收。肩饰纵向绳纹。口径26、残高4.8厘米（图一一九，4）。

（2）陶盂

3件。轮制。

H50：2，A型Ⅰ式。泥质黑衣灰黄陶。敛口，折沿，沿面向内，方唇，短束颈，溜肩，弧腹下收。肩部饰两道凹弦纹。口径20、残高7厘米（图一一九，10）。

H50：8，A型Ⅰ式。泥质灰黄陶。敛口，折沿，沿面向内，方唇，短束颈，溜肩，弧腹下收。肩饰两道凹弦纹。口径22.4、腹径23、残高6.6厘米（图一一九，6）。

H50：4，Ca型Ⅱ式。泥质灰黄陶。直口，折沿，沿面向外，方唇，短束颈，溜圆肩，弧腹下收。沿面、唇沿及肩部各饰一道凹弦纹。口径40、残高5.4厘米（图一一九，1）。

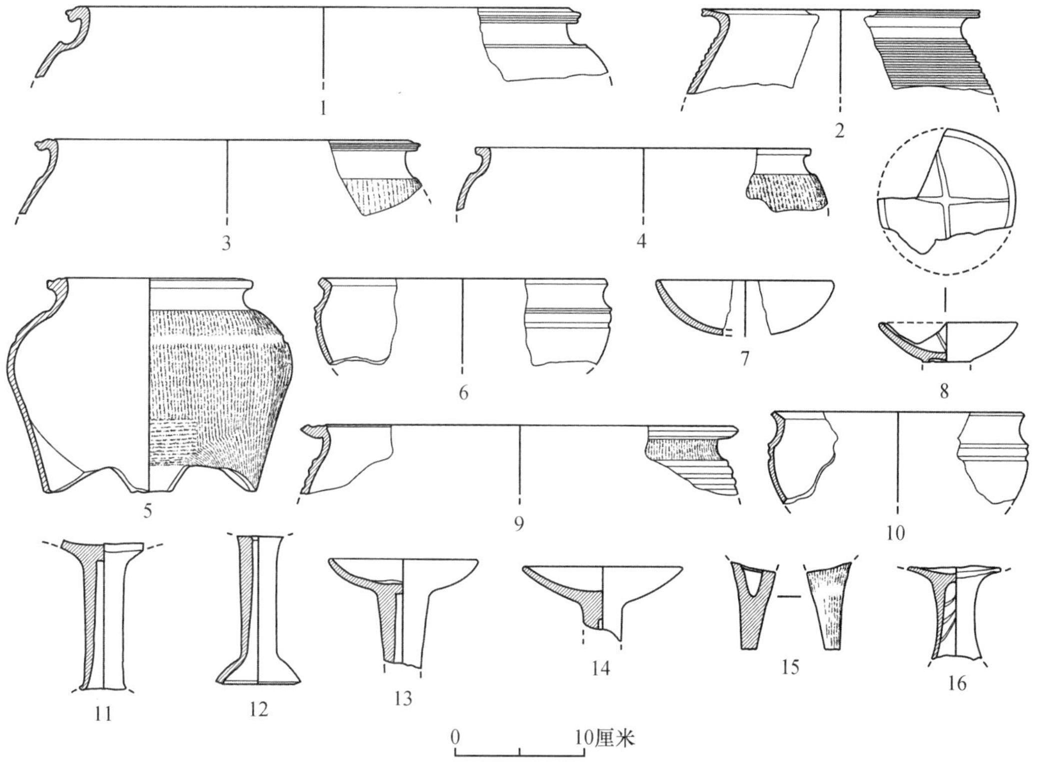


图一一九　H50、H51出土陶器

1. Ca型Ⅱ式盂（H50：4）　2. Aa型Ⅰ式瓮（H50：1）　3. Ab型Ⅳ式鬲（H50：9）　4. C型Ⅰ式鬲（H50：10）　5. Ab型Ⅲ式鬲（H51：1）　6、10. A型Ⅰ式盂（H50：8、H50：2）　7. B型Ⅲ式豆盘（H51：6）　8. A型Ⅲ式豆盘（H51：4）　9. Ba型Ⅰ式盆（H51：2）　11. Ⅰ式豆柄（H50：5）　12. Ab型Ⅱ式豆座（H50：6）　13. C型Ⅰ式豆盘（H50：3）　14. A型Ⅰ式豆盘（H50：7）　15. Ac型Ⅰ式鬲足（H51：3）　16. Ⅶ式豆柄（H51：5）

（3）陶豆盘

2件。豆盘轮制，慢轮修整；柄手制，柄内壁可见手制痕迹。

H50：7，A型Ⅰ式。泥质黑衣褐黄陶。盘径较小，浅盘，盘壁弧形接柄；细柄呈圆柱状，中空。盘径12.4、盘深1.9、残高11.2厘米（图一一九，14）。

H50：3，C型Ⅰ式。泥质灰黄陶。盘径较小，浅盘，盘壁弧形接柄，柄稍粗、呈圆柱状，中空。盘径11.6、盘深1.9、残高8.2厘米（图一一九，13）。

（4）陶豆座

1件。

H50：6，Ab型Ⅱ式。泥质灰黄陶。豆座轮制，慢轮修整；柄手制，柄内壁可见手制痕迹。细柄稍高、呈圆柱状、中空，喇叭形豆座，座面隆起。柄径2.6、座径6.8、残高11.2厘米（图一一九，12）。

（5）陶豆柄

1件。

H50：5，Ⅰ式。泥质灰陶。柄手制，柄内壁可见手制痕迹。盘壁弧形接柄；柄稍粗，呈圆柱状，中空；喇叭形豆座残。柄径3.1、残高11.2厘米（图一一九，11）。

（6）陶瓮

1件。

H50：1，Aa型Ⅰ式。泥质灰黄陶。轮制。敛口，折沿，沿面向内，方唇，束颈，溜肩，斜弧腹。唇沿和肩部饰凹弦纹。口径22、残高6.8厘米（图一一九，2）。

**8. H51**

位于TN03E02西壁，西部进入TN03E01的东隔梁，距探方南壁120厘米；北部被H28叠压，东距J17约200厘米。开口于第3层下，打破生土。平面呈不规则椭圆形，坑壁呈弧形，圜底近平，未见加工痕迹。坑口距地表深56厘米，坑口南北长310、东西宽220厘米，坑底长136、宽50～122厘米，坑底距坑口深140厘米。坑内堆积仅一层，填土以灰色土为主，杂有黄褐色土，包含少许草木灰，可辨有鬲、鬲足、盆口沿、豆盘、豆柄等陶器（图一二〇）。

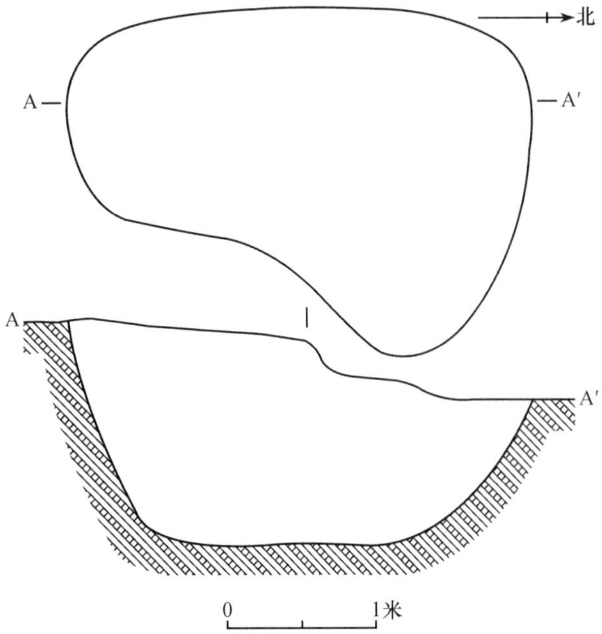

图一二〇　H51平、剖面图

（1）陶鬲

1件。

H51：1，Ab型Ⅲ式。夹砂灰陶。轮制。口略敞，折沿，沿面向外，圆唇，短束颈，溜圆肩，弧腹下收，分裆，袋状足，裆、足残。沿面和唇沿饰一道凹弦纹，肩和腹部饰纵向绳纹，裆饰交错绳纹。口径16、腹径22.2、残高16.3厘米（图一一九，5；图版五，1）。

（2）陶鬲足

1件。

H51∶3，Ac型Ⅰ式。夹砂褐黄陶。手制。深足窝，柱状足上粗下细。通体饰绳纹。残高6.6厘米（图一一九，15）。

（3）陶豆盘

2件。豆盘轮制，慢轮修整。

H51∶4，A型Ⅲ式。泥质黑衣褐黄陶。盘径较小，浅盘。盘内饰“十”字纹。盘径11、盘深2.3、残高3厘米（图一一九，8）。

H51∶6，B型Ⅲ式。泥质黑衣灰黄陶。盘径较小，深盘。盘径14、盘深4.1、残高4.1厘米（图一一九，7）。

（4）陶豆柄

1件。

H51∶5，Ⅶ式。泥质黑衣灰黄陶。手制，柄内壁可见手制按窝痕迹。细矮柄呈圆柱状，中空；喇叭形豆座残。柄径2.9、残高7厘米（图一一九，16）。

（5）陶盆

1件。

H51∶2，Ba型Ⅰ式。泥质灰陶。轮制。敞口，折平沿，圆唇，束颈，溜肩。沿面饰两道、唇沿饰一道凹弦纹，颈饰抹平绳纹，肩饰凹弦纹。口径34、残高5.2厘米（图一一九，9）。

**9. H52**

位于TN02E03西南部，距南壁50厘米、西壁200厘米；东北部被H18叠压，北距J32约160 厘米、距H17约60厘米。开口于第3层下，打破生土。平面呈不规则椭圆形，坑壁斜直，坑底较平，未见加工痕迹。坑口至地表深60厘米，坑口东西长181、南北宽118厘米，坑底东西长162、南北宽98厘米，坑口至坑底深32厘米。坑内填土为深褐色土，土质较硬。可辨有豆盘、豆柄、豆座等陶器（图一二一）。

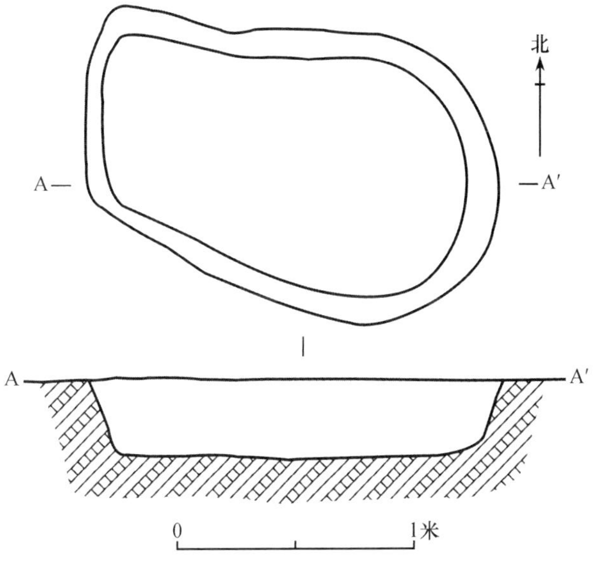

图一二一　H52平、剖面图

（1）陶豆盘

1件。

H52∶2，A型Ⅲ式。泥质灰陶。豆盘

轮制，慢轮修整。盘径较小，浅盘，盘壁弧形接柄。盘径13、盘深2.4、残高3.4厘米（图一二二，2）。

（2）陶豆座

1件。

H52：3，Ab型Ⅰ式。泥质灰黄陶。豆座轮制，慢轮修整；柄手制，柄内壁可见手制按窝痕迹。细柄呈圆柱状、中空，喇叭状豆座，座面隆起。座径8、残高5.6厘米（图一二二，7）。

（3）陶豆柄

1件。

H52：1，Ⅳ式。泥质灰陶。柄手制，柄内壁可见手制按窝痕迹。高柄稍粗，呈圆柱状，中空；喇叭形豆座残。柄径3.3、残高15.9厘米（图一二二，1）。

**10. H53**

位于TN03E01北部，距探方西壁250厘米、南壁625厘米；东南距H49约180厘米，南距H50约75厘米，西距G4约30厘米。开口于第3层下，打破生土。平面呈不规则椭圆形，坑壁弧直，一边坑壁呈台阶状，底部较平，剖面呈筒状。坑口至地表深55厘米，坑口东西长255、南北宽182厘米，坑底长124、宽135厘米，坑底距坑口深170厘米。坑内堆积仅为一层，坑内填土灰褐色、黄褐色及少许淡黄色，土质较软。可辨有鬲口沿、盂口沿、盆口沿、高领罐、豆盘等陶器（图一二三）。

（1）陶鬲

1件。

H53：2，Bc型Ⅰ式。夹砂灰黄陶。轮制。敞口，折沿，沿面向外，圆唇，束颈，溜肩，弧腹下收。沿面饰一道凹弦纹，颈饰抹平绳纹，肩及腹部饰纵向绳纹。口径40、残高8.8厘米（图一二二，5）。

（2）陶盂

1件。

H53：1，Cb型Ⅱ式。泥质黑衣褐黄陶。轮制。敞口，折沿，沿面向外，圆唇，短束颈，溜肩，圆弧腹下收。沿面和肩部各饰一道凹弦纹。口径28、残高6厘米（图一二二，9）。

（3）陶豆盘

1件。

H53：4，C型Ⅰ式。泥质灰陶。豆盘轮制，慢轮修整；柄手制，柄内壁可见手制痕迹。盘径较小，浅盘，盘壁弧形接柄，细柄稍高，喇叭形豆座残。盘径12、盘深1.8、残高11.8厘米（图一二二，6）。

（4）陶高领罐

1件。

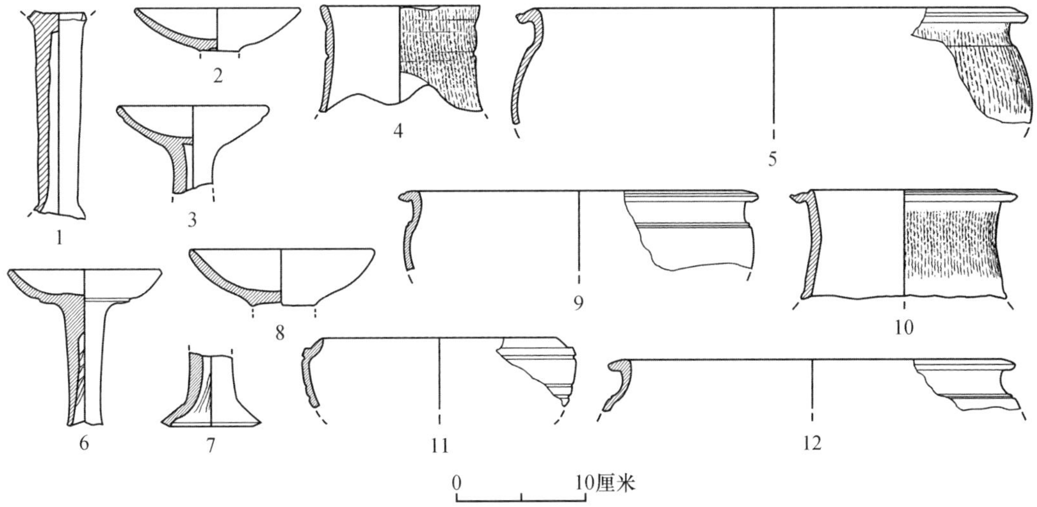


图一二二　H52、H53、H55出土陶器

1. Ⅳ式豆柄（H52：1）　2. A型Ⅲ式豆盘（H52：2）　3. B型Ⅱ式豆盘（H55：3）　4. 双耳罐（H55：1）　5. Bc型Ⅰ式鬲（H53：2）　6. C型Ⅰ式豆盘（H53：4）　7. Ab型Ⅰ式豆座（H52：3）　8. B型Ⅰ式豆盘（H55：4）　9. Cb型Ⅱ式盂（H53：1）　10. C型Ⅲ式高领罐（H53：3）　11. 盖豆（H55：2）　12. Cb型Ⅲ式盆（H53：5）

H53：3，C型Ⅲ式。泥质黑衣褐红陶。轮制。敞口，折沿，沿面略下凹，尖圆唇，颈略束。颈部饰抹平绳纹。口径18、残高8.4厘米（图一二二，10）。

（5）陶盆

1件。

H53：5，Cb型Ⅲ式。泥质灰黄陶。轮制。口略敞，折沿，沿面向外，圆唇，短束颈，溜肩。沿面和肩部各饰一道凹弦纹。口径32、残高4厘米（图一二二，12）。

**11. H54**

位于TN04E04中部，距探方西壁480厘米、南壁520厘米；东北距J4约90厘米，南距H13约450厘米。开口于第3层下，打破生土。平面呈不规则椭圆形，坑底与坑壁构成弧形，坑底凸凹不平，未见加工痕迹。坑口距地表深75厘米，坑口南北长125、东西宽146厘米，坑底南北长72、东西宽52厘米，坑底距坑口深65厘米。坑内堆积仅为一层，填土灰褐色，较纯，有黏性。无出土遗物（图一二四）。

**12. H55**

位于TN03E02东南角，距探方西壁690厘米，南部进入TN02E02的北隔梁；北距J7约265厘米，西距H24约325厘米，西北距H29约60厘米。开口于第3层下，打破生土。平面呈不规则椭圆形，坑壁与坑底构成弧形，剖面呈筒状，平底，未见加工痕迹。坑口距地表深70厘米，坑口南北长160、东西宽190厘米，坑底南北长122、东西宽136厘米，坑底距坑口深125厘米。坑内堆积仅为一层，填土黄褐色夹杂灰褐色土层，密度较大，有黏性。可辨有双耳罐、盖豆、豆盘等陶器（图一二五）。

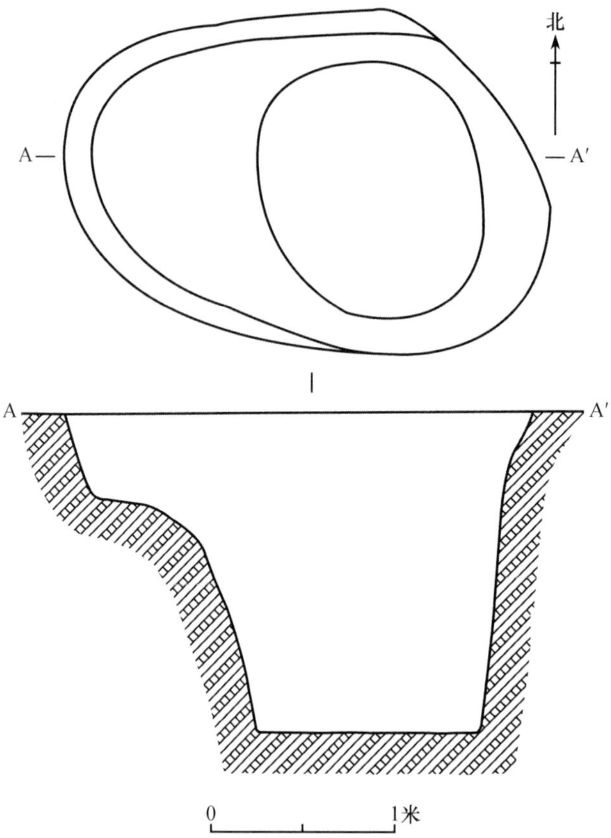


图一二三　H53平、剖面图

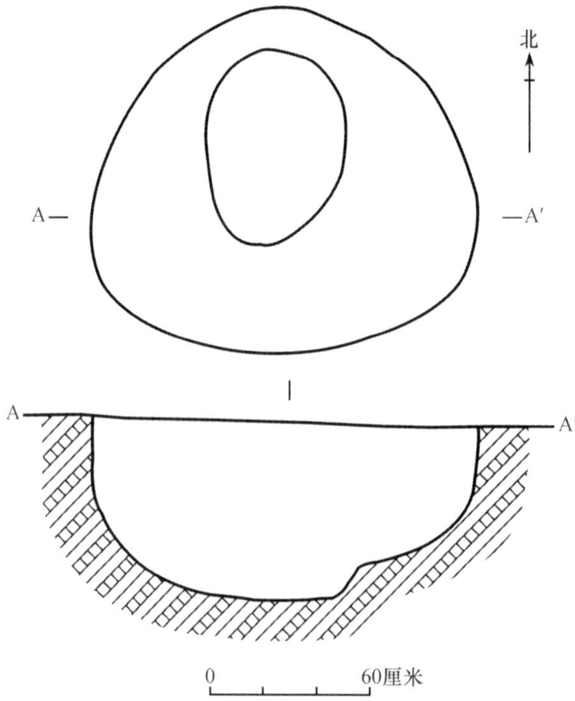


图一二四　H54平、剖面图

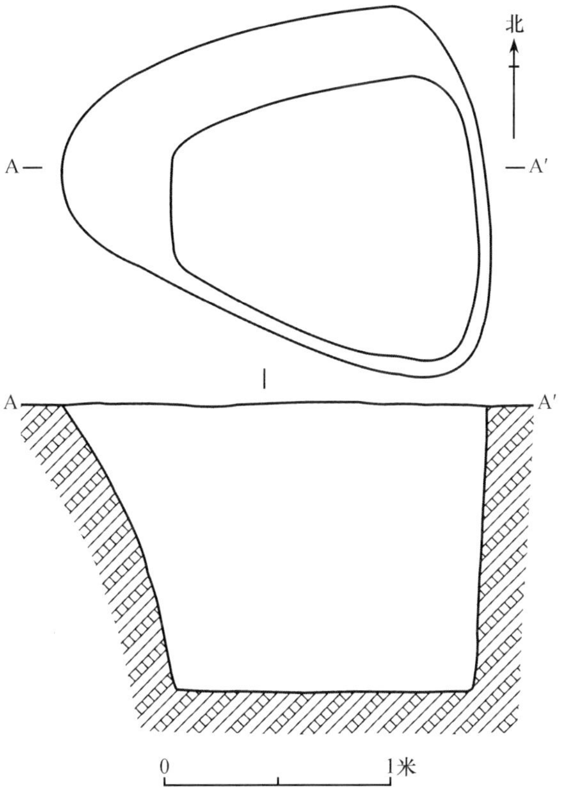


图一二五　H55平、剖面图

（1）陶豆盘

2件。豆盘轮制，慢轮修整；柄手制，柄内壁可见手制痕迹。

H55：4，B型Ⅰ式。泥质灰黄陶。盘径稍大，深盘，盘壁弧形接柄。盘径14.4、盘深3.3、残高4.4厘米（图一二二，8）。

H55：3，B型Ⅱ式。泥质灰黄陶。盘径较小，浅盘，盘壁弧形接柄，细柄呈圆柱形、中空。盘径12、盘深3.4、残高6.6厘米（图一二二，3）。

（2）陶盖豆

1件。

H55：2，泥质黑衣灰黄陶。慢轮修整。子口承盖，弧腹内收，腹稍深。肩饰一道、腹饰两道凹弦纹。口径18、残高5.3厘米（图一二二，11）。

（3）陶双耳罐

1件。

H55：1，泥质灰陶。轮制。敞口，束颈，溜肩。颈饰抹平绳纹。口径12.4、残高8厘米（图一二二，4）。

**13. H56**

位于TN04E02南部，距探方西壁310厘米、南壁170厘米；北部被H36叠压，东距H57约55

厘米，西距H40约45厘米。开口于第3层下，打破生土。平面呈不规则椭圆形，坑壁与坑底构成弧形，坑底西高东低呈缓坡状，未见加工痕迹。坑口距地表深68厘米，坑口东西长约346、南北宽约116厘米，坑底长约320、宽约95厘米，坑底距坑口深40～44厘米。坑内堆积仅为一层，填土灰褐色，较松软，有黏性。可辨有鬲口沿、盆口沿、盂口沿、豆盘、豆柄等陶器（图一二六）。

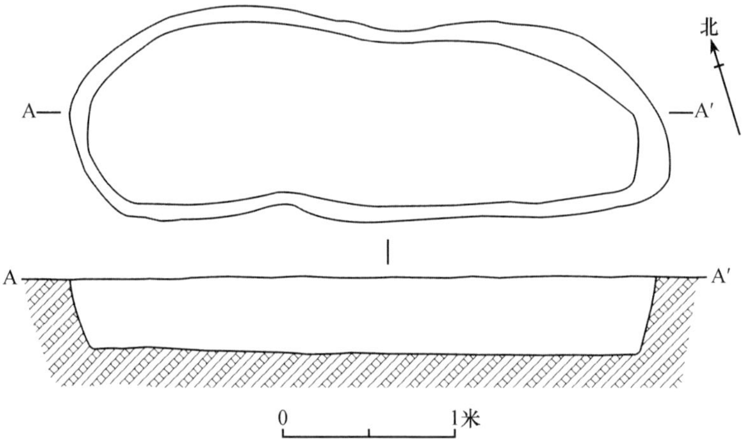

图一二六　H56平、剖面图

（1）陶鬲

1件。

H56：2，Ab型Ⅳ式。夹砂灰黄陶。轮制。口略敞，折沿，沿面向外，方唇，短束颈，溜肩，弧腹下收。沿面饰一道凹弦纹，颈饰抹平绳纹，肩及腹部饰纵向绳纹。口径40、残高7.8厘米（图一二七，4）。

（2）陶鬲足

1件。

H56：4，Ac型Ⅲ式。夹砂橙红陶。手制。深足窝，粗柱状足上粗下细。通体饰绳纹。残高10.4厘米（图一二七，5）。

（3）陶盂

1件。

H56：3，Cb型Ⅰ式。泥质灰黄陶。轮制。直口，折沿，沿面向外，圆唇，短束颈，溜圆肩，弧腹下收。口径16、残高6.2厘米（图一二七，2）。

（4）陶豆盘

1件。

H56：5，A型Ⅲ式。泥质灰黄陶。豆盘慢轮修整；柄手制，柄内壁可见手制痕迹。盘径较小，盘稍深，盘壁弧形接柄，细柄呈圆柱状、中空。盘径12、盘深2.6、残高4.5厘米（图一二七，6）。

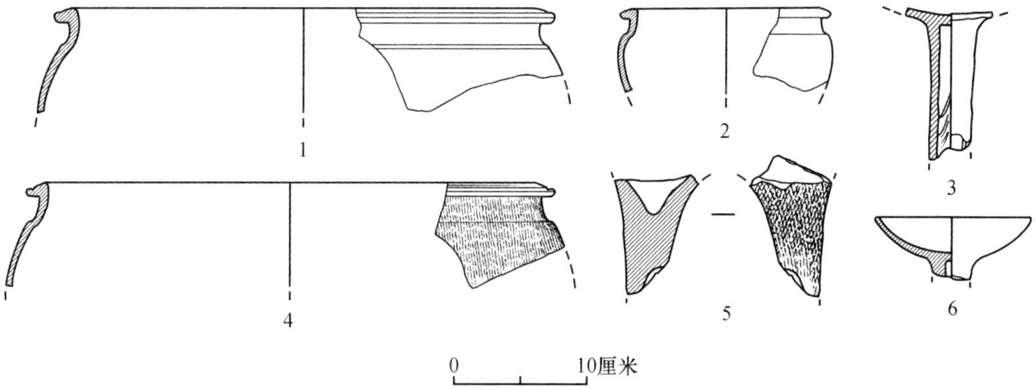


图一二七　H56出土陶器

1. Cb型Ⅴ式盆（H56：1）　2. Cb型Ⅰ式盂（H56：3）　3. Ⅰ式豆柄（H56：6）　4. Ab型Ⅳ式鬲（H56：2）
5. Ac型Ⅲ式鬲足（H56：4）　6. A型Ⅲ式豆盘（H56：5）

（5）陶豆柄

1件。

H56：6，Ⅰ式。泥质灰黄陶。豆盘慢轮修整；柄手制，柄内壁可见手制痕迹。盘壁弧形接柄，高柄稍粗、呈圆柱状、中空。柄径3.4、残高11.2厘米（图一二七，3）。

（6）陶盆

1件。

H56：1，Cb型Ⅴ式。泥质黑衣灰黄陶。轮制。敞口，折沿，沿面向外，圆唇，短束颈，溜肩，弧腹下收。沿面和肩部各饰一道凹弦纹。口径38、残高7.7厘米（图一二七，1）。

**14. H57**

位于TN04E02东南部，距探方西壁700厘米、南壁170厘米；西距H56约55厘米。开口于第3层下，打破生土。平面呈不规则椭圆形，坑壁与坑底构成弧形，坑底西高东低呈缓坡状，未见加工痕迹。坑口距地表深约70厘米，坑口东西长195、南北宽85厘米，坑底长168、宽68厘米，坑底距坑口深52～70厘米。坑内堆积仅为一层，填土灰褐色，较松软，有黏性。可辨有鬲、鬲足、瓮、盆、盂、豆柄等陶器（图一二八；图版三，3）。

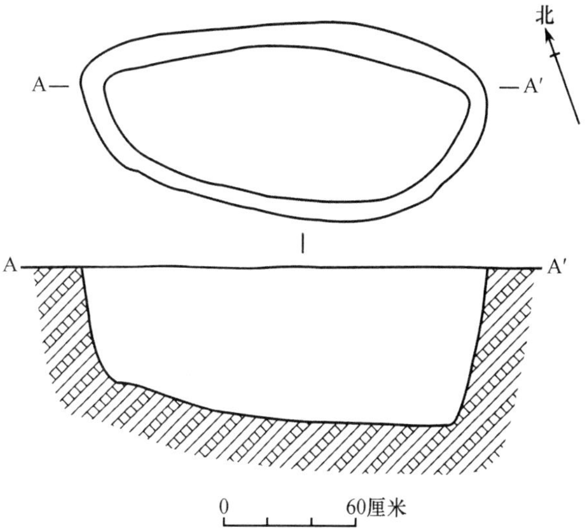


图一二八　H57平、剖面图

（1）陶鬲

1件。

H57：3，口沿残片，Aa型Ⅰ式。夹砂褐灰陶。轮制。口略敛，折平沿，方唇，短束颈，溜肩，弧腹下收。沿面和唇沿各饰一道凹弦纹，肩及上腹部饰竖向绳纹。口径30、残高6.6厘米（图一二九，1）。

（2）陶鬲足

2件。手制。

H57：5，Ab型Ⅰ式。夹砂褐黄陶，器表有烟炱。深足窝，柱状足上粗下细。通体饰绳纹。残高6.6厘米（图一二九，9）。

H57：6，无法归类。夹砂褐黄陶，器表有烟炱。残柱状实足。通体饰绳纹。残高5.4厘米（图一二九，10）。

（3）陶盂

4件。轮制。

H57：4，B型Ⅳ式。泥质灰陶。口略敞，折平沿，方圆唇，短束颈，溜肩，弧腹下收。肩饰一道凹弦纹。口径40、残高3.4厘米（图一二九，2）。

H57：13，B型Ⅳ式。泥质灰黄陶。口略敞，折平沿，尖圆唇，短束颈，溜肩。沿面饰两道凹弦纹。口径30、残高3.2厘米（图一二九，3）。

H57：12，B型Ⅱ式。泥质褐灰陶。口略敞，折平沿，方唇，短束颈，溜肩，直弧腹下收。唇沿饰一道、肩饰三道凹弦纹。口径24、残高4.4厘米（图一二九，12）。

H57：11，Ca型Ⅱ式。泥质灰黄陶。敛口，折沿，沿面略向外，圆唇，短束颈，溜肩，弧腹下收。沿面和肩部各饰一道凹弦纹。口径30、残高5.6厘米（图一二九，5）。

（4）陶豆柄

1件。

H57：8，Ⅳ式。泥质灰黄陶。豆盘慢轮修整；柄手制，柄内壁可见手制痕迹。盘稍深，盘壁弧形接柄，细柄稍高、呈圆柱状、中空，喇叭形豆座残。柄径2.9、残高13.2厘米（图一二九，11）。

（5）陶瓮

1件。

H57：1，Ab型Ⅰ式。泥质灰陶。轮制。敛口，折沿外翻，沿面向内，尖圆唇，束颈，斜肩。沿面和肩部各饰五道凹弦纹。口径29、残高5.8厘米（图一二九，13）。

（6）陶盆

4件。轮制。

H57：10，Ca型Ⅰ式。泥质灰黄陶。口略敞，折沿，沿面向外，方唇，束颈，溜肩。沿面和肩部各饰一道凹弦纹。口径40、残高5厘米（图一二九，4）。

H57：9，Ca型Ⅱ式。泥质灰陶。口略敛，折沿，沿面向外，尖圆唇，短束颈，溜肩，直弧腹下收。沿面饰两道、肩饰三道凹弦纹，下腹饰绳纹。口径36、残高9.9厘米（图一二九，8）。

H57：2，Cb型Ⅰ式。泥质灰黄陶。口略敞，折沿，沿面向外，方唇，束颈，溜肩。沿面和肩部各饰一道凹弦纹。口径36、残高5.3厘米（图一二九，7）。

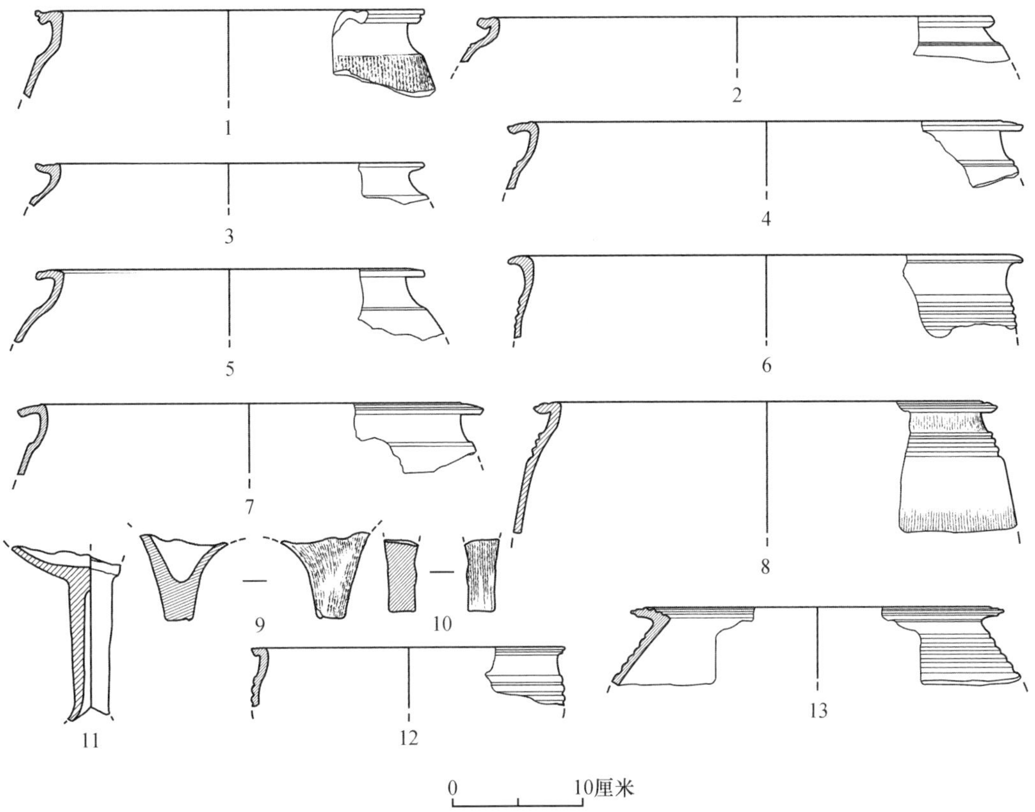


图一二九　H57出土陶器

1. Aa型Ⅰ式鬲（H57：3）　2、3. B型Ⅳ式盂（H57：4、H57：13）　4. Ca型Ⅰ式盆（H57：10）　5. Ca型Ⅱ式盂（H57：11）　6. Cb型Ⅶ式盆（H57：7）　7. Cb型Ⅰ式盆（H57：2）　8. Ca型Ⅱ式盆（H57：9）　9. Ab型Ⅰ式鬲足（H57：5）　10. 无法归类鬲足（H57：6）　11. Ⅳ式豆柄（H57：8）　12. B型Ⅱ式盂（H57：12）　13. Ab型Ⅰ式瓮（H57：1）

H57：7，Cb型Ⅶ式。泥质灰黄陶。直口略敞，折沿，沿面向外，尖圆唇，短束颈，溜肩，弧腹下收。肩饰凹弦纹。口径40、残高6.1厘米（图一二九，6）。

## （三）不规则圆形

9个，即H39、H41、H44～H47、H58～H60。

### 1. H39

位于TN02E01西壁中部，南距H42约200厘米，东距J5约146厘米。开口于第3层下，打破生土。平面呈不规则椭圆形，坑壁斜弧，坑底呈锅底状，未见加工痕迹。坑口至地表深60厘米，坑口南北最长116、东西（残）最宽124厘米，坑口至坑底深60厘米。坑内填土为灰褐色土夹锈斑，土质非常硬结。出土陶片较少，以灰陶为主，可见纹饰有绳纹，可辨器形有豆柄和盂等陶器（图一三〇）。

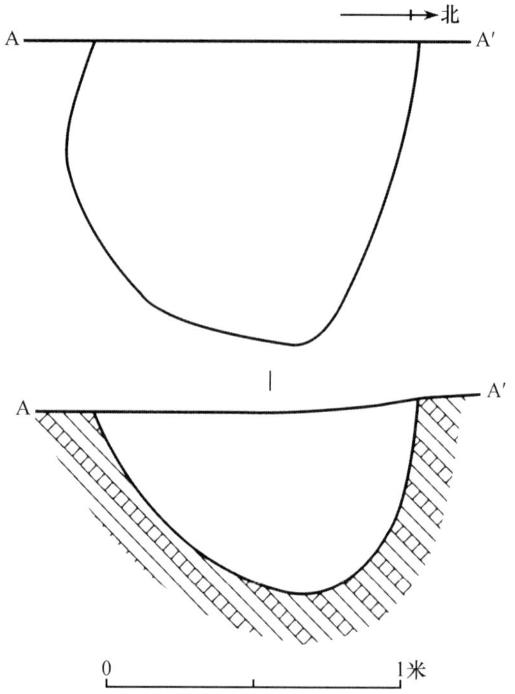


图一三〇　H39平、剖面图

（1）陶盂

1件。

H39∶2，Cb型Ⅲ式。泥质灰陶。轮制。口略敛，折平沿，短束颈，溜肩，弧腹下收。沿面和肩部各饰一道凹弦纹。口径42.8、残高9.8厘米（图一三二，1）。

（2）陶豆柄

1件。

H39∶1，Ⅰ式。泥质褐黄陶。豆盘轮制，慢轮修整；柄手制，柄内壁可见手制痕迹。盘壁弧形接柄，细高柄呈圆柱形、中空。素面。柄径3.1、残高12厘米（图一三二，2）。

**2. H41**

位于TN04E01西部，西部进入探方西壁，距南壁380厘米；东距H47约190厘米，南距H6约180厘米。开口于第3层下，打破生土。平面呈不规则椭圆形，坑壁与坑底构成弧形，平底，未见加工痕迹。坑口距地表深60厘米，坑口南北长320、东西宽184厘米，坑底长272、宽140厘米，坑底距坑口深100厘米。坑内堆积仅为一层，填土黄褐色，较紧密，极有黏性，夹杂有少许草木灰。可辨有鬲、盂、豆盘、豆柄、高领罐、盆、纺轮等陶器（图一三一）。

（1）陶鬲

1件。

H41∶4，Bb型Ⅱ式。夹砂褐黄陶。轮制。敞口，折沿外翻，尖圆唇，束颈，溜肩，弧腹下收。颈饰抹平绳纹，腹饰纵向绳纹。口径26、残高4厘米（图一三二，6）。

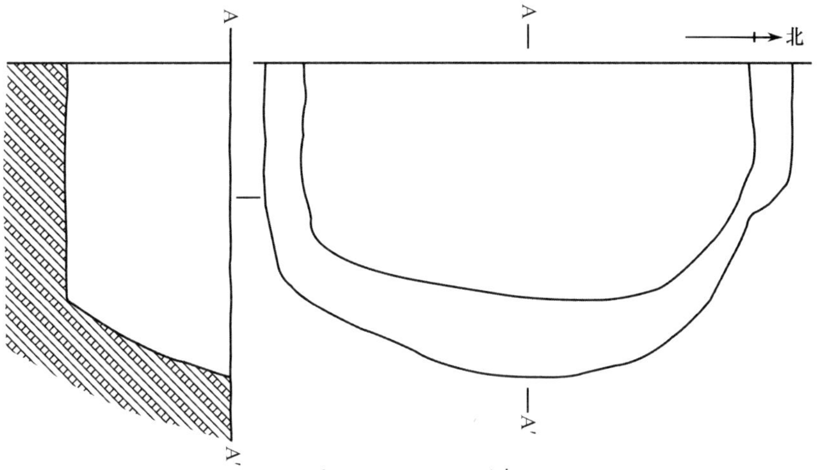


图一三一　H41平、剖面图

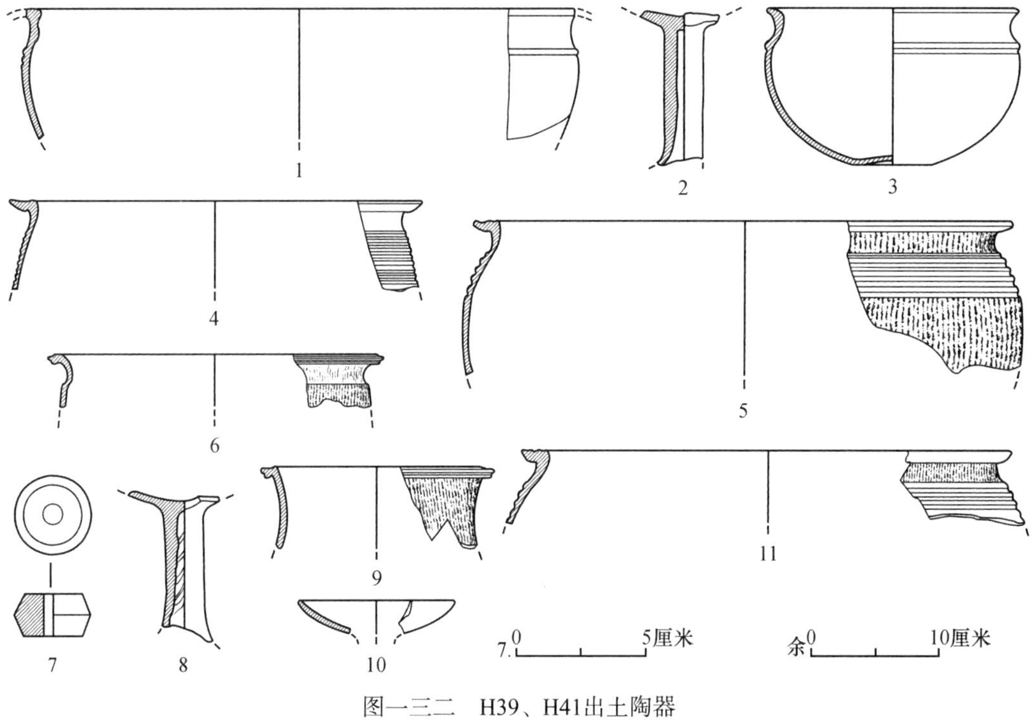


图一三二　H39、H41出土陶器

1. Cb型Ⅲ式盂（H39：2）　2、8. Ⅰ式豆柄（H39：1、H41：7）　3. A型Ⅰ式盂（H41：2）　4. Bb型Ⅰ式盆（H41：5）　5. Ba型Ⅰ式盆（H41：3）　6. Bb型Ⅱ式鬲（H41：4）　7. Ⅰ式纺轮（H41：9）　9. C型Ⅳ式高领罐（H41：6）　10. A型Ⅱ式豆盘（H41：8）　11. Ba型Ⅳ式盆（H41：1）

（2）陶盂

1件。

H41：2，A型Ⅰ式。泥质灰陶。轮制。敛口，折沿，沿面向内，圆唇，短束颈，溜肩，上腹圆弧，下腹弧收，小凹圜底。肩饰一道凹弦纹。口径19.8、腹径20、底径5.6、高11.8厘米（图一三二，3；图版六，2）。

（3）陶豆盘

1件。

H41：8，A型Ⅱ式。泥质灰黄陶。慢轮修整。盘径较小，浅盘，盘壁弧形接柄。盘径12、盘深2.3、残高2.8厘米（图一三二，10）。

（4）陶豆柄

1件。

H41：7，Ⅰ式。泥质灰陶。豆盘轮制，慢轮修整；柄手制，柄内壁可见手制痕迹。盘壁弧形接柄，细柄呈圆柱形、中空，喇叭形豆座残。柄径3、残高11.4厘米（图一三二，8）。

（5）陶高领罐

1件。

H41：6，C型Ⅳ式。泥质灰黄陶。轮制。敞口，折沿，沿面略凹，尖圆唇，束颈。唇沿饰一道凹弦纹。口径18、残高6.2厘米（图一三二，9）。

（6）陶盆

3件。轮制。

H41：3，Ba型Ⅰ式。泥质灰陶。敛口，折平沿，方唇，束颈，溜肩，圆弧腹下收，底残。沿面饰一道、肩饰五道凹弦纹，腹饰纵向绳纹。口径42、残高11.6厘米（图一三二，5）。

H41：1，Ba型Ⅳ式。泥质灰陶。敛口，折平沿，圆唇，束颈，溜肩，弧腹下收。沿面饰两道、肩饰三道凹弦纹。口径38、残高5.6厘米（图一三二，11）。

H41：5，Bb型Ⅰ式。泥质灰陶。敛口，折平沿略外卷，沿面略凹，尖圆唇，束颈，溜肩，斜弧腹下收。肩腹部饰凹弦纹。口径32、残高6.8厘米（图一三二，4）。

（7）陶纺轮

1件。

H41：9，Ⅰ式。泥质灰陶。轮制。圆形，较厚，轮面有凸棱。直径2.9、孔径0.7、厚1.6厘米（图一三二，7；图版二二，3）。

**3. H44**

位于TN03E03南部，距探方西壁480厘米、南壁130厘米；西距H23约80厘米，北距J19约130厘米，东北距J3约130厘米，东南距H21约100厘米。开口于第3层下，打破生土。平面呈不规则圆形，坑壁与坑底剖面呈筒状，平底，未见加工痕迹。坑口距地表深70 厘米，坑口径140厘米，底径114厘米，坑口距坑底深108厘米。坑内堆积分为2层：第1层，坑口至坑下50厘米，填土灰褐色，夹红色斑点，质地疏松，有黏性；第2层，坑下50厘米至坑底，填土黄色，较纯，有黏性。可辨有盆、鬲、豆盘、豆座等陶器（图一三三）。

（1）陶鬲

1件。

H44：7，Aa型Ⅱ式。夹砂灰黄陶。轮制。敞口，折平沿，圆唇，短束颈，溜肩，弧腹下收。沿面饰三道凹弦纹，肩饰纵向绳纹。口径42、残高5.2厘（图一三四，1）。

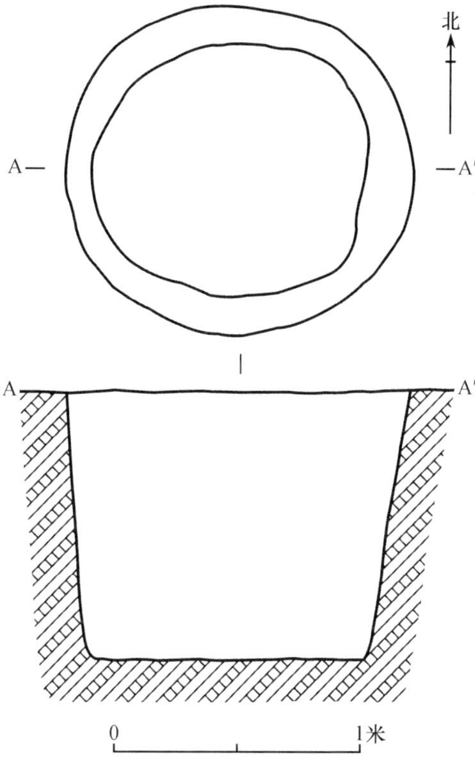

图一三三 H44平、剖面图

（2）陶豆盘

4件。豆盘轮制，慢轮修整；柄手制，柄内壁可见手制痕迹。

H44：4，A型Ⅰ式。泥质黑衣褐黄陶。盘径稍小，浅盘，盘壁弧形接柄，细柄呈圆柱形、中空。盘径13.6、盘深2.1、残高4.5厘米（图一三四，6）。

H44：6，A型Ⅲ式。泥质褐黄陶。盘径较小，盘稍深，盘壁弧形接柄，细柄。盘径14、盘深2.7、残高3.6厘米（图一三四，5）。

H44：3，B型Ⅰ式。泥质褐黄陶。盘径较大，盘稍深，盘壁弧形接柄，粗柄。盘径16、盘深3.5、残高4.7厘米（图一三四，4）。

H44：2，B型Ⅲ式。泥质灰黄陶。盘径较大，深盘，盘壁弧形接柄，细高柄呈圆柱形、中空，喇叭形豆座残。盘径15、盘深3.7、残高16厘米（图一三四，3）。

（3）陶豆座

1件。

H44：8，Aa型Ⅰ式。泥质灰黄陶。豆座轮制，慢轮修整；柄手制，柄内壁可见手制痕迹。细高柄呈圆柱形、中空，喇叭形豆座，座面不隆起。座径7.4、残高10.8厘米（图一三四，8）。

（4）陶盘

1件。

H44：5，A型Ⅱ式。泥质灰黄陶。轮制。敞口，细圆唇，短束颈，溜肩，弧腹下收，浅腹，底残。口径15、残高4.4厘米（图一三四，13；图版二〇，3）。

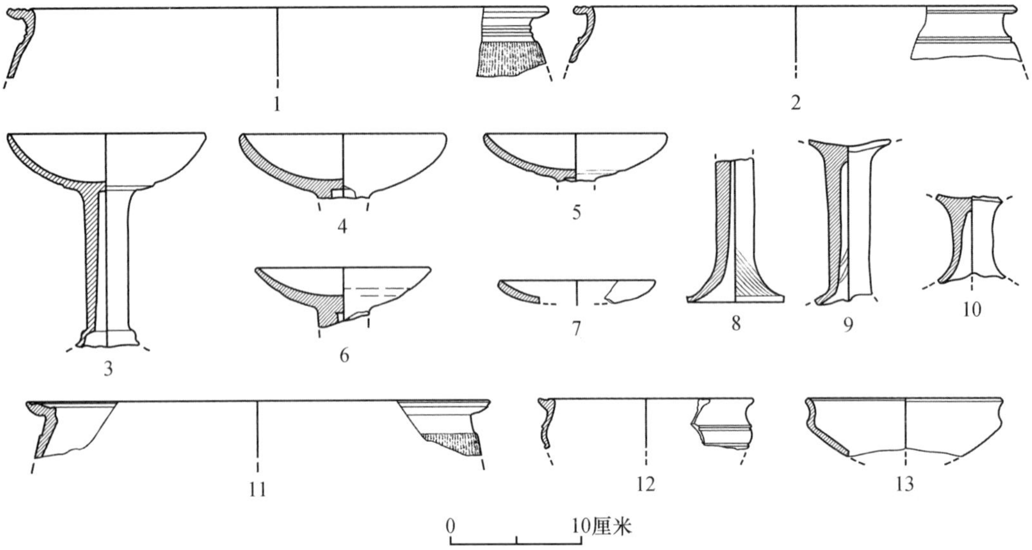


图一三四　H44、H45出土陶器

1. Aa型Ⅱ式鬲（H44：7）　2. Ba型Ⅳ式盆（H44：1）　3. B型Ⅲ式豆盘（H44：2）　4. B型Ⅰ式豆盘（H44：3）　5. A型Ⅲ式豆盘（H44：6）　6. A型Ⅰ式豆盘（H44：4）　7. A型Ⅱ式豆盘（H45：5）　8. Aa型Ⅰ式豆座（H44：8）　9. Ⅰ式豆柄（H45：3）　10. 盖豆（H45：4）　11. Bb型Ⅱ式鬲（H45：1）　12. B型Ⅱ式盂（H45：2）　13. A型Ⅱ式盘（H44：5）

（5）陶盆

1件。

H44：1，Ba型Ⅳ式。泥质灰陶。轮制。敞口，折平沿，圆唇，短束颈，溜肩。沿面饰两道、肩饰一道凹弦纹。口径34、残高4.2厘米（图一三四，2）。

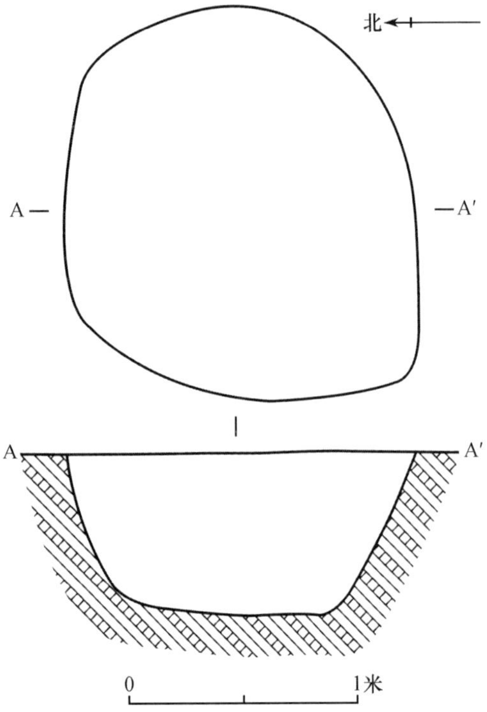


图一三五　H45平、剖面图

**4. H45**

位于TN02E01中部，西北距J5约45厘米，南距G6约215厘米，东距G7约40厘米。开口于第3层下，打破生土。平面呈不规则椭圆形，坑壁南部斜直，其余微弧，坑底稍平，未见加工痕迹。坑口至地表深42厘米，坑口东西最长164、南北最宽154厘米，坑口距坑底深68厘米。坑内填土为灰褐土夹白灰土和锈斑，土质较硬结。出土陶片较少，可辨有鬲、盂、豆柄、豆盘、盖豆等陶器（图一三五）。

（1）陶鬲

1件。

H45：1，Bb型Ⅱ式。夹砂灰黄陶。轮制。敞口，折沿，沿面略向内，沿面中部隆起，细方唇，束颈，溜肩。肩饰纵向绳纹。口径42、残高5.2厘米（图一三四，11）。

（2）陶盂

1件。

H45：2，B型Ⅱ式。泥质黑衣灰黄陶。轮制。敛口，折平沿，沿面略下凹，尖圆唇，短束颈，溜肩，圆弧腹下收。肩、腹部各饰一道凹弦纹。口径16.4、残高3.8厘米（图一三四，12）。

（3）陶豆盘

1件。

H45：5，A型Ⅱ式。泥质灰陶。慢轮修整。盘径较小，浅盘，盘壁弧形接柄。盘径12、盘深1.4、残高1.8厘米（图一三四，7）。

（4）陶豆柄

1件。

H45：3，Ⅰ式。手制，柄内、外壁可见手制痕迹。高柄稍粗、呈圆柱形、中空，喇叭形豆座，豆座残。柄径3.2、残高12.4厘米（图一三四，9）。

（5）陶盖豆

1件。

H45：4，泥质灰黄陶。轮制，慢轮修整。盘壁弧形接柄，细短柄呈圆柱形、中空，座呈喇叭状、残。残高6.6厘米（图一三四，10）。

**5. H46**

位于TN04E01西部，距探方西壁200厘米、南壁285厘米；东北距H47约80厘米，西北距H41约55厘米，西南距H6约200厘米。开口于第3层下，打破生土。平面呈不规则椭圆形，坑壁与坑底构成弧形，平底，未见加工痕迹。坑口距地表深60厘米，坑口南北长140、东西宽122厘米，坑底南北长100、东西宽82厘米，坑口距坑底深52厘米。坑内堆积仅为一层，填土褐色泛黄，较松软，有黏性。可辨有鬲足和豆盘等陶器（图一三六）。

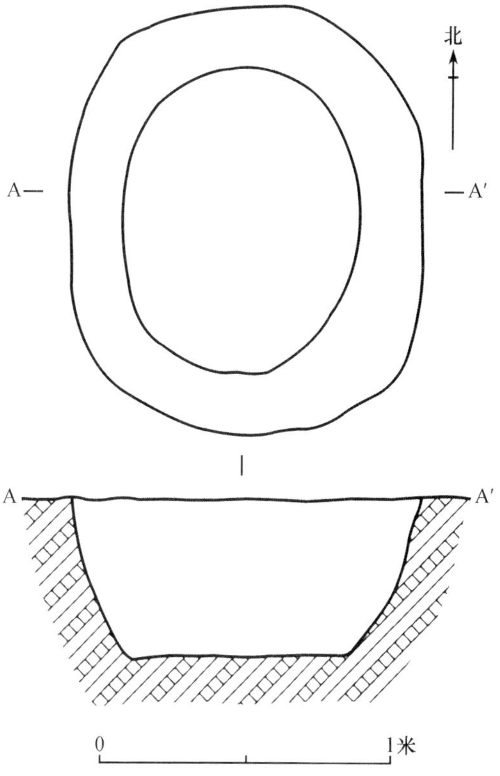

图一三六　H46平、剖面图

（1）陶鬲足

1件。

H46：1，Ac型Ⅱ式。夹砂灰陶。手制。足窝稍深，柱状足上粗下细。饰绳纹。残高9.2厘米（图一三八，1）。

（2）陶豆盘

1件。

H46：2，A型Ⅱ式。泥质灰陶。豆盘轮制，慢

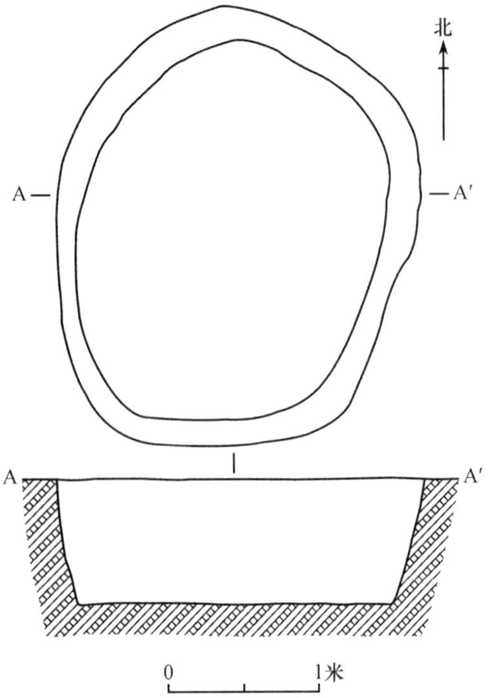

图一三七　H47平、剖面图

轮修整；柄手制，柄内、外壁可见手制痕迹。盘径较小，浅盘，盘壁弧形接柄，细柄呈圆柱形、中空。盘径13、盘深1.2、残高4.6厘米（图一三八，4）。

**6. H47**

位于TN04E01中部，距探方西壁375厘米、南壁330厘米；东距H30约25厘米，西距H41约190厘米。开口于第3层下，打破生土。平面呈不规则椭圆形，坑壁与坑底构成弧形，平底，未见加工痕迹。坑口距地表深68厘米，坑口南北长280、东西宽250厘米，坑底南北长240、东西宽200厘米，坑底距坑口深80厘米。坑内堆积仅为一层，填土黄褐色，较松软，有黏性。可辨有鬲、鬲足、盂、豆、豆盘、豆柄、瓮、盆等陶器（图一三七；图版三，2）。

（1）陶鬲

3件。轮制。

H47：16，Ab型Ⅳ式。夹砂灰黄陶。直口略敞，折沿，沿面向外，尖圆唇，短束颈，溜肩，弧腹下收。沿面饰两道凹弦纹，肩饰纵向绳纹。口径38、残高5.4厘米（图一三八，8）。

H47：12，Ac型Ⅰ式。夹砂灰陶。敞口，折沿，沿面向内，尖圆唇，束颈，溜肩，斜弧腹下收。沿面有两道凹弦纹，肩及上腹部饰抹平绳纹。口径27、残高5.7厘米（图一三八，10）。

H47：23，Ba型Ⅰ式。夹砂灰陶。口略敞，折平沿，沿面略下凹，尖圆唇，束颈，溜肩，弧腹下收。肩饰纵向绳纹。口径42、残高5.4厘米（图一三八，9）。

（2）陶鬲足

2件。手制。

H47：6，Ac型Ⅱ式。夹砂褐黄陶。深足窝，柱状足上粗下细。通体饰绳纹。残高11.4厘米（图一三九，14）。

H47：7，Ba型Ⅰ式。夹砂灰黄陶。浅足窝，柱状足上粗下细。通体饰绳纹。残高8.6厘米（图一三九，13）。

（3）陶盂

3件。轮制。

H47：25，A型Ⅲ式。泥质黑衣灰黄陶。敛口，折沿，沿面向内，圆唇，短束颈，溜肩，弧腹下收。肩饰两道凹弦纹。口径22、残高4厘米（图一三九，9）。

H47：10，Cb型Ⅰ式。泥质褐黄陶。敛口，折沿，沿面向外，圆唇，短束颈，溜肩，圆弧腹下收。肩饰一道凹弦纹。口径28、残高8.4厘米（图一三八，2）。

H47：21，Cb型Ⅱ式。泥质灰黄陶。敞口，折沿，沿面向外，尖圆唇，短束颈，溜肩，圆弧腹下收。肩饰一道凹弦纹。口径28、残高7.2厘米（图一三八，3）。

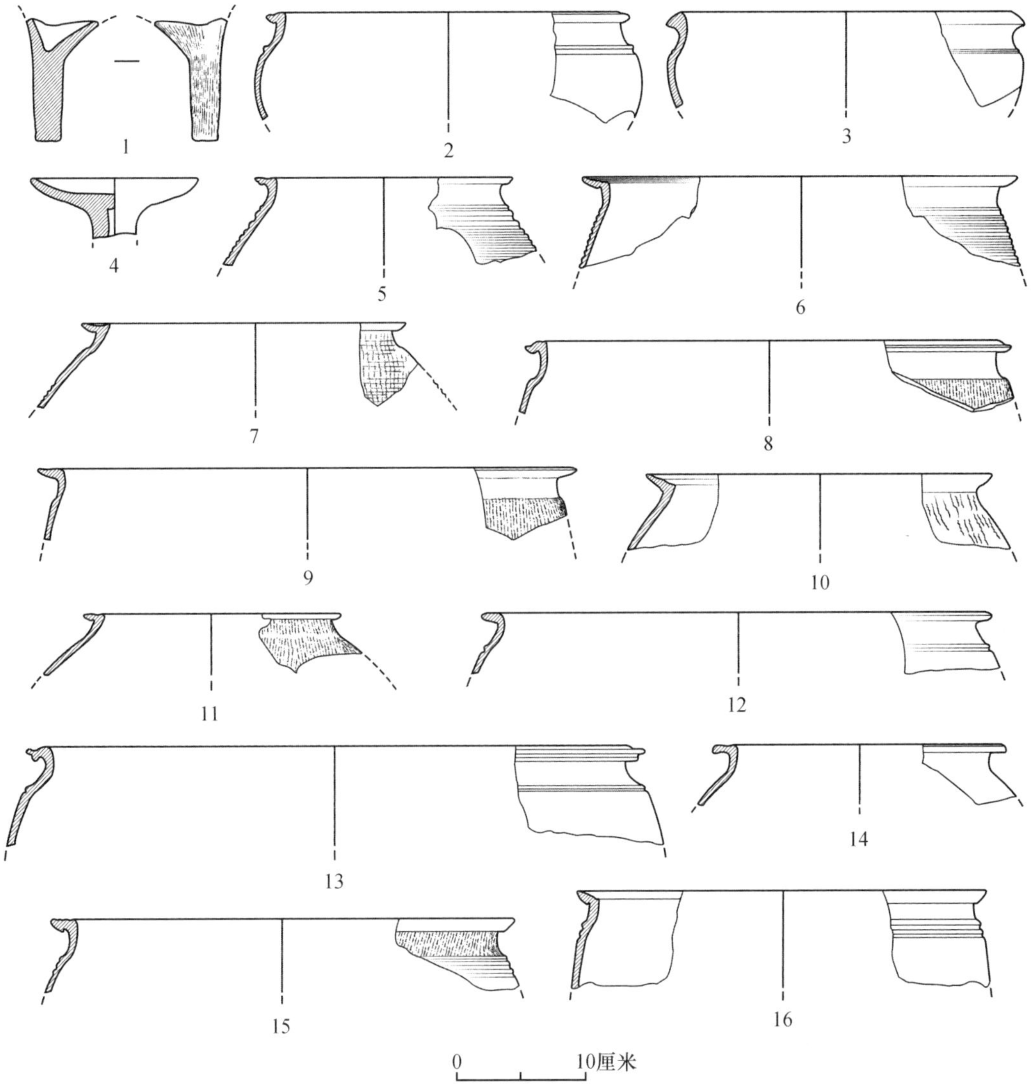


图一三八　H46、H47出土陶器

1. Ac型Ⅱ式鬲足（H46∶1）　2. Cb型Ⅰ式盂（H47∶10）　3. Cb型Ⅱ式盂（H47∶21）　4. A型Ⅱ式豆盘（H46∶2）　5、7、11. C型Ⅰ式瓮（H47∶11、H47∶24、H47∶19）　6、16. Ab型Ⅱ式盆（H47∶15、H47∶1）　8. Ab型Ⅳ式鬲（H47∶16）　9. Ba型Ⅰ式鬲（H47∶23）　10. Ac型Ⅰ式鬲（H47∶12）　12、15. Ba型Ⅱ式盆（H47∶22、H47∶18）　13. Cb型Ⅴ式盆（H47∶2）　14. Ba型Ⅲ式盆（H47∶17）

（4）陶豆

1件。

H47∶8，Ab型Ⅲ式。泥质灰陶。豆盘、豆座慢轮修整；柄手制，柄内壁可见手制按窝痕迹。盘径较小，浅盘，盘壁弧形接柄，细矮柄呈圆柱状、中空，喇叭形豆座，座面隆起。盘径11.2、盘深1.8、座径7、高12厘米（图一三九，15；图版一〇，5）。

（5）陶豆盘

2件。豆盘慢轮修整；柄手制，柄内壁可见手制按窝痕迹。

H47∶26，B型Ⅲ式。泥质灰陶。盘径较小，深盘，盘壁弧形接柄，细柄呈圆柱状、中

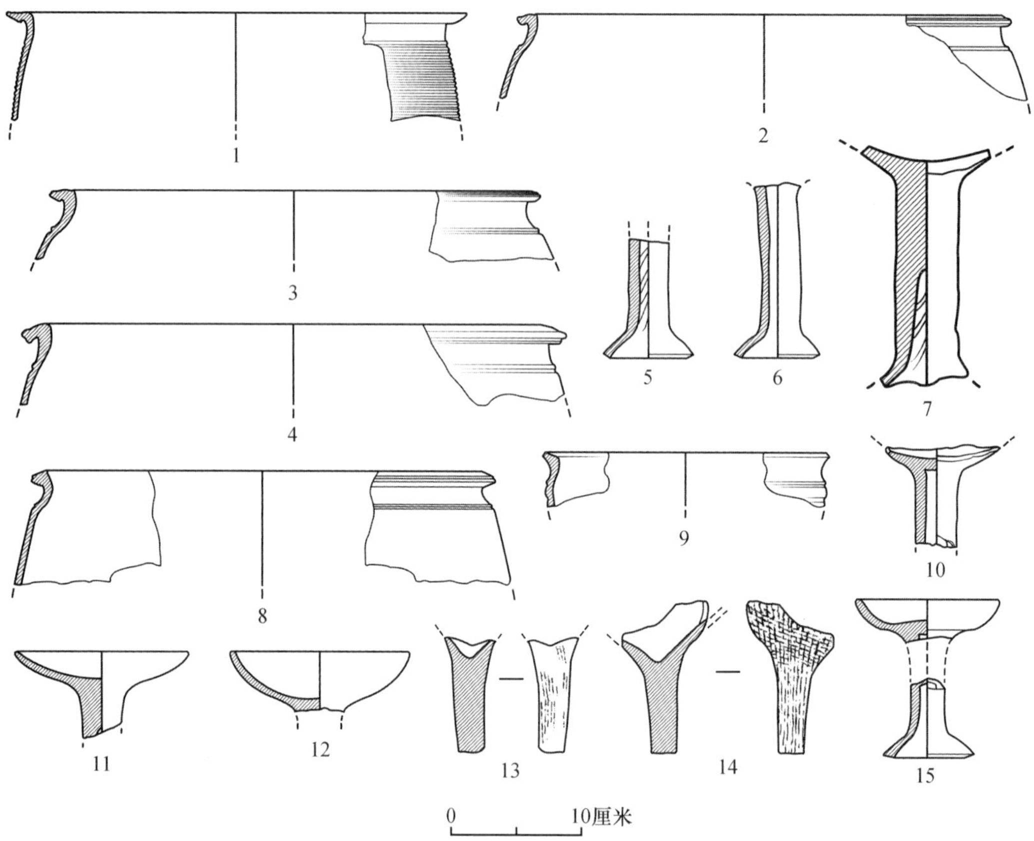


图一三九　H47出土陶器

1. Bb型Ⅰ式盆（H47：5）　2. Ca型Ⅱ式盆（H47：4）　3. Cb型Ⅲ式盆（H47：20）　4. Cb型Ⅴ式盆（H47：14）　5、6. Ab型Ⅱ式豆座（H47：28、H47：9）　7、10. Ⅰ式豆柄（H47：29、H47：27）　8. Cb型Ⅵ式盆（H47：3）　9. A型Ⅲ式盂（H47：25）　11. C型Ⅱ式豆盘（H47：13）　12. B型Ⅲ式豆盘（H47：26）　13. Ba型Ⅰ式鬲足（H47：7）　14. Ac型Ⅱ式鬲足（H47：6）　15. Ab型Ⅲ式豆（H47：8）

空。盘径14、盘深3.6、残高4.4厘米（图一三九，12）。

H47：13，C型Ⅱ式。泥质灰陶。盘径较小，浅盘，盘壁弧形接柄，细柄呈圆柱状、中空。盘径13.4、盘深2、残高6.4厘米（图一三九，11）。

（6）陶豆座

2件。豆座慢轮修整；柄手制，柄内壁可见手制按窝痕迹。

H47：28，Ab型Ⅱ式。泥质灰陶。细高柄呈圆柱状、中空，喇叭形豆座，座面隆起。柄径3、座径7、残高8.8厘米（图一三九，5）。

H47：9，Ab型Ⅱ式。泥质灰陶。细高柄呈圆柱状、中空，喇叭形豆座，座面隆起。柄径2.8、座径7、残高13.2厘米（图一三九，6）。

（7）陶豆柄

2件。豆盘慢轮修整；柄手制，柄内壁可见手制按窝痕迹。

H47：27，Ⅰ式。泥质灰褐陶。盘壁弧形接柄，柄稍粗、呈圆柱状、中空。柄径3.2、残高7.6厘米（图一三九，10）。

H47：29，Ⅰ式。泥质灰陶。盘壁弧形接柄，高柄稍粗、呈圆柱状、中空，喇叭形豆座残。柄径3.2、残高12厘米（图一三九，7）。

（8）陶瓮

3件。轮制。

H47：11，C型Ⅰ式。泥质灰黄陶。敛口，折平沿，沿面略下凹，尖圆唇，短束颈，溜肩。口径20、残高6.6厘米（图一三八，5）。

H47：24，C型Ⅰ式。泥质灰黄陶。敛口，折平沿，沿面略下凹，尖圆唇，束颈，溜肩。肩饰网格纹。口径27、残高6.3厘米（图一三八，7）。

H47：19，C型Ⅰ式。泥质灰黄陶。敛口，折平沿，沿面略凹。尖圆唇，束颈，溜肩，弧腹下收。颈饰抹平绳纹，肩饰纵向绳纹。口径20、残高4.5厘米（图一三八，11）。

（9）陶盆

11件。轮制。

H47：15，Ab型Ⅱ式。泥质灰陶。敛口，折沿外卷，沿面向内，尖圆唇，束颈，溜肩，斜弧腹下收。沿面饰四道凹弦纹，肩饰凹弦纹。口径34、残高6.9厘米（图一三八，6）。

H47：1，Ab型Ⅱ式。泥质灰陶。敞口，折沿外卷，沿面向内，尖圆唇，束颈，溜肩，直弧腹下收。肩饰两道凹弦纹。口径32、残高7.4厘米（图一三八，16）。

H47：22，Ba型Ⅱ式。泥质灰黄陶。口微敞，折平沿，尖圆唇，束颈，溜肩，弧腹下收。肩饰一道凹弦纹。口径40、残高4.6厘米（图一三八，12）。

H47：18，Ba型Ⅱ式。泥质灰陶。直口，折平沿外卷，圆唇，短束颈，溜肩，弧腹下收。唇沿饰三道凹弦纹，颈饰抹平绳纹，肩饰凹弦纹。口径36、残高5.6厘米（图一三八，15）。

H47：17，Ba型Ⅲ式。泥质灰陶。直口，折平沿，沿面略下凹，方唇，束颈，溜肩，弧腹下收。口径23、残高4.5厘米（图一三八，14）。

H47：5，Bb型Ⅰ式。泥质灰陶。敞口，折平沿，尖圆唇，束颈，溜肩，直弧腹下收。唇沿饰三道凹弦纹，肩腹部饰细密凹弦纹。口径36、残高8.2厘米（图一三九，1）。

H47：4，Ca型Ⅱ式。泥质黑衣灰黄陶。直口，折沿，沿面向外，圆唇，短束颈，溜肩，弧腹下收。唇沿饰两道、肩饰一道凹弦纹。口径38、残高6.4厘米（图一三九，2）。

H47：20，Cb型Ⅲ式。泥质灰陶。直口，折平沿，圆唇，短束颈，溜肩，弧腹下收。唇沿饰两道、肩饰一道凹弦纹。口径38、残高5.2厘米（图一三九，3）。

H47：14，Cb型Ⅴ式。泥质灰陶。口微敞，折沿，沿面向外，方唇，束颈，溜肩，弧腹下收。沿面、唇沿和肩各饰一道凹弦纹。口径42、残高6厘米（图一三九，4）。

H47：2，Cb型Ⅵ式。泥质褐黄陶。敞口，折沿，沿面向外，方唇，短束颈，溜肩，弧腹下收。沿面、唇沿和肩各饰一道凹弦纹。口径48、残高7.4厘米（图一三八，13）。

H47：3，Cb型Ⅵ式。泥质褐黄陶。敞口，折沿，沿面向外，方唇，短束颈，溜肩，弧腹下收。唇沿和肩各饰一道凹弦纹。口径36、残高8.5厘米（图一三九，8）。

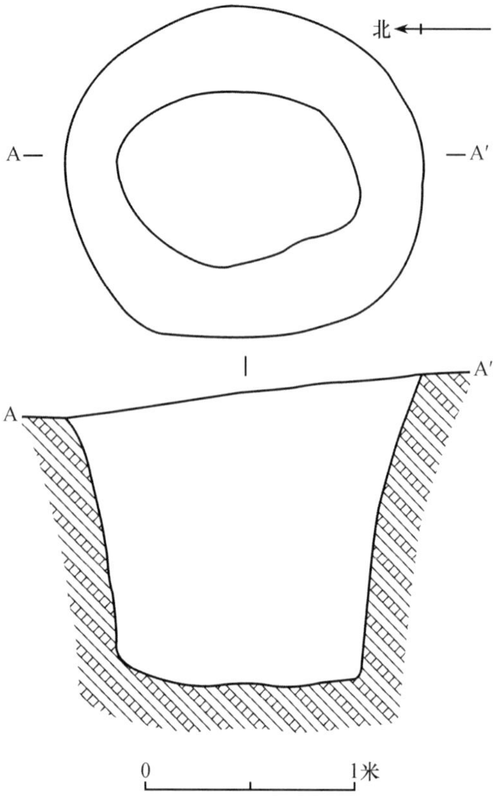

图一四〇　H58平、剖面图

**7. H58**

位于TN02E04的西北部，紧挨西隔梁，北距北隔梁80厘米；南距J20约60厘米，东北距J10约40厘米。开口于第3层下，打破生土。平面呈不规则椭圆形，坑壁斜直，坑底微弧，未见加工痕迹。坑口至地表深50厘米，坑口南北最长172、东西最宽154厘米，坑底底部为不规则椭圆形，底部南北长116、东西宽82厘米，坑口至坑底南部深140、北部深110 厘米。坑内填土主要为黑灰色土，内有草木灰、陶片，土质松软。可辨有盆、盂、盖豆、豆柄等陶器（图一四〇）。

（1）陶盂

1件。

H58：2，Ca型Ⅲ式。泥质黑衣灰黄陶。轮制。敛口，折沿，沿面向外，细圆唇，短束颈，溜肩，圆弧腹下收。沿面和肩部各饰一道凹弦纹。口径22、残高5厘米（图一四一，2）。

（2）陶豆柄

1件。

H58：4，Ⅳ式。泥质灰黄陶。豆盘轮制，慢轮修整；柄手制，柄内、外壁可见手制痕迹。盘壁弧形接柄，细柄呈圆柱形、中空。柄径2.4、残高7.2厘米（图一四一，11）。

（3）陶盖豆

1件。

H58：3，泥质黑衣灰黄陶。轮制。子口承盖，弧腹内收，腹稍深。肩饰一道、腹饰两道凹弦纹。口径18、残高5.4厘米（图一四一，3）。

（4）陶盆

1件。

H58：1，Ca型Ⅲ式。泥质灰黄陶。轮制。直口，折沿外卷，沿面向外，尖圆唇，短束颈，溜肩，弧腹下收。沿面和肩部各饰一道凹弦纹。口径40、残高6厘米（图一四一，1）。

**8. H59**

位于TN02E04北隔梁下，南距J13约80厘米。开口于第3层下，北部被H16打破，打破生土。平面呈不规则椭圆形，坑壁陡直，一边坑壁呈台阶状，坑底略平。坑口距地表深50厘米，坑口南北长200、东西宽170厘米，坑口至坑底深174厘米。坑内填土为黄褐色因夹有黑色草木灰而发黑的沙质土，较湿。可辨有鬲、盂、豆盘、豆柄、瓮、盆等陶器（图一四二；图版三，4）。

（1）陶鬲

2件。轮制。

H59：6，Aa型Ⅱ式。夹砂灰黄陶。口略敞，折平沿外翻卷，尖圆唇，短束颈，溜肩。沿面饰一道凹弦纹，颈饰抹平绳纹。口径27、残高4.4厘米（图一四一，5）。

H59：2，Ba型Ⅰ式。夹砂灰黄陶。口略敞，折平沿外翻卷，尖圆唇，短束颈，溜肩。沿面饰一道凹弦纹，肩饰纵向绳纹。口径40、残高4.5厘米（图一四一，6）。

（2）陶盂

1件。

H59：3，Ca型Ⅰ式。泥质灰黄陶。轮制。敞口，折沿，沿面向外，圆唇，短束颈，溜肩，弧腹下收。沿面和肩部各饰一道凹弦纹。口径50、残高5.5厘米（图一四一，4）。

（3）陶豆盘

1件。

H59：9，A型Ⅱ式。泥质褐黄陶。轮制，慢轮修整。盘径较小，浅盘，盘壁弧形接柄。盘径12、盘深2.4、残高2.9厘米（图一四一，12）。

（4）陶豆柄

1件。

H59：10，Ⅰ式。泥质灰黄陶。手制，柄内壁可见手制按窝痕迹。细柄稍高，呈圆柱状，中空。柄径3、残高8.8厘米（图一四一，14）。

（5）陶盖豆

1件。

H59：8，泥质灰陶。慢轮修整。柄粗短，座呈喇叭状。残高6.6厘米（图一四一，13）。

（6）陶瓮

1件。

H59：4，D型Ⅱ式。泥质灰陶。轮制。敛口，折沿，沿面向外，尖圆唇，短束颈，溜肩。沿面饰两道凹弦纹，颈饰抹平绳纹，肩饰凹弦纹。口径27、残高8.6厘米（图一四一，7）。

（7）陶盆

3件。轮制。

H59：5，Ab型Ⅳ式。泥质灰黄陶。敛口，折沿，沿面向内，尖圆唇，短束颈，溜肩。沿面和肩部各饰一道凹弦纹，颈饰抹平绳纹。口径35、残高5.2厘米（图一四一，8）。

H59：1，Cb型Ⅲ式。泥质灰陶。敞口，折沿外翻卷，沿面向外，尖圆唇，短束颈，溜肩，弧腹下收。沿面和肩部各饰一道凹弦纹。口径40、残高6.2厘米（图一四一，10）。

H59：7，D型Ⅰ式。泥质灰陶。敛口，折弧沿外翻，尖圆唇，短束颈，溜肩。沿面和肩部饰数道凹弦纹。口径34、残高5厘米（图一四一，9）。

**9. H60**

位于TN02E03东南部，距东隔梁120厘米，距南隔梁220厘米；北距J21约210厘米，西距J32

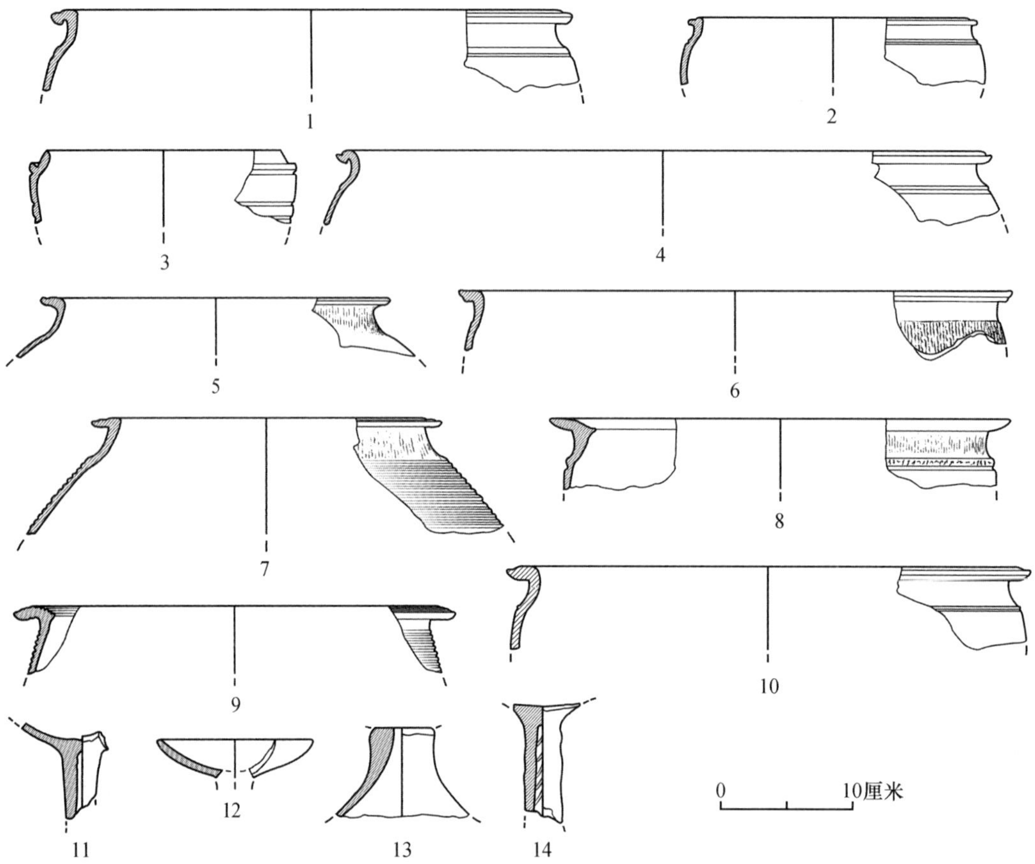


图一四一　H58、H59出土陶器

1. Ca型Ⅲ式盆（H58：1）　2. Ca型Ⅲ式盂（H58：2）　3、13. 盖豆（H58：3、H59：8）　4. Ca型Ⅰ式盂（H59：3）　5. Aa型Ⅱ式鬲（H59：6）　6. Ba型Ⅰ式鬲（H59：2）　7. D型Ⅱ式瓮（H59：4）　8. Ab型Ⅳ式盆（H59：5）　9. D型Ⅰ式盆（H59：7）　10. Cb型Ⅲ式盆（H59：1）　11. Ⅳ式豆柄（H58：4）　12. A型Ⅱ式豆盘（H59：9）　14. Ⅰ式豆柄（H59：10）

约260厘米。开口于第3层下，打破生土。平面呈不规则圆形，坑壁斜直，坑底稍平，未见加工痕迹。坑口至地表深75厘米，坑口南北长170、东西宽150厘米，坑底南北长130、东西宽100厘米，坑口距坑底深78厘米。坑内填土为深褐色，含有较多的草木灰，土质结构疏松。可辨有盂口沿、鬲足、豆盘、豆座等陶器（图一四三）。

（1）陶鬲足

1件。

H60：2，Ac型Ⅱ式。夹砂灰黄陶。手制。浅足窝，柱状足。通体饰绳纹。残高10.4厘米（图一四四，2）。

（2）陶盂

1件。

H60：1，Ca型Ⅲ式。泥质灰黄陶。轮制。敞口，折沿外卷，沿面向外，圆唇，短束颈，溜肩，弧腹下收。沿面饰一道凹弦纹。口径36、残高7厘米（图一四四，1）。

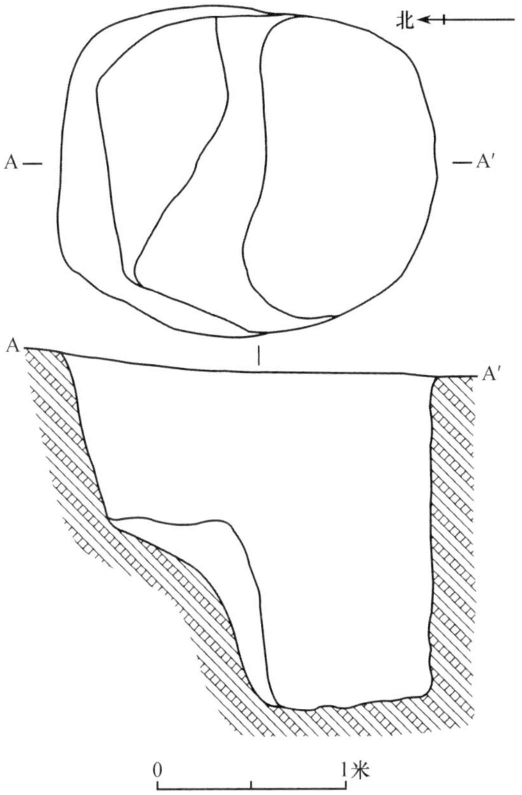


图一四二　H59平、剖面图

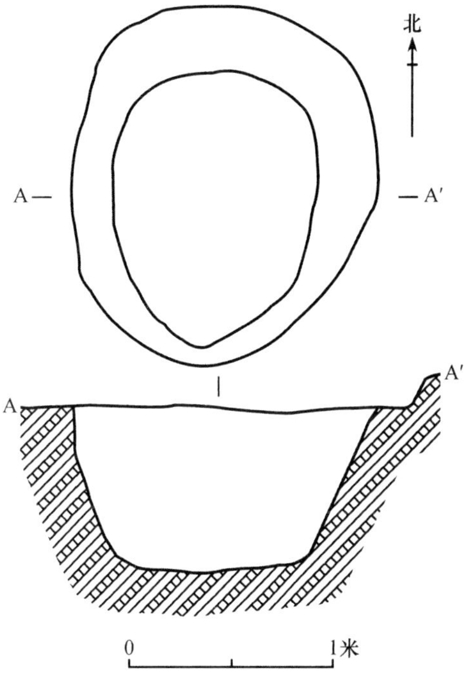


图一四三　H60平、剖面图

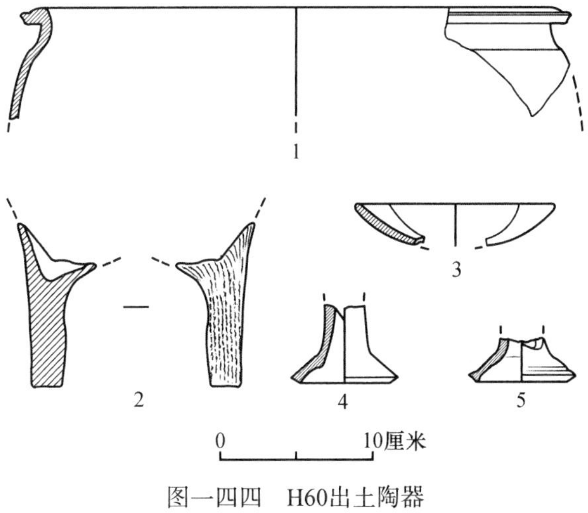


图一四四　H60出土陶器

1. Ca型Ⅲ式盂（H60：1）　2. Ac型Ⅱ式鬲足（H60：2）　3. A型Ⅱ式豆盘（H60：5）

4. Ab型Ⅰ式豆座（H60：3）　5. Ab型Ⅱ式豆座（H60：4）

（3）陶豆盘

1件。

H60：5，A型Ⅱ式。泥质黑衣褐黄陶。轮制，慢轮修整。盘径较小，浅盘，盘壁弧形接柄。口径13、残高2.6厘米（图一四四，3）。

（4）陶豆座

2件。豆座轮制，慢轮修整；柄手制，柄内壁可见手制按窝痕迹。

H60：3，Ab型Ⅰ式。泥质褐黄陶。柄呈圆柱状、中空，喇叭形豆座，座面不隆起。座径7、残高5厘米（图一四四，4）。

H60：4，Ab型Ⅱ式。泥质灰陶。柄呈圆柱状、中空，喇叭形豆座，座面微隆起。座径7、残高2.8厘米（图一四四，5）。

## （四）不规则形

2个，即H26、H43。

### 1. H26

位于TN04E01东部，距探方西壁640厘米、南壁300厘米；东南角被H5叠压打破，西北打破H30，南距H25约195厘米，西距H47约45厘米。开口于第3层下，打破生土。平面呈不规则形，坑壁与坑底构成弧形，平底，未见加工痕迹。坑口距地表深60厘米，坑口东西长242、南北宽204厘米，坑底东西长222、南北宽182厘米，坑底距坑口深30厘米。坑内堆积仅为一层，呈灰褐色，较松软，有黏性，夹杂少许草木灰。可辨有鬲、鬲足、盂、盆、豆柄、印纹硬陶罐等陶器和铜箭镞等遗物（图一四五；图版二，2）。

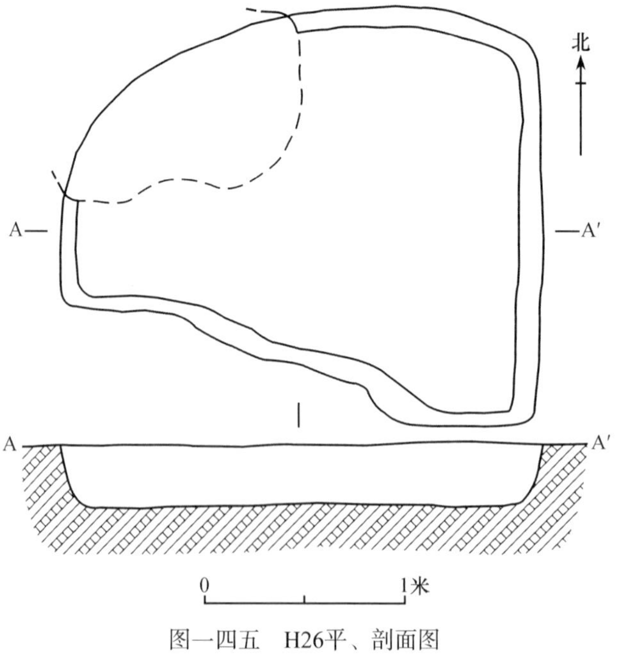


图一四五　H26平、剖面图

（1）陶鬲

3件。轮制。

H26：6，Aa型Ⅰ式。夹砂灰黄陶。敛口，折平沿，方唇，束颈，溜肩，腹、底残。腹饰竖向绳纹。口径28、残高5厘米（图一四六，2）。

H26：11，Ab型Ⅱ式。夹砂灰黄陶。敞口，折沿，沿面略向外，方圆唇，束颈，溜肩，弧腹下收，底、足残。肩及上腹部饰竖向绳纹。口径36、残高23.6厘米（图一四六，1）。

H26：5，Bb型Ⅲ式。夹砂灰陶。直口，折沿，沿面略向内，方圆唇，颈略束，直弧腹，下腹、底残。腹饰竖向绳纹。口径40、残高6.8厘米（图一四六，5）。

（2）陶鬲足

1件。

H26：8，Ac型Ⅱ式。夹砂灰黄陶。手制。浅足窝，柱状足上粗下细，平足根。通体饰绳纹。残高9.4厘米（图一四六，10）。

（3）陶盂

2件。轮制。

H26：1，Ca型Ⅰ式。泥质灰陶。敞口，折沿，沿面向外，尖圆唇，短束颈，溜肩，腹、底残。肩饰一道凹弦纹。口径28、残高5.2厘米（图一四六，3）。

H26：4，Ca型Ⅰ式。泥质灰陶。敞口，折沿，沿面向外，方圆唇，短束颈，溜肩，腹、底残。肩饰一道凹弦纹。口径27、残高5.6厘米（图一四六，6）。

（4）陶豆柄

1件。

H26：9，Ⅶ式。泥质灰陶。豆盘轮制，慢轮修整；柄手制，柄内壁可见手制痕迹。盘壁弧形接柄，粗短柄稍矮、呈圆柱状、中空。素面。柄径3.4、残高7.8厘米（图一四六，11）。

（5）陶盆

3件。轮制。

H26：2，Ba型Ⅲ式。泥质灰陶。直口，折平沿，方唇，束颈，溜肩，腹、底残。沿面饰两道、肩饰一道凹弦纹。口径40、残高4.8厘米（图一四六，7）。

H26：7，Ca型Ⅱ式。泥质灰陶。敛口，折平沿略外卷，方唇，束颈，溜肩，腹、底残。肩饰一道凹弦纹。口径38、残高4.6厘米（图一四六，4）。

H26：3，Cb型Ⅵ式。夹砂黑衣灰黄陶。敞口，折沿，沿面向外，尖唇，束颈，溜肩，腹、底残。肩饰一道凹弦纹。口径28、残高4.6厘米（图一四六，8）。

（6）印纹硬陶罐

1件。

H26：10，灰黄色胎。轮制。斜壁下收，平底。下腹饰网格纹。残高13.4厘米（图一四六，9）。

（7）铜箭镞

1件。

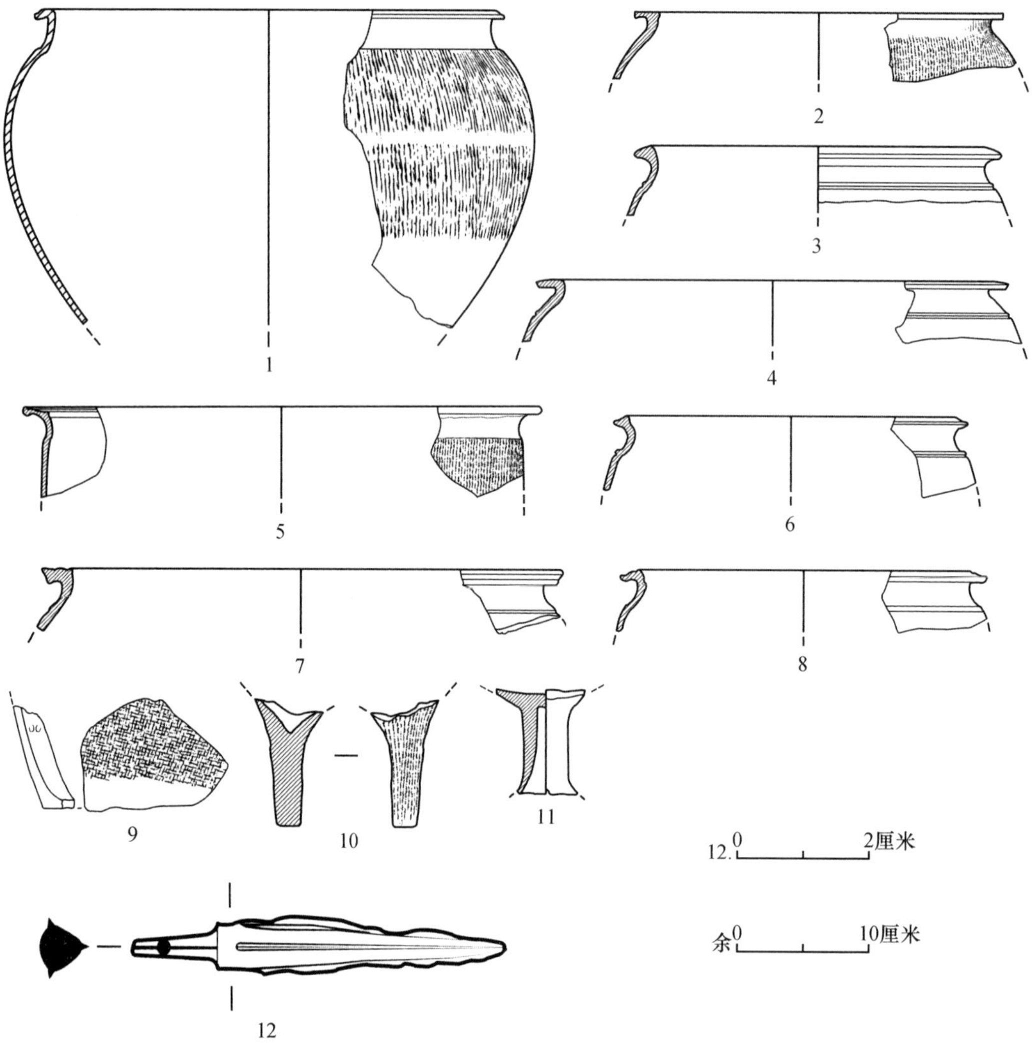


图一四六　H26出土遗物

1. Ab型Ⅱ式陶鬲（H26：11）　2. Aa型Ⅰ式陶鬲（H26：6）　3、6. Ca型Ⅰ式陶盂（H26：1、H26：4）　4. Ca型Ⅱ式陶盆（H26：7）　5. Bb型Ⅲ式陶鬲（H26：5）　7. Ba型Ⅲ式陶盆（H26：2）　8. Cb型Ⅵ式陶盆（H26：3）　9. 印纹硬陶罐（H26：10）　10. Ac型Ⅱ式陶鬲足（H26：8）　11. Ⅶ式陶豆柄（H26：9）　12. 铜箭镞（H26：12）

H26：12，镞身细长短关，三刃断面作三棱形，铤断面作三棱形。素面。残长5.8厘米（图一四六，12；图版二六，1）。

**2. H43**

位于TN04E03东部，距探方南壁500厘米，其东部穿过探方东隔梁进入TN04E04中；南距H19约320厘米，西距J9约150厘米。开口于第3层下，打破生土。平面呈不规则形，坑壁与坑底构成筒状，坑底较平，未见加工痕迹。坑口距地表深55厘米，坑口南北长275、东西宽287厘米，坑底南北长242、东西宽231厘米，坑底距坑口深30厘米。坑内堆积仅为一层，填土褐灰色，较松软，有黏性。可辨有盆、盂、豆盘、罐等陶器（图一四七）。

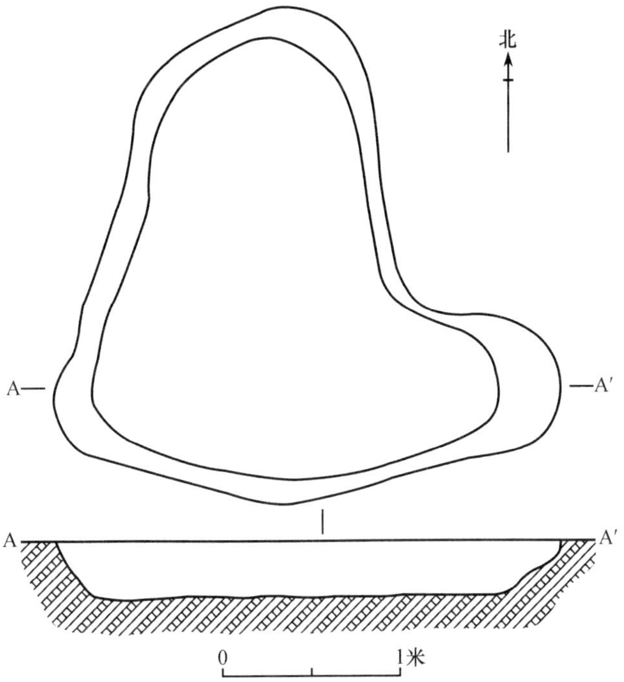


图一四七　H43平、剖面图

（1）陶盂

5件。轮制。

H43：2，B型Ⅲ式。泥质灰陶。敞口，折平沿，沿面略下凹，圆唇，短束颈，溜肩，圆弧腹下收。肩饰一道凹弦纹。口径20、残高6.8厘米（图一四八，4）。

H43：3，B型Ⅲ式。泥质灰陶。敞口，折平沿，沿面略下凹，尖圆唇，短束颈，溜肩，圆弧腹下收。肩饰一道凹弦纹。口径20、残高5.8厘米（图一四八，6）。

H43：12，Cb型Ⅱ式。泥质灰陶。直口，折沿，沿面向外，尖圆唇，短束颈，溜圆肩，圆弧腹下收。肩饰一道凹弦纹。口径18、残高4.6厘米（图一四八，8）。

H43：10，Cb型Ⅳ式。泥质黑衣灰黄陶。敞口，折沿，沿面向外，方唇，短束颈，溜肩，圆弧腹下收。沿面和肩部各饰一道凹弦纹。口径29、残高5.8厘米（图一四八，2）。

H43：11，Cb型Ⅳ式。泥质灰黄陶。敞口，折沿，沿面向外，尖圆唇，短束颈，溜肩，圆弧腹下收。肩饰一道凹弦纹。口径18、残高5.6厘米（图一四八，10）。

（2）陶豆盘

1件。

H43：6，C型Ⅱ式。泥质黑衣褐黄陶。豆盘轮制，慢轮修整；柄手制，柄内壁可见手制痕迹。盘径较小，浅盘，盘壁弧形接柄，细柄呈圆柱状、中空。盘径13、盘深2.2、残高5.8厘米（图一四八，12）。

（3）陶豆座

1件。

H43：8，Ab型Ⅱ式。泥质灰黄陶。豆座轮制，慢轮修整；柄手制，柄内壁可见手制痕

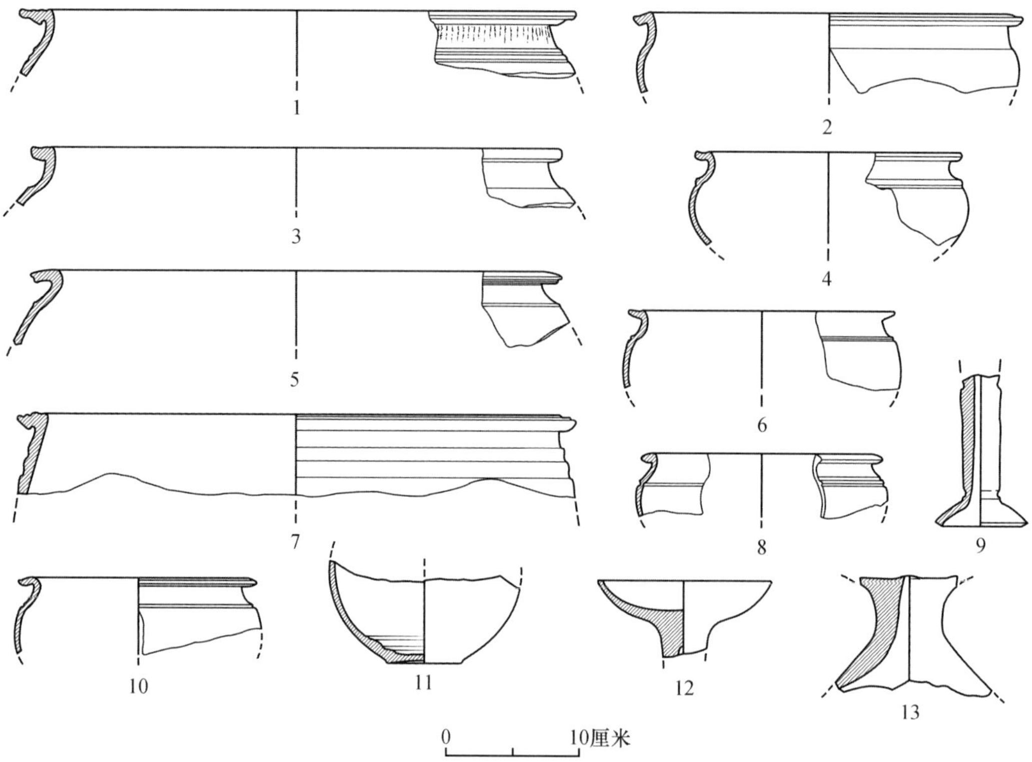


图一四八　H43出土陶器

1. Ba型Ⅰ式盆（H43：5）　2、10. Cb型Ⅳ式盂（H43：10、H43：11）　3. Ba型Ⅳ式盆（H43：9）　4、6. B型Ⅲ式盂（H43：2、H43：3）　5. Ca型Ⅱ式盆（H43：13）　7. Ca型Ⅳ式盆（H43：1）　8. Cb型Ⅱ式盂（H43：12）　9. Ab型Ⅱ式豆座（H43：8）　11. 无法归类高领小罐（H43：7）　12. C型Ⅱ式豆盘（H43：6）　13. 盖豆柄（H43：4）

迹。细高柄呈圆柱状，中空；喇叭形豆座，座面隆起。柄径2.9、座径7、残高11厘米（图一四八，9）。

（4）陶盖豆

1件。

H43：4，盖豆座。泥质灰黄陶。慢轮修整。盘壁弧形接柄，柄粗短，座呈喇叭状。残高8.6厘米（图一四八，13）。

（5）陶高领小罐

1件。

H43：7，无法归类。泥质黑衣灰陶。轮制，内壁可见轮制的旋痕。弧腹下收，平底。底径7.5、残高7.8厘米（图一四八，11）。

（6）陶盆

4件。轮制。

H43：5，Ba型Ⅰ式。泥质灰陶。敞口，折平沿，方唇，束颈，溜肩。沿面饰三道凹弦纹，颈饰抹平绳纹，肩饰两道凹弦纹。口径42、残高5厘米（图一四八，1）。

H43：9，Ba型Ⅳ式。泥质黑衣褐红陶。口微敞，折平沿，圆唇，短束颈，溜肩。沿面饰一道凹弦纹。口径40、残高4.4厘米（图一四八，3）。

H43：13，Ca型Ⅱ式。泥质灰陶。口微敞，折沿略外翻卷，沿面向外，方唇，短束颈，溜肩，弧腹下收。唇沿饰一道凹弦纹，肩部有一道细小凸棱。口径40、残高5.5厘米（图一四八，5）。

H43：1，Ca型Ⅳ式。泥质灰陶。敛口，折沿外翻卷，沿面向外，圆唇，束颈，溜肩。沿面饰三道、肩饰两道凹弦纹。口径42、残高6厘米（图一四八，7）。

## 三、水 井

共25口，即J1、J3～J5、J9、J10、J14～J32。其中，陶井共6口，即J1、J3、J5、J18、J20、J28；土井20口，即J4、J9、J10、J13～J17、J19、J21～J27、J29～J32。

### （一）陶井

共6口，即J1、J3、J5、J18、J20、J28。

**1. J1**

位于TN02E02北部，东北距H55约220厘米，西距J15约266厘米，西南距H35约210厘米。开口于第3层下，被H2打破，打破生土。圆形陶井，井壁斜直、光滑，井底平。井口至地表深50厘米，井口直径80厘米，井底直径74厘米；井口至井底深725厘米。井口向下490厘米处井壁由7个圆筒形陶井圈垂直叠砌而成，最上一节井圈残；井圈直径76厘米，高70厘米，厚2～3厘米；自490厘米向下235厘米至井底没有陶井圈，由直径1.1厘米、编织细密的竹类编织物做井壁，竹类编织物大部分已腐烂。井内堆积分为2层：第1层，井口至井下200厘米，为黄土夹灰土，较黏；第2层，井下200厘米至井底，为灰色黏土，很纯，也较黏；在井底垫有厚约5厘米的细沙。井内出土有筒瓦、板瓦、高领罐、长颈壶、盘、豆等陶器和铁锤等遗物（图一四九；图版三，5）。

（1）陶鬲足

1件。

J1：37，Ab型Ⅰ式。夹砂灰陶，器表有黑灰烬残痕。手制。深足窝，柱状足上粗下细。通体饰绳纹。残高10.5厘米（图一五二，14）。

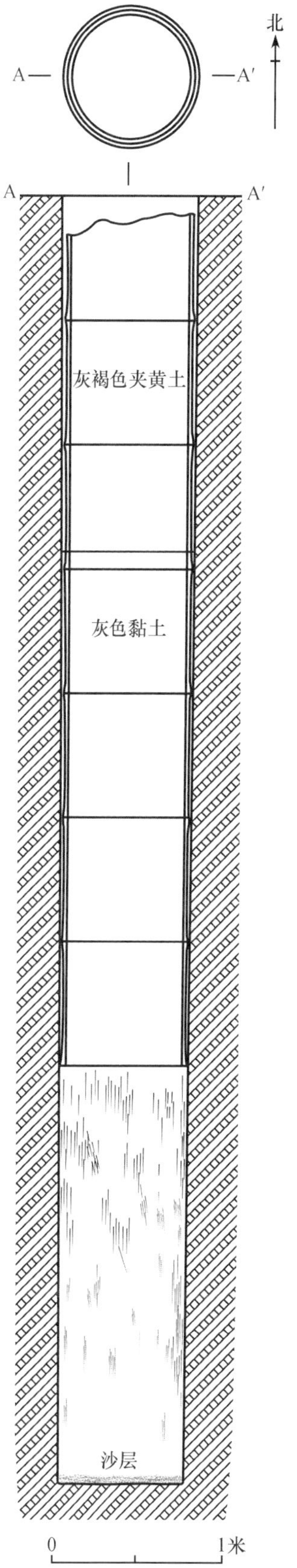

图一四九 J1平、剖面图

（2）陶盂

2件。轮制。

J1：6，A型Ⅲ式。泥质黑衣灰陶。敛口，仰折沿，尖唇，短束颈，上腹圆，下腹弧内收，腹较浅，底残。腹饰两道凹弦纹。口径20.5、高8.5厘米（图一五二，1；图版六，4）。

J1：38，Ca型Ⅲ式。泥质黑衣灰陶。口微敞，折沿，沿面向外，圆唇，短束颈，溜肩，圆弧腹下内收，底残。肩饰一道凹弦纹。口径22.4、残高6.8厘米（图一五一，12）。

（3）陶豆盘

2件。豆盘轮制，慢轮修整；柄手制，柄内壁可见手制痕迹。

J1：26，A型Ⅰ式。泥质黑衣灰陶。盘径较小，浅盘，盘壁弧形接柄，细柄呈圆柱状、中空。盘内饰暗纹。盘径11.2、盘深1.7、残高3.6厘米（图一五二，6）。

J1：27，A型Ⅰ式。泥质黑衣灰陶。盘径较小，浅盘，盘壁弧形接柄，粗柄呈圆柱状、中空。盘内饰两道同心圆暗纹。盘径14.6、盘深1.7、残高6.4厘米（图一五二，7）。

（4）陶豆座

1件。

J1：31，B型Ⅰ式。泥质黑衣灰褐陶。豆座轮制，慢轮修整；柄手制，柄内壁可见手制痕迹。细矮柄、呈圆柱状、中空，喇叭形豆座，座面不隆起。素面。座径8.6、柄径3.2、残高9.2厘米（图一五二，16）。

（5）陶豆柄

3件。豆盘、豆座轮制，慢轮修整；柄手制，柄内壁可见手制痕迹。

J1：28，Ⅰ式。泥质黑衣褐灰陶。盘壁弧形接柄；细柄稍高，呈圆柱状，中空。素面。柄径3.2、残高12.2厘米（图一五二，15）。

J1：29，Ⅶ式。泥质黑衣灰褐陶。盘壁弧形接柄；细柄稍高，呈圆柱状，中空；喇叭形豆座残。素面。柄径3.3、残高10.4厘米（图一五二，12）。

J1：30，Ⅶ式。泥质黑衣灰褐陶。盘壁弧形接柄；矮柄稍粗，呈圆柱状，中空；喇叭形豆座残。素面。柄径3.7、残高7.8厘米（图一五二，13）。

（6）陶高领罐

9件。轮制，内外可见手工加工痕迹。敞口，折沿，沿面略向外，方唇或斜方唇，束颈，溜肩，圆鼓腹下收，凹圜底。颈部饰抹平绳纹，肩及上腹部饰间断绳纹，下腹及底部饰交错绳纹。

J1：10，A型Ⅰ式。泥质黑衣灰陶。方唇。口径14.5、腹径21.8、底径8.4、高24.2厘米（图一五〇，2）。

J1：7，A型Ⅱ式。泥质黑衣灰陶。方唇。口径15.2、腹径21.2、底径8.4、高25厘米（图一五〇，1；图版一二，3）。

J1：11，B型Ⅲ式。泥质黑衣灰陶。方唇。口径14.9、腹径22.6、底径9.2、高26.2厘米（图一五〇，3；图版一三，3）。

J1：3，C型Ⅱ式。泥质黑衣灰陶。斜方唇。口径15.4、腹径20、底径7.4、高23.3厘米（图一五〇，4；图版一五，1）。

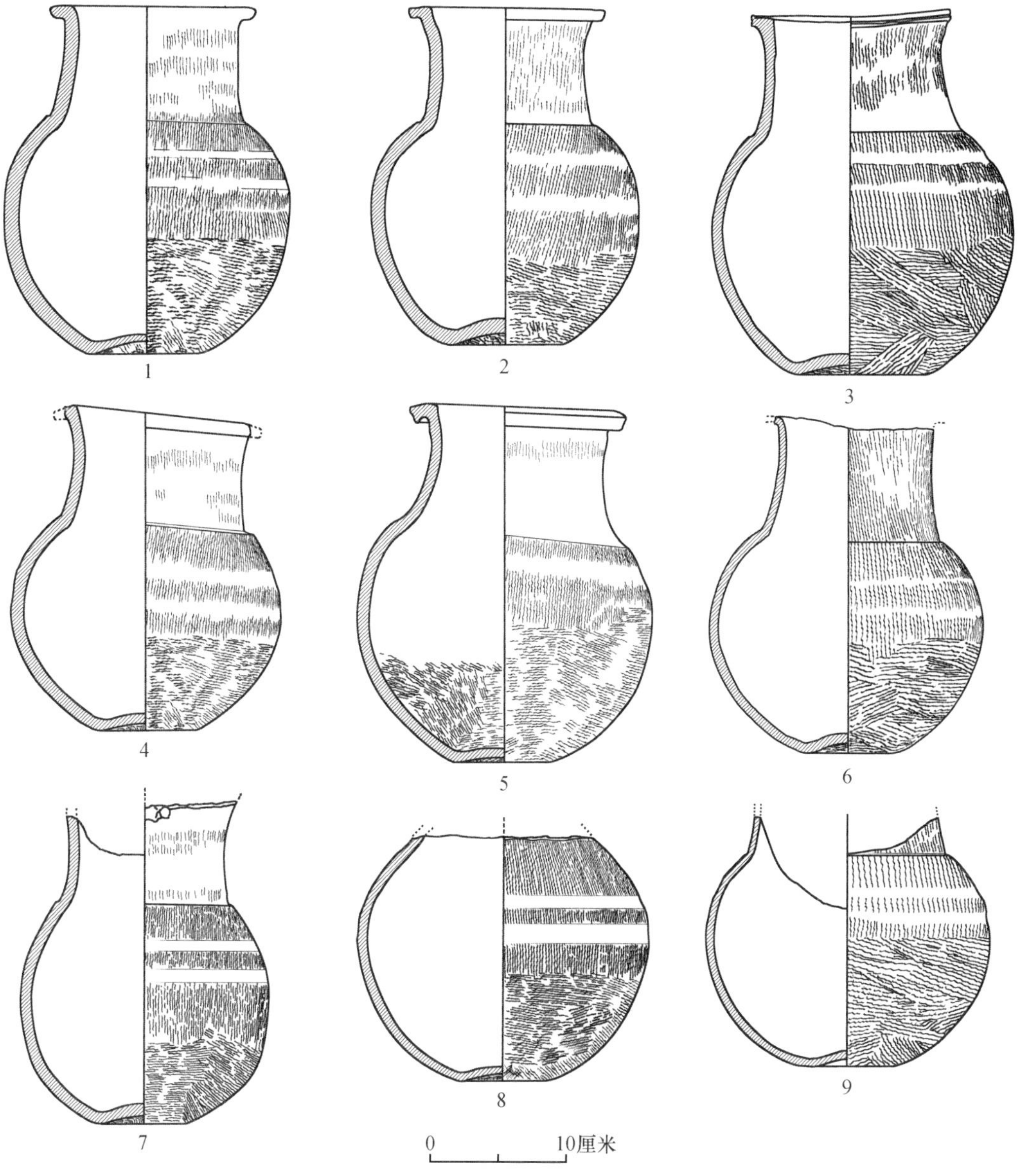


图一五〇　J1出土陶高领罐

1. A型Ⅱ式（J1：7）　2. A型Ⅰ式（J1：10）　3. B型Ⅲ式（J1：11）　4. C型Ⅱ式（J1：3）
5. C型Ⅳ式（J1：4）　6～9. 无法归类（J1：8、J1：1、J1：16、J1：13）

J1：4，C型Ⅳ式。泥质黑衣灰陶。方唇。口径16、腹径21.8、底径7.2、高25.7厘米（图一五〇，5；图版一六，3）。

J1：8，无法归类。泥质黑衣灰陶。口沿残。腹径20.6、底径6.7、残高24.2厘米（图一五〇，6）。

J1：13，无法归类。泥质黑衣灰陶。口、颈残。腹径21.2、底径6.2、残高17.8厘米（图一五〇，9）。

J1：16，无法归类。泥质黑衣灰陶。口、颈残。腹径21.4、底径6.4、残高17.6厘米（图一五〇，8）。

J1：1，无法归类。泥质灰陶。口沿残，束颈，椭圆腹。腹径18.4、底径6.8、残高23厘米（图一五〇，7）。

（7）陶折沿罐

1件。

J1：12，泥质黑衣灰黄陶。轮制，内外有轮制的旋痕。敞口，折沿，沿面向内、略凹，圆唇，直颈略束，溜肩，圆鼓腹下收，底残，腹径大于口径，整个器形矮胖。颈部饰抹平绳纹，肩及上腹部饰竖向绳纹，下腹及底部饰交错绳纹。口径14.6、腹径19、残高15厘米（图一五二，10；图版一八，4）。

（8）陶高领小罐

1件。

J1：2，无法归类。泥质黑衣灰黄陶。轮制，外腹可见轮制的旋痕。口、颈残，圆肩，圆鼓腹，平底微凹。上腹饰两道凹弦纹。腹径13.8、底径6.6、残高11.2厘米（图一五二，11）。

（9）陶长颈壶

2件。轮制，内、外壁可见轮制的旋痕。颈部饰抹平绳纹，肩及上腹饰间断绳纹，下腹及底部饰交错绳纹。

J1：9，B型Ⅰ式。泥质黑皮褐红陶。口沿残，高直颈，溜肩，鼓腹，凹圜底。颈部饰六道凹弦纹及抹平绳纹。腹径20.7、底径9.6、残高30.4厘米（图一五二，8；图版一九，5）。

J1：15，B型Ⅱ式。泥质灰黄陶。口、底残。敞口，直颈，溜肩，弧腹下收。颈及肩部素面，上腹饰间断绳纹，下腹饰交错绳纹。颈径12.4、腹径19.4、残高28.6厘米（图一五二，9）。

（10）陶盘

1件。

J1：5，A型Ⅱ式。泥质黑衣灰陶。轮制，外壁可见轮制的旋痕。侈口，仰折沿，厚方唇，短束颈，浅弧腹下收，底内凹。素面。口径17.4、高5.2厘米（图一五一，6；图版二〇，2）。

（11）陶瓮

4件。泥条盘筑，慢轮修整。

J1：14，B型Ⅲ式。泥质灰陶。内外有拍痕。敞口，折沿，沿面略向内，方唇，短束颈，溜肩，垂腹，圜底。腹饰二十四道间断绳纹。口径12.2、腹径27、高30.8厘米（图一五一，3；图版二〇，6）。

J1：34，C型Ⅳ式。泥质黑衣灰陶。口略敛，折平沿，方唇，短束颈，溜肩。唇沿饰一道凹弦纹，肩饰绳纹。口径29、残高5.2厘米（图一五一，5）。

J1：36，C型Ⅳ式。泥质黑衣灰陶。内外有拍痕。敛口，折平沿，方唇，短束颈，溜肩。腹饰间断绳纹。口径28、残高10.6厘米（图一五一，7）。

J1：39，D型Ⅰ式。泥质黑衣灰陶。内外有拍痕。直口略敞，折沿，沿面凸起，方唇，束颈，溜肩，弧腹下收。颈饰抹平绳纹，肩腹部饰间断绳纹。口径24、残高17.8厘米（图一五一，10）。

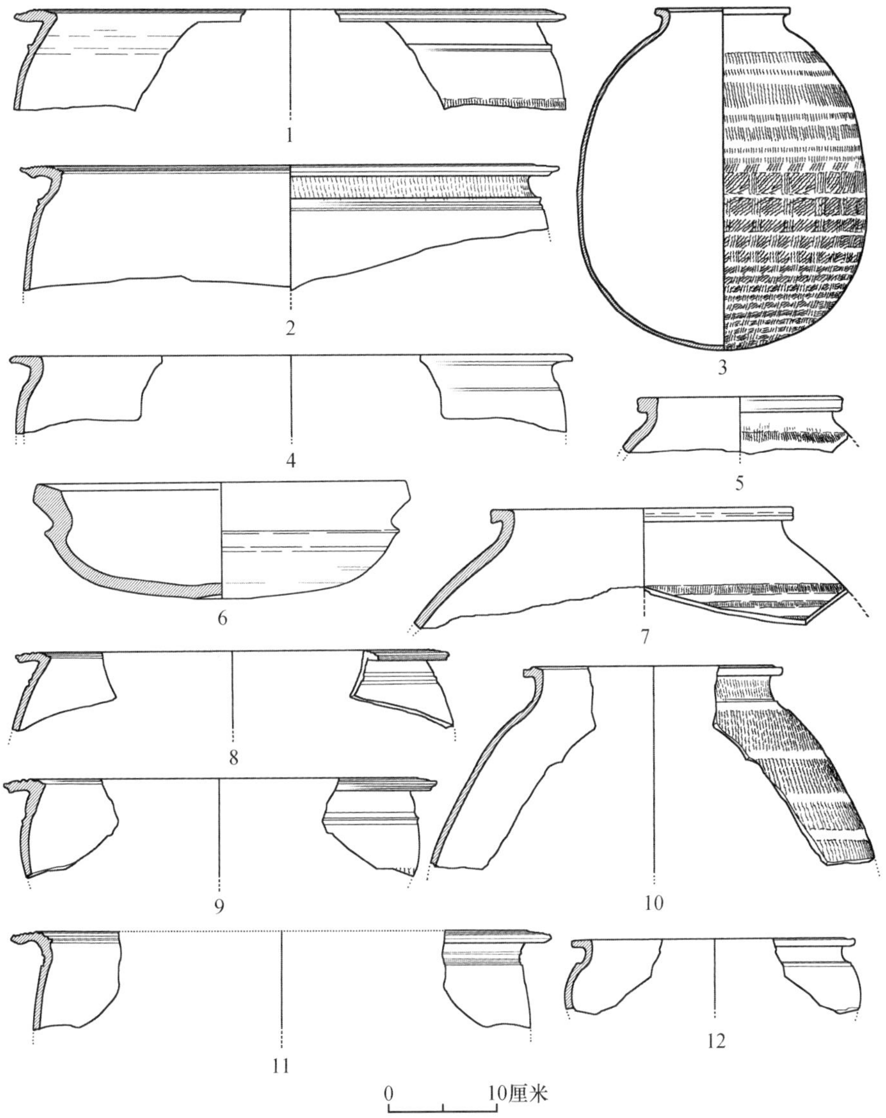


图一五一　J1出土陶器

1、8. D型Ⅰ式盆（J1：35、J1：40）　2. D型Ⅱ式盆（J1：43）　3. B型Ⅲ式瓮（J1：14）　4. Ba型Ⅱ式盆（J1：32）　5、7. C型Ⅳ式瓮（J1：34、J1：36）　6. A型Ⅱ式盘（J1：5）　9、11. D型Ⅲ式盆（J1：41、J1：44）　10. D型Ⅰ式瓮（J1：39）　12. Ca型Ⅲ式盂（J1：38）

（12）陶盆

10件。轮制。

J1：33，Ab型Ⅲ式。泥质黑衣灰陶。敛口，折弧沿，圆唇，短束颈，溜肩，弧腹下收，底残。沿面饰六道凹弦纹，肩饰一道凸弦纹。口径31.6、残高5.4厘米（图一五二，2）。

J1：32，Ba型Ⅱ式。泥质黑衣灰黄陶。口略敞，折平沿，圆唇，短束颈，溜肩，弧腹下收，底残。肩饰一道凹弦纹。口径52、残高7厘米（图一五一，4）。

J1：42，Cb型Ⅵ式。泥质黑衣灰陶。敞口，折沿，沿面向外、下凹，方唇，束颈，溜肩，斜弧腹下收，底残。唇沿饰一道、肩饰四道凹弦纹，腹饰绳纹。口径32、残高6.5厘米（图一五二，3）。

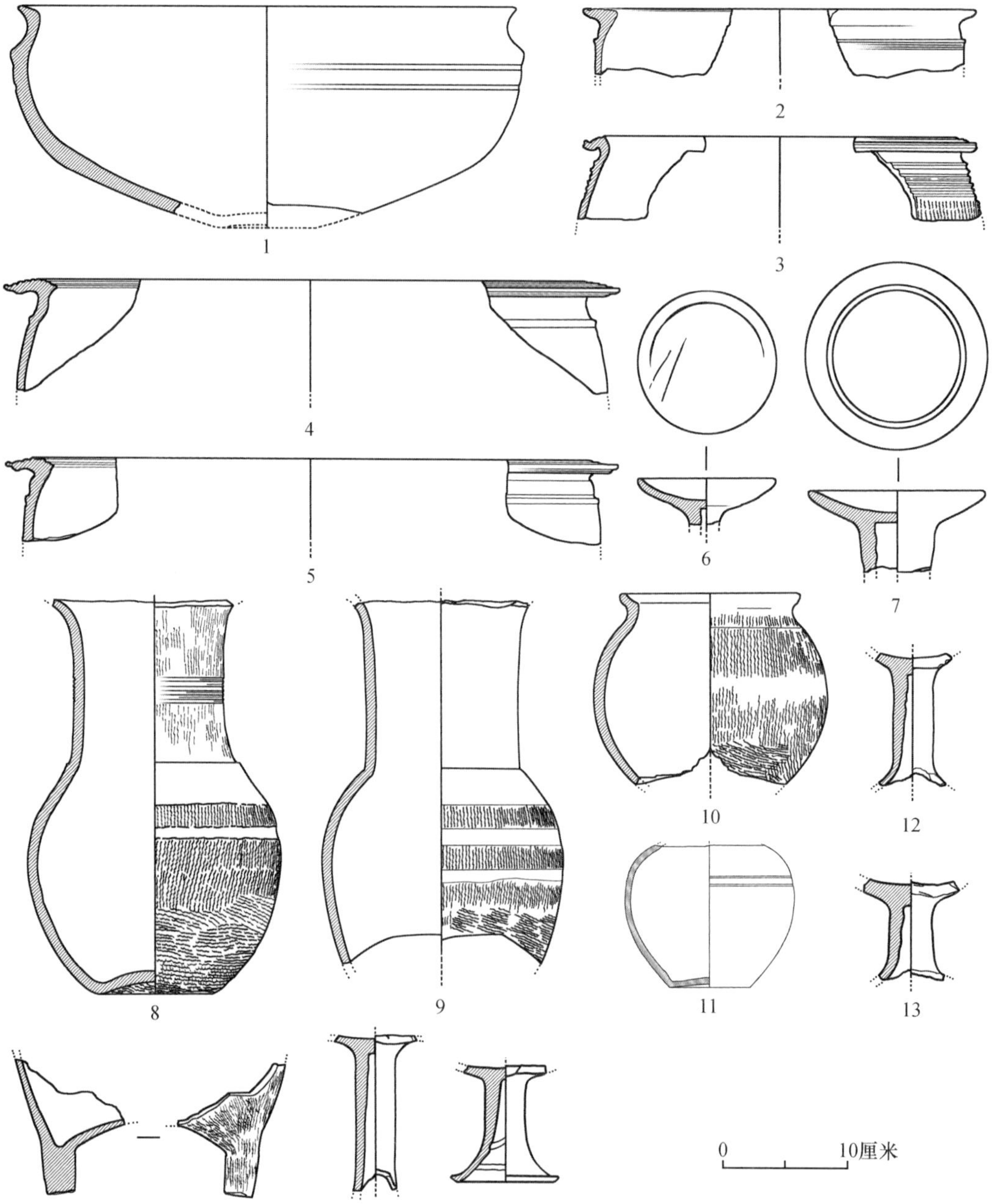


图一五二　J1出土陶器

1. A型Ⅲ式盂（J1：6）　2. Ab型Ⅲ式盆（J1：33）　3. Cb型Ⅵ式盆（J1：42）　4. D型Ⅱ式盆（J1：46）　5. D型Ⅲ式盆（J1：45）　6、7. A型Ⅰ式豆盘（J1：26、J1：27）　8. B型Ⅰ式长颈壶（J1：9）　9. B型Ⅱ式长颈壶（J1：15）　10. 折沿罐（J1：12）　11. 无法归类高领小罐（J1：2）　12、13. Ⅶ式豆柄（J1：29、J1：30）　14. Ab型Ⅰ式鬲足（J1：37）　15. Ⅰ式豆柄（J1：28）　16. B型Ⅰ式豆座（J1：31）

J1：35，D型Ⅰ式。泥质黑衣灰陶。敛口，折弧沿，圆唇，束颈，溜肩，弧腹下收，底残。沿面饰九道凹弦纹，肩饰一道凸弦纹，腹饰纵向绳纹。口径50.8、残高9厘米（图一五一，1）。

J1：40，D型Ⅰ式。泥质黑衣灰陶。敛口，折弧沿，方唇，束颈，溜肩，弧腹下收，底残。沿面饰六道、唇沿饰一道、肩饰两道凹弦纹。口径40、残高7厘米（图一五一，8）。

J1：43，D型Ⅱ式。泥质黑衣灰陶。敛口，折弧沿，尖圆唇，短束颈，溜肩，直弧腹下收，底残。沿面饰十三道凹弦纹，颈饰抹平绳纹，肩饰两道凹弦纹。口径50、残高11.2厘米（图一五一，2）。

J1：46，D型Ⅱ式。泥质黑衣灰陶。敛口，折弧沿，尖圆唇，束颈，溜肩，直弧腹下收，底残。沿面饰十一道凹弦纹，肩饰一道凸棱。口径50、残高8.8厘米（图一五二，4）。

J1：41，D型Ⅲ式。泥质黑衣灰陶。敛口，折弧沿，尖圆唇，束颈，溜肩，圆弧腹下收，底残。沿面饰五道、唇沿饰一道凹弦纹，肩饰一道凸棱，下腹饰绳纹。口径40、残高8.7厘米（图一五一，9）。

J1：45，D型Ⅲ式。泥质黑衣灰陶。敛口，折弧沿，尖圆唇，束颈，溜肩，直弧腹下收，底残。沿面饰五道凹弦纹，肩饰一道凸棱。口径50、残高6.5厘米（图一五二，5）。

J1：44，D型Ⅲ式。泥质灰陶。敛口，折弧沿，尖圆唇，束颈，溜肩，直弧腹下收，底残。沿面饰八道、唇沿饰一道凹弦纹，颈饰凹弦纹。口径50、残高8.8厘米（图一五一，11）。

（13）陶板瓦

6件。均为泥质灰陶。手制，有明显的手制痕迹。体呈长方形，瓦头略上翘，两侧有切割痕迹；内外均不平，制作比较粗糙，不规范；横截面呈弧形。面饰绳纹。

J1：17，Ⅰ式。瓦头饰两道凹弦纹。长40、宽26.4、高8、厚1.2厘米（图一五三，1；图版二四，1）。

J1：18，Ⅰ式。内饰麻点纹。长44.8、宽27、高9.6、厚1.1厘米（图一五三，2；图版二四，2）。

J1：19，Ⅰ式。瓦头饰三道凹弦纹。长42、宽29、高8.6、厚0.9厘米（图一五三，5；图版二四，3）。

J1：20，Ⅰ式。瓦头饰四道凹弦纹。内壁饰麻点纹。长42、宽28、高9.6、厚1.1厘米（图一五三，6；图版二四，4）。

J1：52，Ⅰ式。内有手制点痕。残长40、残宽26.4、高8、厚1.2厘米（图一五三，3）。

J1：53，Ⅰ式。内饰网格纹。残长18.8、残宽12、厚1.1厘米（图一五三，4）。

（14）陶筒瓦

13件。均为泥质灰陶。手制，内、外有明显的手制痕迹。呈半圆形；瓦身为手制，内、外均不平，两侧有切割痕迹；内、外制作比较粗糙。面饰绳纹。

J1：21，Ⅰ式。唇部轮制。唇部的凹曲度比较大，唇为尖缘。内壁饰麻点纹。长44.8、宽10.8、高6.4、厚0.9厘米（图一五四，1）。

J1：22，Ⅰ式。唇部轮制。唇部的凹曲度比较大，唇为尖缘。内壁饰麻点纹。长41.6、宽12.4、高5.6、厚0.9厘米（图一五四，2）。

J1：23，Ⅰ式。唇部轮制。唇部的凹曲度较小，唇为尖缘。内壁饰麻点纹。长40.4、宽11.2、高6.2、厚1.3厘米（图一五四，3；图版二五，1）。

J1：55，Ⅰ式。唇部轮制。唇部的凹曲度比较大，唇为尖缘。内壁饰麻点纹。长43.4、宽

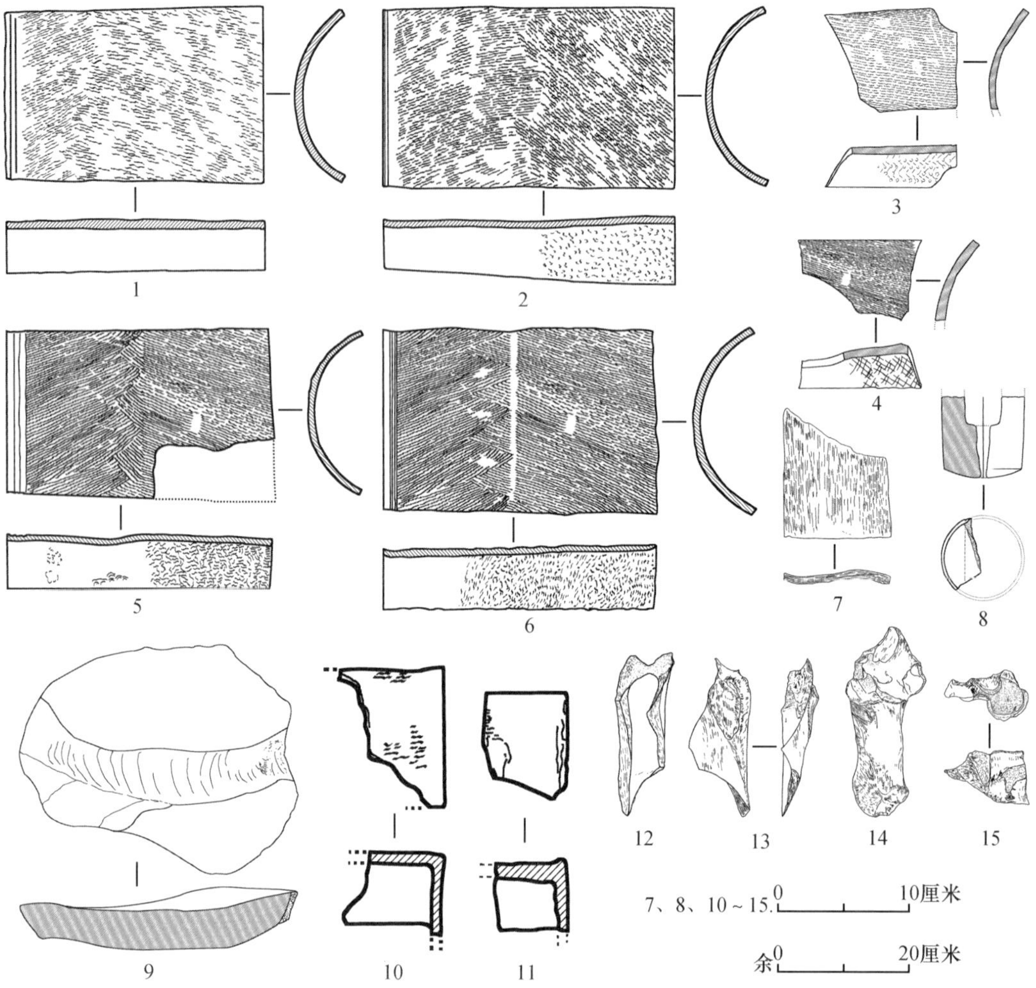


图一五三　J1出土遗物

1～6. Ⅰ式陶板瓦（J1：17、J1：18、J1：52、J1：53、J1：19、J1：20）　7. 木片（J1：51）　8. 铁锤（J1：56）　9. 磨石（J1：65）　10、11. 陶瓦当（J1：24、J1：25）　12～15. 动物骨骼（J1：47、J1：48、J1：50、J1：49）

13.5、高7.6、厚1.1厘米（图一五四，4）。

J1：57，Ⅱ式。唇部轮制。唇部的凹曲度比较大，唇为尖缘。内壁饰麻点纹。长46.5、宽13.8、高8.4、厚1.1厘米（图一五四，5）。

J1：58，Ⅱ式。唇部轮制。唇部的凹曲度比较大，唇为尖缘。面饰绳纹，近唇部抹平，唇部饰抹平绳纹。内壁饰麻点纹。长40.5、宽11、高6、厚0.9厘米（图一五四，6）。

J1：59，Ⅲ式。唇部轮制。唇部的凹曲度比较大，唇为尖缘。面饰绳纹，近唇部抹平，内壁饰抹痕。长45.6、宽13、高6.6、厚1.1厘米（图一五四，7）。

J1：60，Ⅲ式。唇部轮制。唇部的凹曲度比较大，唇为尖缘。面饰绳纹，近唇部抹平，内壁饰麻点纹。长45、宽12、高6.5、厚1.1厘米（图一五四，8；图版二五，3）。

J1：61，Ⅲ式。唇部轮制。唇部的凹曲度比较大，唇为尖缘。面饰绳纹，近唇部抹平，内壁饰泥条盘筑痕。长43、宽11.6、高6.9、厚1厘米（图一五四，9）。

J1：62，Ⅲ式。唇部轮制。唇部的凹曲度比较大，唇为尖缘。面饰绳纹，近唇部抹平，唇

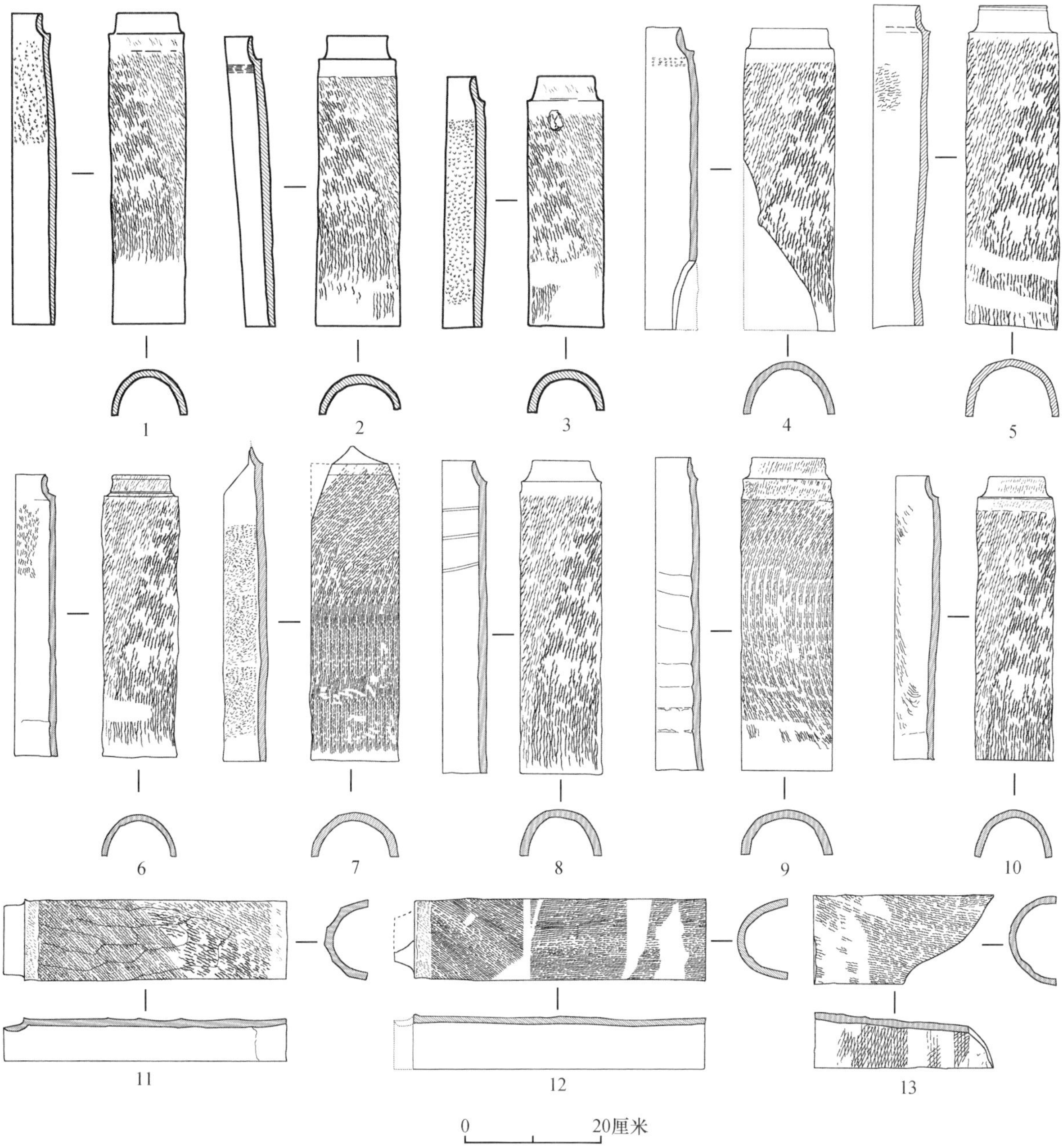


图一五四　J1出土陶筒瓦

1～4. Ⅰ式（J1：21、J1：22、J1：23、J1：55）　5、6. Ⅱ式（J1：57、J1：58）

7～12. Ⅲ式（J1：59、J1：60、J1：61、J1：62、J1：63、J1：64）　13. 无法归类（J1：54）

面饰抹平绳纹，内壁饰抹痕。长43、宽11.6、高6.9、厚1厘米（图一五四，10）。

J1：63，Ⅲ式。唇部轮制。唇部的凹曲度比较大，唇为尖缘。面饰绳纹，近唇部抹平，内壁饰抹痕。长42、宽11.6、高6.5、厚1.1厘米（图一五四，11；图版二五，4）。

J1：64，Ⅲ式。唇部轮制。唇部的凹曲度比较大，唇为尖缘。面饰绳纹，近唇部抹平，内壁饰抹痕。长46、宽13.6、高7.6、厚1.1厘米（图一五四，12）。

J1：54，无法归类。内壁饰网格纹。残长26.8、宽12.8、高7、厚1厘米（图一五四，13）。

（15）陶瓦当

2件。均为泥质灰陶。手制，有明显的手制痕迹；内外均不平，制作比较粗糙。当呈圆形。当部素面，瓦面饰绳纹，靠近当的瓦面绳纹被磨掉。

J1：24，残长8、当径10.4厘米（图一五三，10）。

J1：25，残长6.4厘米（图一五三，11）。

（16）铁锤

1件。

J1：56，残。铁锈色，铸制。圆柱形，中间有一穿孔。沿面饰十一道凹弦纹，肩饰一道凸棱。直径6、残高6厘米（图一五三，8）。

（17）磨石

1件。

J1：65，灰褐色。呈不规则形，正面有磨痕。长43、宽34、厚9.2厘米（图一五三，9；图版二六，5）。

（18）木片

1件。

J1：51，残木片。长5.5、宽4.8、高4厘米（图一五三，7）。

（19）动物骨骼

4件。

J1：47，残胫骨。长12.1、宽4.6厘米（图一五三，12）。

J1：48，残骨。长17.9、宽4.7厘米（图一五三，13）。

J1：49，残骨。长6.5、宽3.8厘米（图一五三，15）。

J1：50，残关节骨。长14.2、宽6.2、高4厘米（图一五三，14）。

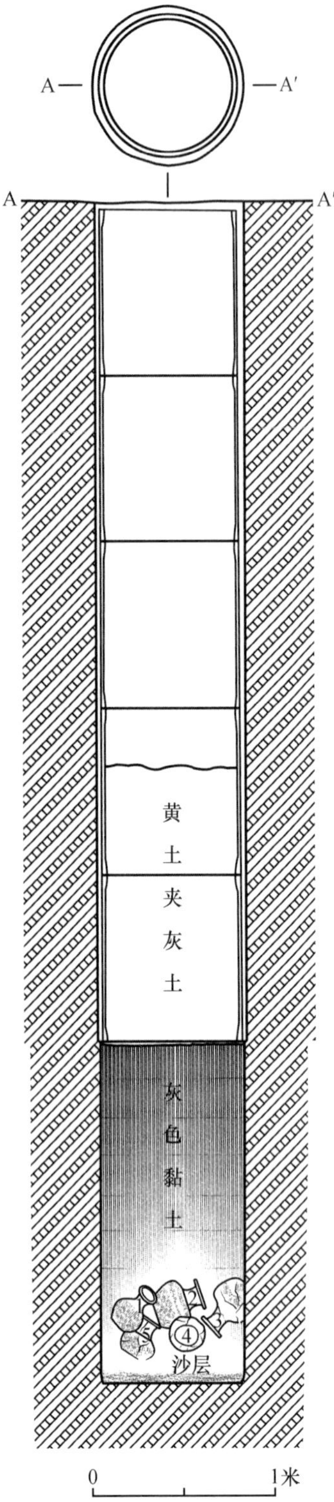

图一五五　J3平、剖面图
1～4. 陶高领罐　5. 陶高领小罐

**2. J3**

位于TN03E03东部，距探方西壁710厘米、南壁310厘米；东距J18约70厘米，西北距J19约120厘米，南距H21约170厘米。开口于第3层下，打破生土。圆形陶井，井口距地表深60厘米，井口直径80厘米，井底直径78厘米，井深620厘米；共存5节井圈，最上一节井圈残，井底180厘米没有井圈；井圈外径76厘米、内径73厘米、高88厘米、厚2～3厘米。井内填土分为2层：第1层，井口至井下290厘米，为黄土夹灰土，较黏；第2层，井下290厘米至井底，灰色黏土，很纯。井底垫有5厘米沙层。可辨有高领罐、高领小罐、盆、瓮等陶器（图一五五；图版三，6）。

（1）陶高领罐

5件。均为泥质黑衣灰陶。轮制，内外可见轮制的旋痕。敞口，折沿，沿面略向外，方唇或斜方唇，束颈，溜圆肩，圆鼓腹下收，凹圜底。颈部饰抹平绳纹，肩及上腹部饰间断绳纹，下腹及底部饰交错绳纹。

J3：3，B型Ⅴ式。口径17、腹径19.8、底径7、高21.2厘米（图一五六，2；图版一三，6）。

J3：1，C型Ⅰ式。口径16、腹径19.4、底径7、高22.7厘米（图一五六，3；图版一四，1）。

J3：2，C型Ⅰ式。口径15、腹径21、底径7、高25厘米（图一五六，4；图版一四，2）。

J3：4，无法归类。口、颈残。腹径20.5、底径8、残高18.6厘米（图一五六，7）。

J3：6，无法归类。口沿残。腹径20、底径8、残高22.8厘米（图一五六，8）。

（2）陶高领小罐

1件。

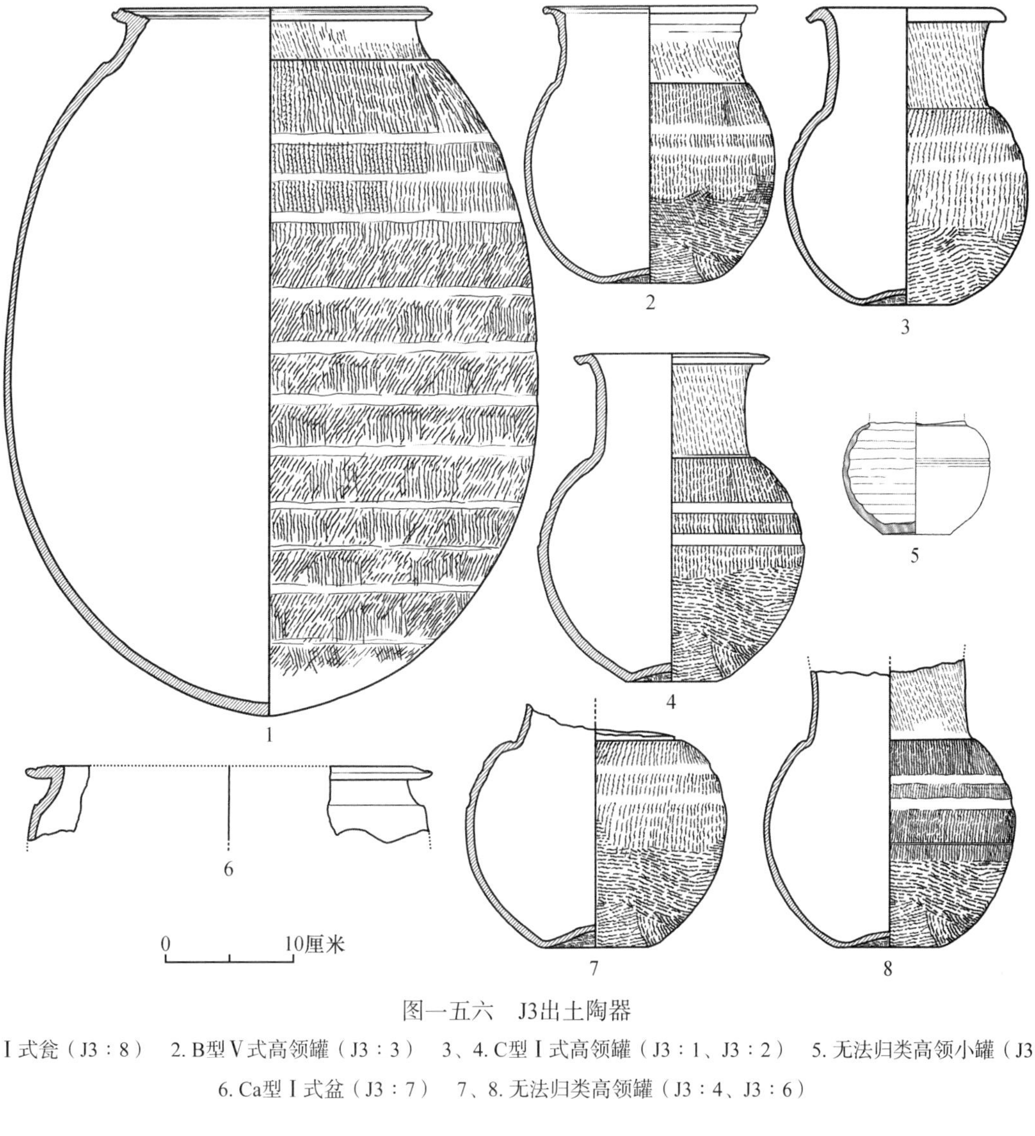


图一五六　J3出土陶器

1. B型Ⅰ式瓮（J3：8）　2. B型Ⅴ式高领罐（J3：3）　3、4. C型Ⅰ式高领罐（J3：1、J3：2）　5. 无法归类高领小罐（J3：5）　6. Ca型Ⅰ式盆（J3：7）　7、8. 无法归类高领罐（J3：4、J3：6）

J3：5，无法归类。泥质黑衣灰陶。泥条盘筑，慢轮修整，外壁可见轮制的旋痕，内壁可见泥条盘筑痕。口、颈残，溜圆肩，圆鼓腹下收，平底微凹。腹部饰两道凹弦纹。腹径11.8、底径5.4、残高8.3厘米（图一五六，5）。

（3）陶瓮

1件。

J3：8，B型Ⅰ式。泥质黑衣灰陶。泥条盘筑，内外有拍印痕。敛口，折沿，沿面略向内，方唇，短束颈，溜肩，垂腹下收，圜底微凸。沿面饰三道凹弦纹，腹饰二十四道间断绳纹。口径23.8、腹径42、高54厘米（图一五六，1；图版二〇，5）。

（4）陶盆

1件。

J3：7，Ca型Ⅰ式。泥质黑衣灰陶。轮制。敛口，折沿，沿面向外，尖圆唇，短束颈，溜肩，弧腹下收。沿面饰一道凹弦纹。口径32、残高5.8厘米（图一五六，6）。

**3. J5**

位于TN02E01西北部，东南距H45约45厘米，西距H39约146厘米，南距H42约297厘米。开口于第3层下，北部被G3打破，打破生土。圆形陶井，井壁斜直、光滑，井底平。井口至地表深40厘米，井口直径88厘米，井底直径76厘米，井口至井底深800厘米。井壁由9个圆筒形陶井圈垂直叠砌而成，最上一节井圈残，井圈直径78厘米，高78厘米，厚1.5～2.5厘米，井底向上约98厘米没有井圈。在井壁一周发现有用竹子编织而成的井圈，但已腐烂。在井底还发现垫有约5厘米的细沙。井内堆积分为2层：第1层，井口至井下280厘米，为黄土夹灰土，较黏；第2层，井下280厘米至井底，为灰色黏土，很纯，较黏。井内可辨有高领小罐、高领罐、盆、筒瓦、瓦当、瓮口沿、豆柄、鬲足等陶器（图一五七）。

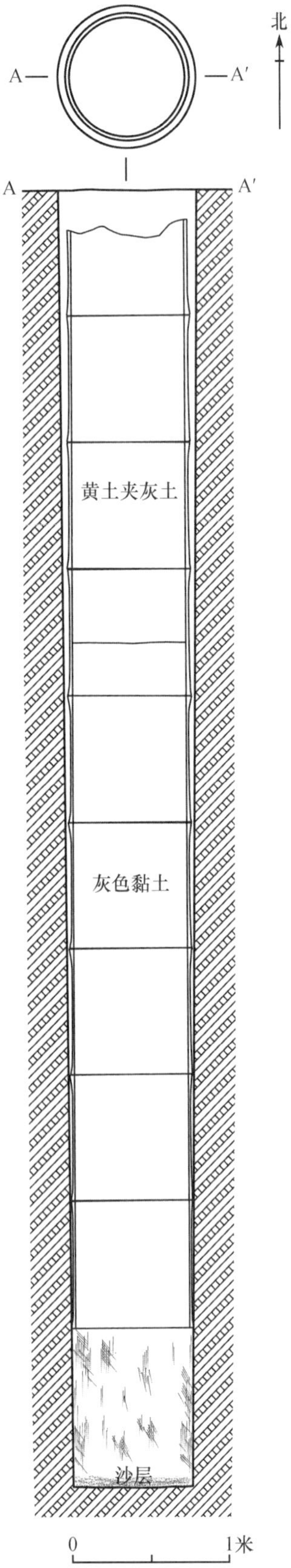

图一五七　J5平、剖面图

（1）陶鬲足

1件。

J5：23，Ac型Ⅲ式。夹砂灰黄陶。手制。浅足窝，柱状足上粗下细。饰绳纹。残高5.4厘米（图一六〇，2）。

（2）陶豆柄

1件。

J5：22，Ⅵ式。泥质黑衣灰陶。柄手制，柄内、外壁可见手制痕迹。盘壁弧形接柄；竹节状粗柄稍高，呈圆柱形，中空。柄中部饰两

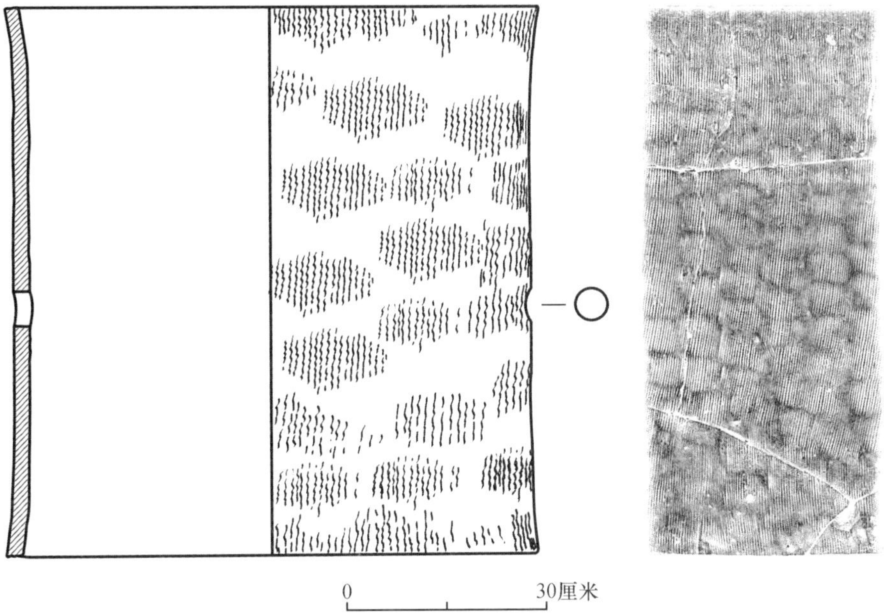


图一五八　J5出土Ⅰ式陶井圈及花纹拓片（J5：8）

道凹弦纹。柄径4.2、残高8.5厘米（图一六〇，3）。

（3）陶高领罐

6件。均为泥质黑衣灰陶。轮制，内、外壁可见轮制的旋痕。敞口，折沿，沿面向外，束颈，溜肩，鼓腹下收，凹圜底。颈部饰抹平绳纹，肩饰间断绳纹，下腹及底部饰竖向绳纹与交错绳纹。

J5：6，B型Ⅱ式。圆鼓腹下内收。口径19.4、腹径28.4、底径11、高32厘米（图一五九，1；图版一三，2）。

J5：3，C型Ⅰ式。圆鼓腹下内收。口径15.4、腹径21.5、底径7.6、高25.3厘米（图一五九，3；图版一四，3）。

J5：7，C型Ⅱ式。圆鼓腹下内收。口径16.7、腹径25.2、底径10.2、高29.6厘米（图一五九，2；图版一五，2）。

J5：4，C型Ⅳ式。鼓腹下内收。口径14.6、腹径19.2、底径8.6、高22.5厘米（图一五九，5；图版一六，4）。

J5：21，C型Ⅳ式。方唇，底残。颈饰抹平绳纹，肩饰间断绳纹。口径14.6、残高8.8厘米（图一五九，4）。

J5：5，无法归类。鼓腹下内收。口径14.6、腹径19.2、底径8.6、高22.5厘米（图一五九，8）。

（4）陶高领小罐

2件。均为泥质黑衣灰陶。轮制，内、外壁可见轮制的旋痕。敞口，折沿，溜圆肩，圆鼓腹下内收，平底微凹。颈、腹部各饰两道凹弦纹。

J5：1，Ⅳ式。沿残，束颈。下腹有轮制的旋划痕。口径6.1、最大腹径12.8、底径5.8、残高14.8厘米（图一五九，6；图版一八，1）。

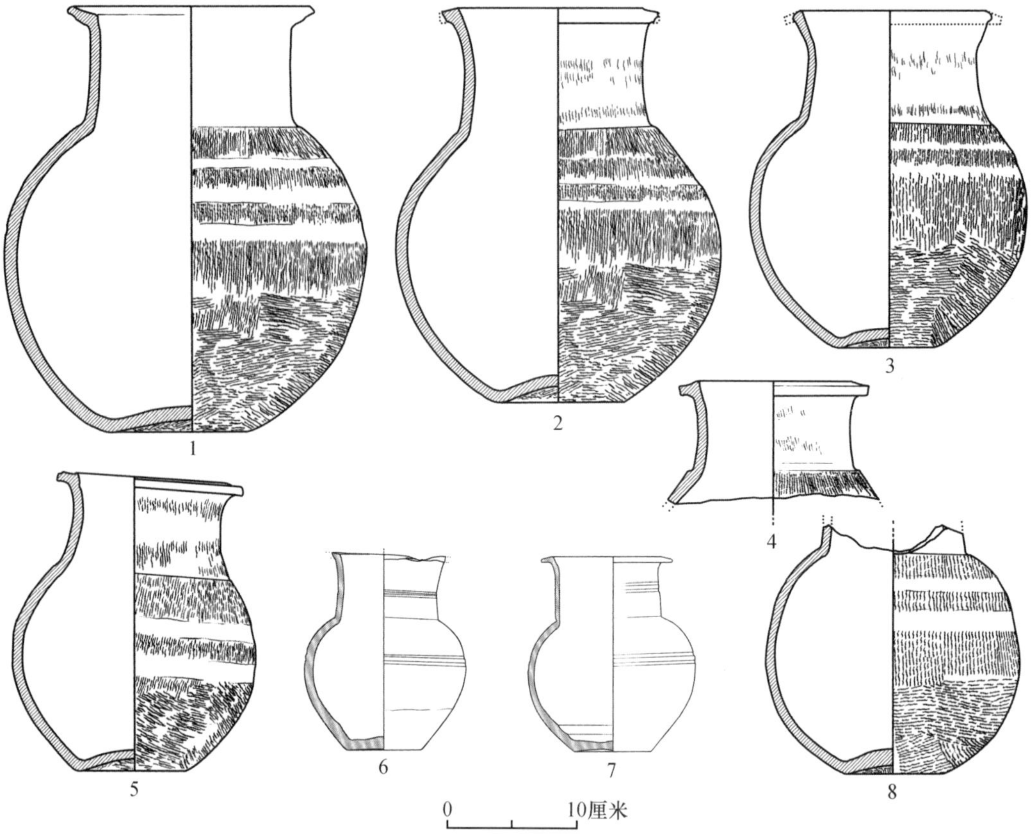


图一五九　J5出土陶器

1. B型Ⅱ式高领罐（J5：6）　2. C型Ⅱ式高领罐（J5：7）　3. C型Ⅰ式高领罐（J5：3）　4、5. C型Ⅳ式高领罐（J5：21、J5：4）　6、7. Ⅳ式高领小罐（J5：1、J5：2）　8. 无法归类高领罐（J5：5）

J5：2，Ⅳ式。沿面向外，直颈略束。口径10.2、最大腹径13、底径6、残高14.7厘米（图一五九，7；图版一八，2）。

（5）陶瓮

2件。均为泥质黑衣灰陶。泥条盘筑，慢轮修整。敛口，束颈，溜肩。

J5：19，Aa型Ⅲ式。仰折沿，沿面向内，沿外有一道凸棱，圆唇，斜弧腹。肩饰抹平绳纹，腹饰间断绳纹。口径31.4、残高14厘米（图一六〇，7）。

J5：20，C型Ⅳ式。折平沿，方唇。肩饰间断绳纹。口径22.4、残高7.8厘米（图一六〇，4）。

（6）陶盆

4件。均为泥质黑衣灰陶。轮制，内壁可见轮制的旋痕。敛口，折沿，尖圆唇，短束颈，溜肩，弧腹下内收，凹圜底。沿面饰数道凹弦纹。

J5：9，Ca型Ⅰ式。沿面向外。口径40.8、底径11.2、高22.5厘米（图一六〇，8；图版二一，1）。

J5：10，D型Ⅱ式。折弧沿，圆弧腹下内收。沿面饰十道凹弦纹，肩饰抹平绳纹，腹饰纵向绳纹与交错绳纹。口径50、高26.4厘米（图一六〇，1；图版二一，5）。

J5：11，D型Ⅲ式。折弧沿，圆弧腹下内收。沿面饰一道凹弦纹，腹饰纵向绳纹与交错绳

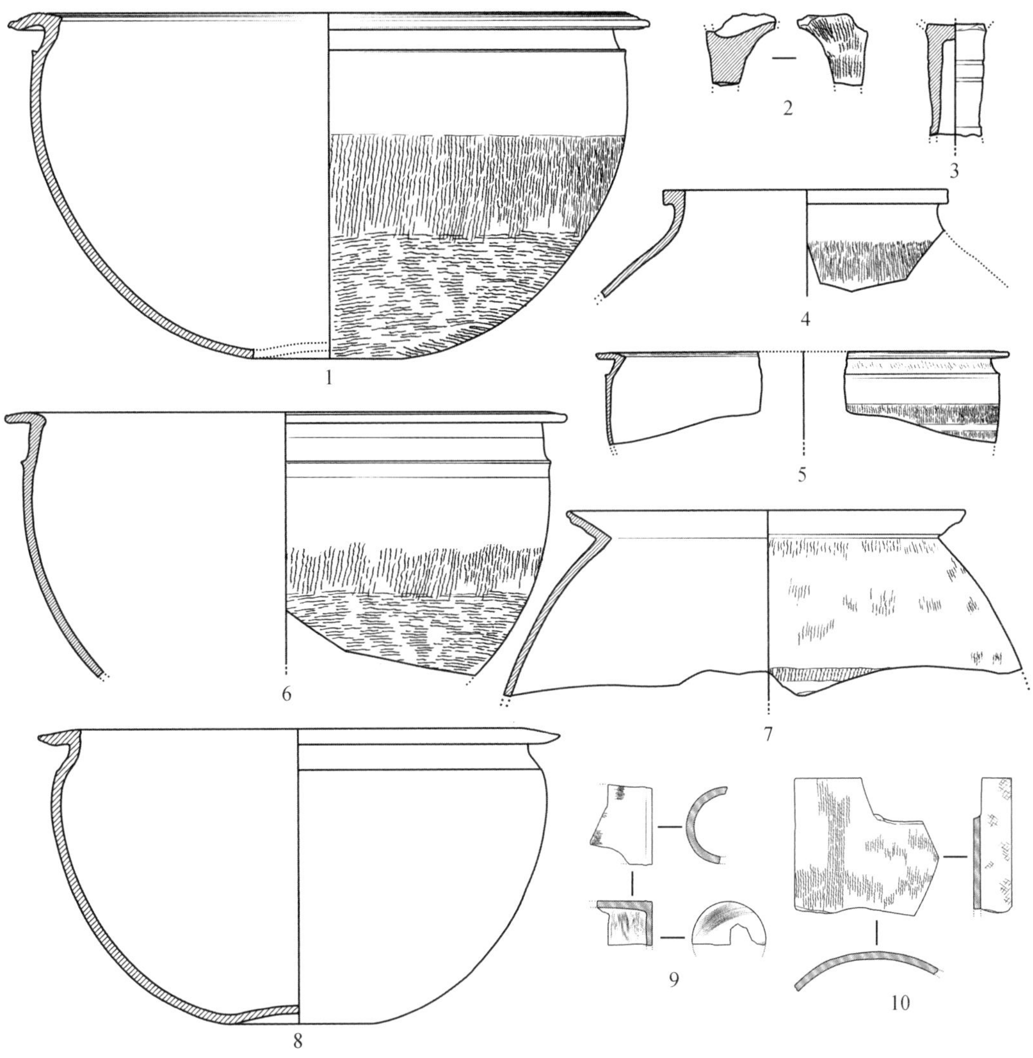


图一六〇　J5出土陶器

1. D型Ⅱ式盆（J5：10）　2. Ac型Ⅲ式鬲足（J5：23）　3. Ⅵ式豆柄（J5：22）　4. C型Ⅳ式瓮（J5：20）　5. D型Ⅳ式盆（J5：18）　6. D型Ⅲ式盆（J5：11）　7. Aa型Ⅲ式瓮（J5：19）　8. Ca型Ⅰ式盆（J5：9）　9. 瓦当（J5：17）　10. Ⅰ式板瓦（J5：27）

纹。口径44、残高20厘米（图一六〇，6）。

J5：18，D型Ⅳ式。折弧沿，圆唇，直弧腹下内收。沿面饰十一道凹弦纹，腹饰间断绳纹。口径65、残高14厘米（图一六〇，5）。

（7）陶井圈

1件。

J5：8，Ⅰ式。泥质灰陶。手制，泥条盘筑，内、外壁可见手制加工痕迹。直筒状，上、下皆为平口，中部有两个直径4.8厘米相对称的圆孔。上、下沿饰凹弦纹，通体饰绳纹。直径80、高80、厚2.1厘米（图一五八；图版二三）。

（8）陶板瓦

1件。

J5：27，Ⅰ式。泥质灰陶。手制，内外均不平，有明显的手制加工痕迹。长方形，制作比较粗糙，横截面呈弧形。面饰绳纹，内饰网格纹。残长20.4、残宽23、高6、厚1.1厘米（图一六〇，10）。

（9）陶瓦当

2件。手制，泥条盘筑；内外有明显的手制加工痕迹；唇部轮制。当呈圆形。瓦面饰绳纹，靠近当的瓦面绳纹被磨掉，内壁有抹痕。

J5：16，泥质灰陶。瓦较短，靠近唇部的中间有一圆形瓦钉孔，孔径0.8厘米；唇部的凹曲度比较大，唇为尖缘。面饰绳纹，近唇部绳纹被抹平，瓦内壁有指痕和抹痕。长31.8、当径13、瓦厚1.1、当厚1.6厘米（图一六一，1；图版二四，5）。

J5：17，泥质灰陶。内外均不平。当部素面。残长8.8、当径11.6、厚1厘米（图一六〇，9）。

（10）陶筒瓦

9件。均为泥质灰陶。瓦身为手制，内、外有明显的手制加工痕迹；唇部轮制。瓦呈半圆形，两侧有切割痕迹；唇部的凹曲度比较大，唇为尖缘。面饰绳纹，近唇部绳纹被抹平，内壁有抹痕。

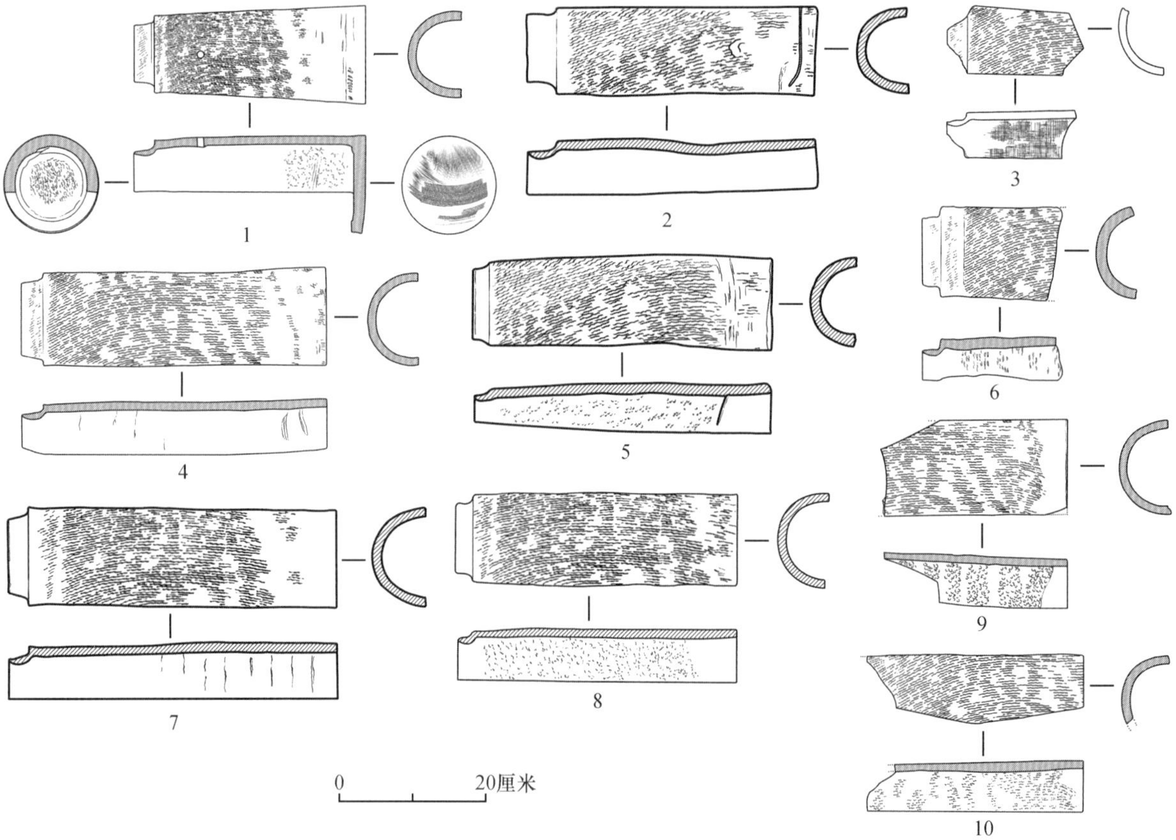


图一六一　J5出土陶器

1. 瓦当（J5：16）　2、4. Ⅰ式筒瓦（J5：12、J5：24）　3. Ⅱ式筒瓦（J5：26）　5. Ⅲ式筒瓦（J5：14）　6～8. Ⅳ式筒瓦（J5：25、J5：13、J5：15）　9、10. 无法归类筒瓦（J5：28、J5：29）

J5：12，Ⅰ式。长39.9、宽11.2、高7.2、厚1.1厘米（图一六一，2）。

J5：24，Ⅰ式。长41.8、宽13、高7、厚1.1 厘米（图一六一，4）。

J5：26，Ⅱ式。内壁饰方格纹。残长18.6、宽9、高6.2、厚1.1厘米（图一六一，3）。

J5：14，Ⅲ式。长40.4、宽12、高6.4、厚1.3厘米（图一六一，5）。

J5：25，Ⅳ式。残。内壁饰棱网格纹，有抹痕。残长19.2、宽12.5、高5.2、厚1.5厘米（图一六一，6）。

J5：13，Ⅳ式。长45.2、宽13、高7.4、厚1.2厘米（图一六一，7；图版二五，5）。

J5：15，Ⅳ式。长38.4、宽12.4、高7、厚1.2厘米（图一六一，8；图版二五，6）。

J5：28，无法归类。残。内壁饰麻点纹。残长25.4、宽12.6、高6.6、厚1.1厘米（图一六一，9）。

J5：29，无法归类。残。瓦面和内壁饰绳纹。残长29.5、高6.4、厚1.1厘米（图一六一，10）。

**4. J18**

位于TN03E03东隔梁上，距探方南壁320厘米；西距J3约70厘米，南距H21约165厘米。开口于第3层下，打破生土。圆形陶井。井口至地表深70厘米，井口直径80厘米，井底直径76厘米；井深840厘米；共存8节井圈，最上一节残；井圈外径74 厘米，内径70厘米，高86厘米，厚2～3厘米；井下有160厘米没有井圈，在井壁一周发现有用竹子编织而成的井圈，但已腐烂。井内填土分为2层：井口至井下420厘米为第1层，黄土夹灰色土，较杂，很黏；第2层为井下420厘米至井底，灰色土，很纯，很黏，越靠近井底则变成灰色淤泥；井底垫有5厘米的沙层。井内可辨有长颈壶、高领罐、盆、豆等陶器和木盆等遗物（图一六二）。

（1）陶豆盘

2件。豆盘轮制，慢轮修整；柄手制，柄内壁可见手制痕迹。素面。

J18：8，A型Ⅱ式。泥质黑衣灰陶。盘径较小，浅盘，盘壁弧形接柄。盘径11.6、盘深1.8、残高3厘米（图一六三，7）。

J18：5，B型Ⅱ式。泥质黑衣灰陶。盘径较大，深盘，盘壁弧形接柄，细柄呈圆柱状、中空。盘径15.6、盘深4、柄径3.1、残高8厘米（图一六三，6）。

（2）陶豆座

1件。

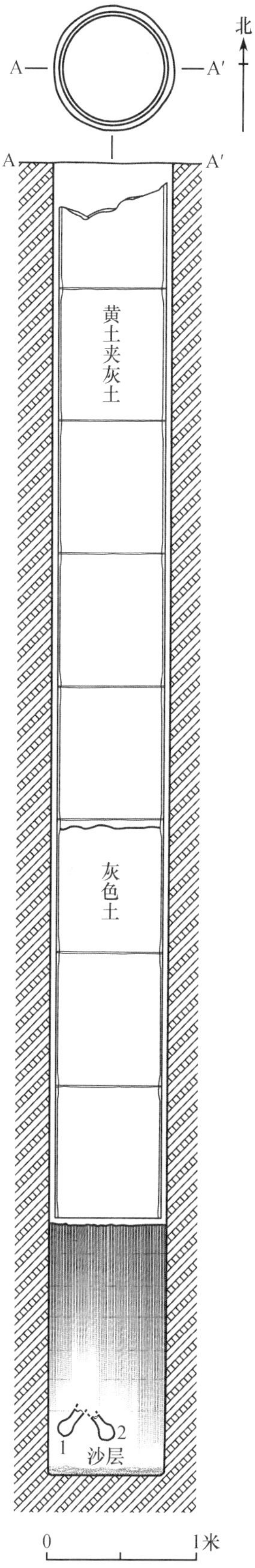

图一六二　J18平、剖面图
1、2. 陶长颈壶

J18：6，B型Ⅱ式。泥质黑衣灰黄陶。豆盘、豆座轮制，慢轮修整；柄手制，柄内壁可见手制痕迹。盘径较大，深盘，盘壁弧形接柄；矮柄稍粗，呈圆柱状，中空；喇叭形豆座，座面微隆起。素面。柄径3.6、座径8、残高10厘米（图一六三，8）。

（3）陶高领罐

1件。

J18：3，C型Ⅳ式。泥质黑衣灰陶。轮制。敞口，折沿，沿面向外，圆唇，束颈，溜圆肩，圆鼓腹下内收，凹圜底。沿面饰一道凹弦纹，颈饰抹平绳纹，肩腹部饰间断绳纹与交错绳纹。口径15.2、腹径20.6、底径8、高23.5厘米（图一六三，2；图版一六，5）。

（4）陶长颈壶

2件。泥质黑衣灰陶。轮制，内外壁可见轮制的旋痕。口外侈，长颈，溜肩，圆鼓腹下收，凹圜底。颈、肩及腹部饰凹弦纹。

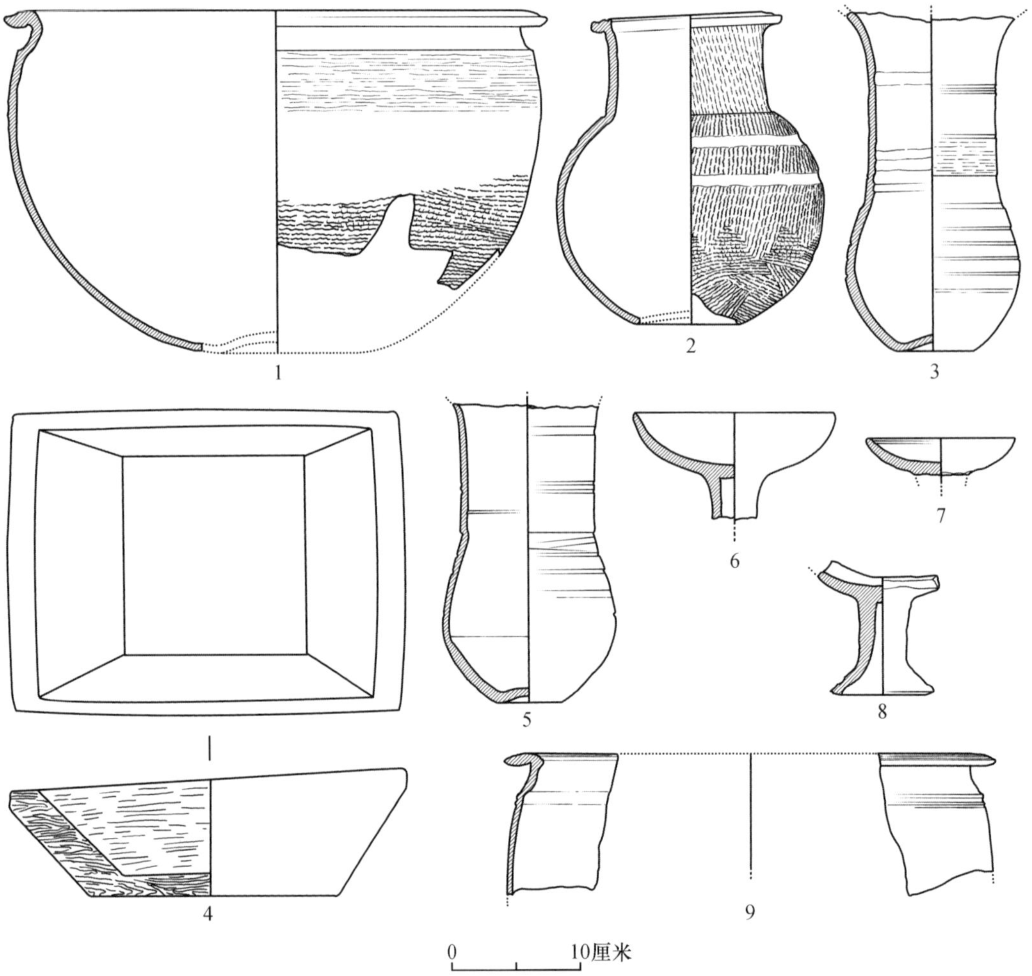


图一六三　J18出土遗物

1. Cb型Ⅳ式陶盆（J18：4）　2. C型Ⅳ式陶高领罐（J18：3）　3. A型Ⅱ式陶长颈壶（J18：1）　4. 木盆（J18：9）　5. A型Ⅰ式陶长颈壶（J18：2）　6. B型Ⅱ式陶豆盘（J18：5）　7. A型Ⅱ式陶豆盘（J18：8）　8. B型Ⅱ式陶豆座（J18：6）　9. D型Ⅱ式陶盆（J18：7）

J18：2，A型Ⅰ式。颈径10.4、最大腹径13.6、底径5.2、残高22.5厘米（图一六三，5；图版一九，1）。

J18：1，A型Ⅱ式。颈径10、最大腹径13.6、底径6、残高25.5厘米（图一六三，3；图版一九，2）。

（5）陶盆

2件。轮制，内外壁可见轮制的旋痕。泥质黑衣灰陶。尖圆唇，短束颈，溜肩，圆弧腹下内收。

J18：4，Cb型Ⅳ式。敞口，折沿，沿面向外，凹圜底。下腹饰交错绳纹。口径42.6、腹径41.8、底径10、高25.8厘米（图一六三，1；图版二一，3）。

J18：7，D型Ⅱ式。敛口，折弧沿略外卷，尖圆唇。沿面饰数道、肩部饰两道凹弦纹。口径38、残高15.7厘米（图一六三，9）。

（6）木盆

1件。

J18：9，木质，呈灰黑色。方形，呈斗状。素面。口长31.2、口宽23、底长19.6、底宽20.1、高7.8～9.6厘米（图一六三，4）。

**5. J20**

位于TN02E03东隔梁及TN02E04内，距北隔梁约300厘米；东北距H58约85厘米，西北距J22约90厘米。开口于第3层下，打破生土。圆形陶井。井口至地表深70厘米，井口直径96厘米，井底直径46厘米，井口至井底深790厘米；井壁由8个圆筒形陶井圈垂直叠砌而成，最上一节井圈残；井圈直径80厘米，高80厘米，厚1.5～3厘米；井底向上约150厘米没有井圈，在井壁发现用竹子做成的编织物，但已腐烂。井内堆积第1层，井口至井下25～30厘米黄中泛红土；第2层，井下30～460厘米灰褐色土，往下变为灰褐色淤泥；第3层，460厘米以下土色逐渐变为青灰色，土质细腻，极有黏性，至790厘米到生土，生土上垫有约5厘米的细沙。井内可辨有长颈壶、高领罐、高领小罐、双耳罐、豆、盘、盂、盆、瓮、鬲、器座、井圈、筒瓦、瓦当等陶器和铁削刀等遗物（图一六四）。

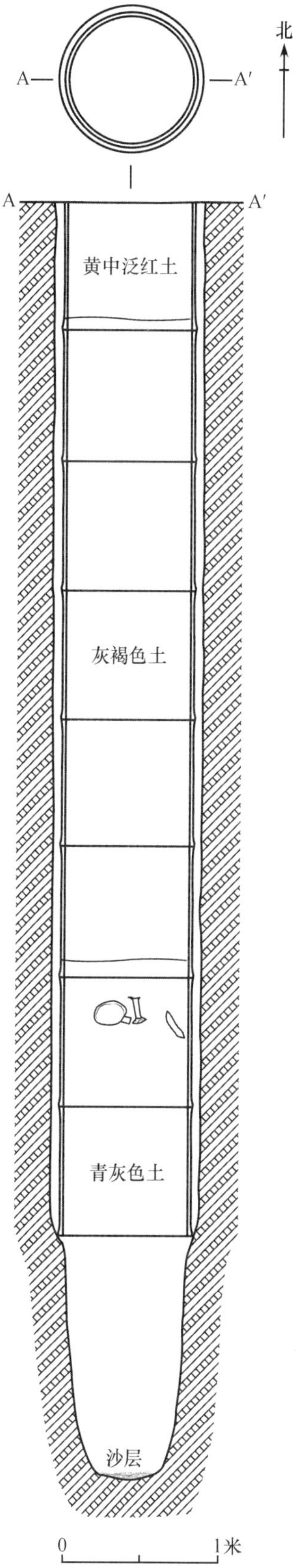

图一六四　J20平、剖面图

（1）陶鬲

2件。轮制，器表可见轮制的旋痕。

J20：40，Ab型Ⅰ式。夹砂灰陶。敛口，折沿，沿面向内，圆唇，短束颈，溜圆肩，圆弧腹下内收。沿面有两道凹弦纹，腹饰绳纹。口径18、残高5.5厘米（图一六八，2）。

J20：52，Bb型Ⅰ式。夹砂灰陶。折弧沿，尖圆唇，束颈。沿面饰十一道凹弦纹，肩腹部饰纵向绳纹。口径52、残高10厘米（图一六八，1）。

（2）陶盂

1件。

J20：36，Cb型Ⅰ式。泥质黑衣灰陶。轮制，器表可见轮制的旋痕。敛口，折沿，沿面略向外，圆唇，短束颈，溜肩，弧腹下收。肩饰一道凹弦纹，下腹饰交错绳纹。口径30、残高8厘米（图一六八，4）。

（3）陶豆

4件。豆盘、豆座轮制，慢轮修整；柄手制，柄内壁可见手制痕迹。

J20：5，Aa型Ⅰ式。泥质黑衣灰陶。制作粗糙。盘径较小，浅盘，细柄稍高，喇叭形豆座，座面微隆起。盘内饰刻划“X”暗纹，豆座上饰变形“S”纹。盘径11.6、盘深1、柄径3.1、座径6.5、高12厘米（图一六五，1；图版八，1）。

J20：50，Ab型Ⅱ式。泥质黑衣灰陶。制作粗糙。盘径较小，浅盘，细高柄，喇叭形豆座，座面微隆起。盘内饰“米”字刻划纹。盘径11.8、盘深2.2、座径6.2、高13.8厘米（图一六五，2；图版九，4）。

J20：20，B型Ⅰ式。泥质黑衣灰陶。制作较精细。盘径较大，深盘，细柄稍矮，喇叭形豆座，座面不隆起。盘内饰三组同心圆暗纹。盘径16.8、盘深3.9、座径9、高12.6厘米（图一六五，5；图版一一，2）。

J20：21，B型Ⅱ式。泥质黑衣灰陶。制作较精细。盘径较大，深盘，细柄稍矮，喇叭形豆座，座面不隆起。盘内饰两组同心圆暗纹。盘径16、盘深3.5、座径8.2、高11.5厘米（图一六五，4；图版一一，4）。

（4）陶豆盘

10件。豆盘轮制，慢轮修整；柄手制，柄内壁可见手制痕迹。

J20：24，A型Ⅰ式。泥质黑衣灰陶。盘径较小，浅盘，细高柄。盘内饰暗纹。盘径12.7、盘深1.9、残高14.2厘米（图一六五，8）。

J20：26，A型Ⅰ式。泥质灰陶。制作粗糙。盘径较小，浅盘，细高柄。素面。盘径12.8、盘深1.4、残高12.8厘米（图一六五，9）。

J20：30，A型Ⅱ式。泥质黑衣灰陶。制作粗糙。盘径较小，浅盘，细高柄，喇叭形豆座残。盘内饰暗纹。盘径12.5、盘深1.4、残高13.4厘米（图一六五，3）。

J20：32，A型Ⅱ式。泥质黑衣灰陶。盘径稍小，浅盘，细柄。盘内饰放射纹暗纹。盘径13.2、盘深1.9、残高4.3厘米（图一六五，7）。

J20：22，A型Ⅱ式。泥质黑衣褐灰陶。盘径较小，浅盘，细柄呈圆柱形、中空。盘内饰同心圆和勾连纹暗纹。盘径13.6、盘深2.3、残高5.5厘米（图一六五，6）。

J20：23，A型Ⅱ式。泥质黑衣灰陶。盘径稍大，浅盘，细柄。素面。盘径13.6、盘深2.3、残高5.5厘米（图一六五，10）。

J20：25，A型Ⅱ式。泥质黑衣褐灰陶。盘径较小，浅盘，细柄。盘内饰暗纹。盘径13.5、盘深2.2、残高3.4厘米（图一六五，11）。

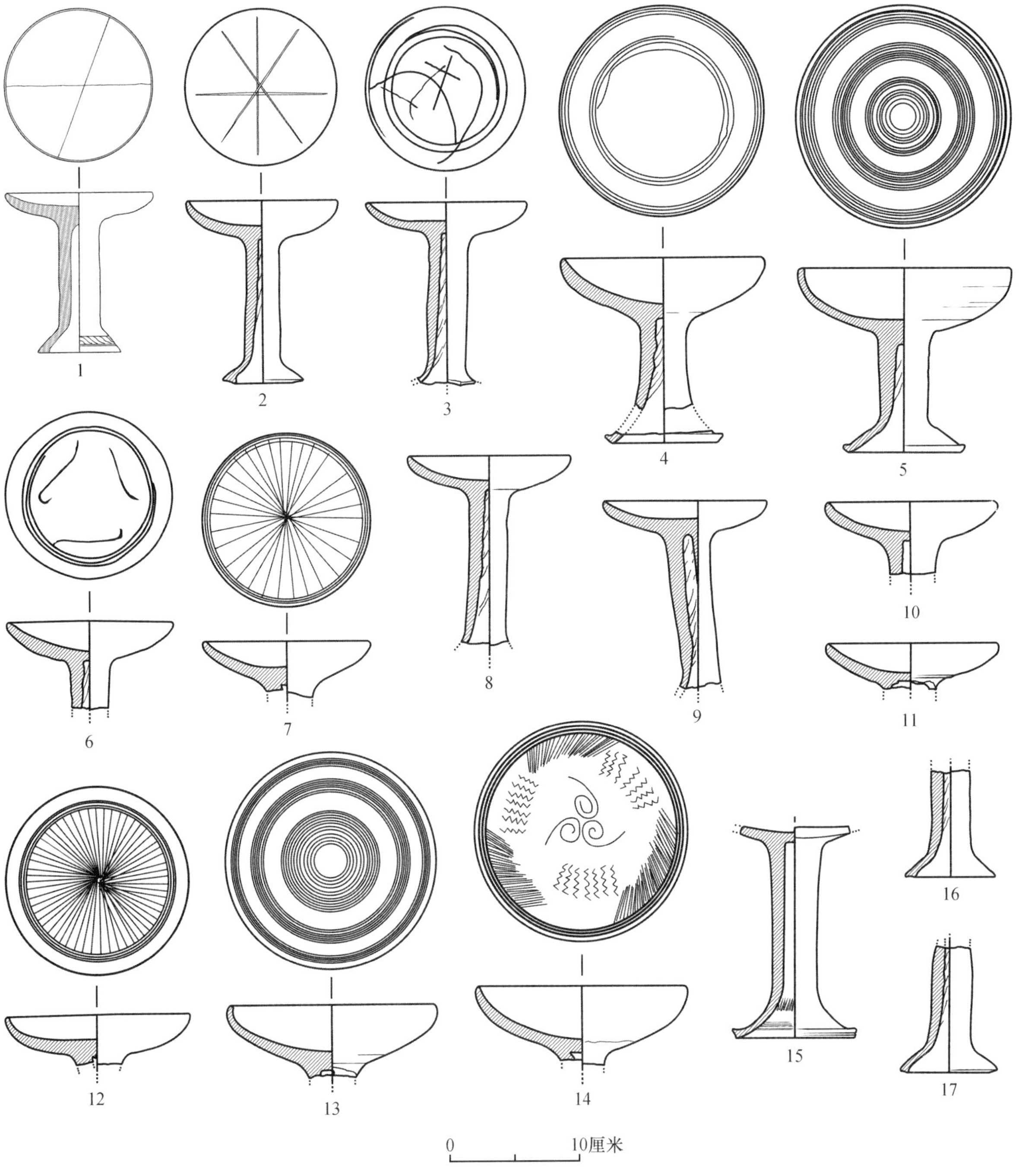


图一六五　J20出土陶豆

1. Aa型Ⅰ式豆（J20：5）　2. Ab型Ⅱ式豆（J20：50）　3、6、7、10、11. A型Ⅱ式豆盘（J20：30、J20：22、J20：32、J20：23、J20：25）　4. B型Ⅱ式豆（J20：21）　5. B型Ⅰ式豆（J20：20）　8、9. A型Ⅰ式豆盘（J20：24、J20：26）　12. A型Ⅲ式豆盘（J20：33）　13. B型Ⅰ式豆盘（J20：31）　14. B型Ⅱ式豆盘（J20：34）　15. Aa型Ⅰ式豆座（J20：28）　16. Aa型Ⅱ式豆座（J20：27）　17. Ab型Ⅱ式豆座（J20：29）

J20：33，A型Ⅲ式。泥质黑衣灰陶。盘径稍大，浅盘，细柄。盘内饰放射纹暗纹。盘径14.5、盘深1.9、残高3.8厘米（图一六五，12）。

J20：31，B型Ⅰ式。泥质黑衣灰陶。盘径较大，深盘，细柄。盘内饰三组同心圆暗纹。盘径16.4、盘深3.5、残高5.5厘米（图一六五，13）。

J20：34，B型Ⅱ式。泥质黑衣灰陶。盘径较大，深盘，细柄。盘内饰卷云纹、水波纹、辐射纹等暗纹。盘径16.6、盘深4、残高6厘米（图一六五，14）。

（5）陶豆座

3件。豆座轮制，慢轮修整；柄手制，柄内壁可见手制痕迹。

J20：28，Aa型Ⅰ式。泥质黑衣灰陶。制作较精细。细高柄，喇叭形豆座，座面不隆起。外观素面，底座内有弦纹。座径9.8、残高15.4厘米（图一六五，15）。

J20：27，Aa型Ⅱ式。泥质黑衣灰陶。制作较精细。细柄，喇叭形豆座，座面微隆起。素面。座径7、残高8厘米（图一六五，16）。

J20：29，Ab型Ⅱ式。泥质黑衣灰陶。制作较精细。细高柄，喇叭形豆座，座面微隆起。素面。座径7.6、残高9.5厘米（图一六五，17）。

（6）陶高领罐

9件。均为泥质黑衣灰陶。轮制，内、外壁可见轮制的旋痕。敞口或敛口，折沿，圆唇或方唇，束颈或斜颈，溜肩，鼓腹下收，凹圜底。颈饰抹平绳纹，肩腹部饰间断绳纹与交错绳纹。

J20：47，B型Ⅱ式。敞口，沿面向内，圆唇，弧腹下收。口径18、残高11.5厘米（图一六六，1）。

J20：3，B型Ⅳ式。敞口，折平沿，圆唇，束颈，圆鼓腹下内收。沿面饰两道凹弦纹。口径17、腹径21、底径7、高21.5厘米（图一六六，3；图版一三，5）。

J20：4，C型Ⅰ式。敞口，沿面向外，方唇，束颈，圆鼓腹下收。沿面饰一道凹弦纹。口径16.6、腹径20、底径8、高23.8厘米（图一六六，4；图版一四，4）。

J20：39，C型Ⅰ式。敛口，沿面向外，尖圆唇，斜颈，溜肩，腹、底残。口径19.4、残高10厘米（图一六六，2）。

J20：48，C型Ⅱ式。敞口，沿面向外，圆唇，束颈，鼓腹下内收，底残。口径20.4、腹径26.6、残高23.5厘米（图一六六，7）。

J20：2，C型Ⅲ式。敞口，沿面向外，尖圆唇，束颈。沿面饰一道凹弦纹。口径14.6、腹径20.8、底径7.8、高23.8厘米（图一六六，5；图版一六，1）。

J20：13，C型Ⅳ式。敞口，方唇，束颈，圆鼓腹下内收。沿面饰两道凹弦纹。口径17、腹径20.8、底径8、高22.6厘米（图一六六，6；图版一六，6）。

J20：46，C型Ⅳ式。敞口，沿面向外，圆唇。肩饰绳纹。口径18.4、残高10.5厘米（图一六七，1）。

J20：49，无法归类。鼓腹下收。腹径18、残高12.4厘米（图一六七，2）。

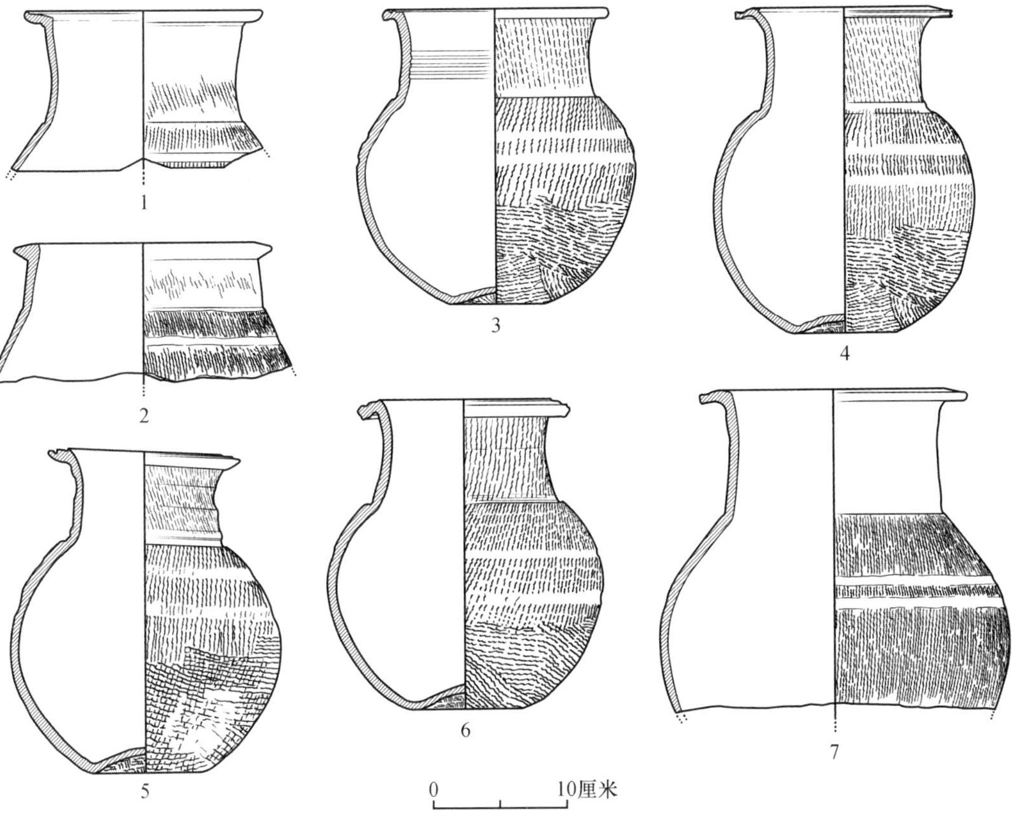


图一六六 J20出土陶高领罐

1. B型Ⅱ式（J20：47） 2、4. C型Ⅰ式（J20：39、J20：4） 3. B型Ⅳ式（J20：3）
5. C型Ⅲ式（J20：2） 6. C型Ⅳ式（J20：13） 7. C型Ⅱ式（J20：48）

（7）陶高领小罐

6件。泥质黑衣灰陶。轮制，内、外壁均可见轮制的旋痕，外底有轮制的拉坯痕。敞口，折平沿，束颈，溜肩，鼓腹下内收，平底微内凹。颈、腹各饰两道凹弦纹。

J20：10，Ⅰ式。折沿略侈，沿面略向内。口径11.8、最大腹径14.2、底径6.6、高17.5厘米（图一六七，6；图版一七，1）。

J20：12，Ⅰ式。颈略束，圆鼓腹下内收。最大腹径13、底径5.8、残高14.6厘米（图一六七，5；图版一七，2）。

J20：8，Ⅱ式。圆鼓腹下内收。口径8.2、最大腹径9.6、底径4.4、高11.6厘米（图一六七，7；图版一七，3）。

J20：11，Ⅱ式。圆鼓腹下内收。最大腹径10.8、底径5、残高12.6厘米（图一六七，8；图版一七，4）。

J20：9，Ⅲ式。沿面向内，圆鼓腹下内收。口径9.3、最大腹径11、底径5、高12.8厘米（图一六七，10；图版一七，5）。

J20：7，无法归类。最大腹径11、底径5.6、残高11厘米（图一六七，9）。

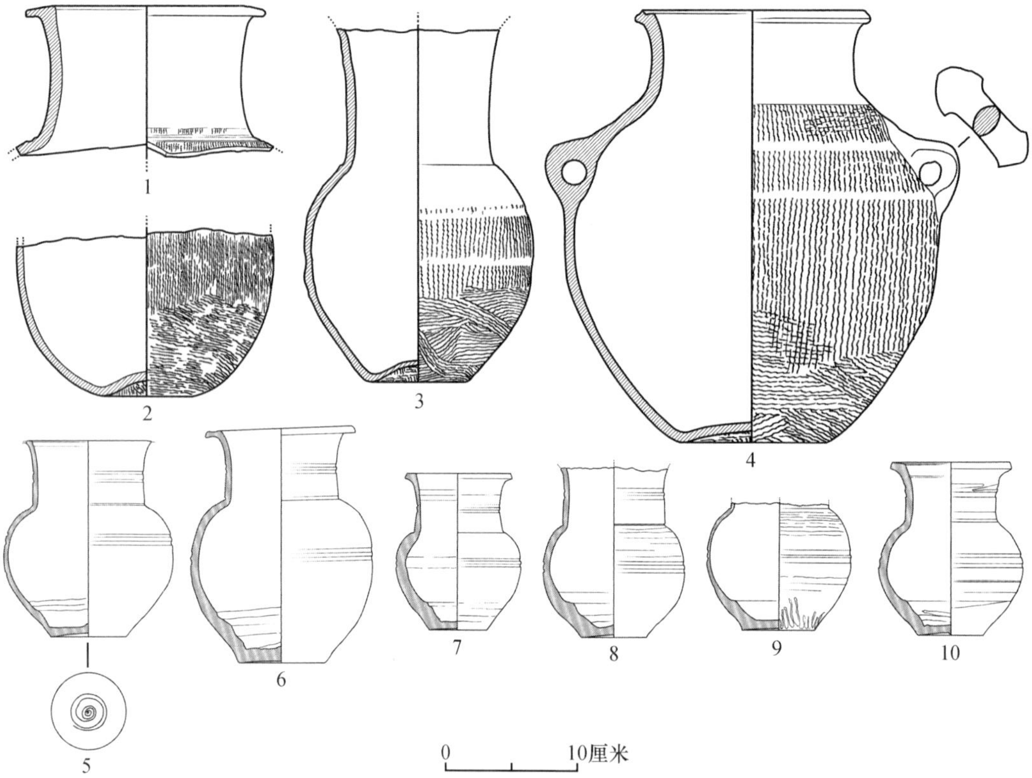


图一六七　J20出土陶器

1. C型Ⅳ式高领罐（J20：46）　2. 无法归类高领罐（J20：49）　3. B型Ⅰ式长颈壶（J20：1）　4. Ⅱ式双耳罐（J20：14）
5、6. Ⅰ式高领小罐（J20：12、J20：10）　7、8. Ⅱ式高领小罐（J20：8、J20：11）　9. 无法归类高领小罐（J20：7）
10. Ⅲ式高领小罐（J20：9）

（8）陶双耳罐

1件。

J20：14，Ⅱ式。泥质黑衣灰陶。轮制，颈部可见轮制的旋痕。敞口，折沿，沿面向内、下凹，方唇，束颈，溜肩，圆鼓腹下内收，凹圜底。肩部有两个对称的立耳。肩腹部饰间断绳纹与交错绳纹。口径18、腹径28.6、底径11、高32厘米（图一六七，4；图版一八，5）。

（9）陶长颈壶

1件。

J20：1，B型Ⅰ式。泥质黑衣灰陶。轮制。口外侈，长颈，溜肩，圆鼓腹下收，凹圜底。肩腹部饰间断绳纹与交错绳纹。最大腹径17.6、底径7.2、残高26厘米（图一六七，3；图版一九，6）。

（10）陶盘

1件。

J20：35，A型Ⅰ式。泥质黑衣灰陶。手制，泥条盘筑。敞口，折平沿，圆唇，短束颈，折腹弧内收，圜平底。素面。口径16、高3.9厘米（图一六八，6；图版二〇，1）。

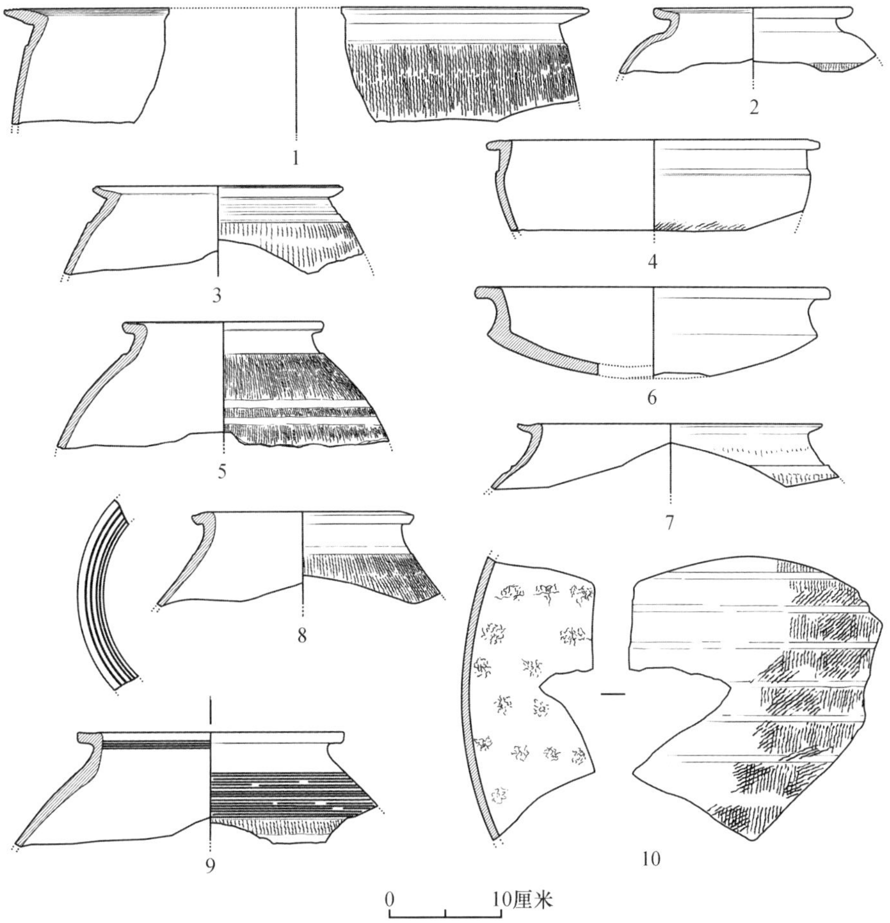


图一六八　J20出土陶器

1. Bb型Ⅰ式鬲（J20：52）　2. Ab型Ⅰ式鬲（J20：40）　3. B型Ⅰ式瓮（J20：41）　4. Cb型Ⅰ式盂（J20：36）　5. B型Ⅲ式瓮（J20：43）　6. A型Ⅰ式盘（J20：35）　7. C型Ⅰ式瓮（J20：54）　8. D型Ⅲ式瓮（J20：57）　9. C型Ⅲ式瓮（J20：55）　10. 无法归类瓮（J20：61）

（11）陶瓮

6件。轮制，器表可见轮制的旋痕。敛口，折沿，圆唇，短束颈，溜肩，斜弧腹下内收。

J20：41，B型Ⅰ式。泥质黑衣灰陶。沿面向内。肩饰间断粗绳纹。口径22.4、残高7.7厘米（图一六八，3）。

J20：43，B型Ⅲ式。泥质黑衣褐灰陶。沿面略向内。沿面饰一道凹弦纹，肩饰间断粗绳纹。口径18、残高10.8厘米（图一六八，5）。

J20：54，C型Ⅰ式。泥质黑衣灰陶。口略敞，折平沿，沿面略下凹，细圆唇。颈饰抹平绳纹，肩饰一道凸棱及绳纹。口径27.6、残高5.5厘米（图一六八，7）。

J20：55，C型Ⅲ式。泥质黑衣灰陶。折平沿，方唇。口内及沿面饰暗纹（四道弦纹），肩饰暗纹（十六道弦纹），腹饰间断绳纹。口径24、残高9.7厘米（图一六八，9）。

J20：57，D型Ⅲ式。泥质黑衣灰黄陶。敞口，沿面向外，方唇，束颈。肩腹部饰间断绳纹。口径20、残高8厘米（图一六八，8）。

J20：61，瓮腹部残片，无法归类。泥质黑衣灰黄陶。弧腹下收。外壁饰间断绳纹，内壁有拓痕。长26、宽23.4、厚0.8厘米（图一六八，10）。

（12）陶盆

7件。轮制，内外壁可见轮制的旋痕。敛口，折沿，沿面向内，短束颈，弧腹下收。

J20：51，Ab型Ⅲ式。泥质黑衣灰陶。圆唇，圆弧腹下内收。沿面饰九道凹弦纹，肩腹部饰间断绳纹。口径40.4、残高15厘米（图一六九，1）。

J20：56，Ab型Ⅲ式。泥质黑衣灰陶。折弧沿，方唇，溜肩，弧腹下内收。沿面饰六道凹弦纹。口径44、残高6.8厘米（图一六九，2）。

J20：38，Ab型Ⅲ式。泥质黑衣灰陶。折弧沿，圆唇。沿面和肩部各饰一道凹弦纹，颈饰抹平绳纹，下腹饰绳纹。口径46、残高9.6厘米（图一六九，3）。

J20：37，Ab型Ⅳ式。泥质黑衣灰陶。尖圆唇，直弧腹下收。沿面饰十一道、肩饰一道凹弦纹，下腹饰绳纹。口径50、残高9厘米（图一六九，4）。

J20：59，Ab型Ⅳ式。泥质灰黄陶。折弧沿，圆唇，折肩，直弧腹下收。沿面饰七道凹弦纹。口径52、残高7厘米（图一六九，5）。

J20：60，Ab型Ⅳ式。泥质黑衣灰陶。折弧沿，尖圆唇，折肩。沿面饰十三道、肩饰一道凹弦纹。口径48.4、残高8厘米（图一六九，6）。

J20：58，Cb型Ⅵ式。泥质黑衣灰陶。圆唇，溜肩。沿面饰三道凹弦纹，肩饰凹弦纹。口径40、残高7.5厘米（图一六九，7）。

（13）陶器座

1件。

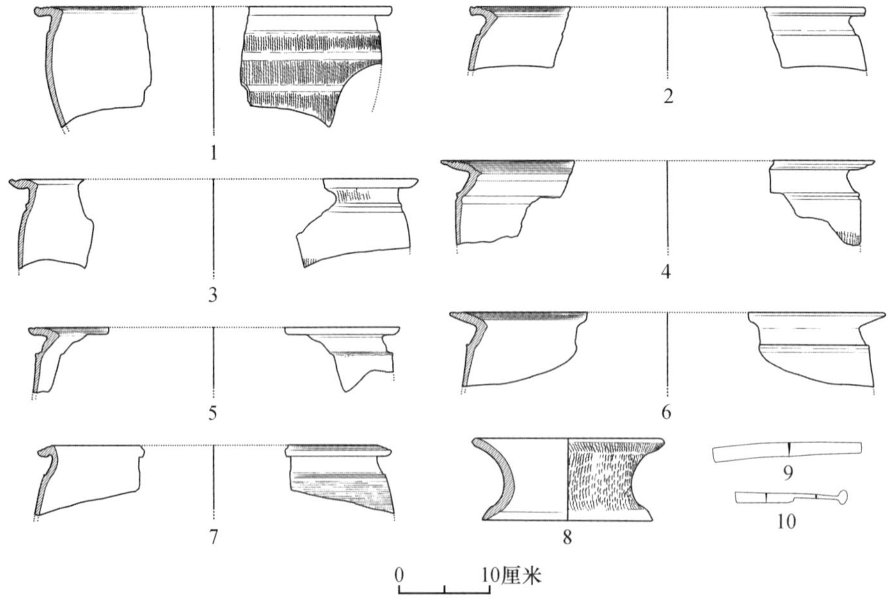


图一六九　J20出土遗物

1～3. Ab型Ⅲ式陶盆（J20：51、J20：56、J20：38）　4～6. Ab型Ⅳ式陶盆（J20：37、J20：59、J20：60）
7. Cb型Ⅵ式陶盆（J20：58）　8. Ⅰ式陶器座（J20：6）　9、10. 铁削刀（J20：15、J20：16）

J20：6，Ⅰ式。夹砂黑衣灰陶。轮制，内、外壁均可见轮制的旋痕。壶口形，口大于底，呈喇叭形。圆唇。饰抹平绳纹。口径21.4、腰径14、底径19、高8.8厘米（图一六九，8；图版二二，1）。

（14）陶井圈

1件。

J20：42，Ⅲ式。泥质灰陶。手制，泥条盘筑。口沿比中间厚，靠近口沿处有一圆孔。饰附加堆纹（压印绳纹），中部饰绳纹。口沿直径70、口沿厚3、壁厚1、残高23.4厘米（图一七〇，1）。

（15）陶瓦当

3件。瓦手制，当内可见手制的捏痕；当慢轮修整，当外有轮制的拉坯痕。内、外均不平。当呈圆形。当部素面，瓦面饰绳纹，靠近当的瓦面绳纹被磨掉，瓦内壁有麻点纹。

J20：17，泥质灰陶。尖唇，唇部的弯曲度较大；瓦前部有一圆形瓦钉孔。长28、当径12.5厘米（图一七〇，2；图版二四，6）。

J20：18，泥质灰黄陶。当内饰一圈圆圈纹。残长19、当径11.4厘米（图一七〇，4）。

J20：19，泥质灰陶。残长12.4、当径11.7厘米（图一七〇，3）。

（16）陶筒瓦

3件。泥质灰陶。手制，泥条盘筑，内外有明显的手制痕迹；唇部轮制。瓦呈半圆形，瓦身两侧有切割痕迹；唇部的凹曲度比较大，唇为尖缘。面饰绳纹，近唇部绳纹被抹平，内壁有抹痕。

J20：45，Ⅰ式。长41.4、宽12.8、高7.4、厚1.2厘米（图一七〇，5）。

J20：44，Ⅱ式。长42.8、宽11.8、高6.8、厚1.4厘米（图一七〇，6）。

J20：53，无法归类。内壁饰几何水波纹。长23、厚1.1厘米。

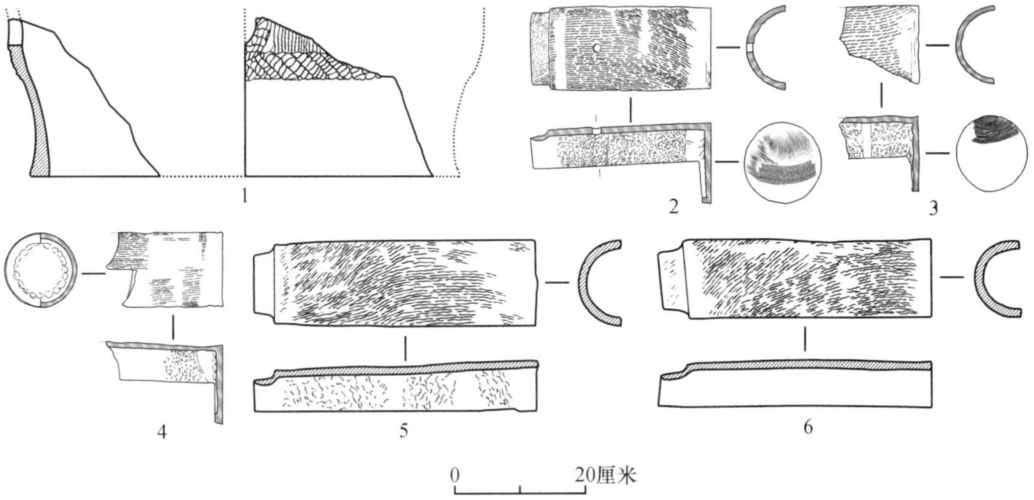


图一七〇　J20出土陶器

1. Ⅲ式井圈（J20：42）　2～4. 瓦当（J20：17、J20：19、J20：18）　5. Ⅰ式筒瓦（J20：45）　6. Ⅱ式筒瓦（J20：44）

（17）铁削刀

2件。铁质，器表呈铁锈色。锻造。身呈曲状，背厚刃薄。素面。

J20：15，柄残。残长16.45、刃宽1.55、刃背厚0.26厘米（图一六九，9）。

J20：16，削端残，柄端有曲环。残长12.45、刃宽1.15、刃背厚0.18厘米（图一六九，10；图版二六，3）。

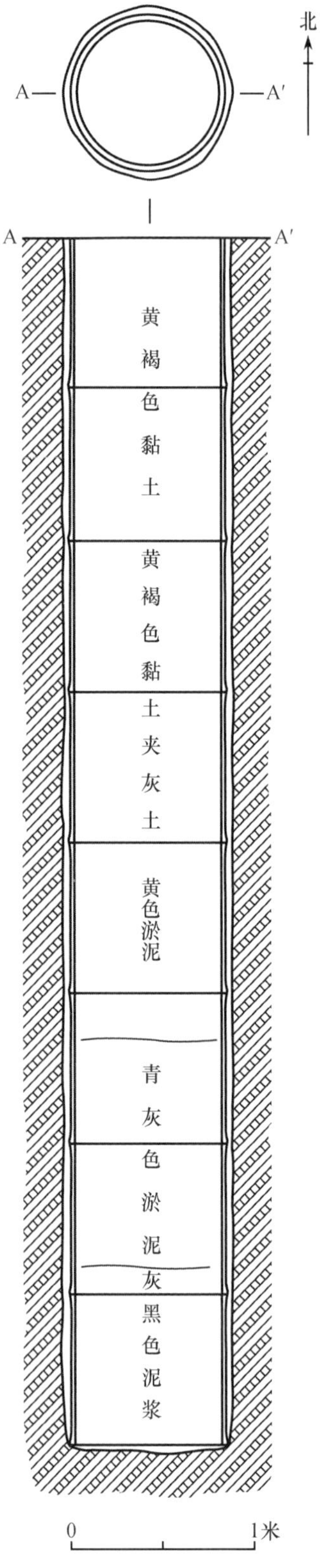

图一七一　J28平、剖面图

**6. J28**

位于TN02E03中部偏北处，东距J21约90厘米，西距J29约176厘米。开口于第3层下，打破生土。圆形陶井，井壁斜直、光滑，井底平。井口至地表深183厘米，井口直径92厘米，井底直径86厘米，井口至井底深640厘米。井壁由8个圆筒形陶井圈垂直叠砌而成，井圈外径86厘米，内径78厘米，高80厘米，厚1～3厘米。井圈从现井口一直砌筑到井底。井内堆积：第1层，井口至井下160厘米为黄褐色黏土；第2层，井下160～280厘米为黄褐色黏土夹有灰黄色淤泥，土质变得湿软；第3层，井口下280～400厘米为青灰色淤泥，质软，黏，并夹有少量黄色颗粒；第4层，井口下400～450厘米为青灰色淤泥，内含水量逐渐增多，颜色逐渐变深至灰黑色泥浆；至井口下640厘米到生土，生土上垫有5厘米的细沙。可辨有高领罐、双耳罐、盘、盂、盆、瓮、壶、豆柄、筒瓦、井圈、石凿等陶器和铁斧等遗物（图一七一）。

（1）陶盂

1件。

J28：15，Cb型Ⅳ式。泥质灰陶。轮制。敞口，折沿，沿面略向外，方唇，短束颈，溜肩，弧腹下内收。沿面饰两道凹弦纹，肩饰一道凸棱。口径33、残高7厘米（图一七三，1）。

（2）陶豆柄

1件。

J28：17，Ⅵ式。泥质黑衣灰褐陶。手制，柄内壁可见手制痕迹。细柄呈圆柱形，中空。柄中部有两道凸棱。柄径3.1、残高7.6厘米（图一七三，6）。

（3）陶高领罐

11件。轮制，内、外壁可见轮制的旋痕。敞口或敛口，折沿，圆唇或方唇，束颈或斜颈，溜肩，鼓腹下收，凹圜底。颈饰抹平绳纹，肩腹部饰间断绳纹与交错绳纹。

J28：4，A型Ⅱ式。泥质黑衣灰陶。敞口，折平沿，圆唇，束颈，圆鼓腹下内收。口径13.6、腹径21.5、底径9、高23.4厘米（图一七二，1；图版一二，4）。

J28：12，B型Ⅰ式。泥质黑衣灰黄陶。敞口，沿面向内略下凹，方圆唇，圆鼓腹下内收。口径16、腹径21.6、底径6、高24.5厘米（图一七二，2；图版一三，1）。

J28：2，B型Ⅲ式。泥质黑衣灰陶。敛口，沿面向内，方唇，斜直颈。沿面饰一道凹弦纹。口径14、腹径20、底径8.5、高23.4厘米（图一七二，3；图版一三，4）。

J28：5，C型Ⅱ式。泥质黑衣灰陶。敞口，沿面向外、略下凹，圆唇，束颈，圆鼓腹下内收。口径15、腹径21.2、底径7、高25.3厘米（图一七二，4；图版一五，3）。

J28：6，C型Ⅱ式。泥质黑衣灰陶。敞口，束颈，圆鼓腹下内收。腹径21.2、底径7、高24.5厘米（图一七二，5；图版一五，4）。

J28：20，C型Ⅱ式。泥质黑衣灰陶。敞口，束颈，圆鼓腹下内收。口径13、腹径20、底径8、高23厘米（图一七二，6）。

J28：13，C型Ⅳ式。泥质黑衣灰黄陶。敛口，沿面向外，方唇，底残。沿面饰两道凹弦纹。口径19.3、腹径26.6、残高32厘米（图一七二，9）。

J28：16，C型Ⅳ式。泥质黑衣灰陶。敞口，沿面略向外。沿面饰两道凹弦纹。口径17.5、残高10厘米（图一七二，8）。

J28：10，无法归类。泥质黑衣灰黄陶。圆鼓腹下内收。最大腹径21、底径6、残高16.8厘米（图一七二，7）。

J28：21，无法归类。泥质黑衣灰黄陶。束颈，圆鼓腹下内收。最大腹径20.4、底径7、高18厘米（图一七二，10）。

J28：23，无法归类。泥质黑衣灰陶。敞口，口沿残，束颈，圆鼓腹下内收。腹径21.4、底径8、高23.8厘米（图一七二，11）。

（4）陶双耳罐

1件。

J28：3，Ⅰ式。泥质黑衣灰陶。轮制，内壁可见轮制的旋痕。口略敛，斜沿，沿面向内，束颈，溜肩，鼓腹下内收，凹圜底。肩部有两个对称的牛鼻式立耳。颈饰抹平绳纹，肩腹部饰间断绳纹与交错绳纹。口径15、腹径22、底径7.5、高22.5厘米（图一七三，7；图版一八，6）。

（5）陶壶

2件。轮制。

J28：11，泥质黑衣灰陶。溜肩，鼓腹下收。内壁可见轮制的旋痕。肩部有两个相对称的半环状立耳。肩饰暗水波纹，肩腹部饰四组凹弦纹。最大腹径21、残底径10.5、残高21.2厘米（图一七三，8）。

J28：14，泥质黑衣灰陶。鼓腹弧下收，平底，假圈足。外底可见轮制的旋痕。素面。底径11.8、残高11.6厘米（图一七三，5）。

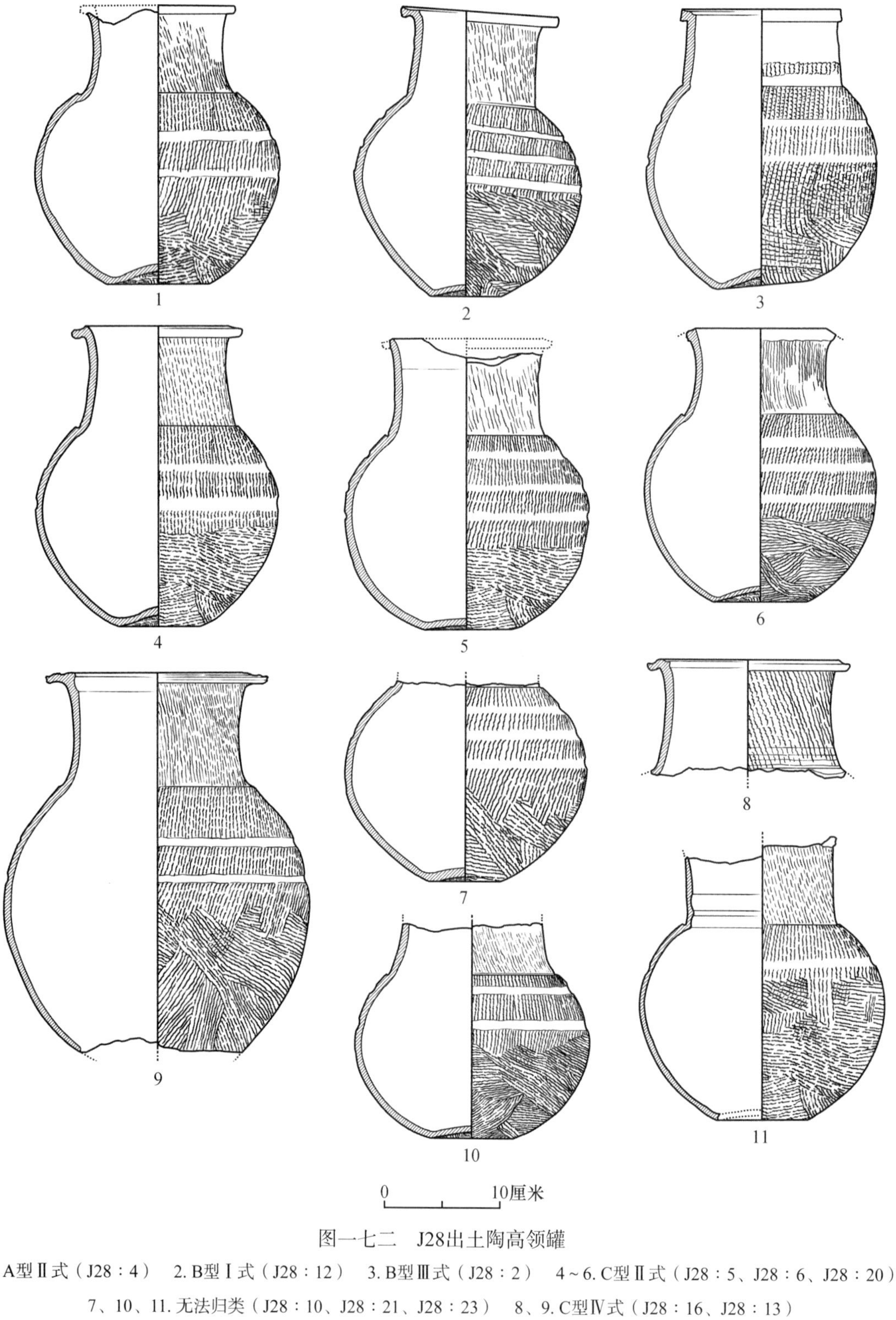


图一七二　J28出土陶高领罐

1. A型Ⅱ式（J28：4）　2. B型Ⅰ式（J28：12）　3. B型Ⅲ式（J28：2）　4～6. C型Ⅱ式（J28：5、J28：6、J28：20）　7、10、11. 无法归类（J28：10、J28：21、J28：23）　8、9. C型Ⅳ式（J28：16、J28：13）

（6）陶盘

1件。

J28：1，B型。泥质黑衣灰陶。轮制，内、外壁可见轮制的旋痕。敞口，折平沿，方唇，短束颈，折肩，浅斜弧腹下内收，平底。素面。口径18、最大腹径17.2、底径7、高5.1厘米（图一七三，3；图版二〇，4）。

（7）陶瓮

1件。

J28：19，D型Ⅲ式。泥质灰褐陶。轮制。敛口，折沿，方唇，短束颈，溜肩。沿面和唇沿各饰一道凹弦纹。口径34、残高6.6厘米（图一七三，4）。

（8）陶盆

1件。

J28：18，D型Ⅳ式。泥质灰陶。轮制。敞口，折弧沿，圆唇，短束颈，溜肩，直弧腹下内收。沿面饰十一道、肩饰两道凹弦纹，腹部饰绳纹。口径42、残高8厘米（图一七三，2）。

（9）陶井圈

1件。

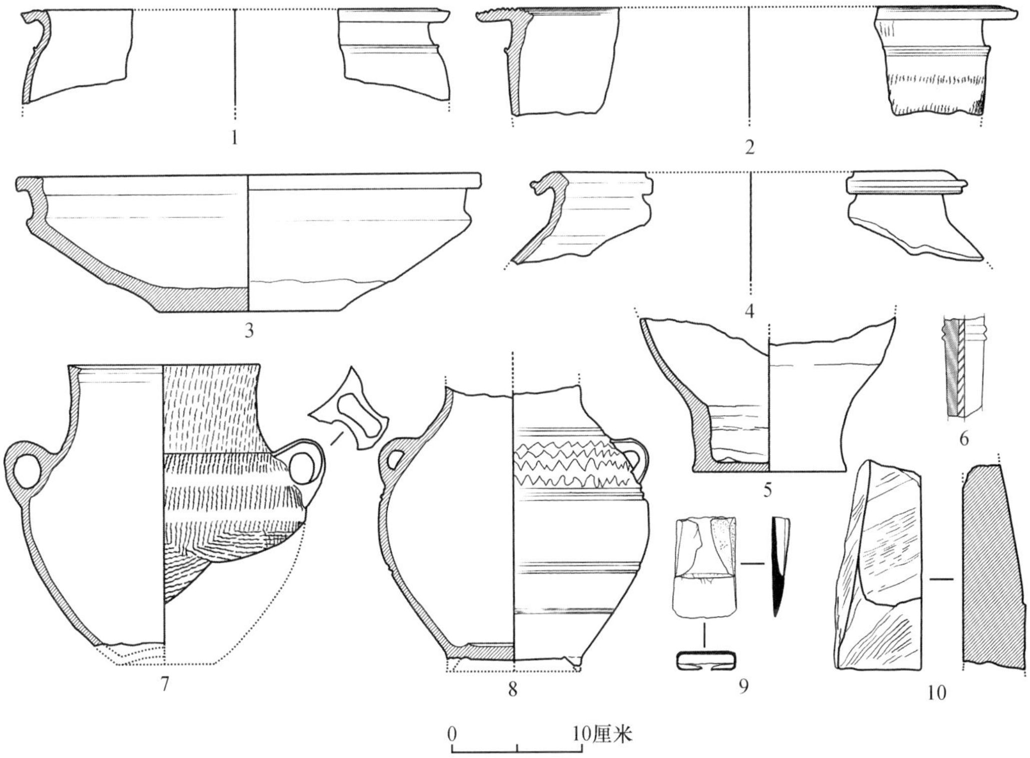


图一七三　J28出土遗物

1. Cb型Ⅳ式陶盂（J28：15）　2. D型Ⅳ式陶盆（J28：18）　3. B型陶盘（J28：1）　4. D型Ⅲ式陶瓮（J28：19）　5. 陶壶（J28：14）　6. Ⅵ式陶豆柄（J28：17）　7. Ⅰ式陶双耳罐（J28：3）　8. 陶壶（J28：11）　9. 铁斧（J28：7）　10. 石凿（J28：24）

J28：22，Ⅱ式。泥质灰陶。手制，泥条盘筑。口沿比中间厚，靠近口沿处有一圆孔。饰附加堆纹（压印绳纹），中部饰绳纹。壁厚1～2.8、内径78、外径82、残高30厘米（图一七四，1）。

（10）陶筒瓦

3件。泥质灰陶，瓦身为手制，内外有明显的手制痕迹，唇部轮制。体呈半圆形，内外均不平，两侧有切割痕迹；唇部的凹曲度比较大，唇为尖缘。面饰绳纹，近唇部抹平。

J28：9，Ⅱ式。内有麻点纹。长42.8、宽12、高6.8、厚0.9厘米（图一七四，2；图版二五，2）。

J28：8，Ⅲ式。内有手制的抹痕。长39、宽12、高6.8、厚0.9厘米（图一七四，3）。

J28：25，Ⅳ式。内有手抹痕。长34.6、宽11、高6.6、厚1厘米（图一七四，4）。

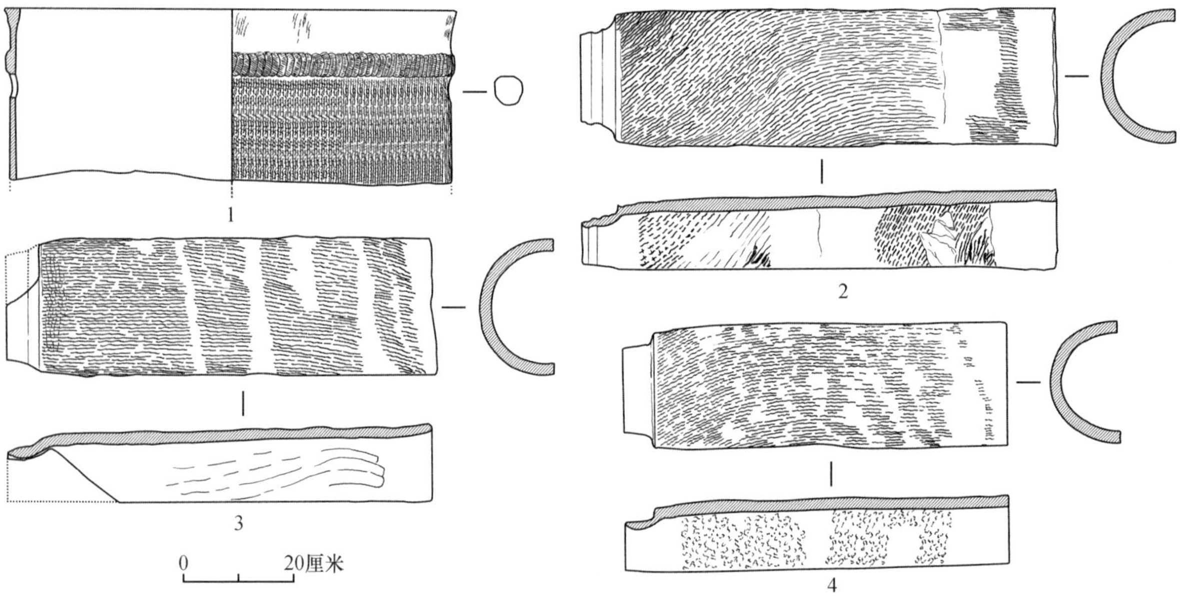


图一七四　J28出土陶器

1. Ⅱ式井圈（J28：22）　2. Ⅱ式筒瓦（J28：9）　3. Ⅲ式筒瓦（J28：8）　4. Ⅳ式筒瓦（J28：25）

（11）石凿

1件。

J28：24，残。石呈青灰色。磨制。长方形，上窄下宽，刃残。长15.8、宽5～6.8、厚4.8厘米（图一七三，10）。

（12）铁斧

1件。

J28：7，铁质，灰黑色，有锈斑。浇铸。呈钺形，较薄，弧形刃，方形直銎。素面。长7.6、刃宽5、厚1.4、銎长4.5、銎宽4.4、銎厚0.8厘米（图一七三，9；图版二六，4）。

## （二）圆形土井

共19口，即J4、J9、J10、J14～J17、J19、J21～J27、J29～J32，在发掘过程中因井壁陡直易崩塌、存在安全隐患而大多数未清理到底，其中J9、J10、J15、J16、J19、J21～J25、J31、J32未见出土遗物。

### 1. J4

位于TN04E04东北部，距探方西壁620厘米、南壁710厘米；西南距H54约90厘米。开口于第3层下，打破生土。圆形土井，井壁斜直、光滑。井口距地表深60厘米，井口直径112厘米，井底直径102厘米，井深820厘米。井内表层填土灰褐色，质地较纯，深50厘米，其下土层分为2层：第1层，井下50厘米至井下300厘米，灰黑色土夹有大量草木灰及板炭，较黏；第2层，井下300厘米至井底，为灰色土，很纯，很黏。在距井口300厘米处，井壁一周发现用芦苇做成的编织物，直到井底，大部分已腐烂。在井底还发现垫有厚约5厘米的细沙。井内可辨有高领罐、长颈壶、豆、鬲足、盆等陶器（图一七五）。

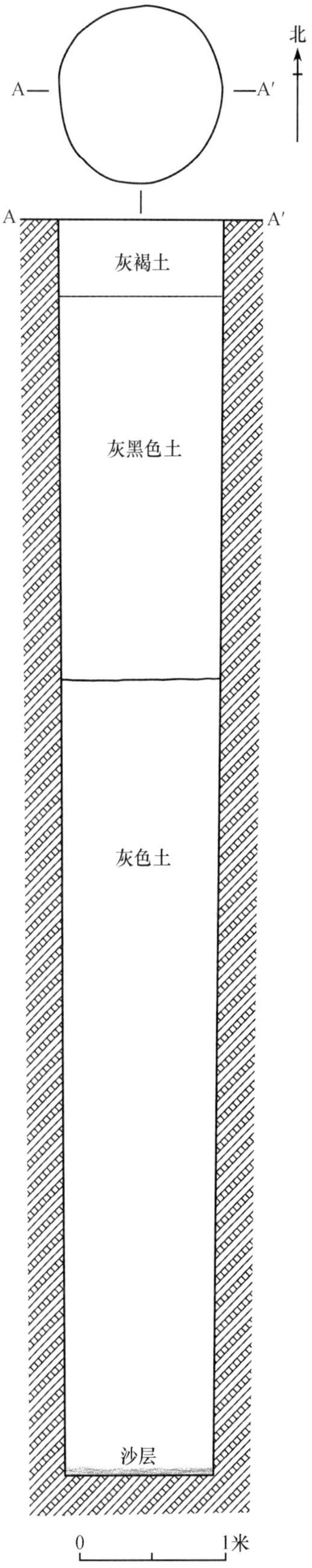

图一七五　J4平、剖面图

（1）陶鬲

4件。轮制。折沿，短束颈，溜肩。

J4：16，Ab型Ⅲ式。夹砂灰陶。敛口，折沿，沿面向外，方圆唇，短束颈，溜肩。沿面饰一道凹弦纹，肩饰纵向绳纹。口径16、残高3.6厘米（图一七六，8）。

J4：17，Ac型Ⅰ式。泥质褐灰陶。敛口，折沿，沿面向内，尖圆唇，束颈，溜肩，弧腹下收。沿面饰一道凹弦纹，肩饰抹平绳纹。口径26、残高7.3厘米（图一七六，10）。

J4：22，Bc型Ⅱ式。夹砂灰黄陶。敞口，沿面向外，尖圆唇，短束颈，溜肩。沿面饰七道凹弦纹，颈饰抹平绳纹，肩饰纵向绳纹。口径38、残高5厘米（图一七六，5）。

J4：25，C型Ⅱ式。夹砂黑衣褐黄陶。敛口，折平沿，圆唇，束颈，溜肩。沿面饰一道凹弦纹，肩饰纵向绳纹。口径35.2、残高5.5厘米（图一七六，6）。

（2）陶鬲足

3件。手制。

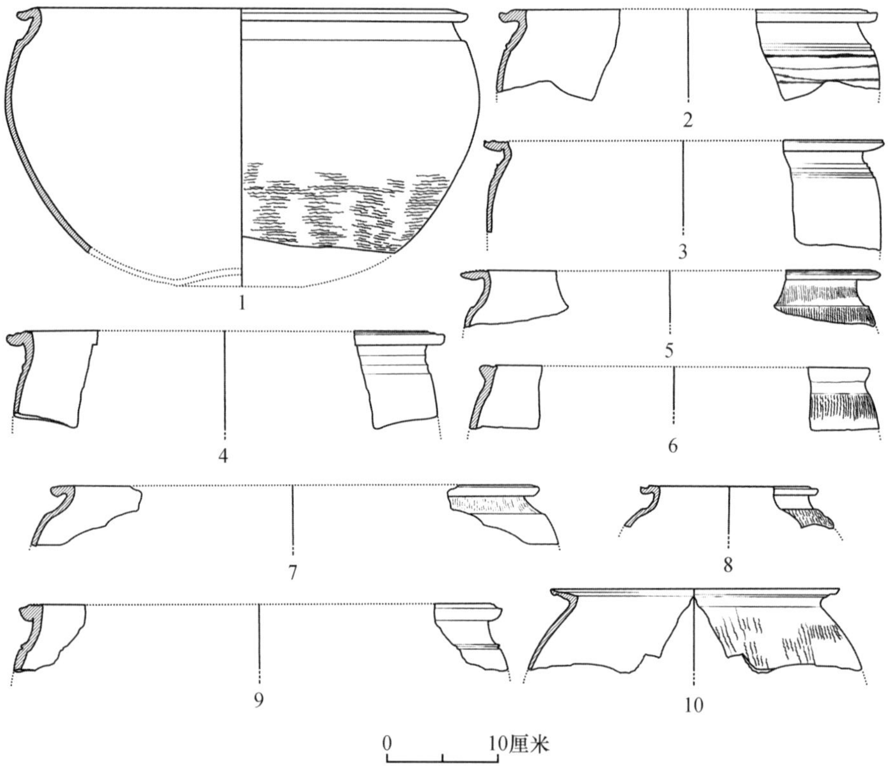


图一七六　J4出土陶器

1. Cb型Ⅳ式盆（J4：18）　2. Cb型Ⅵ式盆（J4：19）　3. Ba型Ⅰ式盆（J4：21）　4. Cb型Ⅶ式盆（J4：20）　5. Bc型Ⅱ式鬲（J4：22）　6. C型Ⅱ式鬲（J4：25）　7. Ca型Ⅱ式盆（J4：26）　8. Ab型Ⅲ式鬲（J4：16）　9. Ca型Ⅲ式盆（J4：23）　10. Ac型Ⅰ式鬲（J4：17）

J4：15，Ac型Ⅱ式。夹砂灰黄陶。浅足窝，柱状足上粗下细。通体饰绳纹。残高10.6厘米（图一七七，8）。

J4：24，Ac型Ⅲ式。夹砂灰陶，器表有烟炱。浅足窝，柱状足上粗下细。裆微弧。饰绳纹。残高4厘米（图一七七，5）。

J4：14，Ba型Ⅰ式。夹砂灰陶。浅足窝，柱状足上粗下细。通体饰绳纹。残高8.4厘米（图一七七，4）。

（3）陶豆

4件。豆盘、豆座轮制，慢轮修整；柄手制，柄内壁可见手制痕迹。素面。

J4：7，Ab型Ⅰ式。泥质灰陶。浅盘，柄稍粗，喇叭形豆座，座面不隆起。盘径13、盘深2、座径7.4、高13.5～15.1厘米（图一七七，16；图版九，2）。

J4：6，Ab型Ⅰ式。泥质灰陶。浅盘，细柄稍高，喇叭形豆座，座面隆起。盘径13.3、盘深2.3、座径7.2、高14.5厘米（图一七七，13；图版九，1）。

J4：4，Ab型Ⅱ式。泥质灰陶。盘径较小，浅盘，细柄，喇叭形豆座，座面微隆起。盘径13、盘深2.3、座径8、高14.5～15.3厘米（图一七七，14；图版九，3）。

J4：11，Ab型Ⅲ式。泥质灰陶。盘径较小，盘稍深，盘壁厚重，细柄稍高，喇叭形豆座，座面隆起。盘径12、盘深2.4、座径7.8、高14.6厘米（图一七七，15；图版一〇，1）。

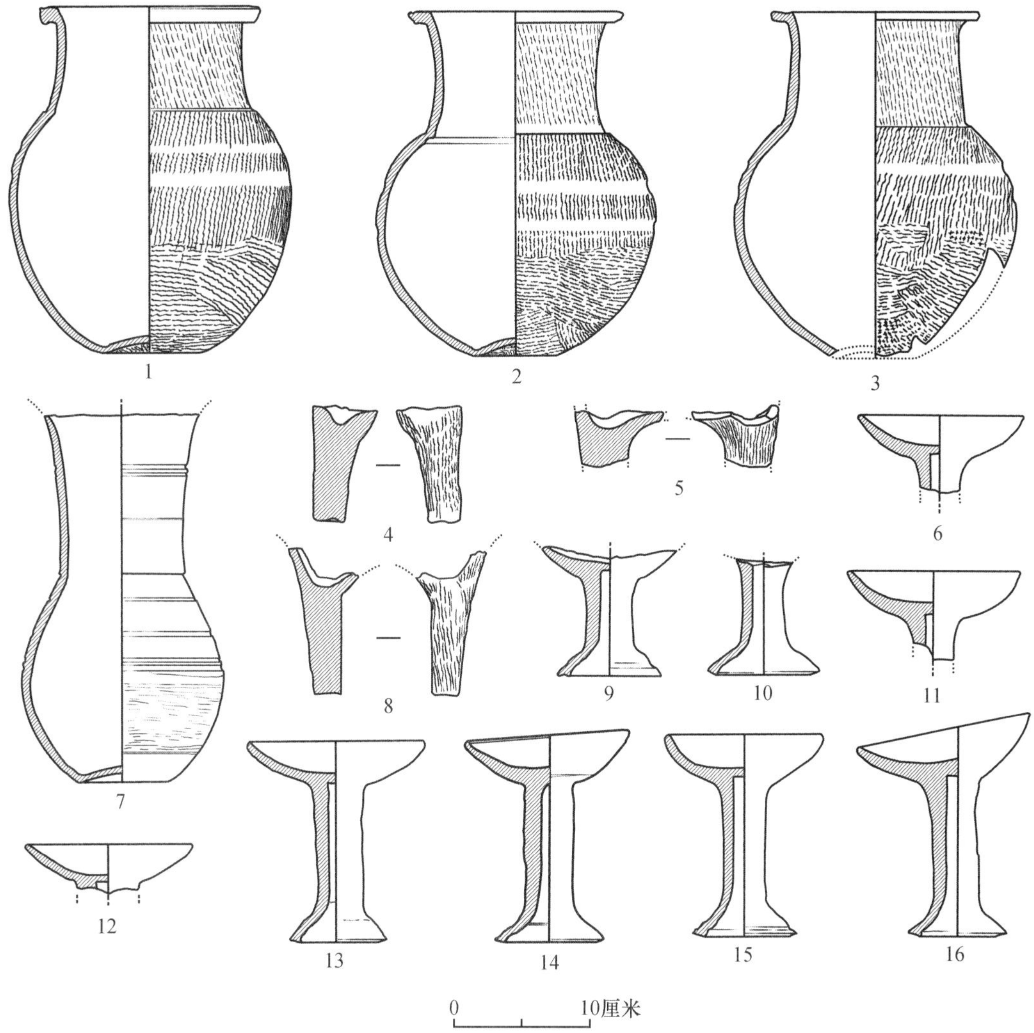


图一七七　J4出土陶器

1. A型Ⅰ式高领罐（J4：3）　2、3. A型Ⅲ式高领罐（J4：2、J4：5）　4. Ba型Ⅰ式鬲足（J4：14）　5. Ac型Ⅲ式鬲足（J4：24）　6、12. A型Ⅰ式豆盘（J4：9、J4：8）　7. A型Ⅱ式长颈壶（J4：1）　8. Ac型Ⅱ式鬲足（J4：15）　9. B型Ⅲ式豆座（J4：12）　10. B型Ⅱ式豆座（J4：13）　11. A型Ⅲ式豆盘（J4：10）　13、16. Ab型Ⅰ式豆（J4：6、J4：7）　14. Ab型Ⅱ式豆（J4：4）　15. Ab型Ⅲ式豆（J4：11）

（4）陶豆盘

3件。豆盘轮制，慢轮修整；柄手制，柄内壁可见手制痕迹。素面。

J4：8，A型Ⅰ式。泥质黑衣褐黄陶。盘径较小，浅盘，细柄。盘径12.6、盘深2.2、残高3.6厘米（图一七七，12）。

J4：9，A型Ⅰ式。泥质黑衣褐黄陶。盘径较小，浅盘，细柄。盘径12. 4、盘深2.2、残高5.7厘米（图一七七，6）。

J4：10，A型Ⅲ式。泥质灰黄陶。盘径较小，浅盘，细柄。盘径13、盘深2.2、残高6.5厘米（图一七七，11）。

（5）陶豆座

2件。豆座轮制，慢轮修整；柄手制，柄内壁可见手制痕迹。素面。

J4：13，B型Ⅱ式。泥质黑衣灰陶。细矮柄，喇叭形豆座，座面隆起。座径8.4、残高8.3厘米（图一七七，10）。

J4：12，B型Ⅲ式。泥质灰陶。盘残，盘稍深，细矮柄，喇叭形豆座，座面隆起。座径7.6、残高9.2厘米（图一七七，9）。

（6）陶高领罐

3件。泥质黑衣灰陶。轮制，内、外壁可见轮制的旋痕。敞口或敛口，折平沿，尖圆唇或方唇，束颈，溜肩，鼓腹下收，圜底内凹。颈饰抹平绳纹，肩腹部饰间断绳纹与交错绳纹。

J4：3，A型Ⅰ式。折平沿略外翻卷，方唇。沿面饰一道凹弦纹。口径16.5、腹径21、底径7.2、高25厘米（图一七七，1；图版一二，1）。

J4：2，A型Ⅲ式。尖圆唇。沿面饰三道凹弦纹。口径16、腹径20.8、底径6、高24.8厘米（图一七七，2；图版一二，5）。

J4：5，A型Ⅲ式。方唇。沿面饰两道凹弦纹。口径15.6、腹径21.4、底径6、高25厘米（图一七七，3；图版一二，2）。

（7）陶长颈壶

1件。

J4：1，A型Ⅱ式。泥质黑衣灰陶。轮制，内外有手工痕迹。敞口外侈，束颈，溜肩，鼓腹下收，最大腹径在中下部，圜底内凹。颈、肩及上腹部饰凹弦纹。腹径15.2、底径6.5、残高26.5厘米（图一七七，7；图版一九，3）。

（8）陶盆

6件。轮制。敞口，折沿，圆唇，束颈，溜肩，弧腹下收。

J4：21，Ba型Ⅰ式。泥质灰陶。折平沿。沿面饰两道、肩饰四道凹弦纹。口径36、残高9.6厘米（图一七六，3）。

J4：26，Ca型Ⅱ式。泥质褐黄陶。敛口，折平沿，圆唇。沿面饰一道凹弦纹，肩饰纵向绳纹。口径35.2、残高5.5厘米（图一七六，7）。

J4：23，Ca型Ⅲ式。泥质黑衣灰陶。敛口，折沿外翻卷，方唇，短束颈。沿面饰三道、肩饰一道凹弦纹。口径44、残高5.8厘米（图一七六，9）。

J4：18，Cb型Ⅳ式。泥质黑衣灰陶。折沿外翻卷，短束颈，凹圜底。下腹饰横向绳纹。口径42、最大腹径44、底径10.8、高24.5厘米（图一七六，1；图版二一，4）。

J4：19，Cb型Ⅵ式。泥质黑衣灰陶。口略敛，折沿外翻卷。沿面和肩部各饰一道凹弦纹，肩和上腹饰暗纹彩绘。口径34、残高8厘米（图一七六，2）。

J4：20，Cb型Ⅶ式。泥质黑衣灰陶。沿面向外。沿面饰三道、肩饰两道凹弦纹。口径40、残高8.6厘米（图一七六，4）。

**2. J9**

位于TN04E03北部，距探方西壁460厘米、南壁630厘米；东距H43约150厘米。开口于第3层下，打破生土。圆形土井，井壁斜直、光滑。井口距地表深50厘米，井口直径160厘米，底径150厘米。井内堆积分为2层：第1层，井口至井下180厘米，为黄灰土夹锈斑，较黏；第2层，井下180厘米至井底，为灰色土，很纯，很黏。向下清理至460厘米处因井壁崩塌、存在安全隐患而停止发掘。井内无出土遗物（图一七八）。

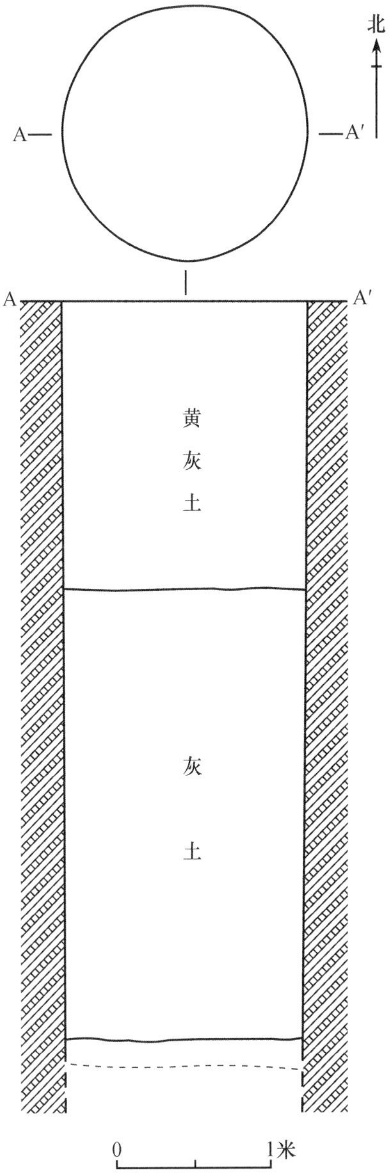

图一七八　J9平、剖面图

**3. J10**

位于TN02E04西北部，距北壁72厘米，距西壁160厘米；东南距H34约50厘米，西距H58约20厘米。开口于第3层下，打破生土。圆形土井，井壁斜直、光滑，易崩塌。井口至地表深约55厘米，井口直径120厘米，井底直径80厘米，井口至井底深约570厘米。井内堆积分2层：开口下0～250厘米为黄色土夹黑色斑和草木灰，土质较紧密，软湿，有黏性；250～340厘米为灰黑色土，土质湿软，有黏性；340～570厘米为青灰色土，土质较纯，极有黏性。向下清理至570厘米处因井壁崩塌、存在安全隐患而停止发掘。井内无出土遗物。

**4. J14**

位于TN02E04中部，距东隔梁330厘米，距南隔梁325厘米；东南距H15约270厘米，东北距J13约125厘米，北距H34约100厘米。开口于第3层下，被H33打破，打破生土。圆形土井。井口至地表深195厘米，开口直径约160厘米，开口下130厘米处出现一直径90厘米的圆形井口，井底直径74厘米，井口至井底深570厘米。井内堆积：开口下0～80厘米为灰褐色夹黄褐色土，土质疏松；80～300厘米填土为灰黑色夹黄斑土，质地细腻，有黏性，包含瓮口沿、豆等器物残片；300～498厘米土色由上至下逐渐变为青灰色，土质较纯，极有黏性，包含少许豆柄、罐残片等陶片；498～570厘米土色逐渐变为青灰泛白色，夹黄色土块。清理至570厘米处因井壁崩塌、存在安全隐患而停止发掘。井内可辨有瓮、盆、豆盘、豆柄等陶器（图一七九）。

（1）陶豆盘

1件。

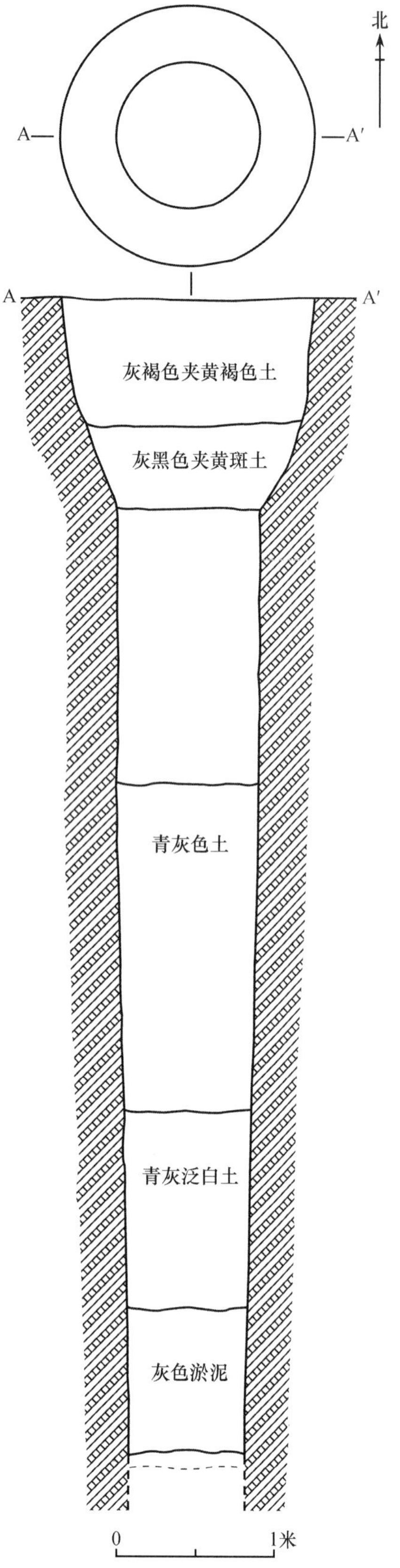


图一七九　J14平、剖面图

J14：4，B型Ⅲ式。泥质黑衣褐黄陶。豆盘轮制，慢轮修整。盘径较小，盘稍深，盘壁弧形接柄。素面。盘径13、残高3.4厘米（图一八〇，3）。

（2）陶豆柄

1件。

J14：3，Ⅴ式。泥质灰陶。手制，柄内壁可见手制痕迹。盘壁弧形接柄；细柄稍高，呈圆柱状，中空；喇叭形豆座残。素面。柄径2.9、残高12.3厘米（图一八〇，5）。

（3）陶瓮

1件。

J14：1，C型Ⅱ式。夹砂褐红陶。轮制。敛口，折平沿，方唇，短束颈，溜肩，斜弧腹下收。沿面饰两道凹弦纹，肩饰间断绳纹。口径27、残高12厘米（图一八〇，2）。

（4）陶盆

1件。

J14：2，Cb型Ⅰ式。泥质灰黄陶。轮制。口略敞，折沿略外卷，方唇，短束颈，溜肩，弧腹下内收，凹圜底。沿面和肩部各饰一道凹弦纹，下腹饰间断绳纹与交错绳纹。口径46、底径10.8、高26.8厘米（图一八〇，1；图版二一，2）。

**5. J15**

位于TN02E02西北部，东距J1约266厘米，东南距H35约200厘米。开口于第3层下，上部被H24叠压，打破生土。圆形土井，井壁斜直、光滑。井口至地表深约70厘米，井口直径104厘米。在井壁一周发现用竹子做成的编织物，但已腐烂。井内堆积分为2层：第1层，井口至井下340厘米，为黄土夹少量灰土，较纯，很黏；第2层，井下340～570厘米，为灰色黏土，很纯，也较黏。向下清理至570厘米处因井壁崩塌、存在安全隐患而停止发掘。井内无出土遗物。

**6. J16**

位于TN03E01东南角，距探方西壁770厘米、南壁30厘米；东距J25约345厘米，西距G7约5厘米。开口于第3层下，打破生土。圆形土井，井壁斜直、光滑。井口距地表

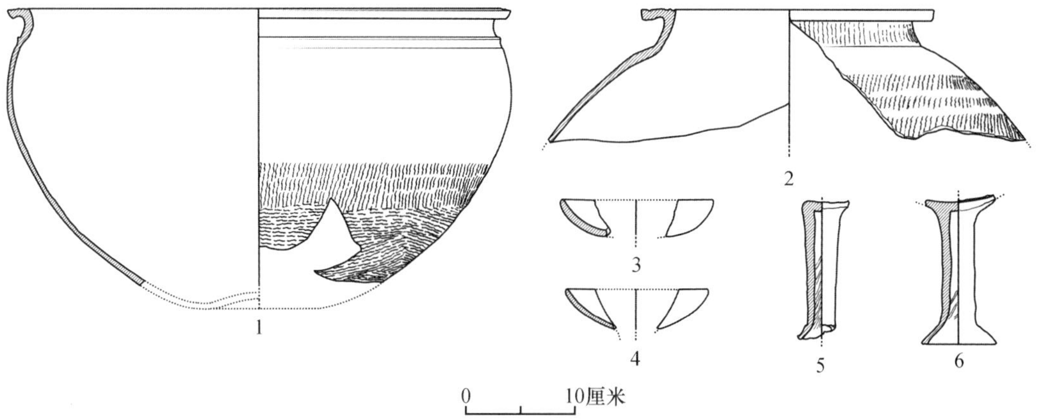


图一八〇　J14、J17出土陶器

1. Cb型Ⅰ式盆（J14：2）　2. C型Ⅱ式瓮（J14：1）　3. B型Ⅲ式豆盘（J14：4）　4. B型Ⅱ式豆盘（J17：2）　5. Ⅴ式豆柄（J14：3）　6. Aa型Ⅱ式豆座（J17：1）

深约60厘米，井口直径100厘米，底径92厘米。井内堆积分为2层：第1层，井口至井下240厘米，填土黄褐色，土质较软；第2层，井下240～420厘米为灰色土，质地较纯、疏松，很黏；向下清理至420厘米处因井壁崩塌、存在安全隐患而停止发掘。井内无出土遗物。

**7. J17**

位于TN03E02南部，距西壁280厘米，距南壁390厘米；北距H28约90厘米，南距H24约95厘米，西距H51约200厘米。开口于第3层下，东部被H29打破，打破生土。圆形土井，井壁斜直、光滑。井口距地表深74厘米，井口直径100厘米。井内堆积分为2层：第1层，井口至井下290厘米，填土黄色，土质较软；第2层，井下290～530厘米，为灰色土，质地较纯、疏松，很黏；清理至530厘米处因井壁崩塌、存在安全隐患而停止发掘。井内可辨有豆盘和豆座等陶器（图一八一）。

（1）陶豆盘

1件。

J17：2，B型Ⅱ式。泥质黑衣褐灰陶。豆盘轮制，慢轮修整。盘稍深，盘壁弧形接柄。素面。盘径13、盘深3.4、残高3.8厘米（图一八〇，4）。

（2）陶豆座

1件。

J17：1，Aa型Ⅱ式。泥质灰陶。豆盘、豆座轮制，慢轮修整；柄手制，柄内壁可见手制痕迹。浅盘，盘壁弧形接柄；细柄，呈圆柱状，中空；喇叭形豆座，座面微隆起。素面。柄径2.9、座径7、高13.4厘米（图一八〇，6）。

**8. J19**

位于TN03E03中部，距探方西壁470厘米、南壁400厘米；南距H44约130厘米，西南距J2约190厘米，东南距J3约120厘米。开口于第3层下，打破生土。圆形土井，井壁斜直、光滑，未

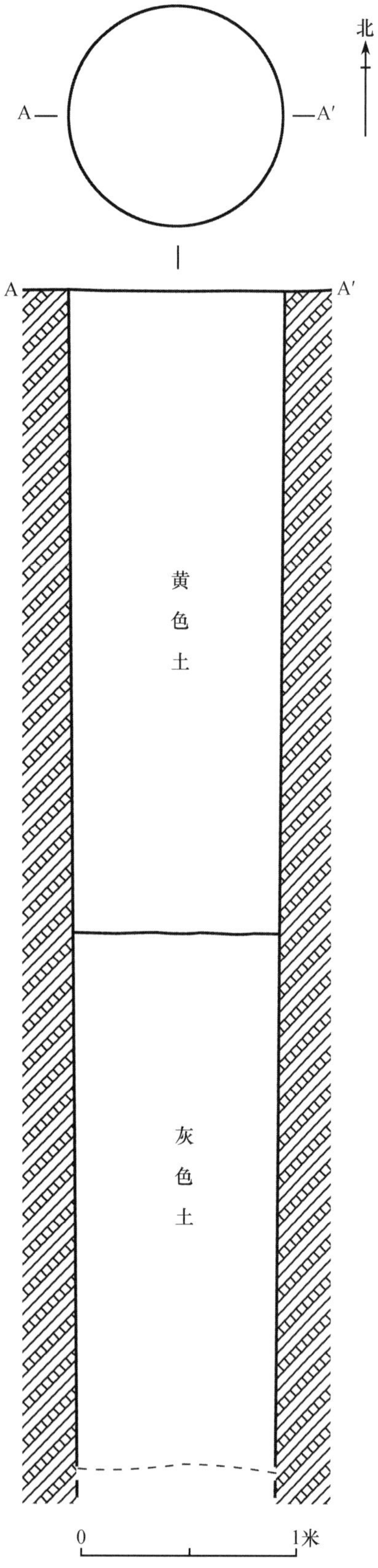

图一八一　J17平、剖面图

见加工痕迹。井口距地表深70厘米，井口直径150厘米。井内堆积只有一层，为黄色土层，夹有铁锈斑点，有黏性。向下清理至520厘米处因井壁崩塌、存在安全隐患而停止发掘。井内无出土遗物。

**9. J21**

位于TN02E03东北部，距东隔梁190厘米、北隔梁178厘米；东距J22约90厘米，西北距J28约80厘米。开口于第3层下，打破生土。椭圆形土井，井壁陡直，未见加工痕迹。井口至地表深约70厘米，井口直径东西152厘米，南北120厘米，井底直径80厘米，井口至井底深约470厘米。井内堆积：第1层，井口至井下60厘米黄色带白斑黏土，质纯、硬，杂质含量少；第2层，井下60～120厘米黄色带黑色斑黏土，质疏松，湿软；第3层，120～400厘米青灰色沙质土，松散，黏性强；第4层，400～470厘米为青灰色淤泥；向下清理至470厘米处因井壁崩塌、存在安全隐患而停止发掘。井内无出土遗物。

**10. J22**

位于TN02E03东北部，距东隔梁10厘米、北隔梁200厘米；西距J21约90厘米，东距J20约90厘米。开口于第3层下，打破生土。圆形土井，井壁斜直、光滑，易崩塌，未见加工痕迹。井口至地表深约70厘米，井口直径90厘米，井底直径65厘米，井口至井底深约510厘米。井内堆积：第1层，井口至井下40厘米，浅黄色土，质硬，较纯，包含少量陶片；第2层，井下40～320厘米，黄色夹灰白色土，质疏松，包含物较少；第3层，井口下320～480厘米，青灰色黏土，杂质较少，越往下挖颜色越深、土越湿；第4层，井口下480～510厘米，青灰色淤泥。向下清理至510厘米处因井壁崩塌、存在安全隐患而停止发掘。井内无出土遗物。

**11. J23**

位于TN03E01西壁，距探方南壁210厘米；北距G4约170厘米，东北距H50约130厘米，南距J24约135厘米。开口于第3层下，打破生土。圆形土井，井壁斜直、光滑。井口距地表深约70厘米，井口直径100厘米。井内堆积分为2层：第1层，井口至井下260厘米，填土黄褐色夹杂灰褐色，土质较软；第2层，井下260～510厘米，为青灰色土，质地较纯、疏松，很黏。向下清理至510厘米处因井壁崩塌、存在安全隐患而停止发掘。井内无出土遗物。

**12. J24**

位于TN03E01南壁，其南部进入TN02E01的北隔梁，距探方西壁75厘米；北距J23约135厘米，东部被H4叠压。开口于第3层下，打破生土。圆形土井，井壁斜直、光滑。井口距地表深约75厘米，井口直径90厘米。井内堆积分为2层：第1层，井口至井下250厘米，填土黄褐色，土质较疏松；第2层，井下250～400厘米，为青灰色土，质地较纯、疏松，很黏。向下清理至400厘米处因井壁崩塌、存在安全隐患而停止发掘。井内无出土遗物。

**13. J25**

位于TN03E01东隔梁上，距探方南壁475厘米；南距J16约345厘米，西距H49约105厘米。开口于第3层下，被H28叠压，打破生土。圆形土井，井壁斜直、光滑。井口距地表深约80厘米，井口直径110厘米。井内堆积分为2层：第1层，井口至井下268厘米，填土淡黄色，土质较纯；第2层，井下268～550厘米，为灰色土，质地较纯、疏松，很黏。向下清理至550厘米处因井壁崩塌、存在安全隐患而停止发掘。井内无出土遗物。

**14. J26**

位于TN03E03西壁，其西部进入TN03E02的东隔梁，距南壁370厘米；北距H22约325厘米，东南距J2约180厘米。开口于第3层下，打破生土。圆形土井。井口距地表深约50厘米，井口直径130厘米。向下清理至480厘米处因井壁崩塌、存在安全隐患而停止发掘。井内堆积只有一层，为黄色土层，夹有铁锈斑点，有黏性。可辨有高领小罐和瓮口沿残片等陶器（图一八二）。

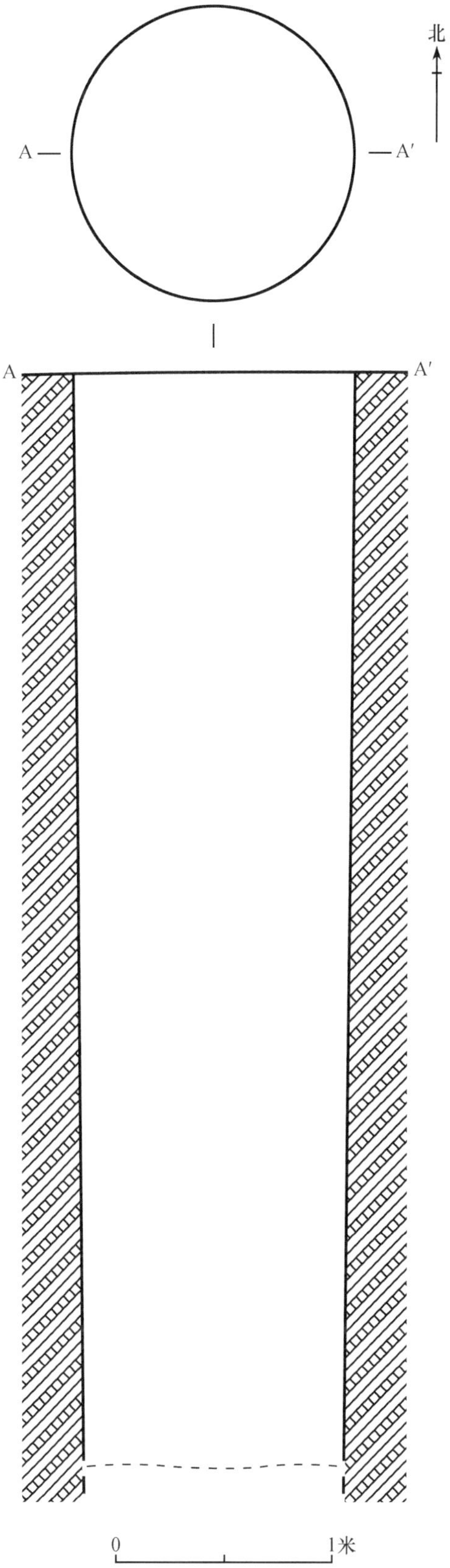

图一八二　J26平、剖面图

（1）陶高领小罐

1件。

J26：1，无法归类。泥质黑衣灰陶。轮制，内、外壁均可见轮制的旋痕。弧腹下内收，平底微内凹。素面。底径7、残高4厘米（图一八三，2）。

（2）陶瓮

1件。

J26：2，Aa型Ⅱ式。泥质灰陶。轮制。敛口，仰折沿，沿面向内，方唇，束颈，溜肩，斜弧腹下内收。沿面饰三道凹弦纹、肩饰十二道细密凹弦纹。口径27、残高6厘米（图一八三，1）。

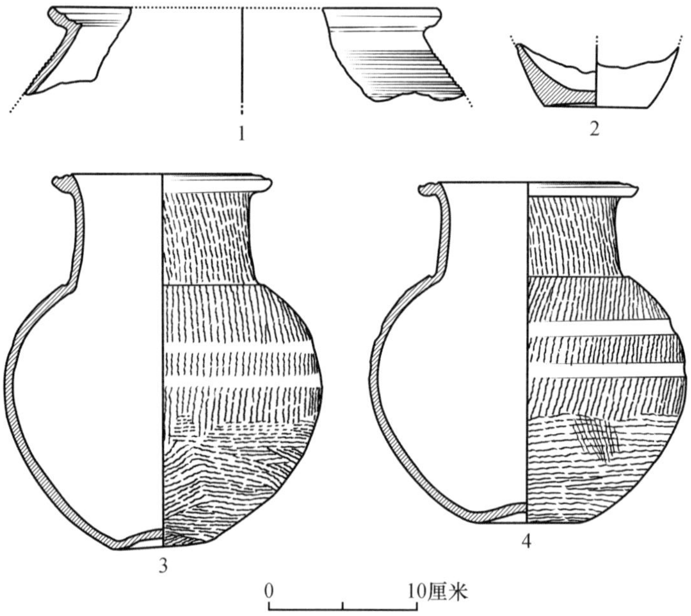


图一八三　J26、J27出土陶器

1. Aa型Ⅱ式瓮（J26：2）　2. 无法归类高领小罐（J26：1）　3、4. C型Ⅲ式高领罐（J27：1、J27：2）

**15. J27**

位于TN03E02南部，距探方西壁560厘米、南壁100厘米；北距J8约205厘米，东南距H55约100厘米，西距J17约185厘米。开口于第3层下，位于H29下，被H29打破，打破生土。圆形土井，井壁斜直，光滑。井口距地表深70厘米，井口直径85厘米，井底直径74厘米，井深780厘米。井内填土分为2层：第1层，井口至井下240厘米，为黄土夹锈斑及少量灰土，较黏；第2层，井下240 厘米处至井底，为灰色土，很纯，很黏。在距井口240厘米处，发现有用直径0.8厘米的竹子编织成的井壁直到井底，上面保存较好，下面部分已腐烂；在井底垫有厚约5厘米的细沙。可辨有陶高领罐（图一八四）。

陶高领罐

2件。泥质黑衣灰陶。轮制。敞口，折沿，沿面向外，圆唇，束颈，溜圆肩，圆鼓腹下内收，凹圜底。沿面饰两道凹弦纹，颈饰抹平绳纹，肩腹部饰间断绳纹与交错绳纹。

J27：1，C型Ⅲ式。口径13.6、腹径22、底径7、高24.7厘米（图一八三，3）。

J27：2，C型Ⅲ式。口径13.6、腹径22、底径7、高24.7厘米（图一八三，4；图版一六，2）。

**16. J29**

位于TN02E03西北部，距北隔梁约110厘米，距西隔梁150厘米；东距J28约176厘米，北距H23约120厘米。开口于第3层下，打破生土。圆形土井。井口至地表深230厘米，井口直径178厘米，井底直径85厘米，井口至井底深560厘米。井内堆积共3层：第1层，井口至井下200厘米处黑色土夹有黄色土块，质细腻有黏性；第2层，井下200~400厘米土色逐渐变为青灰色，土质较纯，极有黏性；第3层，井口下400~560厘米土色逐渐变为青灰泛白色。向下清理至560厘米处因井壁崩塌、存在安全隐患而停止发掘。可辨有盆、瓮、高领罐、豆柄、鬲足等陶器（图一八五）。

（1）陶鬲足

1件。

J29：6，无法归类。夹砂褐红陶。手制。柱状足上粗下细。饰绳纹。残高6厘米（图一八六，6）。

（2）陶豆柄

1件。

J29：7，Ⅶ式。泥质灰陶。豆盘慢轮修整，盘壁弧形接柄；柄手制，柄内、外壁可见手制痕迹。细柄，呈圆柱状，中空；喇叭形豆座残。素面。柄径3、残高9.2厘米（图一八六，5）。

（3）陶高领罐

1件。

J29：4，A型Ⅳ式。泥质灰黄陶。轮制。敞口，折平沿，尖圆唇，束颈。沿面饰一道凹弦纹，颈饰抹平绳纹。口径14、残高6厘米（图一八六，7）。

（4）陶瓮

1件。

J29：3，Aa型Ⅱ式。泥质褐红陶。轮制，内壁可见轮制的旋痕。敛口，仰折沿，沿面向内，尖圆唇，束颈，溜肩，斜弧腹下内收。沿面饰十一道凹弦纹，肩饰抹平绳纹。口径29、残高7.2厘米（图一八六，1）。

（5）陶盆

3件。轮制，内壁可见轮制的旋痕。敛口，折沿，束颈，溜肩，弧腹下内收。

J29：2，Ba型Ⅲ式。泥质黑衣灰陶。口微敛，折平沿，尖圆唇。沿面饰一道凹弦纹，颈饰抹平绳纹。口径40、残高11厘米（图一八六，2）。

J29：5，Bb型Ⅱ式。泥质灰黄陶。口微敛，折沿，沿面略向内，方唇。沿面饰一道凹弦纹，颈饰抹平绳纹，肩饰凹弦纹。口径35、残高5.4厘米（图一八六，3）。

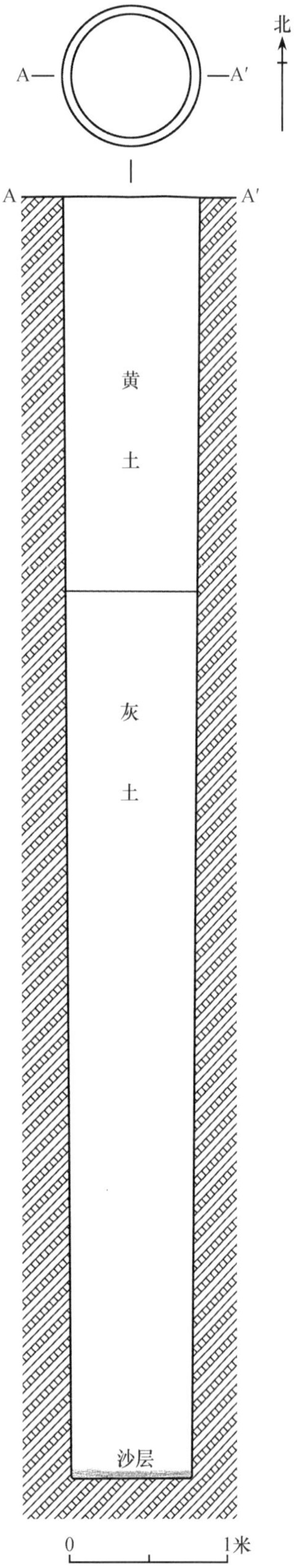


图一八四　J27平、剖面图

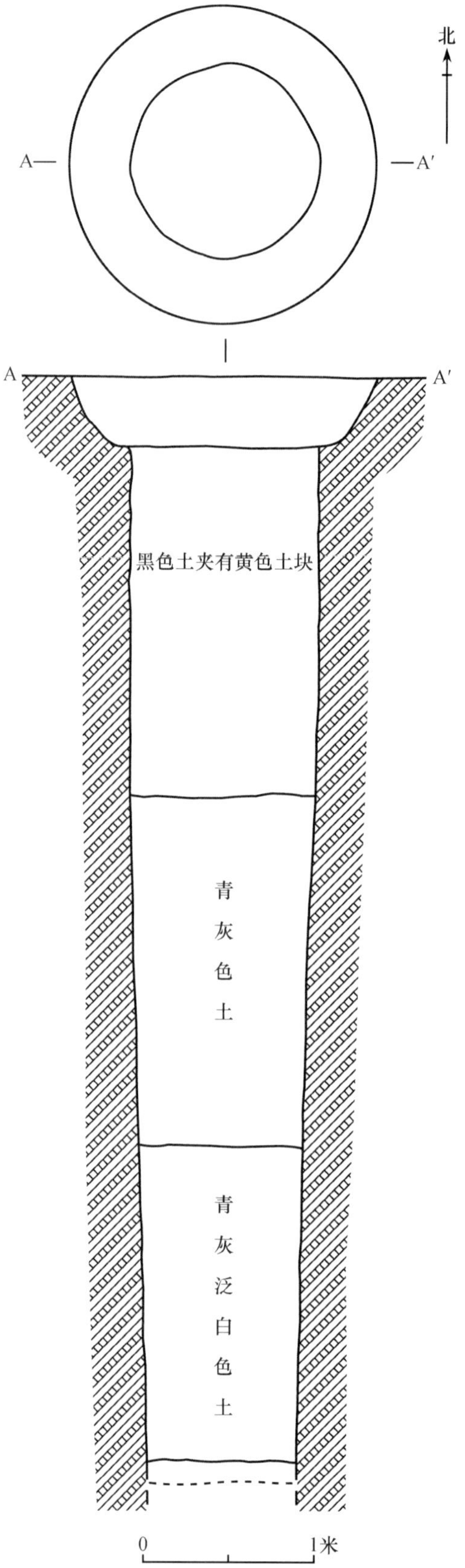


图一八五　J29平、剖面图

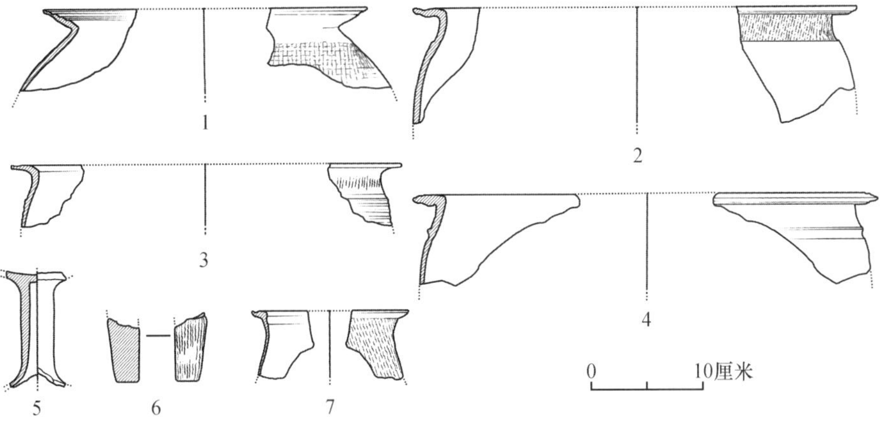


图一八六　J29出土陶器

1. Aa型Ⅱ式瓮（J29：3）　2. Ba型Ⅲ式盆（J29：2）　3. Bb型Ⅱ式盆（J29：5）　4. Ca型Ⅳ式盆（J29：1）　5. Ⅶ式豆柄（J29：7）　6. 无法归类鬲足（J29：6）　7. A型Ⅳ式高领罐（J29：4）

J29：1，Ca型Ⅳ式。泥质灰陶。沿面略向外，尖圆唇。肩饰一道凹弦纹。口径42、残高7.8厘米（图一八六，4）。

**17. J30**

位于TN04E02南壁，其南部进入TN03E02的北隔梁，距探方西壁200厘米；东北距H56约200厘米，西距J31约210厘米。开口于第3层下，西南部被H31打破，打破生土。圆形土井，井壁斜直、光滑。井口至地表深50厘米，井口直径140厘米。井内堆积分为2层：第1层，井口至井下180厘米，灰褐色土夹有黄色土，结构较紧，较黏，出土陶片；第2层，井下180～360厘米，为青灰色土，质地较纯、疏松，很黏。发掘至360厘米处因井壁崩塌、存在安全隐患而停止发掘。井内有鬲、豆盘、高领罐、盆等陶器（图一八七）。

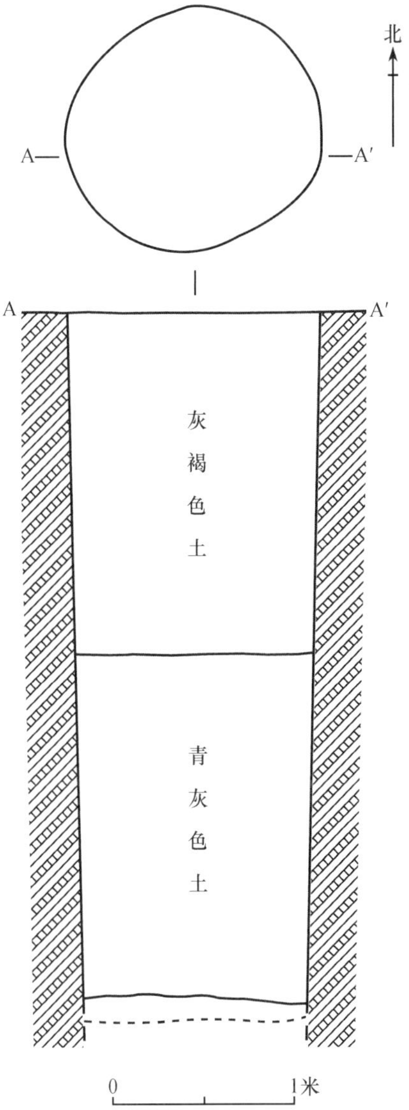


图一八七　J30平、剖面图

（1）陶鬲

1件。

J30：4，Bc型Ⅲ式。夹砂灰黄陶。轮制。口略直，折沿，沿面向外，圆唇，束颈，折肩，直弧腹下内收。沿面饰三道凹弦纹，肩饰抹平竖向绳纹。口径44、残高6厘米（图一八八，1）。

（2）陶豆盘

1件。

J30：6，A型Ⅰ式。泥质灰黄陶。豆盘轮制，慢轮修整；柄手制，柄内壁可见手制痕迹。盘径较小，浅盘，盘壁弧形接柄；细柄呈圆柱形，中空。素面。盘径10、盘深

1.2、残高6.2厘米（图一八八，2）。

（3）陶高领罐

1件。

J30：3，A型Ⅳ式。泥质黑衣灰陶。轮制。敞口，折平沿，尖圆唇，束颈。沿面和唇沿各饰一道凹弦纹，颈饰抹平绳纹。口径20、残高7.5厘米（图一八八，3）。

（4）陶盆

3件。轮制，内壁可见轮制的旋痕。折沿，束颈，溜肩，弧腹下内收。

J30：5，Ab型Ⅴ式。泥质灰陶。敞口，折弧沿，沿面向内，尖圆唇。沿面饰七道凹弦纹，肩饰一道凸棱。口径32、残高6.5厘米（图一八八，6）。

J30：2，Ba型Ⅰ式。泥质黑衣灰陶。敛口，折平沿，尖圆唇，短束颈。沿面、唇沿和肩部各饰一道凹弦纹。口径40、残高4厘米（图一八八，4）。

J30：1，Cb型Ⅶ式。泥质黑衣灰陶。敞口，折沿略外卷，沿面向外，尖圆唇。素面。口径32、残高6.5厘米（图一八八，5）。

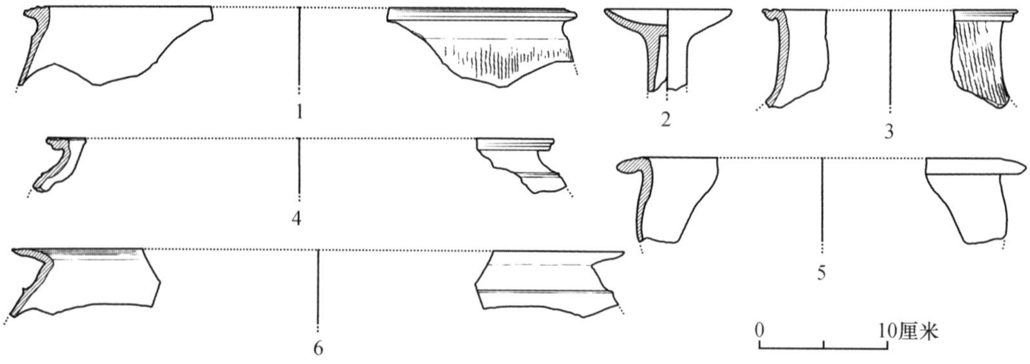


图一八八　J30出土陶器

1. Bc型Ⅲ式鬲（J30：4）　2. A型Ⅰ式豆盘（J30：6）　3. A型Ⅳ式高领罐（J30：3）　4. Ba型Ⅰ式盆（J30：2）
5. Cb型Ⅶ式盆（J30：1）　6. Ab型Ⅴ式盆（J30：5）

**18. J31**

位于TN04E02西南角、TN03E02北隔梁、TN03E01关键柱、TN04E01东隔梁，北距H5约70厘米，东距H31约60厘米。开口于第3层下，打破生土。圆形土井，井壁斜直、光滑。井口距地表深约45厘米，井口直径100厘米，底径80厘米。井内堆积分为2层：第1层，井口至井下210厘米，黄色土，质地较纯，结构较紧，黏性强；第2层，井下210～320厘米，青灰色土，质地较纯、疏松，较黏。向下清理至320厘米处因井壁崩塌、存在安全隐患而停止发掘。井内无出土遗物。

**19. J32**

位于TN02E03中部偏西，距探方西壁280厘米、南壁320厘米；西南部被H17叠压，南距H18约130厘米、距H52约175厘米，北距J28约180厘米。开口于第3层下，打破生土。圆形土井，井壁陡直、光滑，易崩塌。井口至地表深约120厘米，井口直径100厘米，井底直径85厘米，井口至井底深约500厘米。井内堆积：第1层，井口至井下50厘米为黄褐色夹红色斑点土，质纯，有黏性；第2层，井下50～290厘米，黑灰色土，质细腻有黏性；第3层，井下290～500厘米，为青灰色黏土，质纯。向下清理至500厘米处因井壁崩塌、存在安全隐患而停止发掘。井内无出土遗物。

# 第三节　第2B层下遗迹与出土遗物

第2B层下遗迹主要有灰坑5个、水井2口。

第2B层下遗迹出土遗物为东周时期遗物，其中陶器主要器形有鬲、鬲足、盂、豆、豆盘、豆座、豆柄、高领罐、盖豆、瓮、盆、瓦当等（表一四）。

**表一四　第2B层下灰坑出土陶器器类型式一览表**

| 编号 | 器类形制 |
|---|---|
| H22 | 鬲AaⅡ1、CⅠ1；盂AⅡ1、CaⅡ1；CbⅢ2；豆柄Ⅳ1；盖豆座1；长颈壶AⅢ1；瓮AbⅡ1、AbⅣ1、BⅢ1；盆CaⅢ2 |
| H23 | 盂CaⅡ1、CbⅣ1；豆盘AⅠ1；豆柄Ⅰ1；高领罐AⅥ2；盆AbⅡ1；瓦当1 |
| H36 | 豆盘AⅡ1；盆BaⅣ1、CbⅤ1 |
| H37 | 鬲BbⅠ1；盂CaⅢ1、CⅣ1；豆AaⅠ1；豆盘AⅢ1；豆座AbⅡ1 |
| H38 | 鬲BcⅤ1；鬲足AcⅢ1、BbⅡ1；盂AⅣ2、BⅣ1；豆盘CⅢ1；豆座AaⅢ1、AbⅢ1；盖豆盘1；瓮CⅢ1；盆CbⅠ1、DⅢ1 |

## 一、灰　　坑

共5个，即H22、H23、H36～H38。平面形式有不规则椭圆形和不规则圆形两种。

### （一）不规则椭圆形

2个，即H22、H23。

**1. H22**

位于TN03E03西北角，其北部进入探方北隔梁，西部进入TN03E02东隔梁，距探方南壁830厘米；南距J26约325厘米。开口于第2B层下，打破生土（无第3层）。平面呈不规则椭圆形，坑壁与坑底剖面形状构成筒形，平底，未见加工痕迹。坑口至地表深60厘米，坑口东西长185、南北宽80～110厘米，坑底长154、宽90厘米，坑底距坑口深140厘米。坑内表层填土呈灰褐色，较杂，在深120厘米处土色慢慢变黑，土质疏松。可辨有鬲、盂、豆柄、盖豆、长颈壶、瓮、盆等陶器（图一八九；图版四，2、3）。

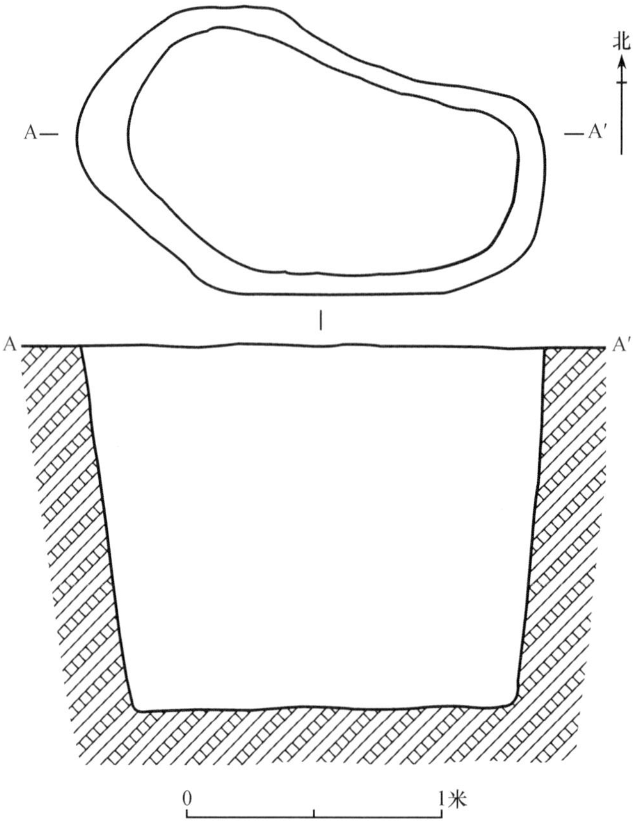


图一八九　H22平、剖面图

（1）陶鬲

2件。轮制。

H22：12，Aa型Ⅱ式。夹砂灰陶。敞口，折平沿，圆唇，束颈，溜肩，腹、底残。沿面有两道凹弦纹，肩饰竖向绳纹。口径27、残高5.4厘米（图一九〇，13）。

H22：7，C型Ⅰ式。夹砂黄灰陶。敞口，折平沿，圆唇，束颈，溜肩，腹部微鼓，腹壁向下内收。沿面有两道凹弦纹，肩及上腹部饰间断绳纹。口径25、残高7.6厘米（图一九〇，2）。

（2）陶盂

4件。泥质灰陶。轮制。

H22：4，A型Ⅱ式。敛口，折沿，沿面向内，尖圆唇，短束颈，溜肩，半圆形深腹，圜底内凹。肩、腹部饰三道凹弦纹。口径20、腹径21、底径7.6、高11.4厘米（图一九〇，8；图版六，3）。

H22：10，Ca型Ⅱ式。口略敛，折沿，沿面略向外，方唇，短束颈，溜肩，腹、底残。唇沿饰一道凹弦纹，肩饰一道凸棱。口径30、残高9.2厘米（图一九〇，5）。

H22：2，Cb型Ⅲ式。敛口，折沿，尖圆唇，短束颈，溜肩，半圆形深腹，圜底内凹。肩饰一道凹弦纹，下腹饰交错绳纹。口径31、腹径31.6、底径11、高18.4厘米（图一九〇，7；图版七，2）。

H22：3，Cb型Ⅲ式。敛口，折沿，沿面向外斜，尖圆唇，短束颈，溜肩，半圆形深腹，圜底内凹。肩饰一道凹弦纹，下腹饰交错绳纹。口径21、腹径21.4、底径5、高13厘米（图一九〇，12；图版七，3）。

（3）陶豆柄

1件。

H22：14，Ⅳ式。泥质灰陶。手制，柄内、外壁可见手制痕迹。盘壁弧形接柄；细柄稍高，呈圆柱形，中空。素面。柄径3.2、残高12.4厘米（图一九〇，10）。

（4）陶盖豆

1件。

H22：5，豆座。泥质灰陶。慢轮修整。柄粗短，座呈喇叭状，座面不隆起。素面。底径15.5、残高10厘米（图一九〇，9）。

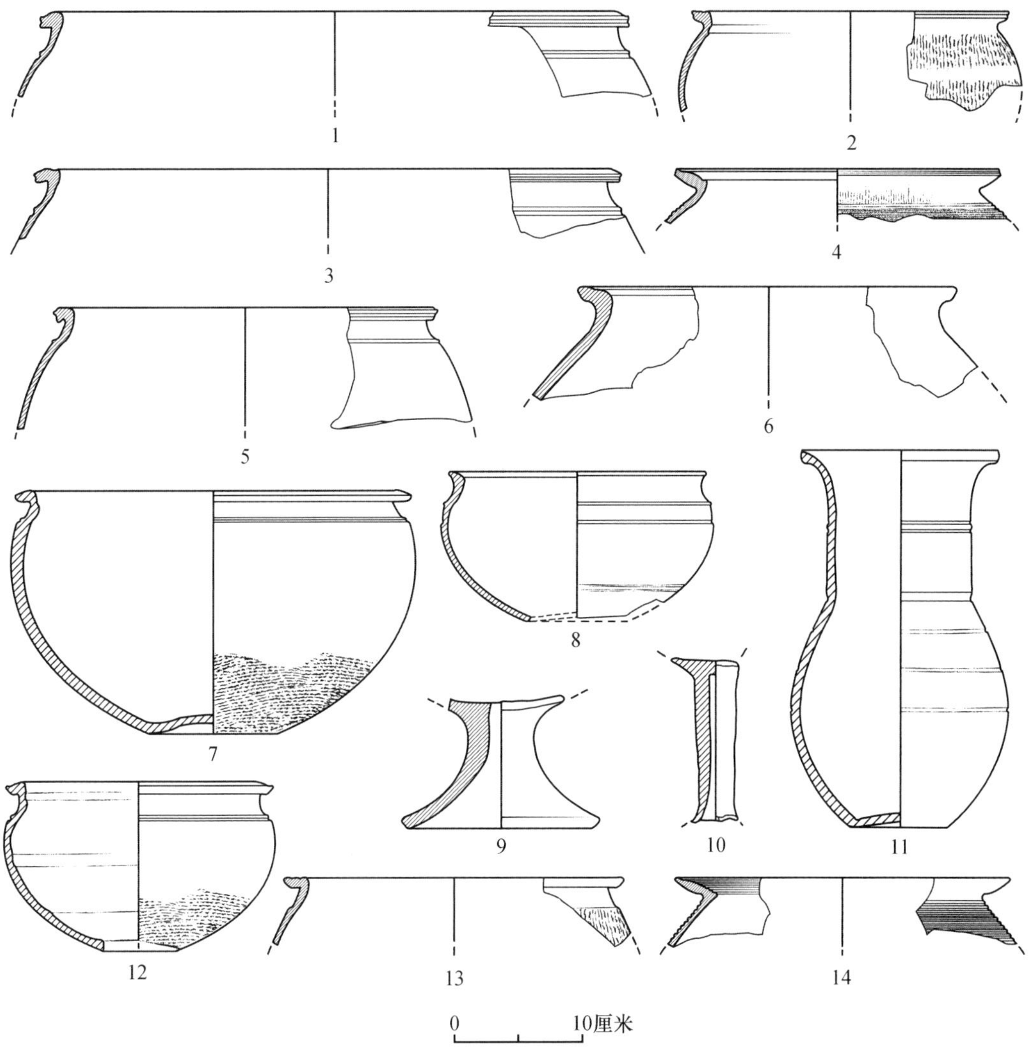


图一九〇　H22出土陶器

1、3. Ca型Ⅲ式盆（H22：9、H22：13）　2. C型Ⅰ式鬲（H22：7）　4. Ab型Ⅱ式瓮（H22：6）　5. Ca型Ⅱ式盂（H22：10）　6. B型Ⅲ式瓮（H22：11）　7、12. Cb型Ⅲ式盂（H22：2、H22：3）　8. A型Ⅱ式盂（H22：4）　9. 盖豆（H22：5）　10. Ⅳ式豆柄（H22：14）　11. A型Ⅲ式长颈壶（H22：1）　13. Aa型Ⅱ式鬲（H22：12）　14. Ab型Ⅳ式瓮（H22：8）

（5）陶长颈壶

1件。

H22：1，A型Ⅲ式。泥质灰陶。轮制，内、外有手工痕迹。敞口外侈，方唇，厚唇沿，长颈，溜肩，椭圆形腹，底内凹。腹饰六道凹弦纹。口径15.8、腹径17.2、底径7.4、高28.8厘米（图一九○，11；图版一九，4）。

（6）陶瓮

3件。轮制。

H22：6，Ab型Ⅱ式。泥质灰陶。敛口，折沿，沿面略向内，方唇，束颈，溜肩，腹和底残。沿面饰一道凹弦纹，肩腹部饰数道凹弦纹和绳纹。口径26、残高4.4厘米（图一九○，4）。

H22：8，Ab型Ⅳ式。泥质灰黄陶。敛口，折沿，沿面略向内，尖唇，束颈，溜肩，腹和底残。沿面饰十一道、肩部饰数道凹弦纹。口径27、残高5厘米（图一九○，14）。

H22：11，B型Ⅲ式。泥质黑皮灰黄陶，火候较低。折沿略侈，沿面略向内，圆唇，束颈，溜肩，腹和底残。素面。口径30、残高8.5厘米（图一九○，6）。

（7）陶盆

2件。泥质灰陶。轮制。

H22：9，Ca型Ⅲ式。口略敛，折沿，沿面略向外，方唇，短束颈，溜肩，腹、底残。沿面、唇沿各饰一道凹弦纹，肩饰一道凸棱。口径46、残高6.5厘米（图一九○，1）。

H22：13，Ca型Ⅲ式。口略敛，折沿，沿面略向外，方唇，短束颈，溜肩，腹、底残。唇沿饰一道凹弦纹，肩饰一道凸棱。口径46、残高5.3厘米（图一九○，3）。

**2. H23**

位于TN03E03南部，向南进入TN02E03北隔梁，距探方西壁100厘米；北距J2约10厘米，东北距H44约80厘米。开口于第2B层下，西部打破H38，打破第3层和生土。平面呈不规则椭圆形，坑壁与底构成弧形，底高低不平，未见加工痕迹。坑口至地表深50厘米，坑口南北长355、东西宽292厘米，坑底距坑口深66厘米。坑内堆积仅为一层，填土灰褐色，较疏松，有黏性。可辨有盂、豆盘、豆柄、高领罐、盆、瓦当等陶器（图一九一）。

（1）陶盂

2件。轮制。

H23：1，Ca型Ⅱ式。泥质黑衣灰黄陶。口微敞，折沿，沿面略向外，圆唇，短束颈，溜肩，圆弧腹下收。沿面和肩部各饰一道凹弦纹。口径32、残高5.6厘米（图一九二，1）。

H23：2，Cb型Ⅳ式。泥质黑衣灰陶。敞口，折沿，沿面向外，尖圆唇，短束颈，溜肩，弧腹下收。沿面、唇沿和肩部各饰一道凹弦纹。口径30、残高5厘米（图一九二，2）。

（2）陶豆盘

1件。

H23：7，A型Ⅰ式。泥质褐黄陶。豆盘慢轮修整。盘径较小，浅盘，盘壁弧形接柄。素面。盘径12、残高2.8厘米（图一九二，8）。

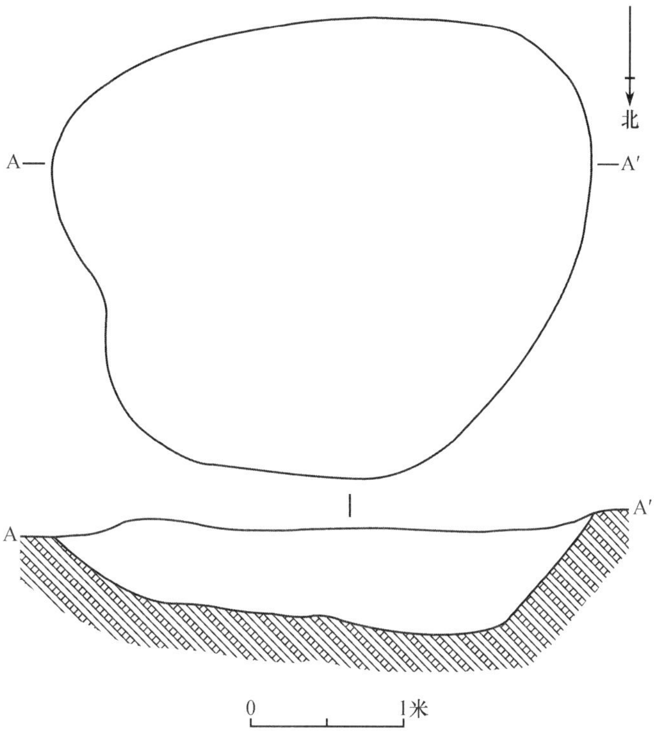


图一九一　H23平、剖面图

（3）陶豆柄

1件。

H23：8，Ⅰ式。泥质灰黄陶。柄手制，柄内壁可见手制痕迹。盘壁弧形接柄，柄稍粗、呈圆柱形、中空。素面。柄径3、残高6厘米（图一九二，7）。

（4）陶高领罐

2件。泥质灰陶。轮制，内、外可见轮制的旋痕。

H23：4，A型Ⅵ式。敞口，折沿，方唇，颈略束。素面。口径18、残高8厘米（图一九二，6）。

H23：5，A型Ⅵ式。敞口，折沿，方唇，颈略束，溜肩，弧腹。沿面和唇沿各饰一道凹弦纹，颈部饰抹平绳纹，肩腹部饰绳纹。口径19、残高7.1厘米（图一九二，3）。

（5）陶盆

1件。

H23：3，Ab型Ⅱ式。夹砂灰陶。轮制。敛口，折沿，沿面略向内，尖唇，束颈，溜肩，弧腹下收。沿面饰两道、肩及上腹饰十二道凹弦纹，下腹饰绳纹。口径39、残高9.5厘米（图一九二，4）。

（6）陶瓦当

1件。

H23：6，泥质灰陶。手制，有明显的手制痕迹，制作较粗糙。当呈圆形。当径11、残长1.6厘米（图一九二，5）。

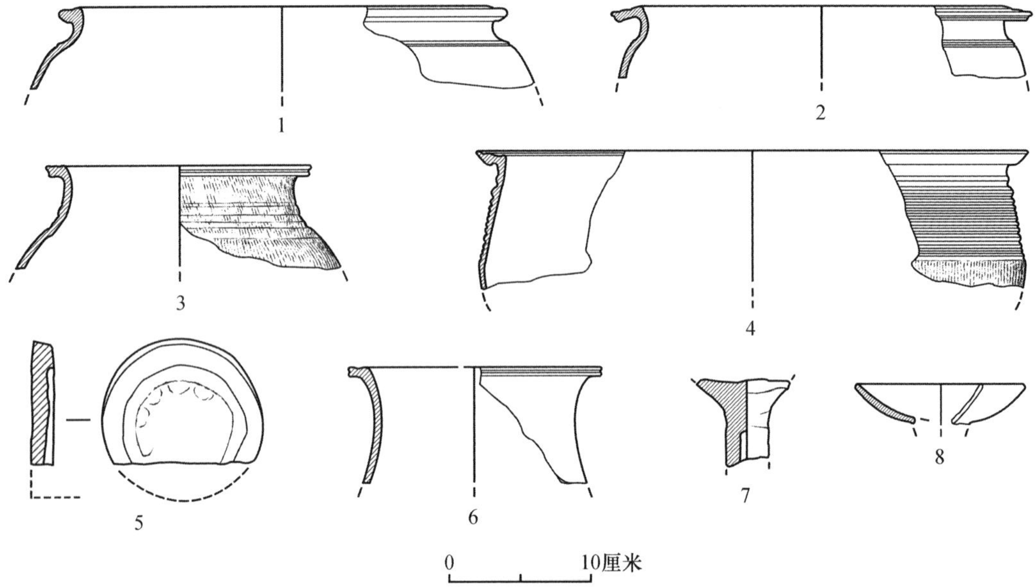


图一九二　H23出土陶器

1. Ca型Ⅱ式盂（H23：1）　2. Cb型Ⅳ式盂（H23：2）　3、6. A型Ⅵ式高领罐（H23：5、H23：4）
4. Ab型Ⅱ式盆（H23：3）　5. 瓦当（H23：6）　7. Ⅰ式豆柄（H23：8）　8. A型Ⅰ式豆盘（H23：7）

## （二）不规则圆形

3个，即H36～H38。

### 1. H36

位于TN04E02中部，距探方西壁365厘米、南壁340厘米；西距H40约80厘米。开口于第2B层下，南部打破H56，打破第3层和生土。平面呈不规则圆形，坑壁与坑底构成弧形，剖面呈弧状，平底，未见加工痕迹。坑口距地表深75厘米，口径160厘米，底径142厘米，坑口距坑底深40厘米。坑内堆积仅为一层，填土灰褐色略带黄色，较松软，有黏性。可辨有陶豆盘、陶盆、动物骨骼等遗物（图一九三）。

（1）陶豆盘

1件。

H36：3，A型Ⅱ式。泥质灰陶。豆盘慢轮修整；柄手制，柄内壁可见手制痕迹。浅盘，盘壁弧形接柄，细柄。素面。盘径12.8、盘深2.3、残高7.4厘米（图一九四，2）。

（2）陶盆

2件。轮制。

H36：2，Ba型Ⅳ式。泥质黑皮灰黄陶。敛口，折平沿，圆唇，短束颈，溜肩，弧腹下收。肩饰一道凹弦纹。口径40、残高7厘米（图一九四，1）。

H36：1，Cb型Ⅴ式。泥质灰黄陶。口略直，折沿，沿面略向外，方圆唇，短束颈，溜肩，弧腹下收。沿面、唇沿、肩部各饰一道凹弦纹。口径40、残高8厘米（图一九四，3）。

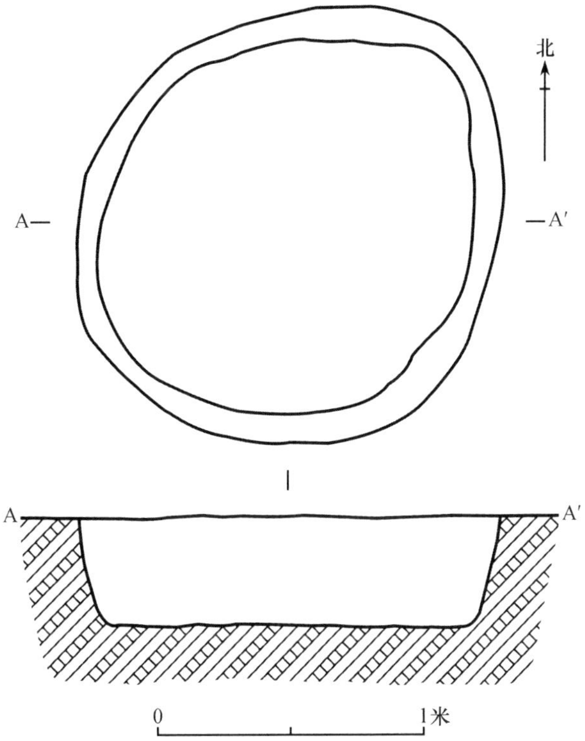


图一九三　H36平、剖面图

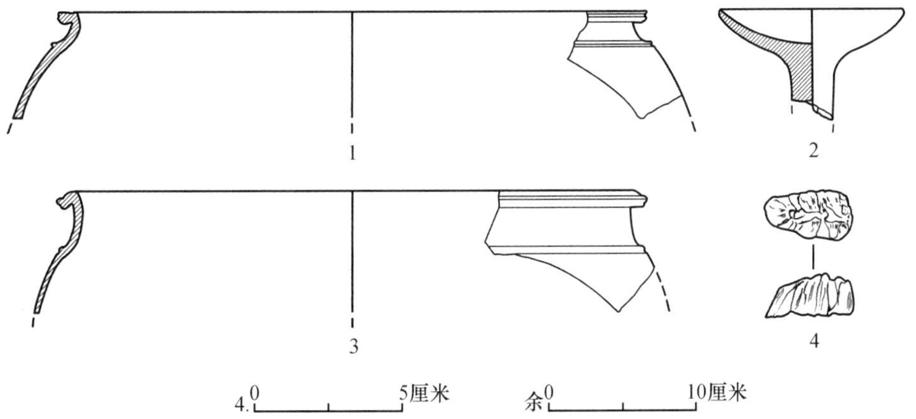


图一九四　H36出土遗物

1. Ba型Ⅳ式陶盆（H36∶2）　2. A型Ⅱ式陶豆盘（H36∶3）　3. Cb型Ⅴ式陶盆（H36∶1）　4. 动物骨骼（H36∶4）

（3）动物骨骼

1件。

H36∶4，长6、宽3.4、高1.4厘米（图一九四，4）。

**2. H37**

位于TN04E02西北部，距探方西壁30厘米、南壁600厘米；南距H40约95厘米。开口于第2B层下，打破第3层和生土。平面呈不规则椭圆形，坑壁与坑底构成弧形，剖面呈弧状，平底，未见加工痕迹。坑口距地表深75厘米，坑口东西长248、南北宽220厘米，坑底东西长193、南北宽176厘米，坑口距坑底深45厘米。坑内堆积仅为一层，填土灰褐色略带黄色，较松软，有黏性。可辨有鬲、盂、豆、豆盘、豆座等陶器（图一九五）。

（1）陶鬲

1件。

H37：4，Bb型Ⅰ式。泥质灰陶。轮制。敛口，折沿，沿面向内，尖圆唇，束颈，直弧腹下收。沿面饰九道凹弦纹，肩腹部饰纵向绳纹。口径50、残高7.6厘米（图一九六，1）。

（2）陶盂

2件。泥质黑衣灰陶。轮制。

H37：3，Ca型Ⅲ式。敞口，折沿，沿面略向外，方唇，短束颈，溜肩，弧腹。沿面、唇沿及肩各饰一道凹弦纹。口径40、残高5厘米（图一九六，2）。

H37：2，Cb型Ⅳ式。敞口，折沿，沿面向外，尖圆唇，短束颈，溜肩，上腹圆鼓，下腹弧内收，底残。沿面、肩各饰一道凹弦纹。口径36、腹径32.2、高15厘米（图一九六，3；图版六，6）。

（3）陶豆

1件。

H37：1，Aa型Ⅰ式。泥质灰黄陶。豆盘、豆座轮制，慢轮修整；柄手制，柄内壁可见手制痕迹。盘径较小，盘稍浅，盘壁弧形接柄，细柄稍高，喇叭形豆座，座面不隆起。素面。盘径13、盘深2.4、座径7.4、高13.8厘米（图一九六，6；图版八，2）。

（4）陶豆盘

1件。

H37：6，A型Ⅲ式。泥质灰黄陶。豆盘轮制，慢轮修整；柄手制，柄内壁可见手制痕迹。盘径较小，盘稍深，盘壁弧形接柄，细柄。素面。盘径12、盘深2.2、残高7厘米（图一九六，5）。

（5）陶豆座

1件。

H37：5，Ab型Ⅱ式。泥质灰黄陶。豆座轮制，慢轮修整；柄手制，柄内壁可见手制痕迹。盘壁弧形接柄，细柄稍高，喇叭形豆座，座面隆起。素面。底径7.4、残高13.2厘米（图一九六，4）。

**3. H38**

位于TN03E03西南角，东北部被H23打破，距探方西壁40厘米、南壁35厘米；北距J26约180厘米。开口于第2B层下，打破第3层和生土。平面呈不规则圆形，坑壁与坑底剖面呈筒状，平底，未见加工痕迹。坑口至地表深60 厘米，口径约160厘米，底径约115厘米，坑底距坑口深160厘米。坑内堆积分为2层：第1层，坑口至坑下60厘米，填土黄灰褐色，较疏松，有黏性，出土盂、鬲口沿、鬲足、豆盘、豆柄等陶片；第2层，坑下60厘米至坑底，填土黄色，较纯，有黏性。可辨有鬲、盂、豆盘、豆座、盖豆、瓮、盆等陶器（图一九七；图版四，4）。

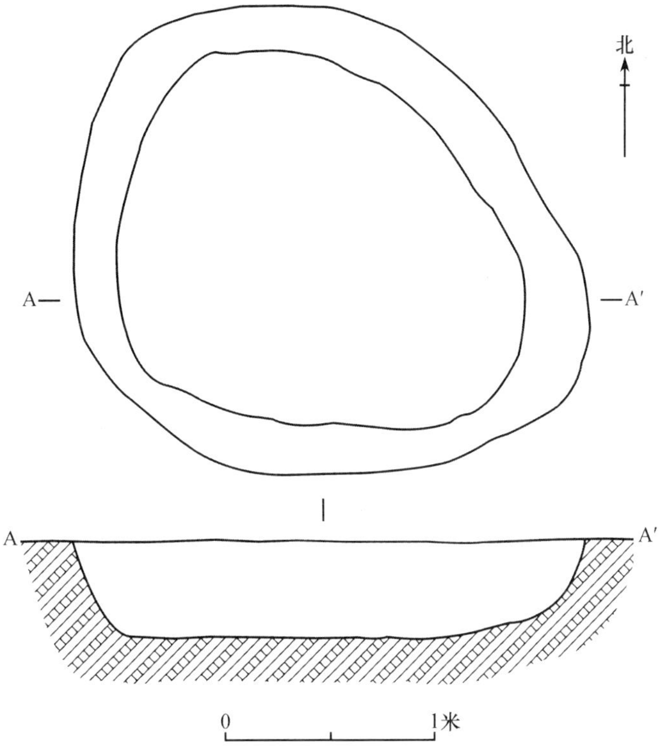


图一九五　H37平、剖面图

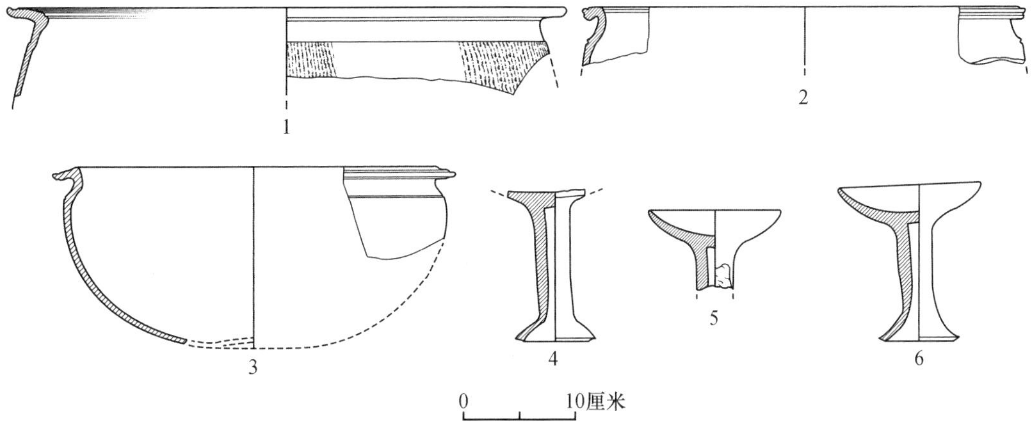


图一九六　H37出土陶器

1. Bb型Ⅰ式鬲（H37：4）　2. Ca型Ⅲ式盂（H37：3）　3. Cb型Ⅳ式盂（H37：2）　4. Ab型Ⅱ式豆座（H37：5）　5. A型Ⅲ式豆盘（H37：6）　6. Aa型Ⅰ式豆（H37：1）

（1）陶鬲

1件。

H38：3，Bc型Ⅴ式。夹砂黑皮褐黄陶。轮制。直口，折沿，沿面略向外，斜方唇，束颈，溜肩，弧腹壁，下腹及足残。沿面饰四道凹弦纹，肩、上腹部饰纵向绳纹。口径40、残高9厘米（图一九八，1）。

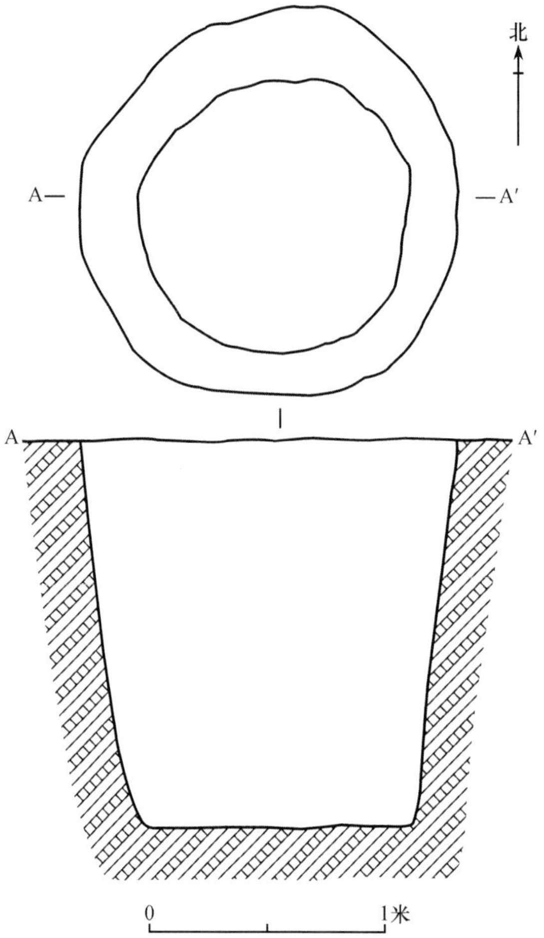


图一九七　H38平、剖面图

（2）陶鬲足

2件。夹砂灰陶。手制。

H38：5，Ac型Ⅲ式。足窝稍深，柱状足上粗下细。通体饰绳纹。残高7.8厘米（图一九八，5）。

H38：7，Bb型Ⅱ式。浅足窝，蹄状柱足。素面。残高7.8厘米（图一九八，6）。

（3）陶盂

3件。轮制。

H38：1，A型Ⅳ式。泥质灰陶。敛口，折沿，沿面向内，尖圆唇，短束颈，溜肩，上腹圆，下腹弧内收，腹较浅，圜底略内凹。肩饰一道凹弦纹。口径19、腹径19.8、底径4、高8厘米（图一九八，9；图版六，5）。

H38：12，A型Ⅳ式。泥质褐黄陶。敛口，折沿，沿面向内，圆唇，短束颈，溜肩。肩饰一道凹弦纹。口径20、残高3.4厘米（图一九八，4）。

H38：2，B型Ⅳ式。泥质灰陶。口略敞，折平沿，尖圆唇，短束颈，溜肩，上腹圆，下腹弧内收，底残。素面。口径26、残高7.6厘米（图一九八，2）。

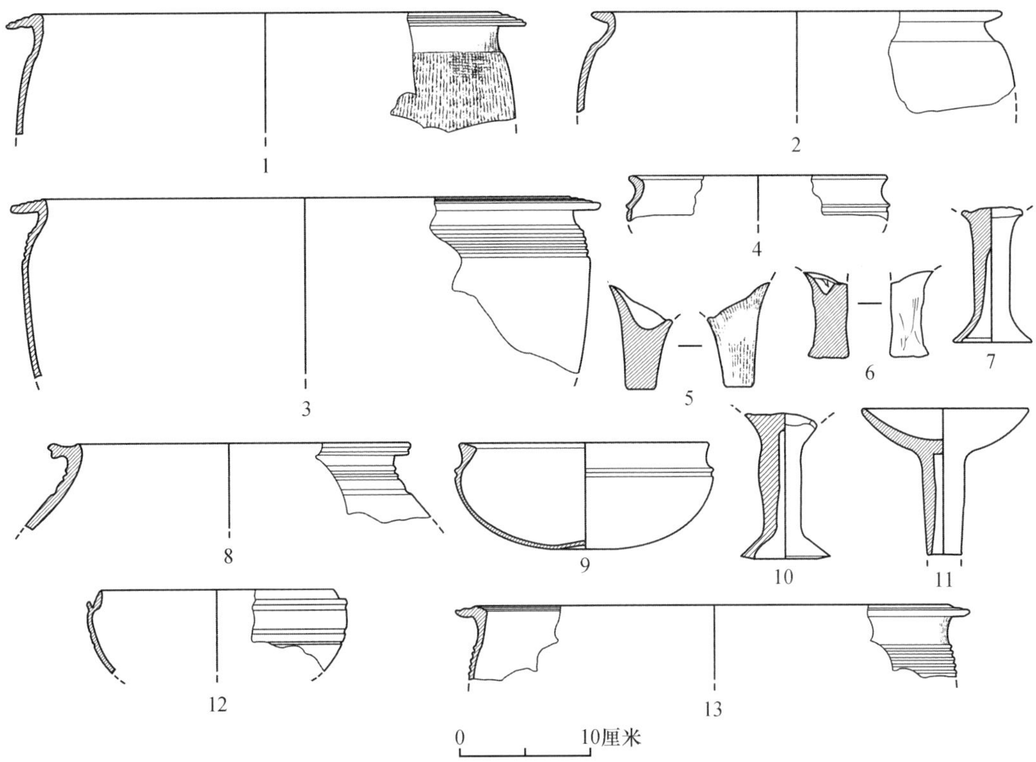


图一九八 H38出土陶器

1. Bc型Ⅴ式鬲（H38：3） 2. B型Ⅳ式盂（H38：2） 3. Cb型Ⅰ式盆（H38：9） 4、9. A型Ⅳ式盂（H38：12、H38：1） 5. Ac型Ⅲ式鬲足（H38：5） 6. Bb型Ⅱ式鬲足（H38：7） 7. Aa型Ⅲ式豆座（H38：13） 8. C型Ⅲ式瓮（H38：11） 10. Ab型Ⅲ式豆座（H38：6） 11. C型Ⅲ式豆盘（H38：10） 12. 盖豆（H38：8） 13. D型Ⅲ式盆（H38：4）

（4）陶豆盘

1件。

H38：10，C型Ⅲ式。泥质灰陶。慢轮修整，柄手制，柄内壁可见手制痕迹。盘径较小，浅盘，盘壁弧形接柄，细柄稍高。素面。口径13、盘深2.4、残高11厘米（图一九八，11）。

（5）陶豆座

2件。豆座慢轮修整，柄手制，柄内壁可见手制痕迹。

H38：13，Aa型Ⅲ式。泥质灰陶。细柄稍高，呈圆柱形，中空；喇叭形豆座，座面不隆起。素面。座径6、残高10.2厘米（图一九八，7）。

H38：6，Ab型Ⅲ式。泥质灰陶。盘壁弧形接柄，细柄稍高，喇叭形豆座，座面隆起。素面。座径7、残高11厘米（图一九八，10）。

（6）陶盖豆

1件。

H38：8，豆盘残片。泥质外褐内灰陶。轮制，慢轮修整。子口承盖，弧腹内收，腹稍深。肩饰一道、腹饰两道凹弦纹。口径18、腹径20、残高6.2厘米（图一九八，12）。

（7）陶瓮

1件。

H38：11，C型Ⅲ式。泥质灰黄陶。轮制。敛口，折平沿，沿面下凹，方唇，短束颈，溜肩，腹和底残缺。唇沿饰一道、颈肩部饰三道凹弦纹。口径28、残高6.4厘米（图一九八，8）。

（8）陶盆

2件。泥质灰陶。轮制。

H38：9，Cb型Ⅰ式。口略敛，折沿，沿面略向外，尖圆唇，溜肩，直弧壁下收。沿面饰五道、肩饰四道凹弦纹。口径45.4、残高13.4厘米（图一九八，3）。

H38：4，D型Ⅲ式。口略敛，折沿，沿面略向外，圆唇，溜肩，弧壁下收。沿面饰四道凹弦纹，肩部饰凹弦纹。口径40、残高5.6厘米（图一九八，13）。

## 二、水　井

共2口，即J2、J7。为圆形土井，在发掘过程中因井壁陡直、易崩塌、存在安全隐患而未清理完毕（表一五）。

**表一五　第2B层下水井出土陶器器类型式一览表**

| 编号 | 器类形制 |
|---|---|
| J2 | 豆盘AⅡ1；豆柄Ⅳ1 |
| J7 | 鬲足AcⅠ1；盂BⅡ1 |

### 1. J2

位于TN03E03西南部，距探方西壁205厘米、南壁210厘米；南距H23约10厘米，西北距J26约180厘米，东距H44约140厘米，东北距J19约190厘米。开口于第2B层下，打破第3层和生土。平面呈圆形，井壁斜直、光滑，未见加工痕迹。井口距地表深40厘米，井口直径140厘米，井底直径126厘米。井内堆积只有一层，为黄色土层，较黏。向下清理至480厘米处因井壁开裂，考虑到安全原因停止发掘。出土有豆盘和豆柄等陶器（图一九九）。

（1）陶豆盘

1件。

J2：2，A型Ⅱ式。泥质褐红陶。豆盘慢轮修整。盘径较小，浅盘，盘壁弧形接柄。素面。盘径12、盘深1.5、残高2.2厘米（图二〇一，3）。

（2）陶豆柄

1件。

J2：1，Ⅳ式。泥质黑衣灰黄陶。手制，柄内、外壁可见手制痕迹，制作粗糙。盘壁弧形接柄；细高柄呈圆柱形，中空。素面。柄径3.2、残高14.8厘米（图二〇一，2）。

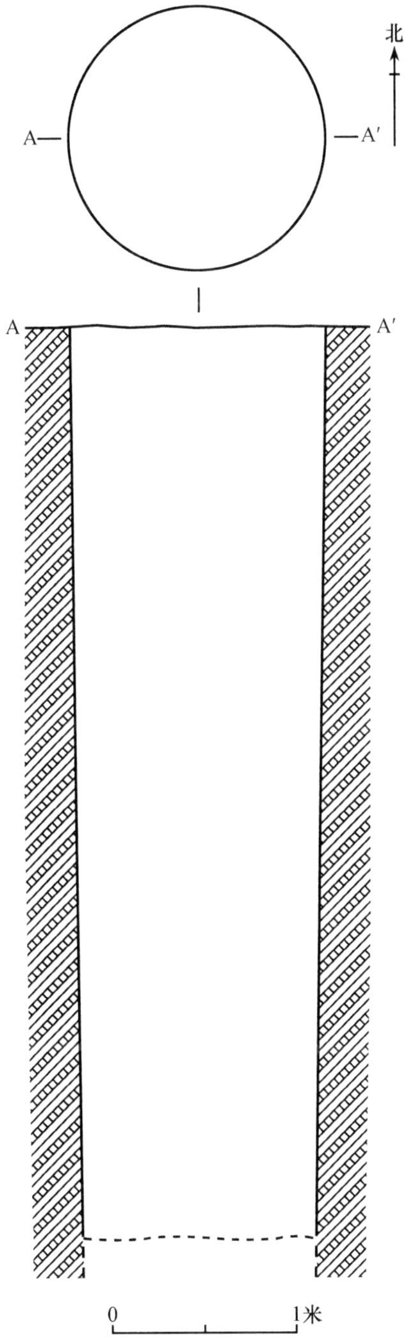


图一九九　J2平、剖面图

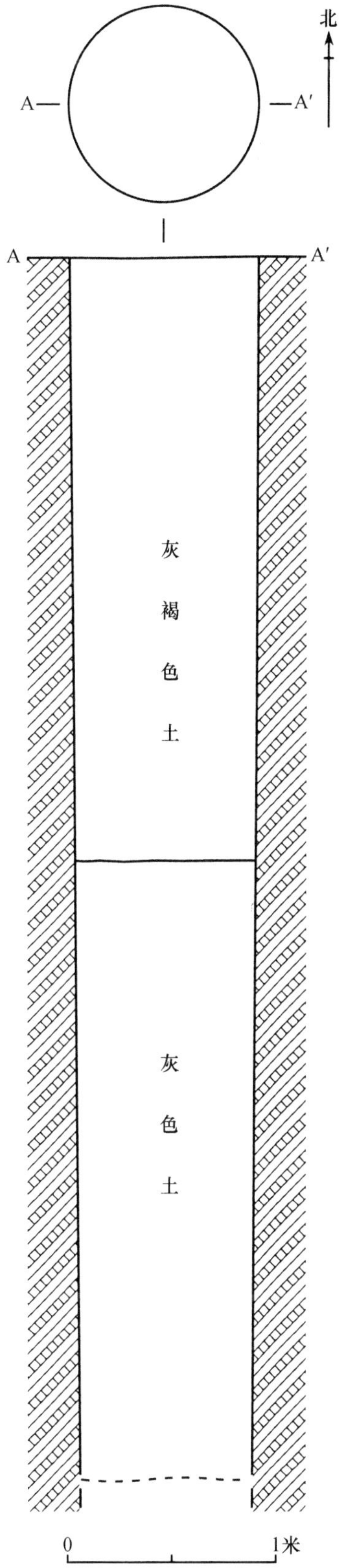


图二〇〇　J7平、剖面图

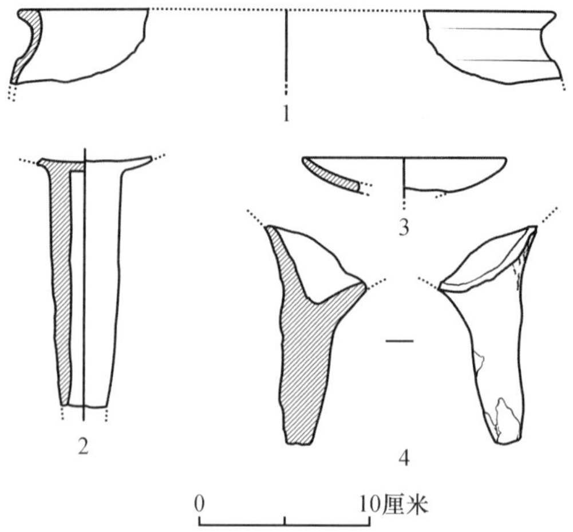


图二〇一　J2、J7出土陶器
1. B型Ⅱ式盂（J7：2）　2. Ⅳ式豆柄（J2：1）
3. A型Ⅱ式豆盘（J2：2）　4. Ac型Ⅰ式鬲足（J7：1）

**2. J7**

位于TN03E02东部，距西壁690厘米，距南壁375厘米；东距J26约150厘米，南距H55约265厘米，西距H29约4厘米。开口于第2B层下，打破第3层和生土。平面呈圆形，井壁陡直、光滑。井口距地表深60厘米，井口直径90厘米，井底直径82厘米。井内堆积分为2层：第1层，井口至井下278厘米，填土灰褐色夹杂有少量草木灰，土质较软；第2层，井下278～560厘米，为灰色土，质地较纯，疏松，很黏。向下清理至560厘米因井壁易崩塌、存在安全隐患而未清理到底。出土有鬲足和盂等陶器（图二〇〇）。

（1）陶鬲足

1件。

J7：1，Ac型Ⅰ式。夹砂褐红陶。手制。浅足窝，截锥状足。饰绳纹。残高12.4厘米（图二〇一，4）。

（2）陶盂

1件。

J7：2，B型Ⅱ式。泥质灰陶。轮制。敞口，折平沿，圆唇，短束颈，溜肩，弧腹下收。素面。口径32、高4.2厘米（图二〇一，1）。

# 第四节　第2层下遗迹与出土遗物

第2层下遗迹主要有灰沟4条、灰坑29个、水井5口。

第2层下遗迹出土遗物为东周时期，其中陶器主要器形有鬲、鬲足、盂、豆盘、豆柄、豆座、高领罐、盆、瓮、盖豆、印纹硬陶罐、瓦当等。

# 一、灰 沟

共4条，即G1～G4。平面形状有不规则长条形和不规则长方形两种。

## （一）不规则长条形

3条，即G1、G2、G4。

**1. G1**

位于TN02E01东北部和TN02E02西北部，南距H11约156厘米，西距G2约45厘米。开口于第2层下，打破G7和第3层。平面呈不规则长条形，沟壁斜直，沟底较平，未见加工痕迹。沟口至地表深31厘米，沟口东西长642、南北宽135厘米，沟口至沟底深22～35厘米。沟内填土为灰褐色黏性土，略发黄褐色，带锈色斑点，较疏松。未见出土遗物（图二〇二）。

**2. G2**

位于TN02E01北部和TN03E01南部，东距G1约45厘米，西距G3约20厘米。开口于第2层下，北部被H12打破，打破生土。平面呈不规则长条形，剖面呈梯形，沟壁陡直、凸凹不平，沟底较平，未见加工痕迹。沟口距地表深35厘米，沟口南北残长680、东西宽90厘米，沟口至沟底深40厘米。沟内填土为灰褐色黏性土，略发黄，带褐色锈斑点，较疏松。未见出土遗物（图二〇三）。

**3. G4**

位于TN03E01西北部，距探方西壁50厘米、南壁480厘米，其北端进入探方北隔梁；东距H53约30厘米，南距J23约170厘米，东南距H50约60厘米。开口于第2层下，打破第3层和生土。平面呈圆角长方形，沟壁与沟底构成弧形，平底，未见加工痕迹。沟口距地表深30厘米，沟口南北长494、东西宽85厘米，底长400、宽70厘米，沟口至沟底深30厘米。沟内填土呈灰褐色，土质较软，有黏性。未见出土遗物（图二〇四）。

## （二）不规则长方形

1条，即G3。

位于TN02E01北部，东距G2约20厘米，西距H4约35厘米；南部打破J5和第3层。平面呈不规则长条方形，沟壁斜直，沟底较平，未见加工痕迹。沟口至地表深32厘米，沟口南北最长

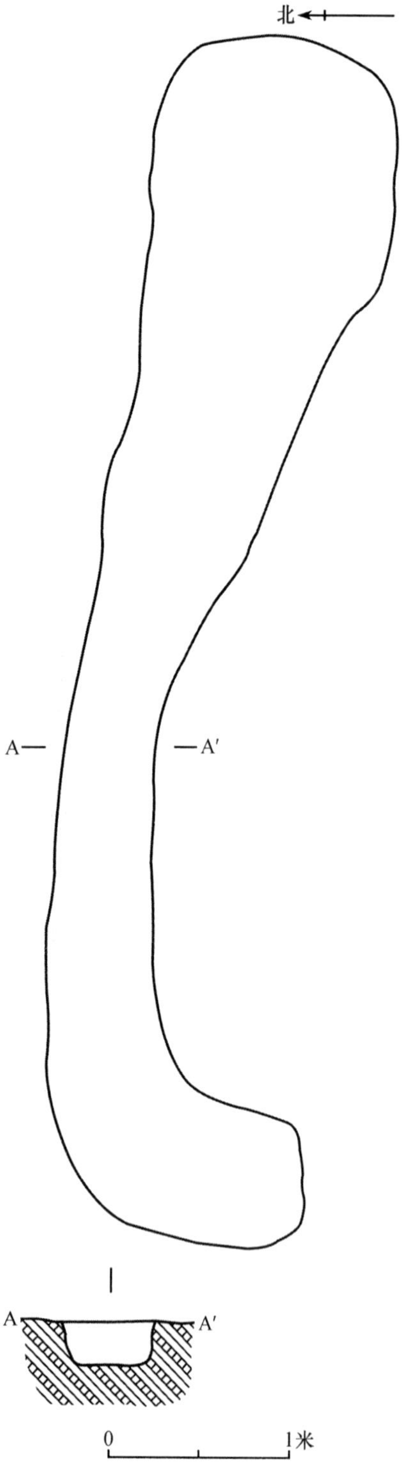


图二〇二　G1平、剖面图

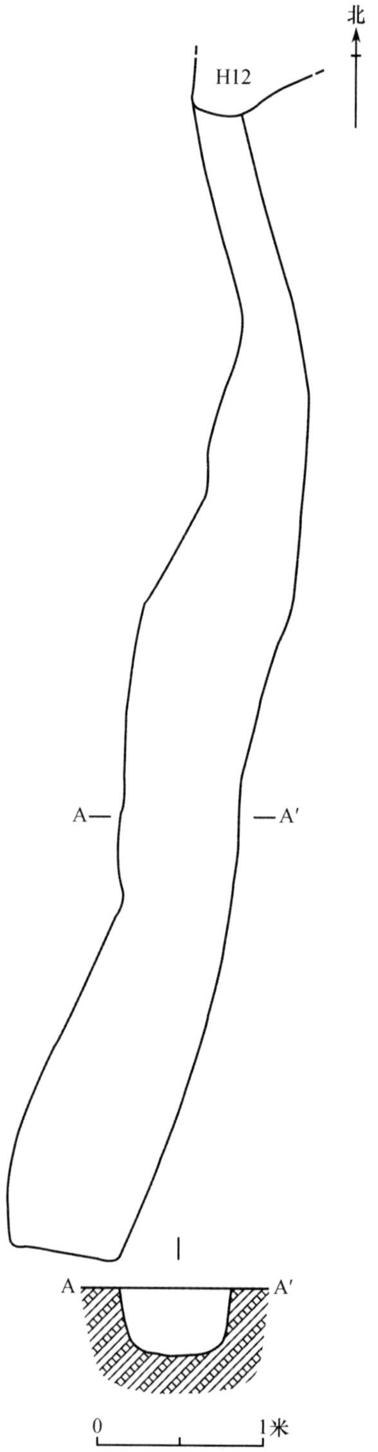


图二〇三　G2平、剖面图

336、东西最宽145厘米，沟口至沟底深30厘米。沟内填土为灰褐色黏性土，略发黄，含有较多锈斑，较疏松。未见出土遗物（图二〇五）。

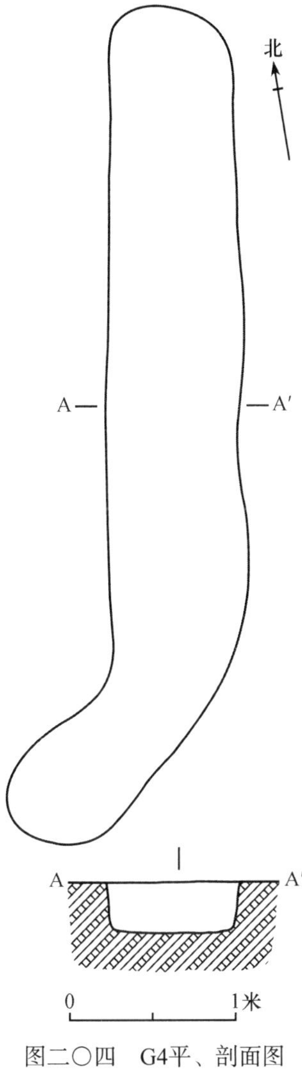

图二〇四　G4平、剖面图

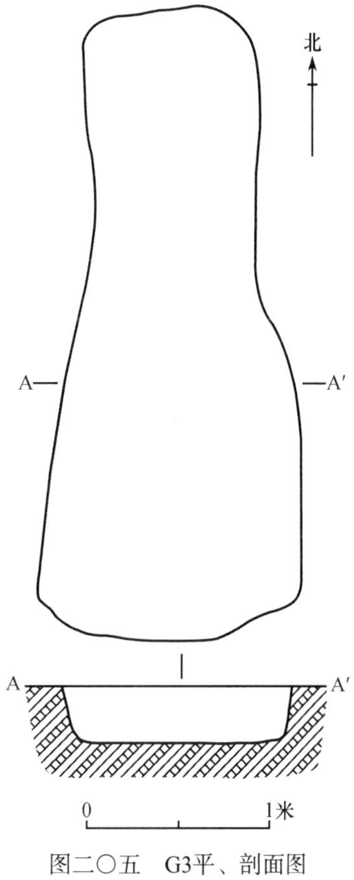

图二〇五　G3平、剖面图

## 二、灰　坑

共29个，即H1～H21、H24、H27～H29、H31～H34。平面形式有不规则长方形、不规则圆形、不规则椭圆形及不规则形四种。其中H1～H7、H11、H12、H32、H34未见出土遗物。

### （一）不规则长方形

计有H1、H2、H5、H8、H13、H16、H19、H29、H31共9个，其中H1、H2、H5未见出土遗物。

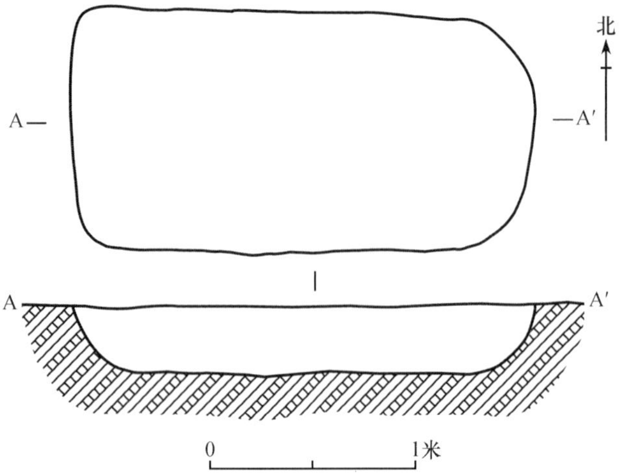

图二〇六　H1平、剖面图

**1. H1**

位于TN02E02北部，北距H2约5厘米，西距G1约50厘米，西北距H24约96厘米，东南距H3约328厘米。开口于第2层下，打破第3层和生土。平面呈不规则圆角长方形，坑壁斜弧、凸凹不平，坑底为平底，未见加工痕迹。坑口至地表深约36厘米，坑口东西最长227、南北最宽115厘米，坑口至坑底深约32厘米。坑内填土为灰褐色，含有较多的锈斑，土质疏松，较软，很纯。无出土遗物（图二〇六）。

**2. H2**

位于TN02E02北部，南距H1约5厘米，西距H24约135厘米，西南距G1约163厘米，东南距H3约422厘米。开口于第2层下，打破第3层和J1。平面呈不规则长方形，坑壁斜弧，坑底凸凹不平，未见加工痕迹。坑口至地表深约34厘米，坑口南北最长178、东西最宽92厘米，坑口至坑底约30厘米。坑内填土为灰褐色，含有较多的铁锈痕迹，土质疏松，质软，较纯。无出土遗物（图二〇七）。

**3. H5**

位于TN04E01东南角、东隔梁和TN03E01北隔梁，南距H25约5厘米。开口于第2层下，打破第3层、H26及生土。平面呈不规则长方形，坑壁与坑底构成弧形，平底，未见加工痕迹。坑口距地表深25厘米，坑口南北长398、东西宽202厘米，坑底南北长348、东西宽188厘米，坑底距坑口深24厘米。坑内堆积仅为一层，填土褐灰色，较松软，有黏性。无出土遗物（图二〇八）。

**4. H8**

位于TN03E04北部，其北部穿过北隔梁进入TN04E04中，距探方西壁520厘米；南距H9约40厘米

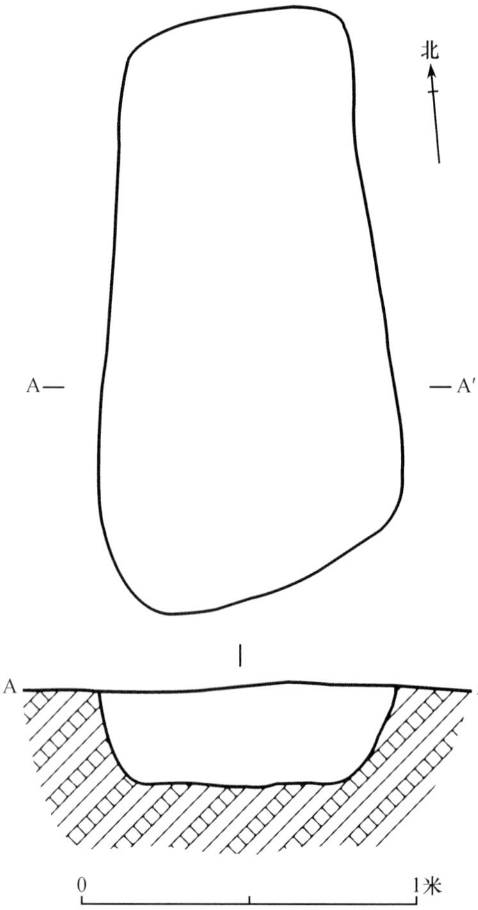

图二〇七　H2平、剖面图

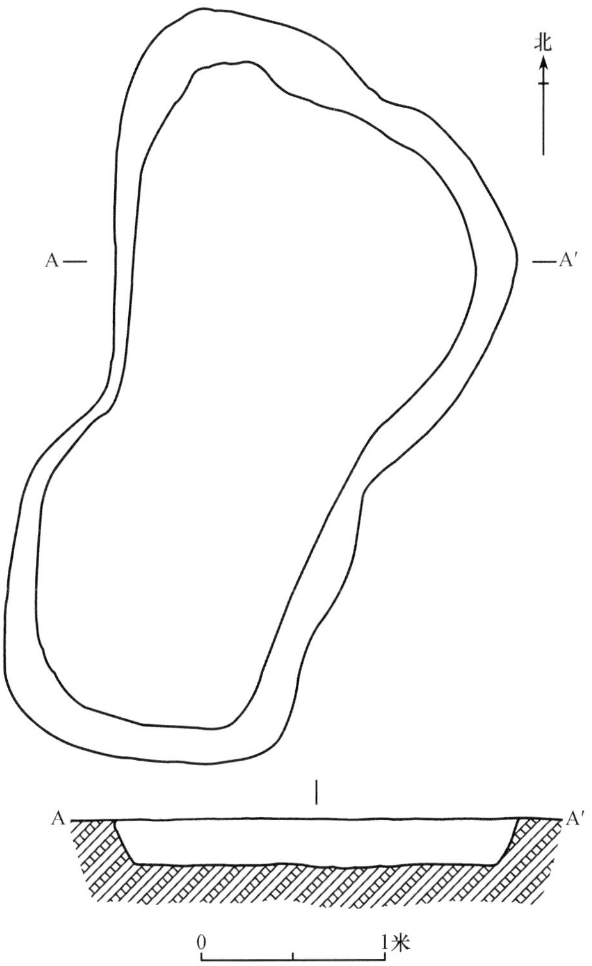


图二〇八　H5平、剖面图

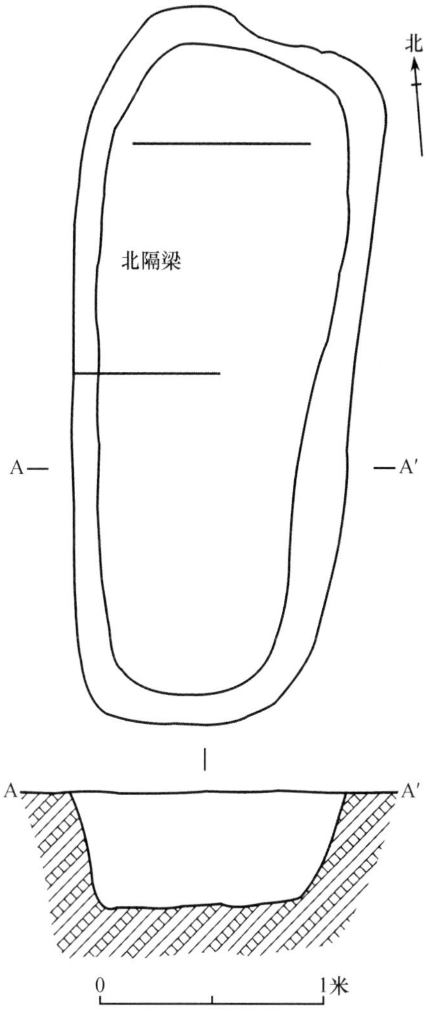


图二〇九　H8平、剖面图

米，西距H13约20厘米。开口于第2层下，打破第3层和生土。平面呈不规则的圆角长方形，剖面呈筒状，平底，未见加工痕迹。坑口至地表深28厘米，坑口南北长310、东西宽132厘米，坑底南北长280、东西宽108厘米，坑底距坑口深50厘米。坑内填土呈褐灰色，较松软，有黏性。可辨有鬲、盂、豆盘、盖豆、高领罐、盆、板瓦等陶器（图二〇九；图版四，1）。

（1）陶鬲

1件。

H8：4，Bb型Ⅱ式。夹砂灰陶。轮制。口略敛，折沿，沿面略向内，圆唇，颈略束。腹饰竖向绳纹。口径40、残高7.5厘米（图二一〇，5）。

（2）陶盂

2件。泥质灰黄陶。轮制。

H8：13，A型Ⅳ式。敛口，折沿，沿面向内，尖圆唇，短束颈，溜肩。肩饰一道凹弦纹。口径20、残高3厘米（图二一〇，11）。

H8：11，Ca型Ⅱ式。口微敞，折沿，沿面向外，方唇，短束颈，溜肩，圆弧腹下收。沿面、唇沿和肩部各饰一道凹弦纹。口径42、残高6厘米（图二一〇，1）。

（3）陶豆盘

1件。

H8：7，B型Ⅲ式。泥质褐黄陶。豆盘慢轮修整。盘径稍小，深盘，盘壁弧形接柄；细柄呈圆柱形，中空。素面。盘径13.4、盘深4、残高5.2厘米（图二一〇，13）。

（4）陶盖豆

1件。

H8：6，残豆柄。泥质灰黄陶。柄呈圆柱形，中空，两端大，中间小。柄中段饰三道凹弦纹。柄径4.5、残高6厘米（图二一〇，12）。

（5）陶高领罐

1件。

H8：1，C型Ⅴ式。泥质灰陶。轮制，内、外壁可见轮制的旋痕。口略直，折沿，方唇，颈稍矮、略束，溜肩，圆鼓腹下收。沿面饰一道凹弦纹，肩及上腹部饰竖向绳纹和间断绳纹，下腹饰交错绳纹。口径21、腹径34、残高23.6厘米（图二一〇，10）。

（6）陶盆

7件。轮制。

H8：3，Aa型Ⅲ式。泥质灰陶。折沿略卷，沿面平，窄沿，方唇，束颈，溜肩。沿面及肩部各饰一道凹弦纹。口径40、残高4.8厘米（图二一〇，8）。

H8：10，Ab型Ⅴ式。泥质灰陶。敛口，折沿，沿面向内，圆唇，短束颈，溜肩。沿面和肩部饰凹弦纹。口径38、残高5.2厘米（图二一〇，6）。

H8：5，Bb型Ⅰ式。泥质灰陶。敛口，折沿略卷，沿面平，圆唇，束颈，溜肩。肩饰数圈凹弦纹。口径30、残高6.3厘米（图二一〇，2）。

H8：12，Bb型Ⅱ式。泥质灰黄陶。口略敞，折平沿，尖圆唇，束颈，溜肩。肩饰一道凹弦纹。口径42、残高5.8厘米（图二一〇，9）。

H8：14，Bb型Ⅲ式。泥质褐黄陶。敛口，折弧沿，尖圆唇，束颈，溜肩。沿面饰六道、肩饰一道凹弦纹。口径48、残高4厘米（图二一〇，7）。

H8：2，Cb型Ⅱ式。泥质灰陶。敛口，折沿，沿面略向外，方唇，束颈，溜肩。沿面饰一道凹弦纹。口径40、残高6.6厘米（图二一〇，3）。

H8：9，Cb型Ⅲ式。泥质灰陶。敞口，折沿，沿面略向外，尖圆唇，短束颈，溜肩，弧腹下内收。沿面饰两道凹弦纹，肩腹部饰凹弦纹和交错绳纹。口径36、残高8.2厘米（图二一〇，4）。

（7）陶板瓦

1件。

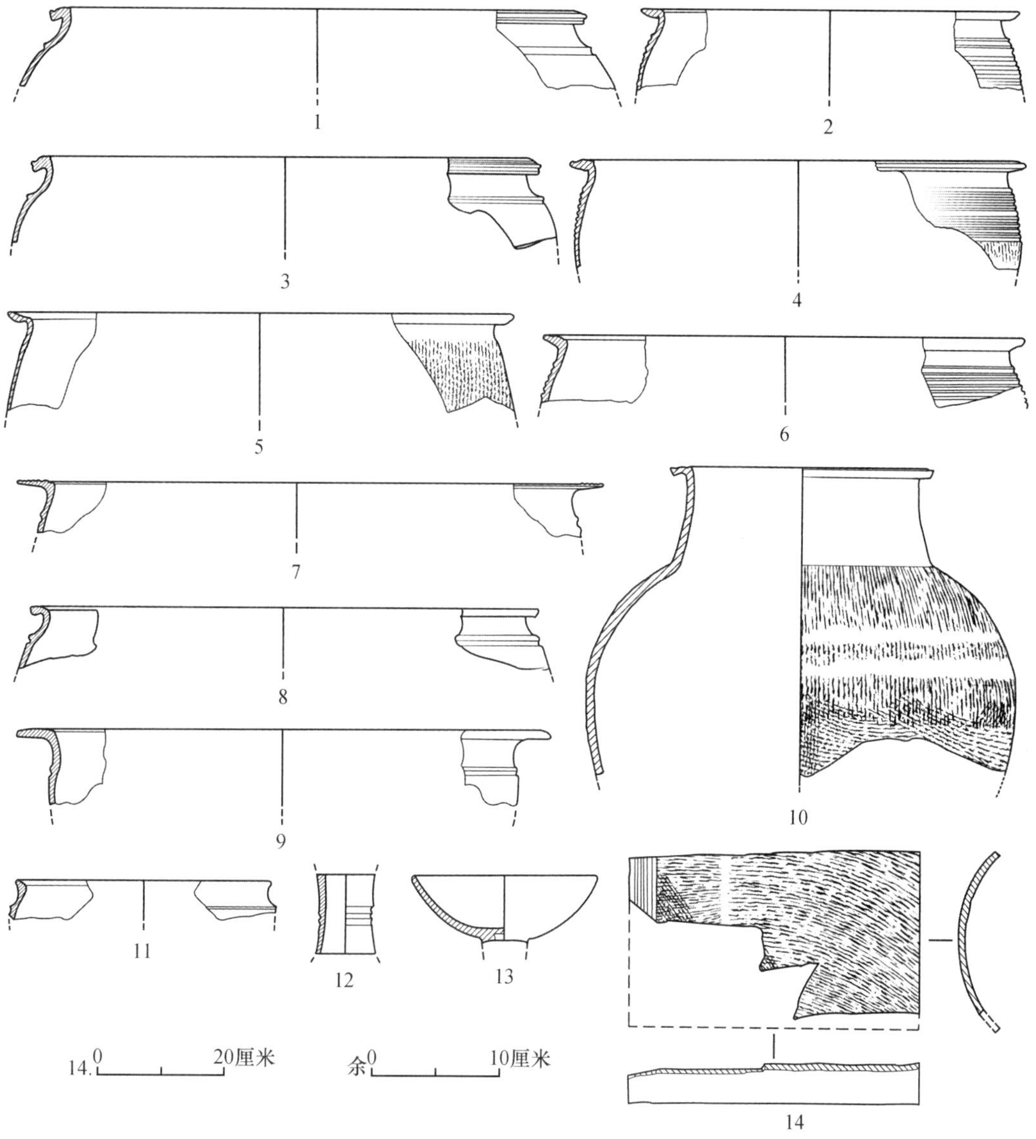


图二一〇　H8出土陶器

1. Ca型Ⅱ式盂（H8：11）　2. Bb型Ⅰ式盆（H8：5）　3. Cb型Ⅱ式盆（H8：2）　4. Cb型Ⅲ式盆（H8：9）　5. Bb型Ⅱ式鬲（H8：4）　6. Ab型Ⅴ式盆（H8：10）　7. Bb型Ⅲ式盆（H8：14）　8. Aa型Ⅲ式盆（H8：3）　9. Bb型Ⅱ式盆（H8：12）　10. C型Ⅴ式高领罐（H8：1）　11. A型Ⅳ式盂（H8：13）　12. 盖豆柄（H8：6）　13. B型Ⅲ式豆盘（H8：7）　14. Ⅰ式板瓦（H8：8）

H8：8，Ⅰ式。泥质灰陶。手制，有明显的手制痕迹，内外均不平，制作较粗糙。长方形，横截面呈弧形。面饰绳纹，瓦头饰四道凹弦纹。长46.4、残宽24.8、高6.4、厚1厘米（图二一〇，14）。

**5. H13**

位于TN04E04南壁上，距探方西壁380厘米，其南部穿过探方南壁进入TN03E04中；东距H8约10厘米，北距H54约450厘米。开口于第2层下，打破第3层和生土。平面呈不规则圆角长

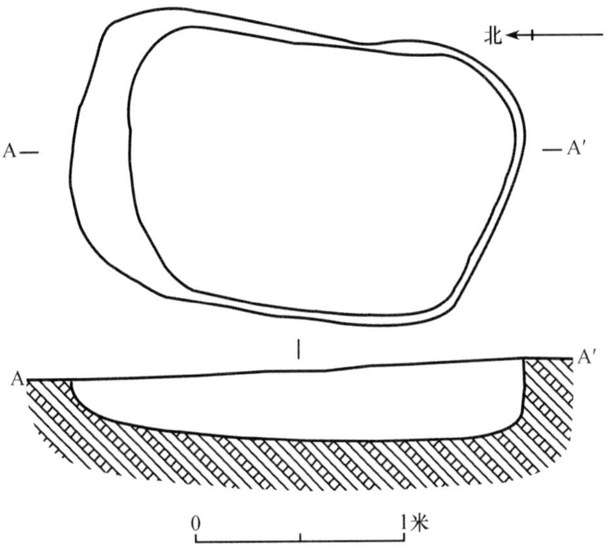

图二一一　H13平、剖面图

方形，坑壁与坑底构成弧形，剖面呈弧状，坑底北高南低，未见加工痕迹。坑口至地表深25 厘米，坑口南北长215、东西宽132厘米，坑底南北长190、东西宽124厘米，坑底距坑口深30厘米。坑内堆积仅为一层，填土褐灰色，较松软，有黏性。出土鬲、鬲足、盂、豆、盖豆、瓮、盆等陶器（图二一一）。

（1）陶鬲

1件。

H13：2，C型Ⅲ式。夹砂灰陶。轮制。敞口，折沿，沿面略向外，圆唇，束颈，溜肩，弧腹下收。沿面饰一道凹弦纹，肩饰绳纹。口径26、残高7.6厘米（图二一二，6）。

（2）陶鬲足

1件。

H13：7，Ba型Ⅰ式。夹砂褐黄陶。手制。浅足窝，柱状足上粗下细。足根饰绳纹。残高8.4厘米（图二一二，7）。

（3）陶盂

1件。

H13：5，B型Ⅱ式。泥质灰陶。轮制。口微敛，折平沿，沿窄，方唇，短束颈，溜肩，上腹圆，下腹弧内收。沿面饰一道凹弦纹。口径18、残高7.9厘米（图二一二，2）。

（4）陶豆

1件。

H13：1，B型Ⅲ式。泥质灰陶。豆盘、豆座慢轮修整，柄手制，柄内壁可见手制痕迹，制作粗糙。深盘，盘壁弧形接柄，细柄稍矮，喇叭形豆座，座面微隆起。素面。盘径13.5～14、盘深3.6、座径8.2、高11.8～13.2厘米（图二一二，5；图版一一，5）。

（5）陶盖豆

1件。

H13：8，豆盘。泥质黑衣灰褐陶。慢轮修整。子口承盖，尖圆唇，弧腹内收，腹稍深。肩饰一道、腹饰两道凹弦纹。口径16.8、腹径20.4、残高6.4厘米（图二一二，8）。

（6）陶瓮

1件。

H13：3，Da型Ⅲ式。泥质黑衣灰黄陶。轮制，外壁可见轮制旋痕。敛口，折沿外卷，沿面窄，方唇，短束颈，斜肩，下腹和底残缺。沿面饰两道凹弦纹，肩部有一道凸棱。口径48、残高5.1厘米（图二一二，1）。

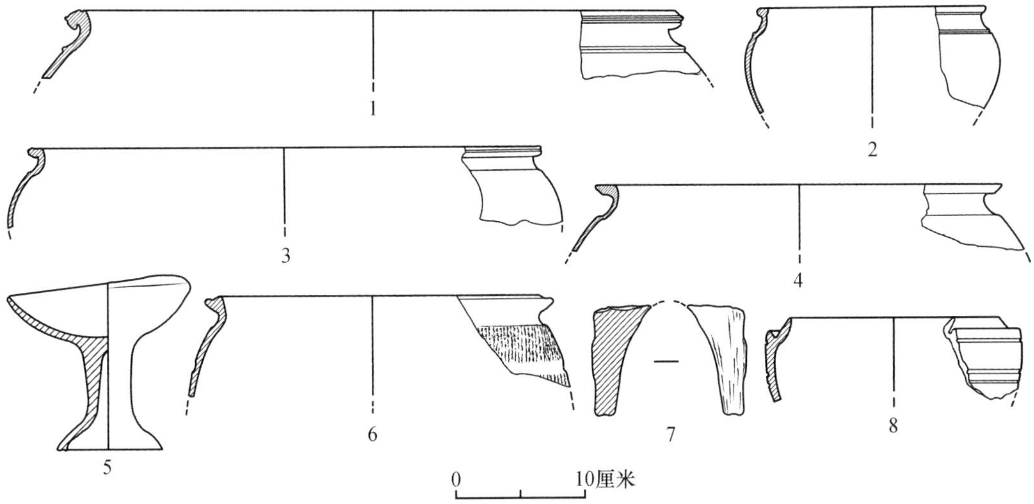


图二一二　H13出土陶器

1. Da型Ⅲ式瓮（H13：3）　2. B型Ⅱ式盂（H13：5）　3. Ba型Ⅳ式盆（H13：4）　4. Ba型Ⅱ式盆（H13：6）
5. B型Ⅲ式豆（H13：1）　6. C型Ⅲ式鬲（H13：2）　7. Ba型Ⅰ式鬲足（H13：7）　8. 盖豆（H13：8）

（7）陶盆

2件。轮制。

H13：6，Ba型Ⅱ式。夹砂黑衣灰黄陶。敛口，折平沿，尖圆唇，束颈，溜肩。素面。口径32、残高5厘米（图二一二，4）。

H13：4，Ba型Ⅳ式。泥质灰陶。敛口，折沿，圆唇，束颈，溜肩。沿面饰一道凹弦纹。口径40、残高6厘米（图二一二，3）。

**6. H16**

位于TN02E04北部和TN03E04南部，南距J13约150厘米。开口于第2层下，打破H59北部、第3层及生土。平面呈不规则长方形，坑壁斜直，圜底，未见加工痕迹。坑口至地表深35厘米，坑口南北最长142、东西最宽86厘米，坑口至坑底深54厘米。坑内填土为灰褐色，含褐色锈斑，土质疏松。可辨有豆柄和瓮等陶器（图二一三）。

（1）陶豆柄

1件。

H16：1，Ⅰ式。泥质褐红陶。手制，柄内、外壁可见手制痕迹。盘壁弧形接柄，细柄稍高、呈圆柱形、中空。素面。柄径3.3、残高13.5厘米（图二一五，5）。

（2）陶瓮

1件。

H16：2，Aa型Ⅱ式。泥质灰黄陶。轮制。敛口，仰折沿，沿面向内，尖唇，短束颈，斜肩，下腹和底残缺。素面。口径24、残高4.5厘米（图二一五，1）。

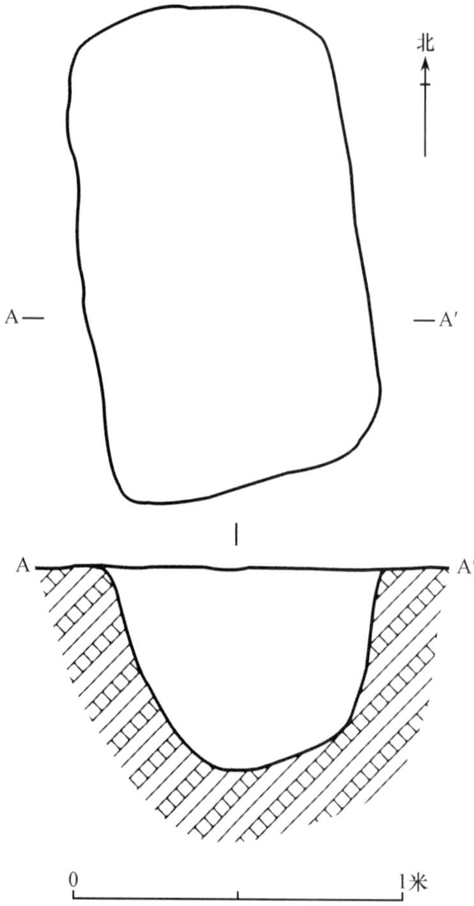


图二一三　H16平、剖面图

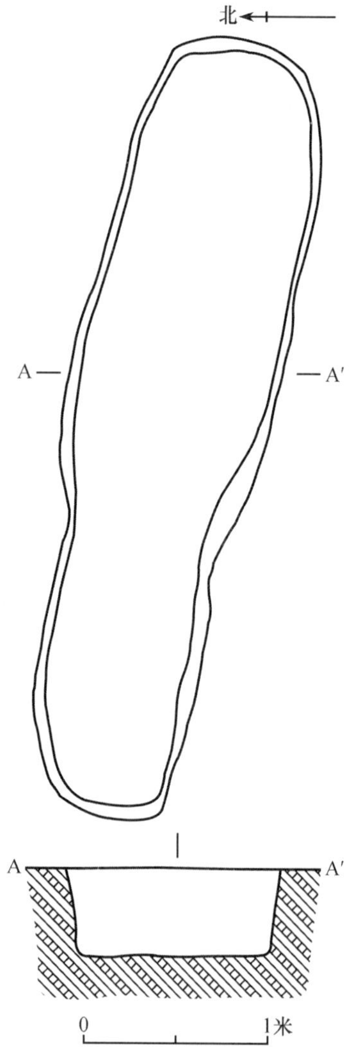


图二一四　H19平、剖面图

**7. H19**

位于TN04E03东南部，距探方南壁65厘米，其东部穿过探方东隔梁进入TN04E04；北边距H43约320厘米，北端打破H27和H32。开口于第2层下，打破H27、H32、第3层及生土。平面呈不规则圆角长方形，坑壁呈弧形，坑底东高西低呈缓坡状，未见加工痕迹。坑口距地表深28厘米，坑口东西长416、南北宽115厘米，坑底东西长405、南北宽102厘米，坑底距坑口深46厘米。坑内堆积仅为一层，填土褐灰色，较松软，有黏性。可辨有豆柄和盆等陶器（图二一四）。

（1）陶豆柄

1件。

H19：1，Ⅰ式。泥质灰黄陶。手制，柄内、外壁可见手制痕迹。盘壁弧形接柄，细柄稍高、呈圆柱形、中空。素面。柄径3.1、残高11.2厘米（图二一五，6）。

（2）陶盆

1件。

H19：2，Cb型Ⅶ式。泥质灰黄陶。轮制。口微敞，折沿，沿面略向外，尖圆唇，短束颈，溜肩，斜弧腹下收。沿面饰一道凹弦纹，肩饰凹弦纹。口径40.8、残高5厘米（图二一五，2）。

**8. H29**

位于TN03E02南部，距西壁350厘米，距南壁70厘米；东距J7约5厘米，东南距H55约60厘米，西部叠压J17，J8和J27在H29下。开口于第2层下，打破J8、第3层、J17、J27及生土。平面呈不规则的圆角长方形，坑壁剖面呈坡状，坑底高低不平，未见加工痕迹。坑口距地表深50厘米，坑口南北长420、东西宽314厘米，坑底距坑口深35厘米。坑内堆积只有一层，填土灰白色夹黄褐色斑点，土质较疏松，呈粉末状。可辨有鬲、豆、豆柄、盆等陶器（图二一六）。

（1）陶鬲

1件。

H29：3，Ba型Ⅲ式。夹砂灰陶。轮制。鬲身呈盆形。口略敞，折平沿，圆唇，束颈，溜肩，弧腹下内收。沿面有两道凹弦纹，肩及上腹部饰竖向绳纹。口径34、残高9.7厘米（图二一五，4）。

（2）陶豆

1件。

H29：1，Ab型Ⅲ式。泥质灰陶。豆盘、豆座轮制，慢轮修整；柄手制，柄内、外壁可见手制痕迹。盘径较小，盘稍深，盘壁弧形接柄，细柄稍高，喇叭形豆座，座面微隆起。素面。盘径11、盘深2.5、座径7.4、高13～13.5厘米（图二一五，8；图版一〇，3）。

（3）陶豆柄

1件。

H29：4，Ⅶ式。泥质灰陶。柄手制，柄内、外壁可见手制痕迹。细矮柄，呈圆柱形，中空。素面。柄径3.3、残高6.4厘米（图二一五，7）。

（4）陶盆

1件。

H29：2，口沿残片，Ab型Ⅱ式。轮制。泥质黑衣灰陶。敛口，折沿，沿面向内，圆唇，短束颈，弧腹内收，下腹及底残。腹饰两道凹弦纹。口径20.5、高8.5厘米（图二一五，3）。

**9. H31**

位于TN04E02南部，距探方西壁100厘米，南部穿过TN03E02的北隔梁进入TN03E02；北距H40约170厘米，西距J31约60厘米。开口于第2层下，东部打破J30，打破第3层和生土。平面呈不规则圆角长方形，坑壁与坑底构成弧形，剖面呈弧状，平底，未见加工痕迹。坑口距地表深26厘米，坑口南北长360、东西宽170厘米，坑底长338、宽152厘米，坑底距坑口深30厘

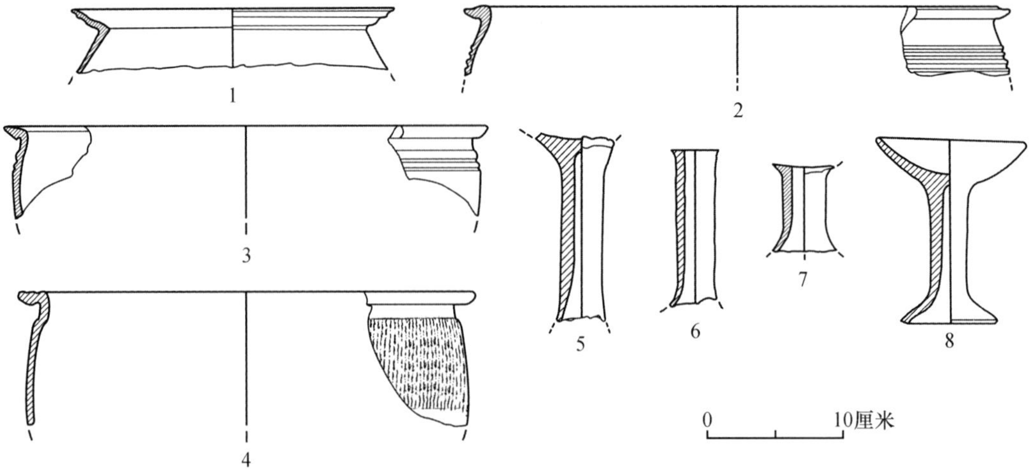


图二一五　H16、H19、H29出土陶器

1. Aa型Ⅱ式瓮（H16：2）　2. Cb型Ⅶ式盆（H19：2）　3. Ab型Ⅱ式盆（H29：2）　4. Ba型Ⅲ式鬲（H29：3）　5、6. Ⅰ式豆柄（H16：1、H19：1）　7. Ⅶ式豆柄（H29：4）　8. Ab型Ⅲ式豆（H29：1）

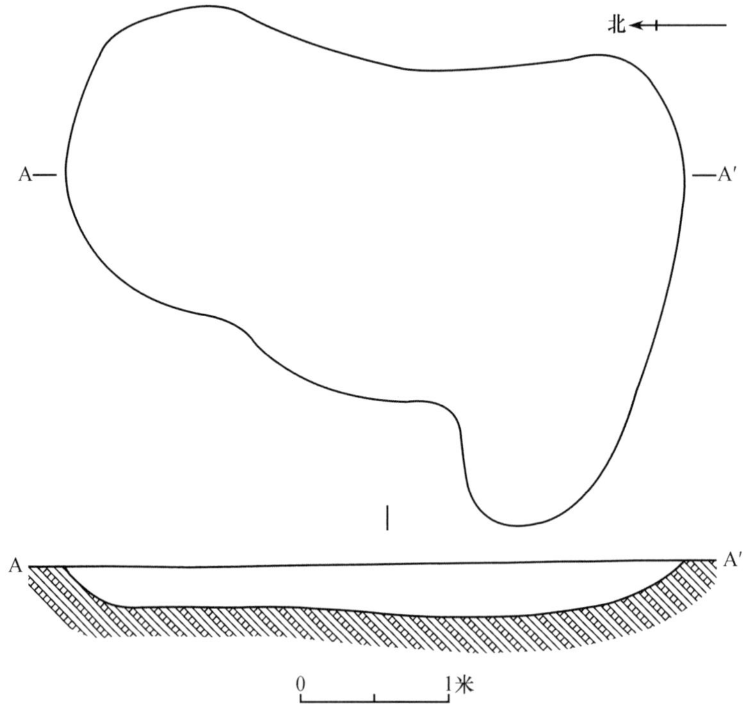


图二一六　H29平、剖面图

米。坑内堆积仅为一层，填土灰褐色夹少量铁锈斑点，较紧密。出土鬲口沿、鬲足等陶器（图二一七）。

（1）陶鬲

3件。轮制。

H31：4，Bc型Ⅰ式。夹砂褐黄陶。敞口，折沿，圆唇，束颈，溜肩，腹、足残。沿面饰一道凹弦纹，肩饰竖向绳纹。口径27、残高4.4厘米（图二一八，2）。

H31：3，C型Ⅰ式。夹砂褐黄陶。口略敛，平沿外折，尖圆唇，束颈，溜肩，圆鼓腹，腹壁向下内收，下腹和足残。沿面饰两道凹弦纹，肩及上腹饰间断绳纹，下腹饰交错绳纹。口径26.8、残高9.6厘米（图二一八，1）。

H31：1，C型Ⅵ式。夹砂褐黄陶。口径大于三足外切圆径，鬲身呈盆形。口略敛，平沿外折，尖圆唇，束颈，溜肩，腹部微鼓，腹壁向下内收，裆微弧，柱状足上粗下细，深足窝，足尖平。肩及上腹饰间断绳纹，下腹、足、裆部饰绳纹。口径23、腹径22.4、高13.4、裆高4.2厘米（图二一八，4；图版五，4）。

（2）陶鬲足

1件。

H31：2，Ab型Ⅲ式。夹砂灰陶。手制。浅足窝，柱状足上粗下细，足端平。通体饰绳纹。残高9.8厘米（图二一八，3）。

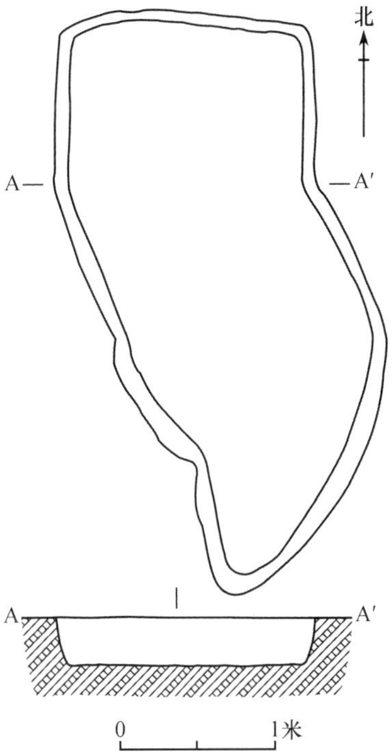

图二一七　H31平、剖面图

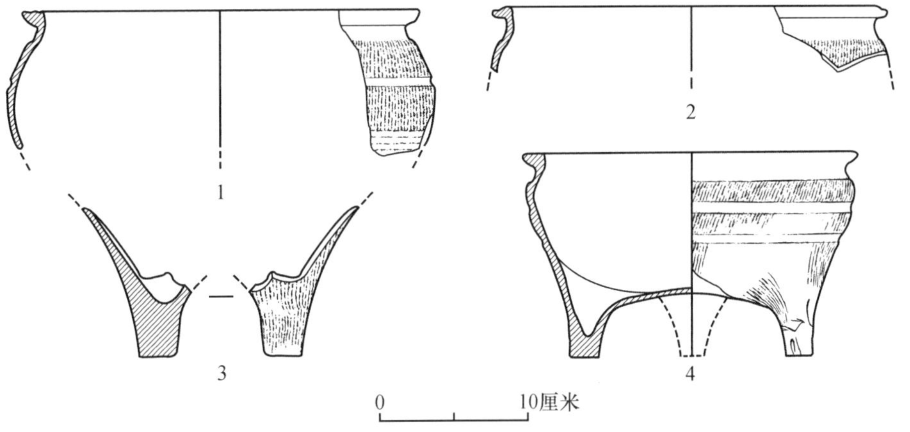

图二一八　H31出土陶器

1. C型Ⅰ式鬲（H31：3）　2. Bc型Ⅰ式鬲（H31：4）　3. Ab型Ⅲ式鬲足（H31：2）　4. C型Ⅵ式鬲（H31：1）

## （二）不规则椭圆形

计有H7、H9、H11、H12、H21、H24、H28、H32共8个。

### 1. H7

位于TN04E04西北角，距探方西壁80厘米、南壁750厘米；东距J4约410厘米，西南距H43约190厘米。开口于第2层下，打破第3层和生土。平面呈不规则椭圆形，坑壁与坑底构成弧形，剖面呈弧状，坑底较平，未见加工痕迹。坑口距地表深25厘米，坑口东西长182、南北宽

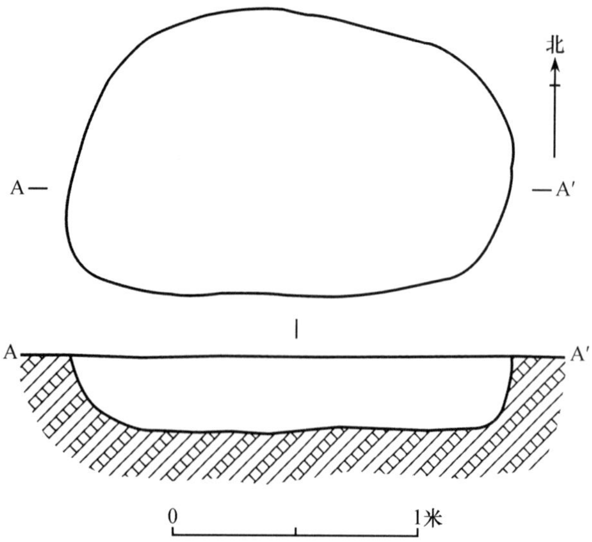

图二一九　H7平、剖面图

112厘米，坑底距坑口深30厘米。坑内堆积仅为一层，填土褐黄色，较疏松，有黏性。未出土遗物（图二一九）。

**2. H9**

位于TN03E04中部，距探方西壁470厘米、南壁540厘米；北距H8约40厘米，东南距G5约130厘米，西南距H10约200厘米。开口于第2层下，打破第3层和生土。平面呈不规则椭圆形，坑壁呈弧形，平底，未见加工痕迹。坑口至地表深30厘米，坑口南北长170、东西宽110厘米，坑底南北长95、东西宽70厘米，坑底距坑口深55厘米。坑内填土呈灰褐色，较松软，有黏性。可辨有豆柄和盘等陶器（图二二〇）。

（1）陶豆柄

1件。

H9：1，Ⅰ式。泥质灰陶。手制，柄内、外壁可见手制痕迹。盘稍深，盘壁弧形接柄；细柄稍高，呈圆柱形，中空。素面。柄径3、残高12厘米（图二二一，4）。

（2）陶盘

1件。

H9：2，A型Ⅱ式。泥质灰黄陶。轮制，外壁可见轮制的旋痕。敞口，圆唇，短束颈，浅弧腹下收。素面。口径18、残高2.9厘米（图二二一，5）。

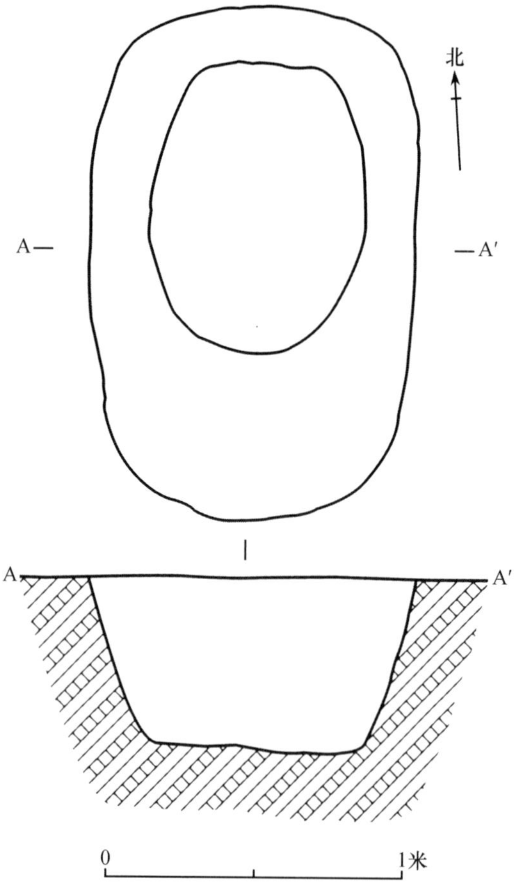

图二二〇　H9平、剖面图

**3. H11**

位于TN02E01东部，距探方东壁90厘米、北壁360厘米，北距G1约168厘米。开口于第2层下，打破第3层。平面呈不规则椭圆形，坑壁斜直，坑底较平，未见加工痕迹。坑口至地表深约36厘米，坑口南北最长150、东西最宽110厘米，坑口至坑底深约24厘米。坑内填土为灰褐色，略发黄，含褐色锈斑，土质疏松。未出土遗物（图二二二）。

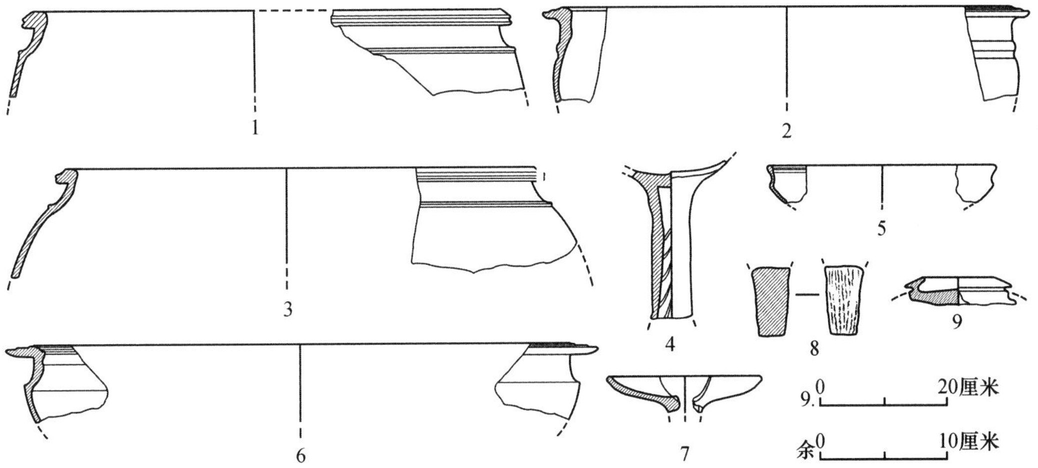


图二二一　H9、H21出土陶器

1、3. Ca型Ⅲ式盆（H21：1、H21：2）　2. Cb型Ⅶ式盆（H21：7）　4. Ⅰ式豆柄（H9：1）　5. A型Ⅱ式盘（H9：2）　6. D型Ⅴ式盆（H21：3）　7. A型Ⅱ式豆盘（H21：5）　8. 无法归类鬲足（H21：4）　9. 盖豆纽（H21：6）

**4. H12**

位于TN03E01中部，距探方西壁580厘米、南壁310厘米，北距H49约15厘米，南部打破G2。开口于第2层下，打破第3层和生土。平面呈不规则椭圆形，坑壁与底构成弧形，坑底较平，未见加工痕迹。坑口至地表深32厘米，坑口南北长115、东西宽100厘米，坑口距坑底深32厘米。坑内堆积仅为一层，坑内填土灰褐色，有少许黄褐色土块。未出土遗物（图二二三）。

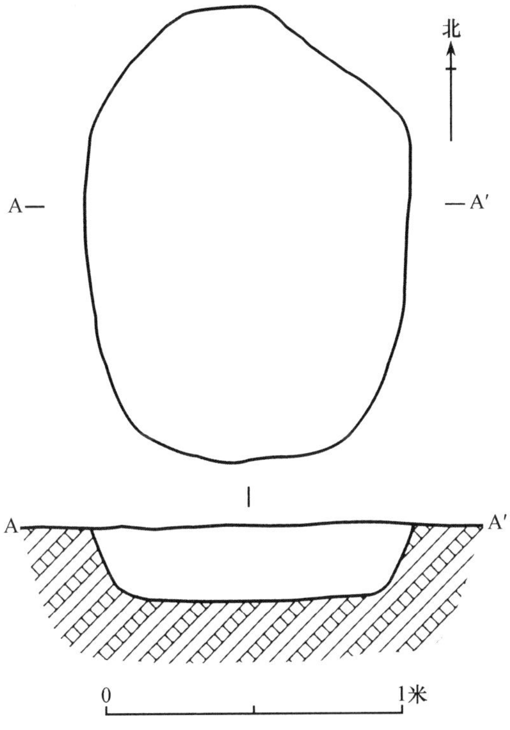


图二二二　H11平、剖面图

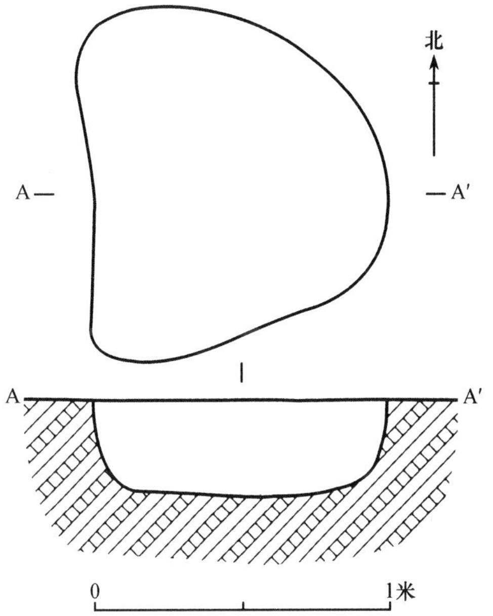


图二二三　H12平、剖面图

**5. H21**

位于TN03E03东南角，其东部进入探方东隔梁，距南壁25厘米；北距J18约165厘米，西距H23约250厘米，西北距H44约100厘米。开口于第2层下，打破第3层和生土。平面呈不规则椭圆形，坑壁与底构成弧形，平底，未见加工痕迹。坑口至地表深26厘米，东西长215、南北宽70～102厘米，坑口距坑底深40厘米。坑内堆积仅为一层，填土黄褐色，夹红色斑点，有黏性。出土盆口沿、鬲足、豆盘等陶器（图二二四）。

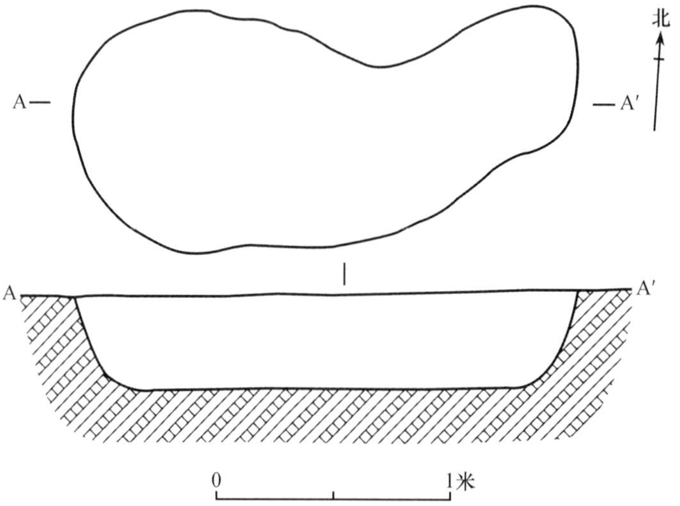


图二二四　H21平、剖面图

（1）陶鬲足

1件。

H21：4，无法归类。夹砂灰陶。手制。柱状足上粗下细。饰绳纹。残高5.2厘米（图二二一，8）。

（2）陶豆盘

1件。

H21：5，A型Ⅱ式。泥质褐黄陶。慢轮修整。盘径较小，浅盘，盘壁弧形接柄。素面。盘径12、盘深1.6、残高2.8厘米（图二二一，7）。

（3）陶盖豆纽

1件。

H21：6，泥质黑皮灰黄陶。慢轮修整。圆形纽，盖面较平。素面。纽径4.2、残高1厘米（图二二一，9）。

（4）陶盆

4件。轮制。

H21：2，Ca型Ⅲ式。泥质灰陶。敛口，折平沿略外斜，沿面略下凹，方唇，短束颈，窄肩，弧腹下收。唇沿饰一道凹弦纹，肩饰一凸弦纹。口径40、残高8厘米（图二二一，3）。

H21：1，Ca型Ⅲ式。泥质灰陶。敛口，折平沿略外斜，沿面平，方唇，短束颈，窄肩，弧腹下收。唇沿饰一道凹弦纹，肩饰一凸弦纹。口径40、残高6.5厘米（图二二一，1）。

H21：7，Cb型Ⅶ式。泥质灰陶。敛口，折弧沿，尖圆唇，束颈，斜弧腹下收。沿面饰四道、上腹饰一道凸弦纹。口径46、残高5.8厘米（图二二一，2）。

H21：3，D型Ⅴ式。泥质灰陶。敛口，折弧沿，尖圆唇，短束颈，折肩，斜弧腹下内收。沿面饰八道凹弦纹。口径46、残高6厘米（图二二一，6）。

**6. H24**

位于TN02E02西北部和TN03E02西南部，南距G1约15厘米，东距H2约135厘米，东南距H1约96厘米。开口于第2层下，打破第3层、J15及生土。平面呈不规则椭圆形，坑壁斜弧，坑底较平，未见加工痕迹。坑口至地表深35厘米，坑口东北至西南最长298、西北至东南最宽192厘米，坑口至坑底深31厘米。坑内填土为灰褐土夹白灰土和锈斑，土质较硬结。出土陶片较少，可辨有残陶豆盘1件（图二二五）。

H24：1，A型Ⅲ式。泥质灰陶。豆盘轮制，慢轮修整；柄手制，柄内壁可见手制痕迹，制作粗糙。盘稍深，盘壁弧形接柄，细柄稍高，豆座残。素面。盘径12、盘深2.5、残高10.4厘米（图二二七，4）。

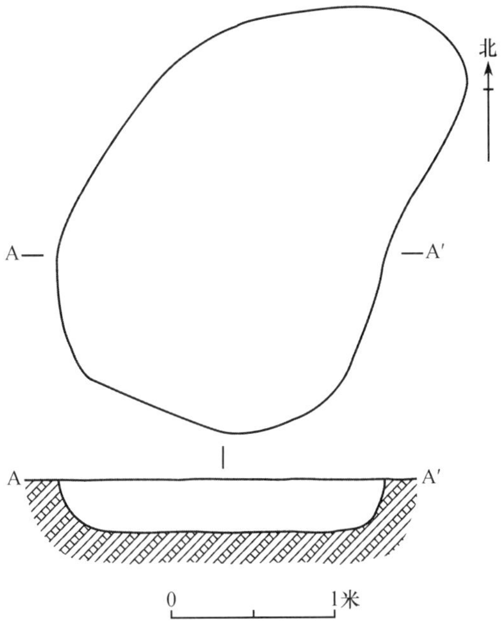


图二二五　H24平、剖面图

**7. H28**

位于TN03E02西壁，西部进入TN03E01东隔梁，距探方南壁260厘米；北距H31约105厘米，东距H29约110厘米，南部叠压H51，J11和J12在H28下。开口于第2层下，打破J11、J12、第3层、H51、J25及生土。平面呈不规则椭圆形，坑壁与坑底构成弧形，底部南高北低呈锅形，未见加工痕迹。坑口距地表深60厘米，坑口南北长400、东西宽440厘米，坑底距坑口深76厘米。坑内堆积分2层：第1层厚40厘米，填土呈灰白色夹黄褐斑点，土质较软，出土有豆柄等陶片；第2层厚36厘米，填土以黄褐色为主，有少量灰褐土，黄褐土较疏松，灰褐土较紧密，包含有锈斑颗粒土，坚硬，结构紧密。可辨有鬲、瓮口沿等陶器（图二二六）。

（1）陶鬲

1件。

H28：1，C型Ⅰ式。夹砂灰陶。轮制。直口，折平沿，尖唇，短束颈，溜肩，弧腹下收，底、足残。沿面有两道凹弦纹，肩和上腹部饰竖向绳纹。口径21、腹径25、残高8.2厘米（图二二七，3）。

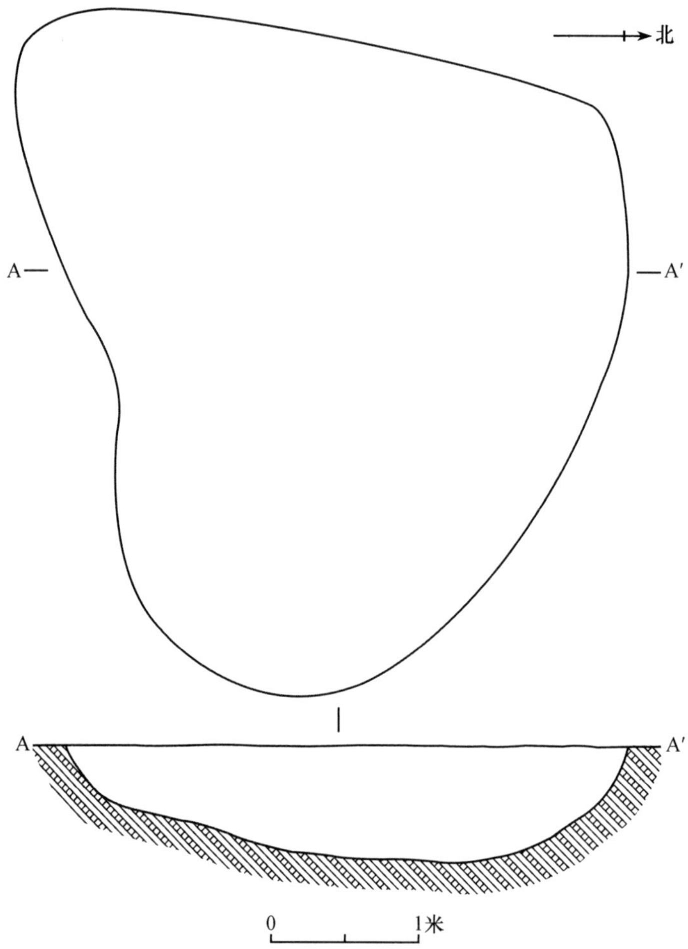


图二二六　H28平、剖面图

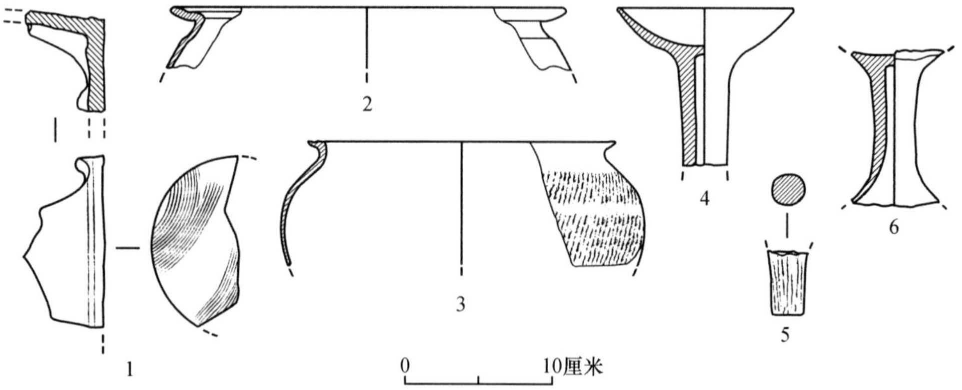


图二二七　H24、H28出土陶器

1. 瓦当（H28：5）　2. B型Ⅱ式瓮（H28：4）　3. C型Ⅰ式鬲（H28：1）　4. A型Ⅲ式豆盘（H24：4）
5. 无法归类鬲足（H28：3）　6. Ⅶ式豆柄（H28：2）

（2）陶鬲足

1件。

H28：3，无法归类。夹砂褐黄陶。手制。柱状足上粗下细。通体饰绳纹。残高4.2厘米（图二二七，5）。

（3）陶豆柄

1件。

H28：2，Ⅶ式。泥质褐红陶。柄手制，柄内、外壁可见手制痕迹。盘壁弧形接柄，细柄稍高、呈圆柱形、中空。素面。柄径3、残高10.2厘米（图二二七，6）。

（4）陶瓫

1件。

H28：4，B型Ⅱ式。泥质灰黄陶。轮制。敛口，折沿，沿面向内，尖圆唇，束颈，弧腹下收。素面。口径27、残高4厘米（图二二七，2）。

（5）陶瓦当

1件。

H28：5，泥质灰陶。手制，内外均不平，制作较粗糙，有明显的手制痕迹。当呈圆形。素面。残长5.4、当径11.6厘米（图二二七，1）。

**8. H32**

位于TN04E04西南角，距探方西壁30厘米、南壁10厘米；西南距H13约260厘米，西部被H19打破。开口于第2层下，打破第3层和生土。平面呈不规则椭圆形，剖面呈筒状，平底，未见加工痕迹。坑口距地表深40厘米，坑口残长68、宽68厘米，底残长64、宽60厘米，坑底距坑口深45厘米。坑内堆积仅为一层，填土灰褐色，较纯，有黏性。无出土遗物（图二二八）。

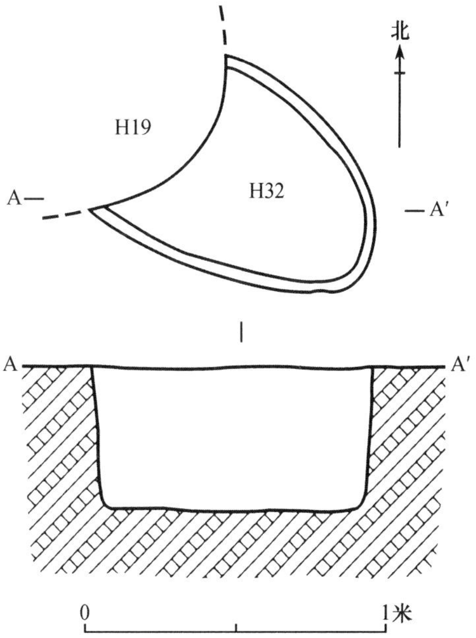

图二二八　H32平、剖面图

## （三）不规则圆形

计有H3、H6、H10、H15、H17、H18、H20、H27、H34共9个。

**1. H3**

位于TN02E02东南部，部分位于东隔梁下，距北隔梁430厘米，西北距H1约328厘米。开口于第2层下，打破第3层和生土。开口平面呈不规则圆形，坑壁斜弧，坑底凸凹不平，未见加工痕迹。坑口至地表深约40厘米，坑口东西最长200、南北最宽167厘米，坑口至坑底深约30厘

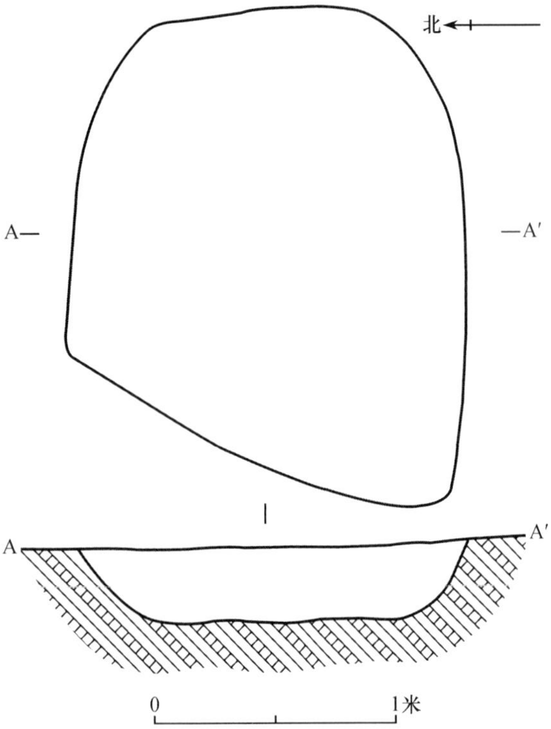

图二二九　H3平、剖面图

米。坑内填土为深灰色，靠近底部夹有少量灰烬，并有极少木炭，土质疏松。无出土遗物（图二二九）。

**2. H6**

位于TN04E01西南角，南部进入TN03E01北隔梁；北距H41约180厘米，东距H25约415厘米，东北距H46约200厘米。开口于第2层下，打破第3层和生土。开口平面呈不规则圆形，坑壁与坑底构成弧形，平底，未见加工痕迹。坑口距地表深32厘米，坑口东西长260、南北宽225厘米，坑底长224、宽208厘米，坑底距坑口深30厘米。坑内堆积仅为一层，填土褐灰色，较松软，有黏性。无出土遗物（图二三〇）。

**3. H10**

位于TN03E04中部，距探方西壁220厘米、南壁300厘米；东北距H9约200厘米，东距G5约320厘米，南距H20约60厘米。开口于第2层下，打破第3层和生土。开口平面呈不规则圆形，坑壁与底构成弧形，平底，未见加工痕迹。坑口至地表深30厘米，坑口南北长145、东西宽130厘米，坑底南北长116、东西宽110厘米，坑底距坑口深30厘米。坑内填土呈灰褐色，较松软，有黏性。可辨有豆柄和盂等陶器（图二三一）。

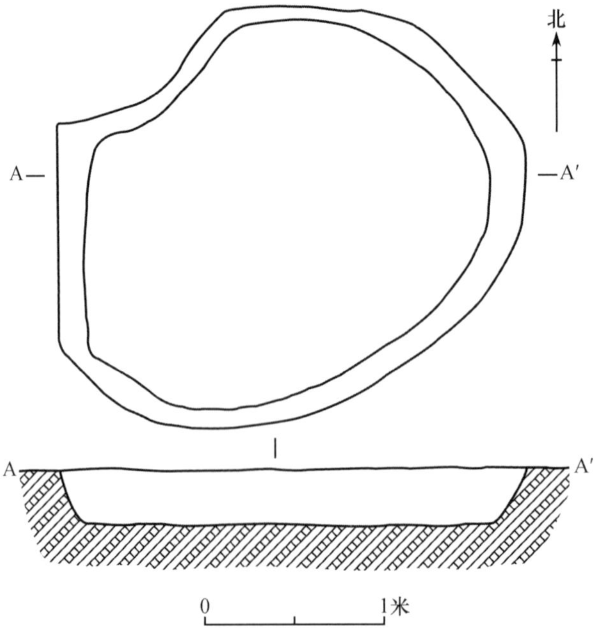

图二三〇　H6平、剖面图

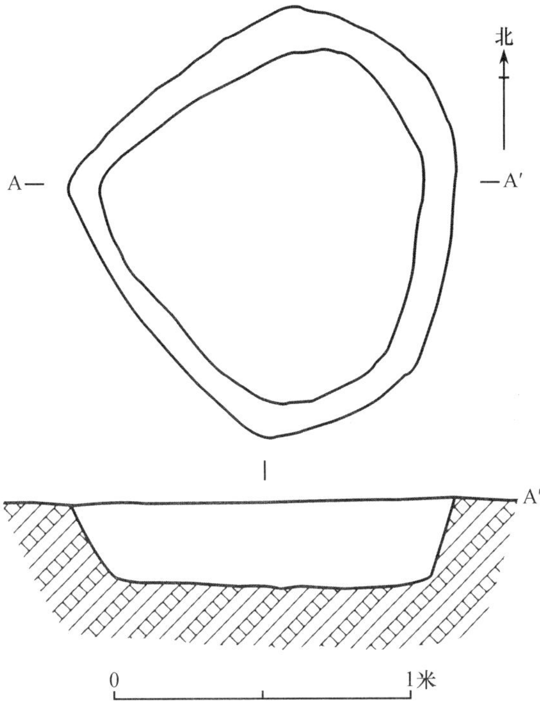


图二三一　H10平、剖面图

（1）陶豆柄

1件。

H10：2，Ⅰ式。泥质灰陶。豆盘轮制，慢轮修整；柄手制，柄内壁可见手制痕迹。盘壁弧形接柄，细柄呈圆柱形、中空。素面。柄径2.9、残高8厘米（图二三二，1）。

（2）陶盂

1件。

H10：1，B型Ⅱ式。泥质灰陶。轮制。敛口，折沿，沿面平，方唇，短束颈，溜肩。口径40、残高4厘米（图二三二，2）。

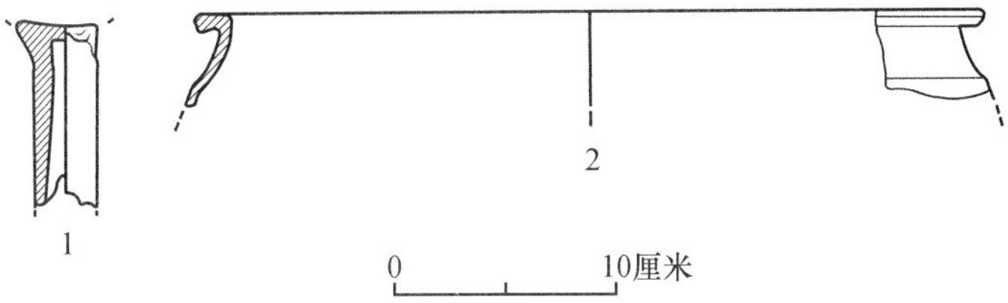


图二三二　H10出土陶器

1. Ⅰ式豆柄（H10：2）　2. B型Ⅱ式盂（H10：1）

**4. H15**

位于TN02E04东部，部分位于东隔梁下，距北隔梁380厘米；西距J14约240厘米，西南距H48约150厘米，东北距J13约100厘米。开口于第2层下，打破第3层和生土。平面呈不规则椭圆形，坑壁斜直，坑底较平，未见加工痕迹。坑口至地表深28厘米，坑口南北最长226、东西最宽90厘米，坑口至坑底深54厘米。坑内填土为灰褐色，含褐色锈斑，土质疏松。出土有豆盘和豆柄等陶器（图二三三）。

（1）陶豆盘

1件。

H15：2，A型Ⅱ式。泥质灰陶。豆盘轮制，慢轮修整；柄手制，柄内壁可见手制痕迹。盘径较小，浅盘，盘壁弧形接柄；细柄呈圆柱形，中空。素面。盘径12、盘深1.8、残高3.8厘米（图二三四，1）。

（2）陶豆柄

1件。

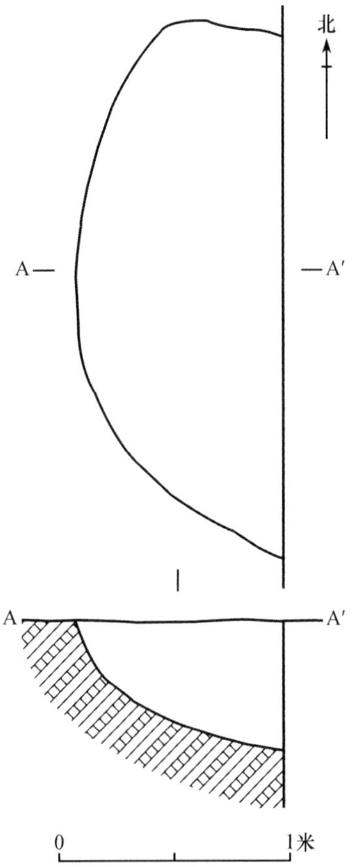

图二三三　H15平、剖面图

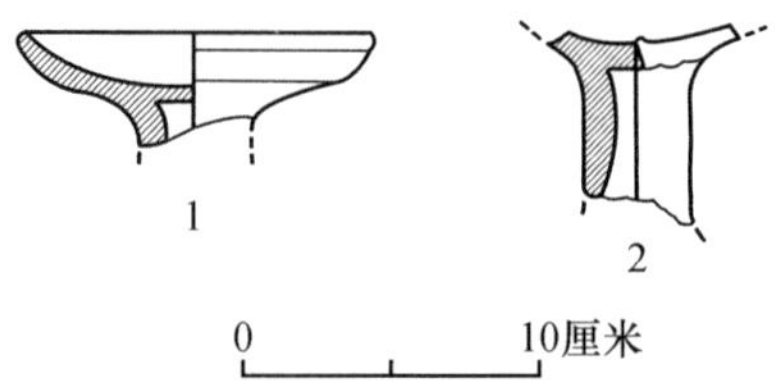

图二三四　H15出土陶器
1. A型Ⅱ式豆盘（H15：2）
2. Ⅶ式豆柄（H15：1）

H15：1，Ⅶ式。泥质褐红陶。豆盘轮制，慢轮修整；柄手制，柄内壁可见手制痕迹。盘壁弧形接柄，细柄稍高、呈圆柱形、中空。素面。柄径3.7、残高7厘米（图二三四，2）。

**5. H17**

位于TN02E03西南部，距西壁176厘米，距南壁226厘米；西北部叠压J32南部，南距H52约55厘米、距H18约60厘米。开口于第2层下，打破第3层、J32及生土。平面呈不规则圆形，坑壁斜直，坑底较平，未见加工痕迹。坑口至地表深30厘米，坑口直径138厘米，坑底直径60厘米，坑口至坑底深32厘米。坑内填土为褐色夹灰白色斑土，含铁量重，质硬，内含陶片颗粒及少量陶片。可辨有瓮和盆等陶器（图二三五）。

（1）陶瓮

1件。

H17：1，C型Ⅱ式。泥质灰黄陶。轮制。敛口，折平沿，方唇，短束颈，溜肩，下腹和底残缺。素面。口径20、残高6.1厘米（图二三六，2）。

（2）陶盆

1件。

H17：2，Ba型Ⅲ式。泥质灰陶。轮制。敛口，折沿，沿面向下凹，圆唇，短束颈，斜肩。素面。口径25、残高3.8厘米（图二三六，1）。

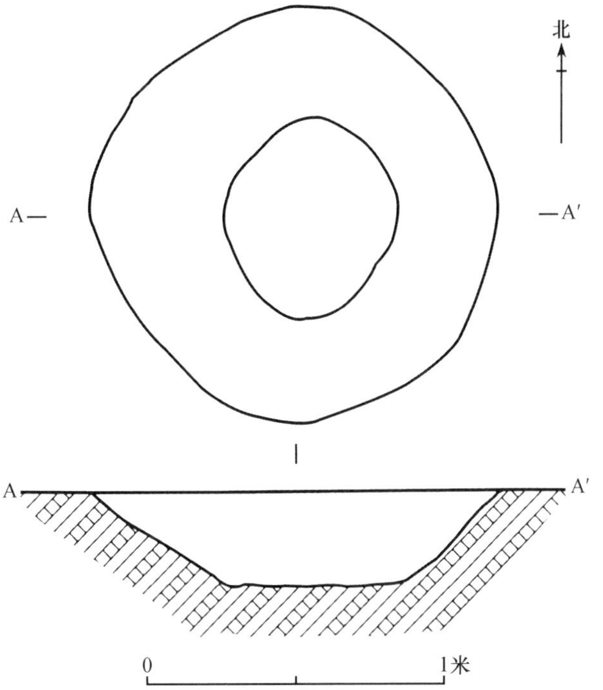


图二三五　H17平、剖面图

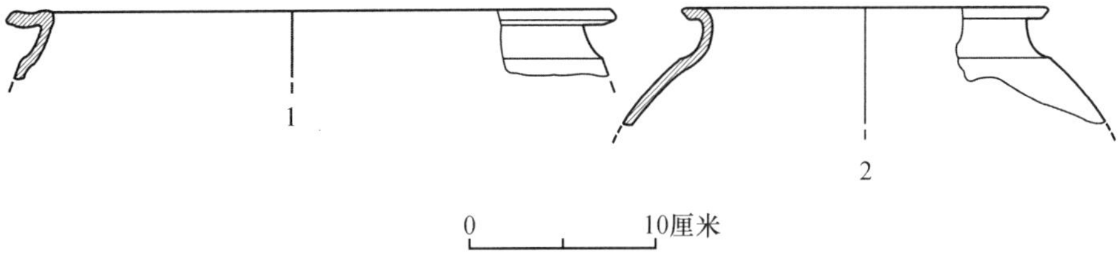


图二三六　H17出土陶器

1. Ba型Ⅲ式盆（H17∶2）　2. C型Ⅱ式瓮（H17∶1）

**6. H18**

位于TN02E03南部，距南壁约93、西壁约305厘米；西南部叠压H52东北部，北距J32约130厘米、距H17约60厘米。开口于第2层下，打破H52东北部、第3层及生土。平面呈不规则圆形，坑壁斜直，坑底较平，未见加工痕迹。坑口至地表深30厘米，口径108厘米，底径86厘米，坑口至坑底深14厘米。坑内填土为褐色夹灰白色斑土，含铁量重，质硬，内含陶片颗粒及少量陶片。可辨有豆盘和豆柄等陶器（图二三七）。

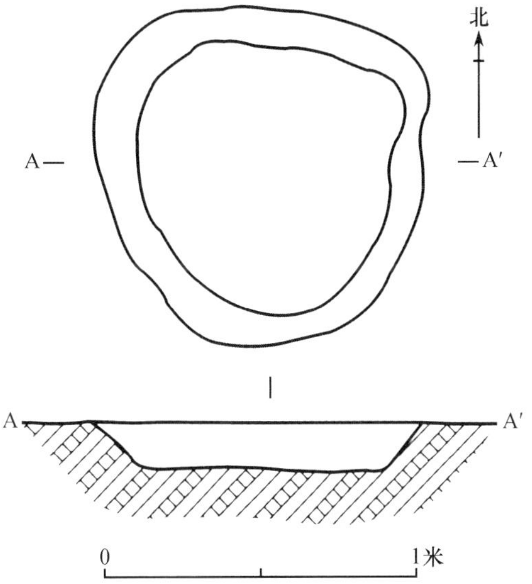


图二三七　H18平、剖面图

（1）陶豆盘

1件。

H18：2，B型Ⅲ式。泥质灰陶。豆盘轮制，慢轮修整。盘径较小，深盘，盘壁弧形接柄。素面。盘径14、残高2.8厘米（图二三八，2）。

（2）陶豆柄

1件。

H18：1，Ⅳ式。泥质灰黄陶。豆盘轮制，慢轮修整；柄手制，柄内壁可见手制痕迹。盘壁弧形接柄，细柄稍高、呈圆柱形、中空。素面。柄径3.2、残高11厘米（图二三八，1）。

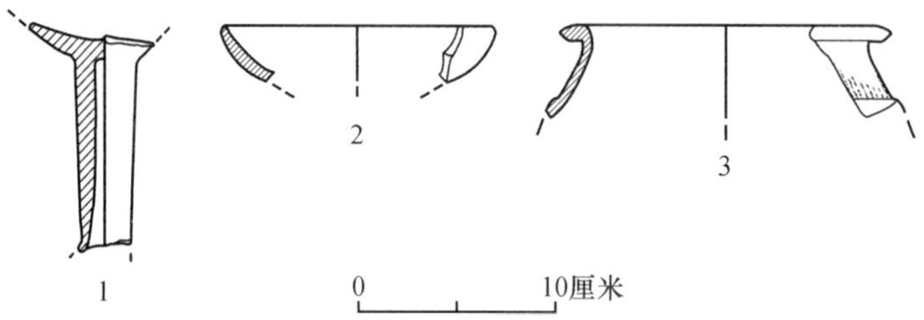


图二三八　H18、H27出土陶器

1. Ⅳ式豆柄（H18：1）　2. B型Ⅲ式豆盘（H18：2）　3. Ab型Ⅳ式鬲（H27：1）

### 7. H20

位于TN03E04西南部，距西壁100厘米、南壁45厘米；东距G5约340厘米，北距H10约60厘米。开口于第2层下，打破第3层和生土。开口平面较明显，呈不规则圆形，灰坑剖面呈筒状，平底，未见加工痕迹。坑口至地表深30厘米，坑口南北长200、东西宽158厘米，坑底南北长174、东西宽134厘米，坑口距坑底深68厘米。坑内堆积仅为一层，填土褐红色，夹有黄色斑点，较松软，有黏性。可辨有豆柄、高领罐、瓮口等陶器和砺石等遗物（图二三九）。

（1）陶豆柄

1件。

H20：3，Ⅰ式，泥质灰黄陶。手制，柄内、外壁可见手制痕迹。细柄稍高，呈圆柱形，中空。素面。柄径3.1、残高14厘米（图二四〇，4）。

（2）高领罐

1件。

H20：1，A型Ⅴ式。泥质灰陶。轮制，内、外壁有轮制的旋痕。敞口，折沿，沿面平，方唇，束颈，溜肩。颈部饰抹平绳纹，肩部饰绳纹。口径17、残高9.8厘米（图二四〇，1）。

（3）陶瓮

1件。

H20：2，C型Ⅱ式。泥质灰陶。轮制，内、外壁有轮制的旋痕。直口，折沿，沿面平，方唇，短颈，溜肩。沿面饰两道、唇沿饰一道凹弦纹。口径20、残高4.6厘米（图二四〇，2）。

（4）砺石

1件。

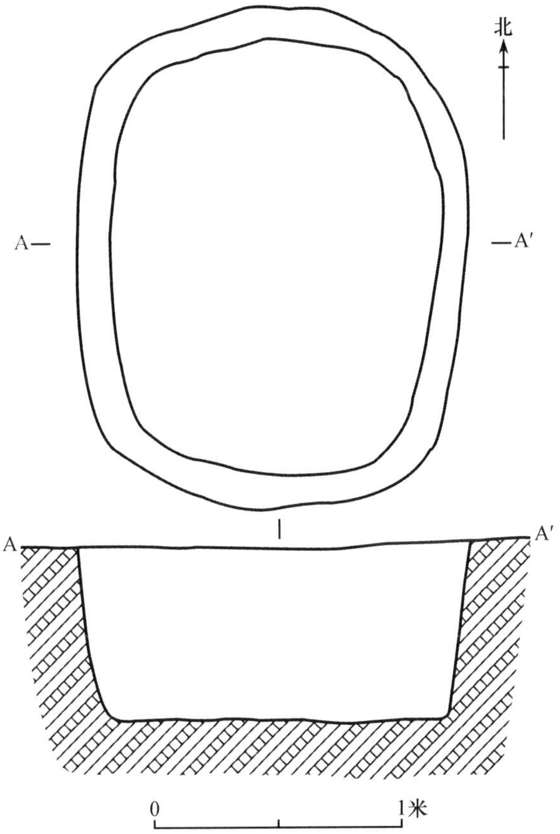


图二三九 H20平、剖面图

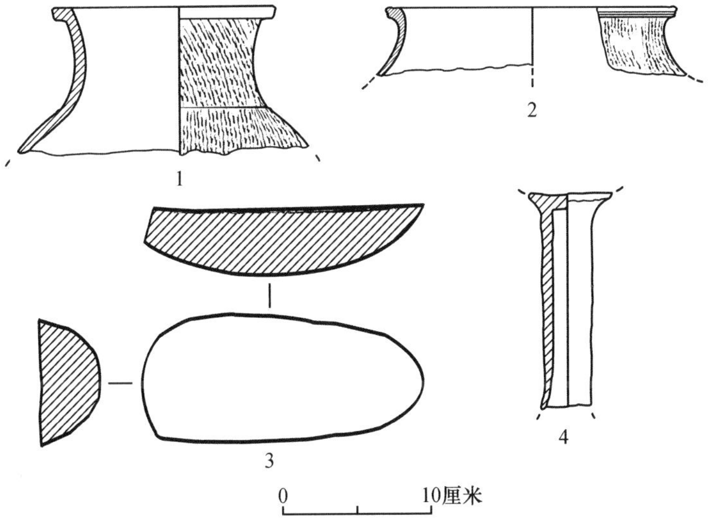


图二四〇 H20出土遗物

1. A型Ⅴ式陶高领罐（H20：1） 2. C型Ⅱ式陶瓮（H20：2） 3. 砺石（H20：4） 4. Ⅰ式陶豆柄（H20：3）

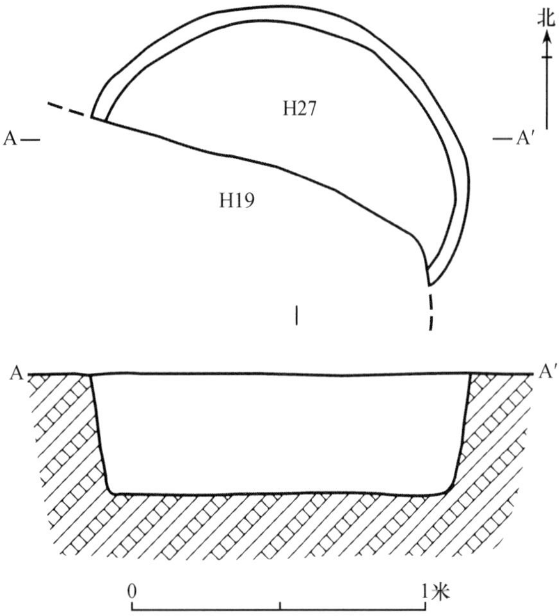

图二四一　H27平、剖面图

H20：4，石质，灰黄色。呈椭圆形，可见磨、砸痕迹。残长18.4、宽8.4、残高4.3厘米（图二四〇，3）。

**8. H27**

位于TN04E04西壁，距南壁110厘米，其南部被H19打破。开口于第2层下，打破第3层和生土。开口较明显，平面呈不规则圆形，剖面呈筒状，平底，坑壁未见加工痕迹。坑口距地表深40厘米，坑口东西残长130、南北残宽53厘米，坑底东西长122、南北宽46厘米，坑口距坑底深40厘米。坑内堆积仅为一层，填土黄色，夹红色斑点，有黏性。可辨有1件陶鬲（图二四一）。

H27：1，Ab型Ⅳ式。夹砂灰黄陶。轮制。敞口，折沿，圆唇，束颈，溜肩，腹、底残。腹饰竖向绳纹。口径17、残高4.6厘米（图二三八，3）。

**9. H34**

位于TN02E04中部靠北，西北距J10约50厘米，南距J14约100厘米，东距J13约100厘米。开口于第2层下，打破第3层和生土。开口平面呈不规则圆形，坑壁斜直，坑底微弧，未见加工痕迹。坑口至地表深约30厘米，坑口南北最长200、东西最宽192厘米，坑口至坑底深约46厘米。坑内填土为灰褐色，含褐色锈斑，土质疏松。无出土遗物（图二四二）。

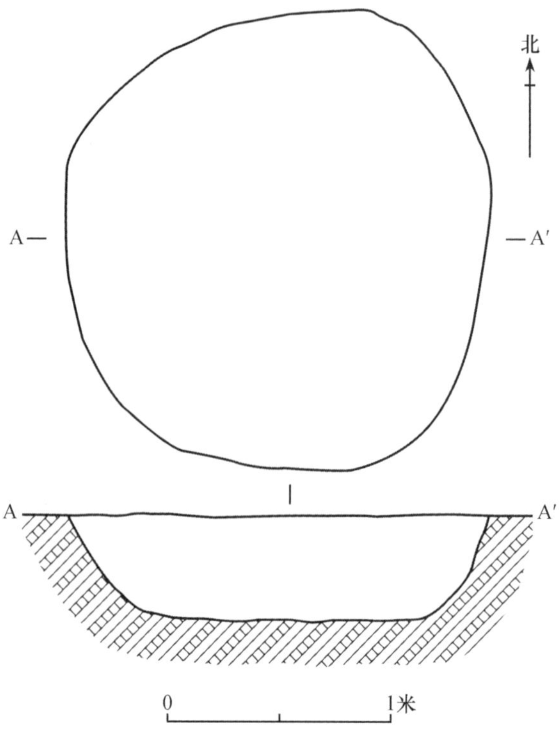

图二四二　H34平、剖面图

## （四）不规则形

计有H4、H14、H33共3个。

**1. H4**

位于TN02E01西北部，距西壁55厘米，穿过北隔梁进入TN03E01中，东距G3约35厘米。

开口于第2层下，打破J24和生土。平面呈不规则形，坑壁斜弧，坑底较平，未见加工痕迹。坑口至地表深约33厘米，坑口南北长约420、东西宽212厘米，坑口至坑底深约30厘米。坑内填土为褐灰色，略发黄褐色，含有较多的锈斑，土质疏松。无出土遗物（图二四三）。

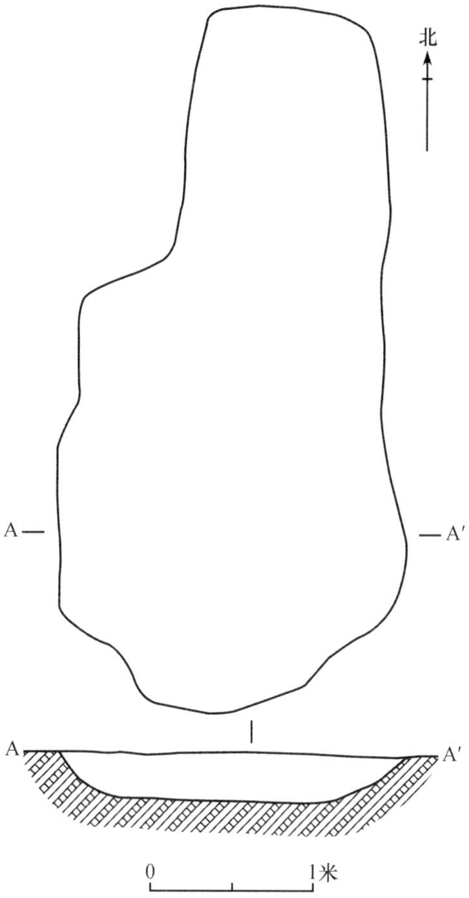

图二四三　H4平、剖面图

**2. H14**

位于TN02E04西南部，部分位于TN01E04北隔梁下；北距J20约430厘米，东北距H48约300 厘米。开口于第2层下，打破第3层和生土。平面呈不规则形，坑壁斜直，坑底较平，未见加工痕迹。坑口至地表深25厘米，东西最长270、南北最宽66厘米，坑口至坑底深38厘米。坑内填土为灰褐色，含褐色锈斑，土质疏松。可辨有豆盘、高领罐、盆等陶器（图二四四）。

（1）陶豆盘

1件。

H14：3，A型Ⅰ式。泥质褐黄陶。轮制，慢轮修整。盘径较小，浅盘，盘壁弧形接柄。素面。盘径11.4、盘深2、残高3厘米（图二四五，2）。

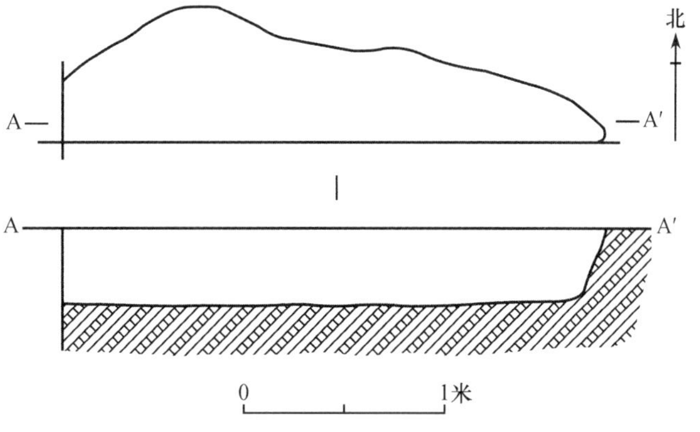

图二四四　H14平、剖面图

（2）陶高领罐

1件。

H14：1，C型Ⅳ式。泥质灰陶。轮制，内、外壁有轮制的旋痕。敞口，折沿，沿面向外，尖圆唇，束颈。素面。口径18、残高8.5厘米（图二四五，4）。

（3）陶盆

2件。轮制。

H14：4，Ba型Ⅳ式。泥质灰黄陶。敛口，折平沿，尖圆唇，短束颈，溜肩。肩饰一道凹弦纹。口径40、残高4.5厘米（图二四五，1）。

H14：2，Ca型Ⅳ式。泥质灰陶。口略敛，折沿外卷，沿面向外，圆唇，颈略束。沿面饰四道凹弦纹，颈饰抹平绳纹。口径40、残高3.4厘米（图二四五，3）。

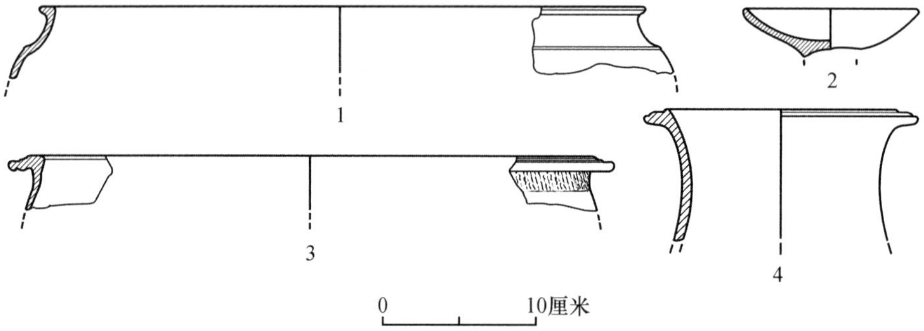


图二四五　H14出土陶器

1. Ba型Ⅳ式盆（H14：4）　2. A型Ⅰ式豆盘（H14：3）　3. Ca型Ⅳ式盆（H14：2）　4. C型Ⅳ式高领罐（H14：1）

**3. H33**

位于TN02E04东南部，距东壁260厘米，距南壁210厘米；北距J14约25厘米，东距H15约200厘米。开口于第2层下，南部打破第3层、H48、J14及生土。平面呈不规则曲尺形，坑壁斜直，坑底微圜，未见加工痕迹。坑口至地表深50厘米，坑口东西最长132、南北最宽108厘米，坑口至坑底深30厘米。坑内填土为深褐色，含有较多的草木灰，土质结构疏松。出土有豆和鬲等陶器（图二四六）。

（1）陶豆

1件。

H33：2，Ab型Ⅲ式。泥质褐黄陶。豆盘、豆座轮制，慢轮修整；柄手制，柄内壁可见手制痕迹。盘径较小，盘稍浅，盘壁弧形接柄，细高柄，喇叭形豆座，座面隆起。素面。盘径13.4、盘深2.2、座径7.6、高17.1厘米（图二四七，1；图版一〇，4）。

（2）陶盆

1件。

H33：1，Cb型Ⅲ式。夹砂褐黄陶。轮制。直口微敞，折沿，沿面略向外，圆唇，束颈，溜肩，弧腹壁，下腹及足残。肩饰一道凹弦纹。口径32、残高6厘米（图二四七，2）。

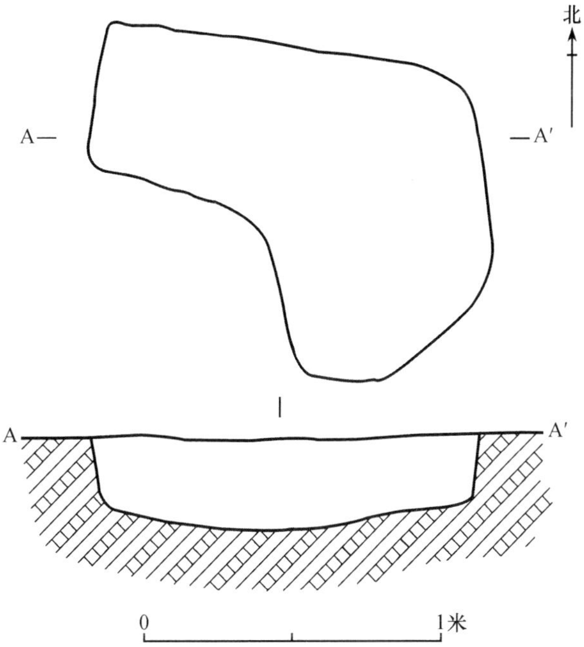


图二四六　H33平、剖面图

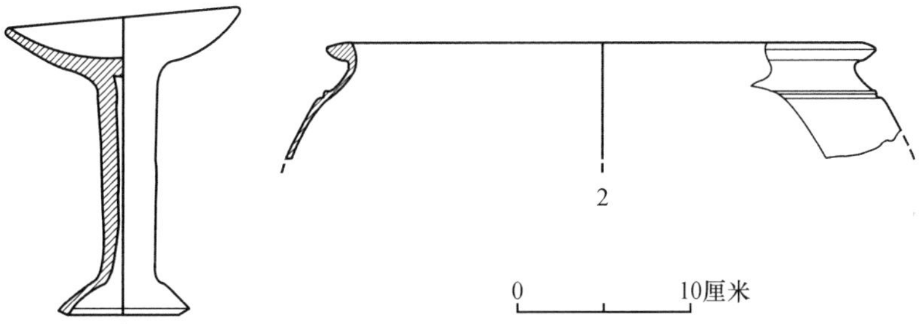


图二四七　H33出土陶器
1. Ab型Ⅲ式豆（H33：2）　2. Cb型Ⅲ式盆（H33：1）

## 三、水　井

共5口，即J6、J8、J11～J13。均为圆形土井，在发掘过程中因井壁陡直、易崩塌、存在安全隐患而未清理到底（表一六）。

**表一六　第2层下水井出土陶器器类型式一览表**

| 编号 | 器类形制 |
|---|---|
| J8 | 豆柄Ⅴ1；盆BaⅢ1、DⅢ1 |
| J12 | 鬲AcⅠ1 |
| J13 | 鬲AaⅡ1、AcⅡ1、BaⅢ1、CⅢ1；鬲足AaⅠ1、AbⅠ1；豆盘AⅡ1；高领罐AⅦ1；瓮CⅢ1；盆BaⅢ1、BbⅣ1、CaⅢ1 |

### 1. J6

位于TN02E04北壁，距探方西壁720厘米，有一半进入探方北隔梁；西距H16约16厘米，南距H15约132厘米。开口于第2层下，打破第3层和生土。平面呈圆形，井壁斜直、光滑。井口至地表深约55厘米，井口直径110厘米，井底直径104厘米，井口至井底深约530厘米。井内表层填土呈黄色，质地较纯，有黏性，较松软，无包含物。在深260厘米处土色逐渐变为灰色，质地较纯，极有黏性。向下清理至530厘米处，因井壁陡直、易崩塌、存在安全隐患而未清理完毕。无出土遗物（图二四八）。

### 2. J8

位于TN03E02中部，距探方西壁550厘米、南壁350厘米；J8位于H29下，东距J7约40厘米，南距J27约205厘米，西距H28约170厘米。开口于第2B层下，被H29打破，打破第3层和生土。平面呈圆形。井口距地表深80厘米，井口直径100厘米，井底直径88厘米。向下清理至480厘米处因井壁陡直、光滑、易崩塌、存在安全隐患而未清理到底。井内堆积分为2层：第1层，井口至井下270厘米，填土为灰褐色夹锈斑点，土质密度较大；第2层，井下270～480厘米，为灰色土，质地较纯，疏松，很黏。出土有盆、豆等陶器（图二四九）。

（1）陶豆柄

1件。

J8：3，Ⅴ式。泥质灰黄陶。柄手制，柄内、外壁可见手制痕迹。盘壁弧形接柄，高柄稍粗、呈圆柱形、中空，喇叭形豆座残。素面。柄径3.3、残高13.2厘米（图二五〇，4）。

（2）陶盆

2件。轮制，内壁可见轮制的旋痕。

J8：2，Ba型Ⅲ式。泥质灰黄陶。敞口，折平沿略外卷，方圆唇，短束颈，溜肩。口径34、残高4.5厘米（图二五〇，1）。

J8：1，D型Ⅲ式。泥质灰黄陶。敛口，折弧沿，尖圆唇，束颈，溜肩。沿面饰凹弦纹。口径34、残高4厘米（图二五〇，2）。

### 3. J11

位于TN03E02西部，距西壁230厘米，距南壁450厘米；J11位于H28下，东距H29约185厘米，西北距J12约110厘米，西南距H51约130厘米。开口于第2层下，打破第3层和生土。平面呈圆形，井壁斜直、光滑。开口距地表深130厘米，井口直径104厘米。井内堆积分为2层：第1层，井口至井下258厘米，填土黄褐色，土质较软，出土有少许陶片等；第2层，井下258～360厘米，为灰色土，质地较纯，疏松，很黏。向下清理至360厘米处因安全原因停止发掘。无出土遗物（图二五一）。

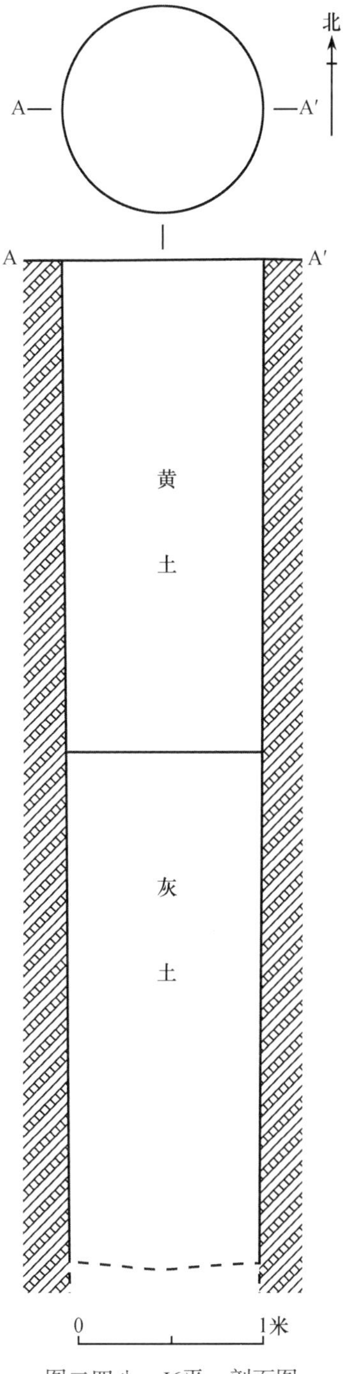

图二四八　J6平、剖面图

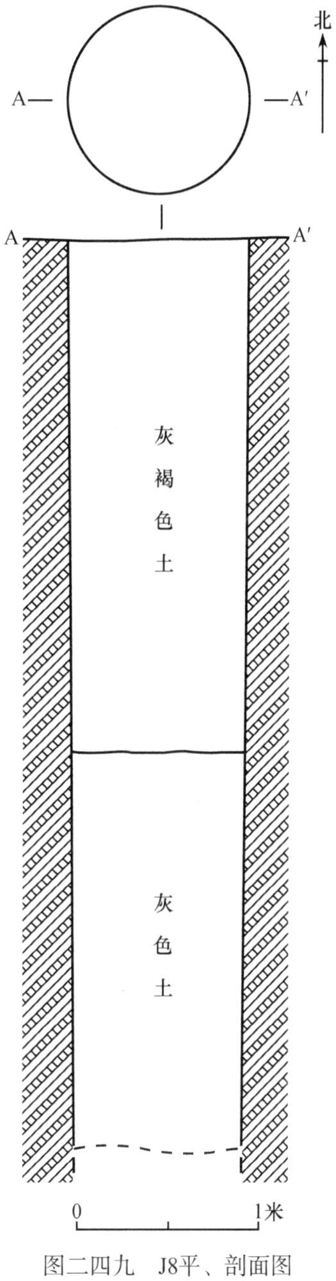

图二四九　J8平、剖面图

**4. J12**

位于TN03E02西部，距探方西壁70厘米、南壁580厘米；J12位于H28下，东南距J11约110厘米，南距H51约165厘米。开口于第2层下，被H28打破，打破第3层和生土。平面呈圆形。开口距地表深130厘米，井口直径90厘米，向下清理至570厘米处因井壁陡直、光滑、易崩塌、存在安全隐患而未清理到底。井内堆积分为2层：第1层，井口至井下255厘米，填土黄褐色，土质较软；

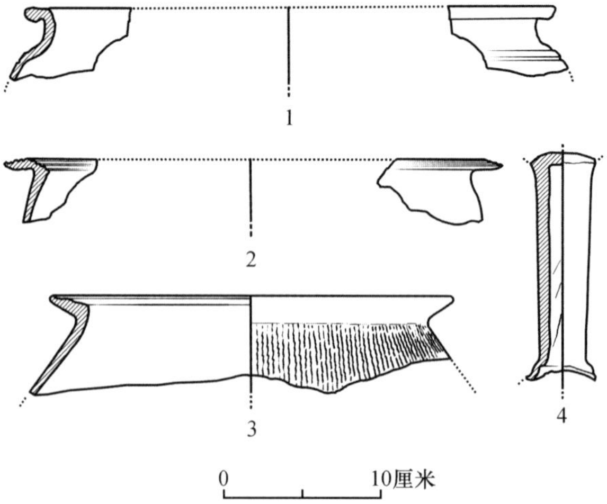


图二五〇　J8、J12出土陶器

1. Ba型Ⅲ式盆（J8：2）　2. D型Ⅲ式盆（J8：1）　3. Ac型Ⅰ式鬲（J12：1）　4. Ⅴ式豆柄（J8：3）

第2层，井下255～570厘米，为灰色土，质地较纯，疏松，很黏。出土1件陶鬲（图二五二）。

J12：1，Ac型Ⅰ式。夹砂褐黄陶。轮制。敛口，仰折沿，沿面向内，尖圆唇，束颈，溜肩。沿面饰两道凹弦纹，肩饰纵向绳纹。口径26、残高6厘米（图二五〇，3）。

**5. J13**

位于TN02E04东北部，距东隔梁105厘米，距北隔梁180厘米；东南距H15约110厘米，西距H34约100厘米，北距H59约80厘米。开口于第3层下，打破生土。圆形土井，开口呈不规则圆形。井口至地表深65厘米，井口东西长200、南北宽160厘米，井底直径110厘米，井口至井底深569厘米。J13井内堆积为：开口下0～80厘米土色为灰褐色，夹有少许黄褐色土及草木灰等，土质结构疏松，包含有陶器残片；80～300厘米为灰黑色夹黄斑土，含有草木灰、木炭等；300～480厘米为青灰色填土，土质较纯，极有黏性，包含有少许罐残片；480～569厘米填土逐渐变为青灰泛白色、夹黄色土块。井内可辨有高领罐、鬲口沿、鬲足、盆、豆盘、瓮等陶器（图二五三）。

（1）陶鬲

4件。均为夹砂灰黄陶。轮制，内、外壁可见轮制的旋痕。

J13：12，Aa型Ⅱ式。折平沿，尖圆唇。素面。口径13.6、残高2.8厘米（图二五四，10）。

J13：10，Ac型Ⅱ式。口略敛，仰折沿，沿面向内，方唇。沿面饰一道凹弦纹，颈饰抹平绳纹，肩饰凹弦纹。口径24、残高5.7厘米（图二五四，9）。

J13：3，Ba型Ⅲ式。折平沿略外卷。沿面饰三道凹弦纹，肩饰交错绳纹。口径42、残高7.6厘米（图二五四，2）。

J13：11，C型Ⅲ式。沿面向外。沿面饰一道凹弦纹，肩饰纵向绳纹。口径21、残高6.8厘米（图二五四，8）。

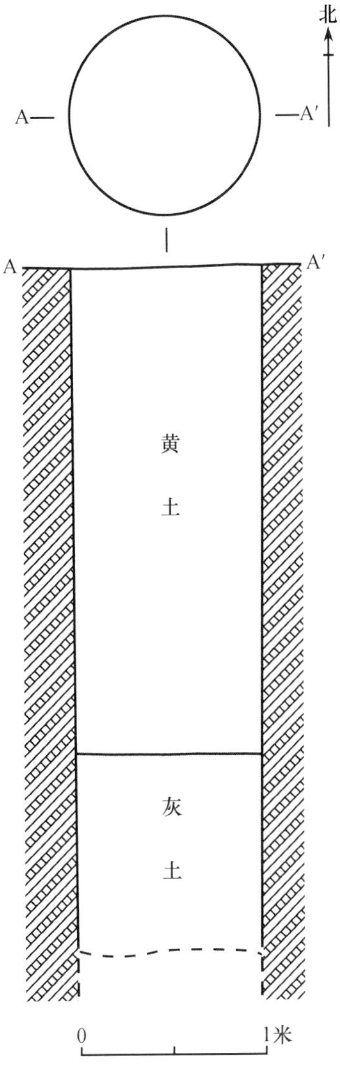

图二五一　J11平、剖面图

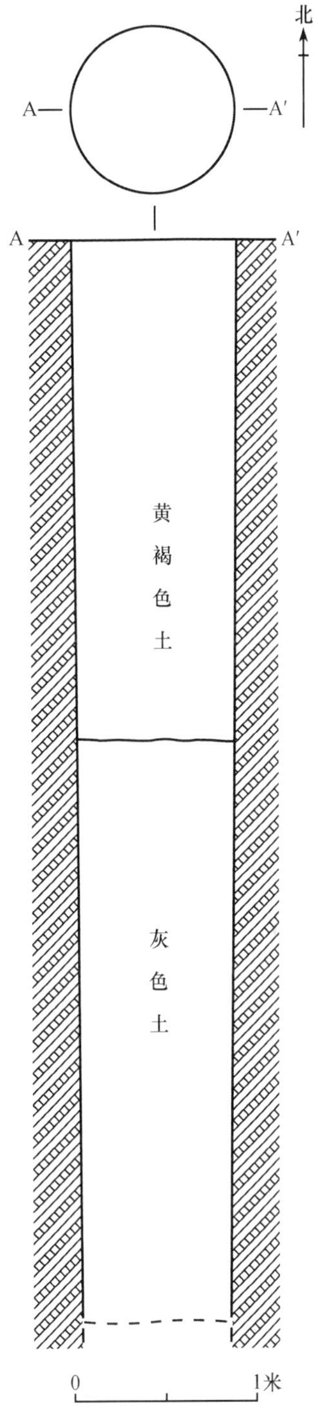

图二五二　J12平、剖面图

（2）陶鬲足

2件。均为夹砂灰黄陶。手制。

J13：7，Aa型Ⅰ式。深足窝，矮柱状足，足身削棱，裆微弧。饰绳纹。残高7.8厘米（图二五四，12）。

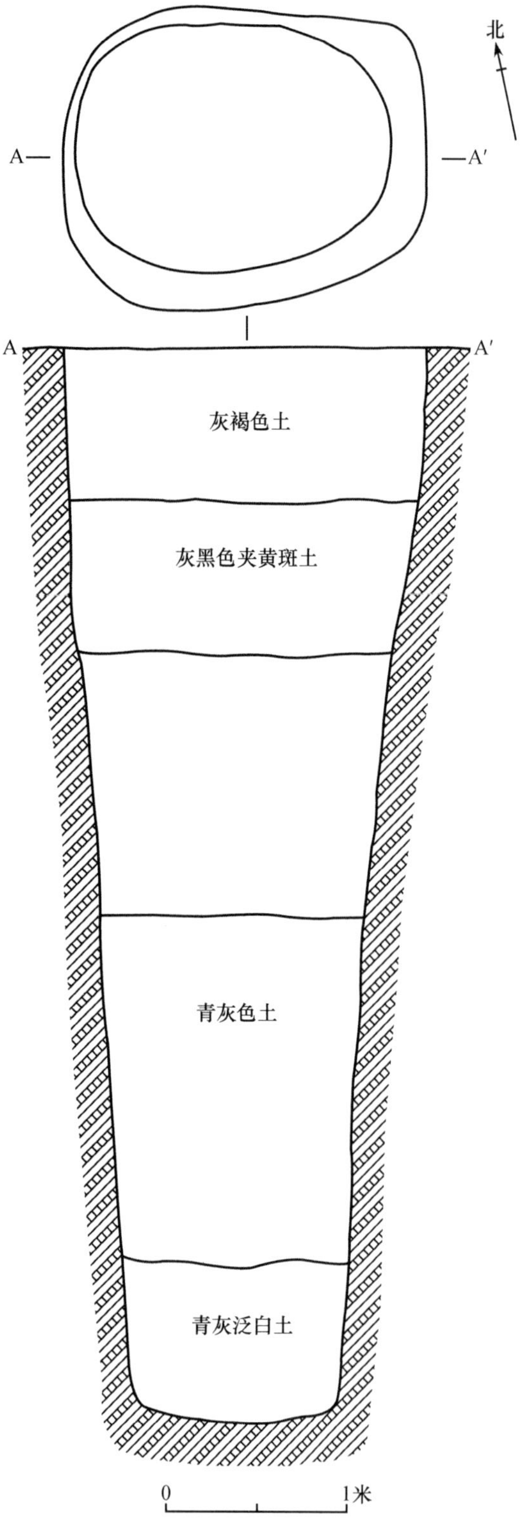

图二五三　J13平、剖面图

J13：6，Ab型Ⅰ式。足窝呈袋状，截锥状足，足端平，足身削棱。残高8.4厘米（图二五四，11）。

（3）陶豆盘

1件。

J13：8，A型Ⅱ式。泥质灰陶。豆盘轮制，慢轮修整；柄手制，柄内壁可见手制痕迹。盘径较小，浅盘，盘壁弧形接柄，细柄呈圆柱状、中空。素面。盘径12、盘深2.2、残高7厘米（图二五四，7）。

（4）陶高领罐

1件。

J13：1，A型Ⅶ式。泥质黑衣灰陶。轮制，内、外壁可见轮制的旋痕。敞口，折平沿，尖圆唇，束颈，溜肩，鼓腹下内收，凹圜底。颈饰抹平绳纹，肩腹部饰间断绳纹、竖向绳纹及交错绳纹。口径18.5、腹径30.4、底径10、高34.5厘米（图二五四，1；图版一二，6）。

（5）陶瓮

1件。

J13：9，C型Ⅲ式。泥质黑衣灰黄陶。轮制。敞口，折平沿，方唇，短束颈，溜肩，斜弧腹。沿面饰两道凹弦纹，肩饰间断绳纹。口径27、残高15.4厘米（图二五四，5）。

（6）陶盆

3件。轮制，内、外壁可见轮制的旋痕。

J13：5，Ba型Ⅲ式。泥质黑衣灰黄陶。折平沿，方唇。沿面饰一道凹弦纹，肩部饰一道凸棱。口径40、残高7.4厘米（图二五四，3）。

J13：2，Bb型Ⅳ式。泥质灰黄陶。折平沿，圆唇。沿面饰两道、肩饰五道凹弦纹，腹饰绳纹。口径40、残高8.6厘米（图二五四，6）。

J13：4，Ca型Ⅲ式。泥质灰黄陶。沿面向外，方唇。沿面、唇沿及肩部各饰一道凹弦纹。口径40、残高7.4厘米（图二五四，4）。

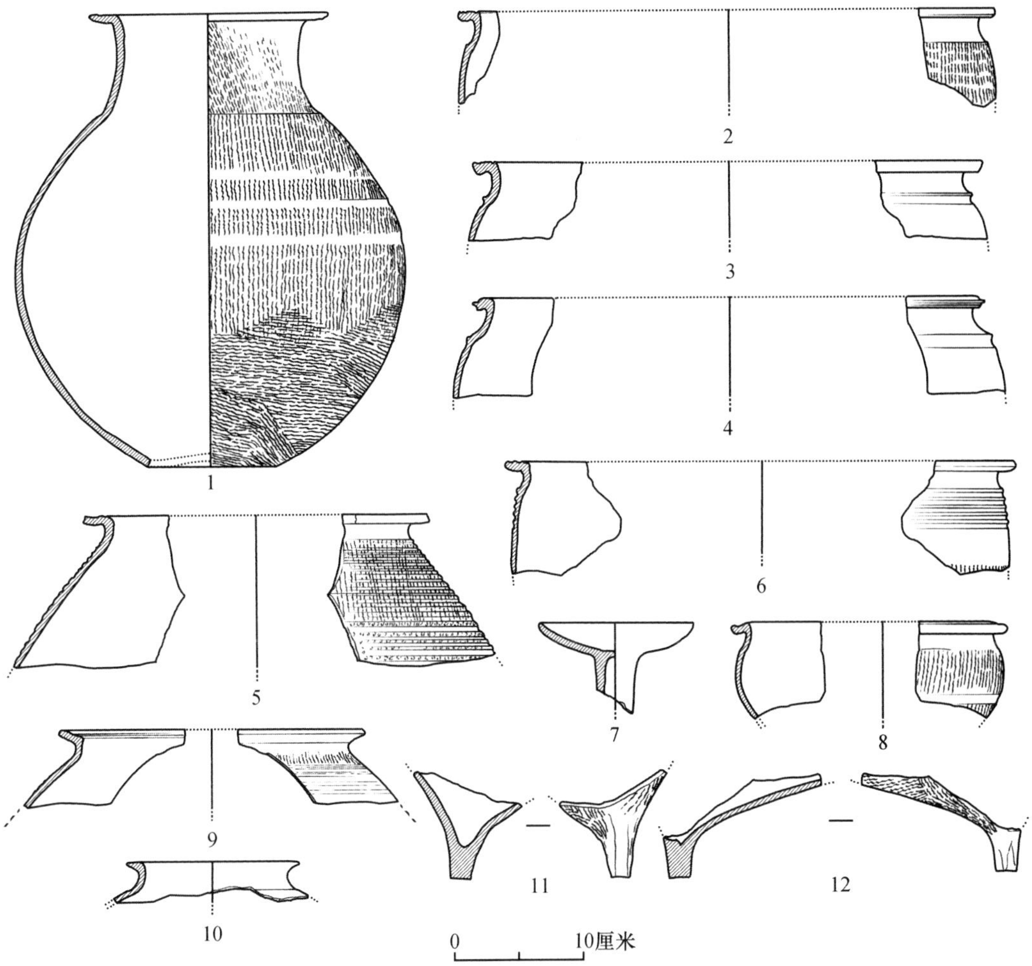


图二五四 J13出土陶器

1. A型Ⅶ式高领罐（J13：1） 2. Ba型Ⅲ式鬲（J13：3） 3. Ba型Ⅲ式盆（J13：5） 4. Ca型Ⅲ式盆（J13：4） 5. C型Ⅲ式瓮（J13：9） 6. Bb型Ⅳ式盆（J13：2） 7. A型Ⅱ式豆盘（J13：8） 8. C型Ⅲ式鬲（J13：11） 9. Ac型Ⅱ式鬲（J13：10） 10. Aa型Ⅱ式鬲（J13：12） 11. Ab型Ⅰ式鬲足（J13：6） 12. Aa型Ⅰ式鬲足（J13：7）

# 第五章　结　　语

## 第一节　年代与分期

分期依据地层与遗迹的层位关系及出土陶器型、式的归纳。根据层位关系从横向和纵向角度判断器物的类型，从器物类型的特征着手，结合层位关系寻找各类器物的演变轨迹来区分式别，在确定式别的基础上，将所有器类型式列成有层位关系的对应表，据型、式早晚关系的变化程度确定早晚关系。

### 一、分　　组

张家台遗址出土的主要陶器，根据层位关系和型、式可归纳为五组。

#### （一）第一组

第一组为第3层下遗迹出土的遗物。

鬲，有AaⅠ、AaⅡ、AbⅠ、AbⅡ、AbⅢ、AbⅣ、AcⅠ、AcⅡ、BaⅠ、BbⅠ、BbⅡ、BbⅢ、BcⅠ、BcⅡ、BcⅢ、CⅠ、CⅡ式等。

鬲足，有AaⅠ、AbⅠ、AcⅠ、AcⅡ、AcⅢ、BaⅠ、BaⅡ式等。

盂，有AⅠ、AⅡ、AⅢ、BⅠ、BⅡ、BⅢ、BⅣ、CaⅠ、CaⅡ、CaⅢ、CbⅠ、CbⅡ、CbⅢ、CbⅣ式等。

豆，有AaⅠ、AaⅡ、AbⅠ、AbⅡ、AbⅢ、BⅠ、BⅡ式等。

豆盘，有AⅠ、AⅡ、AⅢ、BⅠ、BⅡ、BⅢ、CⅠ、CⅡ、CⅢ式等。

豆座，有AaⅠ、AaⅡ、AbⅠ、AbⅡ、BⅠ、BⅡ、BⅢ式等。

豆柄，有Ⅰ、Ⅲ、Ⅳ、Ⅴ、Ⅵ、Ⅶ式等。

高领罐，有AⅠ、AⅡ、AⅢ、AⅣ、BⅠ、BⅡ、BⅢ、BⅣ、BⅤ、CⅠ、CⅡ、CⅢ、CⅣ式等。

高领小罐，有Ⅰ、Ⅱ、Ⅲ、Ⅳ式等。

长颈壶，有AⅠ、AⅡ、AⅢ、BⅠ、BⅡ式等。

盘，有AⅠ、AⅡ式、B型等。

瓮，有AaⅠ、AaⅡ、AaⅢ、AbⅠ、AbⅡ、BⅠ、BⅢ、CⅠ、CⅡ、CⅣ、DⅠ、DⅡ、DⅢ式等。

盆，有AaⅠ、AbⅠ、AbⅡ、AbⅢ、AbⅣ、AbⅤ、BaⅠ、BaⅡ、BaⅢ、BaⅣ、BbⅠ、BbⅡ、CaⅠ、CaⅡ、CaⅢ、CaⅣ、CbⅠ、CbⅡ、CbⅢ、CbⅣ、CbⅤ、CbⅥ、CbⅦ、DⅠ、DⅡ、DⅢ、DⅣ式等。

此外还有Ⅰ式器座、Ⅰ式纺轮、盖豆盘、盖豆柄、折沿罐、双耳罐、壶、井圈、板瓦、瓦当、筒瓦、印纹硬陶罐等。

### （二）第二组

第二组为第3层出土的遗物。

鬲，除延续第3层下出土的AbⅠ、AbⅢ、AbⅣ、AcⅡ、BaⅠ、BbⅠ、BbⅡ、BbⅢ、BcⅠ、BcⅡ、BcⅢ、CⅡ式外，新出有BaⅡ、BaⅢ、BcⅣ、BcⅤ、CⅢ、CⅣ、CⅤ式等。

鬲足，除延续第3层下出土的AaⅠ、AbⅠ、AcⅠ、AcⅡ、AcⅢ、BaⅠ式外，新出有AaⅡ、AaⅢ、AbⅡ、BbⅠ式等。

盂，除延续第3层下出土的AⅠ、AⅡ、AⅢ、BⅠ、BⅡ、BⅣ、CaⅠ、CaⅡ、CaⅢ、CbⅠ、CbⅡ、CbⅣ式外，新出有AⅣ式等。

豆盘，为延续第3层下出土的AⅠ、AⅡ、AⅢ、BⅠ、BⅡ、BⅢ、CⅠ、CⅡ式等。

豆座，除延续第3层下出土的AbⅠ和AbⅡ式外，新出有AaⅢ、AaⅣ、AcⅠ、AcⅡ、AcⅢ式等。

豆柄，除延续第3层下出土的Ⅰ、Ⅳ、Ⅴ、Ⅶ式外，新出有Ⅱ式等。

高领罐，除延续第3层下出土的BⅡ、BⅤ、CⅢ、CⅣ式外，新出有AⅤ式等。

高领小罐，仅见新出Ⅴ式等。

盘，仅见延续第3层下出土的AⅡ式等。

瓮，除延续第3层下出土的AaⅠ、AbⅠ、BⅢ、CIV、DⅡ、DⅢ式外，新出有AbⅢ、BⅡ、BⅣ、DⅣ式等。

盆，除延续第3层下出土的AbⅡ、AbⅢ、AbⅣ、AbⅤ、BaⅠ、BaⅡ、BaⅢ、BaⅣ、BbⅠ、BbⅡ、CaⅠ、CaⅡ、CaⅢ、CaⅣ、CbⅠ、CbⅡ、CbⅢ、CbⅣ、CbⅤ、CbⅥ、CbⅦ、DⅣ式外，新出有AaⅡ、BbⅢ、DⅤ式等。

此外还有盖豆盘、盖豆组、盖豆柄、盖豆座、Ⅱ式器座、Ⅱ式纺轮、板瓦、瓦当、筒瓦、印纹硬陶罐等。

## （三）第三组

第三组为第2B层下遗迹和第2B层出土的遗物。

鬲，为延续第3层下和第3层出土的AaⅡ、BbⅠ、BcⅤ、CⅠ式等。

鬲足，为延续第3层下和第3层出土的AcⅢ、BaⅡ式等。

盂，为延续第3层下和第3层出土的AⅡ、AⅣ、BⅠ、BⅣ、CaⅡ、CaⅢ、CbⅢ、CbⅣ式等。

豆，为延续第3层下出土的AaⅠ式。

豆盘，为延续第3层下和第3层出土的AⅠ、AⅡ、AⅢ、CⅢ式等。

豆座，除延续第3层下和第3层出土的AaⅢ、AbⅡ式外，新出有AbⅢ式等。

豆柄，为延续第3层下和第3层出土的Ⅰ、Ⅱ、Ⅳ、Ⅶ式等。

高领罐，新出有AⅥ式。

长颈壶，为延续第3层下出土的AⅢ式等。

瓮，除延续第3层下出土的AbⅡ、BⅢ式外，新出有AbⅣ、CⅢ式。

盆，为延续第3层下和第3层出土的AbⅡ、BaⅣ、CaⅢ、CbⅠ、CbⅤ、CbⅦ、DⅢ式等。

此外还有盖豆盘、盖豆座等。

## （四）第四组

第四组为第2层下遗迹出土的遗物。

鬲，为延续第3层下和第3层出土的AaⅡ、AbⅣ、AcⅠ、AcⅡ、BaⅢ、BbⅡ、BCⅠ、CⅠ、CⅢ、CⅥ式等。

鬲足，除延续第3层下出土的AaⅠ、AbⅠ、AcⅠ、BaⅠ式外，新出有AbⅢ式等。

盂，为延续第3层下和第3层出土的AⅣ、BⅡ1、CaⅡ式等。

豆，除延续第3层下出土的AbⅢ、BⅢ式等外，新出有AbⅢ式等。

豆盘，为延续第3层下和第3层出土的AⅠ、AⅡ、AⅢ、BⅢ式等。

豆柄，为延续第3层下和第3层出土的Ⅰ、Ⅳ、Ⅴ、Ⅶ式等。

高领罐，为延续第3层下、第3层和第2B层下出土的AaⅡ、AaⅢ、AbⅣ、BⅡ、CaⅣ、CbⅣ、DaⅢ式等。

盘，为延续第3层下出土的AⅡ式等。

瓮，为延续第3层下和第3层出土的AaⅡ、BⅡ、CⅡ、CⅢ、DⅢ式等。

盆，除延续第3层下、第3层和第2B层下出土的AbⅡ、AbⅤ、BaⅡ、BaⅢ、BaⅣ、BbⅠ、BbⅡ、BbⅢ、CaⅢ、CaⅣ、CbⅡ、CbⅢ、CbⅦ、DⅢ、DⅤ式外，新出有AaⅢ、BbⅣ式等。

此外还有盖豆盘、盖豆组、盖豆柄、板瓦、瓦当等。

### （五）第五组

第五组为第2层出土的遗物。

鬲，为延续第3层下出土的AbⅣ式等。

鬲足，为延续第3层下出土的AcⅠ、AcⅡ、AcⅢ、BaⅠ、BaⅡ式等。

盂，为延续第3层下和第3层出土的AⅣ、BⅡ、CaⅠ、CaⅡ、CbⅣ式等。

豆盘，为延续第3层下出土的AⅠ、AⅡ、AⅢ、BⅢ、CⅡ式等。

豆座，新出有AaⅤ式。

豆柄，为延续第3层下、第3层出土的Ⅰ、Ⅱ、Ⅴ、Ⅶ式等。

高领罐，为延续第3层下出土的BⅣ式等。

盘，为延续第3层下出土的AⅡ式等。

瓮，为延续第3层下出土的AaⅢ、AbⅣ式等。

盆，为延续第3层和第2层下出土的AaⅢ、AbⅣ、BaⅢ、BbⅢ、CaⅠ、CaⅢ、CbⅢ、CbⅦ、DⅠ、DⅣ式等。

此外还有盖豆盘、高领小罐、印纹硬陶罐、瓦当等。

## 二、年 代

张家台遗址中没有出土纪年材料，也没有$^{14}$C测年数据，因此，只能对遗址的相对年代进行判定。而判定遗址的相对年代，只能同已发掘的同时期的墓葬或遗址的出土遗物中的同类遗物相比对。而在张家台遗址中，具有叠压或打破关系的遗迹共有21组：G6打破G7；G1叠压G7；G3叠压 J5；H24叠压J15；H2叠压J1；H7叠压J32；H18叠压H52；H33叠压H48，H33叠压J14；H16叠压打破H59；H4叠压J24；J11、J12位于H28下，H28叠压H51、J25；J8、J27位于H29下，H29叠压J17；H23叠压H38；H5叠压H26，H26叠压H30；H31叠压J30；H36叠压H56；H9打破H27；这些叠压打破关系也为判定遗迹年代的早晚提供了依据。

张家台遗址第一组陶器出土的AaⅠ式鬲（H26：6）与纪南城新桥BⅠ式鬲（H2：2）相比显得略晚[1]；AaⅡ式鬲（H59：6）与江陵九店东周墓乙组AⅠ式鬲（M265：10、M254：10）相比显得略晚[2]；AbⅡ式小口鬲（H26：11）与纪南城松柏鱼池B型小口鬲（T1⑤：14）大体相似但显得略早[3]；AbⅢ式小口鬲（H51：1）与江陵九店东周墓AaⅢ式鬲（M621：35）大体相似；AcⅠ式鬲（J4：17）明显早于龙桥河Ⅰ段④号堆积Ⅱ型Ⅱ式鬲（龙桥河Ⅰ段④号堆积：1）及南垣水门Ⅱ式小口高足鬲[4]（T6③：6）；BaⅠ式鬲（H47：23）与纪南城西垣北门T1⑤：1相比显得略早；BbⅠ式鬲（J20：52）与江陵雨台山楚墓Ⅱ型Ⅱ式鬲（M539：3）相比显得略晚[5]。

AⅠ式（H41：2）与纪南城松柏鱼池AⅠ式盂（T1⑥B：5）、江陵雨台山Ⅳ式盂（M437：3、M539：2）及江陵九店东周墓AaⅡ式盂（M276：1）大体相似；AⅢ式盂（J1：6）与纪南城松柏鱼池AⅡ式盂（T1⑤：22）及江陵九店东周墓AbⅢ式盂（M9：7）大体相似；BⅠ式盂（G6：9）与纪南城新桥AbⅢ式盂（H9：4）大体相似；BⅢ式盂（H43：3）与纪南城新桥AaⅢ式盂（H10①：11）大体相似；CaⅠ式盂（H26：4）明显晚于江陵雨台山楚墓Ⅲ式盂（M64：1）；CaⅡ式盂（H50：4）与当阳赵家湖楚墓BX式盂（JM83：2）大体相似[6]。

AaⅠ式豆（J20：5）与纪南城龙桥河Ⅰ段Ⅲ式豆（J111：5）及赤壁土城城外墓葬出土的AaⅠ式豆（HM1：4）大体相似[7]；AaⅡ式豆（G5：8）与纪南城龙桥河Ⅰ段③号堆积Ⅲ式豆（③号堆积：4）大体相似；AbⅠ式豆（J4：6）与纪南城龙桥河Ⅰ段Ⅱ式豆（J111：4）大体相似；AbⅡ式豆（J20：50）与纪南城新桥BⅡ式豆（H10②：7）大体相似；AbⅢ式豆（J4：11）与江陵九店东周墓BⅢ式豆（M244：11）大体相似；BⅠ式豆（J20：20）与纪南城龙桥河Ⅱ段①号堆积Ⅰ式豆（①号堆积：48）及赤壁土城城外墓葬出土的Ⅰ式矮柄豆（WM6：4）大体相似；BⅡ式豆（G5：3）与纪南城新桥AⅠ式豆（H4：3）大体相似，与赤壁土城城外墓葬出土的Ⅲ式矮柄豆（HM13：5）相比显得略早。

AⅠ式豆盘（J20：24）与纪南城龙河桥Ⅰ段Ⅲ式豆（J111：5）的豆盘、纪南城新桥BⅡ式豆（H9：12）的豆盘及赤壁土城城外墓葬出土的AaⅠ式豆（HM1：4）的豆盘大体相似；AⅡ式豆盘（J20：32、J20：22）与纪南城龙桥河Ⅰ段③号堆积Ⅲ式豆（③号堆积：4）的豆盘及赤壁土城城外墓葬出土的AaⅡ式豆（HM3：5）的豆盘大体相似；AⅢ式豆盘（TN04E02③：22）与纪南城南垣水门Ⅱ式豆（T8④B：23）的豆盘及赤壁土城城外墓葬出土的AaⅡ式豆（HM51：4）的豆盘大体相似；BⅠ式豆盘（H55：4、J20：31）与赤壁土城城外墓葬出土的BaⅠ式豆（WM10：3）的豆盘大体相似；BⅡ式豆盘（H40：17、J20：34）与赤壁土城城外墓葬出土的BaⅡ式豆（WM33：16）的豆盘大体相似；BⅢ式豆盘（H47：26、H44：2）与赤壁土城城外墓葬出土的BbⅢ式豆（WM54：4）的豆盘大体相似；CⅠ式豆盘（H50：3）与赤壁土城城外墓葬出土的AbⅠ式豆（HM3：4）的豆盘大体相似；CⅡ式豆盘与赤壁土城城外墓葬出土的AbⅡ式豆（HM50：4）的豆盘大体相似；CⅢ式豆盘与赤壁土城城外墓葬出土的AbⅡ式豆（HM47：6）的豆盘大体相似。

盖豆（H40：11）与江陵九店东周墓BⅡ式盖豆（M510：1）大体相似。

AⅠ式高领罐（J4：2）与江陵九店东周乙组墓Ⅰ式高领罐（M216：1）大体相似；AⅡ式高领罐（J1：7）与纪南城新桥AⅢ式绳纹罐（T2：6）大体相似；AⅢ式高领罐（J4：3）与纪南城新桥AⅡ式绳纹罐（H10①：21）大体相似；AⅣ式高领罐（J30：3）与纪南城西垣北门T5Z5：5罐大体相似；BⅠ式高领罐（J28：12）与纪南城西垣北门J5：4罐大体相似；BⅡ式高领罐（J5：6）与纪南城西垣北门J5：6罐大体相似；BⅢ式高领罐（J1：11、J28：2）明显早于纪南城新桥AⅣ式绳纹罐（J1②：30）；BⅤ式高领罐（J3：3）明显早于纪南城松30台基J11：1罐，与江陵九店东周墓乙组甲类墓Ⅱ式高领罐（M19：13）大体相似；CⅠ式高领罐（J20：4）与江陵雨台山Ⅱ式高领罐（M395：1）大体相似；CⅡ式高领罐（J28：5）与纪南城新桥AⅣ式绳纹罐（J1②：16）大体相似；CⅢ式高领罐（J27：1）与纪南城松柏鱼池Ⅰ式罐（T1⑤：25）大体相似；CⅣ式高领罐（J28：13、J20：13）与江陵雨台山Ⅲ式高领罐（M354：48）大体相似。

折沿罐（J1：12）与纪南城新桥H11所出深腹罐（H11：47）相比显得略早。

Ⅱ式双耳罐（J20：14）与天门彭家山CⅠ式双耳罐（J3：22）相比显得略早[8]。

Ⅰ式高领小罐（J20：10）与江陵雨台山Ⅰ式小壶（M67：1）相比显得略晚，与江陵九店东周墓乙组墓Ⅱ式高领罐（M625：3）大体相似；Ⅱ式高领小罐（J20：8）与江陵雨台山Ⅲ式小壶（M189：1）相比显得略早；Ⅲ式高领小罐（J20：9）与江陵九店东周墓乙组墓Ⅲ式高领罐（M93：2）相似但明显早于后者；Ⅳ式高领小罐（J5：2）与江陵雨台山Ⅲ式小壶（M189：1）及纪南城新桥Ⅰ式小罐（J1②：17）大体相似。

AⅠ式长颈壶（J18：2）与江陵雨台山Ⅲ式长颈壶（M539：1）相比显得略晚；AⅡ式长颈壶（J18：1、J4：1）与纪南城新桥B型长颈罐（H1：1）大体相似；BⅠ式长颈壶（J1：9、J20：1）与纪南城1979年松柏古井J82：26长颈壶大体相似。

AⅠ式盘（J20：35）与江陵九店东周墓乙组墓BⅡ式盘（M244：13）相比显得略晚；AⅡ式盘（J1：5）与江陵九店东周墓乙组墓BⅣ式盘（M231：20）相比显得略早，与江陵雨台山Ⅰ式盘（M157：17、M152：5）大体相似；B型盘（J28：1）与江陵九店东周墓乙组墓AⅢ式盘（M10：13）及江陵雨台山Ⅱ式盘（M89：22）大体相似。

AaⅠ式瓮（H50：1）与纪南城西垣北门H11：7所出瓮大体相似；AaⅡ式瓮（J29：3、J26：2）与纪南城新桥AbⅡ式瓮（H10②：17）大体相似；AaⅢ式瓮（J5：19、TN02E02②：6）与纪南城新桥AⅡa式瓮（H9：18）大体相似；AbⅠ式瓮（H57：1）与纪南城龙桥河Ⅰ段Ⅱ式瓮（J111：8）大体相似；AbⅡ式瓮（H48：5）与纪南城松柏鱼池BⅠ式瓮（T1④：14）大体相似；AbⅢ式瓮（TN02E03③：7）与纪南城南垣水门T10③G：30瓮大体相似；BⅠ式瓮（J3：8）明显早于纪南城新桥BⅡ式瓮（H11：46）；BⅢ式瓮（J1：14）与纪南城龙桥河Ⅰ段瓮（J12：3）大体相似；BⅣ式瓮（TN03E03③：1）与纪南城龙桥河Ⅱ段Ⅰ型Ⅱ式瓮（J80：1）大体相似；CⅠ式瓮（H47：24）明显晚于纪南城新桥AⅠa式瓮（H5：5）；CⅡ式瓮（J14：1）与纪南城新桥BⅠ式瓮（H1：12）大体相似；CⅡ式瓮（G9：1）与纪南城西垣北门T4H1：1瓮大体相似；CⅢ式瓮（J13：9、J20：55）与纪南城西垣北门T11③：2瓮大体相似；CⅣ式瓮（J1：36）与纪南城西垣北边门T5H11：6瓮大体相似；DⅠ式瓮（J1：39）与纪南城新桥BⅠ式瓮（H1：12）大体相似。

AbⅠ式盆（H42：1）与纪南城新桥AⅠ式盆（H10②：15）大体相似；CaⅠ式盆（J5：9）与纪南城西垣北门T5H11：4盆大体相似；DⅢ式盆（J5：11）与纪南城西垣北门T5H11：5盆大体相似。

通过对张家台遗址第一组陶器的横向比对，我们认为第一组陶器所代表的张家台遗址第3层下遗迹的年代上限不早于战国早期晚段，下限为战国中期前段。

张家台遗址第二组陶器中AbⅠ式鬲（TN02E02③：31）与纪南城龙桥河Ⅰ段Ⅱ型Ⅰ式鬲

（J111：6）相比显得略晚，与纪南城新桥BⅡ式鬲（H10②：18）大体相当； BcⅡ式大口鬲（TN04E04③：36）与江陵雨台山楚墓二型Ⅲ式鬲（M420：1、M183：20、M180：1）大体相似；BcⅣ式大口鬲（TN04E04③：41）与江陵九店东周墓BⅣ式鬲（M27：1）大体相似。

BⅡ式盂（TN02E02③：6）与纪南城新桥AⅡ式盂（H2：4）大体相似但略晚。

盖豆盘（TN02E02③：25）与江陵九店东周墓BⅡ式盖豆的豆盘（M510：1）大体相似。

Ⅴ式高领小罐（TN04E02③：35）与纪南城新桥Ⅱ式小罐（T2：60）大体相似。

DⅡ式瓮（TN04E03③：10）与纪南城松柏鱼池BⅡ式瓮（T1④：21）大体相似。

张家台遗址第二组陶器虽与第一组陶器有所区别，但主要器型器类与第一组陶器大体一致，通过对第二组陶器的横向比对，我们认为第二组陶器所代表的张家台遗址第3层遗迹的相对年代为与第3层下遗迹的相对年代大体相当，上限不早于战国早期晚段，下限为战国中期前段。

张家台遗址第三组陶器中的BcⅤ式大口鬲（H38：3）与江陵九店东周墓BⅤ式鬲（M723：4）大体相似。

AⅡ式盂（H22：4）与纪南城新桥BⅠ式盂（H10②：9）及江陵九店东周墓AbⅡ式盂（M543：2）大体相似；AⅣ式盂（H38：1）与纪南城西垣北门T6H4：2盂及纪南城新桥BⅡ式盂（H11：2）大体相似；BⅣ式盂（H38：2）与纪南城新桥AbⅣ式盂（H8：4）大体相似。

盖豆盘（H38：8）与江陵九店东周墓BⅢ式盖豆的豆盘（M722：4 ）大体相若或稍晚；盖豆座（H22：5）与江陵九店东周墓BⅡ式盖豆的豆盘（M230：1）大体相似。

AⅥ式高领罐（H23：5）与纪南城松30台基T45③：16罐大体相似。

AⅢ式长颈壶（H22：1、H40：16）与江陵雨台山楚墓Ⅳ式长颈壶（M183：24）及纪南城龙桥河Ⅱ段Ⅰ型Ⅳ式长颈罐（J54：1）大体相似。

张家台遗址第三组陶器虽与第一组、第二组陶器有所区别，但通过对第二组陶器的横向比对，我们认为第三组陶器所代表的张家台遗址第2B层下遗迹及第2B层的相对年代为战国中期前后，其下限有可能到战国晚期前段。

张家台遗址第四组陶器中的AcⅡ式鬲（J13：10）与纪南城龙桥河Ⅰ段④号堆积Ⅱ型Ⅱ式鬲（龙桥河Ⅰ段④号堆积：1）及纪南城南垣水门Ⅱ式小口高足鬲（T6③：6）大体相似；BaⅢ式大口鬲（J13：3）与纪南城西垣北门T6H4：1大体相似；CⅥ式鬲（H31：1）与江陵九店东周墓CⅠ式鬲（M559：3）相比显得略晚。

BⅢ式豆（H13：1）与纪南城松30台基深盘豆（T45③：45）大体相似。

AⅤ式高领罐（H20：1）与纪南城1979年松柏古井AⅡ式长颈罐（J84：28）大体相似；AⅦ式高领罐（J13：1）与江陵九店东周墓乙组墓Ⅳ式高领罐（M701：1）大体相似；CⅤ式高领罐（H8：1）与江陵九店东周墓乙组墓Ⅳ式高领罐（M701：1）相比较显得略早。

AaⅢ式盆（H8：3）与纪南城新桥BⅢ式盆（Y4：2）大体相似。

张家台遗址第四组陶器的主要器型器类为延续前述三组所出器型器类，通过对第四组陶器的横向比对，我们认为第四组陶器所代表的张家台遗址第2层下遗迹的相对年代为战国中期后段至战国晚期前段。

张家台遗址第五组陶器的主要器型器类及特点与第四组大体相似，我们认为第五组陶器所代表的张家台遗址第2层遗迹的相对年代与第四组陶器所代表的张家台遗址第2层下遗迹的相对年代相一致，为战国中期后段至战国晚期前段，其下限不晚于公元前278年白起拔郢。

## 三、分　期

张家台遗址五组陶器遗存，代表着张家台遗址五个前后不同的时期。这五个前后不同的时期主要为战国中期前后，通过对五组陶器的横向比对，我们认为张家台遗址可分为两期。

第一期：以第一组陶器所代表的第3层下遗迹、第二组陶器所代表的第3层遗迹为代表。本期较典型的遗迹有G5、G6、G8、H26、H40、H41、H43、H44、H45、H47、H48、H51、H56、H57、H59、H60、J1、J3～J5、J14、J18、J20、J27～J30等。本期年代上限不早于战国早期晚段，下限为战国中期前段。

第二期：以第三组陶器所代表的第2B层下遗迹及第2B层遗迹、第四组陶器所代表的第2层下遗迹、第五组陶器所代表的第2层遗迹为代表。本期较典型的遗迹有H3、H8、H14、H15、H17、H19、H20～H24、H28、H29、H33、H36～H38、J2、J7、J12、J13、H13等。本期年代上限为战国中期后段，下限不晚于战国晚期前段（不晚于公元前278年白起拔郢）。

# 第二节　张家台遗址的文化属性

张家台遗址是楚都纪南城南垣外一处重要的楚文化遗存，遗址中出土的遗物中陶器主要为鬲、盂、豆、盖豆、罐、壶、盘、瓮、盆、器座、纺轮等实用器及井圈、板瓦、瓦当、筒瓦等建筑材料。

如前年代对比材料，张家台遗址出土的AaⅠ式鬲（H26：6）、AbⅡ式小口鬲（H26：11）、AcⅠ式鬲（J4：17）、BaⅠ式鬲（H47：23）、AⅠ式盂（H41：2）、AⅢ式盂（J1：6）、BⅠ式盂（G6：9）、BⅢ式盂（H43：3）、AaⅠ式豆（J20：5）、AaⅡ式豆（G5：8）、AbⅠ式豆（J4：6）、AbⅡ式豆（J20：50）、BⅠ式豆（J20：20）、BⅡ式豆（G5：3）、AⅠ式豆盘（J20：24）、AⅡ式豆盘（J20：32、J20：22）、AⅢ式豆盘（TN04E02③：22）、AⅡ式高领罐（J1：7）、AⅢ式高领罐（J4：3）、AⅣ式高领罐（J30：3）、BⅠ式高领罐（J28：12）、BⅡ式高领罐（J5：6）、BⅢ式高领罐（J1：11、J28：2）、BⅤ式高领罐（J3：3）、CⅠ式高领罐（J20：4）、CⅡ式高领罐（J28：5）、CⅢ式高领罐（J27：1）、CⅣ式高领罐（J28：13、J20：13）、折沿罐（J1：12）、Ⅰ式高领小罐（J20：10）、Ⅱ式高领小罐（J20：8）、Ⅲ式高领小罐（J20：9）、Ⅳ式高领小罐（J5：2）、AⅡ式长颈壶（J18：1、J4：1）、BⅠ式长颈壶（J1：9、J20：1）、AaⅠ式瓮（H50：1）、AaⅡ式瓮（J29：3、J26：2）、AaⅢ式瓮（J5：19、TN02E02②：6）、AbⅠ式瓮（H57：1）、AbⅡ式瓮（H48：5）、AbⅢ式瓮（TN02E03③：7）、BⅠ式瓮

（J3：8）、BⅢ式瓮（J1：14）、BⅣ式瓮（TN03E03③：1）、CⅠ式瓮（H47：24）、CⅡ式瓮（J14：1、G9：1）、CⅢ式瓮（J13：9、J20：55）、CⅣ式瓮（J1：36）、DⅠ型瓮（J1：39）、AbⅠ式盆（H42：1）、CaⅠ式盆（J5：9）、DⅢ式盆（J5：11）、AbⅠ式鬲（TN02E02③：31）、BⅡ式盂（TN02E02③：6）、Ⅴ式高领小罐（TN04E02③：35）、DⅡ式瓮（TN04E03③：10）、AⅡ式盂（H22：4）、AⅣ式盂（H38：1）、BⅣ式盂（H38：2）、AⅥ式高领罐（H23：5）、AcⅡ式鬲（J13：10）、BaⅢ式大口鬲（J13：3）、BⅢ式豆（H13：1）、AⅤ式高领罐（H20：1）、AaⅢ式盆（H8：3）、AaⅡ式鬲（H59：6）、AbⅢ式小口鬲（H51：1）、BbⅠ式鬲（J20：52）、CaⅠ式盂（H26：4）、AbⅢ式豆（J4：11）、盖豆（H40：11）、AⅠ式高领罐（J4：2）、AⅠ式长颈壶（J18：2）、AⅠ式盘（J20：35）、AⅡ式盘（J1：5）、B型盘（J28：1）、BcⅡ式大口鬲（TN04E04③：36）、BcⅣ式大口鬲（TN04E04③：41）、盖豆盘（TN02E02③：25）、BcⅤ式大口鬲（H38：3）、盖豆盘（H38：8）、盖豆座（H22：5）、AⅢ式长颈壶（H22：1、H40：16）、CⅥ式鬲（H31：1）、AⅦ式高领罐（J13：1）、CⅤ式高领罐（H8：1）、瓦当（J5：16）及板瓦、筒瓦等主要遗物在纪南城内的龙桥河、松柏鱼池、西垣北门、南垣水门、松30号台基、1979年松柏古井、新桥等遗址和遗迹及雨台山楚墓、九店东周墓等典型楚文化遗存中均有发现。而CaⅡ式盂（H50：4）、BⅠ式豆盘（H55：4、J20：31）、BⅡ式豆盘（H40：17、J20：34）、BⅢ式豆盘（H47：26、H44：2）、CⅠ式豆盘（H50：3）、CⅡ式豆盘、CⅢ式豆盘、Ⅱ式双耳罐（J20：14）等遗物在纪南城周边的赤壁土城遗址、当阳赵家湖楚墓和天门彭家山楚墓等典型楚文化遗存中也有发现，故张家台遗址为典型的楚文化遗存。

在张家台遗址H26、第3层及第2层中共发现8件印纹硬陶罐腹及底部残片，印纹硬陶饰网格纹、几何方格纹、细方格纹、交叉纹等，为越文化的元素。《史记·越王勾践世家》载："楚威王兴兵而伐之，大败越，杀王无疆，尽取故吴地至浙江，北破齐于徐州。而越以此散，诸族子争立，或为王，或为君，滨于江南海上，服朝于楚。"楚对越的征伐并最终灭越，导致越文化被吸纳入楚地，故在江陵地区先后出土有"越王勾践剑""越王州勾剑""越王盲姑剑""越王鹿郑剑"，同时在各类文化遗存中也出现极少数属于本地域特点的越文化因素。

## 第三节　张家台遗址的性质

张家台遗址位于楚都纪南城南垣外约700米，本次发掘虽未发现房址等建筑遗迹，但清理了灰沟9条、灰坑60个、水井32口。

本次清理的9条灰沟，第3层下有5条，分别为G5～G9，除G7外均出土有遗物；第2层下有4条，分别为G1～G4，均未出土遗物。9条灰沟可分为不规则长条形和不规则长方形两种：不规则长条形灰沟有G7、G6、G1、G2、G4等5条，沟壁陡直或斜直，沟口长494～1470、宽70～135厘米，推测与房址等建筑遗迹有关；不规则长方形灰沟有G5、G8、G9、G3，沟壁陡直或斜直，沟口长225～556、宽52～186厘米，推测为日常生活的垃圾沟。

本次清理的60个灰坑，其中第3层下有灰坑26个，即H25、H26、H30、H35、H39～H60；第2B层下有灰坑5个，即H22、H23、H36～H38；第2层下有灰坑29个，即H1～H21、H24、H27～H29、H31～H34；这些灰坑平面形式有不规则长方形、不规则椭圆形、不规则圆形及不规则形等四种；灰坑的填土、遗物不尽相同，我们推测这些灰坑的用途可能有以下两种。

**1. 窖穴**

有H53、H59。H53平面呈不规则椭圆形，坑壁弧直，一边坑壁呈台阶状，底部较平，剖面呈筒状；坑底距坑口深170厘米。H59被H16打破，平面呈不规则椭圆形，坑壁陡直，一边坑壁呈台阶状，坑底略平，坑口至坑底深174厘米。其呈台阶状的坑壁显然是方便人们上下的台阶。

**2. 垃圾坑**

为除H53、H59外的灰坑，这些灰坑坑壁斜直或与坑底构成弧形，剖面呈弧形或呈筒状，底为平底，或凸凹不平，或呈高低不平的缓坡状，或为圜底。填土多夹有草木灰等，坑内或无遗物或出土少量破碎的日用陶器及铜箭镞、陶板瓦、砺石、磨石、铁锤、木片、动物骨骼等。

本次清理的32口水井，其中有陶井6口，即J1、J3、J5、J18、J20、J28；其余26口均为圆形土井。陶井内均出土有鬲、盂、豆、高领罐、高领小罐、双耳罐、长颈壶、盘、瓮、盆、器座、板瓦、瓦当、筒瓦、铁削刀、铁斧、石凿等日用陶器、生产工具和建筑材料。圆形土井除J4、J27清理到底外，其余均因安全原因而未清理到底；土井内出土有鬲、豆、豆盘、豆座、高领罐、长颈壶、盆等日用陶器。因此我们认为本次清理的32口水井都是生活用井。

张家台遗址地层中的遗物，均为鬲、盂、豆、高领罐、瓮、盆等日用陶器及板瓦、瓦当、筒瓦等陶质建筑材料，生产工具仅见石斧1件。而且在遗迹和地层中生产工具亦仅有铁斧、铁锤、铁削刀、石凿、石斧、磨石、砺石等8件。结合上述对遗迹用途的分析，我们认为张家台遗址与楚故都纪南城有着紧密的联系，是楚都纪南城南垣外南部郊区的一处极为重要的聚落遗址，是楚故都纪南城不可分割的重要组成部分。

## 注　释

［1］湖北省文物考古研究所：《纪南城新桥遗址》，《考古学报》1995年第4期。下文凡引纪南城新桥而未注出处者，均见此注，不再一一注出。

［2］湖北省文物考古研究所：《江陵九店东周墓》，科学出版社，1995年。下文凡引江陵九店东周墓而未注出处者，均见此注，不再一一注出。

［3］湖北省博物馆江陵工作站：《纪南城松柏鱼池探掘简报》，《江汉考古》1987年第3期。下文凡引纪南城松柏鱼池而未注出处者，均见此注，不再一一注出。

［4］纪南城龙桥河、纪南城西垣北门、纪南城松30台基、纪南城1979年松柏古井、纪南城南垣水门等遗址资料见湖北省博物馆：《楚都纪南城考古资料汇编》，1980年；《楚都纪南城的勘查与发掘》（上），《考古学报》1982年第3期；《楚都纪南城的勘查与发掘》（下），《考古学报》1982年第4期。关于纪南城松柏鱼池、纪南城龙桥河、纪南城西垣北门、纪南城松30台基、纪南城1979年松柏古井、纪南城南垣水门等遗址的年代均据王光镐先生考证，详见王光镐：《楚文化源流新证》，武汉大学出版社，1988年。

[5] 湖北省荆州地区博物馆：《江陵雨台山楚墓》，文物出版社，1984年。下文凡引江陵雨台山楚墓而未注出处者，均见此注，不再一一注出。

[6] 湖北省宜昌地区博物馆、北京大学考古系：《当阳赵家湖楚墓》，文物出版社，1992年。下文凡引当阳赵家湖楚墓而未注出处者，均见此注，不再一一注出。

[7] 湖北省文物考古研究所、咸宁市博物馆、赤壁市博物馆：《赤壁土城》，科学出版社，2004年。下文凡引赤壁土城而未注出处者，均见此注，不再一一注出。

[8] 湖北省文物考古研究所、天门市博物馆：《天门彭家山楚墓》，科学出版社，2012年。下文凡引天门彭家山楚墓而未注出处者，均见此注，不再一一注出。

# 附　　表

附表一　张家台遗址第3层下遗迹一览表

| 编号 | 位置 | 层位关系 | 形状 | 尺寸（厘米） |
|---|---|---|---|---|
| G6 | TN02E01东南部和TN02E02南部 | 打破G7和生土 | 不规则长条形，沟壁陡直，沟底较平 | 沟口距地表深42；沟口东西长1470，南北宽62；沟深22～40 |
| G7 | TN02E01东部和TN03E01东南部 | 被G6打破，打破生土 | 不规则长条形，沟壁斜直，沟底较平 | 沟口距地表深约50；沟口南北最长1396，东西最宽68；沟深10～40 |
| G5 | TN03E04东部 | 打破生土 | 不规则长方形，沟壁与沟底构成弧形，平底 | 沟口距地表深50；沟口南北长556，东西宽132～186；沟底南北长480，东西宽110～150；沟深40 |
| G8 | TN02E01东部 | 打破生土 | 圆角长方形，沟壁陡直，沟底较平 | 沟口距地表深50；沟口东西最长246，南北最宽52；沟深62～64 |
| G9 | TN02E01西南部 | 打破生土 | 不规则长方形，沟壁斜直，沟底稍平 | 沟口距地表深60；沟口东西最长225，南北最宽77；沟深40～62 |
| H25 | TN04E01东南部 | 打破生土 | 不规则长方形，坑壁与坑底构成弧形，平底 | 坑口距地表深71；坑口东西长118，南北宽80；坑底东西长72，南北宽58；坑深45 |
| H30 | TN04E01东部 | 东南部被H26打破，打破生土 | 不规则椭圆形，坑壁与坑底构成弧形，平底 | 坑口距地表深60；坑口东西长140，南北宽82；坑底东西长115，南北宽72；坑深56 |
| H35 | TN02E02中部偏西 | 打破生土 | 不规则椭圆形，坑壁斜直，坑底西南低于东北 | 坑口距地表深50；坑口最长260，最宽203；坑深40～72 |
| H40 | TN04E02西部 | 打破生土 | 不规则椭圆形，坑壁与坑底构成弧形，剖面呈弧形，平底 | 坑口距地表深62；坑口东西长240，南北宽208；坑底长195，宽166；坑深67 |
| H41 | TN04E01西部 | 打破生土 | 不规则椭圆形，坑壁与坑底构成弧形，平底 | 坑口距地表深60；坑口南北长320，东西宽184；坑底长272，宽140；坑深100 |
| H42 | TN02E01西壁南部 | 打破生土 | 残部为椭圆形，坑壁斜弧，坑底呈锅底状 | 坑口距地表深56；坑口东西长254，南北宽153；坑深62 |
| H48 | TN02E04西北部 | 北部被H33打破，打破生土 | 不规则椭圆形，坑壁斜直，坑底凸凹不平 | 坑口距地表深50；坑口东西最长240，南北最宽154；坑深35 |
| H49 | TN03E01中部 | 打破生土 | 不规则椭圆形，坑壁与坑底构成弧形，底部微圜 | 坑口距地表深50；坑口东西长230，南北宽158；坑深73 |
| H50 | TN03E01西部 | 打破生土 | 不规则椭圆形，坑壁与坑底构成弧形，底部不规则，西高东低呈缓坡状 | 坑口距地表深55；坑口东西长267，南北宽182；坑深50 |

续表

| 编号 | 位置 | 层位关系 | 形状 | 尺寸（厘米） |
|---|---|---|---|---|
| H51 | TN03E02西壁和TN03E01东隔梁 | 被H28叠压，打破生土 | 不规则椭圆形，坑壁呈弧形，圜底近平 | 坑口距地表深56；坑口南北长310，东西宽220；坑底长136，宽50～122；坑深140 |
| H52 | TN02E03西南部 | 东北部被H18叠压，打破生土 | 不规则椭圆形，坑壁斜直，坑底较平 | 坑口距地表深60；坑口东西长181，南北宽118；坑底东西长162，南北宽98；坑深32 |
| H53 | TN03E01北部 | 打破生土 | 不规则椭圆形，坑壁弧直，一边坑壁呈台阶状，剖面呈筒状，底部较平 | 坑口距地表深55；坑口东西长255，南北宽182；坑底长124，宽135；坑深170 |
| H54 | TN04E04中部 | 打破生土 | 不规则椭圆形，坑壁与坑底构成弧形，底凸凹不平 | 坑口距地表深75；坑口南北长125，东西宽146；坑底南北长72，东西宽52；坑深65 |
| H55 | TN03E02东南角 | 打破生土 | 不规则椭圆形，坑壁与坑底构成弧形，剖面呈筒状，平底 | 坑口距地表深70；坑口南北长160，东西宽190；坑底南北长122，东西宽136；坑深125 |
| H56 | TN04E02南部 | 北部被H36叠压，打破生土 | 不规则椭圆形，坑壁与坑底构成弧形，坑底西高东低 | 坑口距地表深68；坑口东西长约346，南北宽约116；坑底长约320，宽约95；坑深40～44 |
| H57 | TN04E02东南部 | 打破生土 | 不规则椭圆形，坑壁与坑底构成弧形，坑底西高东低 | 坑口距地表深约70；坑口东西长195，南北宽85；坑底长168，宽68；坑深52～70 |
| H39 | TN02E01西壁中部 | 打破生土 | 不规则椭圆形，坑壁斜弧，坑底呈锅底状 | 坑口距地表深60；坑口南北最长116，东西（残）最宽124；坑深60 |
| H44 | TN03E03南部 | 打破生土 | 不规则圆形，坑壁与坑底剖面呈筒状，底稍平 | 坑口距地表深70；口径140，底径114；坑深108 |
| H45 | TN02E01中部 | 打破生土 | 不规则椭圆形，坑壁南部斜直，余微弧，坑底稍平 | 坑口距地表深42；坑口东西最长164，南北最宽154；坑深68 |
| H46 | TN04E01西部 | 打破生土 | 不规则椭圆形，坑壁与坑底构成弧形，平底 | 坑口距地表深60；坑口南北长140，东西宽122；坑底南北长100，东西宽82；坑深52 |
| H47 | TN04E01中部 | 打破生土 | 不规则椭圆形，坑壁与坑底构成弧形，平底 | 坑口距地表深68；坑口南北长280，东西宽250；坑底南北长240，东西宽200；坑深80 |
| H58 | TN02E04西北部 | 打破生土 | 不规则椭圆形，坑壁斜直，坑底微弧 | 坑口距地表深50；坑口南北最长172，东西最宽154；坑底底部为一不规则椭圆形；底部南北长116，东西宽82；南部深140，北部深110 |
| H59 | TN02E04北隔梁 | 北部被H16打破，打破生土 | 不规则椭圆形，坑壁陡直，坑底略平 | 坑口距地表深50；坑口南北长200，东西宽170；坑深174 |
| H60 | TN02E03东南部 | 打破生土 | 不规则圆形，坑壁斜直，坑底稍平 | 坑口距地表深75；坑口南北长170，东西宽150；坑底南北长130，东西宽100；坑深78 |
| H26 | TN04E01东部 | 东南角被H5叠压，西北部打破H30和生土 | 不规则形，坑壁与坑底构成弧形，平底 | 坑口距地表深60；坑口东西长242，南北宽204；坑底东西长222，南北宽182；坑深30 |
| H43 | TN04E03东部、东隔梁及TN04E04西部 | 打破生土 | 不规则形，坑壁与坑底构成筒状，坑底较平 | 坑口距地表深55；坑口南北长275，东西宽287；坑底南北长242，东西宽231；坑深30 |
| J1 | TN02E02北部 | 被H2打破，打破生土 | 圆形陶井 | 井口距地表深50；口径80，底径74；井深725；井底235处没有井圈；井圈直径76，高70，厚2～3 |

续表

| 编号 | 位置 | 层位关系 | 形状 | 尺寸（厘米） |
|---|---|---|---|---|
| J3 | TN03E03东部 | 打破生土 | 圆形陶井 | 井口距地表深60；口径80，底径78；井深620；井底180处没有井圈；井圈外径76，内径73，高88，厚2～3 |
| J5 | TN02E01西北部 | 北部被G3打破，打破生土 | 圆形陶井 | 井口距地表深40；口径88，底径76；井深800；井底98处没有井圈；井圈直径78，高78，厚1.5～2.5 |
| J18 | TN03E03东隔梁 | 打破生土 | 圆形陶井 | 井口距地表深70；口径80，底径76；井深840；井圈外径74，内径70，高86，厚2～3 |
| J20 | TN02E03东隔梁和TN02E04西部 | 打破生土 | 圆形陶井 | 井口距地表深70；口径96，底径46；井深790；井圈直径80，高80，厚1.5～3 |
| J28 | TN02E03中部偏北 | 打破生土 | 圆形陶井 | 井口距地表深183；口径92，底径86；井深640；井圈外径86，内径78，高80，厚1～3 |
| J4 | TN04E04东北部 | 打破生土 | 圆形土井 | 井口距地表深60；口径112，底径102；井深820 |
| J9 | TN04E03北部 | 打破生土 | 圆形土井 | 井口距地表深50；口径160，底径150；清理至深460处因安全原因未发掘到底 |
| J10 | TN02E04西北部 | 打破生土 | 圆形土井 | 井口距地表深约55；口径120，底径80；清理至深570处因安全原因未发掘到底 |
| J14 | TN02E04中部 | 被H33打破，打破生土 | 圆形土井 | 井口距地表深195；口径90，底径74；清理至深570处因安全原因停止发掘 |
| J15 | TN02E02西北部 | 被H24打破，打破生土 | 圆形土井 | 井口距地表深约70；口径104；清理至深570处因安全原因停止发掘 |
| J16 | TN03E01东南角 | 打破生土 | 圆形土井 | 井口距地表深约60；口径100，底径92；清理至深420处因安全原因停止发掘 |
| J17 | TN03E02南部 | 东部被H29打破，打破生土 | 圆形土井 | 井口距地表深74；口径100；清理至深530处因安全原因停止发掘 |
| J19 | TN03E03中部 | 打破生土 | 圆形土井 | 井口距地表深70；口径150；清理至深520处因安全原因停止发掘 |
| J21 | TN02E03东北部 | 打破生土 | 椭圆形土井 | 井口距地表深约70；口径东西152、南北120，底径80；清理至深470处因安全原因停止清理 |
| J22 | TN02E03东北部 | 打破生土 | 圆形土井 | 井口距地表深约70；口径90，底径65；清理至深510处因安全原因停止清理 |
| J23 | TN03E01西壁 | 打破生土 | 圆形土井 | 井口距地表深约70；口径100；清理至深510处因安全原因停止发掘 |
| J24 | TN03E01南壁和TN02E01北隔梁 | 东部被H4叠压，打破生土 | 圆形土井 | 井口距地表深约75；口径90；清理至深400处因安全原因停止发掘 |
| J25 | TN03E01东隔梁 | 被H28叠压打破，打破生土 | 圆形土井 | 井口距地表深约80；口径110；清理至深550处因安全原因停止发掘 |
| J26 | TN03E03西壁和TN03E02东隔梁 | 打破生土 | 圆形土井 | 井口距地表深约50；口径130；清理至深480处因安全原因停止发掘 |

续表

| 编号 | 位置 | 层位关系 | 形状 | 尺寸（厘米） |
|---|---|---|---|---|
| J27 | TN03E02南部 | 被H29打破，打破生土 | 圆形土井 | 井口距地表深70；口径85，底径74；井深780 |
| J29 | TN02E03西北部 | 打破生土 | 圆形土井 | 井口距地表深约230；口径178，底径85；清理至深560处因安全原因停止发掘 |
| J30 | TN04E02南壁和TN03E02北隔梁 | 西南部被H31打破，打破生土 | 圆形土井 | 井口距地表深约50；口径140；清理至深360处因安全原因停止发掘 |
| J31 | TN04E02西南角，TN03E02北隔梁，TN03E01关键柱，TN04E01东隔梁 | 打破生土 | 圆形土井 | 井口距地表深约45；口径100，底径80；清理至深320处因安全原因停止发掘 |
| J32 | TN02E03中部偏西 | 西南部被H17叠压，打破生土 | 圆形土井 | 井口距地表深约120；口径100，底径85；清理至深500处因安全原因停止发掘 |

**附表二　张家台遗址第2B层下遗迹一览表**

| 编号 | 位置 | 层位关系 | 形状 | 尺寸（厘米） |
|---|---|---|---|---|
| H22 | TN03E03西北角、北隔梁和TN03E02东隔梁 | 打破生土 | 不规则椭圆形，坑壁与坑底剖面呈筒形，平底 | 坑口距地表深60；坑口东西长185，南北宽80～110；坑底长154，宽90；坑深138 |
| H23 | TN03E03南部和TN02E03北隔梁 | 打破H38、第3层及生土 | 不规则椭圆形，坑壁与坑底呈弧形，底高低不平 | 坑口距地表深50；坑口南北长355，东西宽292；坑深66 |
| H37 | TN04E02西北部 | 打破第3层和生土 | 不规则椭圆形，坑壁与坑底构成弧形，剖面呈弧状，平底 | 坑口距地表深75；坑口东西长248，南北宽220；坑底东西长193，南北宽176；坑深45 |
| H36 | TN04E02中部 | 打破第3层、H56及生土 | 不规则圆形，坑壁呈弧状，平底 | 坑口距地表深75；口径160，底径142；坑深40 |
| H38 | TN03E03西南角 | 被H23打破，打破第3层和生土 | 不规则圆形，坑壁与坑底剖面呈筒状，平底 | 坑口距地表深60；口径160，底径115；坑深160 |
| J2 | TN03E03西南部 | 打破第3层和生土 | 圆形土井 | 井口距地表深40；口径140，底径126；清理至深480处因安全原因停止发掘 |
| J7 | TN03E02东部 | 打破第3层和生土 | 圆形土井 | 井口距地表深60；口径90；清理至深560处因安全原因停止发掘 |

**附表三　张家台遗址第2层下遗迹一览表**

| 编号 | 位置 | 层位关系 | 形状 | 尺寸（厘米） |
|---|---|---|---|---|
| G1 | TN02E01东北部和TN02E02西北部 | 打破G7和第3层 | 不规则长条形，沟壁斜直，沟底较平 | 沟口距地表深31；沟口东西长642，南北宽135；沟深25～35 |
| G2 | TN02E01北部和TN03E01南部 | 北部被H12打破，打破生土 | 不规则长条形，剖面呈倒梯形，沟壁陡直、凸凹不平，沟底较平 | 沟口距地表深35；沟口南北残长680，东西宽90；沟深40 |
| G3 | TN02E01北部 | 南部打破J5和第3层 | 不规则长条方形，沟壁斜直，沟底较平 | 沟口距地表深32；沟口南北长336，东西宽145；沟深30 |

续表

| 编号 | 位置 | 层位关系 | 形状 | 尺寸（厘米） |
|---|---|---|---|---|
| G4 | TN03E01西北部 | 打破第3层和生土 | 圆角长方形，沟壁与沟底构成弧形，平底 | 沟口距地表深30；沟口南北长494，东西宽85；沟底长400，宽70；沟深30 |
| H1 | TN02E02北部 | 打破第3层和生土 | 不规则圆角长方形，坑壁斜弧、凸凹不平，平底 | 坑口距地表深36；坑口东西最长227，南北最宽115；坑深32 |
| H2 | TN02E02北部 | 打破第3层和J1 | 不规则长方形，坑壁斜弧，坑底凸凹不平 | 坑口距地表深34；坑口南北最长178，东西最宽92；坑深30 |
| H5 | TN04E01东南角、东隔梁和TN03E01北隔梁 | 打破第3层、H26及生土 | 不规则长方形，坑壁弧形，平底 | 坑口距地表深25；坑口南北长398，东西宽202；坑底南北长348，东西宽188；坑深24 |
| H8 | TN03E04北部和TN04E04南部 | 打破第3层和生土 | 不规则长方形，坑壁剖面呈筒状 | 坑口距地表深28；坑口南北长310，东西宽132；坑底南北长280，东西宽108；坑深50 |
| H13 | TN03E04北部和TN04E04南部 | 打破第3层和生土 | 不规则圆角长方形，坑壁弧形，坑底北高南低 | 坑口距地表深25；坑口南北长215，东西宽132；坑底南北长190，东西宽124；坑深30 |
| H16 | TN02E04北部和TN03E04南部 | 打破H59、第3层及生土 | 不规则长方形，坑壁斜弧，圜底 | 坑口距地表深35；坑口南北最长142，东西最宽86；坑深54 |
| H19 | TN04E03东南部、东隔梁和TN04E04西部 | 打破H27、H32、第3层及生土 | 不规则圆角长方形，弧壁，坑底东高西低呈缓坡状 | 坑口距地表深28；坑口东西长416，南北宽115；坑底东西长405，南北宽102；坑深46 |
| H29 | TN03E02南部 | 打破J8、第3层、J17、J27及生土 | 不规则长方形，坑壁剖面呈坡状，底部高低不平 | 坑口距地表深50；坑口南北长420，东西宽314；坑深35 |
| H31 | TN04E02南部和TN03E02北部 | 打破第3层、J30及生土 | 不规则圆角长方形，弧形壁，剖面呈弧状，平底 | 坑口距地表深26；坑口南北长360，东西宽170；坑底长338，宽152；坑深30 |
| H7 | TN04E04西北角 | 打破第3层和生土 | 不规则椭圆形，坑壁弧形，坑底较平 | 坑口距地表深25；东西长182，南北宽112；坑深30 |
| H9 | TN03E04中部 | 打破第3层和生土 | 不规则椭圆形，坑壁呈弧形，平底 | 坑口距地表深30；坑口南北长170，东西宽110；坑底南北长95，东西宽70；坑深55 |
| H11 | TN02E01东部 | 打破第3层 | 不规则椭圆形，斜壁，平底 | 坑口距地表深36；南北最长150，东西最宽110；坑深24 |
| H12 | TN03E01中部 | 打破G2、第3层及生土 | 不规则椭圆形，弧壁，坑底较平 | 坑口距地表深32；南北长115，东西宽100；坑深32 |
| H21 | TN03E03东南角和东隔梁 | 打破第3层和生土 | 不规则椭圆形，坑壁与坑底呈弧形，平底 | 坑口距地表深26；坑口东西长215，南北宽70～102；坑深40 |
| H24 | TN02E02西北部和TN03E02西南部 | 打破第3层、J15及生土 | 不规则椭圆形，坑壁斜弧，坑底较平 | 坑口距地表深35；坑口东北至西南最长298，西北至东南最宽192；坑深31 |
| H28 | TN03E02西壁和TN03E01东隔梁 | 打破J11、J12、第3层、H51、J25及生土 | 不规则椭圆形，弧形壁，底部南高北低呈锅形 | 坑口距地表深60；坑口南北长440，东西宽400；坑深76 |
| H32 | TN04E04西南角 | 西部被H19打破，打破第3层和生土 | 不规则椭圆形，剖面呈筒状，平底 | 坑口距地表深40；坑口残长68，宽68；坑底长64，宽60；坑深45 |
| H3 | TN02E02东南部和东隔梁 | 打破第3层和生土 | 不规则圆形，坑壁斜弧，坑底凸凹不平 | 坑口距地表深40；坑口东西最长200，南北最宽167；坑深30 |

续表

| 编号 | 位置 | 层位关系 | 形状 | 尺寸（厘米） |
|---|---|---|---|---|
| H6 | TN04E01西南角和TN03E01北隔梁 | 打破第3层和生土 | 不规则圆形，弧形坑壁，平底 | 坑口距地表深32；坑口东西长260，南北宽225；坑底长224，宽208；坑深30 |
| H10 | TN03E04中部 | 打破第3层和生土 | 不规则圆形，坑壁与底呈弧形，底稍平 | 坑口距地表深30；坑口南北长145，东西宽130；坑底南北长116，东西宽110；坑深30 |
| H15 | TN02E04东部和东隔梁下 | 打破第3层和生土 | 不规则椭圆形，坑壁斜直，坑底较平 | 坑口距地表深28；坑口南北最长226，东西最宽90；坑深54 |
| H17 | TN02E03西南部 | 打破第3层、J32及生土 | 不规则圆形，坑壁斜直，坑底较平 | 坑口距地表深30；坑口直径138，坑底直径60；坑深32 |
| H18 | TN02E03南部 | 打破第3层、H52及生土 | 不规则圆形，坑壁斜直，坑底较平 | 坑口距地表深30；口径108，底径86；坑深14 |
| H20 | TN03E04西南部 | 打破第3层和生土 | 不规则圆形，剖面呈筒状，底稍平 | 坑口距地表深30；坑口南北长200，东西宽158；坑底南北长174，东西宽134；坑深68 |
| H27 | TN04E04西部 | 南部被H19打破，打破第3层和生土 | 不规则圆形，剖面呈筒状，平底 | 坑口距地表深40；坑口东西残长130，南北残宽53，坑底东西长122，南北宽46；坑深40 |
| H34 | TN02E04中部靠北 | 打破第3层和生土 | 不规则圆形，坑壁斜直，坑底微弧 | 坑口距地表深约30；坑口南北最长200，东西最宽192；坑深46 |
| H4 | TN02E01西北部 | 打破J24和生土 | 不规则形，坑壁斜弧，坑底较平 | 坑口距地表深33；坑口南北长约420，东西宽212；坑深约30 |
| H14 | TN02E04西南部和TN01E04北隔梁 | 打破第3层和生土 | 不规则形，坑壁斜直，坑底较平 | 坑口距地表深25；东西最长270，南北最宽66；坑深38 |
| H33 | TN02E04东南部 | 打破第3层、H48、J14及生土 | 不规则形，坑壁斜直，坑底微圜 | 坑口距地表深50；坑口东西最长132，南北最宽108；坑深30 |
| J6 | TN02E04北壁和北隔梁 | 打破第3层和生土 | 圆形土井 | 井口距地表深约55；口径110，底径104；清理至深530处因安全原因停止发掘 |
| J8 | TN03E02中部 | 被H29打破，打破第3层和生土 | 圆形土井 | 井口距地表深80；口径100，底径88；清理至深480处因安全原因停止发掘 |
| J11 | TN03E02西部 | 被H28打破，打破第3层和生土 | 圆形土井 | 开口距地表深130；口径104；清理至深360处因安全原因停止发掘 |
| J12 | TN03E02西部 | 被H28打破，打破第3层和生土 | 圆形土井 | 开口距地表深130；井口径90，底径82；清理至深570处因安全原因停止发掘 |
| J13 | TN02E04东北部 | 打破生土 | 圆形土井 | 井口距地表深65；井口东西长200，南北宽160；井底直径110；井深569 |

## 附表四　张家台遗址陶质、陶色、器形统计表

| 器形＼陶色＼陶质 | 夹砂 | | | | | 泥质 | | | | | 黑衣 | | | | | 合计 | 百分比（%） |
|---|---|---|---|---|---|---|---|---|---|---|---|---|---|---|---|---|---|
| | 灰陶 | 灰黄 | 褐黄 | 褐灰 | 褐红 | 灰陶 | 灰黄 | 褐黄 | 褐灰 | 褐红 | 灰陶 | 灰黄 | 褐黄 | 褐灰 | 褐红 | | |
| 鬲 | 70 | 73 | 33 | 4 | 12 | | | | | | | | | | | 192 | 19.05 |
| 盂 | | | | | | 34 | 30 | 6 | 3 | | 7 | 7 | 2 | | 1 | 90 | 8.93 |
| 豆 | | | | | | 82 | 69 | 19 | 4 | 11 | 22 | 11 | 10 | 10 | 1 | 239 | 23.71 |
| 盖豆 | | | | | | 5 | 8 | | 2 | | 2 | 4 | | 1 | | 22 | 2.18 |
| 高领罐 | | | | | | 25 | 7 | 1 | | | 33 | 7 | | 1 | 1 | 75 | 7.44 |
| 折沿罐 | | | | | | | | | | | | 1 | | | | 1 | 0.10 |
| 双耳罐 | | | | | | 1 | | | | | 2 | | | | | 3 | 0.30 |
| 高领小罐 | | | | | | 2 | 1 | | | | 11 | 1 | | | | 15 | 1.49 |
| 长颈壶 | | | | | | 2 | 1 | | | | 4 | | | | 1 | 8 | 0.79 |
| 壶 | | | | | | | | | | | 2 | | | | | 2 | 0.20 |
| 盘 | | | | | | 2 | 3 | | | | 4 | | | | | 9 | 0.89 |
| 瓮 | | | | | | 23 | 20 | 2 | 2 | 2 | 8 | 7 | 2 | 1 | | 67 | 6.65 |
| 盆 | | | | | | 106 | 70 | 3 | 2 | | 30 | 8 | 2 | | 1 | 222 | 22.02 |
| 器座 | 2 | | | | | | | | | | | | | | | 2 | 0.20 |
| 纺轮 | | | | | | 2 | | | | | | | | | | 2 | 0.20 |
| 井圈 | | | | | | 3 | | | | | | | | | | 3 | 0.30 |
| 板瓦 | | | | | | 9 | | | | | | | | | | 9 | 0.89 |
| 瓦当 | | | | | | 17 | | | | | | | | | | 17 | 1.69 |
| 筒瓦 | | | | | | 29 | 1 | | | | | | | | | 30 | 2.98 |
| 合计 | 72 | 73 | 33 | 4 | 12 | 342 | 210 | 31 | 13 | 13 | 125 | 46 | 16 | 13 | 5 | 1008 | |
| 百分比（%） | 7.14 | 7.24 | 3.27 | 0.40 | 1.19 | 33.93 | 20.83 | 3.08 | 1.29 | 1.29 | 12.40 | 4.56 | 1.59 | 1.29 | 0.50 | | 100 |

## 附表五　张家台遗址陶质、陶色、纹饰统计表

| 纹饰＼陶色＼陶质 | 夹砂 | | | | | 泥质 | | | | | 黑衣 | | | | | 合计 | 百分比（%） |
|---|---|---|---|---|---|---|---|---|---|---|---|---|---|---|---|---|---|
| | 灰陶 | 灰黄 | 褐黄 | 褐灰 | 褐红 | 灰陶 | 灰黄 | 褐黄 | 褐灰 | 褐红 | 灰陶 | 灰黄 | 褐黄 | 褐灰 | 褐红 | | |
| 绳纹 | 29 | 28 | 24 | 1 | 11 | 57 | 5 | | 1 | | 13 | | | | | 169 | 16.06 |
| 抹平绳纹 | 7 | 6 | 3 | | | 27 | 8 | 1 | 1 | 1 | 35 | 3 | | 1 | 2 | 95 | 9.03 |
| 交错绳纹 | 2 | 2 | 2 | | | 12 | 4 | | | | 38 | 4 | | | 1 | 65 | 6.18 |
| 间断绳纹 | 3 | 1 | 2 | | 1 | 15 | 3 | | | | 43 | 4 | 1 | 2 | 1 | 76 | 7.22 |
| 竖向绳纹 | 26 | 34 | 7 | 2 | | 16 | 2 | | | | 7 | 2 | 1 | | | 97 | 9.22 |
| 烟炱 | 1 | 1 | 2 | | | | | | | | | | | | | 4 | 0.38 |
| 凹弦纹 | 38 | 41 | 7 | 2 | 1 | 148 | 90 | 9 | 9 | 1 | 75 | 9 | 6 | 1 | 3 | 440 | 41.83 |
| “X”纹 | 1 | 1 | | | | | | | | | 1 | | | | | 3 | 0.29 |
| 同心圆纹 | | | | | | | | | | | 5 | | | | | 5 | 0.48 |

续表

| 纹饰＼陶色＼陶质 | 夹砂 | | | | | 泥质 | | | | | 黑衣 | | | | | 合计 | 百分比（%） |
|---|---|---|---|---|---|---|---|---|---|---|---|---|---|---|---|---|---|
| | 灰陶 | 灰黄 | 褐黄 | 褐灰 | 褐红 | 灰陶 | 灰黄 | 褐黄 | 褐灰 | 褐红 | 灰陶 | 灰黄 | 褐黄 | 褐灰 | 褐红 | | |
| 放射纹 | | | | | | | | | | | 1 | | | | | 1 | 0.10 |
| 十字纹 | | | | | | | | | | | | | | 1 | | 1 | 0.10 |
| 勾连纹 | | | | | | | | | | | 1 | | | | | 1 | 0.10 |
| 卷云纹 | | | | | | | | | | | 1 | | | | | 1 | 0.10 |
| 水波纹 | | | | | | 1 | | | | | 2 | | | | | 3 | 0.29 |
| 辐射纹 | | | | | | | | | | | 1 | | | | | 1 | 0.10 |
| “S”纹 | 1 | | | | | | | | | | 1 | | | | | 2 | 0.19 |
| 指窝痕 | | | | | | 4 | | | | | | | | | | 4 | 0.38 |
| 凸弦纹 | | | | | | 11 | 2 | | 1 | | 5 | | | | | 19 | 1.81 |
| 圆圈纹 | | | | | | | 1 | | 1 | | | | | | | 2 | 0.19 |
| 凸棱 | 1 | | | | | 19 | 4 | 1 | | | 4 | 1 | 1 | | | 31 | 2.95 |
| 压印绳纹 | | | | | | 2 | | | | | 1 | | | | | 3 | 0.29 |
| 麻点纹 | 1 | | | | | 15 | 2 | | | | | | | | | 18 | 1.71 |
| 棱网格纹 | | | | | | 3 | | | | | | | | | | 3 | 0.29 |
| 方格纹 | | | | | | 1 | | | | | | | | | | 1 | 0.10 |
| 米字纹 | | | | | | | | | | | 1 | | | | | 1 | 0.10 |
| 暗纹 | | | | | | | | | | | 6 | | | | | 6 | 0.57 |
| 合计 | 110 | 114 | 47 | 5 | 13 | 331 | 121 | 11 | 13 | 2 | 241 | 23 | 9 | 5 | 7 | 1052 | |
| 百分比（%） | 10.46 | 10.84 | 4.47 | 0.48 | 1.24 | 31.46 | 11.50 | 1.05 | 1.24 | 0.19 | 22.91 | 2.19 | 0.86 | 0.48 | 0.67 | | 100 |

**附表六　第3层下灰坑出土遗物器类型式一览表**

| 编号 | 器类形制 |
|---|---|
| H25 | 盂CaⅡ1；豆盘AⅢ1；豆柄Ⅰ1；豆座AbⅡ1 |
| H26 | 鬲AaⅠ1、AbⅡ1、BbⅢ1；鬲足AcⅡ1；盂CaⅠ2；豆柄Ⅶ1；盆BaⅢ1、CaⅡ1、CbⅥ1；印纹硬陶罐1；铜箭镞1 |
| H30 | 鬲AaⅡ1；豆盘AⅢ1 |
| H35 | 盆BbⅠ1 |
| H39 | 盂CbⅢ1；豆柄Ⅰ1 |
| H40 | 鬲AbⅣ1、CⅠ2；鬲足AbⅠ1；盂AⅡ1、BⅢ1、CbⅡ1；豆盘AⅠ1、AⅡ1、BⅡ1、CⅡ1；豆柄Ⅲ1、Ⅶ1；豆座AbⅡ1；盖豆盘1；盖豆柄1；长颈壶AⅢ1；盆BaⅠ2、BbⅡ1、BaⅢ1、CaⅡ1、CaⅢ1、CbⅤ1；瓮DⅡ1 |
| H41 | 鬲BbⅡ1；盂AⅠ1；豆盘AⅡ1；豆柄Ⅰ1；高领罐CⅣ1；盆BaⅠ1、BaⅣ1、BbⅠ1；纺轮Ⅰ1 |
| H42 | 豆座AbⅡ1；盆AaⅠ1；AbⅠ1 |
| H43 | 盂BⅢ2、CbⅡ1、CbⅣ2；豆盘CⅡ1；豆座AbⅡ1；盖豆柄1；高领小罐无法归类1；盆BaⅠ1、BaⅣ1、CaⅡ1、CaⅣ1 |

续表

| 编号 | 器类形制 |
| --- | --- |
| H44 | 鬲AaⅡ1；豆盘AⅠ1、AⅢ1、BⅠ1、BⅢ1；豆座AaⅠ1；盘AⅡ1；盆BaⅣ1 |
| H45 | 鬲BbⅡ1；盂BⅡ1；豆盘AⅡ1；豆柄Ⅰ1；盖豆柄1 |
| H46 | 鬲AcⅡ1；豆盘AⅡ1 |
| H47 | 鬲AbⅣ1、AcⅠ1、BaⅠ1；鬲足AcⅡ1、BaⅠ1；盂AⅢ1、CbⅠ1、CbⅡ1；豆AbⅢ1；豆盘BⅢ1、CⅡ1；豆柄Ⅰ2；豆座AbⅡ2；盆AbⅡ2、BaⅡ2、BaⅢ1、BbⅠ1、CaⅡ1、CbⅢ1、CbⅤ1、CbⅥ2；瓮CⅠ3 |
| H48 | 鬲AaⅡ1、AbⅣ2、BbⅠ1；豆座AbⅠ1；瓮AbⅡ1 |
| H49 | 鬲BaⅠ1、BcⅠ1；盂CbⅢ1；瓮AbⅠ2、AbⅡ1 |
| H50 | 鬲AbⅣ1、CⅠ1；盂AⅠ2、CaⅡ1；豆盘AⅠ1、CⅠ1；豆座AbⅡ1；豆柄Ⅰ1；瓮AaⅠ1 |
| H51 | 鬲AbⅢ1；鬲足AcⅠ1；豆盘AⅢ1、BⅢ1；豆柄Ⅶ1；盆BaⅠ1 |
| H52 | 豆盘AⅢ1；豆柄Ⅳ1；豆座AbⅠ1 |
| H53 | 鬲BcⅠ1；盂CbⅡ1；豆盘CⅠ1；高领罐CⅢ1；盆CbⅢ1 |
| H55 | 豆盘BⅠ1、BⅡ1；盖豆盘1；双耳罐1 |
| H56 | 鬲AbⅤ1；鬲足AcⅢ1；盂CbⅠ1；豆盘AⅢ1；豆柄Ⅰ1；盆CbⅤ1 |
| H57 | 鬲AaⅠ1；鬲足AbⅠ1、无法归类1；盂BⅡ1、BⅣ2、CaⅡ1；豆柄Ⅳ1；瓮AbⅠ1；盆CaⅠ1、CaⅡ1、CbⅠ1、CbⅦ1 |
| H58 | 盂CaⅢ1；豆柄Ⅳ1；盖豆盘1；盆CaⅢ1 |
| H59 | 鬲AaⅡ1、BaⅠ1；盂CaⅠ1；豆盘AⅡ1；豆柄Ⅰ1；盖豆柄1；瓮DⅡ1；盆AbⅣ1、CbⅢ1、DⅠ1 |
| H60 | 鬲足AcⅡ1；盂CaⅢ1；豆盘AⅡ1；豆座AbⅠ1、AbⅡ1 |

注：表中未标明质地者均为陶器。

**附表七　第3层下水井出土遗物器类型式一览表**

| 编号 | 器类形制 |
| --- | --- |
| J1 | 鬲足AbⅠ1；盂AⅢ1、CaⅢ1；豆盘AⅠ2；豆柄Ⅰ1、Ⅶ2；豆座BⅠ1；高领罐AⅠ1、AⅡ1、BⅢ1、CⅡ1、CⅣ1、无法归类4；折沿罐1；高领小罐无法归类1；长颈壶BⅠ1、BⅡ1；盘AⅡ1；瓮BⅢ1、CⅣ2、DⅠ1；盆AbⅢ1、BaⅡ1、CbⅥ1、DⅠ2、DⅡ2、DⅢ3；板瓦Ⅰ6；筒瓦Ⅰ4、Ⅱ2、Ⅲ6、无法归类1；瓦当2；铁锤1；磨石1；木片1；兽骨4 |
| J3 | 高领罐BⅤ1、CⅠ2、无法归类2；高领小罐无法归类1；瓮BⅠ1；盆CaⅠ1 |
| J4 | 鬲AbⅢ1、AcⅠ1、BcⅡ1、CⅡ1；鬲足AcⅡ1、AcⅢ1、BaⅠ1；豆AbⅠ2、AbⅡ1、AbⅢ1；豆盘AⅠ2、AⅢ1；豆座BⅡ1、BⅢ1；高领罐AⅠ1、AⅢ2；长颈壶AⅡ1；盆BaⅠ1、CaⅡ1、CaⅢ1、CbⅣ1、CbⅥ1、CbⅦ1 |
| J5 | 鬲足AcⅢ1；豆柄Ⅵ1；高领罐BⅡ1、CⅠ1、CⅡ1、CⅣ2、无法归类1；高领小罐Ⅳ2；瓮AaⅢ1、CⅣ1；盆CaⅠ1、DⅡ1、DⅢ1、DⅣ1；井圈Ⅰ1；板瓦Ⅰ1；瓦当2；筒瓦Ⅰ2、Ⅱ1、Ⅲ1、Ⅳ3、无法归类2 |
| J14 | 豆盘BⅢ1；豆柄Ⅴ1；瓮CⅡ1；盆CbⅠ1 |
| J17 | 豆盘BⅡ1；豆座AaⅡ1 |
| J18 | 豆盘AⅡ1、BⅡ1；豆座BⅡ1；高领罐CⅣ1；长颈壶AⅠ1、AⅡ1；盆CbⅣ1、DⅡ1；木盆1 |
| J20 | 鬲AbⅠ1、BbⅠ1；盂CbⅠ1；豆AaⅠ1、AbⅡ1、BⅠ1、BⅡ1；豆盘AⅠ2、AⅡ5、AⅢ1、BⅠ1、BⅡ1；豆座AaⅠ1、AaⅡ1、AbⅡ1；高领罐BⅡ1、BⅣ1、CⅠ2、CⅡ1、CⅢ1、CⅣ2、无法归类1；高领小罐Ⅰ2、Ⅱ2、Ⅲ1、无法归类1；双耳罐Ⅱ1；长颈壶BⅠ1；盘AⅠ1；瓮BⅠ1、BⅢ1、CⅠ1、CⅢ1、DⅢ1、无法归类1；盆AbⅢ3、AbⅣ3、CbⅥ1；器座Ⅰ1；井圈Ⅲ1；瓦当3；筒瓦Ⅰ1、Ⅱ1、无法归类1；铁削刀2 |

续表

| 编号 | 器类形制 |
|---|---|
| J26 | 高领小罐无法归类1；瓮AaⅡ1 |
| J27 | 高领罐CⅢ2 |
| J28 | 盂CbⅣ1；豆柄Ⅵ1；高领罐AⅡ1、BⅠ1、BⅢ1、CⅡ3、CⅣ2、无法归类3；双耳罐Ⅰ1；壶2；盘B1；瓮DⅢ1；盆DⅣ1；井圈Ⅱ1；筒瓦Ⅱ1、Ⅲ1、Ⅳ1；铁斧1；石凿1 |
| J29 | 鬲足无法归类1；豆柄Ⅶ1；高领罐AⅣ1；瓮AaⅡ1；盆BaⅢ1、BbⅡ1、CaⅣ1 |
| J30 | 鬲BcⅢ1；豆盘AⅠ1；高领罐AⅣ1；盆AbⅤ1、BaⅠ1、CbⅦ1 |

注：表中未标明质地者均为陶器。

## 附表八　第2层下灰坑出土遗物器类型式一览表

| 编号 | 器类形制 |
|---|---|
| H8 | 鬲BbⅡ1；盂AⅣ1、CaⅡ1；豆BⅢ1；盖豆柄1；高领罐CⅤ1；盆AaⅢ1、AbⅤ1、BbⅠ1、BbⅡ1、BbⅢ1、CbⅡ1、CbⅢ1；板瓦Ⅰ1 |
| H9 | 豆柄Ⅰ1；盘AⅡ1 |
| H10 | 豆柄Ⅰ1；盂BⅡ1 |
| H13 | 鬲CⅢ1；鬲足BaⅠ1；盂BⅡ1；豆BⅢ1；盖豆盘1；瓮DⅢ1；盆BaⅡ1、BaⅣ1 |
| H14 | 豆盘AⅠ1；高领罐CⅣ1；盆BaⅣ1、CaⅣ1 |
| H15 | 豆盘AⅡ1；豆柄Ⅶ1 |
| H16 | 豆柄Ⅰ1；瓮AaⅡ1 |
| H17 | 瓮CⅡ1；盆BaⅢ1 |
| H18 | 豆盘BⅢ1；豆柄Ⅳ1 |
| H19 | 豆柄Ⅰ1；盆CbⅦ1 |
| H20 | 豆柄Ⅰ1；高领罐AⅤ1；瓮CⅡ1；砺石1 |
| H21 | 鬲足无法归类1；豆盘AⅡ1；盖豆组1；盆CaⅢ2、CbⅦ1、DⅤ1 |
| H24 | 豆盘AⅢ1 |
| H27 | 鬲AbⅣ1 |
| H28 | 鬲CⅠ1；鬲足无法归类1；豆柄Ⅶ1；瓮BⅡ1；瓦当1 |
| H29 | 鬲BaⅢ1；豆AbⅢ1；豆柄Ⅶ1；盆AbⅡ1 |
| H31 | 鬲BcⅠ1、CⅠ1、CⅥ1；鬲足AbⅢ1 |
| H33 | 豆AbⅢ1；盆CbⅢ1 |

注：表中未标明质地者均为陶器。

## 附表九　张家台遗址陶鬲分组统计表

| 型式＼组 | Aa | | Ab | | | | Ac | | Ba | | | Bb | | | Bc | | | | | C | | | | | |
|---|---|---|---|---|---|---|---|---|---|---|---|---|---|---|---|---|---|---|---|---|---|---|---|---|---|
| | Ⅰ | Ⅱ | Ⅰ | Ⅱ | Ⅲ | Ⅳ | Ⅰ | Ⅱ | Ⅰ | Ⅱ | Ⅲ | Ⅰ | Ⅱ | Ⅲ | Ⅰ | Ⅱ | Ⅲ | Ⅳ | Ⅴ | Ⅰ | Ⅱ | Ⅲ | Ⅳ | Ⅴ | Ⅵ |
| 一 | √ | √ | √ | √ | √ | √ | √ | √ | √ | | | √ | √ | √ | √ | √ | √ | | | √ | √ | | | | |
| 二 | | | √ | | √ | √ | | √ | √ | √ | √ | √ | √ | √ | √ | √ | √ | √ | √ | | √ | √ | √ | √ | |
| 三 | | √ | | | | | | | | | | √ | | | | | | | √ | √ | | | | | |
| 四 | | √ | | | | √ | √ | √ | | | √ | | √ | | √ | | | | | √ | | √ | | | √ |
| 五 | | | | | | √ | | | | | | | | | | | | | | | | | | | |

## 附表一〇 张家台遗址陶鬲足分组统计表

| 组＼型式 | Aa | | | Ab | | | Ac | | | Ba | | | Bb | |
|---|---|---|---|---|---|---|---|---|---|---|---|---|---|---|
| | Ⅰ | Ⅱ | Ⅲ | Ⅰ | Ⅱ | Ⅲ | Ⅰ | Ⅱ | Ⅲ | Ⅰ | Ⅱ | Ⅲ | Ⅰ | Ⅱ |
| 一 | √ | | | √ | | | √ | √ | √ | √ | √ | | | |
| 二 | √ | √ | √ | √ | √ | | √ | √ | √ | √ | | | √ | |
| 三 | | | | | | | | | √ | | √ | | | √ |
| 四 | √ | | | √ | | √ | √ | | | √ | | | | |
| 五 | | | | | | | √ | √ | √ | √ | √ | | | |

## 附表一一 张家台遗址陶盂分组统计表

| 组＼型式 | A | | | | B | | | | Ca | | | Cb | | | |
|---|---|---|---|---|---|---|---|---|---|---|---|---|---|---|---|
| | Ⅰ | Ⅱ | Ⅲ | Ⅳ | Ⅰ | Ⅱ | Ⅲ | Ⅳ | Ⅰ | Ⅱ | Ⅲ | Ⅰ | Ⅱ | Ⅲ | Ⅳ |
| 一 | √ | √ | √ | | √ | √ | √ | √ | √ | √ | √ | √ | √ | √ | √ |
| 二 | √ | √ | √ | √ | √ | √ | | √ | √ | √ | √ | √ | √ | | √ |
| 三 | | √ | | √ | √ | | | √ | | √ | √ | √ | | √ | √ |
| 四 | | | | √ | | √ | | | | √ | | | | | |
| 五 | | | | √ | | √ | | | √ | √ | | | | | √ |

## 附表一二 张家台遗址陶豆、陶豆盘分组统计表

| 组＼型式 | 豆 | | | | | | | | 豆盘 | | | | | | | | |
|---|---|---|---|---|---|---|---|---|---|---|---|---|---|---|---|---|---|
| | Aa | | Ab | | | B | | | A | | | B | | | C | | |
| | Ⅰ | Ⅱ | Ⅰ | Ⅱ | Ⅲ | Ⅰ | Ⅱ | Ⅲ | Ⅰ | Ⅱ | Ⅲ | Ⅰ | Ⅱ | Ⅲ | Ⅰ | Ⅱ | Ⅲ |
| 一 | √ | √ | √ | √ | √ | √ | √ | | √ | √ | √ | √ | √ | √ | √ | √ | √ |
| 二 | | | | | | | | | √ | √ | √ | √ | √ | √ | √ | | √ |
| 三 | √ | | | | | | | | √ | √ | √ | | | | | | √ |
| 四 | | | | | √ | | | √ | √ | √ | √ | | | √ | | | |
| 五 | | | | | | | | | √ | √ | √ | | | √ | | | √ |

## 附表一三 张家台遗址陶豆座、陶豆柄分组统计表

| 组＼型式 | 豆座 | | | | | | | | | | | | | | 豆柄 | | | | | | |
|---|---|---|---|---|---|---|---|---|---|---|---|---|---|---|---|---|---|---|---|---|---|
| | Aa | | | | | Ab | | | Ac | | | B | | | | | | | | | |
| | Ⅰ | Ⅱ | Ⅲ | Ⅳ | Ⅴ | Ⅰ | Ⅱ | Ⅲ | Ⅰ | Ⅱ | Ⅲ | Ⅰ | Ⅱ | Ⅲ | Ⅰ | Ⅱ | Ⅲ | Ⅳ | Ⅴ | Ⅵ | Ⅶ |
| 一 | √ | √ | | | | √ | √ | | | | | √ | √ | √ | √ | | √ | √ | √ | √ | √ |
| 二 | | | √ | √ | | √ | √ | | √ | √ | √ | | | | √ | √ | | √ | √ | | √ |
| 三 | | | √ | | | | √ | √ | | | | | | | √ | √ | | | √ | | √ |
| 四 | | | | | | | | | | | | | | | √ | | | √ | √ | | √ |
| 五 | | | | | √ | | | | | | | | | | √ | √ | | | √ | | √ |

## 附表一四　张家台遗址陶高领罐、陶高领小罐分组统计表

| 组＼型式 | 高领罐 | | | | | | | | | | | | | | | | | 高领小罐 | | | | |
|---|---|---|---|---|---|---|---|---|---|---|---|---|---|---|---|---|---|---|---|---|---|---|
| | A | | | | | | | B | | | | | C | | | | | | | | | |
| | Ⅰ | Ⅱ | Ⅲ | Ⅳ | Ⅴ | Ⅵ | Ⅶ | Ⅰ | Ⅱ | Ⅲ | Ⅳ | Ⅴ | Ⅰ | Ⅱ | Ⅲ | Ⅳ | Ⅴ | Ⅰ | Ⅱ | Ⅲ | Ⅳ | Ⅴ |
| 一 | √ | √ | √ | √ | | | | √ | √ | √ | √ | √ | √ | √ | √ | √ | | √ | √ | √ | √ | |
| 二 | | | | | √ | | | | √ | | | √ | | | √ | √ | | | | | | √ |
| 三 | | | | | | √ | | | | | | | | | | | | | | | | |
| 四 | | | | | √ | | | | | | | | | | | √ | √ | | | | | |
| 五 | | | | | | | √ | | | | √ | | | | | | | | | | | |

## 附表一五　张家台遗址陶长颈壶、陶盘分组统计表

| 组＼型式 | 长颈壶 | | | | | 盘 | | |
|---|---|---|---|---|---|---|---|---|
| | A | | | B | | A | | B |
| | Ⅰ | Ⅱ | Ⅲ | Ⅰ | Ⅱ | Ⅰ | Ⅱ | |
| 一 | √ | √ | √ | √ | √ | √ | √ | √ |
| 二 | | | | | | | √ | |
| 三 | | | √ | | | | | |
| 四 | | | | | | | √ | |
| 五 | | | | | | | √ | |

## 附表一六　张家台遗址陶瓮分组统计表

| 组＼型式 | Aa | | | Ab | | | | B | | | | C | | | | | D | | | |
|---|---|---|---|---|---|---|---|---|---|---|---|---|---|---|---|---|---|---|---|---|
| | Ⅰ | Ⅱ | Ⅲ | Ⅰ | Ⅱ | Ⅲ | Ⅳ | Ⅰ | Ⅱ | Ⅲ | Ⅳ | Ⅰ | Ⅱ | Ⅲ | Ⅳ | Ⅴ | Ⅰ | Ⅱ | Ⅲ | Ⅳ |
| 一 | √ | √ | √ | √ | √ | | | √ | | √ | | √ | √ | √ | √ | | √ | √ | √ | |
| 二 | √ | | | √ | | √ | | | √ | √ | √ | | | √ | √ | √ | | √ | √ | √ |
| 三 | | | | | √ | | √ | | | √ | | | | √ | | | | | | |
| 四 | | √ | | | | | | | √ | | | | √ | √ | | | | | √ | |
| 五 | | | √ | | | | √ | | | | | | | | | | | | | |

# 后　记

本次发掘领队为湖北省文物考古研究所朱俊英研究员，鄂州市博物馆副研究馆员徐劲松负责具体组织工作和勘探发掘事宜，谢四海、高永红、徐景松、李小波、朱爱美、朱友富、余夏红、杨晓明、郭红波、周士本等同志先后参加了发掘和整理工作。

本报告由朱俊英、徐劲松组织完成。全文撰稿分工如下：第一章“概述”，由徐劲松执笔；第二章“文化堆积与层位关系”，由徐劲松、余夏红执笔；第三章“遗迹与遗物综述”，由徐劲松、余夏红执笔；第四章“遗迹与遗物分述”，由徐劲松、高永红执笔；第五章“结语”，由徐劲松完成初稿后由领队朱俊英修改；初稿完成后领队朱俊英对全稿进行了审阅。遗迹图和器物图分别由高永红、杨晓明、李小波、周士本绘制；遗迹图及器物图的电脑描绘、报告中插图及图版的编排工作由杨晓明完成；田野摄影工作及报告中器物照片的拍摄由谢四海完成；报告中的统计表格由高永红、徐景松完成；出土文物标本的制卡工作由徐劲松、高永红完成；拓片由谢四海、李小波完成；器物修复由邓蔚兰、朱爱美完成。

报告的编写得到了湖北省文物局、湖北省文物考古研究所、荆州市文物局、荆州博物馆、荆州区文物局的大力支持。在整理过程中，湖北省文物局吴宏堂副巡视员、王风竹副局长、杜杰科长，湖北省文物考古研究所副所长孟华平研究员、原所长陈振裕研究员、领队朱俊英研究员及荆州博物馆副馆长张万高研究员、刘德银研究员等领导和专家多次莅临现场进行指导。在此，对关心、支持、帮助本报告撰写及出版的领导与专家表示诚挚的谢意。

由于编者水平有限，书中如有错漏之处，敬请批评指正。

编　者

2014年8月26日

# 图　版

1. 遗址全景

2. 探方发掘现场

张家台遗址全景与探方发掘现场

# 图版二

1. G5

2. H26

第3层下灰沟与灰坑

# 图版三

1. H40

2. H47

3. H57

4. H59

5. J1

6. J3

第3层下灰坑与水井

# 图版四

1. H8

2. H22

3. H22出土遗物

4. H38

第2B层下与第2层下灰坑

1. Ab型Ⅲ式（H51：1）

2. Bc型Ⅰ式（G6：1）

3. C型Ⅴ式（TN04E04③：1）

4. C型Ⅵ式（H31：1）

陶鬲

# 图版六

1. A型Ⅰ式（TN04E03③：5）

2. A型Ⅰ式（H41：2）

3. A型Ⅱ式（H22：4）

4. A型Ⅲ式（J1：6）

5. A型Ⅳ式（H38：1）

6. Cb型Ⅳ式（H37：2）

陶盂

1. Cb型Ⅱ式（TN02E04③：15）

2. Cb型Ⅲ式（H22：2）

3. Cb型Ⅲ式（H22：3）

陶盂

图版八

1. Aa型Ⅰ式（J20：5）

2. Aa型Ⅰ式（H37：1）

3. Aa型Ⅱ式（G5：8）

陶豆

1. Ab型Ⅰ式（J4：6）

2. Ab型Ⅰ式（J4：7）

3. Ab型Ⅱ式（J4：4）

4. Ab型Ⅱ式（J20：50）

5. Ab型Ⅱ式（G5：2）

陶豆

# 图版一〇

1. Ab型Ⅲ式（J4：11）

2. Ab型Ⅲ式（G5：1）

3. Ab型Ⅲ式（H29：1）

4. Ab型Ⅲ式（H33：2）

5. Ab型Ⅲ式（H47：8）

陶豆

1. B型Ⅰ式豆（G5：5）

2. B型Ⅰ式豆（J20：20）

3. B型Ⅱ式豆（G5：3）

4. B型Ⅱ式豆（J20：21）

5. B型Ⅲ式豆（H13：1）

6. 盖豆（H40：11）

陶豆、陶盖豆

1. A型Ⅰ式（J4：3）

2. A型Ⅲ式（J4：5）

3. A型Ⅱ式（J1：7）

4. A型Ⅱ式（J28：4）

5. A型Ⅲ式（J4：2）

6. A型Ⅶ式（J13：1）

陶高领罐

1. B型Ⅰ式（J28：12）

2. B型Ⅱ式（J5：6）

3. B型Ⅲ式（J1：11）

4. B型Ⅲ式（J28：2）

5. B型Ⅳ式（J20：3）

6. B型Ⅴ式（J3：3）

陶高领罐

图版一四

1. C型Ⅰ式（J3：1）

2. C型Ⅰ式（J3：2）

3. C型Ⅰ式（J5：3）

4. C型Ⅰ式（J20：4）

陶高领罐

1. C型Ⅱ式（J1：3）

2. C型Ⅱ式（J5：7）

3. C型Ⅱ式（J28：5）

4. C型Ⅱ式（J28：6）

陶高领罐

图版一六

1. C型Ⅲ式（J20：2）

2. C型Ⅲ式（J27：2）

3. C型Ⅳ式（J1：4）

4. C型Ⅳ式（J5：4）

5. C型Ⅳ式（J18：3）

6. C型Ⅳ式（J20：13）

陶高领罐

1. Ⅰ式（J20：10）

2. Ⅰ式（J20：12）

3. Ⅱ式（J20：8）

4. Ⅱ式（J20：11）

5. Ⅲ式（J20：9）

陶高领小罐

图版一八

1. Ⅳ式高领小罐（J5：1）

2. Ⅳ式高领小罐（J5：2）

3. Ⅴ式高领小罐（TN04E02③：35）

4. 折沿罐（J1：12）

5. Ⅱ式双耳罐（J20：14）

6. Ⅰ式双耳罐（J28：3）

陶高领小罐、陶折沿罐、陶双耳罐

1. A型Ⅰ式（J18：2）

2. A型Ⅱ式（J18：1）

3. A型Ⅱ式（J4：1）

4. A型Ⅲ式（H22：1）

5. B型Ⅰ式（J1：9）

6. B型Ⅰ式（J20：1）

陶长颈壶

图版二〇

1. A型Ⅰ式盘（J20：35）

2. A型Ⅱ式盘（J1：5）

3. A型Ⅱ式盘（H44：5）

4. B型盘（J28：1）

5. B型Ⅰ式瓮（J3：8）

6. B型Ⅲ式瓮（J1：14）

陶盘、陶瓮

1. Ca型Ⅰ式（J5：9）

2. Cb型Ⅰ式（J14：2）

3. Cb型Ⅳ式（J18：4）

4. Cb型Ⅳ式（J4：18）

5. D型Ⅱ式（J5：10）

陶盆

# 图版二二

1. Ⅰ式器座（J20：6）

2. Ⅱ式器座（TN04E02③：48）

3. Ⅰ式纺轮（H41：9）

4. Ⅱ式纺轮（TN04E03③：44）

陶器座、陶纺轮

1. 绳纹（J5：8）

2. Ⅰ式井圈（J5：8）

陶井圈及花纹

1. Ⅰ式板瓦（J1：17）

2. Ⅰ式板瓦（J1：18）

3. Ⅰ式板瓦（J1：19）

4. Ⅰ式板瓦（J1：20）

5. 瓦当（J5：16）

6. 瓦当（J20：17）

陶板瓦、陶瓦当

1. Ⅰ式（J1：23）

2. Ⅱ式（J28：9）

3. Ⅲ式（J1：60）

4. Ⅲ式（J1：63）

5. Ⅳ式（J5：13）

6. Ⅳ式（J5：15）

陶筒瓦

## 图版二六

1. 铜箭镞（H26：12）

2. 铜饰片（TN04E02③：49）

3. 铁削刀（J20：16）

4. 铁斧（J28：7）

5. 磨石（J1：65）

6. 石斧（TN02E03③：17）

铜器、铁器、石器